텐서플로와 케라스로 구현하는 딥러닝 3/e

텐서플로와 케라스로 구현하는 딥러닝 3/e

이병욱 옮김 아미타 카푸어 · 안토니오 걸리 · 수짓 팔 지음

i!i
에이콘

 에이콘출판의 기틀을 마련하신 故 정완재 선생님 (1935-2004)

이해하기 쉽게 잘 쓰여졌으며 이론과 실제 사이에서의 균형이 잘 잡혀 훌륭하다.
소프트웨어 개발자를 위한 매우 흥미로운 머신러닝 입문서다.

프랑소와 숄레 François Chollet

Keras 창시자

| 옮긴이 소개 |

이병욱(justin.lee@craslab.co.kr)

서울과학종합대학교 디지털금융 주임교수

한국과학기술원KAIST 겸직교수

한국금융연수원 겸임교수

인공지능연구원AIRI 부사장

- 금융위원회 금융규제혁신회의 위원

- 금융위원회 법령해석심의위원회 위원

- 금융위원회 디지털자산 자문위원

- 한국산업기술진흥원KIAT '규제자유특구 분과위원회' 위원

- 과기정통부 우정사업본부 정보센터 네트워크 & 블록체인 자문위원

한국과학기술원 전산학과

전) BNP 파리바 카디프 전무

전) 삼성생명 마케팅 개발 수석

전) 보험넷 Founder & CEO

전) LG전자 연구원

서울과학종합대학원 디지털금융 주임교수와 카이스트 겸직교수, 한국금융연수원 겸임교수를 맡고 있으며 인공지능연구원의 부사장으로도 재직 중이다. 한국과학기술원 전산학과 계산 이론 연구실에서 공부했으며 공학을 전공한 금융 전문가로, 세계 최초의 핸드헬드-PC 개발에 참여해 한글 윈도우 CE1.0과 2.0을 미국 Microsoft 본사에서 공동 개발했다. 1999년에는 전 보험사 보험료 실시간 비교 서비스를 제공하는 핀테크 전문회사 ㈜보험넷을 창업했다. 이후 삼성생명을 비롯한 생명 보험사 및 손해 보험사에서 CMO(마케팅 총괄 상무), CSMO(영업 및 마케팅 총괄 전무) 등을 역임

하면서 혁신적인 상품과 서비스를 개발, 총괄했다.

세계 최초로 파생상품인 ELS를 기초 자산으로 한 변액 보험을 개발해 단일 보험 상품으로 5천억 원 이상 판매되는 돌풍을 일으켰고, 매일 분산 투자하는 일 분산 투자 daily Averaging 변액 보험을 세계 최초로 개발해, 상품 판매 독점권을 획득했다. 인공지능 연구원에서 머신러닝 기반의 금융 솔루션 개발에 관련된 다양한 활동을 하고 있으며, 금융위원회, 금융정보분석원 등에 다양한 자문을 하고 있다.

저서로는 『비트코인과 블록체인, 탐욕이 삼켜버린 기술』(에이콘, 2018)과 대한민국학술원이 2019 교육부 우수학술도서로 선정한 『블록체인 해설서』(에이콘, 2019), 문체부 선정 2022 세종도서 『돈의 정체』(에이콘, 2022)와 한국금융연수원의 핀테크 전문 교재인 『헬로, 핀테크!』(공저, 2020), 『헬로핀테크-인공지능편』(2021)이 있다.

▌옮긴이의 말

이 책은 딥러닝 기초부터 최신 기술 동향까지 한눈에 쉽게 파악할 수 있도록 구성돼 있으며, 전작을 증보한 3판이다. 특히 Keras를 완전 통합한 TensorFlow 2.0에 대한 풍부한 예제와 함께 현재 활발히 연구가 진행 중인 AutoML까지 다루고 있던 2판에서 4개의 장이 더 늘어나면서 그래프 신경망의 소개, 최신 TPU version 4.0의 소개, 확률적 TensorFlow의 소개가 늘어났으며, 2판에 있던 여러 예제도 최신 내용으로 많이 갱신됐다. 또한 2판에 다소 산재해 있던 몇 가지 개념은 독립시키거나 다시 정리해, 한결 더 쉽게 다가오도록 했다. 새로 추가한 6장, '트랜스포머' 등을 통해 최근 가장 주목받고 있는 챗GPT 등에 대한 개념도 더욱 굳건히 이해할 수 있을 것이다. 또한 그래프 신경망도 별도의 장으로 추가돼 여러 예제와 함께 소개하고 있다.

이 책은 딥러닝을 처음 시작하는 사람에게도 어렵지 않을 정도로 친절히 안내하면서도 딥러닝의 핵심인 역전파의 이면에서 벌어지고 있는 수학적 의미에 대한 해부에 한 장을 할애할 정도로 전문적인 설명 역시 빠트리지 않고 있다. 편안한 마음으로 책을 읽고 나면 어느새 TensorFlow에 대한 최신 전문가가 될 수 있을 것이다.

| 지은이 소개 |

아미타 카푸어 ^{Amita Kapoor}

신경망 및 인공지능 분야의 연구를 가르치고 관리했다. 인도 델리대학교에서 부교수로 20년 이상 재직했으며 현재 프리랜서로 활동하고 있다. AI 컨설턴트이며 AI 및 EdTech 분야에서 일하는 다양한 조직에 전문 지식을 제공하고 있다.

먼저 이 책의 독자 여러분에게 감사드린다. 독자 여러분의 메시지와 이메일은 최선을 다할 수 있는 동기를 부여해준다. 이 책을 쓰면서 방대한 경험을 공유해준 공저자인 안토니오 걸리 ^{Antonio Gulli}와 수짓 팔 ^{Sujit Pal}에게 대단히 감사하다. 이 책의 시작부터 끝까지 노력해준 팩트출판사 모두에게 감사드리며, 힘들게 내용과 코드 등을 검토해준 감수자 여러분에게도 감사의 말을 전한다. 그들의 의견과 제안은 책을 개선하는 데 도움이 됐다.

마지막으로 나를 믿고 맡겨주신 교수님들께 감사드린다. 사랑과 지원을 해준 델리대학교의 동료들께 감사드린다. 지속적인 동기부여를 해준 친구들에게 감사하고 가족들께 그 인내심과 사랑에 감사드린다.

이 도서 일부 인세는 기부된다.

안토니오 걸리 ^{Antonio Gulli}

혁신과 실행에 있어 전체적 기술과 관리를 구축하는 데 열정을 갖고 있다. 핵심 전문 분야는 클라우드 컴퓨팅, 딥러닝과 검색엔진이다. 현재 스위스 취리히의 Google 클라우드 오피스 CTO로 재직 중이며 검색, 클라우드 인프라, 데이터 독립 대화형 AI를 연구하고 있다. 이전에는 EMEA의 CTO 사무실에서 근무했다. Google 바르샤바에서 관리자로 일하는 동안 GCE, 쿠버네티스, 서버리스, 보르그, 콘솔에서 클라우드 관리 팀에 집중하며 450명이 넘는 엔지니어 집단으로 성장시켰다.

지금까지 운 좋게 유럽 4개국에서 전문적인 경험을 얻을 수 있었고 EMEA의 6개국과 미국에서 팀을 관리했다.

- 암스테르담의 주요 과학 출판사인 Elsevier에서는 부사장으로서 과학 출판을 이끌었다.
- 런던에서는 Microsoft Ask.com의 CTO로서 Bing 검색 작업을 수행하는 엔지니어링 사이트 책임자로 일했다.
- 이탈리아와 영국에서는 Ask.com 유럽의 CTO였다.
- 폴란드, 영국, 스위스에서는 Google에 근무했다.

검색, 스마트 에너지, 환경, AI 분야에서 공동 발명한 수많은 기술이 있으며 11개 특허가 등록(21개 출원)됐고 코딩과 머신러닝에 관한 다수의 책을 저술했으며 이는 일본어와 중국어로도 번역됐다. 스페인어, 영어, 이탈리아어를 할 수 있으며 현재 폴란드어와 프랑스어를 배우고 있다. 두 아들 로렌조Lorenzo(21)와 레오나르도Leonardo(16) 그리고 어린 공주 오로라Aurora(11)의 아버지이기도 하다.

내 인내심의 동기가 된 내 아들 로렌조와 레오나르도 그리고 딸 오로라에게 감사의 말을 전하고 싶다. 또한 최근 몇 년간 내 삶의 북극성이 된 파트너 니나에게도 감사의 뜻을 전하고 싶다.

수짓 팔Sujit Pal

Reed-Elsevier 그룹 내 고급 기술 그룹인 Elsevier Labs의 기술 연구 이사다. 관심 분야는 문맥 검색, 자연어 처리, 머신러닝, 딥러닝이다. 엘세비어에서 여러 머신러닝 이니셔티브initiatives를 수행했는데 검색 품질 측정과 개선, 이미지 분류와 중복 탐지, 어노테이션, 의학과 과학 말뭉치에 대한 온톨로지 개발 등을 수행했다.

| 기술 감수자 소개 |

라그하브 발리 Raghav Bali

Intel, American Express, UnitedHealth Group, Delivery Hero와 같은 거대 기업을 위한 금융, 디지털 경험, IT 인프라 및 의료 분야의 대규모 솔루션 연구 및 개발 분야에서 10년 이상의 경험을 가진 노련한 데이터 과학 전문가다. 7개 이상의 특허를 보유한 혁신가이며 호평을 받은 여러 책(『Hands-On Transfer Learning with Python』(Packt, 2018) 포함)의 저자이자 피어-리뷰 논문을 보유하고 있다. 또한 주요 콘퍼런스에서 머신러닝, 딥러닝, 컴퓨터 비전, NLP, 생성 모델 및 증강 현실 분야의 주제에 대해 정기적으로 연사로 활동하고 있다.

이 기회를 빌려 또 다른 놀라운 책을 낸 저자들을 축하하고 싶다. 또한, 이 책의 감수를 맡게 해준 팩트출판사에 감사드린다. 특히 남라타Namrata, 사비Saby, 투사Tushar에게 감수 기간 동안 지원과 도움을 준 데 대해 감사를 전한다. 끝으로 아내와 가족 동료들의 지원과 인내에 감사드린다.

차례

| 들어가며 |

『텐서플로와 케라스로 구현하는 딥러닝 3/e』은 소프트웨어 엔지니어와 데이터 과학자를 위해 특별히 설계된 최신 신경망, 인공지능 및 딥러닝 기술에 대한 간결하면서도 알찬 내용으로 소개하고 있다. 이 책은 같은 저자가 쓴『텐서플로 2와 딥러닝으로 구현하는 케라스 2/e』(에이콘, 2020)[1] 및『TensorFlow 1.x Deep Learning Cookbook』(Packt, 2017)[2]의 후속작이다.

지난 6년 동안 학습 기술의 진화에 대한 매우 상세한 파노라마를 제공함과 동시에 아울러 Keras와 유사한 API를 기반으로 하는 모듈식 네트워크 라이브러리인 TensorFlow 2.x를 사용해 Python으로 코딩된 수십 개의 작동하는 심층 신경망을 제시한다[1].

인공지능AI은 이 책에서 논의하는 모든 것의 토대다. 머신러닝ML, Machine Learning은 AI의 한 부류이며 딥러닝DL, Deep Learning은 머신러닝의 하위 집합이다. 이 절에서는 이 책의 나머지 부분에서 정기적으로 접하게 될 세 가지 개념에 대해 간략하게 설명한다.

AI는 일반적으로 인간이 보여주는 지능형 행동을 기계가 모방하는 모든 활동을 나타낸다. 보다 형식적으로는 기계가 학습 행동, 환경과의 능동적 상호 작용, 추론 및 추론, 컴퓨터 비전, 음성 인식, 문제 해결, 지식 표현 및 인식과 같은 인지 기능을 복제하는 것을 목표로 하는 연구 분야다. AI는 인간 행동을 연구하는 심리학 및 기타 과학뿐만 아니라 컴퓨터 과학, 수학 및 통계의 요소를 기반으로 한다. AI를 구축하기 위한 여러 가지 전략이 있다. 1970년대와 1980년대에 "전문가" 시스템은 엄청난 인기를 끌었다. 이러한 시스템의 목표는 수동으로 정의된 많은 수의 if-then 규칙으로 지식을 표현해 복잡한 문제를 해결하는 것이었다. 이 접근 방식은 특정한 도메인의 작은 문제에는 효과가 있었지만 더 큰 문제와 여러 도메인에 대해서는 확장할 수 없었다. 나중에 AI는 머신러닝의 일부인 통계 방법을 기반으로 하는 노하우에 점점 더 집중했다.

머신러닝은 특정 작업을 위해 프로그래밍할 필요 없이 컴퓨터에게 학습 방법을 가르치는 데 중점을 둔 AI의 하위 분야다. 머신러닝의 핵심 아이디어는 데이터에서 학습하고 예측하는 알고리듬을 만들 수 있다는 것이다. 머신러닝에는 크게 세 가지 범주가 있다.

- **지도학습**은 기계에 입력 데이터와 원하는 출력이 제공되는 것으로서, 목표는 기계가 이전에 관찰한 적이 없는 데이터에 대해 의미 있는 예측을 할 수 있는 방식으로 이러한 교육 예제에서 학습하는 것이다.
- **비지도학습**은 기계에 입력 데이터만 제공되고 이후에 기계는 외부 지도나 입력 없이 자체적으로 의미 있는 구조를 찾는다.
- **강화학습**은 기계가 환경과 상호 작용하는 에이전트 역할을 한다. 기계는 원하는 방식으로 행동하면 "보상"을, 원하지 않는 방식으로 행동하면 "처벌"을 받는다. 기계는 그에 따라 행동을 개발하는 방법을 학습해 보상 극대화를 시도한다.

딥러닝은 2012년에 전 세계를 강타했다. 그해에 ImageNet 2012 챌린지는 손으로 레이블을 붙인 대규모 데이터셋의 하위 집합을 사용해 사진의 내용을 예측하는 것을 목표로 시작됐다. AlexNet이라는 딥러닝 모델은 상위 5개 오류율 15.3%를 달성했으며, 이는 이전의 최신 결과에 비해 크게 개선된 것이다. 「이코노미스트」에 따르면 갑자기 사람들이 AI 커뮤니티뿐만 아니라 기술 산업 전반에 걸쳐 관심을 갖기 시작했다.

이는 시작에 불과했다. 오늘날 딥러닝 기술은 의료, 환경, 녹색 에너지, 컴퓨터 비전, 텍스트 분석, 멀티미디어, 금융, 소매, 게임, 시뮬레이션, 산업, 로봇 공학 및 자율주행 자동차와 함께 그보다 더 많은 이기종 영역에 성공적으로 적용된다. 이러한 각 도메인에서 딥러닝 기술은 이전 방법으로는 불가능했던 정확도 수준으로 문제를 해결할 수 있다.

지난 8년 동안 딥러닝이 과학과 산업에 기여한 범위를 돌이켜보는 것은 흥미진진하다. 향후 8년 동안 기여도가 줄어들 것이라고 생각할 이유가 없다. 실제로 딥러닝 분야가 계속 발전함에 따라 딥러닝이 제공하는 훨씬 더 흥미롭고 매력적인 기여를 보게 될 것으로 기대한다.

이 책은 딥러닝의 마법을 소개한다. 먼저 간단한 모델로 시작해 점점 더 정교한 모델을 점진적으로 도입할 것이다. 접근 방식은 작업할 수 있는 적절한 양의 코드를 사용해 항상 직접 손으로 작업할 것이다.

이 책의 대상 독자

머신러닝 경험이 있는 데이터 과학자이거나 신경망에 어느 정도 노출된 AI 프로그래머라면 이 책이 TensorFlow를 사용한 딥러닝에 대한 유용한 시작점임을 알게 될 것이다. 딥러닝 쓰나미에 대한 관심이 높아지고 있는 소프트웨어 엔지니어라면 이 책이 해당 주제에 대한 지식을 넓힐 수 있는 기초 플랫폼이 될 것이다. 이 책을 읽으려면 Python에 대한 기본 지식이 필요하다.

이 책에서 다루는 내용

1장에서는 머신러닝 및 딥러닝을 위해 Google에서 개발한 오픈 소스 라이브러리인 TensorFlow의 기본 사항을 배운다. 또한 지난 몇 년 동안 놀라운 성장을 이룬 머신러닝의 두 가지 영역인 신경망과 딥러닝의 기초를 소개한다. 1장의 기본 목적은 기본적이지만 완전한 딥러닝 실습을 수행하는 데 필요한 모든 도구를 소개하는 것이다.

2장에서는 머신러닝 기술의 기본 작업인 회귀 및 분류에 중점을 둔다. TensorFlow를 사용해 단순, 다중 및 다변량 회귀 모델을 구축하는 방법을 배운다. 또한 다중 클래스 분류 문제를 해결하기 위해 로지스틱 회귀를 사용한다.

3장은 MNIST 필기 문자를 높은 정확도로 인식하기 위해 딥러닝 ConvNet을 사용하는 방법을 다룬다. CIFAR 10 데이터셋을 사용해 10개의 카테고리로 딥러닝 분류기를 구축하고 ImageNet 데이터셋으로 1,000개의 카테고리로 정확한 분류기를 구축할 것이다. 또한 VGG16과 같은 대규모 딥러닝 네트워크와 InceptionV3와 같은 매우 깊은 네트워크를 사용하는 방법을 조사한다. 아울러 전이학습에 대한 논의로 마무리한다.

4장에서는 분산 표현과 단어 임베딩의 기원과 이론을 소개한다. 그다음 문장과 단락을 기반으로 하는 정적 단어 기반 임베딩보다 더 역동적이고 표현적인 단어 임베딩의 진행 상황을 차트로 설명한다. 또한 그래프의 노드 또는 웹 애플리케이션의 사용자 세션과 같이 단어가 아닌 시퀀스도 포함하도록 단어 임베딩의 아이디어를 확장할 수 있는 방법을 살펴본다. 다양한 종류의 단어 임베딩을 사용하는 여러 예 역시 포함한다.

5장에서 다루는 순환 신경망에서는 자연어 또는 시계열과 같은 시퀀스 데이터를 처리하는 데 최적화된 신경망의 중요한 아키텍처 하위 부류에 대해 설명한다. LSTM^{Long Short-Term Memory} 및 GRU^{Gated Recurrent Unit}와 같은 이 장르의 중요한 아키텍처를 설명하고 양방향 상태 및 일괄 처리 상태를 처리하도록 확장할 수 있는 방법을 보여준다. 또한 텍스트 생성, 감정 분석 및 품사 태깅과 같은 특정 작업에 대한 다양한 토폴로지와 함께 RNN을 사용하는 예를 소개한다. 또한 인코더-디코더 파이프라인에서 한 쌍의 RNN을 사용해 다양한 NLP 작업을 해결하는 인기 있는 seq2seq 아키텍처에 대해서도 설명한다.

6장에서는 전통적인 자연어 처리 분야를 혁신한 딥러닝 아키텍처인 트랜스포머를 다룬다. 먼저 가장 인기 있는 모델에 대한 심층 분석과 함께 아키텍처 및 다양한 범주의 트랜스포머에 대한 핵심 직관을 검토하는 것으로 시작한다. 그런 다음 Hugging Face 및 TensorFlow Hub와 같은 인기 있는 라이브러리와 바닐라 아키텍처를 기반으로 하는 구현에 중점을 둔다. 그다음 평가, 최적화 및 트랜스포머를 사용할 때 일반적으로 채택되는 몇 가지 모범 사례에 대해 간략하게 설명한다. 마지막 절은 트랜스포머를 사용해 NLP와 완전히 다른 영역인 컴퓨터 비전 작업을 수행하는 방법을 검토하는 데 전념한다. 이를 위해서는 어텐션^{attention} 메커니즘에 대한 신중한 정의가 필요하다. 결국, "어텐션이 필요한 전부다." 그리고 관심의 핵심에는 벡터 간의 코사인 유사성 외에는 아무것도 없다.

7장에서는 비지도학습 모델에 대해 자세히 설명한다. PCA, k-평균 및 자기 조직화 지도와 같은 클러스터링 및 차원 감소에 필요한 기술을 다룬다. 볼츠만Boltzmann 머신과 TensorFlow를 사용한 구현에 대해 자세히 설명한다. 다루는 개념은 RBMRestricted Boltzmann Machines 구축으로 확장된다.

8장에서는 입력을 대상으로 재생성하려는 신경망 부류인 오토인코더에 대해 설명한다. 희소 오토인코더, 컨볼루션 오토인코더, 디노이징denosing 오토인코더와 같은 다양한 종류의 오토인코더를 다룰 것이다. 여기서는 잡음 제거 자동 인코더를 훈련해 입력 이미지에서 잡음을 제거한다. 오토인코더를 사용해 MNIST 숫자를 생성하는 방법을 보여준다. 또한 문장 벡터를 생성하기 위해 LSTM 자동 인코더를 구축하는 것과 관련된 단계도 다룬다. 마지막으로, 이미지를 생성하기 위해 가변 오토인코더를 구축하는 방법을 배운다.

9장에서는 생성적 적대 신경망GAN에 중점을 둔다. 먼저 첫 번째 제안된 GAN 모델로 시작해 MNIST 문자를 위조하는 데 사용한다. 또한 심층 컨볼루션 GAN을 사용해 유명인 이미지를 만드는 방법을 보여준다. 그리고 SRGAN, InfoGAN 및 CycleGAN과 같은 다양한 GAN 아키텍처에 대해 설명한다. 다양하고 멋진 GAN 애플리케이션도 다룬다. 마지막으로 겨울-여름 이미지를 변환하기 위해 CycleGAN의 TensorFlow 구현으로 결론을 내린다.

10장에서는 컴퓨터 비전, 오디오 및 자연어 처리에서 자기-지도학습에 사용되는 다양한 전략에 대한 개요를 제공한다. 자기회귀 생성, 마스킹된 생성, 관계 예측 및 이러한 접근 방식의 하이브리드와 같은 전략을 통한 자기 예측을 다룬다. 또한 자기-지도학습을 위한 인기 있는 기술인 대조학습과 다양한 응용 분야의 다양한 구실 작업에 대한 응용을 다룬다.

11장에서는 Q-러닝 알고리듬과 벨만Bellman 방정식을 다루는 강화학습에 중점을 둔다. 할인된 보상, 탐색 및 활용, 할인 요소를 다룬다. 또한 정책 기반 및 모델 기반 강화학습에 대해 설명한다. 아타리Atari 게임을 플레이하기 위해 DQNDeep Q-Learning Network을 구축할 것이다. 마지막으로 정책 그래디언트 알고리듬을 사용해 에이전트를 훈련하는 방법을 배운다.

12장에서는 확률론적 추론과 통계 분석을 수행하기 위해 TensorFlow 위에 구축된 라이브러리인 TensorFlow 확률을 소개한다. TensorFlow Probability를 사용해 합성 데이터를 생성하는 방법을 보여준다. 베이즈 네트워크를 구축하고 추론을 수행한다. 12장에서는 또한 불확실성, 우발적 및 인식적 개념과 훈련된 모델의 불확실성을 계산하는 방법을 소개한다.

13장에서는 머신러닝 기술에 익숙하지 않은 도메인 전문가가 머신러닝 기술을 쉽게 사용할 수 있도록 하는 것을 목표로 하는 AutoML을 소개한다. 먼저 Google Cloud Platform을 사용해 실습을 진행하고 기본 사항에 대해 간략히 논의한 후 실질적인 실습 작업을 수행한다. 자동 데이터 준비, 자동 특징 공학 및 자동 모델 생성을 다룬다. 그런 다음 테이블, 비전, 텍스트, 번역 및 비디오 처리를 위한 여러 솔루션과 함께 AutoKeras 및 Google Cloud AutoML을 소개한다.

14장에서는 딥러닝의 이면의 수학을 다룬다. 이 주제는 상당히 고급 과정이므로 실무자에게 반드시 필요진 않다. 그러나 신경망을 다룰 때 "내부적으로" 어떤 일이 일어나고 있는지 이해하고자 한다면 읽어보길 권한다. 역사적 소개부터 시작해 미분과 그래디언트의 고등학교 개념을 검토하고 딥러닝 네트워크를 최적화하는 데 일반적으로 사용되는 그래디언트 하강 및 역전파 알고리듬을 소개한다.

15장에서는 TPU에 대해 설명한다. TPU는 초고속 방식으로 신경망 수학 연산을 실행하기 위해 Google에서 개발한 매우 특별한 ASIC 칩이다. 연산의 핵심은 여러 내적(행*열)을 병렬로 계산하는 수축기 승수이므로 기본 딥러닝 작업의 계산을 가속화한다. TPU를 행렬 또는 텐서 작업에 초점을 맞춘 딥러닝을 위한 특수 목적의 보조 프로세서로 생각하라. 지금까지의 4세대 TPU와 추가 IoT용 Edge TPU를 검토할 것이다.

16장에서는 다른 딥러닝 프레임워크를 소개한다. Hugging Face, OpenAI의 GPT3 및 DALL-E 2를 살펴본다. 또 다른 인기 있는 딥러닝 프레임워크인 PyTorch를 소개한다. 또한 H2O.ai와 AutoML 모듈도 다룬다. 아울러 딥러닝 모델을 위한 ONNX 오픈 소스 형식에 대해서도 간략하게 설명한다.

17장에서는 그래프 신경망과 인기 있는 딥 그래프 라이브러리^{DGL}를 특히 강조하면서 그래프와 그래프 머신러닝을 소개한다. 먼저 GNN(및 DGL에서 사용 가능)에서 사용되는 일반적으로 사용되는 다양한 그래프 계층의 이론을 설명하고 노드 분류, 링크 예측 및 그래프 분류에 사용되는 GNN의 예를 제공한다. 또한 고유한 그래프 데이터셋으로 작업하고 그래프 계층을 사용자 지정해 새로운 GNN 아키텍처를 생성하는 방법도 보여준다. 다음 이기종 그래프 및 시간 그래프와 같은 Graph 머신러닝 분야의 최첨단 발전을 다룬다.

18장에서는 훈련과 제품에서 최상의 모델을 얻기 위해 따라야 할 전략과 사례에 중점을 둔다. 여기서는 데이터 관련 사례와 모델 관련 사례라는 두 가지 관점에서 모범 사례를 설명한다.

19장에서는 TensorFlow 생태계의 다양한 구성 요소를 설명한다. 사전 학습된 딥러닝 모델의 저장소인 TensorFlow Hub를 소개한다. 여기서는 바로 사용할 수 있는 데이터셋 모음인 TensorFlow 데이터셋에 관해 설명한다. 또한 모바일 및 임베디드 시스템과 웹을 위한 프레임워크인 TensorFlow Lite 및 TensorFlow JS에 대해서도 이야기할 것이다. 마지막으로 분산형 머신러닝 프레임워크인 연합 학습에 대해 설명한다.

20장에서는 CNN^{컨볼루션 신경망}의 고급 사용법을 보여준다. CNN이 컴퓨터 비전, 비디오, 텍스트 문서, 오디오 및 음악 영역 내에서 어떻게 적용될 수 있는지 탐구할 것이다. 그리고 컨볼루션 연산을 요약하는 절로 마무리한다.

예제 코드 파일 다운로드

책의 코드 번들은 GitHub(https://packt.link/dltf)에서 호스팅된다. 또한 https://github.com/PacktPublishing/에서 사용할 수 있는 풍부한 서적 및 비디오 카탈로그의 다른 코드 번들이 있다.

또한 GitHub(https://github.com/PacktPublishing/Deep-Learning-with-TensorFlow-and-keras-3rd-edition)에서 예제 코드를 다운로드할 수 있으며, 에이콘출판사 GitHub 저장

소(https://github.com/AcornPublishing/tensorflow-keras-deeplearning-3e)에서도 동일한 예제 코드를 다운로드할 수 있다.

컬러 이미지 다운로드

이 책에 사용된 스크린샷/다이어그램의 컬러 이미지가 포함된 PDF 파일도 제공한다. https://static.packt-cdn.com/downloads/9781803232911_ColorImages.pdf에서 다운로드할 수 있다.

편집 규약

이 책 전체에서 사용되는 텍스트 규칙이 있다.

텍스트의 코드 단어, 데이터베이스 테이블 이름, 폴더 이름, 파일 이름, 파일 확장자, 경로 이름, 더미 URL, 사용자 입력 및 Twitter 핸들을 나타낸다. 예: "각 뉴런은 kernel_initializer 매개변수를 통해 특정 가중치로 초기화될 수 있다."

코드 블록은 다음과 같이 설정된다.

```
# Build the model.
model = tf.keras.models.Sequential()
model.add(keras.layers.Dense(NB_CLASSES,
            input_shape=(RESHAPED,),
            name='dense_layer',
            activation='softmax'))
```

코드 블록의 특정 부분에 주의를 기울이고자 할 때 관련 행이나 항목이 강조 표시된다.

```
# Build the model.
model = tf.keras.models.Sequential()
model.add(keras.layers.Dense(NB_CLASSES,
            input_shape=(RESHAPED,),
            name='dense_layer',
            activation='softmax'))
```

모든 명령줄 입력 또는 출력은 다음과 같이 작성된다.

```
pip install gym
```

굵게: 새로운 용어, 중요한 단어 또는 화면에 표시되는 단어를 나타낸다.

예를 들어 메뉴나 대화 상자의 단어는 이와 같이 텍스트에 나타난다.

예: "**심층 컨볼루션 신경망**^{DCNN}은 많은 신경망 계층으로 구성된다.

 경고나 중요한 메모는 이렇게 나타낸다.

 팁과 요령은 이렇게 나타낸다.

문의

독자의 의견은 언제나 환영한다.

일반적인 피드백: 이 책에 대한 모든 질문은 제목에 책 제목을 넣어 customercare@packtpub.com으로 보내주길 바란다.

오탈자: 콘텐츠의 정확성에 항상 주의를 기울임에도 불구하고 실수는 생기기 마련이다. 책에서 발견한 실수를 알려주는 독자에게 깊이 감사한다. 이를 통해 다른 독자의 혼란을 막고, 다음에 출간할 버전을 개선할 수 있다. www.packt.com/submit-errata에 방문해 해당 책을 선택한 후, Errata Submission Form 링크를 눌러 자세한 오류 내용을 입력한다.

한국어판의 정오표는 에이콘출판사 홈페이지(http://acornpub.co.kr/book/tensorflow-keras-deeplearning-3e)에서 확인할 수 있으며, 이 책과 관련해 질문이 있다면 이 책의 옮긴이나 에이콘출판사 편집 팀(editor@acornpub.co.kr)으로 문의해주길 바란다.

참고문헌

1. *Deep Learning with Keras: Implementing deep learning models and neural networks with the power of Python*, Paperback - 26 Apr 2017, Antonio Gulli, Sujit Pal

2. *TensorFlow 1.x Deep Learning Cookbook: Over 90 unique recipes to solve artificial-intelligence driven problems with Python*, Antonio Gulli, Amita Kapoor

TF와 신경망 기초

1장에서는 머신러닝과 딥러닝을 위해 Google에서 개발한 오픈 소스 라이브러리인 TensorFlow의 기본 사항을 배워본다. 또한 지난 몇 년 동안 캄브리아기 같은 성장을 기록한 놀라운 머신러닝의 두 영역인 신경망과 딥러닝의 기초를 소개한다. 1장의 기본 목적은 딥러닝 실습을 수행하는 데 필요한 모든 도구를 소개하는 것이다.

1장에서는 다음 사항을 배운다.

- TensorFlow와 Keras란 무엇인가?
- 신경망 소개
- 퍼셉트론과 다계층 퍼셉트론 소개
- 실 예제: 필기체 숫자 인식

TensorFlow(TF)란 무엇인가?

TensorFlow란 Google Brain팀에서 심층 신경망을 위해 개발한 강력한 오픈 소스 소프트웨어 라이브러리로서 이 책에서 다룰 주제이기도 하다. 2015년 11월 아파치 2.0 라이선스로 처음 만들어져 빠르게 성장했으며, 2022년 5월 현재 GitHub 저장소(https://github.com/tensorflow/tensorflow)는 약 3,100명의 기여자들로부터 129,000건 이상의 커밋commit이 있다. 이는 그 자체로 TensorFlow의 인지도를 잘 보여주고 있다.

먼저 TensorFlow가 정확히 무엇이고 왜 심층 신경망 연구자와 엔지니어들 사이에서 인기가 있는지 알아보자. Google은 이를 "머신 인텔리전스를 위한 오픈 소스 소프트웨어 라이브러리"라고 부른다. 사실 PyTorch(https://pytorch.org/), Caffe(https://caffe), MxNet(https://mxnet.apache.org/)과 같은 다른 여러 딥러닝 라이브러리가 있는데 유독 TensorFlow만 특별한 이유는 무엇일까? 대부분의 다른 딥러닝 라이브러리도 TensorFlow처럼 자동 미분(최적화에 사용되는 유용한 수학적 도구) 기능이 있으며, 오픈 소스 플랫폼이고, 대부분 CPU/GPU 옵션을 지원하고 사전 훈련된 모델이 있으며 일반적으로 사용되는 순환recurrent 신경망, 컨볼루션convolutional 신경망, 심층 신뢰belief 신경망 등의 NN 아키텍처를 지원하고 있다.

그렇다면 TensorFlow에는 다른 무엇이 있는 걸까? 몇 가지 주요 특징을 나열해보자.

- Python, C++, 자바, R, Go 등의 주요 언어들로 작업할 수 있다.
- Keras – TensorFlow와 통합된 고급 신경망 API이다(2.0에서 Keras는 TensorFlow와 상호 작용하는 표준 API가 됐다). 이 API는 소프트웨어 구성 요소의 상호 작용 방식을 지정한다.

- TensorFlow를 사용하면 모델을 배치하고 생산 과정에서 쉽게 사용할 수 있다.

- TensorFlow 2.0에는 정적 그래프에 기반한 그래프 연산과 함께 즉시 연산 eager computation(2장 참조) 지원이 도입됐다.

- 가장 중요한 점은, TensorFlow는 강력한 커뮤니티의 지원을 받고 있다는 것이다.

GitHub의 별점(그림 1.1 참조)은 모든 오픈 소스 프로젝트의 인기 측도다. 2022년 5월 기준으로, TensorFlow, Keras 및 PyTorch는 각각 165K, 55K 그리고 56K의 별점을 받았으므로 TensorFlow가 머신러닝에 있어 가장 인기 있는 프레임워크라는 것을 알 수 있다.

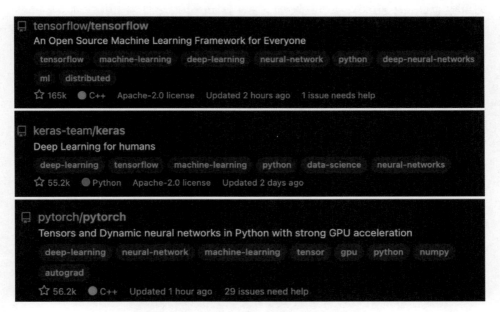

그림 1.1 GitHub에 있는 여러 딥러닝 프로젝트의 별점

Keras란 무엇인가?

Keras는 딥러닝 모델을 만들고 훈련하기 위해 기초 구성 요소를 구성하는 유용

한 API이다. Keras는 Google TensorFlow, Microsoft CNTK, Amazon MxNet 및 Theano를 포함한 여러 딥러닝 엔진에 통합할 수 있다. TensorFlow 2.0부터는 Keras가 표준 고급 API로 채택돼 코딩을 크게 단순화시켜줬으며 프로그래밍을 더욱 직관적으로 만들어줬다.

신경망 소개

인공 신경망Artificial neural networks(줄여서 망nets 또는 ANN)은 포유류의 중추신경계 연구에서 영감을 받은 머신러닝 모델의 한 종류다. 각 인공 신경망은 서로 연결된 많은 뉴런으로 구성돼 있다. 한 계층layer의 뉴런은 특정한 상태가 되면 다른 계층으로 메시지를 교환(이를 전문 용어로 "발화fire"라고 한다.)하며 이를 통해 신경망은 계산을 수행한다. 초기 연구는 단순 계산을 위한 두 계층의 퍼셉트론[1]의 소개로 1950년대 후반에 시작됐고 1960년대에 다계층 훈련을 위한 "역전파backpropagation" 알고리듬이 소개되면서 확장됐다([2][3]). 어떤 연구에서는 이 기술이 훨씬 이전에 시작된 것으로 주장하기도 한다[4].

신경망은 1980년대의 다른 단순 기법들이 더 효과적이 될 때까지 학문 연구의 주요 주제였다. 그러나 2000년대 중반 이후 다음 세 가지 요인으로 인해 관심이 불붙었다. 첫째, G. 힌튼이 제안한 혁신적인 빠른 학습 알고리듬[3], [5], [6]의 등장이 있었다. 둘째, 2011년경에 대용량 숫자 연산을 위한 GPU의 도입이 이뤄졌다. 셋째, 훈련용으로 대규모 데이터 컬렉션이 이용 가능해진 것이 있었다.

이러한 개선은 추상화 단계를 점진적으로 늘려 복잡한 모델을 학습할 만큼 많은 수의 뉴런 계층을 갖는 신경망 종류인 오늘날의 '딥러닝deep learning'을 위한 발판이 됐다. 사람들은 몇 년 전에는 3~5개의 계층을 '딥deep'이라고 불렀지만, 이제는 200계층 이상도 흔할 정도로 증가했다.

점진적 추상화를 통한 학습은 인간의 두뇌에서 수백만 년 동안 진화해온 모델과 닮았다. 인간의 시각 시스템은 실제로 여러 계층으로 구성된다. 눈은 뇌의 아래쪽 후부에 있는 시각 피질Visual Cortex(V1)이라는 영역과 연결된다. 이 영역은 많은 포유동물에서 공통적으로 나타나는 부분으로, 기본적인 특징과 시각적 방향, 공간 주파수 그리고 색상의 작은 변화를 구분하는 역할을 한다.

V1은 약 1억 4천만 개의 뉴런으로 구성되며, 수십억의 연결로 구성된다. V1은 형태, 얼굴, 동물 등과 같이 좀 더 복잡한 개념을 인식하고 더 복잡한 이미지 처리를 하는 다른 영역(V2, V3, V4, V5, V6)과 연결된다.

이러한 조직은 수억 수천만 년에 걸쳐 진화된 엄청난 결과다. 160억 개의 인간 피질 뉴런이 있고, 인간 피질의 약 10~25%가 시력을 담당한다고 추정해왔다[7]. 딥러닝은 인간의 시각 시스템 조직에서 영감을 얻었다. 얕은 인공 신경망 계층은 이미지의 기본적인 특징을 학습하고, 깊은 계층은 더 복잡한 개념을 학습한다.

이 책은 TensorFlow에서 작동하는 망을 사용해 신경망의 여러 주요 측면을 다룬다.

퍼셉트론

퍼셉트론perceptron은 입력 특징feature 또는 간단히 특징이라 부르는 n개의 크기를 갖는 입력벡터 $(x_1, x_2, \ldots, x_n)$가 주어지면 1(예) 또는 0(아니요)을 출력하는 간단한 알고리듬이다. 수학적으로는 다음과 같은 함수로 정의된다.

$$f(x) = \begin{cases} 1 & wx + b > 0 \\ 0 & \text{그 외} \end{cases}$$

여기서 w는 가중치 벡터, $w \cdot x$는 점곱dot product $\sum_{j=1}^{m} w_j x_j$, b는 편향bias이다. 기본적인 기하학을 떠올려보면 $wx + b$는 w와 b에 할당된 값에 따라 위치를 변경하는 초평면hyperplane 경계를 정의함을 알 수 있다.

초평면은 둘러싼 공간ambient space보다 한 차원이 낮은 부공간subspace이라는 사실에 주목하자. 예로서 그림 1.2를 참고하라.

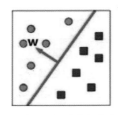

그림 1.2 초평면의 예시

다시 말해 매우 간단하지만 효과적인 알고리듬이다. 예를 들어 입력이 3개의 특징, 즉 빨강, 녹색 그리고 파란색의 양이라면 퍼셉트론은 색상이 흰색인지 아닌지 결정할 수 있다.

퍼셉트론은 "아마도"라는 결과는 표현할 수 없다는 점에 유의하자. w와 b를 정의하는 방법을 알고 있다면 '예(1)' 또는 '아니요(0)'로 대답할 수 있으며, 이는 다음 절에서 다룰 "훈련" 과정이다.

TensorFlow 첫 코드 예제

tf.keras로 모델을 작성하는 세 가지 방법은 순차적^{Sequential} API, 함수적^{Functional} API 및 모델 서브 클래싱^{Model subclassing}이다. 1장에서는 가장 간단한 Sequential()을 사용하고 다른 2개는 2장에서 설명한다. Sequential() 모델은 신경망 계층의 선형 파이프라인^{pipeline}(스택^{stack})이다. 다음 코드는 784개의 입력변수(특징이라고도 함)를 취하는 10개의 인공 뉴런을 가진 단일 계층을 정의한다. 망이 "밀집^{dense}"됐다는 것은 각 계층의 뉴런이 이전 계층에 위치한 모든 뉴런과 완전 연결돼 있고 그런 다음 계층에 있는 모든 뉴런과도 완전 연결돼 있음을 의미한다.

```
import tensorflow as tf
from tensorflow import keras
NB_CLASSES = 10
RESHAPED = 784
model = tf.keras.models.Sequential()
model.add(keras.layers.Dense(NB_CLASSES,
          input_shape=(RESHAPED,), kernel_initializer='zeros',
          name='dense_layer', activation='softmax'))
```

각 뉴런은 kernel_initializer 매개변수를 통해 특정 가중치로 초기화할 수 있다. 몇 가지 옵션이 있는데, 가장 일반적인 것을 나열하면 다음과 같다.

- random_uniform: 가중치는 −0.05~0.05 사이에서 균등하게 임의 분포한다.
- random_normal: 가중치는 가우스 분포에 따라 평균이 0이고 작은 표준편차 0.05로 초기화된다. 가우스 분포에 익숙하지 않은 사람들은 대칭 모양의 "종 모양 곡선"을 생각하면 된다.
- zero: 모든 가중치는 0으로 초기화된다.

전체 목록은 다음 링크(https://www.tensorflow.org/api_docs/python/tf/keras/initializers)에 있다.

다층 퍼셉트론 – 신경망 첫 예제

1장에서는 여러 개의 밀집dense 계층이 있는 첫 번째 신경망 예제를 소개한다. 역사적으로 "퍼셉트론perceptron"은 단일 선형 계층 모델에 붙여진 이름이며, 그 결과 여러 계층이 있는 경우에는 다층 퍼셉트론MLP, Multi-Layer Perceptron이라고 부른다. 입력과 출력 계층은 외부에서 볼 수 있지만 중간의 다른 모든 계층은 숨겨져 있으므로 은닉층hidden layers이라는 이름이 붙었다는 점에 주목하자. 이러한 맥락에서 단일 계층은 단순히 선형함수이며, MLP는 여러 개의 단일 계층을 차례로 쌓으면 얻을 수 있다.

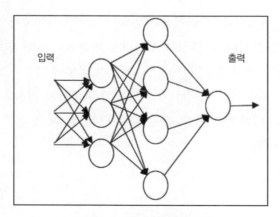

그림 1.3 다층 퍼셉트론의 예

그림 1.3에서 각 첫 은닉층의 각 노드는 입력을 받고 선형함수에 연계된 값에 따라 (0,1) 값을 "발화fires"한다. 그러고 나서 첫 번째 은닉층의 출력은 다른 선형함수가 적용된 두 번째 계층으로 전달되고, 그 결과는 하나의 단일 뉴런으로 구성된 최종 출력 계층으로 전달된다. 앞서 설명한 것처럼, 이 계층화된 구조는 인간 시각 체계의 조직과 약간 유사하다는 점을 주목하면 흥미롭다.

퍼셉트론 훈련의 문제점과 그 해결책

단일 뉴런을 생각해보자. 가중치 w와 편향 b의 값으로 가장 적합한 것은 무엇일까? 이상적으로는 일련의 훈련 예시를 제공하고 컴퓨터가 출력에서 발생하는 오류를 최소화하는 방식으로 가중치와 편향을 조정하도록 하는 것이 좋다.

좀 더 구체적으로 설명하기 위해 고양이 이미지를 포함한 것과 그렇지 않은 별도의 이미지 집합이 있다고 가정해보자. 각 뉴런은 이미지의 단일 픽셀 값에서 입력을 받는다고 상상해보자. 컴퓨터가 이러한 이미지를 처리해 나가면서 각 뉴런이 가중치와 편향을 조정해 잘못 인식되는 이미지의 비율이 점차로 줄어들기를 원한다. 이 접근 방식은 매우 직관적으로 보이지만 출력에 아주 작은 변화만 일으키려면 가중치(또는 편향)도 약간만 변경해야 한다. 생각해보라. 만약 출력에 큰 변화가 생긴다면 점진적인 학습을 할 수가 없다. 같은 논리로 아이들도 조금씩 배워 나가는 법이다. 하지만 안타깝게도 퍼셉트론은 이러한 "조금씩"의 작동을 보이지 않는다. 퍼셉트론은 0 또는 1이며 이러한 큰 변화는 학습에 도움이 되지 않는다(그림 1.4 참조).

뭔가 다른 방법이 필요하다. 우리에겐 불연속discontinuity 없이 0에서 1로 점진적으로 변경되는 함수가 필요하다. 수학적으로 이것은 미분이 가능한 연속 함수가 필요하다는 것을 의미한다. 수학에서 미분이란 주어진 지점에서 함수가 변하는 양이다. 실수 입력의 함수인 경우 미분 값이란 그래프의 한 점에서의 접선의 기울기이다. 1장의 뒷부분에서 그래디언트gradient 하강에 대해 이야기할 때 왜 미분이 학습에 중요한지 알 수 있을 것이다.

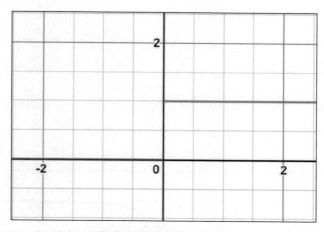

그림 1.4 퍼셉트론의 예 - 0 또는 1

활성화 함수 - 시그모이드

시그모이드Sigmoid는 $\sigma(x) = \frac{1}{1+e^{-x}}$로 정의되며 입력이 $(-\infty, \infty)$에서 변할 때 출력은 $(0, 1)$에서 작은 변화를 일으킨다. 수학적으로 이 함수는 연속이다. 일반적 시그모이드 함수는 그림 1.5와 같이 나타난다.

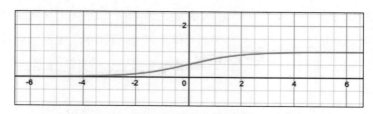

그림 1.5 범위 (0,1)에서의 출력을 가지는 시그모이드 함수

뉴런은 비선형함수 $\sigma(z = wx + b)$ 계산에 시그모이드를 사용할 수 있다. $z = wx + b$가 매우 크고 양수이면 $e^{-z} \to 0$이므로 $\sigma(z) \to 1$이지만, $z = wx + b$가 매우 크고 음수이면 $e^{-z} \to \infty$이므로 $\sigma(z) \to 0$이 된다. 다시 말해 시그모이드 활성 함수를 사용한 뉴런의 경우 퍼셉트론과 유사한 작동을 하지만 그 변화는 점진적이고 0.5539 또는 0.123191과 같은 출력값도 완전히 유효하다. 이 관점에서 시그모이드 뉴런은

"아마도"라는 대답을 할 수 있는 셈이다.

활성화 함수 - tanh

또 다른 유용한 활성화 함수는 tanh이다. $\tanh(z) = \frac{e^z - e^{-z}}{e^z + e^{-z}}$로 정의되는 tanh는 그림 1.6과 같은 모양을 가지며 출력 범위는 −1에서 1 사이이다.

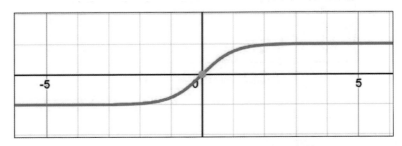

그림 1.6 Tanh 활성화 함수

활성화 함수 - ReLU

시그모이드만이 신경망에 사용되는 유일한 부드러운smooth 활성화 함수인 것은 아니다. 최근 ReLURectified Linear Unit라는 매우 단순한 함수가 아주 인기를 끌게 됐는데, ReLU는 시그모이드에서 발견된 일부 최적화 문제를 해결하는 데 도움이 되기 때문이다. 이 문제는 9장에서 사라지는 그래디언트에 대해 이야기할 때 좀 더 자세히 논의할 것이다.

ReLU는 단순히 $f(x) = max(0, x)$로 정의되며 이 비선형함수는 그림 1.7과 같이 나타난다. 보다시피 함수는 음수 값에 대해서는 항상 0이며 양의 값에 대해서는 선형으로 증가한다. ReLU는 또한 구현이 매우 간단하지만(일반적으로 3개의 명령으로 충분하다), 시그모이드의 경우에는 수십 배나 더 어렵다. ReLU는 신경망을 초기 GPU에 구현하기에 좋았다.

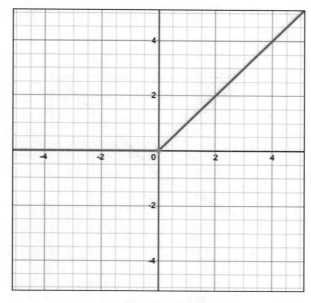

그림 1.7 ReLU 함수

추가적인 2개의 활성화 함수 - ELU와 LeakyReLU

시그모이드와 ReLU만이 학습에 사용할 수 있는 유일한 활성화 함수인 것은 아니다. ELU는 $f(\alpha, x) = \begin{cases} \alpha(e^x - 1) & \text{if } x \le 0 \\ x & \text{if } x > 0 \end{cases}$ 일 때 $\alpha > 0$로 정의되며 그림 1.8과 같은 모양을 하고 있다.

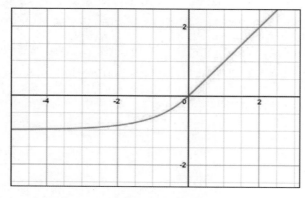

그림 1.8 ELU 함수

LeakyReLU는 $f(\alpha, x) = \begin{cases} \alpha x & \text{if } x \leq 0 \\ x & \text{if } x > 0 \end{cases}$ 일 때 $\alpha > 0$와 같이 정의되며, 그 모양은 그림 1.9와 같다.

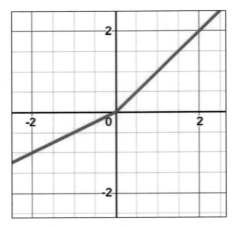

그림 1.9 LeakyReLU 함수

두 함수 모두 x가 음수일 때 작은 변화를 일으키므로, 경우에 따라 유용할 수 있다.

활성화 함수들

시그모이드, Tanh, ELU, LeakyReLU 그리고 ReLU는 일반적으로 신경망 전문 용어로 **활성 함수**^{activation functions}라고 한다. '그래디언트 하강' 절에서 시그모이드와 ReLU 함수가 보여주는 전형적인 점진적인 변화 형태가 신경망에서 오류를 조금씩 줄이며 차츰 적응해 나가는 학습 알고리듬을 개발하는 기본 구성 요소임을 알 수 있을 것이다. 입력벡터 $(x_1, x_2, \ldots, x_m)$, 가중치 벡터 $(w_1, w_2, \ldots, w_m)$, 편향 b, 합계 Σ일 때, 활성화 함수 σ는 그림 1.10과 같이 나타난다(TensorFlow에서는 여러 활성화 함수를 지원하며 그 전체 목록은 온라인 문서를 참고하라).

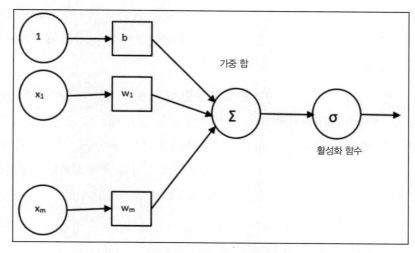

그림 1.10 선형함수 다음에 적용된 활성화 함수의 예시

간단히 말해 – 결국 신경망이란 무엇인가?

한마디로, 머신러닝 모델은 어떤 입력을 해당 출력으로 매핑하는 함수를 계산하는 방법이다. 이 함수는 단지 여러 덧셈과 곱셈 연산에 지나지 않는다. 그러나 비선형 활성화와 결합해 여러 계층으로 쌓을 경우 이러한 함수는 거의 모든 것을 학습할 수 있다[8]. 또한 최적화하려는 적절한 측도(이것이 바로 책 후반부에서 설명할 손실함수loss function이다), 학습하기에 충분한 데이터와 충분한 연산 능력이 필요하다.

이제 잠시 '학습'이란 대체 무엇일까 떠올려보자. 아마도 학습이란 본질적으로 미래의 결과를 예측하기 위해 확립된 관찰을 일반화하는 것을 목표로 하는 과정이라고 말할 수 있을 것이다[9]. 그리고 이것이 바로 신경망을 통해 우리가 얻고자 하는 목표와 정확히 일치한다.

실제 예제 – 필기체 숫자 인식

이 절에서는 필기체 숫자를 인식하는 신경망을 만들어보자. 이를 위해 60,000개의 데이터와 10,000개의 테스트 데이터로 구성된 MNIST(http://yann.lecun.com/exdb/

mnist/) 필기체 숫자 데이터베이스를 사용한다. 훈련 데이터에는 사람들이 실제 정답을 기록해뒀다. 예를 들어 필기체 숫자가 '3'이라면 3은 단순히 그 데이터에 해당하는 레이블이 된다.

머신러닝에서 정답이 있는 데이터셋을 사용할 때 지도supervised학습이라고 말한다. 이 경우, 신경망을 개선하기 위해 훈련 예시를 사용한다. 테스트 데이터 또한 각 숫자와 관련된 정답을 갖고 있다. 하지만 레이블이 없다고 생각하고 신경망이 예측을 수행하면 나중에 레이블을 확인해 신경망이 얼마나 숫자를 잘 인식하는지 평가할 수 있다. 따라서 테스트 데이터는 신경망을 테스트하는 데 사용한다.

각 MNIST 이미지는 회색조grayscale로 돼 있고 28×28픽셀로 구성된다. 이 숫자 중 일부는 다음 그림과 같다.

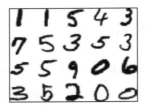

그림 1.11 MNIST 이미지 모음

원-핫 인코딩

신경망 내부에 사용될 정보를 인코딩하는 간단한 도구로 원-핫 인코딩을 사용할 것이다. 많은 경우 범주형(수치가 아닌 값) 특징을 숫자형 변수로 변환하면 좋을 때가 있다. 예를 들어 [0-9]의 값 d를 갖는 범주형 특징 "수digit"는 10개의 위치를 가진 이진 벡터로 구성해 d번째 위치만 1로 하고 나머지는 항상 0 값을 갖도록 인코딩할 수 있다. 예컨대 숫자 3은 [0, 0, 0, 1, 0, 0, 0, 0, 0, 0]로 인코딩할 수 있다. 이러한 표현법을 원-핫 인코딩OHE, One-Hot Encoding이라고 하며, 학습 알고리듬이 수치형 함수를 처리하도록 특화될 경우 데이터 마이닝에서 아주 흔히 사용한다.

TensorFlow로 단순 신경망 정의

이 절에서는 TensorFlow를 사용해 MNIST 필기체 숫자를 인식하는 신경망을 정의한다. 매우 간단한 신경망부터 시작해 점진적으로 개선해보자.

Keras 스타일을 따라, TensorFlow는 데이터셋을 로드하고 신경망을 미세 조정하기 위한 훈련 집합 X_train으로의 분할, 신경망의 성능을 평가하는 데 사용하는 테스트 집합 X_test로 분할하기 위한 적절한 라이브러리를 제공해준다(https://www.tensorflow.org/api_docs/python/tf/keras/datasets). 데이터는 신경망을 훈련할 때 32비트 정밀도를 갖도록 float32로 변환되고 [0, 1] 범위로 정규화된다. 또한 실제 레이블을 각각 Y_train과 Y_test에 로드하고 원-핫 인코딩을 수행한다. 코드를 살펴보자.

지금은 특정 매개변수에 어떤 값이 지정된 이유를 이해하려 너무 애쓸 필요가 없다. 각 선택은 이 책의 뒷부분에서 설명할 것이다. 직관적으로 EPOCH은 훈련을 얼마나 지속할 것인지, BATCH_SIZE는 한 번에 신경망에 입력하는 표본의 수, VALIDATION은 훈련 프로세스의 유효성을 확인하거나 증명하기 위해 남겨둔 데이터의 양을 의미한다.

구체적으로 EPOCHS = 200, BATCH_SIZE = 128, VALIDATION_ SPLIT = 0.2 그리고 N_HIDDEN = 128을 선택한 이유는 다른 값과 함께 초매개변수hyperparameter 최적화를 설명할 때 1장의 뒷부분에서 좀 더 명확해질 것이다. TensorFlow로 작성한 신경망의 첫 번째 코드 일부를 살펴보자.

```python
import tensorflow as tf
import numpy as np
from tensorflow import keras

# 신경망과 훈련 매개변수
EPOCHS = 200
BATCH_SIZE = 128
VERBOSE = 1
NB_CLASSES = 10 # 출력 개수 = 수 개수
N_HIDDEN = 128
VALIDATION_SPLIT = 0.2 # 검증을 위해 남겨둔 훈련 데이터
```

```
# MNIST 데이터셋 로드
# 검증
# 훈련과 테스트 데이터를 각각 60,000과 10,000개로 나눈 것을 알 수 있다.
# 레이블에 대한 원-핫 인코딩은 자동으로 적용된다.
mnist = keras.datasets.mnist
(X_train, Y_train), (X_test, Y_test) = mnist.load_data()

# X_train은 60000개 행으로 28x28 값을 가진다; 이를 60000x784 형태로 변환
RESHAPED = 784
#
X_train = X_train.reshape(60000, RESHAPED)
X_test = X_test.reshape(10000, RESHAPED)
X_train = X_train.astype('float32')
X_test = X_test.astype('float32')

# 입력을 [0, 1] 사이로 정규화
X_train /= 255
X_test /= 255
print(X_train.shape[0], 'train samples')
print(X_test.shape[0], 'test samples')

# 레이블을 원-핫 인코딩
Y_train = tf.keras.utils.to_categorical(Y_train, NB_CLASSES)
Y_test = tf.keras.utils.to_categorical(Y_test, NB_CLASSES)
```

위의 코드를 보면 입력 계층에 이미지의 각 픽셀과 연결된 뉴런이 있으며, MNIST 영상의 각 픽셀마다 하나씩 총 28×28=784개의 뉴런이 있음을 알 수 있다.

대개 각 픽셀과 관련된 값은 [0,1] 범위에서 정규화된다(즉, 각 픽셀의 강도를 최대 강도 값인 255로 나눔). 출력은 10자리 부류 중 하나이며 각 숫자마다 하나의 부류가 있다.

마지막 계층은 활성화 함수가 '소프트맥스softmax'인 단일 뉴런으로, 이는 시그모이드 함수를 일반화한 것이다. 앞서 설명한 대로 시그모이드 함수는 입력이 $(-\infty, \infty)$에서 변화할 때 그 출력은 $(0, 1)$ 사이에 있다. 유사하게 소프트맥스는 임의 실수값의 K-차원 벡터를 $(0, 1)$ 범위의 실수값을 가진 K-차원 벡터로 "밀어 넣어" 그 총합이 1이 되도록 한다. 예제의 경우 이전 계층으로부터의 10개 대답을 10개의 뉴런으로 집계한다. 앞서 설명한 것은 다음의 코드로 구현된다.

```
# 모델 구축
model = tf.keras.models.Sequential()
model.add(keras.layers.Dense(NB_CLASSES,
          input_shape=(RESHAPED,),
          name='dense_layer',
          activation='softmax'))
```

일단 모델을 정의하고 나면 TensorFlow에서 실행할 수 있도록 모델을 컴파일해야 한다. 컴파일 중에 몇 가지 설정 사항이 있다. 먼저 모델을 훈련시키는 동안 가중치를 업데이트하는 데 사용되는 특정 알고리듬인 최적기optimizer를 선택해야 한다. 둘째, 최적기가 가중치 공간을 탐색하기 위해 사용할 목적함수objective function를 선택해야 한다(종종 목적함수는 손실함수loss functions 또는 비용함수cost functions라고 하며 최적화 프로세스는 손실 최소화 프로세스로 정의할 수 있다). 셋째로 훈련된 모델을 평가해야 한다.

몇 가지 자주 사용하는 목적함수에는 다음과 같은 것들이 있다(최적화 프로그램의 전체 목록은 https://www.tensorflow.org/api_docs/python/tf/keras/optimizer에서 찾을 수 있다).

- MSE: 예측과 실젯값 사이의 평균제곱오차를 정의한다. 수학적으로는 d가 예측 벡터이고 y가 n 관측치의 벡터라면 $MSE = \frac{1}{n}\sum_{i=1}^{n}(d - y)^2$가 된다. 이 목적함수는 각 예측에서 발생한 모든 오류의 평균이 된다는 점에 주목하자. 예측이 실젯값과 멀수록 이 거리는 제곱 연산에 의해 더욱 뚜렷해진다. 또한 제곱을 통해 오차가 양수이든 음수이든 그 누적 값을 증가시킨다.

- 이진_교차엔트로피binary_crossentropy: 이진 로그 손실을 정의한다. 목표가 c임에도 모델이 p로 예측한 경우를 가정해보자. 이때 교차엔트로피cross-entropy는 $L(p, c) = -c\ln(p) - (1 - c)\ln(1 - p)$로 정의된다. 이 목적함수는 이진 레이블 예측에 적절하다는 사실에 주목하자.

- 범주_교차엔트로피categorical_crossentropy: 다부류multiclass 로그 손실을 정의한다. 범주형 교차엔트로피는 예측 분포를 참 분포와 비교하고 참 부류에 대한 확률은 1로 설정하고 나머지는 0으로 설정한다. 참 부류가 c인데 y로 예측했

다면 범주형 교차엔트로피는 다음과 같이 정의된다.

$$L(c, p) = -\sum_i c_i \ln(p_i)$$

다부류 로그 손실을 다룰 수 있는 한 가지 방법은 참 부류를 원-핫 인코딩된 벡터로 표현하는 것이다. 모델의 출력이 참 벡터에 가까울수록 손실은 줄어든다. 이 목적함수는 다부류 레이블 예측에 적합하다는 점에 주목하자. 또한 이 함수는 소프트맥스 활성화에 연계된 기본 선택 옵션이기도 하다. 손실함수에 대한 전체 목록은 https://www.tensorflow.org/api_docs/python/tf/keras/losses에 있다.

다른 일반적인 측도metrics에는 다음과 같은 것이 있다(측도에 대한 전체 목록은 https://www.tensorflow.org/api_docs/python/tf/keras/metrics를 참고하라).

- 정확도Accuracy: 타깃 대비 정확한 예측을 한 비율을 정의한다.
- 정밀도Precision: 긍정으로 예측한 것 중 실제로 참인 것의 비율이다.
- 재현률Reall: 올바로 예측한 것(참은 긍정, 거짓은 부정으로 예측) 중 긍정으로 예측한 것이 실제로 참인 비율을 의미한다.

측도는 목적함수와 유사하지만 모델 훈련에 사용되지 않고 모델 평가에만 사용된다는 점만 다르다. 그러나 측도와 목적함수의 차이점을 이해하는 것이 중요하다. 앞서 설명한 것처럼 손실함수는 신경망을 최적화하는 데 사용된다. 손실함수는 선택한 최적기에 의해 최소화되는 함수다. 반면 측도는 신경망의 성능을 판단하는 데 사용된다. 이는 평가를 위한 것이며 최적화 프로세스와 분리돼야 한다. 경우에 따라 특정 측도에 대해 최적화하는 것이 최상일 때가 있다. 그러나 어떤 측도는 입력에 대해 미분이 불가능할 수 있고 그 경우 바로 사용할 수 없다.

모델을 TensorFlow에서 컴파일할 때 주어진 모델에 대해 최적기, 손실함수, 측도를 설정할 수 있다.

```
# 모델 컴파일
model.compile(optimizer='SGD',
              loss='categorical_crossentropy',
              metrics=['accuracy'])
```

확률적 그래디언트 하강SGD, Stochastic Gradient Descent(15장 참고)은 최적화 알고리듬의 특별한 종류로서 각 훈련 에폭epoch마다 신경망의 오류를 줄이기 위해 사용된다. SGD와 다른 최적화 알고리듬은 2장에서 살펴본다. 모델이 컴파일됐으면 `fit()` 메서드를 사용해 훈련할 수 있으며 이때 몇 개의 매개변수를 명시할 수 있다.

- 에폭epoch은 모델이 훈련 집합에 노출된 횟수다. 각 반복에서 최적기는 목표 함수를 최소화되도록 가중치를 조정하려고 한다.
- `batch_size`는 최적기가 가중치 갱신을 수행하기 전에 관찰한 훈련 인스턴스의 수다. 일반적으로 한 에폭당 여러 배치가 있다.

TensorFlow 2.0에서 모델을 훈련하는 것은 아주 간단하다.

```
# 모델 훈련
model.fit(X_train, Y_train,
          batch_size=BATCH_SIZE, epochs=EPOCHS,
          verbose=VERBOSE, validation_split=VALIDATION_SPLIT)
```

검증을 위해 훈련 집합의 일부를 남겨둔 것에 주목하자. 핵심 아이디어는 훈련하는 동안 유효성에 대한 성능을 측정하기 위해 훈련 데이터의 일부를 남겨둔다는 것이다. 이는 머신러닝 과제에서 준수해야 할 좋은 관행이며, 여기서는 모든 예제에 채택할 것이다. 1장 후반부에 과적합overfitting에 대해 설명할 때 검증에 관해 다시 살펴볼 예정이다.

모델 훈련이 끝났으면, 훈련 과정에서 모델이 한 번도 본 적이 없는 새로운 예시가 들어 있는 테스트 집합을 사용해 평가하게 된다.

당연히 훈련 집합과 테스트 집합은 엄격하게 분리돼 있다는 점에 유의하자. 이미 훈련에 사용된 예시를 모델 평가에 사용해서는 안 된다. TensorFlow 2.0에서는 evaluate

(X_test, Y_test) 메서드를 사용해 test_loss와 test_acc를 계산할 수 있다.

```
# 모델 평가
test_loss, test_acc = model.evaluate(X_test, Y_test)
print('Test accuracy:', test_acc)
```

축하한다. 방금 TensorFlow 2.0에서 첫 번째 신경망 정의를 완료했다. 코드 몇 줄이면 이제 당신의 컴퓨터는 필기체 숫자를 인식할 수 있어야 한다. 이제 코드를 실행하고 성능을 살펴보자.

단순 TensorFlow망 실행과 베이스라인 구축

코드를 실행하고 어떻게 되는지 살펴보자.

```
Model: "sequential"
_____
Layer (type)                 Output Shape              Param #
=================================================================
dense_layer (Dense)          (None, 10)                7850


=================================================================
Total params: 7,850
Trainable params: 7,850
Non-trainable params: 0
_____
Train on 48000 samples, validate on 12000 samples
Epoch 1/200
48000/48000 [==============================] - 1s 31us/sample - loss: 2.1276 -
accuracy: 0.2322 - val_loss: 1.9508 - val_accuracy: 0.3908
Epoch 2/200
48000/48000 [==============================] - 1s 23us/sample - loss: 1.8251 -
accuracy: 0.5141 - val_loss: 1.6848 - val_accuracy: 0.6277
Epoch 3/200
48000/48000 [==============================] - 1s 25us/sample - loss: 1.5992 -
accuracy: 0.6531 - val_loss: 1.4838 - val_accuracy: 0.7150
Epoch 4/200
48000/48000 [==============================] - 1s 27us/sample - loss: 1.4281 -
accuracy: 0.7115 - val_loss: 1.3304 - val_accuracy: 0.7551
Epoch 5/200
```

첫째, 신경망의 아키텍처가 출력되고 이를 통해 사용된 여러 계층의 유형, 출력 형 태, 최적화해야 할 매개변수 개수(즉, 가중치 수)와 그 연결 방식을 확인할 수 있다. 그 런 다음 신경망은 48,000개의 표본을 사용해 훈련되고 12,000개의 표본은 검증을 위 해 남겨뒀다. 지금은 훈련이 어떻게 진행되는지 그 내부를 다루진 않겠지만 프로그 램은 200회 반복되고, 매 반복 때마다 정확도가 향상되는 것을 볼 수 있다. 훈련이 끝 나면 테스트 집합에서 모델을 테스트한다. 훈련에서 약 89.96%, 검증에서 90.70%, 테스트에서 90.71%의 정확도를 얻었다.

```
Epoch 199/200
48000/48000 [==============================] - 1s 22us/sample - loss: 0.3684 -
accuracy: 0.8995 - val_loss: 0.3464 - val_accuracy: 0.9071
Epoch 200/200
48000/48000 [==============================] - 1s 23us/sample - loss: 0.3680 -
accuracy: 0.8996 - val_loss: 0.3461 - val_accuracy: 0.9070
10000/10000 [==============================] - 1s 54us/sample - loss: 0.3465 -
accuracy: 0.9071
Test accuracy: 0.9071
```

이는 매 10개 이미지마다 하나 정도의 부정확한 분류가 있었다는 의미다. 분명히 이 보다 더 개선할 수 있을 것이다.

TensorFlow의 단순 신경망을 은닉층으로 개선

좋다. 이제 훈련 정확도 89.96%, 검증 정확도 90.70%, 테스트 정확도 90.71%가 최 저 기준이 됐다. 좋은 출발이지만 더 개선할 수 있다. 이제 어떻게 하는지 살펴보자.

초기 개선은 신경망에 계층을 추가하는 것이다. 직관적으로 이러한 추가 뉴런은 훈 련 데이터에서보다 복잡한 패턴을 학습하는 데 도움이 될 수 있기 때문이다. 즉, 계 층을 추가하면 매개변수가 추가돼 모델이 더 복잡한 패턴을 기억할 수 있게 된다. 이제 입력 계층 다음으로 N_HIDDEN 뉴런과 활성화 함수 "ReLU"가 있는 첫 번째 밀집 dense 계층을 갖도록 추가한다. 이 추가 계층은 입력 또는 출력과 직접 연결되지 않 기 때문에 숨겨진(은닉, hidden) 것으로 간주된다 첫 번째 은닉층 뒤에 N_HIDDEN 뉴런 을 가진 두 번째 은닉층이 있고 그 다음으로 10개의 뉴런을 가진 출력 계층이 있다.

각각의 뉴런은 연관된 숫자가 인식될 때 발화한다. 다음 코드는 이 새로운 신경망을 정의한다.

```python
import tensorflow as tf
from tensorflow import keras

# 신경망과 훈련
EPOCHS = 50
BATCH_SIZE = 128
VERBOSE = 1
NB_CLASSES = 10 # 출력 개수 = 숫자 개수
N_HIDDEN = 128
VALIDATION_SPLIT = 0.2 # 검증에 남겨둘 훈련 집합 부분

# MNIST 데이터셋 로드
# 레이블은 원-핫 표기로 돼 있다.
mnist = keras.datasets.mnist
(X_train, Y_train), (X_test, Y_test) = mnist.load_data()

# X_train은 60000개 행의 28x28 값이다; 이를 60000x784 형태로 변경한다.
RESHAPED = 784
#
X_train = X_train.reshape(60000, RESHAPED)
X_test = X_test.reshape(10000, RESHAPED)
X_train = X_train.astype('float32')
X_test = X_test.astype('float32')

# 입력을 [0, 1] 사이로 정규화한다.
X_train, X_test = X_train / 255.0, X_test / 255.0
print(X_train.shape[0], 'train samples')
print(X_test.shape[0], 'test samples')

# 레이블은 원-핫 표기로 돼 있다.
Y_train = tf.keras.utils.to_categorical(Y_train, NB_CLASSES)
Y_test = tf.keras.utils.to_categorical(Y_test, NB_CLASSES)

# 모델 구축
model = tf.keras.models.Sequential()
model.add(keras.layers.Dense(N_HIDDEN,
```

```
                input_shape=(RESHAPED,),
                name='dense_layer', activation='relu'))
model.add(keras.layers.Dense(N_HIDDEN,
                name='dense_layer_2', activation='relu'))
model.add(keras.layers.Dense(NB_CLASSES,
                name='dense_layer_3', activation='softmax'))

# 모델 요약
model.summary()

# 모델 컴파일
model.compile(optimizer='SGD',
                loss='categorical_crossentropy',
                metrics=['accuracy'])

# 모델 훈련
model.fit(X_train, Y_train,
            batch_size=BATCH_SIZE, epochs=EPOCHS,
            verbose=VERBOSE, validation_split=VALIDATION_SPLIT)

# 모델 평가
test_loss, test_acc = model.evaluate(X_test, Y_test)
print('Test accuracy:', test_acc)
```

to_categorical(Y_train, NB_CLASSES)는 배열 Y_train을 분류 개수만큼의 열을 가진 행렬로 변환한다는 점에 주목하자. 행 수는 동일하게 유지된다. 예컨대 다음과 같다.

```
> labels
array([0, 2, 1, 2, 0])
```

그렇다면,

```
to_categorical(labels)
array([[ 1.,  0.,  0.],
       [ 0.,  0.,  1.],
       [ 0.,  1.,  0.],
       [ 0.,  0.,  1.],
       [ 1.,  0.,  0.]], dtype=float32)
```

이제 코드를 실행하고 이 다층 신경망의 결과를 살펴보자.

```
Layer (type)                    Output Shape              Param #
================================================================
dense_layer (Dense)             (None, 128)               100480

dense_layer_2 (Dense)           (None, 128)               16512

dense_layer_3 (Dense)           (None, 10)                1290


================================================================
Total params: 118,282
Trainable params: 118,282
Non-trainable params: 0


Train on 48000 samples, validate on 12000 samples
Epoch 1/50
48000/48000 [==============================] - 3s 63us/sample - loss: 2.2507 -
accuracy: 0.2086 - val_loss: 2.1592 - val_accuracy: 0.3266
```

앞의 스크린샷은 초기 단계를 보여주고 다음에 나오는 스크린샷은 결론을 보여준다. 나쁘지 않다. 다음 스크린샷에서 볼 수 있듯이 2개의 은닉층을 추가하면 훈련 집합에서 90.81%, 검증에서 91.40%, 테스트에서 91.18%에 도달했다. 즉, 이전 네트워크와 관련해 테스트 정확도가 향상됐으며 반복 횟수는 200에서 50으로 줄였다. 좋은 결과지만 여전히 더 개선이 필요해 보인다.

원한다면 2개 대신 1개의 은닉층만 추가하거나 2개가 넘는 은닉층을 추가하면 어떻게 되는지 직접 확인할 수 있다. 이 부분은 연습 문제로 남겨둔다.

```
Epoch 49/50
48000/48000 [==============================] - 1s 30us/sample - loss: 0.3347 -
accuracy: 0.9075 - val_loss: 0.3126 - val_accuracy: 0.9136
Epoch 50/50
48000/48000 [==============================] - 1s 28us/sample - loss: 0.3326 -
accuracy: 0.9081 - val_loss: 0.3107 - val_accuracy: 0.9140
10000/10000 [==============================] - 0s 40us/sample - loss: 0.3164 -
accuracy: 0.9118
Test accuracy: 0.9118
```

일정 에폭을 넘어서면 개선이 중지되거나 거의 감지할 수 없을 정도가 된다는 점에 주목하자. 머신러닝에서는 이러한 현상을 수렴convergence이라고 부른다.

TensorFlow에서 드롭아웃으로 단순망 개선

이제 최저 기준은 훈련 집합 90.81%, 검증 91.40%, 테스트 91.18%가 됐다. 두 번째 개선은 매우 간단하다. 이제 (DROPOUT 확률로) 훈련 중에 은닉층 내부 밀집 신경망에 전파된 값 중 일부를 무작위로 제거해보자. 머신러닝에서 이것은 잘 알려진 정규화의 한 형태다. 놀랍게도 몇 가지 값을 무작위로 삭제한다는 아이디어를 통해 성능을 향상시킬 수 있다. 이 개선의 기본 개념은 무작위 드롭아웃으로 신경망의 일반화를 향상시키는 데 도움이 되는 유용한 중복 패턴을 학습시킨다는 것이다.

```python
import tensorflow as tf
import numpy as np
from tensorflow import keras

# 신경망과 훈련
EPOCHS = 200
BATCH_SIZE = 128
VERBOSE = 1
NB_CLASSES = 10   # 출력 개수 = 숫자 개수
N_HIDDEN = 128
VALIDATION_SPLIT = 0.2 # how much TRAIN is reserved for VALIDATION
DROPOUT = 0.3

# MNIST 데이터셋 로드
# 레이블은 원-핫 인코딩으로 표현됨
mnist = keras.datasets.mnist
(X_train, Y_train), (X_test, Y_test) = mnist.load_data()

# X_train은 60000개 행의 28x28 값이다; 이를 60000x784 형태로 변경한다.
RESHAPED = 784
#
X_train = X_train.reshape(60000, RESHAPED)
X_test = X_test.reshape(10000, RESHAPED)
X_train = X_train.astype('float32')
```

```python
X_test = X_test.astype('float32')

# 입력을 [0, 1] 사이로 정규화한다.
X_train, X_test = X_train / 255.0, X_test / 255.0
print(X_train.shape[0], 'train samples')
print(X_test.shape[0], 'test samples')

# 레이블은 원-핫 표기로 돼 있다.
Y_train = tf.keras.utils.to_categorical(Y_train, NB_CLASSES)
Y_test = tf.keras.utils.to_categorical(Y_test, NB_CLASSES)

# 모델 구축
model = tf.keras.models.Sequential()
model.add(keras.layers.Dense(N_HIDDEN,
            input_shape=(RESHAPED,),
            name='dense_layer', activation='relu'))
model.add(keras.layers.Dropout(DROPOUT))
model.add(keras.layers.Dense(N_HIDDEN,
            name='dense_layer_2', activation='relu'))
model.add(keras.layers.Dropout(DROPOUT))
model.add(keras.layers.Dense(NB_CLASSES,
            name='dense_layer_3', activation='softmax'))

# 모델 요약
model.summary()

# 모델 컴파일
model.compile(optimizer='SGD',
            loss='categorical_crossentropy',
            metrics=['accuracy'])

# 모델 훈련
model.fit(X_train, Y_train,
        batch_size=BATCH_SIZE, epochs=EPOCHS,
        verbose=VERBOSE, validation_split=VALIDATION_SPLIT)

# 모델 평가
test_loss, test_acc = model.evaluate(X_test, Y_test)
print('Test accuracy:', test_acc)
```

이전처럼 200번 반복하는 코드를 실행해보면 이 신경망은 훈련 91.70%, 검증 94.42%, 테스트 94.15%의 정확도를 볼 수 있다.

```
Epoch 199/200
48000/48000 [==============================] - 2s 45us/sample - loss: 0.2850 -
accuracy: 0.9177 - val_loss: 0.1922 - val_accuracy: 0.9442
Epoch 200/200
48000/48000 [==============================] - 2s 42us/sample - loss: 0.2845 -
accuracy: 0.9170 - val_loss: 0.1917 - val_accuracy: 0.9442
10000/10000 [==============================] - 1s 61us/sample - loss: 0.1927 -
accuracy: 0.9415
Test accuracy: 0.9415
```

내부 은닉층에서 무작위로 드롭아웃하는 신경망이 테스트 집합에 포함된 낯선unseen 예시에 대해 잘 "일반화"하는 것을 자주 볼 수 있다는 사실에 주목하자. 직관적으로 이 현상은 각각의 뉴런이 자기 이웃에 의존할 수 없다는 점을 인식하기 때문에 더 성능이 향상되는 것으로 생각할 수 있다. 또한 중복된 방식으로 정보가 저장되도록 강제되기 때문이다. 테스트하는 동안에는 드롭아웃이 없으므로 이제 고도로 튜닝된 모든 뉴런을 사용하고 있다. 간단히 말해서, 일반적으로 드롭아웃을 적용할 때 신경 망의 성능이 어떻게 되는지 테스트해보는 것이 좋다.

또한 훈련 정확도는 테스트 정확도보다는 높아야 한다. 그렇지 않다면 충분히 오랫 동안 훈련을 받지 못한 것일 수 있다. 우리의 예시가 바로 그런 경우다. 따라서 에 폭의 수를 좀 더 늘려야 한다. 그러나 바로 에폭을 늘리기 전에 훈련이 더 빨리 수 렴될 수 있도록 몇 가지 다른 개념을 도입할 필요가 있다. 이제 최적기optimizer에 대 해 살펴보자.

TensorFlow에서 서로 다른 최적기 테스트

이제 신경망을 정의하고 사용해봤으므로 비유를 통해 망을 훈련하는 방법에 대한 직 관을 가져보자. **그래디언트 하강**GD이라고 알려진 유명한 훈련 기법에 중점을 두자. 그 림 1.12와 같이 하나의 단일 변수 w를 가진 일반적인 비용함수 $C(w)$를 상상해보자.

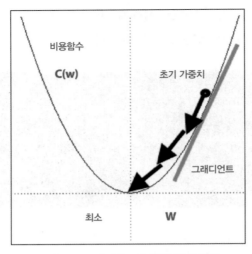

그림 1.12 그래디언트 하강 최적화의 예시

그래디언트 하강은 가파른 경사면을 따라 내려가며 도랑을 찾는 것을 목표로 하는 등산객에 비유할 수 있다. 경사는 함수 C를 나타내고 도랑이란 최소 $C_{\min}$을 의미한다. 등산객의 출발점은 w_0이다. 등산객은 아주 조금씩만 움직인다. 앞이 거의 보이지 않는다고 상상해보라. 따라서 등산객은 어디로 가야 할지 그냥은 알 수 없으며 지그재그로 진행하게 된다. 각 단계 r에서 그래디언트는 최대 증가 방향이다.

수학적으로 이 방향은 단계 r에서 도달한 지점 w_r에서 계산된 편미분 값 $\frac{\partial C}{\partial w}$이다. 따라서 그 반대 방향인 $-\frac{\partial C}{\partial w}(w_r)$을 택하면 등산객은 도랑을 향해 나아갈 수 있다.

각 단계에서 등산객은 다음 단계의 보폭을 결정해야 한다. 그래디언트 하강 전문 용어로는 이를 소위 "학습률" $\eta \geq 0$라고 한다. η이 너무 작다면 등산객은 천천히 움직일 것이다. 그러나 η이 너무 크다면 등산객은 도랑을 지나쳐 버릴 가능성이 있다.

이제 시그모이드 함수가 연속이며 미분 가능하다는 점을 떠올려보자. Sigmoid $\sigma(x)$ $= \frac{1}{1+e^{-x}}$의 미분은 $\frac{d\sigma(x)}{d(x)} = \sigma(x)(1 - \sigma(x))$라는 사실을 증명할 수 있다.

ReLU는 0에서 미분 가능하지 않다. 그러나 0에서의 미분 값을 0이나 1로 임의로 정하면 0에서의 1차 도함수를 전체 범위로 확장할 수 있다.

ReLU $y = \max(0, x)$의 부분^{piecewise} 미분은 $\frac{dy}{dx} = \begin{cases} 0 & x \leq 0 \\ 1 & x > 0 \end{cases}$이다. 도함수를 구했으면

그래디언트 하강 기법을 사용해 망을 최적화할 수 있다.

TensorFlow는 도함수를 대신 계산해주므로 우리는 그 계산이나 구현을 걱정할 필요가 없다.

신경망은 본질적으로 수천 개 또는 때로 수백만 개의 매개변수를 가진 여러 미분 가능 함수의 복합체로 구성된다. 각 신경망 계층은 학습 단계에서 관찰된 정확도를 향상시키기 위해 오류를 최소화하는 함수를 계산한다. 뒤에 역전파에 대해 알아볼 때 최소화라는 것이 여기 있는 간단한 예제보다는 더 복잡하다는 것을 알게 될 것이다. 그러나 여전히 도랑에 닿기 위해 경사를 내려간다는 직관은 동일하다.

TensorFlow에는 그래디언트 하강의 속도를 높이기 위한 변형인 SGD와 함께 RMSProp과 Adam과 같은 보다 고급 최적화 기술을 구현해뒀다. RMSProp과 Adam 은 SGD의 가속 구성 요소 외에도 모멘텀^{momentum}(속도 요소) 개념을 포함하고 있다. 이는 더욱 많은 계산을 통해 더 빠른 수렴이 가능토록 해준다. 어느 방향으로 움직이기 시작했다가 방향을 바꾸기로 결심했지만 이전의 선택을 기억하고 있는 등산객을 상상해보라. 모멘텀은 SGD를 유관 방향으로 가속화하고 왔다갔다하는 것을 줄이는 데 도움을 준다는 것이 증명돼 있다.[10]

 최적기에 대한 전체 목록은 다음 링크(https://www.tensorflow.org/api_docs/python/tf/keras/optimizers)에서 찾을 수 있다.

지금까지 기본 설정인 SGD를 사용했다. 이제 다른 2개를 사용해보자. 방법은 간단한데, 몇 줄만 변경하면 된다.

```
# 모델 컴파일
model.compile(optimizer='RMSProp',
              loss='categorical_crossentropy', metrics=['accuracy'])
```

다 됐다. 이제 테스트해보자.

```
Layer (type)                 Output Shape              Param #
=================================================================
dense_layer (Dense)          (None, 128)               100480

dropout_2 (Dropout)          (None, 128)               0

dense_layer_2 (Dense)        (None, 128)               16512

dropout_3 (Dropout)          (None, 128)               0

dense_layer_3 (Dense)        (None, 10)                1290


=================================================================
Total params: 118,282
Trainable params: 118,282
Non-trainable params: 0


Train on 48000 samples, validate on 12000 samples
Epoch 1/10
48000/48000 [==============================] - 2s 48us/sample - loss: 0.4715 -
accuracy: 0.8575 - val_loss: 0.1820 - val_accuracy: 0.9471
Epoch 2/10
48000/48000 [==============================] - 2s 36us/sample - loss: 0.2215 -
accuracy: 0.9341 - val_loss: 0.1268 - val_accuracy: 0.9361
Epoch 3/10
48000/48000 [==============================] - 2s 39us/sample - loss: 0.1684 -
accuracy: 0.9497 - val_loss: 0.1198 - val_accuracy: 0.9651
Epoch 4/10
48000/48000 [==============================] - 2s 43us/sample - loss: 0.1459 -
accuracy: 0.9569 - val_loss: 0.1059 - val_accuracy: 0.9710
Epoch 5/10
48000/48000 [==============================] - 2s 39us/sample - loss: 0.1273 -
accuracy: 0.9623 - val_loss: 0.1059 - val_accuracy: 0.9696
Epoch 6/10
48000/48000 [==============================] - 2s 36us/sample - loss: 0.1177 -
accuracy: 0.9659 - val_loss: 0.0941 - val_accuracy: 0.9731
Epoch 7/10
48000/48000 [==============================] - 2s 35us/sample - loss: 0.1083 -
accuracy: 0.9671 - val_loss: 0.1009 - val_accuracy: 0.9715
Epoch 8/10
48000/48000 [==============================] - 2s 35us/sample - loss: 0.0971 -
accuracy: 0.9706 - val_loss: 0.0950 - val_accuracy: 0.9758
Epoch 9/10
48000/48000 [==============================] - 2s 35us/sample - loss: 0.0969 -
```

```
accuracy: 0.9718 - val_loss: 0.0985 - val_accuracy: 0.9745
Epoch 10/10
48000/48000 [==============================] - 2s 35us/sample - loss: 0.0873 -
accuracy: 0.9743 - val_loss: 0.0966 - val_accuracy: 0.9762
10000/10000 [==============================] - 1s 2ms/sample - loss: 0.0922 -
accuracy: 0.9764
Test accuracy: 0.9764
```

앞의 스크린샷에서 볼 수 있듯 RMSProp은 SDG보다 빠르다. 단 10번의 에폭만에 훈련은 97.43%, 검증은 97.62%, 테스트는 97.64%의 정확도를 얻을 수 있었다. 이는 SGD에 비하면 대단한 개선점이다. 이제 매우 빠른 최적기가 생겼으니 에폭의 수를 250까지 대폭 올려보면 훈련 98.99%, 검증 97.66%, 테스트 97.77%의 정확도를 얻을 수 있다.

```
Epoch 248/250
48000/48000 [==============================] - 2s 40us/sample - loss: 0.0506 -
accuracy: 0.9904 - val_loss: 0.3465 - val_accuracy: 0.9762
Epoch 249/250
48000/48000 [==============================] - 2s 40us/sample - loss: 0.0490 -
accuracy: 0.9905 - val_loss: 0.3645 - val_accuracy: 0.9765
Epoch 250/250
48000/48000 [==============================] - 2s 39us/sample - loss: 0.0547 -
accuracy: 0.9899 - val_loss: 0.3353 - val_accuracy: 0.9766
10000/10000 [==============================] - 1s 58us/sample - loss: 0.3184 -
accuracy: 0.9779
Test accuracy: 0.9779
```

에폭 수가 증가할 때 훈련과 테스트 집합에서 정확도가 어떻게 증가하는지 관찰해보면 유용하다(그림 1.13 참조). 그림에서 보듯 이 두 곡선은 약 15에폭에서 서로 맞닿고 그 이후에는 더 이상 훈련할 필요가 없다.

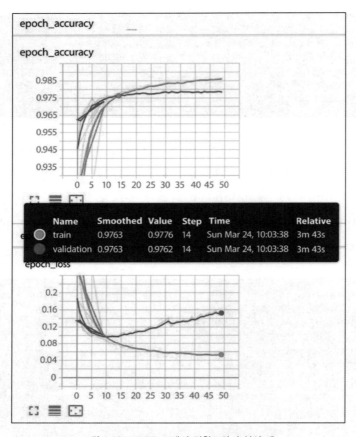

그림 1.13 RMSProp에서 정확도와 손실의 예

됐다. 이제 Adam() 최적기를 사용해보자. 상당히 간단하다.

```
# 모델 컴파일.
model.compile(optimizer='Adam',
              loss='categorical_crossentropy',
              metrics=['accuracy'])
```

결과에서 볼 수 있듯이 Adam()이 약간 더 좋다. Adam을 사용하면 20번 반복에서 훈련 98.94%, 검증 97.89%, 테스트 97.82%의 정확도를 얻었다.

```
Epoch 49/50
48000/48000 [==============================] - 3s 55us/sample - loss: 0.0313 -
accuracy: 0.9894 - val_loss: 0.0868 - val_accuracy: 0.9808
Epoch 50/50
48000/48000 [==============================] - 2s 51s/sample - loss: 0.0321 -
accuracy: 0.9894 - val_loss: 0.0983 - val_accuracy: 0.9789
10000/10000 [==============================] - 1s 66us/step - loss: 0.0964 -
accuracy: 0.9782
Test accuracy: 0.9782
```

한 번 더, 에폭 수가 증가할 때 훈련 및 테스트 집합에서 정확도가 어떻게 증가하는
지를 그려보자(그림 1.14 참조). Adam을 최적기로 선택한다면 약 12에폭 또는 단계 후
에 그만둘 수 있다는 것을 알 수 있다.

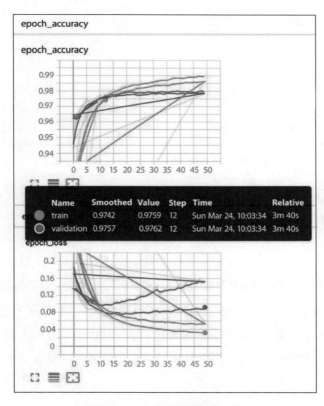

그림 1.14 Adam의 정확도와 손실 예시

이는 다섯 번째 변형이며 초기 기준은 테스트에서 90.71%였다는 점을 기억하자. 지금까지 점진적으로 개선해왔다. 그러나 이제 갈수록 개선이 점점 더 어려워지고 있다. 현재 30%의 드롭아웃으로 최적화하고 있다는 점에 주목하자. 완벽을 기하기 위해 다양한 드롭아웃 값에 대해 테스트 데이터 집합의 정확도를 살펴보면 유용할 수 있다(그림 1.15 참조). 이 예에서는 Adam()을 최적기로 선택했다. 최적기 선택을 위한 어떤 경험칙이 있는 것은 아니며 문제-최적기의 조합에 따라 서로 다른 성능을 얻을 수 있다는 점에 유의하자.

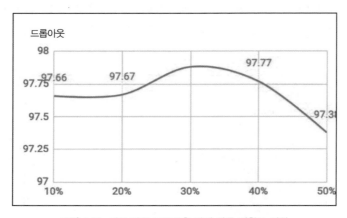

그림 1.15 서로 다른 드롭아웃 값에 따른 정확도 변화

에폭 수 증가시키기

이제 다른 시도로서, 훈련에 사용된 에폭 수를 20에서 200으로 늘려 보자. 아쉽게도 이 선택은 계산 시간을 10배나 늘렸지만 별다른 소득이 없다. 실험은 성공적이지 않지만, 배우는 데 더 많은 시간을 소비한다고 해서 반드시 그 결과가 개선되는 바가 아니라는 점을 알게 됐다. 학습에는 현명한 기술 채택이 더 중요한 것이지 단지 계산에 소요되는 시간에 관한 것만이 아니다. 다음 그래프에서 다섯 가지 변화를 추적해보자.

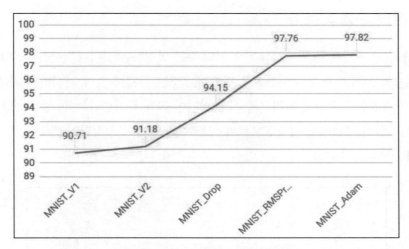

그림 1.16 서로 다른 모델과 최적기의 정확도

최적기 학습률 조절

최적기의 학습 매개변수 변경에 관해 취할 수 있는 또 다른 방법이 있다. 그림 1.17
에서 볼 수 있듯 세 가지 실험 [lr = 0.1, lr = 0.01, lr = 0.001]에서 얻은 최상의 값
은 0.1이며, 이는 최적기의 기본 학습 속도다. 좋다. 기본적으로 Adam은 잘 작동하
고 있다.

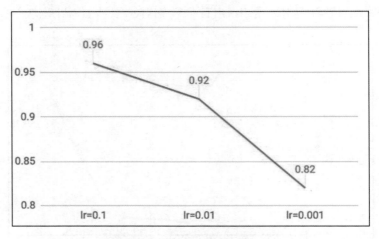

그림 1.17 서로 다른 학습률에 따른 정확도

내부 은닉층 개수 증가

또 다른 접근 방법은 내부에 은닉된 뉴런의 수를 변경하는 것이다. 은닉 뉴런의 수가 증가할수록 결과가 어떻게 되는지 살펴보자. 모델의 복잡도를 증가시키면 최적화해야 할 매개변수가 점점 많아지므로 실행 시간이 크게 증가한다는 걸 알 수 있다. 그러나 신경망의 크기를 증가시킴으로써 얻는 이득은 망이 증가함에 따라 점점 더 감소한다(그림 1.18, 1.19, 1.20).

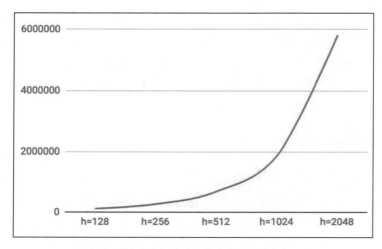

그림 1.18 내부 은닉 뉴런 개수 증가에 따른 매개변수 개수

반면, 내부 신경망의 크기를 증가시키기 위한 시간은 점점 늘어난다(그림 1.19).

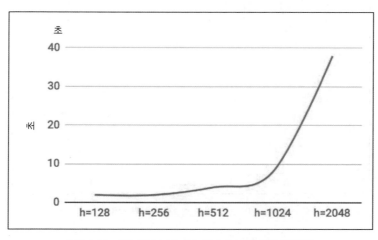

그림 1.19 내부 은닉 뉴런 개수 증가에 따른 실행 시간(초)

은닉 뉴런의 수를 일정이상 증가시키면 신경망이 일반화를 잘 하지 못할 수 있기 때문에 정확도가 오히려 저하될 수 있다는 점에 주목하자(그림 1.20 참조).

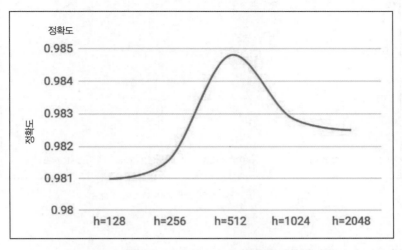

그림 1.20 내부 은닉 뉴런 개수 증가에 따른 테스트 정확도

배치 계산 크기 증가

그래디언트 하강은 훈련 집합에서 제공되는 모든 예제와 입력에서 제공되는 모든 특징에 대해 비용함수를 최소화하려고 한다. SGD는 BATCH_SIZE 크기의 예제만 고려하는 계산이 훨씬 간단한 변형이다. 자, 이제 이 매개변수를 바꾸면 어떻게 작동하는지 살펴보자. 보다시피, 네 가지 실험에서 BATCH_SIZE=64에서 최고의 정확도에 도달했다(그림 1.21 참조).

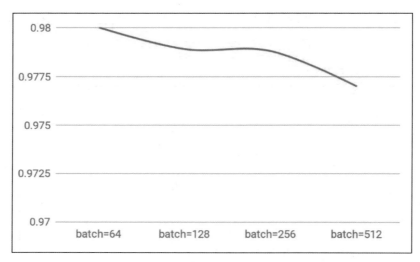

그림 1.21 서로 다른 배치 값에 따른 테스트 정확도

필기체 인식 실행 차트 요약

이제 정리해보자. 다섯 가지 변형을 통해 성능을 90.71%에서 97.82%로 향상시킬 수 있었다. 먼저 TensorFlow로 단일 계층 신경망을 정의했다. 그런 다음 은닉층을 추가해 성능을 개선시켰다. 그런 뒤 신경망에 임의의 드롭아웃을 추가하고 다양한 유형의 최적기를 실험해 테스트 집합의 성능을 개선했다.

표 1.1 다양한 정확로 레벨에서의 실험 요약

모델	정확도		
	훈련	검증	테스트
단일	89.96%	90.70%	90.71%
2 은닉(128)	90.81%	91.40%	91.18%
드롭아웃(30%)	91.70%	94.42%	94.15%(200에폭)
RMSProp	97.43%	97.62%	97.64%(10에폭)
Adam	98.94%	97.89%	97.82%(10에폭)

그러나 다음 두 실험(앞의 표에는 표시되지 않음)은 크게 개선점이 없었다. 내부 뉴런의 수를 늘리면 더 복잡한 모델이 생성되고 더 많은 계산량이 필요하지만 미미한 개선만 얻었다. 훈련 시간을 늘려도 동일한 결과를 얻었다. 마지막 실험은 최적기의 BATCH_SIZE를 변경하는 것이었다. 또한 미미한 결과만 얻었다.

규제화

이 절에서는 훈련 단계를 개선하기 위한 몇 가지 모범 사례를 살펴본다. 특히 규제화regularization와 배치 정규화batch normalization를 살펴본다.

과적합을 피하기 위한 규제화 적용

직관적으로 생각할 때, 좋은 머신러닝 모델이란 훈련 데이터에서 낮은 오류율을 가져야 한다. 수학적으로 이는 주어진 훈련 데이터에 대해 모델의 손실함수를 최소화하는 것과 같다.

$$\text{min: } \{손실(훈련\ 데이터 | 모델)\}$$

그러나 이것만으론 충분치 않을 수 있다. 훈련 데이터에 내재된 모든 모든 관계를 포착하려다 모델이 지나치게 복잡해질 수 있다. 이러한 복잡도의 증가는 두 가지 부정적인 결과를 초래할 수 있다. 첫째, 복잡한 모델을 실행하려면 상당한 시간이 소요될 수 있다. 둘째로 복잡한 모델은 훈련 데이터에 대해서는 매우 우수한 성과를 달성할 수 있지만 검증 데이터에서는 상당히 나쁜 성과를 거둘 수 있다. 이는 모델이 훈련 상황에만 특화된 많은 매개변수 사이의 관계를 고려할 수 있지만, 사실 이러한 관계는 더욱 일반적인 맥락 안에서는 존재하지 않기 때문이다. 이러한 방식으로 일반화하는 능력을 잃게 된 모델을 "과적합overfitting"이라고 한다. 다시 말해 배움은 암기보다 일반화에 더 가까운 법이다.

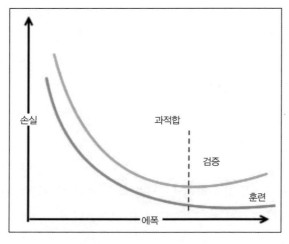

그림 1.22 손실함수와 과적합

경험에 비춰 볼 때 훈련 과정에서 초기 감소 후 검증 단계에서 손실이 증가하는 것을 보게 되면 모델 복잡도 문제가 발생한 것으로서, 이는 훈련 데이터를 과적합하게 된다.

과적합 문제를 해결하려면 모델의 복잡도, 즉 모델이 얼마나 복잡한지 파악할 수 있는 방법이 필요하다. 해결책은 무엇일까? 모델이란 가중치의 벡터에 불과하다. 각 가중치는 0이나 0에 매우 가까운 것을 제외하고 모두 출력에 영향을 준다. 따라서 모델의 복잡도는 편의상 0이 아닌 가중치의 개수로 표현될 수 있다. 다시 말해, 손실함수 측면에서 거의 동일한 성능을 가진 M1과 M2의 두 모델이 있는 경우라면 0이 아닌 가중치의 개수가 최소인 가장 간단한 모델을 선택해야 한다. 초매개변수 $\lambda >= 0$를 사용해 단순 모델의 중요성을 조절할 수 있다. 이를 식으로 나타내면 다음과 같다.

$$\min: \{손실(훈련\ 데이터 | 모델)\} + \lambda * 복잡도(모델)$$

머신러닝에서 사용되는 세 가지 규제화는 다음과 같다.

- L1 규제화(LASSO라고도 부른다): 모델의 복잡도는 가중치 절댓값의 합으로 나타난다.

- L2 규제화(Ridge라고도 부른다): 모델의 복잡도는 가중치 제곱의 합으로 나타낸다.

- 일래스틱elastic 규제화: 모델의 복잡도는 앞의 두 기법의 조합으로 나타낸다.

규제화를 사용하면 특히 과적합이 분명한 상황에서 신경망의 성능을 향상시킬 수 있는 좋은 방법이 될 수 있다. 이 실험은 관심 있는 독자들을 위해 연습 문제로 남겨 둔다.

또한 TensorFlow는 L1, L2 및 일래스틱넷ElasticNet 규제화를 지원한다는 점을 알아두자. 규제화에 대한 전체 목록은 다음 링크(https://www.tensorflow.org/api_docs/python/tf/keras/regularizers)를 참고하라. 규제화를 추가하는 것은 간단하다.

```
from tf.keras.regularizers import l2, activity_l2
model.add(Dense(64, input_dim=64, W_regularizer=l2(0.01),
    activity_regularizer=activity_l2(0.01)))
```

배치 정규화의 이해

배치 정규화Batch Normalization는 또 다른 형태의 규제화이며 최근 몇 년 동안 제안된 것 중 가장 효과적인 개선 방법 중 하나다. 배치 정규화를 사용하면 경우에 따라 훈련 에폭을 절반으로 줄여서 훈련을 가속화할 수 있으며 일부 정규화를 제공한다. 그 배경을 살펴보자.

훈련 과정에서 초기 계층의 가중치는 변경될 것이 당연하므로 이후 계층의 입력은 크게 변경될 수 있다. 즉, 각 계층은 모든 배치마다 가중치를 지속적으로 다른 분포로 다시 조정해야 한다. 이로 인해 모델의 훈련 속도가 크게 떨어질 수 있다. 핵심 아이디어는 각 배치와 각 에폭에 대해 계층 입력이 좀 더 유사한 분포를 갖도록 하자는 것이다.

또 다른 문제는 Sigmoid 활성화 함수는 0 근처에서는 아주 잘 작동하지만 값이 0에서 상당히 멀어지면 "고착"되는 경향이 있다는 것이다. 만약 때때로 뉴런 출력이

Sigmoid 0으로부터 멀리 떨어져 변동되면 해당 뉴런은 자신의 가중치를 갱신할 수 없게 된다.

따라서 다른 핵심 아이디어는 계층 출력을 0에 가까운 가우시안 분포 단위로 변환하는 것이다. 이렇게 하면 계층에서 배치 사이의 변형이 크게 줄어든다. 수학적으로 공식은 매우 간단하다. 활성화 입력 x는 자신에서 배치 평균 μ를 차감함으로써 0 주위로 모은다. 그다음 결과를 배치 분산 σ와 작은 수 ∈의 합인 σ + ∈로 나눠 분모가 0이 되는 것을 피한다. 그런 다음 선형 변환 y = λx + β를 사용해 훈련 단계에서 정규화 효과가 적용되도록 한다.

이 방법을 통해 다른 계층에서도 훈련 과정에서 λ와 β 매개변수가 최적화된다. 배치 정규화는 활성화 속도가 너무 작아 없어지거나 너무 커져 폭발하는 것을 방지하는 데 도움이 되기 때문에 훈련 속도와 정확도를 모두 높일 수 있는 매우 효과적인 방법으로 입증됐다.

Google Colab 사용 - CPUs, GPUs, TPUs

Google은 신경망 훈련과 TensorFlow(2.x 포함)를 무료로 사용할 수 있는 직관적인 도구를 제공한다. 웹페이지(https://colab.research.google.com/)에서 무료로 다운로드할 수 있는 Colab을 구할 수 있고, 만약 Jupyter notebooks에 익숙하다면 매우 사용자 친화적인 환경을 볼 수 있다. Colab은 Colaboratory의 약자이며 머신러닝 교육 및 연구를 유포하기 위해 만들어진 Google 연구 프로젝트다.

그림 1.23의 스크린샷을 통해 어떻게 작동되는지 살펴보자.

그림 1.23 Colab의 노트북 예시

Colab에 액세스하면 과거에 생성된 노트북 목록을 확인하거나 새 노트북을 만들 수 있다. 다양한 버전의 Python이 지원된다.

그림 1.24에서처럼 노트북을 생성할 때 CPUs, GPUs, 또는 Google TPUs 중 무엇을 사용할 것인지 선택할 수 있다.

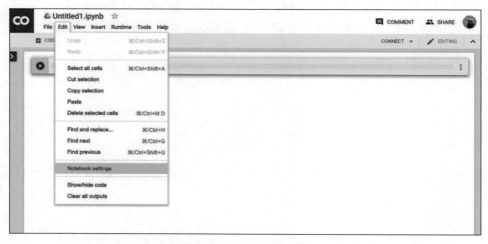

그림 1.24 원하는 하드웨어 액셀러레이터 선택(없음, GPU, TPU) - 첫 단계

Edit 메뉴에 포함된 노트북 설정 옵션(그림 1.24 및 그림 1.25 참조)에 접근해 하드웨어 가속기(없음, GPU, TPU)를 선택할 수 있다. Google은 언제라도 (특히 로드가 많은 기간 동안) 정책을 철회할 수는 있겠지만 현재 리소스를 무료로 할당한다. 내 경험상 그러한 일은 매우 드물며 언제나 colab에 거의 항상 접근할 수 있다. 하지만 예의에 맞게 행동해야 하며 공짜로 비트코인 채굴을 하려는 일 등을 시도한다면 거의 쫓겨날 것이다.

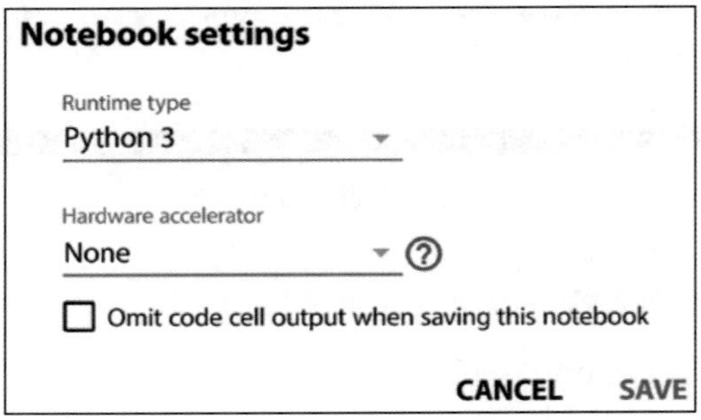

그림 1.25 원하는 하드웨어 액셀러레이터 선택(없음, GPU, TPU) - 두 번째 단계

그다음 단계는 원하는 코드를 적절한 colab 노트북 셀에 삽입하는 것이다(그림 1.26 참조). 이로써 준비가 끝났다! 실험을 시작하기 위해 매우 비싼 하드웨어를 구입하지 않고도 이제 코드와 딥러닝을 실행할 수 있는 행복을 누릴 수 있다.

그림 1.26에 Google 노트북의 예제 코드가 나타나 있다.

```
☐ CODE ☐ TEXT    ☆ CELL    ☆ CELL

  ▶    return (X_train, y_train), (X_test, y_test)

      def build_model():
          model = models.Sequential()
          #Input - Emedding Layer
          # the model will take as input an integer matrix of size (batch, input_length)
          # the model will output dimension (input_length, dim_embedding)
            # the largest integer in the input should be no larger
            # than n_words (vocabulary size).
          model.add(layers.Embedding(n_words,
              dim_embedding, input_length=max_len))

          model.add(layers.Dropout(0.3))

          #takes the maximum value of either feature vector from each of the n_words features
          model.add(layers.GlobalMaxPooling1D())
          model.add(layers.Dense(128, activation='relu'))
          model.add(layers.Dropout(0.5))
          model.add(layers.Dense(1, activation='sigmoid'))

          return model

      (X_train, y_train), (X_test, y_test) = load_data()
      model=build_model()
      model.summary()

      model.compile(optimizer = "adam", loss = "binary_crossentropy",
       metrics = ["accuracy"]
      )

      score = model.fit(X_train, y_train,
       epochs= EPOCHS,
       batch_size = BATCH_SIZE,
       validation_data = (X_test, y_test)
      )

      score = model.evaluate(X_test, y_test, batch_size=BATCH_SIZE)
      print("\nTest score:", score[0])
      print('Test accuracy:', score[1])
```

그림 1.26 노트북의 예제 코드

감정 분석

Colab을 테스트할 때 사용했던 코드는 무엇일까? 바로 IMDb 데이터셋 위에 개발
된 감정 분석 예시다. IMDb 데이터 세트에는 인터넷 영화 데이터베이스^{Internet Movie}
Database에 있는 50,000개의 영화 리뷰 텍스트가 포함돼 있다. 각 리뷰는 긍정 또는
부정이다. 데이터셋은 25,000건의 훈련과 25,000건의 테스트 집합으로 나눈다. 여
기의 목표는 텍스트를 보고 이진 판단을 예측할 수 있는 분류기를 구축하는 것이다.
tf.keras를 사용하면 IMDb를 쉽게 로드할 수 있으며 리뷰에 있는 단어의 시퀀스는
정수의 시퀀스로 변환됐다. 각 정수는 사전의 특정 단어를 나타낸다. 또한 문장을
max_len 길이로 채울 수 있는 편리한 방법을 사용해 길이에 상관없이 모든 문장을 사
용해 신경망의 입력으로 할 수 있으며 각 입력 벡터는 고정된 크기다(이 요구 사항은 8장
에서 더욱 자세히 살펴볼 것이다).

```
import tensorflow as tf
from tensorflow.keras import datasets, layers, models, preprocessing
```

```
import tensorflow_datasets as tfds

max_len = 200
n_words = 10000
dim_embedding = 256
EPOCHS = 20
BATCH_SIZE = 500

def load_data():
    # 데이터 로드
    (X_train, y_train), (X_test, y_test) = datasets.imdb.load_data(num_
words=n_words)
    # 문장을 max_len이 되도록 채워 넣는다.
    X_train = preprocessing.sequence.pad_sequences(X_train,maxlen=max_len)
    X_test = preprocessing.sequence.pad_sequences(X_test,maxlen=max_len)
    return (X_train, y_train), (X_test, y_test)
```

이제 모델을 만들어보자. 여기서는 8장에서 자세히 설명할 몇 가지 계층을 사용할 것이다. 지금은 그냥 Embedding()이라는 계층이 있어서 리뷰에 포함된 단어의 희소 공간을 더 조밀한 공간으로 매핑한다고 가정하자. 이를 통해 계산이 용이해진다. 또한 GlobalMaxPooling1D() 계층을 사용해 각 n_words 특징에서 특징 벡터의 최댓값을 가져온다. 또한 2개의 Dense() 계층이 있다. 마지막은 단일 뉴런으로 구성되는데 최종 이진 추정을 위해 Sigmoid 활성화 함수를 가진다.

```
def build_model():
    model = models.Sequential()
    # 입력: - eEmbedding Layer.
    # 모델은 크기의 정수 행렬을 입력으로 취한다(batch, input_length).
    # 모델의 출력은 차원이다(input_length, dim_embedding).
    # 입력 중 가장 큰 정수는 n_words 보다 작거나 같다(어휘 크기).
    model.add(layers.Embedding(n_words,
        dim_embedding, input_length=max_len))

    model.add(layers.Dropout(0.3))

    # 각 n_words 특징에서 특징 벡터의 최댓값을 취함
    model.add(layers.GlobalMaxPooling1D())
    model.add(layers.Dense(128, activation='relu'))
```

```
        model.add(layers.Dropout(0.5))
        model.add(layers.Dense(1, activation='sigmoid'))


    return model
```

이제 모델을 훈련시켜야 하는데, 이 코드는 MNIST에서 수행한 것과 매우 유사하다.

```
(X_train, y_train), (X_test, y_test) = load_data()
model = build_model()
model.summary()

model.compile(optimizer = "adam", loss = "binary_crossentropy",
 metrics = ["accuracy"]
)

score = model.fit(X_train, y_train,
 epochs = EPOCHS,
 batch_size = BATCH_SIZE,
 validation_data = (X_test, y_test)
)

score = model.evaluate(X_test, y_test, batch_size=BATCH_SIZE)
print("\nTest score:", score[0])
print('Test accuracy:', score[1])
```

이제 신경망을 살펴보고 몇 번의 반복을 수행해보자.

```
Layer (type)                 Output Shape              Param #
=================================================================
embedding (Embedding)        (None, 200, 256)          2560000

dropout (Dropout)            (None, 200, 256)          0

global_max_pooling1d (Global (None, 256)               0

dense (Dense)                (None, 128)               32896

dropout_1 (Dropout)          (None, 128)               0
```

```
dense_1 (Dense)                    (None, 1)                   129

=================================================================
Total params: 2,593,025
Trainable params: 2,593,025
Non-trainable params: 0
```

다음 출력에서 보는 것처럼 85%의 정확도를 얻었다. 단순 신경망치곤 나쁘지 않은 결과다.

```
Epoch 20/20
25000/25000 [==============================] - 23s 925ms/sample - loss: 0.0053
- accuracy: 0.9991 - val_loss: 0.4993 - val_accuracy: 0.8503
25000/25000 [==============================] - 2s 74us/sample - loss: 0.4993 -
accuracy: 0.88503

Test score: 0.4992710727453232
Test accuracy: 0.85028
```

다음 절은 초매개변수 튜닝과 AutoML에 관해 알아본다.

초매개변수 튜닝과 AutoML

위에서 정의한 실험은 신경망을 미세 조정할 수 있는 여지를 제공한다. 그러나 이 예에서 잘 작동한다고 해서 반드시 다른 예제에서 작동한다는 보장은 없다. 주어진 신경망에 대해 사실 최적화할 수 있는 여러 매개변수가 있다(은닉 뉴런의 개수, BATCH_SIZE, 에폭 수, 망 자체의 복잡도에 종속된 여러 매개변수 등). 이러한 매개변수는 신경망 자체의 매개변수, 즉 가중치와 편향 값과 구별하기 위해 초매개변수^{hyperparameter}라고 한다.

초매개변수 튜닝이란 비용함수를 최소화하는 초매개변수의 최적 조합을 찾는 프로세스다. 핵심 아이디어는 n개의 초매개변수가 있는 경우, 이들이 이루는 n차원의 공간을 정의하고 이 공간에서 비용함수의 최적 값에 해당하는 지점을 찾는 것이다. 이 목표를 달성하는 한 가지 방법은 이 공간에 그리드를 만들고 각 그리드 정점에 대한 비용함수 값을 체계적으로 확인하는 것이다. 다시 말해 초매개변수를 버킷으로 나누고 서로 다른 값 조합을 무차별 접근 방식을 통해 확인한다.

초매개변수를 미세 조정하는 이 과정이 수동적이고 계산량이 많이 들 것으로 생각된다면 당신의 생각은 전적으로 옳다! 그러나 지난 몇 년 동안 초매개변수를 자동으로 튜닝하고 최적의 신경망 아키텍처를 자동으로 검색하는 것을 목표로 하는 일련의 연구 기법인 AutoML에서 중요한 결과를 얻었다. 이 부분은 13장에서 더 자세히 살펴볼 것이다.

출력 예측

신경망이 훈련되면 물론 예측을 위해 사용할 수 있다. TensorFlow에서 이는 매우 간단하다. 다음 메서드를 사용한다.

```
# 예측하기
predictions = model.predict(X)
```

주어진 입력에 대해 몇 가지 유형의 출력을 계산할 수 있다. `model.evaluate()`는 손실 값을 계산하는 데 사용하고, `model.predict_class()`는 범주 출력을 계산하고 `model_proba()` 메서드는 부류 확률을 계산하는 데 사용한다.

역전파에 대한 실용적 개괄

다층 퍼셉트론은 역전파backpropagation라는 프로세스를 통해 훈련 데이터로부터 학습한다. 이 절에서는 기본적인 사항을 알아보고 자세한 내용은 14장에서 설명한다. 이 과정은 오류가 발견되는 즉시 점진적으로 수정해나가는 방법이라고 설명할 수 있다. 이제 작동 방식을 알아보자.

각 신경망 계층에는 주어진 입력 집합에 대한 출력값을 결정하는 관련 가중치 집합이 있음을 기억하자. 또한 신경망은 다수의 은닉층을 가질 수 있음을 상기하자.

처음에는 모든 가중치에 임의의 값을 할당한다. 그런 다음 훈련 집합의 각 입력에 대해 신경망이 활성화된다. 값은 입력 단계에서 은닉 단계를 통해 출력 단계로 순전파 propagate forward돼 예측이 이뤄진다. 그림 1.27에는 편의상 녹색 점선으로 표시된 몇 개의 값만 표시해 단순화했지만 실제로는 모든 값이 망을 통해 순전파된다.

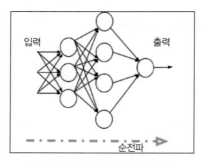

그림 1.27 역전파의 순전파 단계

훈련 집합에서 실제 관측값을 알기 때문에 예측에서 발생한 오차를 계산할 수 있다. 역전파의 핵심 아이디어는 그래디언트 하강과 같은 적절한 최적화 알고리듬을 사용해 오류를 줄이기 위한 목적으로 신경망 가중치를 조정하기 위해 오류를 역으로 전파(그림 1.28 참조)하는 것이다(여기서도 편의상 몇 가지 오류 값만 표시된다).

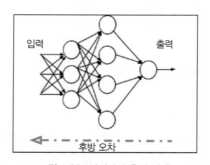

그림 1.28 역전파의 후방 단계

입력에서 출력으로 순방향 전파 및 오차의 역방향 전파 프로세스는 오차가 사전 정의된 임곗값 이하로 떨어질 때까지 여러 번 반복된다. 전체 프로세스는 그림 1.29에 나타나 있다.

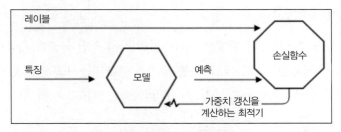

그림 1.29 순방향 전파와 역방향 전파

특징은 입력을 나타내며 레이블은 학습 과정을 진행하는 데 사용된다. 모델은 손실 함수가 점진적으로 최소화되는 방향으로 갱신된다. 신경망에서 실제로 중요한 것은 단일 뉴런의 출력이 아니라 각 계층에서 조정된 종합적인 가중치다. 따라서 신경망은 예측이 정확하게 된 레이블 수를 증가시키는 방향으로 내부 가중치를 점진적으로 조정한다. 물론 학습 과정에서 편향을 최소화하기 위해서는 올바른 특징을 사용하고 품질이 우수한 레이블을 가진 데이터를 사용하는 것이 필수적이다.

지금까지 배운 것?

1장에서는 신경망의 기초를 다뤘다. 좀 더 구체적으로 퍼셉트론perceptron과 다층 퍼셉트론multi-layer perceptron, TensorFlow 2.0에서 신경망을 정의하는 방법, 좋은 기준이 설정된 후 측도를 점진적으로 개선하는 방법과 초매개변수 공간을 미세 조정하는 방법 등을 알아봤다. 또한 유용한 활성화 함수(sigmoid와 ReLU)가 무엇인지에 대한 직관적인 아이디어와 그래디언트 하강, SGD 혹은 Adam과 RMSProp 같은 더욱 정교한 접근 방식을 기반으로 하는 역전파 알고리듬을 사용해 신경망을 훈련하는 방법을 살펴봤다.

딥러닝 접근법을 향해

필기체 숫자 인식을 하는 동안 99%의 정확도에 가까워질수록 추가 개선이 어렵다는 결론에 도달했다. 더 많은 개선을 원한다면 새로운 아이디어가 필요하다. 과연 놓친 것이 무엇일지 생각해보라.

기본적인 직관은 지금까지의 예에서는 이미지의 지역 공간 구조를 활용하지 않았다는 것이다. 특히 사용한 코드는 각 기록된 숫자를 나타내는 비트맵을 평면 벡터로 변환해 지역 공간 구조(인접한 픽셀이 서로 더 가까이 있다는 사실)가 사라진다.

```
# X_train은 60000의 행을 가진 28x28의 값; 60000x784 형태로 변형
X_train = X_train.reshape(60000, 784)
X_test = X_test.reshape(10000, 784)
```

그러나 이는 우리의 뇌가 작동하는 방식이 아니다. 우리의 시각은 여러 피질 레벨에 기반한다는 점을 기억하자. 각 피질 레벨은 점점 더 구조화된 정보를 인식하고 지역성을 유지한다. 단일 픽셀을 본 다음 그로부터 단순한 기하 형태를 인식하고나서 객체, 얼굴, 인체, 동물 등과 같은 점점 더 정교한 요소를 인식한다.

3장에서는 **컨볼루션 신경망**CNN, Convolutional Neural Network이라고 하는 특정 유형의 딥러닝망이 이미지의 지역 공간 구조를 보존한다는 아이디어(더욱 일반적으로는 공간 구조를 갖는 모든 유형의 정보)와 점진적 추상화 레벨을 통한 학습 아이디어를 모두 고려해 개발됐음을 알 수 있다. 하나의 계층은 오직 간단한 패턴만 학습할 수 있고, 하나 이상의 계층으로 여러 패턴을 학습할 수 있다. CNN을 설명하기 전에 TensorFlow 아키텍처의 몇 가지 측면을 알아보고 몇 가지 추가적인 머신러닝 개념에 대한 실질적인 소개를 할 필요가 있다. 이는 2장에서 자세히 다룰 것이다.

요약

1장에서는 TensorFlow와 Keras가 무엇인지 배웠고 퍼셉트론과 다계층 퍼셉트론으로 신경망 소개를 했다. 그런 다음 몇 가지 최적기를 사용해 필기체 숫자를 인식하는 예제를 살펴봤다.

2장은 회귀와 분류에 관해 살펴볼 것이다.

참고문헌

1. Rosenblatt, F. (1958). *The perceptron: a probabilistic model for information storage and organization in the brain*. Psychol. Rev, vol. 65, pp. 386 – 408.

2. Werbos, P. J. (1990). *Backpropagation through time: what it does and how to do it*. Proc. IEEE, vol. 78, pp. 1550 – 1560.

3. Hinton, G. E., Osindero, S., and Teh, Y. W. (2006). *A fast learning algorithm for deep belief nets*. Neural Comput, vol. 18, pp. 1527 – 1554.

4. Schmidhuber, J. (2015). *Deep learning in neural networks: an overview*. Neural Networks : Off. J. Int. Neural Netw. Soc., vol. 61, pp. 85 – 117.

5. Leven, S. (1996). *The roots of backpropagation: From ordered derivatives to neural networks and political forecasting*. Neural Networks, vol. 9.

6. Rumelhart, D. E., Hinton, G. E., and Williams, R. J. (1986). *Learning representations by backpropagating errors*. Nature, vol. 323.

7. Herculano-Houzel, S. (2009). *The human brain in numbers: a linearly scaled-up primate brain*. Front. Hum. Neurosci., vol. 3.

8. Hornick, K., Stinchcombe, M., and White, H. (1989). *Multilayer feedforward networks are universal approximators*. Neural Networks Volume 2, Issue 5. Pages 359 – 366.

9. Vapnik, V. N. (2013). *The nature of statistical learning theory*.

10. Sutskever, I., Martens, J., Dahl, G., Hinton, G., (2013). *On the importance of initialization and momentum in deep learning*. 30th International Conference on Machine Learning, ICML.

02

회귀와 분류

회귀와 분류는 거의 모든 머신러닝 응용에 사용되는 두 가지 기본적인 과제다. 공학, 물리과학, 생물학 및 금융 시장에서 사회과학에 이르기까지 다양한 분야에서 응용된다. 이 둘은 통계학자와 데이터과학자에게 있어 기본적인 도구다. 2장에서는 다음과 같은 주제를 다룰 것이다.

- 회귀
- 분류
- 분류와 회귀의 차이
- 선형회귀
- 선형회귀의 종류
- TensorFlow Keras API를 사용한 분류

- 집값 추정에 선형회귀 적용
- 필기체 숫자 인식에 로지스틱 회귀 적용

 TIP 2장의 모든 코드 파일은 다음 링크(https://packt.link/dltfchp2)에서 다운로드할 수 있다.

먼저 회귀가 무엇인지부터 알아보자.

회귀란 무엇인가?

회귀는 일반적으로 머신러닝을 하는 사람들이 사용하는 첫 번째 알고리듬이다. 회귀는 주어진 종속변수와 독립변수 사이의 관계를 학습해 데이터를 예측할 수 있게 해준다. 회귀는 거의 모든 분야에서 사용된다. 둘 이상의 관계를 찾는 데 관심이 있는 모든 곳에서 회귀를 사용할 수 있다.

주택 가격을 추정하는 경우를 떠올려보자. 객실 수, 바닥 면적, 지역, 편의 시설, 주차 공간 등과 같이 주택 가격에 영향을 줄 수 있는 요인이 많다. 회귀 분석은 이러한 요인과 주택 가격 간의 수학적 관계를 찾는 데 도움이 된다.

오직 집의 면적만이 주택 가격을 결정하는 단순한 세상을 가정해보자. 회귀를 사용해 집 면적(독립변수: 다른 변수에 종속되지 않는 변수)과 가격(종속변수: 하나 이상의 독립변수에 종속된 변수) 사이의 관계를 결정할 수 있다. 나중에 이 관계를 사용해 해당 주택의 면적만 보면 모든 주택의 가격을 예측할 수 있다. 종속 및 독립변수와 변수를 식별하는 방법에 관한 자세한 내용은 다음 링크(http://www.aimldl.org/ml/dependent_independent_variables.html)를 참조하라. 머신러닝에서 일반적으로 독립변수는 모델의 입력이며, 종속변수는 모델의 출력이다.

독립변수의 수, 종속변수의 수, 그 관계 유형에 따라 다양한 회귀 분석이 있다. 회귀에는 독립변수와 종속변수의 관계와 종속변수에 대한 서로 다른 독립변수의 영향 강도라는 두 가지 중요한 구성 요소가 있다. 다음 절에서는 널리 사용되는 선형회귀

기법에 대해 자세히 알아본다.

선형회귀를 사용한 예측

선형회귀$^{Linear\ regression}$는 가장 널리 알려진 모델링 기술 중 하나다. 선형회귀는 200년 넘게 존재해왔으며 거의 모든 측면에서 연구해왔다. 선형회귀는 입력변수 (X)와 출력변수 (Y) 사이에 선형의 관계가 있다고 가정한다. 선형회귀는 다음 식의 예측값 Y에 대한 선형 방정식을 찾는 과정이 포함된다.

$$\hat{Y} = W^T X + b$$

여기서 $X = \{x_1, x_2, \ldots, x_n\}$은 n개의 입력변수이고 $W = \{w_1, w_2, \ldots w_n\}$은 선형 계수이며 b는 편향^{bias} 항이다. 이제 앞의 식은 다음과 같이 확장할 수 있다.

$$\hat{Y} = \sum_{i=1}^{n} x_i w_i + b$$

편향 항은 회귀 모델의 입력이 없는 경우에도 출력을 제공할 수 있게 한다. 편향 항은 데이터에 보다 잘 적합화하기 위해 데이터를 왼쪽이나 오른쪽으로 이동할 수 있는 옵션을 제공한다. 입력 표본 i의 관측값(Y)과 예측값($\hat{Y}$) 사이의 오차는 다음과 같다.

$$e_i = Y_i - \hat{Y}_i$$

목표는 관측값 Y와 예측값 $\hat{Y}$ 사이의 오차가 최소화되도록 W 계수와 b 계수에 대한 최적의 추정치를 찾는 것이다. 이 관계를 좀 더 잘 이해하기 위해 몇 가지 예를 살펴보자.

단순 선형회귀

하나의 독립변수와 하나의 종속변수만 고려하는 경우를 단순 선형회귀라 한다. 앞 절에서 정의한 주택 가격 예측의 경우를 생각해보자. 주택 면적 (A)는 독립변수이고 주택 가격 (Y)은 종속변수가 된다. 이제 예측 가격 $\hat{Y}$과 A 사이의 선형 관계를 찾고 싶다. 이를 식으로 나타내면 다음과 같다.

$$\hat{Y} = A.W + b$$

여기서 b는 편향 항이다. 따라서 가격 Y와 예측 가격 $\hat{Y}$ 사이의 오차가 최소화되도록 W와 b를 결정해야 한다. W와 b를 추정하는 데 사용되는 표준 방법을 최소 제곱 least squares법이라고 한다. 즉, 오차 제곱 (S)의 합을 최소화하려고 한다. 앞 예의 경우 수식은 다음과 같다.

$$S(W, b) = \sum_{i=1}^{N} \left(Y_i - \hat{Y}_i\right)^2 = \sum_{i=1}^{N} (Y_i - A_i W - b)^2$$

S가 최소화되도록 회귀 계수 W 및 b를 추정하려고 한다. 함수의 미분 값은 최소 지점 minima에서 0이 된다는 사실을 사용해 다음 두 방정식을 얻는다.

$$\frac{\partial S}{\partial W} = -2 \sum_{i=1}^{N} (Y_i - A_i W - b)A_i = 0$$

$$\frac{\partial S}{\partial b} = -2 \sum_{i=1}^{N} (Y_i - A_i W - b) = 0$$

이 두 방정식을 풀면 두 미지수를 찾을 수 있다. 이를 위해 먼저 두 번째 방정식의 합을 확장한다.

$$\sum_{i=1}^{N} Y_i - \sum_{i=1}^{N} A_i W - \sum_{i=1}^{N} b = 0$$

좌변의 마지막 항을 살펴보자. 단순히 상수를 N번 더하고 있다. 따라서 다음과 같이 다시 쓸 수 있다.

$$\sum_{i=1}^{N} Y_i - W \sum_{i=1}^{N} A_i - Nb = 0$$

항을 재조정하면 다음과 같다.

$$b = \frac{1}{N} \sum_{i=1}^{N} Y_i - \frac{W}{N} \sum_{i=1}^{N} A_i$$

우변의 두 항은 평균 가격 $\bar{Y}$와 평균 면적(입력) $\bar{A}$로 각각 대체할 수 있다. 따라서 다음 식을 얻게 된다.

$$b = \bar{Y} - W\bar{A}$$

유사하게, S의 편미분 식을 가중치 W에 대해 확장한다.

$$\sum_{i=1}^{N} (Y_i A_i - W A_i^2 - b A_i) = 0$$

식을 편향 항 b에 대해 치환하면 다음과 같다.

$$\sum_{i=1}^{N} (Y_i A_i - W A_i^2 - (\bar{Y} - W\bar{A}) A_i) = 0$$

재정리하면 다음과 같다.

$$\sum_{i=1}^{N} (Y_i A_i - \bar{Y} A_i) - W \sum_{i=1}^{N} (A_i^2 - \bar{A} A_i) = 0$$

평균의 정의에 따라 다시 정리하면 다음의 가중치 W 식을 얻게 된다.

$$W = \frac{\sum_{i=1}^{N} Y_i (A_i - \bar{A})}{\sum_{i=1}^{N} (A_i - \bar{A})^2}$$

여기서 $\bar{Y}$와 $\bar{A}$는 각각 평균 가격과 면적이다. 이제 단순 샘플 데이터에 대해 실습을 해보자.

1. 필요한 모듈을 로드한다. 단순한 예시이므로 NumPy, pandas, Matplotlib만 사용한다.

```python
import tensorflow as tf
import numpy as np
import matplotlib.pyplot as plt
import pandas as pd
```

2. 다음으로, 선형 관계를 가진 랜덤 데이터를 생성한다. 보다 사실적으로 하기 위해 랜덤 잡음 요소를 추가한다. 두 변수(원인: area, 결과: price)가 서로 양의 선형 종속 관계가 있음을 볼 수 있다.

```python
# 랜덤 데이터 생성
np.random.seed(0)
area = 2.5 * np.random.randn(100) + 25
price = 25 * area + 5 + np.random.randint(20,50, size = len(area))
data = np.array([area, price])
data = pd.DataFrame(data = data.T, columns=['area','price'])
plt.scatter(data['area'], data['price'])
plt.show()
```

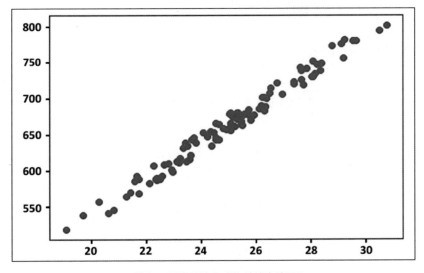

그림 2.1 집의 면적과 가격 사이의 산포도

3. 이제 앞서 정의한 식을 이용해 두 회귀 계수를 계산한다. 결과는 시뮬레이션한 선형 관계에 매우 가깝다는 것을 알 수 있다.

```
W = sum(price*(area-np.mean(area))) / sum((area-np.mean(area))**2)
b = np.mean(price) - W*np.mean(area)
print("The regression coefficients are", W,b)
```

```
------------------------------------------------
The regression coefficients are 24.815544052284988 43.4989785533412
```

4. 이제, 구해진 가중치와 편향 값을 사용해 새로운 가격을 예측해보자.

```
y_pred = W * area + b
```

5. 다음으로 실제 가격과 예측 가격을 도식화해보자. 예측 가격이 면적에 대해 선형 관계가 있음을 볼 수 있다.

```
plt.plot(area, y_pred, color='red',label="Predicted Price")
plt.scatter(data['area'], data['price'], label="Training Data")
plt.xlabel("Area")
plt.ylabel("Price")
plt.legend()
```

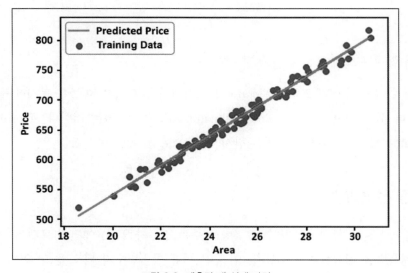

그림 2.2 예측값 대 실제 가격

그림 2.2로부터 예측 가격이 실제 집 가격과 동일한 추세를 따른다는 것을 알 수 있다.

다중 선형회귀

앞의 예는 간단하지만 사실 이렇게 단순한 예는 거의 없다. 대부분의 문제에서 종속 변수는 여러 독립변수에 종속된다. 다중 선형회귀 분석은 많은 독립 입력변수 (X) 와 종속 출력변수 (Y) 사이의 선형 관계를 찾아서 다음 식으로 예측된 Y 값을 충족 시킨다.

$$\hat{Y} = W^T X + b$$

여기서 $X = \{x_1, x_2, \ldots, x_n\}$은 n개의 독립적인 입력변수이고, $W = \{w_1, w_2, \ldots w_n\}$ 은 선형 계수이며 b는 편향 항이다.

이전과 같이 선형 계수 W_s는 최소 제곱법을 사용해 추정한다. 즉, 예측값 ($\hat{Y}$)와 관 측값 (Y) 사이의 제곱 차이의 합을 최소화한다. 따라서 다음의 손실함수를 최소화 하려고 한다.

$$loss = \sum_i \left(Y_i - \hat{Y}_i\right)^2$$

여기서 합계는 모든 표본에 대한 것이다.

짐작할 수 있듯이 이제 2개 대신에 $n + 1$ 방정식이 생겼으며, 이들은 동시에 풀어야 한다. 더 쉬운 대안은 TensorFlow Estimator API를 사용하는 것이다. TensorFlow Estimator API를 사용하는 방법은 잠시 뒤 알아보자.

다변량 선형회귀

독립변수가 둘 이상의 종속변수에 영향을 주는 경우가 있다. 예컨대 로켓의 속도와 탄소 배출량을 예측한다고 해보자. 이 둘은 이제 독립변수가 되고 둘 다 연료량, 엔 진 형식, 로켓 몸체 등을 측정하는 센서에 영향을 받는다. 이 경우가 다변량 선형회귀다. 수학적으로 다변량 회귀 모델은 다음과 같이 나타낼 수 있다.

$$\hat{Y}_{ij} = w_{0j} + \sum_{k=1}^{p} w_{kj} x_{ik}$$

여기서 $i \in [1, ..., n]$이고 $j \in [1, ..., m]$이다. $\hat{Y}_{ij}$항은 i번째 입력 표본에 해당하는 j번째 예측 출력을 나타내고 w는 회귀 계수를 x_{ik}는 i번째 입력의 k번째 특징을 나타낸다. 이 경우 풀어야 하는 방정식의 수는 이제 $n \times m$이다. 행렬을 사용해 이러한 방정식을 풀 수 있지만, 역행렬과 행렬식determinant을 계산해야 하기 때문에 계산량이 매우 많다. 가장 쉬운 방법은 손실함수로 최소 제곱오차의 합계와 함께 그래디언트 하강을 사용하고 TensorFlow API에 포함된 여러 최적기 중 하나를 사용하는 것이다.

다음 절에서는 모델을 쉽게 개발할 수 있는 다목적 고급 API인 TensorFlow Estimators에 대해 자세히 설명한다.

선형회귀를 위한 신경망

이전 절에서는 선형회귀 방정식의 계수를 계산하는 수학적 표현을 사용했다. 이번 절에서는 TensorFlow Keras API를 사용해 회귀를 수행하고 신경망을 사용해 신경망 모델을 구축하는 방법을 살펴본다.

신경망으로 회귀를 수행하기 전에 먼저 신경망이란 무엇인지 다시 살펴보자. 간단히 말하면 신경망은 많은 인공 뉴런으로 이뤄진 네트워크다. 1장에서 본 것처럼 가장 간단한 신경망, (단순) 퍼셉트론은 수학적으로 다음과 같이 표현될 수 있다.

$$y = f(W^T x + b)$$

여기서 f는 활성 함수다. f가 선형함수인 경우 위의 식을 고려해보자. 그러면 앞의 식은 이전 절에서 배운 선형회귀의 표현과 유사하다. 즉, 함수 근사기로도 부르는 신경망은 일반화된 회귀자다. 다음으로 TensorFlow Keras API를 사용해 신경망 단순 회귀자를 구축해보자.

TensorFlow Keras를 사용한 단순 선형회귀

1장에서는 TensorFlow Keras에서 모델을 구축하는 법을 배웠다. 여기서는 동일한 Sequential API를 사용해 단일-계층 퍼셉트론(완전 연결 신경망)을 Dense 클래스를 사용해 구축할 것이다. 집의 면적이 주어지면 가격을 예측하는 동일한 문제를 계속해서 살펴볼 것이다.

1. 먼저 필요한 패키지를 임포트한다. 임포트하는 패키지에 Keras 모듈과 Dense 계층이 추가된다는 점에 주목하자.

```
import tensorflow as tf
import numpy as np
import matplotlib.pyplot as plt
import pandas as pd
import tensorflow.keras as K
from tensorflow.keras.layers import Dense
```

2. 다음으로 데이터를 앞의 경우와 같이 생성한다.

```
# 임의 데이터 생성
np.random.seed(0)
area = 2.5 * np.random.randn(100) + 25
price = 25 * area + 5 + np.random.randint(20,50, size = len(area))
data = np.array([area, price])
data = pd.DataFrame(data = data.T, columns=['area','price'])
plt.scatter(data['area'], data['price'])
plt.show()
```

3. 신경망의 입력은 정규화돼야 한다. 이는 입력 값이 가중치로 곱해지기 때문이다. 그리고 매우 큰 수가 있다면 그 곱셈은 매우 커지고 측도가 무한대가 될 수도 있다.

```
data = (data - data.min()) / (data.max() - data.min()) # 정규화
```

4. 모델을 구축해보자. 단순 선형회귀자이므로 단일 단위를 가진 Dense 계층을

이용한다.

```
model = K.Sequential([
                        Dense(1, input_shape = [1,], activation=None)
])
model.summary()
```

```
Model: "sequential"
_____
 Layer (type)                Output Shape              Param #
=================================================================
 dense (Dense)               (None, 1)                 2


=================================================================
Total params: 2
Trainable params: 2
Non-trainable params: 0
_____
```

5. 모델 훈련을 위해 손실함수와 최적기를 정의해야 한다. 손실함수는 모델이 최소화하려는 정량을 정의하고 최적기는 사용하려는 최소화 알고리듬을 결정한다. 추가적으로 모델이 훈련될 때 기록하는 수량인 측도를 정의한다. compile 함수를 사용해 손실함수, optimizer(1장 참고) 그리고 측도를 정의한다.

```
model.compile(loss='mean_squared_error', optimizer='sgd')
```

6. 모델이 정의됐으니 fit 함수를 사용해 훈련해야 한다. batch_size를 32로 하고 fit 함수의 인수로 validation_spilt를 사용해 데이터를 훈련과 검증 데이터셋으로 분할했음을 주목하자.

```
model.fit(x=data['area'],y=data['price'], epochs=100, batch_size=32,
verbose=1, validation_split=0.2)
```

```
model.fit(x=data['area'],y=data['price'], epochs=100, batch_size=32,
verbose=1, validation_split=0.2)
Epoch 1/100
3/3 [==============================] - 0s 78ms/step - loss: 1.2643 - val_
loss: 1.4828
Epoch 2/100
3/3 [==============================] - 0s 13ms/step - loss: 1.0987 - val_
```

```
loss: 1.3029
Epoch 3/100
3/3 [==============================] - 0s 13ms/step - loss: 0.9576 - val_
loss: 1.1494
Epoch 4/100
3/3 [==============================] - 0s 16ms/step - loss: 0.8376 - val_
loss: 1.0156
Epoch 5/100
3/3 [==============================] - 0s 15ms/step - loss: 0.7339 - val_
loss: 0.8971
Epoch 6/100
3/3 [==============================] - 0s 16ms/step - loss: 0.6444 - val_
loss: 0.7989
Epoch 7/100
3/3 [==============================] - 0s 14ms/step - loss: 0.5689 - val_
loss: 0.7082
  .
  .
  .
Epoch 96/100
3/3 [==============================] - 0s 22ms/step - loss: 0.0827 - val_
loss: 0.0755
Epoch 97/100
3/3 [==============================] - 0s 17ms/step - loss: 0.0824 - val_
loss: 0.0750
Epoch 98/100
3/3 [==============================] - 0s 14ms/step - loss: 0.0821 - val_
loss: 0.0747
Epoch 99/100
3/3 [==============================] - 0s 21ms/step - loss: 0.0818 - val_
loss: 0.0740
Epoch 100/100
3/3 [==============================] - 0s 15ms/step - loss: 0.0815 - val_
loss: 0.0740
<keras.callbacks.History at 0x7f7228d6a790>
```

7. 선형회귀 작업을 수행하도록 신경망을 성공적으로 훈련시켰다. 100에폭에
   대한 훈련 후 평균제곱오차는 훈련 데이터에서 0.0815이고 검증 데이터에
   서 0.074이다. predict 함수를 사용해 주어진 입력에 대한 예측값을 얻을 수
   있다.

```
y_pred = model.predict(data['area'])
```

8. 다음으로 예측과 실젯값의 그래프를 그려본다.

```
plt.plot(data['area'], y_pred, color='red',label="Predicted Price")
plt.scatter(data['area'], data['price'], label="Training Data")
plt.xlabel("Area")
plt.ylabel("Price")
plt.legend()
```

9. 그림 2.3은 예측값과 실제값을 도식화한다. 선형회귀에서처럼 적합이 잘 된 듯하다.

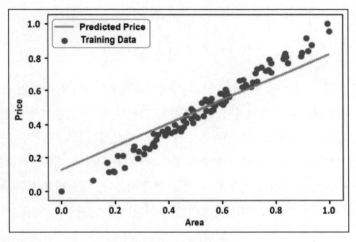

그림 2.3 예측 가격 대 실제 가격

10. 계수 값 W와 b를 직접 알아보고 싶다면 `model.weights`를 사용해 모델의 가중치를 출력해볼 수 있다.

```
[<tf.Variable 'dense/kernel:0' shape=(1, 1) dtype=float32,
numpy=array([[-0.33806288]], dtype=float32)>,
<tf.Variable 'dense/bias:0' shape=(1,) dtype=float32,
numpy=array([0.68142694], dtype=float32)>]
```

앞서의 경우는 W= 0.69이고 편향 b= 0.127이라는 것을 알 수 있다. 따라서 선형회귀를 사용하면 집 가격과 그 면적 사이의 선형 관계를 파악할 수 있다. 다음 절에서는 TensorFlow Keras API를 사용해 다중 그리고 다변량 선형회귀를 살펴본다.

TensorFlow Keras API를 사용한 다중과 다변량 선형회귀

앞 절의 예제에는 단 하나의 독립변수 집의 "면적"과 단 하나의 종속변수 집의 "가격"만 있었다. 그런 실생활 문제는 이렇게 단순하지 않다. 둘 이상의 독립변수가 있을 수 있고 둘 이상의 종속변수를 예측해야 할 수 있다. 다중과 다변량 회귀를 통해 알아챘겠지만 이들은 여러 방정식을 해결해야 한다. Keras API를 사용한다면 이 두 개 과제 모두 쉽게 해결할 수 있다.

추가적으로, 하나 이상의 신경망 계층을 가질 수 있는데, 즉 심층 신경망을 구축할 수 있다. 심층 신경망은 다중 함수 근사기를 적용하는 것과 같다.

$$f(x) = f_L\big(f_{L-1}(\dots f_1(x) \dots)\big)$$

여기서 f_L은 계층 L에서의 함수다. 앞의 식에서부터 f가 선형함수라면 신경망에 다중 계층을 추가하는 것은 별로 유용하지 않다. 그러나 비선형 활성 함수를 사용하면 (1장 참조) 신경망을 독립변수와 종속변수가 서로 비선형적으로 연계된 문제를 해결할 수 있다. 이 절에서는 심층 신경망을 TensorFlow Keras로 구축한 다음 기통수, 배기량, 가속 등이 주어지면 자동차 연비를 예측해본다. 데이터는 UCI ML 저장소 ((Blake, C., & Merz, C.(1998), UCI 머신러닝 데이터베이스 저장소((http://www.ics.uci.edu/~mlearn/MLRepository.html)에 있다.

1. 먼저 필요한 모듈을 임포트한다. 이전 예제에서는 DataFrame 연산을 사용해 데이터를 정규화했다. 이 예제에서는 Keras의 Normalization 계층을 활용한다. Normalization 계층은 데이터를 평균이 0이고 표준편차가 1이 되도록 한다. 또한 독립변수가 2개 이상이므로 Seaborn을 사용해 서로 다른 변수 사이의 관계를 시각화해본다.

```
import tensorflow as tf
import numpy as np
import matplotlib.pyplot as plt
import pandas as pd
import tensorflow.keras as K
from tensorflow.keras.layers import Dense, Normalization
```

```
import seaborn as sns
```

2. 먼저 UCI ML 저장소에서 데이터를 다운로드하자.

```
url = 'https://archive.ics.uci.edu/ml/machine-learning-databases/
autompg/auto-mpg.data'
column_names = ['mpg', 'cylinders', 'displacement', 'horsepower',
'weight', 'acceleration', 'model_year', 'origin']

data = pd.read_csv(url, names=column_names, na_values='?',
comment='\t', sep=' ', skipinitialspace=True)
```

3. 데이터에는 mpg, cylinders, displacement, horsepower, weight, acceleration, model year, origin이라는 8개의 특징이 있다. 차량의 origin은 연료 효율을 의미하는 "mpg(마일당 갤런)"에도 영향을 미치지만, origin 특징을 제외하고 mpg를 예측한다. 또한 NaN 값을 가진 행을 모두 삭제한다.

```
data = data.drop('origin', 1)
print(data.isna().sum())
data = data.dropna()
```

4. 데이터셋을 훈련과 테스트로 나눈다. 여기서는 392개 데이터포인트 중에 80%를 훈련으로 하고 20%를 테스트로 설정했다.

```
train_dataset = data.sample(frac=0.8, random_state=0)
test_dataset = data.drop(train_dataset.index)
```

5. 다음으로 Seaborn의 pairplot을 사용해 서로 다른 변수 사이의 관계를 시각화한다.

```
sns.pairplot(train_dataset[['mpg', 'cylinders',
'displacement','horsepower', 'weight', 'acceleration', 'model_year']],
diag_kind='kde')
```

6. mpg(연료 효율)가 다른 변수에 종속된 것을 볼 수 있고, 모든 커브가 선형이 아니라는 점에서 종속 관계가 비선형이라는 것을 알 수 있다.

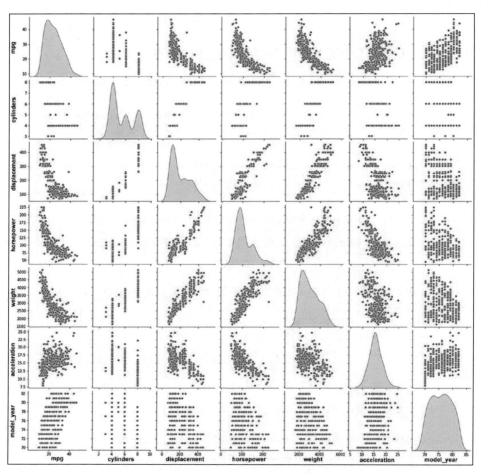

그림 2.4 자동차-mpg 데이터의 서로 다른 변수 사이의 관계

7. 편의상 변수들을 입력변수와 예측하려는 레이블 변수로 분리한다.

```
train_features = train_dataset.copy()
test_features = test_dataset.copy()


train_labels = train_features.pop('mpg')
test_labels = test_features.pop('mpg')
```

8. 이제 Keras의 Normalization 계층을 사용해 데이터를 정규화한다. 데이터를
평균이 0이고 표준편차가 1이 되도록 정규화하는 동안 출력 예측 'mpg'는 그

대로 둔다는 점에 유의하자.

```
# 정규화
data_normalizer = Normalization(axis=1)
data_normalizer.adapt(np.array(train_features))
```

9. 모델을 구축한다. 모델에는 각각 64개와 32개의 뉴런을 가진 두 개의 은닉층이 있다. 은닉층에는 ReLU^Rectified Linear Unit를 활성 함수로 사용했다. ReLU를 사용하면 연비와 나머지 변수와의 비선형 관계를 근사하는 데 도움이 된다.

```
model = K.Sequential([
    data_normalizer,
    Dense(64, activation='relu'),
    Dense(32, activation='relu'),
    Dense(1, activation=None)
])
model.summary()
```

10. 앞서 최적기로 확률적 그래디언트를 사용했다. 이번에는 Adam 최적기(1장 참고)를 사용한다. 회귀의 손실함수로는 이번에도 평균제곱오차를 사용한다.

```
model.compile(optimizer='adam', loss='mean_squared_error')
```

11. 다음으로 100에폭 동안 모델을 훈련한다.

```
history = model.fit(x=train_features,y=train_labels, epochs=100,
verbose=1, validation_split=0.2)
```

12. 멋지다. 이제 모델이 훈련됐으니 모델이 과적합이나 과소적합 또는 적절히 훈련됐는지 손실 곡선을 그려 확인해보자. 훈련 에폭이 증가할수록 검증 손실과 훈련 손실 모두 근처에 위치한다. 이를 통해 모델이 적절히 훈련됐음을 알 수 있다.

```
plt.plot(history.history['loss'], label='loss')
plt.plot(history.history['val_loss'], label='val_loss')
plt.xlabel('Epoch')
plt.ylabel('Error [MPG]')
plt.legend()
plt.grid(True)
```

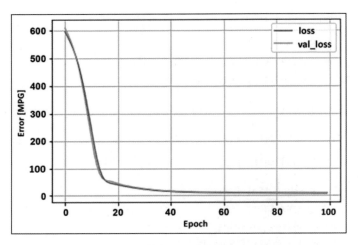

그림 2.5 모델 오차

13. 마지막으로 예측된 연료 효율과 참연료 효율을 테스트 데이터셋으로 비교해
보자. 모델은 테스트 데이터셋을 본 적이 없다는 사실을 주목하자. 따라서
이 예측은 모델이 입력과 연료 효율의 관계를 일반화한 것인지에 대한 능력
을 보여줄 것이다. 모델이 그 관계를 잘 학습했다면 둘은 선형 관계를 형성
해야 할 것이다.

```python
y_pred = model.predict(test_features).flatten()
a = plt.axes(aspect='equal')
plt.scatter(test_labels, y_pred)
plt.xlabel('True Values [MPG]')
plt.ylabel('Predictions [MPG]')
lims = [0, 50]
plt.xlim(lims)
plt.ylim(lims)
plt.plot(lims, lims)
```

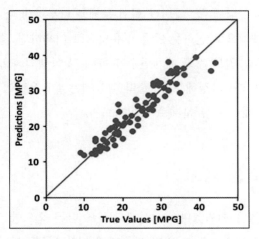

그림 2.6 예측 연료 효율과 실젯값 사이의 도식화

14. 추가적으로 예측과 참 연료 효율 사이의 오차를 도식화할 수 있다.

```python
error = y_pred - test_labels
plt.hist(error, bins=30)
plt.xlabel('Prediction Error [MPG]')
plt.ylabel('Count')
```

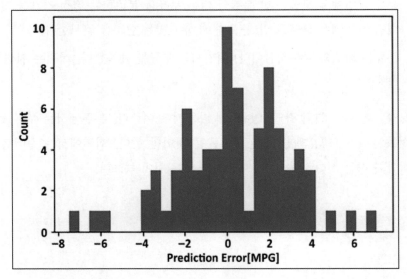

그림 2.7 예측 오차

둘 이상의 예측을 원한다면 즉, 다변량 회귀 문제를 다루려면 마지막 밀집 계층에서 하나의 유닛 대신 예측으로 원하는 만큼의 유닛으로 대체하면 될 것이다. 예컨대 학생의 SAT 점수, 출석, 일부 가족 매개변수를 통해 그 학생의 학부 4년 간의 GPA 점수를 예측하고자 한다고 가정해보자. 출력 계층에는 4개 유닛이 있으면 된다. 이제 회귀에 익숙해졌을 테니 분류 문제로 넘어가보자.

분류 과제와 결정 경계

지금까지 2장의 초점은 회귀였다. 이 절에서는 또 다른 중요한 과제인 분류 작업을 알아보자. 먼저 회귀(예측이라고도 함)와 분류의 차이를 이해해보자.

- 분류에서 데이터는 부류class/범주category로 그룹화되며 회귀의 목표는 주어진 데이터에 대한 연속 수치 값을 얻는 것이다. 예를 들어 필기체 숫자를 인식하는 것은 분류 과제다. 모든 필기체 숫자는 [0-9] 사이에 있는 10개의 숫자 중 하나에 속한다. 입력변수에 따라 주택 가격을 예측하는 작업은 회귀 과제다.

- 분류 작업에서 모델은 한 부류와 다른 부류를 분리하는 결정 경계를 찾는다. 회귀 작업에서 모델은 입력-출력 관계에 맞는 함수를 근사한다.

- 분류는 회귀의 부분집합이다. 여기서는 부류를 예측한다. 회귀는 훨씬 더 일반적이다.

그림 2.8은 분류 및 회귀 작업이 어떻게 다른지 보여준다. 분류에서는 부류를 분리하는 선(또는 다차원 공간의 평면 또는 초평면)을 찾아야 한다. 회귀에서는 주어진 입력 점을 적합화 하는 선(또는 평면이나 초평면)을 찾는 것이 목표다.

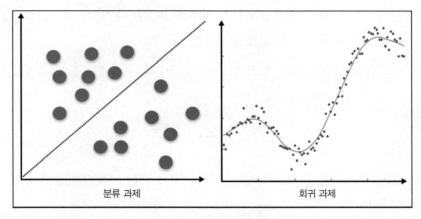

그림 2.8 분류와 회귀

다음 절에서는 로지스틱 회귀가 얼마나 일반적이고 유용한 분류 기술인지 설명한다.

로지스틱 회귀

로지스틱logistic 회귀는 사건event의 확률을 결정하는 데 사용된다. 일반적으로 사건은 범주 종속변수로 표시된다. 사건 확률은 시그모이드(또는 "로짓") 함수를 사용해 표현한다.

$$P(\hat{Y} = 1 | X = x) = \frac{1}{1 + e^{-(b + w^T x)}}$$

이제 목표는 가중치 $W = \{w_1, w_2, \dots w_n\}$ 및 편향 항 b를 추정하는 것이다. 로지스틱 회귀에서 계수는 최대 우도 추정기 또는 확률적 그래디언트 하강을 사용해 추정된다. p가 입력 데이터 포인트의 총 개수인 경우, 손실은 일반적으로 다음과 같이 교차엔트로피cross-entropy 항으로 정의된다.

$$loss = \sum_{1=1}^{p} Y_i \log(\hat{Y}_i) + (1 - Y_i) \log(1 - \hat{Y}_i)$$

로지스틱 회귀는 분류 문제에 사용된다. 예를 들어 의료 데이터를 볼 때 로지스틱 회귀를 사용해 어떤 사람이 암에 걸렸는지 여부를 분류할 수 있다. 둘 이상의 출력변수에 사용되는 또 다른 일반적인 기술은 일-대-다$^{\text{One-versus-all}}$이다.

다부류 로직스틱 회귀의 경우, 교차엔트로피 손실함수는 다음과 같이 수정된다.

$$loss = \sum_{i=1}^{p} \sum_{j=1}^{k} Y_{ij} \log \hat{Y}_{ij}$$

여기서 K는 부류의 총 개수이다. 로지스틱 회귀에 대한 자세한 내용은 다음 링크 (https://en.wikipedia.org/wiki/Logistic_regression)를 참조하라.

이제 로지스틱 회귀 분석에 대한 몇 가지 아이디어를 얻었으므로 이를 모든 데이터셋에 적용하는 방법을 살펴보자.

MNIST 데이터셋에 로지스틱 회귀 적용

다음으로 TensorFlow 추정기에서 가용한 추정기 분류기를 사용해 필기체 숫자를 분류해본다. MNIST$^{\text{Modified National Institute of Standard and Technology}}$ 데이터셋을 사용할 것이다. 딥러닝 분야에서 일하는 사람들에게 MNIST는 새로운 것이 아닐 것이며 머신러닝의 ABC와도 같다. MNIST에는 손으로 쓴 숫자의 이미지와 각 이미지에는 어떤 숫자인지 알려주는 레이블이 붙어 있다. 레이블에는 필기체 숫자에 따라 0~9 사이의 값이 들어 있다. 따라서 다부류 분류가 된다.

로지스틱 회귀를 구현하기 위해 단 하나의 밀집 계층을 가진 모델을 만든다. 각 부류는 출력에서 하나의 유닛이다. 따라서 10개의 부류가 있으면 출력에는 10개의 유닛이 있다. 로지스틱 회귀에서 사용되는 확률 함수는 시그모이드 활성 함수와 유사하다. 따라서 여기서는 시그모이드 활성을 사용한다.

모델을 구축해보자.

1. 첫 단계는 항상 필요한 모듈을 임포트하는 것이다. 여기서 Keras API의 또 다른 유용한 계층인 Flatten 계층을 사용한다는 점에 주목하자. Flatten 계층

은 MNIST의 28×28 2차원 입력 이미지를 784의 펼쳐진 배열로 크기 조정하는 데 도움이 된다.

```
import tensorflow as tf
import numpy as np
import matplotlib.pyplot as plt
import pandas as pd
import tensorflow.keras as K
from tensorflow.keras.layers import Dense, Flatten
```

2. tensorflow.keras 데이터셋으로부터 MNIST 입력 데이터를 취한다.

```
((train_data, train_labels),(test_data, test_labels)) = tf.keras.
datasets.mnist.load_data()
```

3. 다음으로, 데이터를 전처리한다. 이미지를 정규화한다. MNIST 데이터셋 이미지는 0과 255 사이의 강도를 가진 흑백 이미지다. 이를 255로 나눠서 각 값이 0~1 사이가 되도록 한다.

```
train_data = train_data/np.float32(255)
train_labels = train_labels.astype(np.int32)
test_data = test_data/np.float32(255)
test_labels = test_labels.astype(np.int32)
```

4. 이제 매우 간단한 모델이 정의됐다. 10개의 유닛을 가진 단 하나의 Dense 계층을 가지고 입력으로 784 크기를 취한다. 모델 요약의 출력으로부터 오직 Dense 계층만이 훈련 가능한 매개변수를 가짐을 알 수 있다.

```
model = K.Sequential([
    Flatten(input_shape=(28, 28)),
    Dense(10, activation='sigmoid')
])
model.summary()
```

```
Model: "sequential"

_____
 Layer (type)                Output Shape              Param #
=================================================================
 flatten (Flatten)           (None, 784)               0
```

```
  dense (Dense)              (None, 10)                    7850

  ==========================================================
  Total params: 7,850
  Trainable params: 7,850
  Non-trainable params: 0
```

5. 테스트 레이블은 정숫값이므로 SparseCategoricalCrossentropy 손실에서 logits
   을 True로 설정한다. 최적기는 Adam으로 선택한다. 추가적으로 모델이 훈련
   되면서 기록된 정확도를 측도로 사용한다. 모델을 50에폭 동안 훈련시키고
   훈련-검증 분할은 80:20으로 한다.

```python
model.compile(optimizer='adam', loss=tf.keras.losses.
SparseCategoricalCrossentropy(from_logits=True), metrics=['accuracy'])

history = model.fit(x=train_data,y=train_labels, epochs=50, verbose=1,
validation_split=0.2)
```

6. 이제 손실 도표를 그려서 단순 모델이 어떤지 살펴보자. 검증 손실과 훈련 손
   실이 발산하는 것을 볼 수 있는데, 훈련 손실이 감소할수록 검증 손실은 증
   가하고 있다. 따라서 모델은 과적합이다. 은닉층을 추가하면 모델 성능을 개
   선할 수 있다.

```python
plt.plot(history.history['loss'], label='loss')
plt.plot(history.history['val_loss'], label='val_loss')
plt.xlabel('Epoch')
plt.ylabel('Loss')
plt.legend()
plt.grid(True)
```

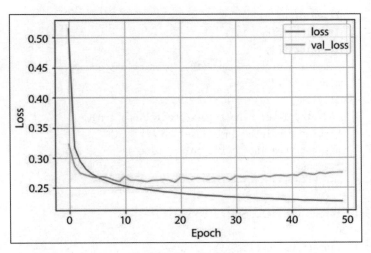

그림 2.9 손실 도표

7. 결과를 더욱 잘 이해하기 위해 두 유틸리티 함수를 구축한다. 이 함수들은 필기체 숫자와 출력의 10개 유닛의 확률을 시각화하는 데 도움을 줄 것이다.

```python
def plot_image(i, predictions_array, true_label, img):
    true_label, img = true_label[i], img[i]
    plt.grid(False)
    plt.xticks([])
    plt.yticks([])

    plt.imshow(img, cmap=plt.cm.binary)

    predicted_label = np.argmax(predictions_array)
    if predicted_label == true_label:
      color ='blue'
    else:
      color ='red'

    plt.xlabel("Pred {} Conf: {:2.0f}% True ({})".format(predicted_label,
                                100*np.max(predictions_array),
                                true_label),
                                color=color)

def plot_value_array(i, predictions_array, true_label):
    true_label = true_label[i]
```

```
plt.grid(False)
plt.xticks(range(10))
plt.yticks([])
thisplot = plt.bar(range(10), predictions_array,
color"#777777")
plt.ylim([0, 1])
predicted_label = np.argmax(predictions_array)
thisplot[predicted_label].set_color('red')
thisplot[true_label].set_color('blue')
```

8. 이 유틸리티 함수를 사용해 예측을 도식화한다.

```
predictions = model.predict(test_data)
i = 56
plt.figure(figsize=(10,5))
plt.subplot(1,2,1)
plot_image(i, predictions[i], test_labels, test_data)
plt.subplot(1,2,2)
plot_value_array(i, predictions[i], test_labels)
plt.show()
```

9. 왼쪽은 필기체 숫자 이미지이며 예측 레이블과 예측의 신뢰도, 참 레이블을 갖고 있다. 오른쪽의 이미지는 10개 유닛의 확률 (로지스틱) 출력을 보여준다. 4를 나타내는 유닛이 가장 높은 확률을 갖고 있음을 볼 수 있다.

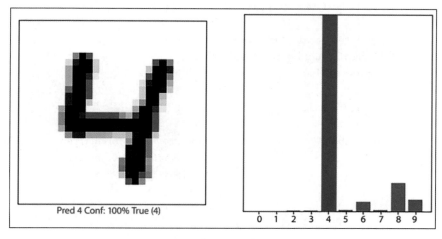

그림 2.10 예측 숫자와 예측의 신뢰 값

10. 이 코드에서는 로지스틱 회귀에 충실하기 위해 시그모이드 활성 함수를 사용
    하고 단 하나의 Dense 계층만 사용했다. 더 좋은 성능을 위해서는 밀집 계층
    을 추가하고 마지막 활성 함수로 소프트맥스를 쓰면 도움이 될 것이다. 예를
    들어 다음 모델은 검증 데이터셋에서 97% 정확도를 보인다.

```
better_model = K.Sequential([
    Flatten(input_shape=(28, 28)),
    Dense(128, activation='relu'),
    Dense(10, activation='softmax')
])
better_model.summary()
```

더 많은 계층을 넣어 보거나 각 계층의 뉴런 개수 혹은 최적기 자체를 바꾸면서 실험
해볼 수 있다. 이를 통해 이 매개변수들이 모델 성능에 어떻게 영향을 미치는지 좀
더 잘 이해하게 될 것이다.

요약

2장에서는 다양한 유형의 회귀 알고리듬을 다뤘다. 먼저 선형회귀로 시작해 이를 간
단한 단일 입력변수 사례와 여러 입력변수 사례에 대한 주택 가격을 예측하는 데 사
용했다. 그런 다음 2장에서 로지스틱 회귀로 이동했는데, 이는 과제를 분류하는 데
매우 중요하고 유용한 기술이었다. 2장에서는 TensorFlow Estimator API에 대해 설
명하고 이를 사용해 일부 기존 데이터셋에 대해 선형 및 로지스틱 회귀를 모두 구
현했다. 3장에서는 가장 상업적으로 성공한 신경망 모델인 컨볼루션convolution 신경
망을 소개한다.

참고문헌

2장에서 다룬 개념에 대해 좀 더 알고 싶다면 다음의 자료를 참고하라.

1. TensorFlow website: https://www.tensorflow.org/

2. *Exploring bivariate numerical data*: https://www.khanacademy.org/math/statisticsprobability/describing-relationships-quantitative-data

3. Murphy, K. P. (2022). *Probabilistic Machine Learning: An introduction*, MIT Press.

4. Blake, C., & Merz, C. (1998). UCI repository of machine learning databases: http://www.ics.uci.edu/~mlearn/MLRepository.html

컨볼루션 신경망

1장에서는 각 계층이 인접한 계층에 완전히 연결돼 있는 밀집 신경망에 대해 설명했다. 이러한 밀집 신경망을 적용해 MNIST 필기체 글자 데이터셋을 분류했다. 그 맥락에서는 입력 이미지의 각 픽셀들을 총 784개(28×28픽셀)의 입력 뉴런으로 할당했다. 하지만 이 방법은 각 이미지의 공간 구조나 관계 정보를 활용하지 않는다. 특히 다음 코드는 각각의 필기체 숫자를 나타내는 비트맵을 1차원 벡터로 변환하는 밀집망으로서 지역 공간 구조가 사라진다. 공간 구조가 사라지면 주요한 정보가 손실돼 문제가 된다.

```
# X_train은 60000개 행의 28x28 값으로, 60000x784 형태로 변환한다.
X_train = X_train.reshape(60000, 784)
X_test = X_test.reshape(10000, 784)
```

컨볼루션 신경망Convolutional Neural Networks(CNN 또는 ConvNet)은 공간 정보를 활용하기

때문에 이미지 분류에 아주 적합하다. 이 신경망은 시각 피질에 대한 실험에서 얻은 데이터에서 영감을 얻은 특별한 구조를 사용한다. 2장에서 설명한 것처럼 사람의 시력은 여러 피질 단계들로 이뤄져 있고, 각 피질 단계는 점점 더 구조화된 정보를 인식한다. 먼저 단일 픽셀을 본 뒤 거기서부터 단순한 기하 형태를 인식하고 물체, 얼굴, 인체, 동물 등과 같이 좀 더 복잡한 요소들을 인식한다.

컨볼루션 신경망은 아주 매력적인 주제다. 짧은 시간 동안 최초의 이미지 처리 영역을 뛰어넘어 텍스트, 비디오, 음성 등 여러 영역의 최첨단 기법을 모두 깨뜨린 파괴적disruptive 기법이다. 3장에서는 딥러닝에 매우 중요한 특정 유형의 신경망인 컨볼루션 네트워크(CNN, DCNN, ConvNet으로도 알려져 있다)의 아이디어를 소개한다.

3장에서는 다음의 개념을 다룬다.

- 딥 컨볼루션 신경망
- 딥 컨볼루션 신경망의 예
- 딥러닝으로 CIFAR-10 이미지 인식
- 대형 이미지 인식을 위한 심층 컨볼루션 신경망
- 전이학습을 위한 딥 인셉션 V3 네트워크
- 다른 CNN 아키텍처
- 스타일 전환

 3장의 모든 코드 파일은 다음 링크(https://packt.link/dltfchp3)에서 다운로드할 수 있다.

먼저 심층 컨볼루션 신경망부터 알아보자.

심층 컨볼루션 신경망

심층 컨볼루션 신경망DCNN, Deep Convolutional Neural Network은 여러 신경망 계층으로 구성한

다. 일반적으로 컨볼루션과 풀링^{pooling}이라는 두 유형의 계층이 번갈아 가며 사용된다. 각 필터의 깊이는 왼쪽에서 오른쪽으로 갈수록 깊어진다. 마지막 단계는 일반적으로 하나 이상의 완전 연결 계층으로 구성된다.

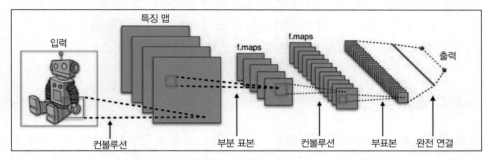

그림 3.1 DCNN의 예

컨볼루션 개념에는 세 가지 핵심 키가 있는데, 지역 수용 필드^{receptive field}, 가중치 공유, 풀링이 있다.

지역 수용 필드

이미지 또는 다른 형태의 데이터에 들어 있는 공간 정보를 보존하려면 각 이미지를 픽셀 행렬로 표시하면 편리하다. 지역적인 구조를 인코딩하는 간단한 방법은 인접한 입력 뉴런의 부분 행렬을 다음 계층에 있는 1개의 은닉 뉴런으로 연결하는 것이다. 이 1개의 은닉 뉴런이 하나의 지역 수용 필드를 나타낸다. 이 작업을 컨볼루션^{convolution}이라 부르며, 이 작업의 이름 때문에 이런 종류의 신경망을 컨볼루션 신경망이라 한다.

물론 부분 행렬을 겹치게 함으로써 더 많은 정보를 인코딩할 수 있다. 예컨대 한 부분 행렬의 크기가 5×5이고 이 부분 행렬을 28×28픽셀의 MNIST 이미지에 적용한다고 가정해보자. 그러면 다음 은닉층에서 24×43개의 지역 수용 필드 뉴런을 생성할 수 있다. 실제로 이미지의 끝부분에 도달하기 전까지 부분 행렬로 23개 위치만큼 이동하는 것이 가능하다. Keras에서 커널의 각 에지를 따라 있는 픽셀의 개수 또는 부분 행렬은 커널 크기라 부르지만 스트라이드 길이^{stride length}란, 컨볼루션의 각 단계에서 커널이 이동하는 픽셀 개수를 의미한다.

한 계층에서 다른 계층으로 특징 맵을 정의해보자. 물론 각 은닉층마다 독립적으로 학습하는 여러 특징 맵을 가질 수 있다. 예컨대 MNIST 이미지를 처리하기 위해 28×28 입력 뉴런으로 시작한 다음에 그다음 은닉층에서 24×24 뉴런 크기(5×5의 스트라이드)를 갖는 k개의 특징 맵을 불러올 수 있다.

가중치 공유 및 편향

입력 이미지에 배치된 위치와 독립적으로, 동일한 특징을 감지하는 기능을 통해 원시 이미지의 픽셀 표현에서 벗어나고 싶다고 가정해보자. 간단한 방법은 은닉층의 모든 뉴런에 대해 동일한 가중치와 편향을 사용하는 것이다. 이러한 방식으로 각 계층은 이미지에서 파생된 위치 독립적인 잠재 특징 집합을 학습하며, 계층은 병렬로 된 커널 집합으로 구성되며 각 커널은 하나의 특징만 학습한다.

수학적 예제

컨볼루션을 이해하는 간단한 방법 중 하나는 행렬에 적용된 슬라이딩 윈도우 함수를 생각해보는 것이다. 다음 예제에서 입력 행렬 I와 커널 K가 주어지면 컨볼루션된 출력을 얻는다. 3×3 커널 **K**(종종 필터 또는 특징 검출기라고도 함)는 입력 행렬과 요소별로 곱해 출력 행렬에서 하나의 셀을 얻는다. 다른 모든 셀은 창을 I 위로 거쳐가며 구한다.

J

1	1	1	0	0
0	1	1	1	0
0	0	1	1	1
0	0	1	1	0
0	1	1	0	0

K

1	0	1
0	1	0
1	0	1

컨볼루션됨

4	3	4
2	4	3
2	3	4

이 예에서는 I의 경계에 닿자마자 슬라이딩 윈도우를 중지하기로 결정했다(따라서 출력은 3×3). 다른 방법으로는 입력을 0으로 채울 수 있다(출력이 5×5가 됨). 이 결정은 채택된 패딩의 선택과 관련이 있다. 커널 깊이는 입력 깊이(채널)와 같다는 점에 주목하자.

또 다른 선택은 각 단계마다 슬라이딩 윈도우를 얼마나 멀리 슬라이딩시키는가에 관한 것이다. 이를 스트라이드stride라고 한다. 스트라이드가 클수록 커널의 응용이 적고 출력 크기도 작아지며, 스트라이드가 작을수록 더 많은 출력을 생성하고 더 많은 정보를 유지한다.

필터의 크기, 보폭 및 패딩 유형은 신경망 훈련 중에 미세 조정할 수 있는 초매개변수다.

TensorFlow의 ConvNets

TensorFlow 2.x에서 32개의 병렬 특징과 3×3 필터 크기를 가진 컨볼루션 계층을 추가하려면 다음과 같이 작성한다.

```
import tensorflow as tf
from tensorflow.keras import datasets, layers, models
model = models.Sequential()
model.add(layers.Conv2D(32, (3, 3), activation='relu', input_shape=(28, 28,
1)))
```

즉, 하나의 입력 채널(또는 입력 필터)로 28×28 이미지에 3×3 컨볼루션을 적용해 32개의 출력 채널(또는 출력 필터)을 생성함을 의미한다.

그림 3.2에 컨볼루션의 예가 나와 있다.

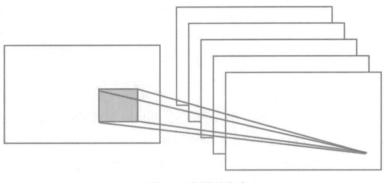

그림 3.2 컨볼루션의 예

풀링 계층

특징 맵의 출력을 요약하기를 원한다고 가정해보자. 이번에도 단일 특징 맵으로부터 생성된 출력의 공간적 연속성을 사용하고, 부분 행렬의 값을 집계해 그 물리적 영역과 연관된 "의미"를 합성적으로 기술하는 하나의 단일 출력값으로 만들 수 있다.

최댓값 풀링

쉽고 일반적인 선택은 소위 최댓값 풀링[max-pooling] 연산자로서, 단순히 해당 지역에서 관찰된 최댓값 활성치를 출력한다. Keras에서 2×2 크기의 최대 풀링 계층을 정의하려면 다음과 같이 작성한다.

```
model.add(layers.MaxPooling2D((2, 2)))
```

그림 3.3에 최댓값 풀링 연산의 예가 나와 있다.

그림 3.3 최댓값 풀링 예제

평균값 풀링

또 다른 선택은 평균값 풀링이다. 이 풀링은 단순히 영역을 해당 영역에서 관찰된 활성화의 평균 값으로 집계한다.

Keras는 많은 수의 풀링 계층을 구현하며 전체 목록은 다음 링크(https://keras.io/layers/pooling/)에서 확인할 수 있다.

ConvNets 요약

지금까지 ConvNets의 기본 개념을 설명했다. CNN은 시간 차원을 따르는 오디오와 텍스트 데이터의 경우 1차원, (높이×너비) 차원을 따르는 이미지의 경우 2차원, (높이×너비×시간) 차원을 따르는 비디오의 경우 3차원으로 컨볼루션과 풀링 작업을 적용한다. 이미지의 경우 입력 볼륨 위로 필터를 밀면 각 공간 위치에 대한 필터 반응을 제공하는 맵이 생성된다.

다시 말해 CNN에는 이미지 자체의 위치와 독립적으로 특정 시각적 특징을 인식하는 방법을 배우는 여러 필터가 함께 쌓여 있다. 이러한 시각적 특징은 신경망 초기 계층에서는 단순하지만 신경망 속으로 들어가면서 점점 더 정교해진다. CNN을 훈련하려면 각 필터에 대한 올바른 값을 식별해야 여러 계층을 통과할 때 입력이 마지막 계층의 특정 뉴런을 활성화해 올바른 값을 예측할 수 있다.

DCNN의 예시 - LeNet

최근 튜링 상^{Turing Award}을 수상한 얀 르쿤^{Yann LeCun}은 간단한 기하학적 변형과 왜곡에도 불구하고 견고하게 MNIST 필기 문자를 인식하도록 훈련된 LeNet이라는 ConvNets군을 제안했다[1]. LeNets의 핵심 아이디어는 최대-풀링 작업을 통해 더 낮은 계층에서 컨볼루션 연산을 교대 수행하는 것이다. 컨볼루션 작업은 다중 특징 맵에 가중치를 공유한 신중하게 선택된 지역 수용 필드를 기반으로 한다. 그런 다음 은닉층과 softmax를 출력 계층으로 사용하는 기존 MLP를 기반으로 더 높은 계층이 완전히 연결된다.

TF에서 LeNet 코드

LeNet 코드를 정의하기 위해 컨볼루션 2D 모듈을 사용한다(tf.keras.layers.Conv2D는 tf.keras.layers.Convolution2D의 다른 이름이므로 이 둘은 서로 바꿔 사용할 수 있다는 점에 주목하자. https://www.tensorflow.org/api_docs/python/tf/keras/layers/Conv2D).

```
layers.Convolution2D(20, (5, 5), activation='relu', input_shape=input_shape))
```

첫 번째 매개변수는 컨볼루션의 출력 필터 수이고 다음 튜플은 각 필터의 확장이다. 흥미로운 선택적 매개변수는 패딩이다. 두 가지 옵션이 있는데, padding='valid'는 컨볼루션이 입력과 필터가 완전히 겹치는 경우에만 계산되므로 출력이 입력보다 작음을 의미한다. 반면 padding='same'은 출력이 입력과 동일한 크기로 입력 주변 영역에 0이 채워진다.

추가적으로 MaxPooling2D 모듈을 사용한다.

```
layers.MaxPooling2D(pool_size=(2, 2), strides=(2, 2))
```

여기서 pool_size = (2, 2)는 이미지가 수직 및 수평으로 축소되는 인자를 나타내는 두 정수 튜플이다. 따라서 (2, 2)는 각 차원에서 이미지를 절반으로 줄이며 strides = (2, 2)는 처리에 사용되는 스트라이드다.

이제 코드를 살펴보자. 먼저 모듈 몇 개를 임포트한다.

```
import tensorflow as tf
from tensorflow.keras import datasets, layers, models, optimizers
# 신경망과 훈련
EPOCHS = 5
BATCH_SIZE = 128
VERBOSE = 1
OPTIMIZER = tf.keras.optimizers.Adam()
VALIDATION_SPLIT=0.90

IMG_ROWS, IMG_COLS = 28, 28 # input image dimensions
INPUT_SHAPE = (IMG_ROWS, IM G_COLS, 1)
NB_CLASSES = 10 # number of outputs = number of digits
```

그런 다음 LeNet 신경망을 정의한다.

```
# convent 정의
def build(input_shape, classes):
    model = models.Sequential()
```

첫 번째 컨볼루션 단계는 ReLU 활성화와 최댓값-풀링이 있다. 신경망은 각각 5×5의 크기를 가진 20개의 컨볼루션 필터를 학습할 것이다. 출력 차원은 입력 형태와 동일하므로 28×28이 된다. Convolution2D는 파이프라인의 첫 번째 단계이므로 input_shape도 정의해야 한다.

최댓값 풀링 작업은 계층 위로 슬라이딩하고 세로 및 가로 2픽셀 간격으로 각 영역의 최댓값을 가져오는 움직이는 윈도우를 구현한다.

```
# CONV => RELU => POOL
model.add(layers.Convolution2D(20, (5, 5), activation='relu',
            input_shape=input_shape))
model.add(layers.MaxPooling2D(pool_size=(2, 2), strides=(2, 2)))
```

그런 다음 ReLU 활성화를 사용하는 두 번째 컨볼루션 단계가 있으며 그다음에 최댓값 풀링 계층이 있다. 이 경우 학습된 컨볼루션 필터의 수를 이전 20개에서 50개로 늘린다. 더 깊은 계층에서 필터 수를 늘리는 것은 딥러닝에 사용되는 일반적인 기술이다.

```
# CONV => RELU => POOL
model.add(layers.Convolution2D(50, (5, 5), activation='relu'))
model.add(layers.MaxPooling2D(pool_size=(2, 2), strides=(2, 2)))
```

그러면 상당히 표준적인 평탄화와 밀집 신경망을 가진 500개의 뉴런과 10개 부류를 가진 softmax 분류기를 얻게 된다.

```
# Flatten => RELU layers
model.add(layers.Flatten())
model.add(layers.Dense(500, activation='relu'))
# a softmax 분류기
model.add(layers.Dense(classes, activation="softmax"))
return model
```

축하한다. 첫 번째 딥 컨볼루션 학습 네트워크를 정의했다. 시각적으로 어떻게 보이는지 살펴보자.

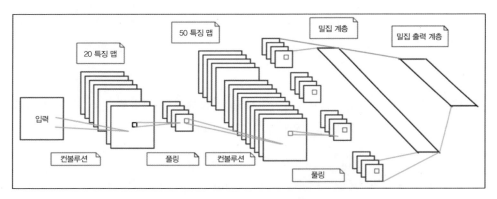

그림 3.4 LeNet의 시각화

이제 신경망 훈련을 위한 추가 코드가 필요하지만 1장에서 설명한 것과 매우 유사하다. 이번에는 손실 값을 출력하는 코드도 보여준다.

```python
# 데이터: 훈련과 테스트 집합 사이에 섞고 분할
(X_train, y_train), (X_test, y_test) = datasets.mnist.load_data()

# 크기 조정
X_train = X_train.reshape((60000, 28, 28, 1))
X_test = X_test.reshape((10000, 28, 28, 1))

# 정규화
X_train, X_test = X_train / 255.0, X_test / 255.0

# 형식 변환
X_train = X_train.astype('float32')
X_test = X_test.astype('float32')

# 부류 벡터를 이진 부류 행렬로 변환
y_train = tf.keras.utils.to_categorical(y_train, NB_CLASSES)
y_test = tf.keras.utils.to_categorical(y_test, NB_CLASSES)

# 최적기와 모델 초기화
model = build(input_shape=INPUT_SHAPE, classes=NB_CLASSES)
model.compile(loss="categorical_crossentropy", optimizer=OPTIMIZER,
    metrics=["accuracy"])
model.summary()

# TensorBoard를 사용
callbacks = [
  # TensorBoard 로그를 './logs' 디렉터리에 작성
  tf.keras.callbacks.TensorBoard(log_dir='./logs')
]

# 적합화
history = model.fit(X_train, y_train,
        batch_size=BATCH_SIZE, epochs=EPOCHS,
        verbose=VERBOSE, validation_split=VALIDATION_SPLIT,
        callbacks=callbacks)

score = model.evaluate(X_test, y_test, verbose=VERBOSE)
print("\nTest score:", score[0])
print('Test accuracy:', score[1])
```

이제 코드를 실행해보자. 그림 3.5에서 볼 수 있듯이 시간이 크게 증가했으며 DNN의 각 반복은 이제 1장에서 정의된 신경망의 1~2초보다 훨씬 긴 약 28초가 걸린다. 그러나 정확도는 훈련 99.991%, 검증 99.91%, 테스트 99.15%로 새로운 정점에 도달했다.

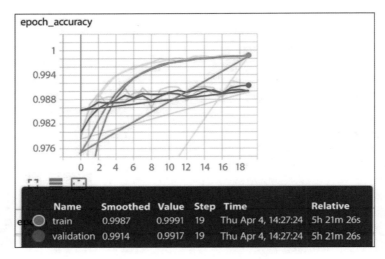

그림 3.5 LeNet 정확도

20에폭의 전체 수행을 보자.

```
Model: "sequential_1"

Layer (type)                    Output Shape              Param #
=================================================================
conv2d_2 (Conv2D)               (None, 24, 24, 20)        520

max_pooling2d_2 (MaxPooling 2D) (None, 12, 12, 20)        0

conv2d_3 (Conv2D)               (None, 8, 8, 50)          25050

max_pooling2d_3 (MaxPooling 2D) (None, 4, 4, 50)          0

flatten   (Flatten)             (None, 800)               0

dense     (Dense)               (None, 500)               400500
```

```
dense_1 (Dense)                    (None, 10)             5010
==================================================================
Total params: 431,080
Trainable params: 431,080
Non-trainable params: 0
_____
Train on 48000 samples, validate on 12000 samples
Epoch 1/20
[2019-04-04 14:18:28.546158: I tensorflow/core/profiler/lib/profiler_session.
cc:164] Profile Session started.
48000/48000 [==============================] - 28s 594us/sample - loss: 0.2035
- accuracy: 0.9398 - val_loss: 0.0739 - val_accuracy: 0.9783
Epoch 2/20
48000/48000 [==============================] - 26s 534us/sample - loss: 0.0520
- accuracy: 0.9839 - val_loss: 0.0435 - val_accuracy: 0.9868
Epoch 3/20
48000/48000 [==============================] - 27s 564us/sample - loss: 0.0343
- accuracy: 0.9893 - val_loss: 0.0365 - val_accuracy: 0.9895
Epoch 4/20
48000/48000 [==============================] - 27s 562us/sample - loss: 0.0248
- accuracy: 0.9921 - val_loss: 0.0452 - val_accuracy: 0.9868
Epoch 5/20
48000/48000 [==============================] - 27s 562us/sample - loss: 0.0195
- accuracy: 0.9939 - val_loss: 0.0428 - val_accuracy: 0.9873
Epoch 6/20
48000/48000 [==============================] - 28s 548us/sample - loss: 0.0585
- accuracy: 0.9820 - val_loss: 0.1038 - val_accuracy: 0.9685
Epoch 7/20
48000/48000 [==============================] - 26s 537us/sample - loss: 0.0134
- accuracy: 0.9955 - val_loss: 0.0388 - val_accuracy: 0.9896
Epoch 8/20
48000/48000 [==============================] - 29s 589us/sample - loss: 0.0097
- accuracy: 0.9966 - val_loss: 0.0347 - val_accuracy: 0.9899
Epoch 9/20
48000/48000 [==============================] - 29s 607us/sample - loss: 0.0091
- accuracy: 0.9971 - val_loss: 0.0515 - val_accuracy: 0.9859
Epoch 10/20
48000/48000 [==============================] - 27s 565us/sample - loss: 0.0062
- accuracy: 0.9980 - val_loss: 0.0376 - val_accuracy: 0.9904
Epoch 11/20
48000/48000 [==============================] - 30s 627us/sample - loss: 0.0068
```

```
- accuracy: 0.9976 - val_loss: 0.0366 - val_accuracy: 0.9911
Epoch 12/20
48000/48000 [==============================] - 24s 505us/sample - loss: 0.0079
- accuracy: 0.9975 - val_loss: 0.0389 - val_accuracy: 0.9910
Epoch 13/20
48000/48000 [==============================] - 28s 584us/sample - loss: 0.0057
- accuracy: 0.9978 - val_loss: 0.0531 - val_accuracy: 0.9890
Epoch 14/20
48000/48000 [==============================] - 28s 580us/sample - loss: 0.0045
- accuracy: 0.9984 - val_loss: 0.0409 - val_accuracy: 0.9911
Epoch 15/20
48000/48000 [==============================] - 26s 537us/sample - loss: 0.0039
- accuracy: 0.9986 - val_loss: 0.0436 - val_accuracy: 0.9911
Epoch 16/20
48000/48000 [==============================] - 25s 513us/sample - loss: 0.0059
- accuracy: 0.9983 - val_loss: 0.0480 - val_accuracy: 0.9890
Epoch 17/20
48000/48000 [==============================] - 24s 499us/sample - loss: 0.0042
- accuracy: 0.9988 - val_loss: 0.0535 - val_accuracy: 0.9888
Epoch 18/20
48000/48000 [==============================] - 24s 505us/sample - loss: 0.0042
- accuracy: 0.9986 - val_loss: 0.0349 - val_accuracy: 0.9926
Epoch 19/20
48000/48000 [==============================] - 29s 599us/sample - loss: 0.0052
- accuracy: 0.9984 - val_loss: 0.0377 - val_accuracy: 0.9920
Epoch 20/20
48000/48000 [==============================] - 25s 524us/sample - loss: 0.0028
- accuracy: 0.9991 - val_loss: 0.0477 - val_accuracy: 0.9917
10000/10000 [==============================] - 2s 248us/sample - loss: 0.0383 -
accuracy: 0.9915


Test score: 0.03832608199457617
Test accuracy: 0.9915
```

모델 정확도와 손실을 도식화해보면 10번 반복만에 유사한 정확도 99.1%를 갖도록 훈련할 수 있음을 볼 수 있다.

```
Train on 48000 samples, validate on 12000 samples
Epoch 1/10
[2019-04-04 15:57:17.848186: I tensorflow/core/profiler/lib/profiler_session.
cc:164] Profile Session started.
48000/48000 [==============================] - 26s 544us/sample - loss: 0.2134
- accuracy: 0.9361 - val_loss: 0.0688 - val_accuracy: 0.9783
Epoch 2/10
```

```
48000/48000 [==============================] - 30s 631us/sample - loss: 0.0550
- accuracy: 0.9831 - val_loss: 0.0533 - val_accuracy: 0.9843
Epoch 3/10
48000/48000 [==============================] - 30s 621us/sample - loss: 0.0353
- accuracy: 0.9884 - val_loss: 0.0410 - val_accuracy: 0.9874
Epoch 4/10
48000/48000 [==============================] - 37s 767us/sample - loss: 0.0276
- accuracy: 0.9910 - val_loss: 0.0381 - val_accuracy: 0.9887
Epoch 5/10
48000/48000 [==============================] - 24s 509us/sample - loss: 0.0200
- accuracy: 0.9932 - val_loss: 0.0406 - val_accuracy: 0.9881
Epoch 6/10
48000/48000 [==============================] - 31s 641us/sample - loss: 0.0161
- accuracy: 0.9950 - val_loss: 0.0423 - val_accuracy: 0.9881
Epoch 7/10
48000/48000 [==============================] - 29s 613us/sample - loss: 0.0129
- accuracy: 0.9955 - val_loss: 0.0396 - val_accuracy: 0.9894
Epoch 8/10
48000/48000 [==============================] - 27s 554us/sample - loss: 0.0107
- accuracy: 0.9965 - val_loss: 0.0454 - val_accuracy: 0.9871
Epoch 9/10
48000/48000 [==============================] - 24s 510us/sample - loss: 0.0082
- accuracy: 0.9973 - val_loss: 0.0388 - val_accuracy: 0.9902
Epoch 10/10
48000/48000 [==============================] - 26s 542us/sample - loss: 0.0083
- accuracy: 0.9970 - val_loss: 0.0440 - val_accuracy: 0.99892
10000/10000 [==============================] - 2s 196us/sample - loss: 0.0327 -
accuracy: 0.9910

Test score: 0.03265062951518773
Test accuracy: 0.991
```

99.1%가 얼마나 좋은지 이해하기 위해 일부 MNIST 이미지를 살펴보자. 예를 들어 인간이 9를 쓰는 방법은 여러 가지가 있는데 그중 하나가 그림 3.6에 있다. 3, 7, 4, 5도 마찬가지다. 이 그림상의 숫자 1은 사람도 인식하기가 매우 어려울 정도로 까다롭다.

그림 3.6 MNIST 필기체 글자의 예

다음 그래프에서 지금까지 다양한 모델로 진행해온 모든 상황을 요약할 수 있다. 단순 신경망은 90.71%의 정확도로 시작해 100개 중 약 9개의 필기체 문자가 올바르게 인식되지 않았다. 그런 다음 딥러닝 아키텍처로 8%를 개선해 99.2%의 정확도에 도달했다. 즉, 100개 중 필기체 문자가 1개 미만으로 잘못 인식된다(그림 3.7 참조).

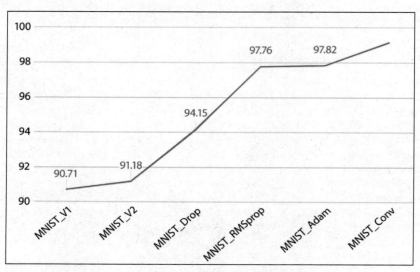

그림 3.7 각기 다른 모델과 최적기에 따른 정확도

딥러닝의 위력 이해하기

딥러닝과 ConvNet의 힘을 더 잘 이해하기 위해 해볼 수 있는 또 다른 테스트는 훈련 집합의 크기를 줄이고 결과의 성능 저하를 관찰하는 것이다. 이를 수행하는 한 가지 방법은 50,000개의 예제 훈련 집합을 두 개의 다른 집합으로 나누는 것이다.

- 모델을 훈련시키기 위한 적절한 훈련 집합을 점진적으로 크기를 줄여서 5,900, 3,000, 1,800, 600, 300 예제로 만든다.
- 모델이 얼마나 잘 훈련됐는지 추정하는 데 사용되는 검증 집합은 나머지 예제로 구성한다. 테스트 집합은 항상 고정돼 있으며 10,000개의 예제로 구성돼 있다.

이 설정을 사용해 이전에 정의된 딥러닝 ConvNet을 1장에서 정의한 첫 번째 신경망 예제와 비교한다. 다음 그래프에서 볼 수 있듯이 가용한 데이터가 많을 때 심층 신경망은 항상 단순 신경망보다 뛰어나다. 5,900개의 훈련 예시를 통해 딥러닝 신경망의 정확도는 단순 신경망의 94%의 정확도에 비해 97.23%의 정확도를 나타냈다.

일반적으로 심층 신경망이 그 능력을 충분히 발휘하기 위해서는 더 많은 훈련 데이터가 필요하다(그림 3.8 참조).

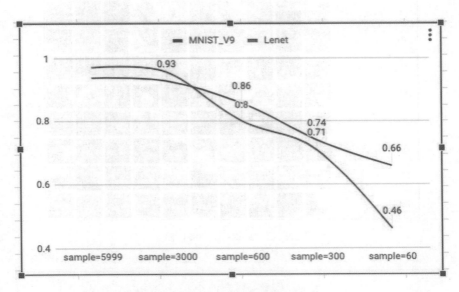

그림 3.8 서로 다른 데이터 양에 따른 정확도

MNIST에 대한 최신 결과 목록(예: 사용 가능한 최고 성능)은 다음 링크(http://rodrigob.github.io/are_we_there_yet/build/classification_datasets_results.html)에서 확인할 수 있다. 2019년 3월 기준으로 가장 좋은 결과는 오류율 0.21%[2]이다.

딥러닝으로 CIFAR-10 이미지 인식

CIFAR-10 데이터셋에는 3개의 채널로 32×32픽셀의 60,000개 컬러 이미지가 10개의 부류로 나눠져 있다. 각 부류에는 6,000개의 이미지가 포함돼 있다. 훈련 집합에는 50,000개의 이미지가 있고 테스트 집합에는 10,000개의 이미지가 있다. CIFAR 저장소(https://www.cs.toronto.edu/~kriz/cifar.html)에서 가져온 이 이미지는 열 가지 부류 각각에서 몇 가지의 랜덤 예제를 보여준다.

그림 3.9 CIFAR-10 이미지 예시

 이 절의 이미지는 Learning Multiple Layers of Features from Tiny Images, Alex Krizhevsky, 2009: https://www.cs.toronto.edu/~kriz/learning-features-2009-TR.pdf에서 가져왔다. CIFAR-10 데이터셋(toronto.edu)의 일부다. https://www.cs.toronto.edu/~kriz/cifar.html

목표는 앞서 보지 못했던 이미지를 인식하고 이를 10개의 부류 중 하나에 할당하는 것이다. 적절한 심층 신경망을 정의해보자.

먼저, 유용한 여러 모듈을 임포트하고 상수 몇 개를 정의한 다음 데이터셋을 로드한다(로드 연산을 포함한 전체 코드는 온라인에 있다).

```
import tensorflow as tf
from tensorflow.keras import datasets, layers, models, optimizers

# CIFAR_10은 3채널 32x32픽셀의 60K개 이미지다.
IMG_CHANNELS = 3
IMG_ROWS = 32
IMG_COLS = 32

# 상수
BATCH_SIZE = 128
EPOCHS = 20
CLASSES = 10
VERBOSE = 1
VALIDATION_SPLIT = 0.2
OPTIM = tf.keras.optimizers.RMSprop()
```

신경망은 각각 3×3 크기의 32개 컨볼루션 필터를 학습하게 된다. 출력 차원은 입력
형태와 동일하므로 32×32가 되고 사용된 활성화 함수는 비선형성을 도입하는 간단
한 방법인 ReLU 함수다. 그런 다음 풀링 크기가 2×2이고 드롭아웃이 25%인 최댓
값 풀링 연산을 한다.

```
# convnet 정의
def build(input_shape, classes):
    model = models.Sequential()
    model.add(layers.Convolution2D(32, (3, 3), activation='relu',
                    input_shape=input_shape))
    model.add(layers.MaxPooling2D(pool_size=(2, 2)))
    model.add(layers.Dropout(0.25))
```

딥 파이프라인의 다음 단계는 512개 유닛과 RELU 활성화 함수, 50% 드롭아웃의 밀
집 신경망으로서 각 범주마다 하나씩 모두 10개의 범주를 softmax 출력층으로 가
진다.

```
    model.add(layers.Flatten())
    model.add(layers.Dense(512, activation='relu'))
    model.add(layers.Dropout(0.5))
    model.add(layers.Dense(classes, activation='softmax'))
    return model
```

신경망을 정의하고 나면 모델을 훈련할 수 있다. 이 경우 데이터를 분할해 훈련과 테스트 집합외에도 유효성 검사 집합을 계산한다. 훈련은 모델을 구축하는 데 사용되고 검증은 최상의 성능을 발휘하는 접근 방식을 선택하는 데 사용되며 테스트 집합은 낯선^{unseen} 최신 데이터에서 최상의 모델의 성능을 확인하는 데 사용된다.

```python
# TensorBoard를 사용하라.
callbacks = [
  # TensorBoard 로그를 './logs' 디렉터리에 작성
  tf.keras.callbacks.TensorBoard(log_dir='./logs')
]

# 훈련
model.compile(loss='categorical_crossentropy', optimizer=OPTIM,
    metrics=['accuracy'])
model.fit(X_train, y_train, batch_size=BATCH_SIZE,
    epochs=EPOCHS, validation_split=VALIDATION_SPLIT,
    verbose=VERBOSE, callbacks=callbacks)
score = model.evaluate(X_test, y_test,
                    batch_size=BATCH_SIZE, verbose=VERBOSE)
print("\nTest score:", score[0])
print('Test accuracy:', score[1])
```

코드를 실행해보자. 신경망은 20번의 반복으로 66.8%의 테스트 정확도에 도달했다. 또한 정확도 및 손실을 출력 및 도식화하고 model에 신경망을 덤프하기 의해 model.summary()를 호출한다.

```
Epoch 17/20
40000/40000 [==============================] - 112s 3ms/sample - loss: 0.6282 -
accuracy: 0.7841 - val_loss: 1.0296 - val_accuracy: 0.6734
Epoch 18/20
40000/40000 [==============================] - 76s 2ms/sample - loss: 0.6140 -
accuracy: 0.7879 - val_loss: 1.0789 - val_accuracy: 0.6489
Epoch 19/20
40000/40000 [==============================] - 74s 2ms/sample - loss: 0.5931 -
accuracy: 0.7958 - val_loss: 1.0461 - val_accuracy: 0.6811
Epoch 20/20
40000/40000 [==============================] - 71s 2ms/sample - loss: 0.5724 -
accuracy: 0.8042 - val_loss: 0.1.0527 - val_accuracy: 0.6773
10000/10000 [==============================] - 5s 472us/sample - loss: 1.0423 -
accuracy: 0.6686
```

```
Test score: 1.0423416819572449
Test accuracy: 0.6686
```

그림 3.10은 정확도와 손실 도표를 보여준다.

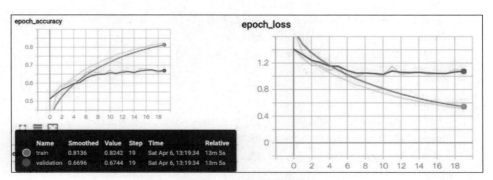

그림 3.10 정의된 신경망의 정확도와 손실

CIFAR-10 데이터셋으로 정확도와 손실 변화를 개선하는 것을 봤다. 다음 절은 현재 결과를 개선하는 것에 관한 것이다.

심층 신경망으로 CIFAR-10 성능 향상

성능을 향상시키는 한 가지 방법은 여러 컨볼루션 작업으로 심층 신경망을 정의하는 것이다. 다음 예제에는 일련의 모듈이 있다.

첫째 모듈: (CONV+CONV+MaxPool+DropOut)
둘째 모듈: (CONV+CONV+MaxPool+DropOut)
셋째 모듈: (CONV+CONV+MaxPool+DropOut)

이 모듈 다음에는 표준 밀집 출력 계층이 이어진다. 사용된 모든 활성화 함수는 ReLU이다. 1장에서도 설명된 바 있지만 모듈 간 정규화 형식을 소개할 때 사용된 새로운 계층이 있다.

```
def build_model():
    model = models.Sequential()

    # 첫째 블록
    model.add(layers.Conv2D(32, (3,3), padding='same',
        input_shape=x_train.shape[1:], activation='relu'))
    model.add(layers.BatchNormalization())
    model.add(layers.Conv2D(32, (3,3), padding='same', activation='relu'))
    model.add(layers.BatchNormalization())
    model.add(layers.MaxPooling2D(pool_size=(2,2)))
    model.add(layers.Dropout(0.2))

    # 둘째 블록
    model.add(layers.Conv2D(64, (3,3), padding='same', activation='relu'))
    model.add(layers.BatchNormalization())
    model.add(layers.Conv2D(64, (3,3), padding='same', activation='relu'))
    model.add(layers.BatchNormalization())
    model.add(layers.MaxPooling2D(pool_size=(2,2)))
    model.add(layers.Dropout(0.3))

    # 셋때 블록
    model.add(layers.Conv2D(128, (3,3), padding='same', activation='relu'))
    model.add(layers.BatchNormalization())
    model.add(layers.Conv2D(128, (3,3), padding='same', activation='relu'))
    model.add(layers.BatchNormalization())
    model.add(layers.MaxPooling2D(pool_size=(2,2)))
    model.add(layers.Dropout(0.4))

    # 밀집
    model.add(layers.Flatten())
    model.add(layers.Dense(NUM_CLASSES, activation='softmax'))
    return model

model.summary()
```

축하한다. 심층 신경망이 정의됐다. 40번 반복에서 82%의 정확도에 도달하도록 코드를 실행해보자. 완성도를 위해 코드의 나머지 부분을 추가하자. 첫 번째 부분은 데이터를 로드하고 정규화하는 것이다.

```
import tensorflow as tf
from tensorflow.keras import datasets, layers, models, regularizers,
optimizers
from tensorflow.keras.preprocessing.image import ImageDataGenerator
import numpy as np

EPOCHS=50
NUM_CLASSES = 10

def load_data():
    (x_train, y_train), (x_test, y_test) = datasets.cifar10.load_data()
    x_train = x_train.astype('float32')
    x_test = x_test.astype('float32')

    # 정규화
    mean = np.mean(x_train,axis=(0,1,2,3))
    std = np.std(x_train,axis=(0,1,2,3))
    x_train = (x_train-mean)/(std+1e-7)
    x_test = (x_test-mean)/(std+1e-7)

    y_train = tf.keras.utils.to_categorical(y_train,NUM_CLASSES)
    y_test = tf.keras.utils.to_categorical(y_test,NUM_CLASSES)

    return x_train, y_train, x_test, y_test
```

그다음은 신경망을 훈련시키기 위한 부분이 필요하다.

```
(x_train, y_train, x_test, y_test) = load_data()
model = build_model()
model.compile(loss='categorical_crossentropy',
            optimizer='RMSprop',
            metrics=['accuracy'])

# 훈련
batch_size = 64
model.fit(x_train, y_train, batch_size=batch_size,
    epochs=EPOCHS, validation_data=(x_test,y_test))
score = model.evaluate(x_test, y_test,
                    batch_size=batch_size)
print("\nTest score:", score[0])
print('Test accuracy:', score[1])
```

자, 이제 이전의 더 간단한 신경망에 비해 15.14%의 개선을 보였다. 완성도를 높이기 위해 훈련 중의 정확도와 손실도 함께 살펴보자.

데이터 증강을 통해 CIFAR-10 성능 개선

성능을 향상시키는 또 다른 방법은 훈련을 위한 이미지를 더 많이 생성하는 것이다. 여기서의 아이디어는 표준 CIFAR 훈련 집합을 가져와 회전, 크기 조정, 가로 또는 세로 뒤집기, 확대/축소, 채널 이동 등의 다양한 유형으로 변형해 이 집합을 보강^{augmentation}할 수 있다는 것이다. 앞 절에서 정의한 것과 동일한 신경망에 적용한 코드를 살펴보자.

```python
from tensorflow.keras.preprocessing.image import ImageDataGenerator


# 이미지 증강
datagen = ImageDataGenerator(
    rotation_range=30,
    width_shift_range=0.2,
    height_shift_range=0.2,
    horizontal_flip=True,
    )
datagen.fit(x_train)
```

rotation_range는 임의로 회전하는 사진의 각도(0~180)이다. width_ shift 및 height_ shift는 그림을 세로 또는 가로로 임의로 변환하기 위한 범위다. zoom_range는 사진을 무작위로 확대하기 위한 것이다. horizontal_flip은 이미지의 절반을 가로로 임의 뒤집기하기 위한 것이다. fill_mode는 회전 또는 이동 후에 나타날 수 있는 새 픽셀을 채우는 데 사용되는 전략이다.

그림 3.11에서 보듯 이미지 보강 후 표준 CIFAR-10 집합에서 시작해 더 많은 훈련 이미지를 생성해냈다.

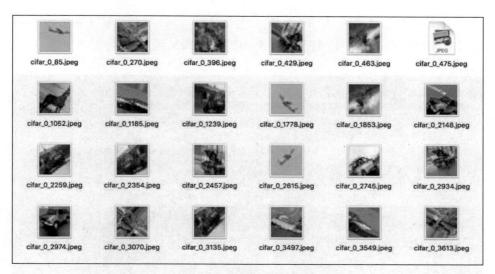

그림 3.11 이미지 증강의 예시

이제 이 직관을 훈련에 바로 적용할 수 있다. 앞서와 동일한 ConvNet을 사용해 단순히 더 증강된 이미지를 생성할 수 있으며 이를 훈련시킨다. 편의상 생성기는 모델과 병렬로 실행된다. 이를 통해 GPU에서 병렬로 훈련하는 동안 CPU에서 이미지 증강을 수행할 수 있다. 코드는 다음과 같다.

```python
# 훈련
batch_size = 64
model.fit_generator(datagen.flow(x_train, y_train, batch_size=batch_size),
                    epochs=EPOCHS,
                    verbose=1,validation_data=(x_test,y_test))

# 디스크에 저장
model_json = model.to_json()
with open('model.json', 'w') as json_file:
    json_file.write(model_json)
model.save_weights('model.h5')

# 테스트
scores = model.evaluate(x_test, y_test, batch_size=128, verbose=1)
print('\nTest result: %.3f loss: %.3f' % (scores[1]*100,scores[0]))
```

더 많은 훈련 데이터가 있기 때문에 각 반복은 이제 더 많은 계산량이 소모된다. 그러니까 50번만 반복해보자. 이를 통해 85.91%의 정확도를 얻을 수 있다.

```
Epoch 46/50
50000/50000 [==============================] - 36s 722us/sample - loss: 0.2440
- accuracy: 0.9183 - val_loss: 0.4918 - val_accuracy: 0.8546
Epoch 47/50
50000/50000 [==============================] - 34s 685us/sample - loss: 0.2338
- accuracy: 0.9208 - val_loss: 0.4884 - val_accuracy: 0.8574
Epoch 48/50
50000/50000 [==============================] - 32s 643us/sample - loss: 0.2383
- accuracy: 0.9189 - val_loss: 0.5106 - val_accuracy: 0.8556
Epoch 49/50
50000/50000 [==============================] - 37s 734us/sample - loss: 0.2285
- accuracy: 0.9212 - val_loss: 0.5017 - val_accuracy: 0.8581
Epoch 49/50
50000/50000 [==============================] - 36s 712us/sample - loss: 0.2263
- accuracy: 0.9228 - val_loss: 0.4911 - val_accuracy: 0.8591
10000/10000 [==============================] - 2s 160us/sample - loss: 0.4911 -
accuracy: 0.8591

Test score: 0.4911323667049408
Test accuracy: 0.8591
```

실험 도중 구한 결과는 다음 그림에 정리해놨다.

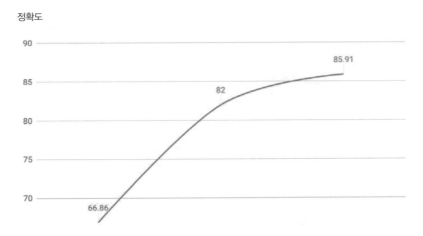

그림 3.12 서로 다른 신경망에 대한 CIFAR-10의 정확도, 증가하는 반복에 대한 것이다.

CIFAR-10에 대한 최신 결과 목록은 다음 링크(http://rodrigob.github.io/are_we_there_
yet/build/classification_datasets_results.html)에 있다. 2019년 4월 현재 최고 결과는 96.53%
의 정확도를 나타낸다[3].

CIFAR-10으로 예측

방금 CIFAR-10으로 학습한 딥러닝 모델을 이미지의 대량 평가를 위해 사용한다고
가정하자. 모델과 가중치를 저장해뒀으므로 매번 훈련할 필요가 없다.

```python
import numpy as np
import scipy.misc
from tf.keras.models import model_from_json
from tf.keras.optimizers import SGD

# 모델 로드
model_architecture = 'cifar10_architecture.json'
model_weights = 'cifar10_weights.h5'
model = model_from_json(open(model_architecture).read())
model.load_weights(model_weights)

# 이미지 로드
img_names = ['cat-standing.jpg', 'dog.jpg']
imgs = [np.transpose(scipy.misc.imresize(scipy.misc.imread(img_name), (32,
32)),
                    (2, 0, 1)).astype('float32')
        for img_name in img_names]
imgs = np.array(imgs) / 255

# 훈련
optim = SGD()
model.compile(loss='categorical_crossentropy', optimizer=optim,
        metrics=['accuracy'])
# 예측
predictions = model.predict_classes(imgs)
print(predictions)
```

SciPy의 imread를 사용해 이미지를 로드한 다음 32×32픽셀로 크기를 조정한다. 결

과 이미지 텐서의 차원은 (32, 32, 3)이지만, 색상 차원이 마지막이 아니라 첫 번째가 되기를 원하므로 전치를 취한다. 그런 다음 이미지 텐서 목록이 단일 텐서로 결합되고 0과 1.0 사이로 정규화된다.

이제 와 의 예측을 해보자. 예상한 대로 범주 3(cat)과 범주 5(dog)의 출력을 얻었다. CIFAR-10 이미지를 분류하기 위한 CNN을 성공적으로 만들었다. 다음으로 딥러닝에 있어 혁신으로 알려진 VGG-16을 살펴보자.

대형 이미지 인식을 위한 고심층 컨볼루션 신경망

2014년 「Very Deep Convolutional Networks for Large-Scale Image Recognition」이라는 제목의 이미지 인식에 있어서 흥미로운 논문이 K. 시몬얀Simonyan과 지서만Zisserman에 의해 발표됐다[4]. 이 논문은 "심도를 16-19 가중치 계층으로 밀어냄으로써 종래 기술 구성에 대비 상당한 개선이 달성될 수 있음"을 보여줬다. 논문에서 D 또는 VGG-16으로 표기한 모델은 16개의 깊은 층을 가진다. ImageNet ILSVRC-2012(http://image-net.org/challenge/LSVRC/2012/) 데이터셋에 대한 모델 훈련은 Java Caffe(http://caffe.berkeleyvision.org/)로 구현됐다. 여기에는 1,000개 부류의 이미지가 훈련(130만 개 이미지), 검증(50,000개 이미지)및 테스트(100,000개 이미지)의 세 가지 집합으로 분할됐다. 각 이미지는 3채널의 (224×224)이다. 이 모델은 ILSVRC-2012-val에서 7.5%라는 상위 5 오차, ILSVRC-2012-test에서는 7.4%라는 상위 5 오류를 달성했다.

ImageNet 사이트에 의하면 "이 경쟁의 목표는 손으로 레이블을 붙인 대규모 ImageNet 데이터셋(1만 개 이상의 객체 범주를 나타내는 10,000,000개의 레이블이 있는 이미지)를 훈련으로 사용해 검색 및 자동 주석을 하기 위한 사진의 내용을 추정하는 것이다. 테스트 이미지에는 초기 주석이 없고 (세그멘테이션이나 레이블이 없음) 알고리듬이 이미지에 어떤 객체가 있는지 지정하는 레이블을 생성해야 한다"라고 설명했다.

모델이 학습한 가중치는 Caffe에서 구현됐고 바로 **tf.Keras**로 변환(https://gist.github.

com/baraldilorenzo/07d7802847aaad0a35d3)됐으며, 따라서 tf.Keras 모델로 미리 로드해
사용할 수 있다. 이는 논문에서 설명한 대로 다음과 같이 구현돼 있다.

```python
import tensorflow as tf
from tensorflow.keras import layers, models

# VGG16 신경망 정의

def VGG_16(weights_path=None):
    model = models.Sequential()
    model.add(layers.ZeroPadding2D((1,1),input_shape=(224,224, 3)))
    model.add(layers.Convolution2D(64, (3, 3), activation='relu'))
    model.add(layers.ZeroPadding2D((1,1)))
    model.add(layers.Convolution2D(64, (3, 3), activation='relu'))
    model.add(layers.MaxPooling2D((2,2), strides=(2,2)))

    model.add(layers.ZeroPadding2D((1,1)))
    model.add(layers.Convolution2D(128, (3, 3), activation='relu'))
    model.add(layers.ZeroPadding2D((1,1)))
    model.add(layers.Convolution2D(128, (3, 3), activation='relu'))
    model.add(layers.MaxPooling2D((2,2), strides=(2,2)))

    model.add(layers.ZeroPadding2D((1,1)))
    model.add(layers.Convolution2D(128, (3, 3), activation='relu'))
    model.add(layers.MaxPooling2D((2,2), strides=(2,2)))
    model.add(layers.ZeroPadding2D((1,1)))
    model.add(layers.Convolution2D(256, (3, 3), activation='relu'))
    model.add(layers.ZeroPadding2D((1,1)))
    model.add(layers.Convolution2D(256, (3, 3), activation='relu'))

    model.add(layers.ZeroPadding2D((1,1)))
    model.add(layers.Convolution2D(256, (3, 3), activation='relu'))
    model.add(layers.MaxPooling2D((2,2), strides=(2,2)))
    model.add(layers.ZeroPadding2D((1,1)))
    model.add(layers.Convolution2D(512, (3, 3), activation='relu'))
    model.add(layers.ZeroPadding2D((1,1)))
    model.add(layers.Convolution2D(512, (3, 3), activation='relu'))
    model.add(layers.ZeroPadding2D((1,1)))
    model.add(layers.Convolution2D(512, (3, 3), activation='relu'))
    model.add(layers.MaxPooling2D((2,2), strides=(2,2)))
```

```
model.add(layers.ZeroPadding2D((1,1)))
model.add(layers.Convolution2D(512, (3, 3), activation='relu'))
model.add(layers.ZeroPadding2D((1,1)))
model.add(layers.Convolution2D(512, (3, 3), activation='relu'))
model.add(layers.ZeroPadding2D((1,1)))
model.add(layers.Convolution2D(512, (3, 3), activation='relu'))
model.add(layers.MaxPooling2D((2,2), strides=(2,2)))

model.add(layers.Flatten())

# VGG망의 최상위 계층
model.add(layers.Dense(4096, activation='relu'))
model.add(layers.Dropout(0.5))
model.add(layers.Dense(4096, activation='relu'))
model.add(layers.Dropout(0.5))
model.add(layers.Dense(1000, activation='softmax'))

if weights_path:
    model.load_weights(weights_path)

return model
```

VGG16을 구현했다. 이제 이를 활용해보자.

VGG16 신경망으로 고양이 인식

그림으로 테스트해보자.

이전에 정의된 가중치를 사용할 것임에 유의하자.

```
import cv2
im = cv2.resize(cv2.imread('cat.jpg'), (224, 224).astype(np.float32))
# im = im.transpose((2,0,1))
im = np.expand_dims(im, axis=0)

# 기훈련된 모델 테스트
model = VGG_16('/Users/antonio/.keras/models/vgg16_weights_tf_dim_
```

```
ordering_tf_kernels.h5')
model.summary()
model.compile(optimizer='sgd', loss='categorical_crossentropy')
out = model.predict(im)
print(np.argmax(out))
```

코드가 실행되면, 부류 285가 반환되는데, "이집트 고양이"에 해당된다(https://gist.
github.com/yrevar/942d3a0ac09ec9e5eb3a).

```
Total params: 138,357,544
Trainable params: 138,357,544
Non-trainable params: 0
----------------------------------------------------------------
285
```

놀랍지 않은가? VGG-16 신경망은 고양이의 이미지를 성공적으로 인식할 수 있었
다! 딥러닝에 있어 중요한 첫 번째 단계였다. 논문[4]이 나온 지 5년밖에 안 됐지만,
그것은 놀라운 혁신의 순간이었다.

tf.keras의 내장 VGG16 Net 활용

tf.Keras 응용은 사전 구축되고 사전 훈련된 딥러닝 모델이다. 모델을 인스턴스화할
때 가중치가 자동으로 다운로드돼 ~/.keras/models/에 저장된다. 내장 코드를 사용하
는 일은 매우 간단하다.

```
import tensorflow as tf
from tensorflow.keras.applications.vgg16 import VGG16
import matplotlib.pyplot as plt
import numpy as np
import cv2

# 이미지넷으로 사전 훈련된 사전 구축 모델
model = VGG16(weights='imagenet', include_top=True)
model.compile(optimizer='sgd', loss='categorical_crossentropy')

# VGG16 훈련된 이미지 형식으로 조정
```

```
im = cv2.resize(cv2.imread('steam-locomotive.jpg'), (224, 224)
im = np.expand_dims(im, axis=0)

# 예측
out = model.predict(im)
index = np.argmax(out)
print(index)

plt.plot(out.ravel())
plt.show()
# 증기 기차에 해당하는 820을 출력해야 한다.
```

기차 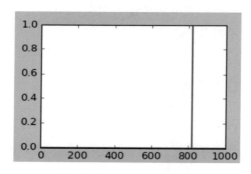를 해보자. 코드를 실행하면 결과로 820을 얻는데 이것은 "증기 기차"의 이미지넷 코드다. 마찬가지로 중요한 점은 다른 모든 부류의 지원이 매우 약하다는 것이다(그림 3.13 참조).

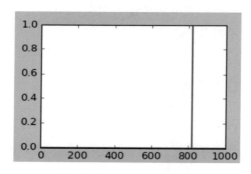

그림 3.13 증기 기차가 가장 유력한 출력임

이 절의 결론을 짓자면 VGG16은 tf.Keras에 사전 구축된 모듈 중 하나일 뿐이라는 것이다. 사전 제작된 모델의 전체 목록은 다음 링크(https://www.tensorflow.org/api_docs/python/tf/keras/applications)에서 확인할 수 있다.

특징 추출을 위해 사전 구축된 딥러닝 모델 재활용

매우 간단한 아이디어 중 하나는 특징 추출에 VGG16 그리고 좀 더 일반적으로는

152

DCNN을 사용하는 것이다. 다음 코드는 특정 계층에서 특징을 추출해 아이디어를 구현한다. 순차 모델은 계층만 허용하므로 함수적 API로 전환해야 한다는 점에 유의하자.

```python
import tensorflow as tf
from tensorflow.keras.applications.vgg16 import VGG16
from tensorflow.keras import models
from tensorflow.keras.preprocessing import image
from tensorflow.keras.applications.vgg16 import preprocess_input
import numpy as np
import cv2

# 이미지넷에 사전 훈련된 가중치를 가진 사전 구축된 모델
base_model = VGG16(weights='imagenet', include_top=True)
print (base_model)
for i, layer in enumerate(base_model.layers):
    print (i, layer.name, layer.output_shape)

# block4_pool 블록에서 특징 추출
model = models.Model(inputs=base_model.input,
    outputs=base_model.get_layer('block4_pool').output)

img_path = 'cat.jpg'
img = image.load_img(img_path, target_size=(224, 224))
x = image.img_to_array(img)
x = np.expand_dims(x, axis=0)
x = preprocess_input(x)

# 이 블록에서 특징 가져오기
features = model.predict(x)
print(features)
```

DCNN의 중간 계층에서 특징을 추출하려는 이유가 궁금할 수 있을 것이다. 그 이유는 신경망이 이미지를 범주로 분류하는 것을 학습하면서, 각 계층은 최종 분류를 수행하는 데 필요한 특징을 식별하는 방법을 학습하기 때문이다. 하위 계층은 색상 및 가장자리와 같은 하위 특징을 식별하고 상위 계층은 이러한 하위 기능을 모양 또는 객체와 같은 상위 특징으로 구성한다. 따라서 중간 층은 이미지로부터 중요한 특징을 추출하는 능력을 가지며, 이러한 특징은 다른 종류의 분류에 도움이 될 가능성이 더 높다.

여기에는 여러 장점이 있다. 먼저 공개적으로 이용 가능한 대규모 훈련을 사용할 수 있고 이 학습을 새로운 영역으로 이전할 수 있다. 두 번째로 비싼 대규모 훈련 시간을 절약할 수 있다. 셋째, 해당 분야에 대한 훈련 사례가 많지 않은 경우에도 합리적인 솔루션을 제공할 수 있다. 또한 단지 추측하는 대신 당면한 과제를 위한 신경망 형태의 좋은 출발점을 얻게 된다.

이것으로 3장에서 정의된 마지막 딥러닝 모델인 VGG-16 CNN의 개요를 마친다. 4장에서 더 많은 CNN 예제를 볼 수 있다.

전이학습을 위한 심층 인셉션 V3망

전이학습은 다양한 영역에서 활용되고 있는 매우 강력한 딥러닝 기술이다. 핵심 아이디어는 매우 간단하며 비유로 설명 가능하다. 새로운 언어로 스페인어를 배우고 싶다고 가정해보자. 이때 이미 알고 있는 다른 언어, 예컨대 영어부터 시작하는 것이 효과적일 수 있다.

이런 논리에 따라 컴퓨터 비전 연구자들은 일반적으로 사전 학습된 CNN을 사용해 전체 CNN을 처음부터 학습할 만큼 데이터셋이 충분하지 않은 새로운 작업에 대한 표현representation을 만든다. 다른 일반적인 기법은 사전 학습된 이미지넷 네트워크를 불러와서 전체 네트워크를 새로운 작업에 적절하게 미세 조정하는 것이다. 예를 들어 음악에서 10개의 범주를 인식하도록 훈련된 망을 가져다 영화에서 20개 범주를 인식하도록 미세 조정하는 것이다.

인셉션Inception V3는 아주 깊은 컨볼루션 신경망으로 Google에서 만들었다[2]. tf.keras는 그림 3.15에 있는 전체 신경망을 구현하고 이미지넷으로 사전 학습된 것을 제공한다. 이 모델의 기본 입력 크기는 3채널 299×299다.

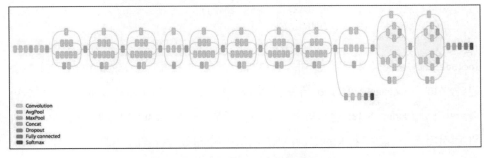

그림 3.14 인셉션 V3 딥러닝 모델

예시는 다음 링크(https://keras.io/applications/)에서 영감을 얻었다. ImageNet으로부터 서로 다른 영역의 훈련 데이터셋 D가 있다고 가정하자. D의 입력에는 1,024개의 특징이 있고 c 출력에는 200개의 범주가 있다. 이제 코드 중 일부를 살펴보자.

```python
import tensorflow as tf
from tensorflow.keras.applications.inception_v3 import InceptionV3
from tensorflow.keras.preprocessing import image
from tensorflow.keras import layers, models
# 사전에 훈련된 기본 모델 생성
base_model = InceptionV3(weights='imagenet', include_top=False)
```

훈련된 Inception V3를 사용한다. D를 미세 조정하기 위해 완전 연결된 계층(1,024 입력의 밀집 계층)은 포함하지 않는다. 앞의 코드가 우리 대신 사전에 훈련된 가중치를 다운로드해줄 것이다.

```
Downloading data from https://github.com/fchollet/deep-learning-models/
releases/download/v0.5/inception_v3_weights_tf_dim_ordering_tf_kernels_notop.h5
87916544/87910968 [==============================] - 26s 0us/step
```

따라서 마지막 4개 계층을 살펴보면(include_top=True) 이들의 형상을 볼 수 있다.

```python
# layer.name, layer.input_shape, layer.output_shape
('mixed10', [(None, 8, 8, 320), (None, 8, 8, 768), (None, 8, 8, 768),
(None, 8, 8, 192)], (None, 8, 8, 2048))
('avg_pool', (None, 8, 8, 2048), (None, 1, 1, 2048))
```

```
('flatten', (None, 1, 1, 2048), (None, 2048))
('predictions', (None, 2048), (None, 1000))
```

include_top=False를 사용하면 마지막 3개의 계층이 제거되고 mixed_10 계층이 노출된다. GlobalAveragePooling2D 계층은 (None, 8, 8, 2048)을 (None, 2048)으로 변환한다. 여기서 (None, 2048) 텐서의 각 요소는 (None, 8, 8, 2048) 텐서의 해당 (8, 8) 하위 텐서의 평균 값이다. None은 차원을 지정하지 않았다는 의미이고 이는 자리 표시자placeholder를 정의할 때 유용하다.

```
x = base_model.output
# 완전 연결 계층을 첫 번째 계층으로 추가하자.
x = layers.Dense(1024, activation='relu')(x)
# 200개 부류를 가진 로지스틱 계층을 마지막 계층으로 한다.
predictions = layers.Dense(200, activation='softmax')(x)
# 훈련할 모델
model = models.Model(inputs=base_model.input, outputs=predictions)
```

모든 컨볼루션 레벨은 사전에 훈련된다. 따라서 전체 모델의 훈련 동안에 고정한다.

```
# 모든 컨볼루션 인셉션 V3 계층을 고정
for layer in base_model.layers:
    layer.trainable = False
```

그런 다음 모델은 컴파일돼 몇 개의 에폭 동안 훈련돼 최상위 계층이 훈련된다. 편의상 여기서는 훈련 코드 자체는 생략한다.

```
# 모델 컴파일(계층을 비훈련으로 설정한 다음 수행해야 한다)
model.compile(optimizer='rmsprop', loss='categorical_crossentropy')

# 몇 개의 에폭 동안 새로운 데이터로 모델 훈련
model.fit_generator(...)
```

그런 다음 인셉션의 최상위 계층은 고정하고 일부 인셉션 계층을 미세 조정한다. 이 예에서는 처음 172개의 계층을 고정하기로 결정했다(이 값은 조정 가능한 초매개변수다).

```
# 상위 2개 인셉션 블록을 훈련하기로 결정
# 즉, 처음 172개 블록을 고정하고, 나머지를 조정
for layer in model.layers[:172]:
    layer.trainable = False
for layer in model.layers[172:]:
    layer.trainable = True
```

그다음 모델은 최적화를 위해 미세조정되기 위해 재컴파일한다.

```
# 변경이 효과를 가지려면 모델을 재컴파일해야 함
# SGD를 낮은 학습률로 사용
from keras.optimizers import SGD
model.compile(optimizer=SGD(lr=0.0001, momentum=0.9),
loss='categorical_crossentropy')

# 모델을 다시 한 번 훈련(이번에는 상위 2개 블록을 미세 조정)
# 상위 밀집 계층과 함께
model.fit_generator(...)
```

이제 표준 Inception V3 네트워크를 재사용하는 새로운 심층 신경망을 만들었지만 전이학습을 통해 새로운 도메인 D에 대해 훈련했다. 물론 우수한 정확도를 얻기 위한 많은 미세 조정 매개변수가 있다. 그러나 이제는 전이학습을 통해 매우 큰 사전 훈련된 망을 출발점으로 재사용하고 있다. 그렇게 하면 tf.keras에서 가용한 것을 재사용함으로써 기계에 대한 훈련의 필요성을 줄일 수 있다.

다른 CNN 아키텍처

이 절에서는 AlexNet, 잔차[residual]망, HighwayNets, DenseNets와 Xception 등의 다른 여러 CNN 아키텍처에 대해 설명한다.

AlexNet

최초의 컨볼루션망 중 하나인 AlexNet[4]은 단 8개의 계층으로 구성된다. 처음 5개는 최대-풀링 계층이 있는 컨볼루션이며 마지막 3개는 완전 연결돼 있다. AlexNet[4]은 35,000회 이상 인용된 논문으로 (컴퓨터 비전 분야의) 딥러닝 혁명의 시작이었다. 그후, 망은 점점 더 깊어지기 시작했다. 최근에는 새로운 아이디어가 제안됐다.

잔차 네트워크

잔차망ResNet은 이전 계층을 더 깊은 계층으로 직접 공급한다는 흥미로운 아이디어에 기반하고 있다. 이를 소위 스킵-연결skip connections(또는 고속-전방 연결fast-forward connections)이라 부른다. ResNet의 구성 요소는 소위 "잔차 블록residual block" 또는 "항등 블록Identity block"으로서 전방forward 혹은 고속-전방fast-forward 연결을 갖고 있다. 이 예제(그림 3.15)에서, 이전 계층의 출력은 ReLU 활성화 함수로 전송되기 전에 이후 계층의 출력에 추가된다.

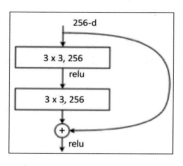

그림 3.15 이미지 세그멘테이션의 예제

HighwayNets와 DenseNets

추가 가중치 행렬을 사용해 스킵 가중치를 학습할 수 있으며 이러한 모델은 종종 HighwayNets로 부른다. 한편, 여러 개의 병렬 스킵이 있는 모델은 DenseNets[5]이라고 한다. 인간의 뇌는 대뇌 피질층 VI 뉴런이 중간층을 건너뛰고 1계층으로부터 입력을 받기 때문에 레지듀얼망과 유사한 패턴을 가진다고 알려져 있다. 또한 각 반복 중에 전파할 계층 수가 적으므로 레지듀얼망은 더 빨리 훈련할 수 있다(스킵 연결로 인해 깊은 계층이 입력을 더 빨리 받게 된다). 다음은 DenseNets의 예다(그림 3.16, http://arxiv.org/abs/1608.06993 참고).

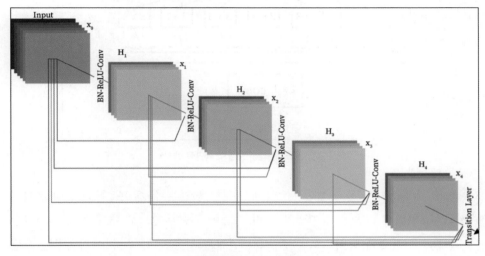

그림 3.16 DenseNet의 예

Xception

Xception망은 깊이별deepwise 컨볼루션과 점별pointwise 컨볼루션이라는 두 가지 기본 블록을 사용한다. 깊이별 컨볼루션은 채널별channel-wise $n \times n$ 공간 컨볼루션이다. 이미지에 3개의 채널이 있다면 $n \times n$의 3개의 컨볼루션이 있다. 점별 컨볼루션은 1×1 컨볼루션이다. Xception망은 인셉션 모듈의 "극단적extreme" 버전으로서 먼저 교차-채널 교정을 위해 1×1 컨볼루션을 사용한 다음 그림 3.17처럼 각 출력 채널의 공간 교정을 개별적으로 매핑한다(https://arxiv.org/pdf/1610.02357.pdf).

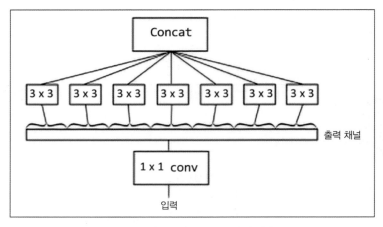

그림 3.17 인셉션 모듈의 극단적 예시

Xception^{eXtreme Inception}은 인셉션^{Inception}에서 영감을 얻은 심층 컨볼루션 신경망 아키텍처로서, 인셉션 모듈은 깊이별로 분리 가능한 컨볼루션으로 대체됐다. Xception은 ResNet과 비슷한 방식으로 다중 스킵-연결을 사용한다. 최종 아키텍처는 그림 3.18에 나와 있는 것처럼 다소 복잡하다(https://arxiv.org/pdf/1610.02357.pdf). 데이터는 먼저 입력 흐름을 거친 다음 중간 흐름을 거치며 8번 반복되고 마지막으로 출구 흐름을 통해 전달된다.

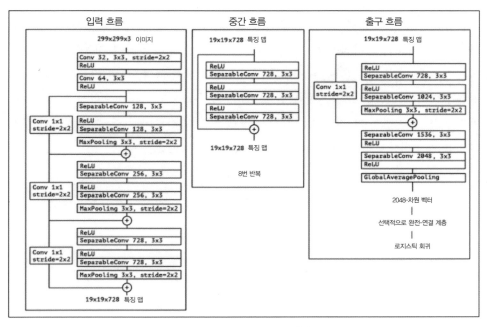

그림 3.18 전체 Xception 아키텍처

Casing, HyperNets, DenseNets, Inception과 Xception은 모두 tf.keras.application와 TF-Hub에서 사전 훈련된 망 형태로 제공된다. Keras 응용(https://keras.io/applications)은 이미지넷 데이터셋에서 달성한 성능과 각 망의 깊이에 대한 멋진 요약을 보고해준다.

Model	Size (MB)	Top-1 Accuracy	Top-5 Accuracy	Parameters	Depth	Time (ms) per inference step (CPU)	Time (ms) per inference step (GPU)
Xception	88	79.0%	94.5%	22.9M	81	109.4	8.1
VGG16	528	71.3%	90.1%	138.4M	16	69.5	4.2
VGG19	549	71.3%	90.0%	143.7M	19	84.8	4.4
ResNet50	98	74.9%	92.1%	25.6M	107	58.2	4.6
ResNet50V2	98	76.0%	93.0%	25.6M	103	45.6	4.4
ResNet101	171	76.4%	92.8%	44.7M	209	89.6	5.2
ResNet101V2	171	77.2%	93.8%	44.7M	205	72.7	5.4
ResNet152	232	76.6%	93.1%	60.4M	311	127.4	6.5
ResNet152V2	232	78.0%	94.2%	60.4M	307	107.5	6.6
InceptionV3	92	77.9%	93.7%	23.9M	189	42.2	6.9
InceptionResNetV2	215	80.3%	95.3%	55.9M	449	130.2	10.0
MobileNet	16	70.4%	89.5%	4.3M	55	22.6	3.4
MobileNetV2	14	71.3%	90.1%	3.5M	105	25.9	3.8
DenseNet121	33	75.0%	92.3%	8.1M	242	77.1	5.4
DenseNet169	57	76.2%	93.2%	14.3M	338	96.4	6.3
DenseNet201	80	77.3%	93.6%	20.2M	402	127.2	6.7
NASNetMobile	23	74.4%	91.9%	5.3M	389	27.0	6.7
NASNetLarge	343	82.5%	96.0%	88.9M	533	344.5	20.0

그림 3.19 서로 다른 CNN과 정확도 상위-1과 상위-5 결과

상위-1과 상위-5 정확도는 이미지넷 검증 데이터셋을 대상으로 한 모델의 성능을 의미한다.

이 절에서는 많은 CNN 아키텍처에 대해 설명했다. 다음은 CNN을 사용해 이미지에 대한 질문에 어떻게 대답하는지 살펴본다.

스타일 변환

스타일 변환^{Style transfer}은 신경망의 능력에 관한 많은 통찰력을 제공해주는 재미있는 신경망 응용이다. 그렇다면 정확히 어떤 것인가? 유명한 예술가가 그린 그림을 관찰한다고 상상해보자. 원칙적으로 우리는 두 가지 요소를 관찰하게 되는데, 바로 그림 그 자체(말하자면 인물의 얼굴이나 풍경 등)와 좀 더 본질적인 것, 즉 예술가의 "스타일"이다. 스타일은 무엇인가? 스타일을 정확히 정의하기는 어렵지만, 피카소^{Picasso}는 그만의 스타일을 갖고 있고, 마티스^{Matisse} 역시 자신만의 스타일을 갖고 있듯 각 예술가는 자신만의 스타일을 갖고 있음을 누구나 알고 있다. 이제 유명한 마티스의 그림을 가져와 신경망에 제공한 다음 신경망에게 피카소 스타일로 다시 그리게 시킨다고 상상해보라. 또는 자신의 사진을 가져와 신경망에 제공하고 그 사진을 마티스 스타일이나 피카소 스타일 혹은 원하는 다른 예술가의 스타일로 그리게 한다고 마음속으로 그려 보라. 이것이 바로 스타일 변환이 하는 일이다.

https://deepart.io/에 접속해보면 다음 그림과 같은 멋진 데모를 볼 수 있다. 다음 그림은 반 고흐^{Van Gogh}의 해바라기 그림(이는 공개 이미지다. "Sonnenblumen. Arles, 1888 Ol auf Leinwand, 92,5×73cm Vincent van Gogh" https://commons.wikimedia.org/wiki/Vincent_van_Gogh#/media/File:Vincent_Van_Gogh_0010.jpg)풍을 내 딸 오로라의 사진에 적용한 것이다.

그림 3.20 딥아트(deepart)의 예

어떻게 하면 스타일 변환 프로세스를 보다 공식적으로 정의할 수 있는 방법은 무엇일까? 스타일 변환은 소스 콘텐츠 이미지 p의 콘텐츠와 소스 스타일 이미지 a의 스타일을 공유하는 인공 이미지 x를 생성하는 작업이다. 따라서 직관적으로 두 가지 거리 함수가 필요함을 알 수 있다. 하나는 두 이미지의 내용이 얼마나 다른지 측정하는 $L_{content}$이고, 다른 거리 함수는 두 이미지의 스타일이 얼마나 다른지 측정하는 L_{style}이다. 그러면 스타일 변환은 이 두 가지 측도를 최소화하려는 최적화 문제로 볼 수 있다. 레온 가티스Leon A. Gatys, 알렉산더 엑커Alexander S. Ecker, 마티아 베트게Matthias Bethge[7]에서처럼, 여기서도 스타일 훈련을 위해 사전에 훈련된 망을 사용한다. 특히 효율적인 방식으로 이미지를 나타내는 특징을 추출하기 위해 VGG19(또는 적절히 사전 훈련된 망)를 제공할 수 있다. 이제 망 학습에 사용되는 콘텐츠 거리와 스타일 거리라는 두 가지 함수를 정의하자.

콘텐츠 거리

2개의 이미지, 즉 콘텐츠 이미지 p와 입력 이미지 x가 주어지면, 2개의 이미지를 입력으로 받는 VGG19 네트워크의 계층 l에 정의된 특징 공간의 거리를 콘텐츠 거리content distance로 정의한다. 다시 말해, 두 이미지는 사전 훈련된 VGG19에 의해 추출된 특징으로 표현된다. 이러한 특징은 이미지를 특징 "콘텐츠" 공간으로 투사해 "콘텐츠" 거리를 다음과 같이 편리하게 계산할 수 있다.

$$L_{content}^l(p, x) = \sum_{i,j} \left(F_{ij}^l(x) - P_{ij}^l(p) \right)^2$$

멋진 이미지를 생성하려면 생성된 이미지의 콘텐츠가 입력 이미지의 콘텐츠와 비슷해야(즉, 작은 거리) 한다. 따라서 거리는 표준 역전파로 최소화된다. 코드는 간단하다.

```
#
# 콘텐츠 거리
#
def get_content_loss(base_content, target):
  return tf.reduce_mean(tf.square(base_content - target))
```

스타일 거리

설명한 것처럼, VGG19의 상위 계층의 특징은 콘텐츠 표현으로 사용된다. 이러한 특징들은 필터 응답^{filter response}으로 생각할 수 있다. 스타일을 표현하기 위해 그램^{gram} 행렬 G(벡터 v의 행렬 $v^{\mathrm{T}}v$로 정의)를 사용한다. $G_{i,j}^l$를 VGG19의 계층 l에 있는 맵 i와 j의 내부 행렬이라고 하자. 그러면 그램 행렬은 서로 다른 필터 응답의 상관관계 행렬을 나타낸다는 것을 증명할 수 있다[7].

개티 외 연구진^{Gatys et al.,(2016)}[7]은 전체 스타일 손실에 대한 각 계층의 기여를 다음과 같이 정의했다.

$$E_l = \frac{1}{4N_l^2 M_l^2} \sum_{i,j} \left(G_{ij}^l - A_{ij}^l\right)^2$$

여기서 $G_{i,j}^l$는 입력 이미지 x의 그램 행렬이고, $A_{i,j}^l$는 스타일 이미지 a의 그램 행렬, N_l은 각각 $M_{l=height \times width}$인 특징 맵의 개수다. 개티와 연구진[7]이 증명한 아이디어는 그램 행렬이 이미지를 스타일이 고려된 공간으로 사상할 수 있다는 것이다. 또한 다중-크기 정보와 더욱 안정된 스타일 표현을 위해 다중 VGG19 계층의 특징 상관관계를 사용한다. 레벨에 대한 전체 스타일 손실은 가중화 합이다.

$$L_{style}(a, x) = \sum_{l \in L} w_l E_l \qquad \left(w_l = \frac{1}{\|L\|}\right)$$

따라서 핵심은 콘텐츠 이미지의 스타일을 스타일 이미지와 유사하게 만들기 위해 그래디언트 하강을 수행하는 것이다. 코드는 간단하다.

```
# 스타일 거리
#
def gram_matrix(input_tensor):
  # 이미지 채널을 먼저 한다.
  channels = int(input_tensor.shape[-1])
  a = tf.reshape(input_tensor, [-1, channels])
  n = tf.shape(a)[0]
  gram = tf.matmul(a, a, transpose_a=True)
```

```
    return gram / tf.cast(n, tf.float32)

def get_style_loss(base_style, gram_target):
    # 각 계층의 높이, 너비, 필터 개수
    height, width, channels = base_style.get_shape().as_list()
    gram_style = gram_matrix(base_style)

    return tf.reduce_mean(tf.square(gram_style - gram_target))
```

간단히 말해서 스타일 변환의 개념은 단순하다. 먼저 VGG19를 특징 추출기로 사용하고, 스타일과 콘텐츠에 대한 두 가지 적절한 거리 함수를 정의하고, 적절히 최소화한다. 직접 사용해보고 싶다면 TensorFlow 튜토리얼을 온라인에서 구할 수 있다. 튜토리얼은 다음 링크(https://colab.research.google.com/github/tensorflow/models/blob/master/research/nst_blogpost/4_Neural_Style_Transfer_with_Eager_Execution.ipynb)에 있고, 이 기술의 데모에 관심이 있다면 스타일 변환을 하는 deepart.io 무료 사이트에 접속하면 된다.

요약

3장에서는 MNIST 필기 문자를 높은 정확도로 인식하기 위해 딥러닝 ConvNet을 사용하는 방법을 배웠다. CIFAR-10 데이터셋을 사용해 10개의 카테고리로 딥러닝 분류기를 구축하고 ImageNet 데이터셋을 사용해 1,000개의 카테고리로 정확한 분류기를 구축했다. 또한 VGG16과 같은 대규모 딥러닝 신경망과 Inception V3와 같은 고심층 신경망을 사용하는 방법을 조사했다. 전이학습에 대한 토론으로 결론을 맺었다.

4장에서는 워드 임베딩으로 작업하는 방법과 이 기법이 왜 딥러닝에 중요한지 알아본다.

참고문헌

1. LeCun, Y. and Bengio, Y. (1995). *Convolutional networks for images, speech, and time series*. The Handbook of Brain Theory Neural Networks, vol. 3361.

2. Wan. L, Zeiler M., Zhang S., Cun, Y. L., and Fergus R. (2014). *Regularization of neural networks using dropconnect. Proc. 30th Int. Conf. Mach. Learn.*, pp. 1058 – 1066.

3. Graham B. (2014). *Fractional Max-Pooling*. arXiv Prepr. arXiv: 1412.6071.

4. Simonyan K. and Zisserman A. (Sep. 2014). *Very Deep Convolutional Networks for Large-Scale Image Recognition*. arXiv ePrints.

단어 임베딩

앞의 몇 장에서는 이미지 데이터에서 매우 성공적이었던 컨볼루션 신경망과 GAN에 대해 이야기했다. 다음 몇 장에서는 텍스트 데이터를 처리하기 위해 전략과 망에 중점을 둔다.

4장에서는 먼저 단어 임베딩word embedding의 기본 개념을 살펴본 다음 Word2Vec과 GloVe라는 두 가지 초기 구현을 살펴본다. 각자 자신의 말뭉치corpus에서 Gensim을 사용해 처음부터 단어 임베딩을 구축하는 방법을 배운 다음, 직접 생성한 공간을 탐색해본다.

또한 스팸 탐지와 같은 NLP 작업, 즉 원치 않는 이메일을 자동으로 탐지하는 등의 자체 NLP 작업에 제3자 임베딩을 사용하는 방법을 배우는 것부터 시작해보자. 그런 다음 추천 항목을 만드는 작업처럼 단어 임베딩과 관련 없는 과제로까지 단어 임베딩을 확장 적용하는 다양한 방법을 알아본다.

그런 다음 Word2Vec 이후 지난 수십 년 동안 나타난 이러한 기본 단어 임베딩 기술의 확장에 대해 살펴볼 것이다. fastText로 구문상의 유사성을 추가하고 ELMo 및 Google Universal Sentence Encoder와 같은 신경망을 사용해 문맥 효과를 추가하고 InferSent 및 SkipThoughts와 같은 문장 인코딩, ULMFit와 BERT와 같은 언어 모델을 소개한다.

4장에서는 다음 사항을 배운다.

- 단어 임베딩-유래와 기초
- 분산 표현
- 정적 임베딩
- Gensim으로 자신만의 임베딩 생성
- Gensim으로 임베딩 탐색
- 스팸 탐지에 단어 임베딩 사용
- 신경망 임베딩-단어 이상
- 글자와 부단어 임베딩
- 동적 임베딩
- 문장과 문단 임베딩
- 언어-기반 모델 임베딩

 4장의 모든 코드 파일은 다음 링크(https://packt.link/dltfchp4)에서 다운로드할 수 있다.

단어 임베딩 - 유래와 기초

위키피디아의 정의에 따르면 단어 임베딩이란 어휘의 단어 또는 구[phrase]가 실수 벡터로 매핑되는 자연어 처리[NLP]에서의 언어 모델링과 특징 학습 기술의 집합을 나타내는 명칭이라고 돼 있다.

다른 머신러닝 모델과 마찬가지로 딥러닝 모델은 일반적으로 텍스트를 바로 다루는 것이 아니다. 대신 텍스트를 숫자로 변환해야 한다. 텍스트를 숫자로 변환하는 과정은 벡터화[vectorization]라고 한다. 단어를 벡터화하는 초기 기술은 원-핫 인코딩[one-hot encoding]으로서, 1장에서 배웠다. 기억하겠지만, 원-핫 인코딩의 주요 문제점은 두 단어 사이의 유사성(두 단어 벡터의 내적에 의해 측정)이 항상 0이므로 각 단어를 다른 단어와 완전히 독립적으로 취급한다는 것이다.

점곱[dot product]은 대수 연산으로서 길이가 같은 두 벡터 $a = [a_1, ..., a_N]$과 $b = [b_1, ..., b_N]$에서 작동하며 숫자를 반환한다. 내적[inner product] 또는 스칼라 곱[scalar product]이라고도 알려져 있다.

$$a\,b = \sum_{i=1}^{N} a_i b_i = a_1 b_1 + \cdots + a_N b_N$$

왜 두 단어의 원-핫 벡터의 점곱은 항상 0일까? w_i와 w_j라는 두 단어를 생각해보자. 어휘 크기가 V라고 가정하면 해당 원-핫 벡터는 각각 위치 i와 j가 1로 설정된 V 랭크[rank] 영 벡터이다. 점곱 연산을 사용해 결합하면 a[i]의 1에 b[j]의 0을 곱하고 b[j]의 1에 a[j]의 0을 곱하고 두 벡터의 다른 모든 요소는 0이므로 그 결과 점곱도 0이 된다.

원-핫 인코딩의 한계를 극복하기 위해 NLP 커뮤니티는 문서를 문맥[context]으로 사용해 텍스트를 벡터화하는 정보 검색[IR, Information Retrieval] 기술을 빌려왔다. 주목할 만한 기술은 용어 빈도-역문서 빈도[TF-IDF, Term Frequency-Inverse Document Frequency][36], 잠재 문맥 분석[LSA, Latent Semantic Analysis][37]과 주제 모델링[38]이 있다. 이러한 표현 방법은 단어 간의 의미적 유사성에 대한 문서 중심적 아이디어를 포착하려고 시도한다. 이 중 원-핫과 TF-IDF는 대개 어휘가 많고 단어가 말뭉치의 여러 문서에서 등장할 가능성이 적기 때문에 비교적 희소 임베딩이 된다.

단어 임베딩 기술의 개발은 2000년경에 시작됐다. 이러한 기술은 주변 단어를 문맥으로 사용해 인간이 이해하는 관점에서 보다 자연스러운 의미론적 유사성으로 이끈다는 점에서 이전 IR 기반 기술과는 다르다. 오늘날 단어 임베딩은 텍스트 분류, 문서 클러스터링, 음성 태그 지정, 명명된 개체 인식, 감정 분석 등과 같은 모든 종류의 NLP 작업의 기본 기술이다. 단어 임베딩은 밀도가 높고 차원이 낮은 벡터를 생성하며 LSA와 주제 모델과 함께 단어의 잠재 특징으로 구성된 벡터로 생각할 수 있다.

단어 임베딩은 분포 가설에 기반하고 있다. 쉽게 말해 유사한 맥락에서 등장하는 단어들은 비슷한 의미를 갖는 경향이 있다는 뜻이다. 따라서 단어 임베딩 기반의 인코딩 부류들은 분산-표현distributed representations이라고도 하며, 이 점은 다음에 설명하겠다.

분산 표현

분산 표현은 한 단어의 의미를 문맥상에서의 다른 단어와의 관계를 고려해 포착하려고 시도한다. 분포 가설의 기본 개념은 이 아이디어를 처음 제안한 영국의 언어학자 존 루퍼트 퍼스John R. Firth의 다음 인용문에 담겨 있다.

"주변 단어를 보면 그 단어가 무엇인지 알게 될 것이다."

이 아이디어의 원리는 어떻게 되는 것일까? 다음 두 쌍의 문장을 보자.

"파리는 프랑스의 수도다."

"베를린은 독일의 수도다."

비록 세계 지리를 모르더라도, 이 두 문장을 통해 파리, 프랑스, 베를린, 독일에 대한 개체 사이에 어떤 관계가 있음을 알 수 있고 이 관계는 다음과 같이 나타낼 수 있다.

"파리"와 "프랑스"의 관계는 "베를린"과 "독일"의 관계와 유사하다.

분산 표현은 다음과 같은 어떤 변환이 존재한다는 아이디어에 기반하고 있다.

```
Paris : France :: Berlin : Germany
```

다시 말해, 분산 임베딩 공간이란 유사한 문맥에서 사용된 단어들은 서로 가깝게 위치하는 공간을 의미한다. 그러므로 이 워드 벡터들 사이의 공간상의 유사성은 대략 이 단어들 사이의 의미상의 유사성과 일치한다.

그림 4.1은 임베딩 공간에서 "important"라는 단어 주변의 단어 임베딩을 TensorBoard로 시각화한 것이다. 보다시피 이웃 단어들은 원래 단어와 밀접하게 관련되거나 교체가 가능한 경향이 있다.

예를 들어 "crucial"은 동의어에 가깝고 "historical"과 "valuable"이라는 두 단어는 경우에 따라 서로 상호 대체해서 사용 가능하다는 것을 쉽게 알 수 있다.

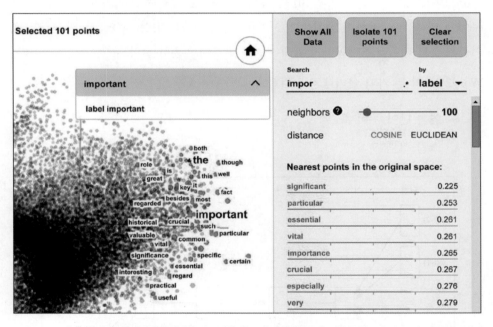

그림 4.1 단어 임베딩 데이터셋에서 "important"라는 단어의 최근집 이웃들을 TensorFlow Embedding Guide에서 시각화한 것(https://www.tensorflow.org/guide/embedding)이다.

다음 절에서는 다양한 유형의 분산 표현(또는 단어 임베딩)을 살펴본다.

정적 임베딩

정적 임베딩은 가장 오래된 유형의 단어 임베딩이다. 임베딩은 대형 말뭉치corpus에 대해 생성돼 단어 수는 많지만 유한하다. 정적 임베딩은 단어를 키key로 사용하고, 해당 벡터를 값으로 사용한 딕셔너리로 생각할 수 있다. 원래 말뭉치에 포함되지 않은 단어 임베딩의 단어를 찾아야 한다면 운이 없는 것이다. 또한 단어는 사용 방법과 관계없이 동일한 임베딩을 가지므로 정적 임베딩은 중의어polysemi 문제, 즉 여러 뜻을 가진 단어를 해결할 수 없다. 4장의 뒷부분에서 동적 임베딩을 다룰 때 이 문제를 더 자세히 살펴볼 것이다.

Word2Vec

Word2Vec으로 알려진 모델은 2013년 토마스 미콜로프Tomas Mikolov가 이끄는 Google 연구팀에 의해 처음 만들어졌다[1, 2, 3]. 이 모델은 자기-지도self-supervised된다. 즉, 레이블된 훈련 데이터를 제공하기 위해 자연어 구조에 의존하는 지도supervised 모델이다.

Word2Vec의 두 가지 아키텍처는 다음과 같다.

- 연속 단어 주머니CBOW
- 스킵-그램Skip-gram

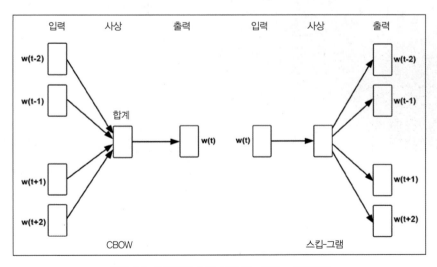

그림 4.2 CBOW와 스킵-그램 Word2Vec 아키텍처

CBOW 아키텍처에서는 주변 단어의 창이 주어지면 모델은 현재 단어를 예측한다. 문맥 단어의 순서는 예측에 영향을 미치지 않는다(즉, 단어 가정 주머니가 되고 따라서 단어 주머니란 이름이 생겼다). 스킵-그램 구조에서는 문맥 단어가 주어지면 모델이 주변 단어를 예측한다. Word2Vec 웹사이트에 따르면 CBOW가 더 빠르기는 하지만 빈도가 낮은 단어를 예측하는 데는 스킵-그램이 더 효과적이라고 한다.

그림 4.2는 CBOW와 스킵-그램 아키텍처를 요약한 것이다. 입력과 출력을 이해하기 위해 다음 예제 문장을 살펴보자.

"The Earth travels around the Sun once per year."

창 크기를 5, 즉 콘텐츠 단어의 왼쪽과 오른쪽에 각각 2개의 문맥context 단어를 가정하면 결과 문맥 창은 다음과 같이 표시된다. 굵은체로 된 단어는 고려 중인 단어이고 다른 단어는 창 내의 문맥 단어다.

[_,_, **The**, Earth, travels]

[_, The, **Earth**, travels, around]

[The, Earth, **travels**, around, the]

[Earth, travels, **around**, the, Sun]

[travels, around, **the**, Sun, once]

[around, the, **Sun**, once, per]

[the, Sun, **once**, per, year]

[Sun, **once**, per, year]

[**once**, per, year, _, _]

CBOW 모델의 경우 처음 3개 컨텍스트 창에 대한 입력과 레이블 튜플은 다음과 같다. 다음 첫 번째 예에서 CBOW 모델은 단어 집합 ("Earth", "travels") 등이 주어지면 "The"라는 단어를 예측하는 방법을 학습한다. 보다 정확하게 말해서 "Earth"와 "travels"라는 단어에 대한 희소 벡터가 입력이 된다. 모델은 최댓값(또는 확률)이 단어 "The"에 해당하는 밀집 벡터를 예측하는 것을 학습하게 된다.

([Earth, travels], **The**)

([The, travels, around], **Earth**)

([The, Earth, around, the], **travels**)

스킵-그램 모델에서는 처음 3개의 문맥 창이 다음 입력과 레이블 튜플에 해당한다. 목표 단어가 주어졌을 때 문맥 단어를 예측한다는 스킵-그램 모델의 목표는 "한 쌍의 단어가 문맥적으로 연계된 것인지"를 예측하는 것으로 달리 표현할 수 있다. 문맥적으로 연결된 단어라는 것은 문맥 창 내의 한 쌍의 단어가 연계된 것으로 간주된다는 의미이다. 즉, 다음 첫 번째 예의 스킵 그램 모델의 입력은 문맥 단어 "The"와 "Earth"에 대한 희소 벡터이며 그 출력값은 1이 된다.

([**The**, Earth], 1)

([**The**, travels], 1)

([**Earth**, The], 1)

([**Earth**, travels], 1)

([**Earth**, around], 1)

([**travels**, The], 1)

([**travels**, Earth], 1)

([**travels**, around], 1)

([**travels**, the], 1)

또한 모델을 적절히 훈련시키기 위한 부정negative 샘플이 필요하므로, 각 입력 단어를 어휘의 랜덤 단어와 연계시켜 추가적인 부정 샘플을 생성한다. 이 프로세스를 부정 샘플링이라고 하고 예컨대 다음과 같은 추가적인 입력을 생성한다.

([**Earth**, aardvark], 0)

([**Earth**, zebra], 0)

이 모든 입력을 통해 훈련된 모델을 **부정 샘플링을 통한 스킵-그램**^{SGNS, Skip-gram with}

^{Negative Sampling}이라고 한다.

우리는 이러한 모델의 분류 능력에는 관심이 없다는 점을 이해하는 것이 중요하다. 오히려 훈련의 부수 효과인 학습된 가중치에 관심이 있다. 이 학습된 가중치를 임베딩^{embedding}이라 부른다.

학문적 관점에서 스스로 모델 구현을 해보면 도움이 되겠지만, 현재 Word2Vec은 너무 상용화^{commoditized}가 돼 있으므로 사용할 일은 없을 것이다. 관심 있는 독자는 4장과 함께 제공되는 소스 코드의 `tf2_cbow_model.py`와 `tf2_cbow_skipgram.py` 파일에서 CBOW 및 스킵-그램 모델을 구현하는 코드를 찾아 볼 수 있다.

Google의 사전 훈련된 Word2Vec 모델은 다음 링크(https://drive.google.com/file/d/0B7XkCwpI5KDYNlNUTTlSS21pQmM/edit)에서 제공된다. 이 모델은 Google News 데이터셋에서 약 1천억 개의 단어로 학습됐으며 3백만 단어와 구문의 어휘를 포함한다. 이 파일은 이진 파일로 제공되며 `gensim.models.Word2Vec.load_word2vec_format()` 또는 `gensim()` 데이터 다운로더를 사용해 열 수 있다.

단어 임베딩의 또 다른 초기 구현은 GloVe인데, 다음 절에서 설명한다.

GloVe

단어 표현 전역 벡터^{GloVe, Global vectors for word representation} 임베딩은 제프리 페닝턴^{Jeffrey Pennington}, 리차드 소커^{Richard Socher}, 크리스토퍼 매닝^{Christopher Manning}이 개발했다[4]. 저자는 단어의 벡터 표현을 얻기 위한 비지도학습 알고리듬이라고 GloVe를 설명한다. 훈련은 말뭉치에 있는 단어-단어 공통 발생 통계량의 전체 집계에 대해 수행되고 결과 표현은 단어 벡터 공간의 흥미로운 선형 하부 구조를 보여준다.

GloVe와 Word2Vec의 차이점은 Word2Vec는 예측 모델이지만, GloVe는 카운트^{count} 기반 모델이라는 점이다. 첫 번째 단계는 훈련 말뭉치에서 동시에 등장하는 (단어, 문맥) 쌍의 대형 행렬을 구성하는 것이다. 행은 단어, 열은 문맥에 해당되며 문맥은 일반적으로 하나 이상의 단어 시퀀스에 해당한다. 행렬의 각 요소는 문맥에서 단어가 얼마나 자주 발생하는지 나타낸다.

GloVe 프로세스는 동시 발생 행렬을 한 쌍의 (단어, 특징) 및 (특징, 문맥) 행렬로 분해한다. 이 과정을 행렬 분해^{Matrix Factorization}라고 하며 반복적 수치 기법인 **확률적 그래디언트 하강**^{SGD, Stochastic Gradient Descent}을 사용해 수행된다. 예를 들어 행렬 R을 인수 P와 Q로 인수분해한다고 가정해보자.

$$R = P * Q \approx R'$$

SGD 프로세스는 임의의 값으로 구성된 P와 Q로 시작해 이들을 곱해 행렬 R'을 재구성하려고 시도한다. 행렬 R과 R'의 차이는 손실을 나타내며, 일반적으로 두 행렬 사이의 평균제곱오차로 계산한다. 손실은 재구성 손실을 최소화하기 위해 R'이 R에 더 가까이 이동하기 위해 P와 Q 값이 얼마나 많이 변해야 하는지를 나타낸다. 이 프로세스는 손실이 허용 가능한 임곗값 이내가 될 때까지 여러 번 반복된다. 그 시점에서 (단어, 특징) 행렬 P는 GloVe 임베딩이 된다.

GloVe 프로세스는 Word2Vec보다 훨씬 많은 자원을 사용한다. 이는 GloVe가 전체 동시 발생 행렬을 한 번에 인수분해하는 반면, Word2Vec은 단어 벡터의 배치에 대한 훈련을 통해 임베딩을 학습하기 때문이다. 프로세스의 확장을 위해 HOGWILD 논문[5]에 요약된 것처럼 SGD는 종종 병렬 모드로 사용된다.

레비^{Levy}와 골드버그^{Goldberg} 또한 논문[6]에서 Word2Vec과 GloVe 접근법 사이의 동등성을 지적해 Word2Vec SGNS 모델이 암묵적으로 단어 문맥 행렬을 분해함을 보여줬다.

Word2Vec과 마찬가지로 자체 GloVe 임베딩을 생성할 필요는 없으며 대형 말뭉치들로 사전 생성된 임베딩을 다운로드해 사용할 때가 훨씬 더 많다. 관심이 있다면 4장과 함께 제공되는 소스 코드 다운로드의 `tf2_matrix_factorization.py`에서 행렬 인수분해를 구현한 코드를 찾아볼 수 있다.

GloVe 프로젝트 다운로드 페이지(https://nlp.stanford.edu/projects/glove/)에서 다양한 대형 말뭉치들(60억에서 8천억 사이의 토큰을 가지며 어휘는 4억에서 2억 2천만 개 정도)와 다양한 차원(50, 100, 200, 300)에서 훈련된 GloVe 벡터를 사용할 수 있다. 사이트에서 다운로드하거나 gensim이나 spaCy 다운로더를 사용하면 된다.

Gensim을 사용한 자신만의 임베딩 생성

여기서는 text8이라 부르는 작은 말뭉치를 사용해 임베딩을 만들어보자.

Gensim은 텍스트 문서에서 문맥 의미를 추출하기 위해 설계된 Python 오픈 소스 라이브러리다. 기능 중 하나는 Word2Vec 알고리듬을 훌륭하게 구현했다는 것인데, 사용이 편한 API를 통해 자신만의 Word2Vec 모델을 훈련하고 쿼리할 수 있다. Gensim에 대해 더 알고자 한다면 다음 링크(https://radimrehurek.com/gensim/index.html)를 보면 된다. Gensim을 설치하려면 다음 링크(https://radimrehurek.com/gensim/install.html)의 지침을 따르면 된다.

text8 데이터셋은 영어 위키 백과의 첫 10^9바이트로 Large Text Compression Benchmark의 첫 번째 10^8바이트다[7]. text8 데이터셋은 gensim API 내에서 토큰의 이터러블^{iterable}[1](기본적으로 토큰화된 문장의 리스트)로 액세스할 수 있다. text8 모음을 다운로드해 Word2Vec 모델을 생성한 다음 나중에 사용하기 위해 저장하려면 다음 몇 줄의 코드를 실행하면 된다(4장의 소스 코드 create_embedding_with_text8.py에 있다).

```
import gensim.downloader as api
from gensim.models import Word2Vec
dataset = api.load("text8")
model = Word2Vec(dataset)
model.save("data/text8-word2vec.bin")
```

이 코드는 text8 데이터셋에서 Word2Vec 모델을 훈련시키고 이진 파일로 저장한다.

---

1 이터러블(interable)은 리스트나 튜플처럼 한 번에 하나씩 자료를 반환할 수 있는 데이터 구조를 일컫는 말이다. - 옮긴이

Word2Vec 모델에는 많은 매개변수가 있지만 여기서는 기본 설정값을 사용한다. 이 경우 창 크기가 5인(window=5) CBOW 모델(sg=0)을 훈련하고 100차원 임베딩(size=100)을 생성한다. 전체 매개변수 집합은 Word2Vec 문서 페이지[8]에 설명돼 있다. 이 코드를 실행하려면 명령 줄에서 다음 명령을 실행한다.

```
$ mkdir data
$ python create_embedding_with_text8.py
```

코드는 5~10분 동안 실행된 후 훈련된 모델을 data 폴더에 기록한다. 다음 절에서 이 훈련된 모델을 살펴본다.

 gensim은 텍스트 문서에서 의미적 뜻(semantic meaning)을 추출하도록 설계된 오픈 소스 Python 라이브러리다. 그 기능 중 하나는 Word2Vec 알고리듬을 훌륭하게 구현한 것으로, 사용하기 쉬운 API를 사용해 자신만의 Word2Vec 모델을 훈련하고 쿼리할 수 있다. 단어 임베딩은 텍스트 처리의 중심이다. 그러나 이 책을 쓰는 현재 시점에서 TensorFlow 내에는 동일한 수준의 추상화로 임베드 작업을 수행할 수 있는 비슷한 API가 없다. 이 때문에 4장에서는 gensim을 사용해 Word2Vec 모델과 작업했다. gensim에 대한 자세한 내용은 다음 링크(https://radimrehurek.com/gensim/index.html)를 참고하라. gensim을 설치하려면 다음 링크(https://radimrehurek.com/gensim/install.html)의 지침을 따르면 된다.

gensim을 사용한 임베딩 공간 탐색

방금 구축한 Word2Vec 모델을 다시 로드하고 gensim API를 사용해 살펴보자. 실제 단어 벡터는 모델의 wv 속성에서 사용자 정의 gensim 클래스로 액세스할 수 있다.

```
from gensim.models import KeyedVectors
model = KeyedVectors.load("data/text8-word2vec.bin")
word_vectors = model.wv
```

어휘의 처음 몇 개 단어를 살펴보고 특정 단어가 있는지 살펴보자.

```
words = word_vectors.vocab.keys()
print([x for i, x in enumerate(words) if i < 10])
assert("king" in words)
```

앞의 코드는 다음 출력을 생성한다.

```
['anarchism', 'originated', 'as', 'a', 'term', 'of', 'abuse', 'first', 'used',
'against']
```

다음과 같이 특정 단어("king")와 유사한 단어를 검색할 수 있다.

```
def print_most_similar(word_conf_pairs, k):
    for i, (word, conf) in enumerate(word_conf_pairs):
        print("{:.3f} {:s}".format(conf, word))
        if i >= k-1:
            break
    if k < len(word_conf_pairs):
        print("...")
print_most_similar(word_vectors.most_similar("king"), 5)
```

most_similar() 메서드는 단인 매개변수를 가지며, 다음 출력을 생성한다. 여기서의 부동 소수점 점수는 유사성 측도이며 값이 높을수록 낫다. 보다시피 나열된 비슷한 단어들이 대부분 정확한 것 같다.

```
0.760 prince
0.701 queen
0.700 kings
0.698 emperor
0.688 throne
...
```

앞서 설명한 국가-수도 예제와 유사한 벡터 산술을 수행할 수도 있다. 여기서의 목표는 파리 : 프랑스 :: 베를린 : 독일의 관계가 성립하는지 확인하는 것이다. 이는 임베딩 공간상에서 파리와 프랑스 사이의 거리가 베를린과 독일 사이의 거리와 같아야 한다는 의미와 같다. 다시 말해 프랑스 - 파리 + 베를린의 값은 독일이어야 한다. 코드상으론 다음과 같이 번역된다.

```
print_most_similar(word_vectors.most_similar(
    positive=["france", "berlin"], negative=["paris"]), 1
)
```

이 코드는 예상대로 다음과 같은 결과를 반환한다.

```
0.803 germany
```

앞의 유사도^{similarity} 값은 코사인 유사도다. 그러나 레비^{Levy}와 골드버그^{Goldberg}[9]가 제
시한 좀 더 나은 유사도 측도도 gensim API에 구현해놨다.

```
print_most_similar(word_vectors.most_similar_cosmul(
    positive=["france", "berlin"], negative=["paris"]), 1
)
```

이 또한 예상된 결과를 출력하는데, 이 경우에는 유사도 값이 더 높다.

```
0.984 germany
```

gensim은 doesnt_match()라는 함수도 제공하는데, 단어의 목록 중 이상한 항목을 탐
지하는 데 사용할 수 있다.

```
print(word_vectors.doesnt_match(["hindus", "parsis", "singapore",
"christians"]))
```

결과는 예상대로 "Singapore"이다. 종교들을 나열한 목록 중 singapore만이 유일한
국가명이기 때문이다.

두 단어 사이의 유사성도 계산할 수 있다. 여기서는 관련된 단어 사이의 거리가 관
련 없는 단어 사이의 거리보다 더 짧음을 보여준다.

```
for word in ["woman", "dog", "whale", "tree"]:
    print("similarity({:s}, {:s}) = {:.3f}".format(
        "man", word,
        word_vectors.similarity("man", word)
    ))
```

다음 결과를 얻을 수 있다.

```
similarity(man, woman) = 0.759
similarity(man, dog) = 0.474
similarity(man, whale) = 0.290
similarity(man, tree) = 0.260
```

similar_by_word() 함수는 기능적으로는 similar() 함수와 같지만, 후자의 경우 기본적으로 비교하기 전에 벡터가 정규화된다. 또 관련된 similar_by_vector() 함수가 있는데, 벡터를 입력으로 지정해 유사한 단어를 찾을 수 있다. 여기서는 "singapore"와 유사한 단어를 찾아보자.

```
print(print_most_similar(
    word_vectors.similar_by_word("singapore"), 5)
)
```

이제 다음과 같은 결과를 얻게 되는데, 최소한 지리적 관점에서는 대부분의 대답이 옳은 것처럼 보인다.

```
0.882 malaysia
0.837 indonesia
0.826 philippines
0.825 uganda
0.822 thailand
...
```

distance() 함수를 사용하면 임베딩 공간상에서 두 단어 사이의 거리도 계산할 수 있다. 이 값은 사실 단순히 1 - similarity()와 같다.

```
print("distance(singapore, malaysia) = {:.3f}".format(
    word_vectors.distance("singapore", "malaysia")
))
```

어휘 단어 벡터는 다음에서 보듯 word_vectors 객체를 직접 살펴보거나 word_vec() 래퍼를 사용해 찾아볼 수 있다.

```
vec_song = word_vectors["song"]
vec_song_2 = word_vectors.word_vec("song", use_norm=True)
```

사용례에 따라 유용할 수 있는 몇 가지 다른 함수도 있다. KeyedVectors 문서 페이지를 보면 가용한 모든 함수의 목록을 볼 수 있다[10].

여기에 표시된 코드는 이 책과 함께 제공되는 코드의 explore_text8_embedding.py 파일에서 찾을 수 있다.

워드 임베딩을 사용한 스팸 탐지

대규모 말뭉치들에서 생성된 다양하고 강력한 임베딩을 광범위하게 사용할 수 있기 때문에 이러한 임베딩 중 하나를 사용해 머신러닝 모델에 사용할 텍스트 입력을 변환하는 것은 이제 흔한 일이 됐다. 텍스트는 일련의 토큰으로 취급된다. 임베딩은 각 토큰에 대해 고정 차원의 밀집 벡터를 제공한다. 각 토큰은 벡터로 대체되며 텍스트 시퀀스를 예제 행렬로 변환한다. 각 행렬은 임베딩의 차원에 해당하는 고정된 개수의 특징을 가진다.

이 예제 행렬은 표준(비신경망 기반) 머신러닝 프로그램에 대한 입력으로 직접 사용될 수 있지만, 이 책은 딥러닝과 TensorFlow에 관한 것이므로 여기서는 4장에서 배운 1차원 컨볼루션 신경망 버전으로 사용하는 방법을 살펴본다. 이 예는 SMS^{Short Message Service} 혹은 문자 메시지를 "햄^{ham}" 또는 "스팸^{spam}"으로 분류하는 스팸 탐지기다. 이 예는 5장에서 1차원 CNN을 사용한 감정 분석의 예와 매우 유사하지만 여기서는 임베딩 계층에 초점을 맞출 것이다.

특별히 스팸 탐지 작업에 맞게끔 사용자 정의로 프로그램을 학습하는 방법을 처음부터 살펴보자. 다음으로는 4장에서 배운 것과 같은 외부 제3자 임베딩을 사용하는 방법을 알아보는데, 이는 컴퓨터 비전의 전이학습과 유사한 프로세스다. 끝으로 두 가지 접근 방식, 즉 제3자 임베딩에서 시작해 망이 그것을 맞춤형 임베딩의 시작점으로 사용하게 하는 것과 컴퓨터 비전에서의 미세 조정 프로세스와 유사한 방식을 결합하는 방법을 배운다.

늘 그랬듯 이번에도 모듈을 임포트하는 것으로 시작한다.

```
import argparse
import gensim.downloader as api
import numpy as np
import os
import shutil
import tensorflow as tf
from sklearn.metrics import accuracy_score, confusion_matrix
```

 Scikit-learn은 데이터 마이닝과 데이터 분석을 위한 효율적이고 사용하기 쉬운 많은 도구를 포함하고 있는 오픈 소스 Python 머신러닝 툴킷이다. 4장에서는 훈련된 모델을 평가하기 위해 이 중 2개의 사전 정의된 측도인 precision_score 및 confusion_matrix를 사용한다.

scikit-learn에 관한 자세한 내용은 다음 링크(https://scikitlearn.org/stable/)에서 확인할 수 있다.

데이터 얻기

우리가 모델에서 사용할 데이터는 공개돼 있으며 UCI 머신러닝 저장소[11]의 SMS 스팸 수집 데이터셋에서 가져왔다. 다음 코드는 파일을 다운로드하고 파싱해 SMS 메시지 목록과 해당 레이블을 생성한다.

```
def download_and_read(url):
    local_file = url.split('/')[-1]
    p = tf.keras.utils.get_file(local_file, url,
        extract=True, cache_dir=".")
    labels, texts = [], []
    local_file = os.path.join("datasets", "SMSSpamCollection")
    with open(local_file, "r") as fin:
        for line in fin:
            label, text = line.strip().split('\t')
            labels.append(1 if label == "spam" else 0)
```

```
        texts.append(text)
    return texts, labels
DATASET_URL = "https://archive.ics.uci.edu/ml/machine-learning-databases/
00228/smsspamcollection.zip"
texts, labels = download_and_read(DATASET_URL)
```

데이터셋에는 5,574개의 SMS 레코드가 포함돼 있으며 그중 747개는 "스팸"으로 표시되고 다른 4,827개는 "햄"(스팸이 아님)으로 표시된다. SMS 레코드의 텍스트는 변수 texts에 들어가고 해당 수치 레이블(0 = 햄, 1 = 스팸)은 변수 labels에 들어간다.

데이터를 사용 준비

다음 단계는 신경망에서 사용할 수 있도록 데이터를 처리하는 것이다. SMS 텍스트는 정수 시퀀스로 망에 공급돼야 하며, 여기서 각 단어는 어휘에서 해당 ID로 표시된다. 여기서는 Keras tokenizer를 사용해 각 SMS 텍스트를 단어 시퀀스로 변환한다음 tokenizer의 fit_on_texts() 메서드를 사용해 어휘를 생성한다.

그런 다음 texts_to_sequence()를 사용해 SMS 메시지를 정수 시퀀스로 변환한다. 마지막으로, 망은 고정된 길이의 정수 시퀀스와만 작동되므로 pad_sequences() 함수를 호출해 더 짧은 SMS 메시지들은 0으로 채운다.

데이터셋 중 가장 긴 SMS 메시지에는 189개의 토큰(단어)이 있다. 예외적으로 매우 긴 시퀀스가 몇 개 있는 경우 많은 애플리케이션에서 maxlen 플래그를 설정해 길이를 더 작게 제한한다. 이 경우 maxlen보다 더 긴 문장들은 잘려 나가고 maxlen보다 짧은 토큰들은 채운다.

```
# 토큰화하고 텍스트 채우기
tokenizer = tf.keras.preprocessing.text.Tokenizer()
tokenizer.fit_on_texts(texts)
text_sequences = tokenizer.texts_to_sequences(texts)
text_sequences = tf.keras.preprocessing.sequence.pad_sequences(
    text_sequences)
num_records = len(text_sequences)
max_seqlen = len(text_sequences[0])
```

```
print("{:d} sentences, max length: {:d}".format(
    num_records, max_seqlen))
```

또한 레이블은 범주형 또는 원-핫 인코딩 형식으로 변환한다. 우리가 사용하려는 손
실함수(범주형 교차엔트로피)가 그 형식의 레이블을 받아들이기 때문이다.

```
# 레이블
NUM_CLASSES = 2
cat_labels = tf.keras.utils.to_categorical(
    labels, num_classes=NUM_CLASSES)
```

tokenizer는 기본적으로 word_index 속성을 통해 작성된 어휘에 액세스할 수 있게 해
주는데, 이는 기본적으로 어휘의 색인 위치에 대한 어휘 단어 사전이다. 또한 색인
위치에서 단어 자체로 이동할 수 있는 역색인을 작성한다. 또한 PAD 문자에 대한
항목을 만든다.

```
# 어휘
word2idx = tokenizer.word_index
idx2word = {v:k for k, v in word2idx.items()}
word2idx["PAD"] = 0
idx2word[0] = "PAD"
vocab_size = len(word2idx)
print("vocab size: {:d}".format(vocab_size))
```

마지막으로 네트워크에서 사용할 dataset 객체를 만든다. dataset 객체를 사용하면
배치 크기와 같은 일부 속성을 선언적으로 설정할 수 있다. 여기서는 채워진 정수와
범주 레이블 시퀀스에서 데이터셋을 작성하고 데이터를 섞은 다음 이를 훈련, 검증
및 테스트 집합으로 분할한다. 마지막으로 세 가지 데이터셋 각각에 대한 배치 크
기를 설정한다.

```
# 데이터셋
dataset = tf.data.Dataset.from_tensor_slices(
    (text_sequences, cat_labels))
dataset = dataset.shuffle(10000)
test_size = num_records // 4
```

```
val_size = (num_records - test_size) // 10
test_dataset = dataset.take(test_size)
val_dataset = dataset.skip(test_size).take(val_size)
train_dataset = dataset.skip(test_size + val_size)
BATCH_SIZE = 128
test_dataset = test_dataset.batch(BATCH_SIZE, drop_remainder=True)
val_dataset = val_dataset.batch(BATCH_SIZE, drop_remainder=True)
train_dataset = train_dataset.batch(BATCH_SIZE, drop_remainder=True)
```

임베딩 행렬 구축

Genism 툴킷은 다양한 훈련된 임베딩 모델에 접근할 수 있게 해주는데, Python 프롬프트에서 다음 명령을 수행하면 볼 수 있다.

```
>>> import gensim.downloader as api
>>> api.info("models").keys()
```

이 명령은 (이 책을 쓰고 있는 시점에서는) 다음 훈련된 단어 임베딩을 반환한다.

- Word2Vec: 두 가지 형식으로 제공된다. 하나는 Google 뉴스(30억 개의 토큰을 기반으로 하는 3백만 개의 단어 벡터)로 훈련됐고, 또 하나는 러시아 말뭉치들 (word2vec-ruscorpora-300, word2vec-google-news-300)로 훈련됐다.

- GloVe: 두 가지 형식으로 제공된다. 하나는 Gigawords 말뭉치(60억 개의 토큰을 기반으로 하는 400,000개의 단어 벡터)로 훈련된 것으로서 50d, 100d, 200d, 300d 벡터로 제공된다. 다른 하나는 트위터(27억 개의 토큰을 기반으로 하는 120만 개의 단어 벡터)에서 훈련된 것으로 25d, 50d, 100d와 200d 벡터로 제공된다(Glove-wikigigaword-50, Glove-wiki-Gigaword-100, Glove-wiki-Gigaword-200, Glovewiki-Gigaword-300, Glove-twitter-25, Glove-twitter twitter-50, Glove-twitter-100, Glove-twitter-200).

- fastText: 위키피디아 2017의 부분 단어 정보로 훈련된 1백만 단어 벡터, UMBC 웹 말뭉치와 statmt.org 뉴스 데이터셋(160억 토큰)(fastText-wiki-newssubwords-300).

- **ConceptNet Numberbatch**: ConceptNet 의미 신경망, paraphrase database (PPDB), Word2Vec의 앙상블을 사용하며 GloVe를 입력으로 한다. 600d 벡터를 생성한다[12, 13](conceptnetnumberbatch-17-06-300).

이 예에서는 Gigaword 말뭉치로 훈련된 300d GloVe 임베딩을 선택했다.

여기서는 모델 크기를 작게 유지하기 위해 어휘에 존재하는 단어의 임베딩만을 고려하려고 한다. 이는 다음 코드를 사용해 수행되며, 어휘의 각 단어에 대해 더 작은 임베딩 행렬을 만든다. 행렬의 각 행은 단어에 해당하며 행 자체는 단어의 임베딩에 해당하는 벡터다.

```python
def build_embedding_matrix(sequences, word2idx, embedding_dim,
        embedding_file):
    if os.path.exists(embedding_file):
        E = np.load(embedding_file)
    else:
        vocab_size = len(word2idx)
        E = np.zeros((vocab_size, embedding_dim))
        word_vectors = api.load(EMBEDDING_MODEL)
        for word, idx in word2idx.items():
            try:
                E[idx] = word_vectors.word_vec(word)
            except KeyError:    # 임베딩에 없는 단어
                pass
            np.save(embedding_file, E)
    return E
EMBEDDING_DIM = 300
DATA_DIR = "data"
EMBEDDING_NUMPY_FILE = os.path.join(DATA_DIR, "E.npy")
EMBEDDING_MODEL = "glove-wiki-gigaword-300"
E = build_embedding_matrix(text_sequences, word2idx,

    EMBEDDING_DIM,
    EMBEDDING_NUMPY_FILE)
print("Embedding matrix:", E.shape)
```

임베딩 행렬의 출력 형태(9010, 300)는 어휘의 9,010개 토큰과 제3자 GloVe 임베딩의 300개 특징에 해당된다.

스팸 분류기 정의

이제 분류기를 정의할 준비가 됐다. 여기서는 감정 분석을 위해 3장에서 이미 본 적 있는 신경망과 유사한 **1차원 컨볼루션 신경망**1D CNN을 사용할 것이다.

입력은 정수 시퀀스다. 첫 번째 계층은 임베딩 계층으로, 각 입력 정수를 크기가 embedding_dim인 벡터로 변환한다. 실행 모드에 따라, 즉 임베딩을 처음부터 학습시키는지, 전이학습을 하는지, 아니면 미세 조정을 하는지에 따라 신경망의 임베딩 계층은 약간 다를 것이다. 신경망을 무작위로 초기화된 임베딩 가중치로 시작하고(run_mode == "scratch") 훈련 중 가중치를 학습하려면 trainable 매개변수를 True로 설정한다. 전이학습의 경우(run_mode == "vectorizer")에서는 임베딩 행렬 E로부터 가중치를 설정하지만 trainable 매개변수를 False로 설정하므로 학습하지 않는다. 미세-조정의 경우(run_mode == "finetuning")에는 임베딩 가중치를 외부 행렬 E로부터 설정하고 계층도 trainable도 TRUE로 설정한다.

임베딩의 출력은 컨볼루션 계층에 공급된다. 여기에서 시간 단계라고도 하는 고정된 크기 3-토큰-너비 1D창(kernel_size = 3)은 256개의 랜덤 필터(num_filters = 256)에 대해 컨볼루션돼 256 크기의 벡터를 생성한다. 따라서 출력 벡터 모양은 (batch_size, time_steps, num_filters)이다.

단어 임베딩 컨볼루션 계층의 출력은 1D 공간 드롭아웃 계층으로 전송된다. 공간 드롭아웃은 컨볼루션 계층에서 출력된 전체 특징 맵을 임의로 삭제한다. 이는 과적합을 방지하기 위한 정규화 기술이다. 그런 다음 전역 최대 풀링 계층을 통해 전송된다. 이 계층은 각 필터의 각 시간 단계에서 최댓값을 취하고 (batch_size, num_filters) 형태의 벡터를 생성한다.

드롭아웃 계층의 출력은 밀집 계층으로 공급돼 (batch_size, num_filters) 형태의 벡터를 (batch_size, num_classes)로 변환한다. softmax 활성화는 각 (스팸, 햄)에 대한 점수를 확률분포로 변환해 입력 SMS가 각각 스팸 또는 햄일 확률을 나타낸다.

```python
class SpamClassifierModel(tf.keras.Model):
    def __init__(self, vocab_sz, embed_sz, input_length,
            num_filters, kernel_sz, output_sz,
            run_mode, embedding_weights,
            **kwargs):
        super(SpamClassifierModel, self).__init__(**kwargs)
        if run_mode == "scratch":
            self.embedding = tf.keras.layers.Embedding(vocab_sz,
                embed_sz,
                input_length=input_length,
                trainable=True)
        elif run_mode == "vectorizer":
            self.embedding = tf.keras.layers.Embedding(vocab_sz,
                embed_sz,
                input_length=input_length,
                weights=[embedding_weights],
                trainable=False)
        else:
            self.embedding = tf.keras.layers.Embedding(vocab_sz,
            embed_sz, input_length=input_length,
            weights=[embedding_weights],
            trainable=True)
        self.conv = tf.keras.layers.Conv1D(filters=num_filters,
            kernel_size=kernel_sz,
            activation="relu")
        self.dropout = tf.keras.layers.SpatialDropout1D(0.2)
        self.pool = tf.keras.layers.GlobalMaxPooling1D()
        self.dense = tf.keras.layers.Dense(output_sz,
            activation="softmax")
    def call(self, x):
        x = self.embedding(x)
        x = self.conv(x)
        x = self.dropout(x)
        x = self.pool(x)
        x = self.dense(x)
        return x
# 모델 정의
conv_num_filters = 256
```

```
    conv_kernel_size = 3
    model = SpamClassifierModel(
        vocab_size, EMBEDDING_DIM, max_seqlen,
        conv_num_filters, conv_kernel_size, NUM_CLASSES,
        run_mode, E)
    model.build(input_shape=(None, max_seqlen))
```

마지막으로, 범주형 교차엔트로피 손실함수와 Adam 최적기를 사용해 모델을 컴파일한다.

```
# 컴파일
model.compile(optimizer="adam", loss="categorical_crossentropy",
metrics=["accuracy"])
```

모델의 훈련과 평가

한 가지 주목할 점은 데이터셋이 다소 불균형하다는 것이다. 햄 인스턴스가 4,827개인 것에 비해 스팸은 단 747개만 있다. 신경망이 단순히 항상 다부류(이 경우는 햄)로만 예측해도 무려 87%에 가까운 정확도를 달성할 수 있는 셈이다. 이 문제를 완화하기 위해 스팸 SMS의 오류가 햄 SMS의 오류보다 8배 더 중요하다는 것을 나타내기 위해 부류 가중치를 설정했다. 이는 CLASS_WEIGHTS 변수에 표시되며, 추가 매개변수로 model.fit()를 호출할 때 전달된다.

3에폭 동안 훈련 후 테스트 집합으로 모델을 평가하고 테스트 집합에 대한 모델의 정확도와 혼동 행렬을 출력해보자.

```
NUM_EPOCHS = 3
# 데이터 분포를 보면 햄은 4,827, 스팸은 747(전체는 5,574)로서,
# 약 87%가 햄이고 스팸은 단 13%이다. 따라서 비율에 따라
# 스팸(1) 아이템은 햄(0)보다 약 8배의 가중치를 준다.
CLASS_WEIGHTS = { 0: 1, 1: 8 }
# 모델 훈련
model.fit(train_dataset, epochs=NUM_EPOCHS,
    validation_data=val_dataset,
    class_weight=CLASS_WEIGHTS)
```

```
# 테스트 집합으로 평가
labels, predictions = [], []
for Xtest, Ytest in test_dataset:
    Ytest_ = model.predict_on_batch(Xtest)
    ytest = np.argmax(Ytest, axis=1)
    ytest_ = np.argmax(Ytest_, axis=1)
    labels.extend(ytest.tolist())
    predictions.extend(ytest.tolist())
print("test accuracy: {:.3f}".format(accuracy_score(labels, predictions)))
print("confusion matrix")
print(confusion_matrix(labels, predictions))
```

스팸 탐지기 실행

이제 세 가지 시나리오를 살펴보자.

- 신경망이 과제의 임베딩을 학습하게 한다.
- 고정된 외부 제3자 임베딩으로 시작하는데, 임베딩 행렬을 정수 시퀀스를 벡터 시퀀스로 변환하는 벡터화처럼 취급한다.
- 외부 제3자 임베딩으로 시작하는데 훈련 과정에서 좀 더 미세 조정한다.

각각 시나리오는 다음 명령에서 보는 것처럼 mode 인수를 설정하면 평가해볼 수 있다.

```
$ python spam_classifier --mode [scratch|vectorizer|finetune]
```

데이터셋은 작고 모델은 매우 단순하다. 3에폭이라는 최소한의 훈련만으로도 매우 우수한 결과(검증 집합 정확도 90%와 및 완벽한 테스트 집합 정확도)를 달성할 수 있었다. 세 경우 모두 신경망은 1,111개의 햄 메시지와 169개의 스팸 사례를 정확하게 예측해 만점을 받았다.

세 가지 기법에 따른 검증 정확도의 변화도는 그림 4.3에서 나타나 있다.

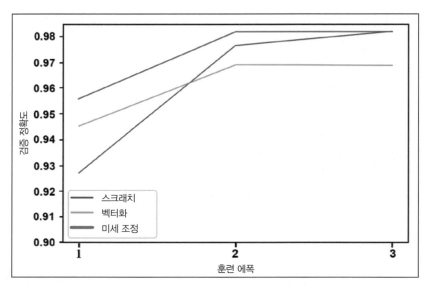

그림 4.3 서로 다른 임베딩 기법에 대한 훈련 에폭 변화에 따른 검증 정확도 비교

처음부터 학습하는 경우, 첫 번째 에폭의 마지막 검증 정확도는 0.93이지만 다음 두 에폭에서는 0.98로 상승한다. 벡터화의 경우 신경망은 제3자 임베딩이 가진 정확도로 유리하게 시작해 첫 번째 에폭 끝에서 거의 0.95의 검증 정확도로 끝난다. 그러나 임베딩 가중치를 변경할 수 없기 때문에 스팸 탐지 임베딩에 대한 가중치를 더 부가하는 작업이 불가능하고, 그 결과 세 번째 에폭에서의 유효성 검사 정확도가 세 가지 중에서 가장 낮다.

미세 조정 사례도 벡터화에서처럼 유리하게 시작할 수 있지만 작업에 대한 임베딩도 사용자 정의할 수 있으므로 세 경우 중 가장 빠른 속도로 학습할 수 있다. 미세 조정의 경우는 첫 번째 에폭 끝에서 가장 높은 유효성 검사 정확도를 기록하며 스크래치 경우가 세 번째 에폭 끝에 달성한 검증 정확도 수치와 동일한 값을 두 번째 에폭 끝에서 얻는다.

다음 절에서는 분포 유사성이 단지 단어 임베딩에만 국한된 것이 아님을 보게 될 것이다. 다른 시니리오에도 적용된다.

신경망 임베딩 - 단어 이외의 용도

Word2Vec과 GloVe 이후 단어 임베딩 기술은 다양한 방식으로 발전해왔다. 이러한 방향 중 하나는 단어 임베딩을 단어가 아닌 설정에 적용하는 것으로서, 신경망 임베딩이라고도 한다. 기억하겠지만 단어 임베딩은 유사한 문맥에서 등장하는 단어들은 서로 비슷한 의미를 갖는 경향이 있다는 분포 가설을 활용한다. 여기서 문맥이란 일반적으로 대상 단어 주위의 고정 크기(단어 개수)의 창이다.

신경망 임베딩의 아이디어도 매우 유사하다. 즉, 비슷한 맥락에서 발생하는 개체는 서로 밀접하게 관련되는 경향이 있다는 것이다. 이러한 맥락을 구성하는 방법은 일반적으로 상황에 의존한다. 여기서는 다양한 사용례에 쉽게 적용할 수 있는 기본적이고 일반적인 두 가지 기법에 대해 설명한다.

Item2Vec

Item2Vec 포함 모델은 원래 협업 필터링 사용례를 위해 바르칸Barkan과 쾨니히슈타인Koenigstein[14]이 제안했다. 즉, 이 사용자와 유사한 구매 이력이 있는 다른 사용자의 구매를 기반으로 사용자에게 상품을 추천한다는 것이다. 웹 스토어의 항목을 "단어"로 사용하고 아이템셋(시간에 따른 사용자의 순차적 구매 항목)을 "문장"으로 사용해, 이로부터 "단어 문맥"을 도출한다.

슈퍼마켓에서 쇼핑객에게 상품을 추천하는 문제를 생각해보자. 슈퍼마켓에서 5,000개의 상품을 판매한다고 가정하면 각 상품은 크기가 5,000인 희소 원-핫 인코딩 벡터로 표현할 수 있다. 각 사용자는 일련의 장바구니로 나타낼 수 있는데, 장바구니는 이러한 벡터의 시퀀스가 된다. Word2Vec 절에서 본 것과 유사한 문맥 창을 적용해 스킵-그램 모델을 훈련시키면 가능한 항목 쌍을 예측할 수 있다. 학습된 임베딩 모델은 유사한 항목이 서로 가깝게 위치하도록 밀집 저차원 공간으로 항목을 매핑해 유사한 항목을 추천하는 데 사용할 수 있다.

node2vec

node2vec 임베딩 모델은 그로버^{Grover}와 레스코벡^{Leskovec}[15]이 확장 가능한 방법으로 그래프에서 노드의 특징을 학습하는 기법으로 제안했다. 이 방법은 그래프에서 다수의 고정 길이 랜덤 워크를 실행함으로써 그래프 구조의 임베딩을 학습한다. 노드는 "단어"이고 랜덤 보행은 "문장"이며 이로부터 node2vec의 "단어 문맥"이 도출되는 것이다.

Something2Vec 페이지[41]는 연구자들이 분포 가설을 단어 이외의 개체에 적용하려고 시도한 방법의 포괄적인 목록을 제공한다. 이 목록이 독자 여러분의 "something 2vec" 표현을 위한 아이디어를 촉발하기를 바란다.

자신만의 신경망 임베딩을 생성하는 것이 얼마나 쉬운지 설명하기 위해 node2vec과 유사한 모델을 생성해보자. 보다 자세히 설명하자면 페로치와 연구진^{Perozzi, et al.}[42]이 1987년에서 2015년까지 NeurIPS 콘퍼런스에 제출한 논문들에 등장하는 단어들 간의 동시-발생을 활용해 제시한 그래프 기반 임베딩의 조상격인 DeepWalk에 기반한 모델이다.

데이터셋은 $11,463 \times 5,812$의 행렬로 단어 개수를 나타내며 행은 단어를, 열은 콘퍼런스 논문을 나타낸다. 여기서는 논문 그래프를 만드는데, 두 논문 사이의 선분^{edge}은 두 논문 모두에 등장하는 단어를 나타낸다. node2vec과 DeepWalk는 모두 무방향^{undirected}과 무가중치^{unweighted} 그래프를 가정한다. 한 쌍의 논문 사이의 관계는 양방향이므로 무방향 그래프가 된다. 그러나 선분은 두 논문 사이의 단어 동시 발생 횟수에 따라 가중치를 갖고 있을 수도 있다. 여기서는 0보다 큰 값을 가진 모든 경우에 단순히 유효한 비가중치 선분으로 간주하겠다.

항상 그랬듯이 이번에도 임포트로 시작한다.

```
import gensim
import logging
import numpy as np
import os
import shutil
```

```
import tensorflow as tf
from scipy.sparse import csr_matrix
from sklearn.metrics.pairwise import cosine_similarity
logging.basicConfig(format='%(asctime)s : %(levelname)s : %(message)s',
level=logging.INFO)
```

다음 단계는 UCI 저장소에서 데이터를 다운로드해 희소 용어 문서 행렬 TD로 변환한 다음 용어-문서 행렬의 전치 행렬을 자신과 곱해 문서-문서 행렬 E를 구성하는 것이다. 그래프는 문서-문서 행렬에 의해 인접adjacency 또는 선분edge 행렬로 표현된다. 각 요소는 두 문서 간의 유사성을 나타내므로 0이 아닌 요소를 모두 1로 설정해 행렬 E를 이진화한다.

```
DATA_DIR = "./data"
UCI_DATA_URL = "https://archive.ics.uci.edu/ml/machine-learningdatabases/
00371/NIPS_1987-2015.csv"
def download_and_read(url):
    local_file = url.split('/')[-1]
    p = tf.keras.utils.get_file(local_file, url, cache_dir=".")
    row_ids, col_ids, data = [], [], []
    rid = 0
    f = open(p, "r")
    for line in f:
        line = line.strip()
        if line.startswith("\"\","):
            # header
            continue
        # 현재 행의 0이 아닌 원소를 계산
        counts = np.array([int(x) for x in line.split(',')[1:]])
        nz_col_ids = np.nonzero(counts)[0]
        nz_data = counts[nz_col_ids]
        nz_row_ids = np.repeat(rid, len(nz_col_ids))
        rid += 1
        # 빅 리스트에 데이터를 추가
        row_ids.extend(nz_row_ids.tolist())
        col_ids.extend(nz_col_ids.tolist())
        data.extend(nz_data.tolist())
    f.close()
    TD = csr_matrix((
```

```
        np.array(data), (
            np.array(row_ids), np.array(col_ids)
            )
        ),
        shape=(rid, counts.shape[0]))
    return TD
# 데이터를 읽고 용어-문서 행렬로 변환
TD = download_and_read(UCI_DATA_URL)
# 무방향 무가중치 에지 행렬 계산
E = TD.T * TD
# 이진화
E[E > 0] = 1
```

희소 이진화 인접 행렬 E를 가지게 되면 각 꼭짓점에서 랜덤 워크를 생성할 수 있다. 각 노드에서 최대 40개의 노드 길이로 32개의 랜덤 워크를 구성한다. 워크는 0.15의 무작위 재시작 확률을 갖는다. 즉, 모든 노드는 특정 랜덤 워크를 완료할 확률이 15%라는 것을 의미한다. 다음 코드는 랜덤 워크를 구성하고 그 경로를 RANDOM_WALKS_FILE에서 지정한 파일에 저장한다. 입력이 어떤 형태인지 알려주기 위해 이 파일의 첫 10줄을 보여주면 다음과 같다. 랜덤 워크는 노드 0에서 시작한다.

```
0 1405 4845 754 4391 3524 4282 2357 3922 1667
0 1341 456 495 1647 4200 5379 473 2311
0 3422 3455 118 4527 2304 772 3659 2852 4515 5135 3439 1273
0 906 3498 2286 4755 2567 2632
0 5769 638 3574 79 2825 3532 2363 360 1443 4789 229 4515 3014 3683 2967 5206
2288 1615 1166
0 2469 1353 5596 2207 4065 3100
0 2236 1464 1596 2554 4021
0 4688 864 3684 4542 3647 2859
0 4884 4590 5386 621 4947 2784 1309 4958 3314
0 5546 200 3964 1817 845
```

이 과정은 매우 느리다는 점을 주목하자. 랜덤 워크 생성 프로세스를 건너뛰기를 원하는 사람들을 위해 4장의 소스 코드와 함께 출력 결과 복사본이 제공되니 참고하면 된다.

```
NUM_WALKS_PER_VERTEX = 32
```

```python
MAX_PATH_LENGTH = 40
RESTART_PROB = 0.15
RANDOM_WALKS_FILE = os.path.join(DATA_DIR, "random-walks.txt")
def construct_random_walks(E, n, alpha, l, ofile):
    if os.path.exists(ofile):
        print("random walks generated already, skipping")
        return
    f = open(ofile, "w")
    for i in range(E.shape[0]):  # for each vertex
        if i % 100 == 0:
            print("{:d} random walks generated from {:d} vertices"
                .format(n * i, i))
        for j in range(n):          # n개의 랜덤 워크 구성
            curr = i
            walk = [curr]
            target_nodes = np.nonzero(E[curr])[1]
            for k in range(l):    # 각 최대 길이 l에 대해
                # 다시 시작?
                if np.random.random() < alpha and len(walk) > 5:
                    break
                # 외향 선분 하나를 선척해 워크에 추가
                try:
                    curr = np.random.choice(target_nodes)
                    walk.append(curr)
                    target_nodes = np.nonzero(E[curr])[1]
                except ValueError:
                    continue
            f.write("{:s}\n".format(" ".join([str(x) for x in walk])))
    print("{:d} random walks generated from {:d} vertices, COMPLETE"
        .format(n * i, i))
    f.close()
# 랜덤 워크 구성 (주의: 상당히 시간이 걸리는 프로세스!)
construct_random_walks(E, NUM_WALKS_PER_VERTEX, RESTART_PROB, MAX_PATH_
LENGTH, RANDOM_WALKS_FILE)
```

RANDOM_WALKS_FILE의 몇 줄이 아래에 나와 있다. 이것들은 단어들의 어휘가 그래프의 모든 노드 ID인 언어로 작성된 문장처럼 상상할 수 있다. 우리는 단어 임베딩이 언어의 구조를 이용해 단어의 분포 표현을 생성함을 배웠다. DeepWalk나 node2vec과 같은 그래프 임베딩은 랜덤 워크로 생성된 "문장"에서 동일한 기능을 수행한다. 이

러한 임베딩은 다음에서 보는 것처럼 직접적인 이웃을 넘어서서 그래프의 노드 간 유사성까지 포착할 수 있다.

```
0 1405 4845 754 4391 3524 4282 2357 3922 1667
0 1341 456 495 1647 4200 5379 473 2311
0 3422 3455 118 4527 2304 772 3659 2852 4515 5135 3439 1273
0 906 3498 2286 4755 2567 2632
0 5769 638 3574 79 2825 3532 2363 360 1443 4789 229 4515 3014 3683 2967 5206
2288 1615 1166
0 2469 1353 5596 2207 4065 3100
0 2236 1464 1596 2554 4021
0 4688 864 3684 4542 3647 2859
0 4884 4590 5386 621 4947 2784 1309 4958 3314
0 5546 200 3964 1817 845
```

이제 단어 임베딩 모델을 생성할 준비가 됐다. Gensim 패키지는 다음 코드를 사용해 Word2Vec 모델을 선언적으로 작성하고 학습할 수 있는 간단한 API를 제공한다. 훈련된 모델은 `W2V_MODEL_FILE`에서 지정한 파일에 직렬화된다. Documents 클래스를 사용하면 메모리 입력 문제없이 Word2Vec 모델을 훈련하기 위해 큰 입력 파일을 스트리밍할 수 있다. 여기서는 창 크기가 10인 스킵-그램 모드로 Word2Vec 모델을 학습한다. 즉, 중앙 꼭짓점에서 최대 5개의 인접한 꼭짓점을 예측하도록 학습한다. 각 꼭짓점에 대한 결과 임베딩은 크기가 128인 밀집 벡터다.

```python
W2V_MODEL_FILE = os.path.join(DATA_DIR, "w2v-neurips-papers.model")

class Documents(object):
    def __init__(self, input_file):
        .input_file = input_file
    def __iter__(self):
        with open(self.input_file, "r") as f:
            for i, line in enumerate(f):
                if i % 1000 == 0:
                    logging.info("{:d} random walks extracted".format(i))
                yield line.strip().split()

def train_word2vec_model(random_walks_file, model_file):
    if os.path.exists(model_file):
        print("Model file {:s} already present, skipping training"
```

```
            .format(model_file))
        return
    docs = Documents(random_walks_file)
    model = gensim.models.Word2Vec(
        docs,
        size=128,      # 임베딩 벡터 크기
        window=10,     # 윈도우 크기
        sg=1,          # skip-gram model
        min_count=2,
        workers=4
    )
    model.train(
        docs,
        total_examples=model.corpus_count,
        epochs=50)
    model.save(model_file)

# 모델 훈련
train_word2vec_model(RANDOM_WALKS_FILE, W2V_MODEL_FILE)
```

결과 DeepWalk 모델은 바로 Word2Vec 모델이므로 단어 맥락에서 Word2Vec로 할 수 있는 모든 것은 이 모델에서는 꼭짓점의 맥락에서 할 수 있다. 이 모델을 사용해 문서들 사이의 유사점을 찾아보자.

```
def evaluate_model(td_matrix, model_file, source_id):
    model = gensim.models.Word2Vec.load(model_file).wv
    most_similar = model.most_similar(str(source_id))
    scores = [x[1] for x in most_similar]
    target_ids = [x[0] for x in most_similar]
    # 소스와 각 타깃들 사이에 상위 10개 코사인 유사성 비교
    X = np.repeat(td_matrix[source_id].todense(), 10, axis=0)
    Y = td_matrix[target_ids].todense()
    cosims = [cosine_similarity(X[i], Y[i])[0, 0] for i in range(10)]
    for i in range(10):
        print("{:d} {:s} {:.3f} {:.3f}".format(
            source_id, target_ids[i], cosims[i], scores[i]))
source_id = np.random.choice(E.shape[0])
evaluate_model(TD, W2V_MODEL_FILE, source_id)
```

다음은 출력 결과다. 첫 번째 및 두 번째 열은 소스 및 타깃 꼭짓점 ID이다. 세 번째 열은 소스와 대상 문서에 해당하는 용어 벡터 사이의 코사인 유사도이고, 네 번째는 Word2Vec 모델이 계산한 유사도 점수다. 보다시피 코사인 유사도는 1개 문서 쌍 중 2개 사이에서만 유사도를 보고하지만 Word2Vec 모델은 임베딩 공간에서 잠재 유사도를 감지할 수 있다. 이는 원-핫 인코딩과 밀집 임베딩 사이에서 확인된 작동과 유사하다.

```
src_id dst_id cosine_sim w2v_score
1971   5443        0.000     0.348
1971   1377        0.000     0.348
1971   3682        0.017     0.328
1971   51          0.022     0.322
1971   857         0.000     0.318
1971   1161        0.000     0.313
1971   4971        0.000     0.313
1971   5168        0.000     0.312
1971   3099        0.000     0.311
1971   462         0.000     0.310
```

이 임베딩 전략에 대한 코드는 4장과 함께 제공되는 소스 코드 폴더의 neurips_papers_node2vec.py에 있다. 다음으로 문자와 부분 단어subword 임베딩을 살펴보자.

문자와 부분 단어 임베딩

기본적인 단어 임베딩 전략의 또 다른 진화는 단어 임베딩 대신 문자와 부분 단어 임베딩을 살펴보는 것이다. 문자 수준의 임베딩은 시앙Xiang과 르쿤LeCun[17]이 처음 제안했으며 단어 임베딩에 비해 몇 가지 주요 이점이 있음을 발견했다.

첫째, 문자 어휘는 유한하고 작다. 이를테면 영어 어휘는 약 70자(26글자, 숫자 10개, 나머지 특수문자)를 포함해 작고 간결한 문자 모델로 이어진다. 둘째로, 비록 크지만 여전히 유한한 개수의 단어 집합을 벡터로 제공하는 단어 임베딩과는 달리, 문자 어휘는 모든 단어를 나타낼 수 있기 때문에 어휘 밖의 단어라는 것이 존재할 수 없다. 셋째, 문자 임베딩은 드물거나 철자가 틀린 글자에 대해 더 잘 작동하는 경향이 있다.

문자 입력은 단어 입력보다 불균형이 훨씬 더 적기 때문이다.

문자 임베딩은 의미적 유사성보다는 구문적 개념이 필요한 애플리케이션에서 더 잘 작동하는 경향이 있다. 그러나 단어 임베딩과 달리 문자 임베딩은 작업별로 특화되는 경향이 있으며 일반적으로 작업 지원을 위해 신경망 내에서 바로 생성된다. 이러한 이유로 보통 제3자 문자 임베딩은 사용할 수 없다.

부분 단어 임베딩은 단어를 문자 n-그램의 주머니, 즉 n개의 연속된 단어의 시퀀스로 취급해 문자와 단어 임베딩의 아이디어를 결합한다. 이 개념은 최초에 보야노브스키Bojanowski와 연구진[18]이 Facebook AI Research[FAIR]의 연구에 기반해 최초로 제안했으며, 이후 fastText 임베딩으로 발표했다. fastText 임베딩은 영어를 포함한 157개 언어로 제공된다. 이 논문은 다수의 NLP 과제에서 최고의 성능을 보여줬다.

fastText는 단어 자체뿐만 아니라 n이 3~6자(기본 설정, 변경 가능)인 문자 n-그램 임베딩을 계산한다. 예를 들어 단어 "green"에 대한 n = 3문자 n-그램은 "<gr", "gre", "ree", "een", "en"이다. 단어의 시작과 끝은 각각 "<"와 ">"로 표시해 짧은 단어와 n-그램을 구분한다. 예컨대 "<cat>"과 "cat"의 경우다.

조회하는 동안 임베딩 내에 단어가 존재하는지 여부는 단어를 키로 사용해 fastText 임베딩에서 벡터를 찾아 볼 수 있다. 그러나 기존의 단어 임베딩과는 달리 임베딩에 존재하지 않는 단어에 대해서도 fastText 벡터를 구성할 수 있다. 이는 앞의 예와 같이 단어를 구성 트라이그램trigram 부분 단어로 분해해 이 부분 단어 벡터를 찾은 다음 이 부분 단어 벡터의 평균을 취하면 된다. fastText Python API[19]는 이를 자동으로 수행하지만 fastText 단어 임베딩에 액세스하기 위해 Gensim이나 NumPy와 같은 다른 API를 사용한 경우라면 수동으로 수행해야 한다.

다음은 동적 임베딩을 살펴보자.

동적 임베딩

지금까지 살펴본 모든 임베딩은 정적이었다. 즉, 이들은 고정 차원 벡터에 매핑된 단어 사전(및 부분 단어)으로 배치된다. 이 임베딩에서의 단어에 해당되는 벡터는 문장에서 명사로 사용되나 동사로 사용되나 상관없이 동일하다. 예컨대 단어 "ensure"의 경우, 명사로 사용될 때는 건강 보조제 이름을 지칭하지만 동사로 사용될 때는 "확실하다"는 뜻이 된다. 또한 중의어의 경우에도 동일한 벡터가 되는데, "bank"는 "money"와 사용될 때와 "river"와 사용될 때는 그 뜻이 달라진다. 두 경우 모두 단어의 의미는 문맥에서 얻을 수 있는 단서, 즉 문장에 따라 달라진다. 동적 임베딩은 이러한 신호를 활용해 문맥에 따라 다른 단어 벡터를 제공하려 시도한다.

동적 임베딩은 개별 단어뿐만 아니라 전체 시퀀스를 확인해 입력(일반적으로 일련의 원-핫 벡터)을 저차원의 밀집 고정 크기 임베딩으로 변환하는 훈련된 망으로 배치된다. 이 밀집 임베딩에 대한 입력을 사전 처리한 다음 이를 작업별 망의 입력으로 사용하거나 망을 래핑해 정적 임베딩의 tf.keras.layers.Embedding 계층과 유사하게 처리할 수 있다. 이러한 방식으로 동적 임베딩 신경망을 사용하면 미리 생성하거나(첫 번째 옵션) 기존의 임베딩을 사용하는 것보다 훨씬 더 자원이 소모된다.

초기의 동적 임베딩은 맥캔^{McCann}과 동료들[20]이 제안했으며 CoVe$^{Contextualized Vectors}$라 불렀다. 여기에는 기계 번역망의 인코더-디코더 쌍에서 인코더의 출력을 가져와 동일한 단어의 단어 벡터와 연결하는 것이었다.

5장에서 seq2seq망에 대해 더 자세히 알아본다. 연구원들은 이 전략이 다양한 NLP 작업의 성능을 향상시킨다는 점을 발견했다.

피터스^{Peters}와 연구진[21]이 제안한 또 다른 동적 임베딩은 ELMo$^{Embeddings from Language Models}$이다. ELMo는 문자 기반 단어 표현과 양방향 LSTM$^{Long Short-Term Memory}$을 사용해 문맥에 맞는 단어 표현을 계산한다. 한편 훈련된 ELMo망은 TensorFlow의 모델 저장소 TF-Hub에서 사용할 수 있다. 다음과 같이 ELMo 임베딩을 생성하는 데 사용할 수 있다.

TensorFlow 2.0과 호환되는 TF-Hub에서 사용 가능한 전체 모델 집합은 TensorFlow 2.0의 TF-Hub 사이트에서 찾아볼 수 있다[16]. 여기서는 문장의 배열을 사용했는데, 여기서 모델은 토큰화 기본 전략인 공백 기호를 사용해 토큰을 알아낸다.

```
import tensorflow as tf
import tensorflow_hub as hub

elmo = hub.load("https://tfhub.dev/google/elmo/3")
embeddings = elmo.signatures["default"](
    tf.constant([
      "i like green eggs and ham",
      "would you eat them in a box"
    ]))["elmo"]
print(embeddings.shape)
```

출력은 (2, 7, 1024)이다. 첫 번째 인덱스는 입력 내용에 두 문장이 포함돼 있음을 나타낸다. 두 번째 인덱스는 전체 문장 중에서 최대 단어 수(이 경우 7)를 나타낸다. 모델은 자동으로 가장 긴 문장에 맞춰 출력을 채운다. 세 번째 인덱스는 ELMo가 생성한 문맥적 단어 임베딩의 크기를 보여준다. 각 단어는 크기 (1024)의 벡터로 변환된다.

tf.keras.KerasLayer 어댑터에 래핑해 TF2 모델에 ELMo 임베딩 계층도 통합할 수 있다. 여기의 간단 예에서는 모델은 전체 문장의 임베딩을 반환한다.

```
embed = hub.KerasLayer("https://tfhub.dev/google/elmo/3",input_shape=[],
dtype=tf.string)
model = tf.keras.Sequential([embed])
embeddings = model.predict([
    "i i like green eggs and ham",
    "would you eat them in a box"
])
print(embeddings.shape)
```

ELMo와 같은 동적 임베딩은 서로 다른 문맥에서 사용되면 동일한 단어에 대해서도 서로 다른 임베딩을 제공할 수 있고, 이는 Word2Vec이나 Glove 등의 정적인 것에 비해 진보된 것이다. 논리적인 다음 단계는 더 큰 단위 즉, 문장이나 문단 등 더 큰 단위를 나타낼 수 있는 임베딩이 될 것이다. 이제 다음 절에서 보도록 하자.

문장과 문단 임베딩

유용한 문장과 문단 임베딩을 생성하는 간단하면서도 놀랍도록 효과적인 해결책은 구성 단어의 단어 벡터를 평균화하는 것이다. 이 절에서는 주로 사용되는 문장과 문단 임베딩을 설명하지만, 일반적으로 단어 벡터의 평균을 기준선으로 사용하는 것이 좋다.

문장 (및 문단) 임베딩은 이들을 일련의 단어로 취급하고, 표준 단어 벡터를 사용해 각 단어를 표현하면 작업 최적화 방식으로 생성할 수 있다. 단어 벡터 시퀀스는 어떤 과제를 위해 망을 훈련시키기 위한 입력으로 사용한다. 분류 계층 직전에 있는 뒷부분 계층 중 하나로부터 추출된 벡터는 일반적으로 시퀀스를 매우 우수한 벡터 표현으로 생성하는 경향이 있다. 그러나 그것들은 과제에 매우 특화되는 경향이 있으며 따라서 일반적인 벡터 표현으로 사용하기에는 제한적이다.

키로스Kiros와 연구진[22]은 문장을 여러 과제에 걸쳐 사용할 수 있는 일반적인 벡터 표현으로 생성하는 아이디어를 제안했다. 그들은 책에서 텍스트의 연속성을 이용한 인코더-디코더 모델을 제안했는데 이를 위해 모델은 주어진 문장의 주변 문장을 예측하도록 훈련된다. 인코더-디코더 신경망으로 구성된 일련의 단어의 벡터 표현은 일반적으로 "사고thought 벡터"라 부른다. 또한 제안된 모델은 스킵-그램과 매우 유사한 방식으로 작동하며, 어떤 단어의 주변 단어를 예측하려고 한다. 이러한 이유로, 이 문장 벡터를 스킵-사고Skip-Thoughts 벡터라고 한다. 이 프로젝트는 문장에서 임베딩을 생성하는 데 사용할 수 있는 Theano 기반 모델을 출시했다. 나중에 이 모델은 Google Research팀에 의해 TensorFlow로 다시 구현됐다[23]. 스킵-사고 모델은 각 문장마다 크기 (2048)인 벡터를 출력한다. 모델 사용은 그리 간단하지 않지만 저장소[23]의 README.md 파일에 사용 지침이 나와 있다.

문장 임베딩을 위한 보다 편리한 소스는 TensorFlow Hub에서 사용 가능한 Google Universal Sentence Encoder이다. 구현 관점에서 보면 두 가지 서로 다른 엔코더가 있다. 첫 번째 종류는 빠르지만 정확하지는 않으며 아이어와 연구진Iyer et al.[24]이 제안한 DANDeep Averaging Network을 기반으로 한다. 이 방법은 단어와 바이그램bigram의 임베딩을 결합해 완전 연결된 망을 통해 보낸다. 두 번째 종류는 더 느리지만 더 정확한데, 바스바니와 연구진^{Vaswani et al.}[25]이 제안한 변환기 신경망의 인코더 구성 요소를 기반으로 한다. 변환기 구성 요소는 6장에서 좀 더 자세히 다룰 것이다.

ELMo와 마찬가지로 Google Universal Sentence Encoder는 현재 즉시 실행^{eager execution}이 아닌 모드에서만 사용할 수 있으므로 오프라인으로 사용해 벡터를 생성하거나 TensorFlow 1.x 스타일 코드에 통합할 수 있다. 다른 하나는 모델이 GPU 메모리와 맞지 않으므로 할 수 없이 CPU에서 실행해야 한다. 그러나 예측 모드에서 실행하기 때문에 문제가 되지는 않는다. 다음은 예제 문장 2개로 호출하는 코드다.

```
embed = hub.load("https://tfhub.dev/google/universal-sentence-encoder-
large/4")
embeddings = embed([
"i like green eggs and ham",
"would you eat them in a box"
])["outputs"]
print(embeddings.shape)
```

출력은 (2, 512)이다. 즉, 각 문장은 크기 (512)의 벡터로 표현된다. Google Universal Sentence Encoder는 모든 길이의 단어 시퀀스를 처리할 수 있으므로 이를 적절히 사용해 한쪽에는 단어를 임베딩시키고 다른 쪽에는 문단을 임베딩시킬 수 있다는 점을 알아둘 필요가 있다. 그러나 시퀀스 길이가 커질수록 임베딩 품질은 "떨어지는" 경향이 있다.

문단과 문서와 같이 긴 시퀀스의 임베딩 생성을 위한 훨씬 이전의 관련 작업은 Word2Vec이 제안된 직후 르^{Le}와 미코로프^{Mikolov}[26]가 제안했다. 이제 Doc2Vec 또는 Paragraph2Vec로 상호 교체 가능하다. Doc2Vec 알고리듬은 단어를 예측하기 위해 주변 단어를 사용하는 Word2Vec의 확장이다. Doc2Vec의 경우 추가 매개변수인 문단 ID가 훈련 중에 제공된다. 훈련이 끝나면 Doc2Vec 신경망은 모든 단어와 모든 문단의 임베딩을 학습한다. 추론을 하는 동안 신경망에는 몇 개의 누락된 단어가 있는 문단이 주어진다. 신경망은 문단에서 알려진 부분을 사용해 문단 임베딩을 생성한 다음 이 문단과 단어 임베딩을 사용해 문단에서 누락된 단어를 유추한다.

Doc2Vec 알고리듬은 **PV-DM**Paragraph Vectors Distributed Memory과 **PV-DBOW**Paragraph Vectors Distributed Bag of Words의 두 가지 형태로 제공되며, CBOW나 Word2Vec의 스킵-그램과 유사하다. 책에서는 더 이상 Doc2Vec에 대해서는 다루지 않을 것이다. 다만 Genism 툴킷이 독자 여러분 자신의 말뭉치로 훈련시킬 수 있는 사전 구축된 구현을 제공해 준다는 점만 알아두자.

다양한 형태의 정적 임베딩을 살펴봤으니 이제 방향을 조금 바꿔 동적 임베딩을 살펴보자.

언어 모델 기반 임베딩

언어 모델 기반 임베딩은 단어 임베딩 진화 과정의 다음 단계를 나타낸다. 언어 모델은 단어 시퀀스에 대한 확률분포다. 모델이 만들어지면 주어진 특정 단어 시퀀스에 대해 다음 단어를 예측해볼 수 있다. 전통적인 정적 및 동적 단어 임베딩과 유사하게 말뭉치의 부분 문장이 주어지면 다음 단어(또는 언어 모델이 양방향인 경우 이전 단어도)를 예측하도록 훈련된다. 훈련은 대규모 텍스트의 자연 문법 구조를 활용하기 때문에 능동 레이블을 포함하지 않으므로 어떤 의미에서는 자기-지도학습 과정이다.

단어 임베딩으로서의 언어 모델과 보다 전통적인 임베딩의 주된 차이점은 전통적인 임베딩은 단일 초기 변환으로 데이터에 적용된 다음 특정 작업에 특화돼 미세 조정된다는 것이다. 반면 언어 모델은 대규모 외부 말뭉치로 훈련을 받으며 특정 언어(예컨대 "영어) 모델을 나타낸다. 이 단계를 사전 훈련이라고 한다. 이러한 언어 모델을 사전 훈련하는 연산 비용은 대개 상당히 높다. 그러나 이러한 모델을 사전 훈련시킨 사람들은 일반적으로 다른 사람들도 사용할 수 있도록 공개해주므로 통상 우리는 이 단계에 대해 걱정할 필요가 없다. 다음 단계는 특정 애플리케이션 영역에 맞게끔 이러한 범용 언어 모델을 미세 조정하는 것이다. 예를 들어 여행 또는 건강 관리 산업에서 일하는 경우 자신의 분야에 맞는 텍스트를 사용해 언어 모델을 미세 조정할 수 있다. 미세 조정에서는 사용자 자신의 텍스트로 마지막 몇 개의 계층을 재교육한다. 일단 미세 조정이 완료되면 분야 내의 여러 과제에 이 모델을 재사용할 수 있다. 미세 조정 단계는 일반적으로 사전 훈련 단계에 비해 훨씬 저렴하다.

언어 모델을 미세 조정했으면, 언어 모델의 마지막 계층을 제거하고 이를 하나 또는 2개의 완전 연결망으로 대체한다. 이 완전 연결망은 과제에 따라 입력의 언어 모델 임베딩을 최종 범주형 또는 회귀로 변환하는 일을 한다. 이 개념은 3장에서 배운 전이학습과 동일하지만 여기서의 유일한 차이점은 이미지 대신 텍스트에 대해 전이학습을 수행한다는 것이다. 이미지를 사용한 전이학습과 마찬가지로 이러한 언어 모델 기반 임베딩을 사용하면 레이블이 거의 없는 데이터로 놀라운 결과를 얻을 수 있다. 당연히, 언어 모델 임베딩은 자연 언어 처리를 위한 "ImageNet 모멘트[moment]2"로 여겨진다.

언어 모델 기반 임베딩 아이디어는 4장에서 이미 살펴본 ELMo[21] 신경망에 뿌리를 두고 있다. ELMo는 주어진 단어 시퀀스의 다음 및 이전 단어를 예측하는 법을 학습하기 위해 대형 텍스트 말뭉치로 훈련함으로써 언어를 학습한다. ELMo는 양방향 LSTM을 기반으로 하는데, 8장에서 좀 더 자세히 알아본다.

최초의 실행 가능한 언어 모델 임베딩은 하워드[Howard]와 루더[Ruder][27]가 제안했는데, 이 모델은 28,595개의 위키피디아 기사와 1억 300만 개의 단어로 구성된 wikitext-103 데이터셋으로 훈련된 것이다. ULMFit은 전이학습이 이미지 작업에 제공하는 것과 동일한 이점을 제공한다. 비교적 레이블이 덜 지정된 데이터로 괜찮은 지도학습 결과를 얻을 수 있다.

한편, 트랜스포머 아키텍처는 기계 번역 작업에서 선호되는 망이 돼 LSTM망을 대체했는데, 병렬 작업이 가능하고 장기적인 종속성을 좀 더 잘 처리할 수 있기 때문이다. 5장에서 트랜스포머 아키텍처에 대해 좀 더 자세히 알아본다. 래드포드와 연구진[Radford et al.][30]의 OpenAI팀은 ULMFit에 사용된 LSTM 신경망 대신 표준 트랜스포머 신경망의 디코더 스택을 사용하도록 제안했다. 이를 이용해 GPT[Generative PreTraing]라는 언어 모델을 구축해 많은 언어 처리 작업에서 최고 결과를 달성했다. 이 논문은 분류, 연대, 유사성 및 객관식 질문 응답과 같은 단일 및 다중 문장 작업과 관

---

2 CNN의 등장으로 ImageNet이 중대 전환점(moment)을 통해 비약적으로 발전했던 것을 일컫는 말이다. 즉, 자연어 처리에서도 언어 모델 임베딩이 CNN과 같은 역할을 할 수 있을 것이라는 기대다. – 옮긴이

련된 감독 작업에 대한 여러 구성을 제안한다.

OpenAI팀은 나중에 GPT-2라는 더 큰 언어 모델을 구축했지만, 악의적인 운영자가 이 기술을 악용하는 것에 대한 두려움 때문에 대중에게 공개하지 않았다[30]. 대신 연구자들이 실험할 수 있는 더 작은 모델을 출시했다.

OpenAI 트랜스포머 아키텍처의 한 가지 문제점은 이전 버전인 ELMo와 ULMFit이 양방향인 반면, 단방향이라는 것이다. Google AI팀이 제안한 BERT$^{Bidirectional\ Encoder\ Representations\ for\ Transformers}$[28]는 트랜스포머 아키텍처의 인코더 스택을 사용하고 입력의 최대 15%를 마스킹해 양방향성을 안전하게 달성하며, 모델에 예측을 요청한다.

OpenAI 논문과 함께 BERT는 여러 지도학습 과제, 예컨대 단일-복수 문장 분류, 질문 답변, 태깅 등에 사용할 수 있게 설정하도록 제안한다.

BERT 모델은 두 가지 주된 유형이 있다. BERT-base와 BERT-large이다. BERT-base는 12개의 인코더 계층을 가지고 786개의 은닉 유닛, 12개의 어텐션 헤드, 1억 1천만 개의 매개변수를 가진다. BERT-large는 24개의 인코더 계층, 1,024개의 은닉 유닛, 16개의 어텐션 헤드, 3억 4천만 개의 매개변수를 가진다. 자세한 내용은 BERT GitHub 리포지터리[33]에 있다.

BERT 사전 훈련은 비용이 많이 들고 지금은 TPU 또는 대형 분산 GPU 클러스터를 통해서만 가능하다. TPU는 Google에서만 제공되는데, Colab 네트워크[31]나 Google 클라우드 플랫폼[31]을 통해야 한다. 그러나 BERT를 맞춤형 데이터셋으로 미세 조정하는 것은 GPU 인스턴스로 가능하다.

BERT 모델이 자신에 맞게 미세 조정됐으면 마지막 4개 은닉층의 임베딩은 다운스트림 과제에서 좋은 결과를 제공한다. 어떤 임베딩 혹은 그 조합(합산, 평균, 맥스-풀링, 연결 등)을 사용할 것인지는 대개 과제의 유형에 달려 있다.

다음 절에서는 BERT 언어 모델에서 임베딩을 추출하는 것을 보여준다.

BERT를 특징 추출기로 사용

BERT 프로젝트[33]는 명령창에서 BERT를 미세 조정할 수 있는 Python 스크립트를 지원한다.

```
$ git clone https://github.com/google-research/bert.git
$ cd bert
```

다음은 미세 조정하려는 적절한 BERT 모델을 다운로드한다. 앞서 언급한 것처럼 BERT-base와 BERT-large라는 두 가지 크기로 제공된다. 또 각 모델은 케이스드cased 버전과 언케이스드uncased 버전이 있다. 케이스드 버전은 대문자와 소문자를 구분하는 반면, 언케이스드 버전은 대소문자를 구분하지 않는다. 여기 예제에서는 BERT-base-uncased의 사전 훈련된 모델을 사용한다. README.md 페이지 아래쪽을 보면 이 모델과 다른 모델에 대한 URL을 얻을 수 있다.

```
$ mkdir data
$ cd data
$ wget \
https://storage.googleapis.com/bert_models/2018_10_18/uncased_L-12_H-768_A-12.
zip
$ unzip -a uncased_L-12_H-768_A-12.zip
```

이 명령은 지역 BERT 프로젝트의 data 디렉터리 아래에 다음 폴더를 생성한다. bert_config.json 파일은 원시 사전 훈련된 모델을 작성하는 데 사용되는 구성 파일이고 vocab.txt는 30,522개의 단어와 단어 조각으로 구성된 모델에 사용되는 어휘다.

```
uncased_L-12_H-768_A-12/
    ├── bert_config.json
    ├── bert_model.ckpt.data-00000-of-00001
    ├── bert_model.ckpt.index
    ├── bert_model.ckpt.meta
    └── vocab.txt
```

사전 훈련된 언어 모델은 간단한 머신러닝 파이프라인을 위한 텍스트 특징 추출기로 직접 사용될 수 있다. 이 방법은 텍스트 입력을 벡터화하고 임베딩의 분포 속성을 활용해 원-핫 인코딩보다 밀도가 높고 풍부한 표현을 얻고자 하는 상황에서 유용할 수 있다.

이 경우 입력은 단지 한 줄에 한 문장이 있는 파일일 뿐이다. 이를 votes.txt라 부르고 ${CLASSIFIER_DATA} 폴더에 넣자. 마지막 은닉 계층을 -1(마지막으로 은닉층), -2(마지막 직전의 은닉층) 등으로 식별해 임베딩을 생성할 수 있다. 입력 문장에 대해 BERT 임베딩을 추출하는 명령은 다음과 같다.

```
$ export BERT_BASE_DIR=./data/uncased_L-12_H-768_A-12
$ export CLASSIFIER_DATA=./data/my_data
$ export TRAINED_CLASSIFIER=./data/my_classifier
$ python extract_features.py \
    --input_file=${CLASSIFIER_DATA}/sentences.txt \
    --output_file=${CLASSIFIER_DATA}/embeddings.jsonl \
    --vocab_file=${BERT_BASE_DIR}/vocab.txt \
    --bert_config_file=${BERT_BASE_DIR}/bert_config.json \
    --init_checkpoint=${BERT_BASE_DIR}/bert_model.ckpt \
    --layers=-1,-2,-3,-4 \
    --max_seq_length=128 \
    --batch_size=8
```

이 명령은 모델의 마지막 4개의 은닉층에서 BERT 임베딩을 추출해 입력 파일과 동일한 디렉터리에 embeddings.jsonl이라는 라인 지향 JSON 파일에 기록한다. 이러한 임베딩은 감성 분석과 같은 특정 작업에 특화된 다운스트림 모델의 입력으로 사용될 수 있다. BERT는 대량의 영어 텍스트로 사전 훈련됐기 때문에, 이는 이러한 다운스트림 작업에 유용한 언어의 뉘앙스를 많이 학습한다. 다운스트림 모델은 신경망일 필요는 없으며, SVM 또는 XGBoost와 같은 비신경망 모델일 수도 있다.

BERT로 할 수 있는 일은 더 많다. 앞의 예시는 컴퓨터 비전에서의 전이학습에 해당한다. 컴퓨터 비전과 마찬가지로 BERT(또는 다른 트랜스포머 모델)를 특정 작업에 대해 세부 조정해 미세-조정하는 것도 가능하다. 이를 위해 적절한 "헤드" 네트워크를 BERT에 연결하고, 결합된 네트워크를 특정 작업에 대해 미세-조정한다. 이러한 기술에 대해서는 6장인 '트랜스포머'에서 자세히 배우게 될 것이다.

요약

4장에서는 Word2Vec 및 GloVe와 같은 정적 단어 임베딩에서 시작해 단어의 분포 표현의 배경 개념과 다양한 구현을 배웠다.

그다음으로 기본 아이디어를 개선하는 방법을 살펴봤다. 부분 단어 임베딩, 문장 임베딩, 문장 내에서 단어의 문맥을 포착하는 임베딩 그리고 전체 언어 모델을 사용해 임베딩을 생성하는 것과 같은 방법을 검토했다. 현재 언어 모델 기반의 임베딩이 최고의 결과를 달성하고 있지만, 보다 전통적인 접근 방식이 매우 우수한 결과를 산출하는 애플리케이션은 여전히 많기 때문에 이들 모두를 알고 그 트레이드오프를 이해하는 것이 중요하다.

또한 자연어 영역 밖에서 단어 임베딩을 사용하는 다른 흥미로운 예를 간략히 살펴봤다. 이 경우 다른 종류의 시퀀스의 분포 속성을 활용해 정보 검색 및 추천 시스템 등의 영역에서 예측을 수행한다.

이제 여러분은 텍스트 기반 신경망을 위해서뿐만 아니라 머신러닝의 다른 분야에서도 임베딩을 사용할 준비가 됐는데, 이 부분은 5장에서 좀 더 심도 있게 살펴볼 것이다.

참고문헌

1. Mikolov, T., et al. (2013, Sep 7) *Efficient Estimation of Word Representations in Vector Space*. arXiv:1301.3781v3 [cs.CL].

2. Mikolov, T., et al. (2013, Sep 17). *Exploiting Similarities among Languages for Machine Translation*. arXiv:1309.4168v1 [cs.CL].

3. Mikolov, T., et al. (2013). *Distributed Representations of Words and Phrases and their Compositionality*. Advances in Neural Information Processing Systems 26 (NIPS 2013).

4. Pennington, J., Socher, R., Manning, C. (2014). *GloVe: Global Vectors for Word Representation*. D14-1162, Proceedings of the 2014 Conference on *Empirical Methods in Natural Language Processing* (EMNLP).

5. Niu, F., et al (2011, 11 Nov). *HOGWILD! A Lock-Free Approach to Parallelizing Stochastic Gradient Descent*. arXiv:1106.5730v2 [math.OC].

6. Levy, O., Goldberg, Y. (2014). *Neural Word Embedding as Implicit Matrix Factorization*. Advances in Neural Information Processing Systems 27 (NIPS 2014).

7. Mahoney, M. (2011, 1 Sep). text8 dataset: http://mattmahoney.net/dc/textdata.html

8. Rehurek, R. (2019, 10 Apr). gensim documentation for Word2Vec model: https://radimrehurek.com/gensim/models/word2vec.html

9. Levy, O., Goldberg, Y. (2014, 26-27 June). *Linguistic Regularities in Sparse and Explicit Word Representations*. Proceedings of the Eighteenth Conference on Computational Language Learning, pp 171-180 (ACL 2014).

10. Rehurek, R. (2019, 10 Apr). gensim documentation for KeyedVectors: https://radimrehurek.com/gensim/models/keyedvectors.html

11. Almeida, T. A., Gamez Hidalgo, J. M., and Yamakami, A. (2011). Contributions to the Study of SMS Spam Filtering: New Collection and Results. Proceedings of the 2011 ACM Symposium on Document Engineering (DOCENG): https://www.dt.fee.unicamp.br/~tiago/smsspamcollection/doceng11.pdf?ref=https://githubhelp.com

12. Speer, R., Chin, J. (2016, 6 Apr). *An Ensemble Method to Produce High-Quality Word Embeddings*. arXiv:1604.01692v1 [cs.CL].

13. Speer, R. (2016, 25 May). *ConceptNet Numberbatch: a new name for the best Word Embeddings you can download*: http://blog.conceptnet.io/posts/2016/conceptnet-numberbatch-a-newname-for-the-best-word-embeddings-you-can-download/

14. Barkan, O., Koenigstein, N. (2016, 13-16 Sep). *Item2Vec: Neural Item Embedding for Collaborative Filtering*. IEEE 26th International Workshop on Machine Learning for Signal Processing (MLSP 2016).

15. Grover, A., Leskovec, J. (2016, 13-17 Aug). *node2vec: Scalable Feature Learning for Networks*. Proceedings of the 22nd ACM SIGKDD International Conference on Knowledge Discovery and Data Mining. (KDD 2016).

16. TensorFlow 2.0 Models on TensorFlow Hub: https://tfhub.dev/s?q=tf2-preview

17. Zhang, X., LeCun, Y. (2016, 4 Apr). *Text Understanding from Scratch*. ar-Xiv 1502.01710v5 [cs.LG].

18. Bojanowski, P., et al. (2017, 19 Jun). *Enriching Word Vectors with Subword Information*. arXiv: 1607.04606v2 [cs.CL].

19. Facebook AI Research, fastText (2017). GitHub repository: https://github.com/facebookresearch/fastText

20. McCann, B., Bradbury, J., Xiong, C., Socher, R. (2017). *Learned in Translation: Contextualized Word Vectors*. Neural Information Processing Systems, 2017.

21. Peters, M., et al. (2018, 22 Mar). *Deep contextualized word representations*. arXiv: 1802.05365v2 [cs.CL].

22. Kiros, R., et al. (2015, 22 June). *Skip-Thought Vectors*. arXiv: 1506.06727v1 [cs.CL].

23. Kiros, R, et al (2017). GitHub repository: https://github.com/ryankiros/skip-thoughts

24. Iyer, M., Manjunatha, V., Boyd-Graber, J., Daume, H. (2015, July 26-31). *Deep Unordered Composition Rivals Syntactic Methods for Text Classification*. Proceedings of the 53rd Annual Meeting of the Association for Computational Linguistics and the 7th International Joint Conference on Natural Language Processing (ACL 2015).

25. Vaswani, A., et al. (2017, 6 Dec). *Attention Is All You Need*. arXiv: 1706.03762v5 [cs.CL].

26. Le, Q., Mikolov, T. (2014) *Distributed Representation of Sentences and Documents*. arXiv: 1405.4053v2 [cs.CL].

27. Howard, J., Ruder, S. (2018, 23 May). *Universal Language Model Fine-Tuning for Text Classification*. arXiv: 1801.06146v5 [cs.CL].

28. Devlin, J., Chang, M., Lee, K., Toutanova, K. (2018, 11 Oct). *BERT: Pre-training of Deep Bidirectional Transformers for Language Understanding*. arXiv: 1810.04805v1 [cs.CL]: https://arxiv.org/pdf/1810.04805.pdf

29. Radford, A., Narasimhan, K., Salimans, T., Sutskever, I. (2018). *Improving Language Understanding with Unsupervised Learning*: https://openai.com/blog/language-unsupervised/

30. Radford, A., et al. (2019). *Language Models are unsupervised Multitask Learners*. OpenAI Blog 2019: http://www.persagen.com/files/misc/radford 2019language.pdf

31. Google Collaboratory: https://colab.research.google.com

32. Google Cloud Platform. https://cloud.google.com/

33. Google Research, BERT (2019). GitHub repository: https://github.com/google-research/bert

34. Nemeth (2019). Simple BERT using Tensorflow 2.0. *Towards Data Science blog*: https://towardsdatascience.com/simple-bert-using-tensorflow-2-0-132 cb19e9b22

35. TF-IDF. Wikipedia. Retrieved May 2019: https://en.wikipedia.org/wiki/Tf%E2%80%93idf

36. Latent Semantic Analysis. Wikipedia. Retrieved May 2019: https://en.wikipedia.org/wiki/Latent_semantic_analysis

37. Topic Model. Wikipedia. Retrieved May 2019: https://en.wikipedia.org/wiki/Topic_model

38. Warstadt, A., Singh, A., and Bowman, S. (2018). *Neural Network Acceptability Judgements*. arXiv 1805:12471 [cs.CL]: https://nyu-mll.github.io/CoLA/

39. Microsoft Research Paraphrase Corpus. (2018): https://www.microsoft.com/en-us/download/details.aspx?id=52398

40. Nozawa, K. (2019). Something2Vec papers: https://gist.github.com/nzw0 301/333afc00bd508501268fa7bf40cafe4e

41. Perrone, V., et al. (2016). *Poisson Random Fields for Dynamic Feature Models*: https://archive.ics.uci.edu/ml/datasets/NIPS+Conference+Papers+1987-2015

42. Perozzi, B., Al-Rfou, R., and Skiena, S. (2014). *DeepWalk: Online Learning of Social Representations*. arXiv 1403.6652v2 [cs.SI].

05

순환 신경망

3장에서는 CNN^{Convolutional Neural Networks}에 대해 배우고 입력의 공간 구조를 어떻게 활용하는지 살펴봤다. 이를테면 이미지에서 CNN은 이미지의 초기 작은 패치에 컨볼루션을 적용하고 풀링 연산을 통해 이미지의 더 큰 영역으로 진행한다. 이미지의 컨볼루션 및 풀링 연산은 너비와 높이의 두 차원에 적용된다. 오디오와 텍스트 스트림의 경우에는 1차원 컨볼루션과 풀링 연산이 시간 차원을 따라 적용되고 비디오 스트림의 경우 이러한 연산은 높이, 너비 및 시간 차원을 따라 3차원으로 적용된다.

5장에서는 텍스트 입력에 널리 사용되는 신경망 부류인 **순환 신경망**^{RNN, Recurrent Neural Networks}을 중점적으로 다룬다. RNN은 매우 유연하며 음성 인식, 언어 모델링, 기계 번역, 감정 분석 및 이미지 캡션과 같은 문제를 해결하는 데 사용해왔다. RNN은 입력이 순차적이라는 특성을 이용한다. 순차 입력은 텍스트, 음성, 시계열 등을 포함해 시퀀스상의 어떤 요소의 발생이 이전 요소에 종속된 기타 모든 것이 될 수 있다. 5장에서는 다양한 RNN의 예를 보고 TensorFlow 2.0으로 이를 구현하는 방법을 설명한다.

먼저 기본 RNN 셀의 내부를 살펴보고 RNN이 입력에서 이러한 순차적 종속성을 어떻게 처리하는지 살펴보자. 또한 기본 RNN 셀의 일부 제약 사항(Keras에서 SimpleRNN으로 구현됨)과 SimpleRNN 셀의 두 가지 변형인 LSTM^{Long Short-Term Memory}과 GRU^{Gated Recurrent Unit}가 이 제약을 극복한 방법을 살펴본다.

그런 다음 한 단계 더 높은 시각에서, 모든 시간 단계에 적용되는 RNN 셀인 RNN 계층 자체를 고려해본다. RNN은 RNN 셀의 그래프로 생각할 수 있으며, 각 셀은 시퀀스의 연속된 요소에 대해 동일한 연산을 수행한다. RNN의 양방향 또는 상태 저장과 같은 성능 향상을 위한 몇 가지 간단한 수정 사항을 설명한다.

마지막으로 표준 RNN 위상과 이 위상이 해결할 수 있는 애플리케이션의 종류를 살펴보자. RNN은 그래프에서 셀을 재배열해 다양한 유형의 응용에 적용할 수 있다. 이렇게 구성한 예들과 특정 문제를 해결하는 데 사용되는 방법도 살펴볼 것이다. 또한 기계 번역 및 기타 다양한 분야에서 큰 성공을 거둔 시퀀스-대-시퀀스 (또는 seq2seq) 아키텍처를 살펴볼 것이다. 그런 다음 어텐션^{attention} 메커니즘이 무엇인지 그리고 시퀀스-대-시퀀스 아키텍처의 성능을 개선하는 데 어떻게 사용될 수 있는지 알아보자.

5장에서는 다음과 같은 주제를 살펴본다.

- 기본 RNN 셀
- RNN 셀 변형
- RNN 변형
- RNN 위상
- 인코더-디코더 아키텍처-seq2seq
- 어텐션 메커니즘

"천리 길도 한 걸음부터"라는 말이 있다. 따라서 그 정신으로 우선 RNN 셀을 살펴보면서 RNN에 대한 공부를 시작하겠다.

기본 RNN 셀

전통적인 다층 퍼셉트론 신경망은 모든 입력이 서로 독립적이라고 가정한다. 이 가정은 여러 유형의 시퀀스 데이터에는 해당되지 않는다. 예를 들어 문장의 단어, 작곡의 음표, 시간에 따른 주가 또는 심지어 화합물의 분자는 하나의 요소가 이전 요소에 종속성을 나타내는 시퀀스의 예다.

RNN 셀은 지금까지 본 것의 본질을 담고 있는 은닉 상태^{hidden state} 또는 메모리를 가짐으로써 이러한 종속성을 포함한다. 특정 시점의 은닉 상태 값은 이전 시간 단계에서의 은닉 상태 값과 현재 시간 단계에서의 입력 값의 함수다. 즉, 다음과 같다.

$$h_t = \phi(h_{t-1}, X_t)$$

여기서 h_t 및 h_{t-1}은 각각 시각 t 및 $t-1$에서의 은닉 상태의 값이고, x_t는 시각 t에서의 입력 값이다. 방정식이 재귀적이라는 점에 주목하자. 즉, h_{t-1}은 h_{t-2}와 x_{t-1}항 등으로 표현될 수 있고 이는 시퀀스의 시작점까지 재귀적으로 나타낼 수 있다. 이것이 바로 RNN이 임의의 긴 시퀀스 정보를 인코딩하고 통합하는 방법이다.

그림 5.1(a)와 같이 RNN 셀을 그래픽으로 나타낼 수도 있다. 시간 t에서, 셀은 입력 $x(t)$와 출력 $y(t)$를 갖는다. 출력 $y(t)$의 일부(은닉 상태 h_t로 표시됨)는 나중에 단계 $t+1$에서 사용하기 위해 셀로 피드백된다.

학습된 매개변수가 가중치 행렬에 저장되는 기본적 신경망에서와 같이 RNN의 매개변수는 3개의 가중치 행렬 U, V, W로 정의되는데 각각 입력, 출력, 은닉 상태의 가중치에 해당된다.

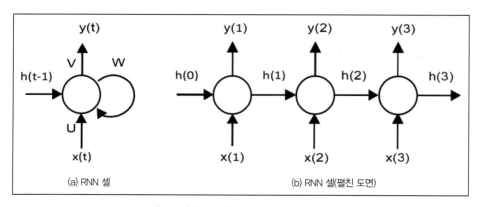

그림 5.1 (a) RNN 셀 도식 (b) 펼쳐진 RNN 셀

그림 5.1(b)는 "펼쳐진 뷰"에서 동일한 RNN을 보여준다. 펼친다는 의미는 전체 시퀀스를 나타내기 위해 신경망을 그렸다는 뜻이다. 여기에 표시된 신경망에는 세 가지 시간 단계가 있는데, 3가지 시퀀스 요소를 처리하는 데 적합하다. 앞서 언급한 가중치 행렬 U, V 및 W는 각 시간 단계 간에 공유된다는 점에 주목하자. 이는 각 단계에서 서로 다른 입력에 동일한 연산을 적용하기 때문이다. 모든 시간 단계에서 이렇게 가중치를 공유할 수 있으면 RNN이 학습해야 하는 매개변수 수가 크게 줄어든다.

RNN은 방정식을 통해 계산 그래프로 설명할 수도 있다. 시간 t에서 RNN의 내부 상태는 시간 t-1에서의 가중치 행렬 W와 은닉 상태 h_{t-1}의 합인 은닉 벡터 $h(t)$의 값 그리고 tanh 활성화 함수를 통과한 시간 t에서의 가중치 행렬 U와 입력 x_t의 곱에 의해 주어진다. Sigmoid 같은 다른 활성화 함수에 비해 tanh을 선택하면 실제로 학습하는데 더 효율적이며, 소멸하는 그래디언트 문제를 해결하는 데 도움이 된다. 이 부분은 6장에서 설명할 것이다.

표기의 편의상 5장에서는 여러 유형의 RNN 아키텍처를 설명하는 모든 방정식에서 편향 항을 행렬에 통합해 편향 항에 대한 명시적인 참조를 생략했다. n차원 공간에서의 다음 선 방정식을 살펴보자. 여기서 w_1부터 w_n는 각 n차원에서 선의 계수를 의미하며, 편향 b는 각 차원에 따른 y-절편을 의미한다.

$$y = w_1 x_1 + w_2 x_2 + \cdots + w_n x_n + b$$

행렬 표기를 도입하면 방정식은 다음과 같이 다시 쓸 수 있다.

$$y = WX + b$$

여기서 W는 형상이 (m, n)인 행렬이고 b는 형상이 $(m, 1)$인 벡터다. 여기서 m은 데이터셋의 레코드 수에 해당하는 행의 개수이며 n은 각 레코드의 특징에 해당하는 열의 개수다. 또한 벡터 b를 W의 "단위" 특징에 해당하는 특징 열로 처리하면, 벡터 b는 행렬 W에 집어넣어 제거할 수 있다. 즉, 다음과 같다.

$$y = w_1 x_1 + w_2 x_2 + \cdots + w_n x_n + w_0(1) = W'X$$

여기서 W'는 형상이 $(m, n+1)$인 행렬이며, 마지막 열에는 b값이 포함된다.

결과적인 표기법은 결국 독자 여러분들이 이해하고 유지하기에 더 쉽게 된다.

시간 t에서의 출력 벡터 y_t는 가중치 벡터 V와 softmax 활성화 함수를 거친 은닉 상태 h_t의 곱이며 그 결과 벡터는 출력 확률의 집합이 된다.

$$h_t = \tanh(W h_{t-1} + U x_t)$$

$$y_t = softmax(V h_t)$$

Keras는 지금까지 살펴본 모든 논리와 LSTM과 GRU와 같은 좀 더 발전된 변형을 포함하는 SimpleRNN 순환 계층을 제공하며, 이에 대해서는 5장 뒷부분에서 배울 것이다. 엄밀히 말하면 이들을 이용해 작업하기 위해서 그 작동 방식을 반드시 이해하고 있어야 하는 것은 아니다.

그러나 구조와 식을 이해하고 있다면 특정 문제 해결을 위해 자신만의 특화된 RNN을 구축할 경우에는 도움이 될 것이다.

이제 RNN 셀을 통한 데이터의 순방향 흐름, 즉 입력과 은닉 상태를 결합해 출력과 다음 은닉 상태를 생성하는 방법을 이해했으므로 이제 반대 방향의 그래디언트 흐름을 살펴보자. 이것이 바로 시간에 따른 역전파라고 하는 BPTT^{Back-Propagation Through Time} 프로세스다.

BPTT

전통적인 신경망과 마찬가지로 RNN 훈련에도 그래디언트의 역전파가 포함된다. RNN에 있어서의 차이점은 가중치가 모든 시간 단계에 의해 공유되므로 각 출력의 그래디언트는 현재 시간 단계뿐만 아니라 이전 시간 단계에도 종속된다는 것이다. 이 과정을 시간에 따른 역전파라고 한다[11]. RNN의 경우 가중치 U, V, W가 서로 다른 시간 단계에서 공유되므로 BPTT의 경우 다양한 시간 단계에 대한 그래디언트를 합산해야 한다. 이 점이 전통적인 역전파와 BPTT의 주요 차이점이다.

그림 5.2에 표시된 5단계의 RNN을 살펴보자. 순방향 동안 신경망은 시간 t에서 예측 $\hat{y}_t$를 생성한 다음 이를 레이블 y_t와 비교한 다음 손실 L_t를 계산한다. 역전파 동안 (점선으로 표시됨) 가중치 U, V, W에 대한 손실 그래디언트는 각 시간 단계에서 계산되고 매개변수는 그래디언트의 합으로 갱신된다.

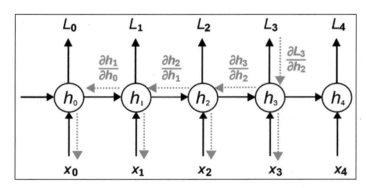

그림 5.2 시간에 따른 역전파

다음 식은 W에 대한 손실 그래디언트를 보여준다. 우리는 이 가중치에 중점을 둔다. 이것이 바로 사라지고^{vanishing} 폭발하는^{exploding} 그래디언트 문제로 알려진 현상의 원인이기 때문이다.

이 문제는 손실의 그래디언트가 0 혹은 무한대에 가까워져서 신경망을 훈련시키기 어렵게 만드는 현상을 의미한다. 왜 이런 일이 발생하는지 이해하기 위해 앞에서 본 SimpleRNN의 방정식을 살펴보자. 은닉 상태 h_t는 h_{t-1}에 종속되며, h_{t-1}은 또한 h_{t-2}에 종속된다. 이런 식으로 계속해서 h_{t-2}는 또 그 전에 종속된다.

$$\frac{\partial L}{\partial W} = \sum_t \frac{\partial L_t}{\partial W}$$

이제 시간 단계 $t = 3$에서 이 그래디언트가 어떻게 되는지 살펴보자. 체인 규칙에 따라 W에 대한 손실의 그래디언트는 3개의 하위-그래디언트의 곱으로 분해될 수 있다. 또한 W에 대한 은닉 상태(h_2)의 그래디언트는 각각 이전 상태에 대한 은닉 상태의 그래디언트 합으로 더 분해될 수 있다. 마지막으로, 이전 상태에 대한 은닉 상태의 각 그래디언트는 이전의 은닉 상태에 대한 현재 은닉 상태의 그래디언트의 곱으로 더 분해될 수 있다.

$$\frac{\partial L_3}{\partial W} = \frac{\partial L_3}{\partial \hat{y}_3}\frac{\partial \hat{y}_3}{\partial h_3}\frac{\partial h_3}{\partial W} = \sum_{t=0}^{3} \frac{\partial L_3}{\partial \hat{y}_3}\frac{\partial \hat{y}_3}{\partial h_3}\frac{\partial h_3}{\partial h_t}\frac{\partial h_t}{\partial W} = \sum_{t=0}^{3} \frac{\partial L_3}{\partial \hat{y}_3}\frac{\partial \hat{y}_3}{\partial h_3}\left(\prod_{j=t+1}^{3} \frac{\partial h_j}{\partial h_{j-1}}\right)\frac{\partial h_t}{\partial W}$$

유사한 계산을 수행해, W에 대한 다른 손실 L_0부터 L_4까지의 그래디언트를 계산하고 이를 합산해 W의 그래디언트를 갱신한다. 이 책에서는 더 이상 수학식을 살펴보진 않지만 WildML 블로그 게시물[12]에 BPTT에 대한 자세한 설명과 이 프로세스에 대한 배경 공식 도출에 대한 정보를 얻을 수 있다.

사라지고 폭발하는 그래디언트

BPTT가 사라지거나 폭발하는 그래디언트 문제에 특히 민감한 이유는 W에 대한 손실 그래디언트의 최종 공식에서 곱셈 부분 때문에 비롯된다. 이전 상태에 대한 은닉 상태의 개별 그래디언트가 1보다 작은 경우를 생각해보라.

여러 시간 단계에 걸쳐 역전파되면서, 그래디언트의 곱은 점점 작아져 궁극적으로 그래디언트 소멸 문제가 발생한다. 마찬가지로 그래디언트가 1보다 크면 곱이 점점 커지고 궁극적으로 그래디언트 폭발 문제가 발생한다.

이 두 가지 중에서 폭발 그래디언트는 좀 더 쉽게 감지할 수 있다. 그래디언트가 매우 커지고 NaN^{Not a Number}으로 바뀌고 훈련 과정이 중단된다. 폭발 그래디언트 문제는 사전에 정의된 임계치에 따라 자르면^{clipping} 제어할 수 있다[13]. TensorFlow 2.0에서는 최적기 구성 중 `clipvalue` 또는 `clipnorm` 매개변수를 사용하거나 `tf.clip_by_value`를 사용해 명시적으로 그래디언트를 잘라낼 수 있다.

그래디언트 소멸의 효과는 멀리 떨어진 시간 단계의 그래디언트가 학습 프로세스에 아무런 영향을 미치지 않으므로 RNN이 장거리 종속성을 학습하지 못하게 된다는 것이다. 이 문제를 최소화하는 여러 기법들, 예컨대 W 행렬을 적절히 초기화하는 것, 좀 더 공격적인 정규화, tanh 대신 ReLU 활성화 사용, 비지도 방법을 사용한 사전 훈련 등이 있지만, 가장 보편적인 해결책은 LSTM 또는 GRU를 사용하는 것인데, 각각에 대해 간략히 설명하겠다. 이러한 아키텍처는 사라지는 그래디언트를 처리하고 장기적인 종속성을 더욱 효과적으로 학습하도록 설계됐다.

RNN 셀 변형

이 절에서는 RNN의 몇 가지 셀 변형에 대해 살펴보자. 우선 SimpleRNN 셀의 변형인 장기 단기-기억^{Long short-term memory} RNN을 살펴보자.

LSTM

LSTM은 SimpleRNN 셀의 변형으로 장기 종속성을 학습할 수 있다. LSTM은 호크라이터^{Hochreiter}와 슈미트후버^{SchmidHuber}[14]에 의해 처음 제안됐으며 다른 많은 연구자들에 의해 개선됐다. LSTM은 다양한 문제에 잘 작동하며 가장 널리 사용되는 RNN 변형이다.

앞서 SimpleRNN이 이전 시간 단계의 은닉 상태와 tanh 계층을 통한 현재 입력을 결합해 순환을 구현하는 방법을 살펴봤다. LSTM도 비슷한 방식으로 순환을 구현하지만 단일 tanh 계층 대신 매우 특정한 방식으로 상호 작용하는 네 개의 계층으로 구성된다. 다음 다이어그램은 시간 단계 t에서 은닉 상태에 적용되는 변환을 보여준다.

다이어그램은 복잡해 보이지만 구성 요소별로 살펴보자. 바닥을 가로지르는 선은 은닉 상태 h이며, i, f, o와 g 게이트는 LSTM이 소실 그래디언트 문제를 해결하는 메커니즘이다. 훈련 도중에 LSTM은 이들 게이트에 대한 매개변수를 학습한다.

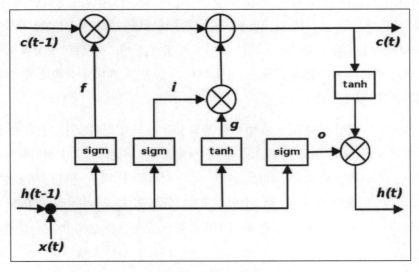

그림 5.3 LSTM 셀

이러한 게이트가 LSTM 셀 내에서 작동하는 방식을 이해할 수 있는 다른 방법은 셀에 대한 방정식을 살펴보는 것이다. 이들 방정식은 시간 t에서의 은닉 상태 h_t의 값이 이전 시간 단계에서의 은닉 상태 h_{t-1}의 값으로부터 어떻게 계산되는지를 설명해준다. 일반적으로 방정식 기반의 설명은 좀 더 명확하고 간결한 경향이 있으며 대개 새로운 셀 디자인이 학술 논문에서 표현되는 방식이다. 제공되는 다이어그램은 이전에 본 것과 비슷할 수도 있고 그렇지 않을 수도 있다. 이러한 이유 때문에 일반적으로 방정식을 읽고 셀 디자인을 시각화하는 방법을 배우는 것이 좋다. 때문에 이 책에서는 다른 셀 변형을 설명할 때 수식만 사용한다.

LSTM을 나타내는 연립방정식은 다음과 같다.

$$i = \sigma(W_i h_{t-1} + U_i x_t + V_i c_{t-1})$$
$$f = \sigma(W_f h_{t-1} + U_f x_t + V_f c_{t-1})$$
$$o = \sigma(W_o h_{t-1} + U_o x_t + V_o c_{t-1})$$
$$g = \tanh W_g h_{t-1} + U_g x_t$$
$$c_t = (f * c_{t-1}) + (g * i)$$
$$h_t = \tanh(c_t) * o$$

여기서 i, f 및 o는 각각 입력, 포겟forget과 출력 게이트다. 이들은 동일한 방정식을 사용하지만 W_i, U_i, W_f, U_f 및 W_o, U_o라는 다른 매개변수 행렬을 사용해 계산된다. Sigmoid 함수는 0과 1 사이에서 이들 게이트의 출력을 변조하므로, 생성된 출력 벡터는 다른 벡터와 요소별로 곱해 두 번째 벡터가 첫 번째 벡터를 통과할 수 있는 양을 정의할 수 있다.

포겟 게이트는 이전 상태 h_{t-1} 중 얼마를 통과시킬 것인지 정의한다. 입력 게이트는 현재 입력 x_t에 대해 새로 계산된 상태 중 얼마를 통과시킬 것인지 정의하고 출력 게이트는 다음 계층에 노출할 내부 상태의 양을 정의한다. 내부 은닉 상태 g는 현재 입력 x_t와 이전 은닉 상태 h_{t-1}에 기반해 계산된다. g의 등식은 SimpleRNN의 등식과 동일하지만 이 경우에는 입력 벡터 i의 출력으로 출력을 변조한다는 점에 유의하자.

i, f, o, g가 주어지면, 이제 시간 t에서 셀 상태 c_t는, 시간 (t-1)의 셀 상태 c_{t-1}에 포겟 게이트 g의 값을 곱한 다음 상태 g를 입력 게이트 i에 곱한 값과 더하면 구할 수 있다. 이것은 기본적으로 이전 메모리와 새 입력을 결합하는 방법이다. 포겟 게이트를 0으로 설정하면 이전 메모리는 무시되고 입력 게이트를 0으로 설정하면 새로 계산된 상태는 무시된다. 마지막으로, 시간 t에서의 은닉 상태 h_t는 출력 게이트 o와 시간 t에서의 메모리 c_t로 계산된다.

한 가지 알아둬야 할 사항은 LSTM은 SimpleRNN 셀의 드롭-인 대체라는 점이다. 유일한 차이점은 LSTM은 사라지는 그래디언트 문제에 대한 내성이 있다는 사실이다. 부작용 걱정 없이 신경망의 RNN 셀을 LSTM으로 대체가 가능하다. 훈련 시간이 길수록 일반적으로 더 나은 결과를 볼 수 있다.

TensorFlow 2.0은 시[Shi]와 연구진의 논문[18]을 기반으로 한 ConvLSTM2D 구현을 제공하는데, 행렬 곱셈이 컨볼루션 연산으로 대체됐다.

LSTM에 대한 자세한 내용은 WildML RNN 튜토리얼[15]과 크리스토퍼 오라[Christopher Olah]의 블로그 게시물[16]을 참고하라. 전자는 LSTM을 좀 더 자세히 다루고 있고, 후자는 계산을 단계별로 매우 시각적으로 보여준다.

LTSM을 살펴봤으니 이제 다른 인기 있는 RNN 셀 아키텍처인 GRU를 보자.

GRU

GRU는 LSTM의 변형이며 초와 연구진[Cho et al.][17]에 의해 소개됐다. GRU는 사라지는 그래디언트 문제에 대해 LSTM이 가진 저항성을 유지하면서도 내부 구조는 더 단순하므로 은닉 상태의 갱신을 위한 계산량이 더 적으므로 훈련이 더 빠르다.

LSTM 셀에서의 입력(i), 포겟(f)과 출력(o) 게이트 대신, GRU 셀에는 갱신 게이트 z와 리셋 게이트 r의 2개의 게이트가 있다. 갱신 게이트는 유지할 이전 메모리 양을 정의하고 리셋 게이트는 새 입력을 이전 메모리와 결합하는 방법을 정의한다. LSTM에서처럼 은닉 상태와 구별되는 지속적인 셀 상태는 없다.

GRU 셀은 다음 연립방정식을 이용해 이전 시간 단계에서의 은닉 상태 h_{t-1}로부터 시간 t에서의 은닉 상태 h_t의 계산을 정의한다.

$$
\begin{aligned}
z &= \sigma(W_z h_{t-1} + U_z x_t) \\
r &= \sigma(W_r h_{t-1} + U_r x_t) \\
c &= \tanh(W_c(h_{t-1} * r) + U_c x_t) \\
h_t &= (z * c) + ((1 - z) * h_{t-1})
\end{aligned}
$$

갱신 게이트 z와 리셋 게이트 r의 출력은 모두 이전의 은닉 상태 h_{t-1}과 현재 입력 x_t의 조합을 사용해 계산된다. Sigmoid 함수는 이러한 함수의 출력을 0과 1 사이에서 변조한다. 셀 상태 c는 리셋 게이트 r의 출력과 입력 x_t의 함수로 계산된다. 마지막으로, 시간 t에서의 은닉 상태 h_t는 셀 상태 c와 이전의 은닉 상태 h_{t-1}의 함수로 계산된다. 매개변수 W_z, U_z, W_r, U_r W_c, U_c는 훈련 중에 학습된다.

LSTM과 마찬가지로 TensorFlow 2.0(tf.keras)은 기본 GRU 계층에 대한 구현도 제공하는데 이는 RNN 셀의 드롭-인 대체다.

핍홀 LSTM

핍홀[Peephole] LSTM은 거스[Gers]와 슈미트후버[Schmidhuber]가 처음 제안한 LSTM 변형이다[19]. 입력, 포겟과 출력 게이트에 "엿보기 구멍[Peephole]"을 추가해 이전 셀 상태 c_{t-1}을 확인할 수 있다. 핍홀 LSTM에서 이전 시간 단계의 은닉 상태 h_{t-1}로부터 시간 t의 은닉 상태 h_t를 계산하기 위한 방정식이 다음에 나타나 있다.

LSTM의 방정식과 다른 유일한 점은 입력(i), 포겟(f), 출력(o) 게이트의 출력을 계산할 추가항 c_{t-1}이다.

$$
\begin{aligned}
i &= \sigma(W_i h_{t-1} + U_i x_t + V_i c_{t-1}) \\
f &= \sigma(W_f h_{t-1} + U_f x_t + V_f c_{t-1}) \\
o &= \sigma(W_o h_{t-1} + U_o x_t + V_o c_{t-1}) \\
g &= \tanh W_g h_{t-1} + U_g x_t \\
c_t &= (f * c_{t-1}) + (g * i) \\
h_t &= \tanh(c_t) * o
\end{aligned}
$$

TensorFlow 2.0에는 핍홀 LSTM 셀의 실험적 구현이 제공된다. 이를 자신의 RNN 계층에서 사용하려면 다음 코드에 나타난 대로 RNN 랩퍼에서 셀(또는 셀 목록)을 래핑해야 한다.

```
hidden_dim = 256
peephole_cell = tf.keras.experimental.PeepholeLSTMCell(hidden_dim)
rnn_layer = tf.keras.layers.RNN(peephole_cell)
```

이전 절에서, 기본 RNN 셀이 가진 특정한 부적합 부분 해결을 목표로 개발된 일부 RNN 셀의 변형을 봤다. 다음 절에서는 특정 사용례를 해결하기 위해 구축된 RNN 신경망 자체의 아키텍처 변형을 살펴보자.

RNN 변형

이 절에서는 특정 상황에서 성능 향상을 제공할 수 있는 기본 RNN 아키텍처의 몇 가지 변형을 살펴본다. 이러한 전략은 다른 종류의 RNN 셀과 다른 RNN 위상에도 적용할 수 있다는 점에 주목하자.

양방향 RNN

지금까지 주어진 시간 단계 t에서 RNN의 출력이 이전의 모든 시간 단계의 출력에 어떻게 종속되는지 알아봤다. 그러나 결과물이 미래의 출력에도 종속될 수도 있다. 특히 자연어 처리와 같은 응용 분야에서는 예측하려는 단어나 구의 특성이 이전 단어뿐만 아니라 전체 문장의 맥락에 의존할 수 있다. 즉, 해당 단어나 구를 둘러싼 전체 문장이 주는 맥락에 따라 달라질 수 있다.

이 문제는 양방향 LSTM을 사용하면 해결할 수 있다. 양방향 LSTM은 본질적으로 2개의 RNN을 서로의 위에 쌓은 것인데, 하나는 왼쪽에서 오른쪽으로 입력을 읽고, 다른 하나는 오른쪽에서 왼쪽으로 입력을 읽는다.

각 시간 단계의 출력은 두 RNN의 은닉 상태를 기반으로 한다. 양방향 RNN을 사용하면 신경망이 시퀀스의 시작과 끝을 동일하게 강조할 수 있으므로 일반적으로 성능이 향상된다.

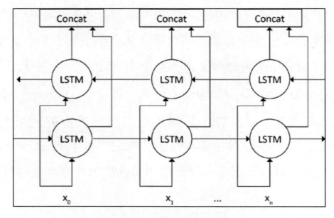

그림 5.4 양방향 LSTM

TensorFlow 2.0은 양방향 래퍼 계층을 통해 양방향 RNN을 지원한다. RNN 계층을 양방향으로 만들려면 다음과 같은 래퍼 계층으로 계층을 래핑하면 된다. biLSTM 쌍의 왼쪽과 오른쪽에 있는 각 셀의 쌍의 출력은 연결돼 있으므로(그림 5.4 참조), 각 셀로부터 출력을 반환해야만 한다. 따라서 return_sequences를 True로 설정한다(디폴트는 False인데, 출력이 오직 LSTM의 마지막 셀에서만 반환된다는 의미다).

```python
self.lstm = tf.keras.layers.Bidirectional(
    tf.keras.layers.LSTM(10, return_sequences=True,
        input_shape=(5, 10))
)
```

다음에 살펴볼 주요 RNN 변형은 상태 저장 RNN이다.

상태 저장 RNN

RNN도 상태 저장stateful이 될 수 있다. 즉, 훈련하는 동안 여러 배치에서 상태를 유지할 수 있다. 즉, 하나의 훈련 데이터 배치에서 계산된 은닉 상태가 다음 배치의 훈련 데이터에 대한 초기 은닉 상태로 사용된다. 그러나 TensorFlow 2.0(tf.keras) RNN의 기본 설정은 상태 비저장stateless이어서 각 배치 후 상태를 재설정하므로 이를 명시적으로 설정해줘야 한다. RNN을 상태 저장으로 설정한다는 것은 훈련 시퀀스에서 상태를 구축하고 예측을 수행할 때도 해당 상태를 유지할 수 있음을 의미한다.

상태 저장 RNN 사용의 이점은 신경망의 크기가 작거나 훈련 시간이 짧다는 것이다. 단점은 데이터의 주기성을 반영하는 배치 크기로 신경망을 훈련하고 각 에폭 후 상태를 재설정해야 한다는 것이다. 또한 데이터가 표시되는 순서가 상태 저장신경망과 관련이 있으므로 망을 훈련하는 동안 데이터를 섞으면shuffle 안 된다.

RNN 계층을 상태 저장으로 설정하려면 상태 저장에 해당하는 변수를 True로 설정하라. 여기서 텍스트 생성 학습을 위한 일-대-다one-to-many 위상에서는 상태 저장 RNN을 사용하는 예를 보여준다. 여기서는 인접한 텍스트 슬라이스로 구성된 데이터를 사용해 학습하므로 LSTM을 상태 저장으로 설정하면 이전 텍스트 청크에서 생성된 은닉 상태가 현재 텍스트 청크에 재사용된다는 의미가 된다.

RNN 위상에 대한 다음 절에서는 다양한 사용례에 맞게 RNN 신경망을 설정하는 다양한 방법을 살펴보자.

RNN 위상들

앞서 보다 복잡한 네트워크를 형성하기 위해 MLP 및 CNN 아키텍처를 구성하는 방법에 대한 예를 살펴봤다. RNN은 시퀀스 입력과 출력이 가능케 한다는 점에서 또다른 자유도를 제공한다. 이는 RNN 셀을 다른 방식으로 배열해 다른 유형의 문제를 해결하도록 적용된 신경망을 구축할 수 있다는 것을 의미한다. 그림 5.5는 서로다른 다섯 가지 구성의 입력, 은닉층 및 출력을 보여준다.

이 가운데 첫 번째(일대일)는 시퀀스 처리 관점에서는 그다지 흥미롭지 않다. 하나의 입력과 하나의 출력으로 된 간단한 밀집 네트워크로도 구현할 수 있기 때문이다.

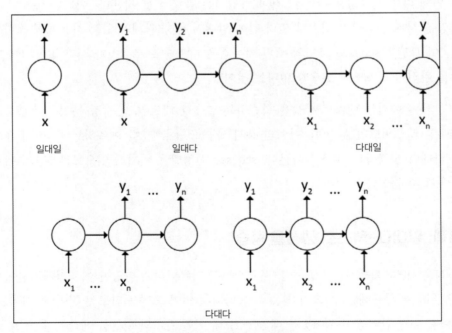

그림 5.5 일반적 RNN 위상들

일-대-다의 경우는 단일 입력에 대해 시퀀스를 출력한다. 이러한 신경망의 예는 이미지로부터 텍스트 태그를 생성하는 것으로서 이미지의 여러 측면에 관한 간단한 텍스트 설명을 포함한다. 이러한 신경망은 이미지 입력과 이미지 태그를 나타내는 레이블된 텍스트 시퀀스로 훈련된다.

다-대-일 사례는 그 반대다. 텐서의 시퀀스가 입력이지만 출력은 단일 텐서다. 이러한 신경망의 예는 감정 분석 네트워크[7]인데, 이는 영화 리뷰와 같은 텍스트 블록을 입력으로 받아 단일 감정 값을 출력한다.

다-대-다 사용례는 두 가지 방식으로 제공된다. 첫 번째는 좀 더 보편적인 방식이며 seq2seq 모델로 더 잘 알려져 있다. 모델에서는 시퀀스를 읽고, 이 입력 시퀀스를 나타내는 문맥 벡터를 생성한다. 이 시퀀스는 출력 시퀀스를 생성하는 데 사용된다.

위상은 기계 번역 분야에서 큰 성공을 거뒀으며 기계 번역 문제로 재구성할 수 있는 문제에도 성공적이었다. 전자의 실사례는 [8, 9]에서 찾을 수 있으며 후자의 예는 [10]에 설명돼 있다.

두 번째 다대다 유형은 각 입력 셀에 해당하는 출력 셀을 갖는다. 이러한 종류의 신경망은 시계열과 같이 입력과 출력 간에 일대일 대응 관계가 있는 사용례에 적합하다. 이 모델과 seq2seq 모델의 주된 차이점은 디코딩 프로세스가 시작되기 전에 입력을 완전히 인코딩할 필요가 없다는 것이다.

다음 세 절에서는 텍스트 생성을 학습하는 일대다 네트워크, 감정 분석을 수행하는 다대일 네트워크와 문장 내 단어의 품사POS, Part Of Speech를 예측하는 두 번째 유형의 다대다 신경망의 예를 알아본다. seq2seq 신경망은 인기가 있으므로 5장의 뒷부분에서 자세히 다룰 것이다.

예제: 일대다-텍스트 생성을 학습

RNN은 **자연어 처리**NLP, National Language Processing 커뮤니티의 다양한 애플리케이션에서 광범위하게 사용해왔다. 그러한 응용 중 하나는 언어 모델을 만드는 것이다. 언어 모델이란 이전 단어들이 주어졌을 때 텍스트 내 어떤 단어의 확률을 예측할 수 있는 모델이다. 언어 모델은 기계 번역, 철자 수정 등과 같은 다양한 고급 작업에 중요하다.

시퀀스에서 다음 단어를 예측할 수 있는 언어 모델의 능력이 있다면, 어휘에서 다른 단어의 출력 확률을 샘플링해 텍스트를 생성할 수 있게 되는 생성 모델을 만들 수 있게 된다. 훈련 데이터는 단어의 시퀀스이며, 레이블은 시퀀스상 다음 시간 단계에서 나타나는 단어다.

여기의 예제에서는, 루이스 캐롤Lewis Carroll의 어린이 소설『이상한 나라의 앨리스Alice in Wonderland』와 그 속편인『거울 나라의 앨리스Through the Looking Glass』의 텍스트에 기반한 문자-기반 RNN을 훈련시킬 것이다. 여기서는 작은 어휘로도 더 빨리 훈련할 수 있는 특성 때문에 캐릭터 기반 모델을 구축하기로 결정했다. 이 아이디어는 단어 대신 문자를 사용한다는 점을 제외하면 단어 기반 언어 모델 훈련과 동일하다. 훈련이 완료되면 모델을 사용해 동일한 스타일의 텍스트를 일부 생성할 수 있다.

예에 대한 데이터는 Project Gutenberg 웹사이트[36]에 있는 두 소설의 평문 텍스트다. 망의 입력은 100자의 글자 시퀀스이며, 해당 출력은 100자의 또 다른 시퀀스로, 1 위치만큼 오프셋된다.

즉, 입력이 시퀀스 $[c_1, c_2, ..., c_n]$이면 출력은 $[c_2, c_3, ..., c_{n+1}]$이 된다. 50에폭만큼 신경망을 훈련시키고 매 10에폭이 끝날 때마다 표준 접두어로 시작하는 고정 크기의 문자 시퀀스를 생성한다. 다음 예에서는 소설 속 주인공의 이름인 "앨리스Alice"라는 접두사를 사용했다.

항상 그렇듯이 먼저 필요한 라이브러리를 임포트하고 일부 상수를 설정한다. 여기서 DATA_DIR은 5장의 소스 코드를 다운로드한 위치 아래의 데이터 폴더를 가리킨다. CHECKPOINT_DIR은 데이터 폴더 아래의 체크포인트 위치로, 10개의 에폭이 끝날 때마다 모델의 가중치를 저장한다.

```python
import os
import numpy as np
import re
import shutil
import tensorflow as tf
```

```
DATA_DIR = "./data"
CHECKPOINT_DIR = os.path.join(DATA_DIR, "checkpoints")
```

다음으로 신경망에서 사용할 데이터를 다운로드하고 준비한다. 두 책의 본문은
Project Gutenberg 웹사이트에서 공개적으로 구할 수 있다. tf.keras.utils.get_file()
함수는 파일이 이미 지역 드라이브로 다운로드됐는지 확인하고, 그렇지 않은 경우
코드 위치 아래의 datasets 폴더로 다운로드한다. 또한 여기에서는 입력을 약간 전처
리해 텍스트에서 줄바꿈 및 바이트 순서 표시 문자를 제거한다. 이 단계는 이 책에
대한 문자 목록인 texts 변수를 만든다.

```
def download_and_read(urls):
    texts = []
    for i, url in enumerate(urls):
        p = tf.keras.utils.get_file("ex1-{:d}.txt".format(i), url,
            cache_dir=".")
        text = open(p, "r").read()
        # 바이트 순서 표시 제거
        text = text.replace("\ufeff", "")
        # 줄바꿈 문자 표시 제거
        text = text.replace('\n', ' ')
        text = re.sub(r'\s+', " ", text)
        # 리스트에 추가
        texts.extend(text)
    return texts
texts = download_and_read([
    "http://www.gutenberg.org/cache/epub/28885/pg28885.txt",
    "https://www.gutenberg.org/files/12/12-0.txt"
])
```

다음은 어휘를 만든다. 이 경우 어휘에는 대문자와 소문자 알파벳, 숫자 및 특수 문
자로 구성된 90개의 고유한 문자가 포함된다. 또한 각 어휘 문자를 고유한 정수 또
는 그 반대로 변환하기 위해 일부 매핑 사전을 작성한다. 앞에서 언급했듯이 신경망
의 입력 및 출력은 문자 시퀀스다. 그러나 신경망의 실제 입출력은 정수 시퀀스이며,
다음과 같은 매핑 사전을 사용해 이 변환을 처리한다.

```
# 어휘 생성
vocab = sorted(set(texts))
print("vocab size: {:d}".format(len(vocab)))
# 어휘 문자에서 정수로 매핑 생성
char2idx = {c:i for i, c in enumerate(vocab)}
idx2char = {i:c for c, i in char2idx.items()}
```

다음 단계는 이러한 매핑 사전을 사용해 문자 시퀀스 입력을 정수 시퀀스로 변환한 다음 TensorFlow 데이터셋으로 변환하는 것이다. 각 시퀀스의 길이는 100자이며 출력은 입력에서 1자 위치만큼 오프셋된다. 먼저 데이터셋을 101문자 조각으로 배치한 다음 split_train_labels() 함수를 데이터셋의 모든 요소에 적용해 시퀀스 데이터셋을 만든다. 이는 두 요소의 튜플 데이터셋이며 튜플의 각 요소는 크기 100이고 형식이 tf.int64인 벡터다. 그런 다음 이러한 시퀀스들을 섞고, 네트워크의 각 입력에 대해 64개의 튜플로 구성된 배치를 생성한다. 이제 데이터셋의 각 요소는 (64, 100) 크기의 2개의 행렬로 이뤄진 tf.int64 형식의 튜플이다.

```
# 텍스트를 수치화
texts_as_ints = np.array([char2idx[c] for c in texts])
data = tf.data.Dataset.from_tensor_slices(texts_as_ints)
# 예측하기 전에 보여줄 문자 개수
# sequences: [None, 100]
seq_length = 100
sequences = data.batch(seq_length + 1, drop_remainder=True)
def split_train_labels(sequence):
    input_seq = sequence[0:-1]
    output_seq = sequence[1:]
    return input_seq, output_seq
sequences = sequences.map(split_train_labels)
# 훈련을 위한 설정
# 배치: [None, 64, 100]
batch_size = 64
steps_per_epoch = len(texts) // seq_length // batch_size
dataset = sequences.shuffle(10000).batch(
    batch_size, drop_remainder=True)
```

이제 신경망을 정의할 준비가 됐다. 이전과 같이 망을 다음과 같이 tf.keras.Model의 하위 클래스로 정의한다. 망은 아주 간단하다. 크기가 100인 정수(num_timesteps)의 시퀀스를 입력으로 취해 Embedding 계층을 통해 전달해 시퀀스의 각 정수가 256 크기의 벡터(embedding_dim)로 변환되도록 한다. 따라서 배치 크기가 64라고 가정하면 입력 시퀀스 크기 (64, 100)의 임베딩 계층 출력은 (64, 100, 256) 형태의 행렬이다.

다음 계층은 100개의 시간 단계를 가진 RNN 계층이다. 선택된 RNN의 구현 방식은 GRU이다. 이 GRU 계층은 각각의 시간 단계에서 크기 (256,)인 벡터를 취하고 (1024,) 형태의 벡터 (rnn_output_dim)을 출력한다. RNN은 상태 저장[stateful]이라는 점에 유의하라. 즉, 이전 훈련 에폭에서의 은닉 상태 출력이 현재 에폭에 대한 입력으로 사용된다. return_sequence=True 플래그는 또한 RNN이 마지막 시간 단계의 집계 출력이 아니라 각 시간 단계에서 출력됨을 나타낸다.

마지막으로, 각 시간 단계는 (1024,) 형태의 벡터를 밀집 계층으로 방출해 형태가 (90,)인 벡터(vocab_size)를 출력한다. 이 계층의 출력은 모양이 (64, 100, 90)인 텐서가 된다. 출력 벡터의 각 위치는 어휘의 문자에 해당하며 값은 해당 출력 위치에서 해당 문자가 발생할 확률에 해당한다.

```python
class CharGenModel(tf.keras.Model):
    def __init__(self, vocab_size, num_timesteps,
            embedding_dim, **kwargs):
        super(CharGenModel, self).__init__(**kwargs)
        self.embedding_layer = tf.keras.layers.Embedding(
            vocab_size,
            embedding_dim
        )
        self.rnn_layer = tf.keras.layers.GRU(
            num_timesteps,
            recurrent_initializer="glorot_uniform",
            recurrent_activation="sigmoid",
            stateful=True,
            return_sequences=True)
        self.dense_layer = tf.keras.layers.Dense(vocab_size)
    def call(self, x):
        x = self.embedding_layer(x)
        x = self.rnn_layer(x)
```

```
        x = self.dense_layer(x)
        return x
vocab_size = len(vocab)
embedding_dim = 256

model = CharGenModel(vocab_size, seq_length, embedding_dim,
model.build(input_shape=(batch_size, seq_length))
```

다음으로 손실함수를 정의하고 모델을 컴파일한다. 여기서는 희소 범주형 교차엔트 로피를 손실함수로 사용하는데, 그 이유는 입력과 출력이 정수 시퀀스일 때 사용되 는 표준 손실함수이기 때문이다. 최적기로는 Adam을 선택한다.

```
def loss(labels, predictions):
    return tf.losses.sparse_categorical_crossentropy(
        labels,
        predictions,
        from_logits=True
    )
model.compile(optimizer=tf.optimizers.Adam(), loss=loss)
```

일반적으로 출력의 각 위치에 있는 문자는 해당 위치 벡터의 argmax, 즉 최대 확률 값에 해당하는 문자를 계산하면 찾을 수 있다. 이 방법을 그리디 검색greedy search이라 고 한다. 어느 시간 단계의 출력이 다음 시간 단계의 입력이 되는 언어 모델의 경우 에는 반복적인 출력으로 이어질 수 있다. 이 문제를 극복하기 위한 가장 일반적인 두 가지 접근법은 출력을 무작위로 샘플링하거나 빔beam 검색을 사용하는 것이다. 빔 검색은 각 시간 단계에서 가장 가능한 k개 값에서 샘플링한다. 여기서는 tf.random. categorical() 함수를 사용해 출력을 무작위로 샘플링한다. 다음 함수는 문자열을 접 두어로 사용해 num_chars_to_generate로 지정한 길이의 문자열을 생성하는 데 사용 한다. temperature 매개변수는 예측의 품질을 제어하는 데 사용한다. 값이 낮을수록 더욱 예측 가능한 출력이 생성된다.

그 논리는 예측 가능한 패턴을 따른다. prefix_string의 문자 시퀀스를 정수 시퀀스 로 변환한 다음 expand_dims를 사용해 배치 차원을 추가해 입력을 모델에 전달할 수 있다. 그런 다음 모델 상태를 재설정한다. 이 작업은 모델이 상태 저장stateful이기 때문에 필요하며, 예측 실행의 첫 번째 시간 단계에 대한 은닉 상태가 훈련 중에 계산된 것으로부터 넘어오는 것을 원하지 않는다. 그런 다음 모델을 통해 입력을 실행하고 예측 결과를 다시 얻는다. 이것은 다음 시간 단계에 나타나는 어휘에서 각 문자의 확률을 나타내는 모양이 (90,)인 벡터다. 그런 다음 배치 차원을 제거하고 temperature로 나눈 다음 벡터에서 임의로 샘플링해 예측의 형태를 변경한다. 그런 다음 예측을 다음 시간 단계의 입력으로 설정한다. 생성해야 할 문자 수만큼 이 과정을 반복한다. 각 예측을 문자 형식으로 변환하고 목록에 누적한 다음 루프 마지막에 목록을 반환한다.

```python
def generate_text(model, prefix_string, char2idx, idx2char,
        num_chars_to_generate=1000, temperature=1.0):
    input = [char2idx[s] for s in prefix_string]
    input = tf.expand_dims(input, 0)
    text_generated = []
    model.reset_states()
    for i in range(num_chars_to_generate):
        preds = model(input)
        preds = tf.squeeze(preds, 0) / temperature
        # 모델이 반환한 문자 예측
        pred_id = tf.random.categorical(
            preds, num_samples=1)[-1, 0].numpy()
        text_generated.append(idx2char[pred_id])
        # 예측을 모델의 다음 입력으로 전달
        input = tf.expand_dims([pred_id], 0)
    return prefix_string + "".join(text_generated)
```

드디어 훈련과 평가 루프를 실행할 준비가 됐다. 앞에서 언급했듯이 50에폭 동안 신경망을 훈련시키고 10에폭 간격마다 지금까지 훈련된 모델로 텍스트를 생성하려 시도한다. 각 단계의 접두사는 문자열 "Alice"이다. 단일 문자열 접두사를 수용하기 위해 매 10에폭마다 가중치를 저장하고 이 가중치로 별도의 생성기를 구축하지만 이 경우는 입력 형태가 배치 크기가 1이다. 작업 수행을 위한 코드는 다음과 같다.

```python
num_epochs = 50
for i in range(num_epochs // 10):
    model.fit(
```

```
        dataset.repeat(),
        epochs=10,
        steps_per_epoch=steps_per_epoch
        # callbacks=[checkpoint_callback, tensorboard_callback]
    )
    checkpoint_file = os.path.join(
        CHECKPOINT_DIR, "model_epoch_{:d}".format(i+1))
    model.save_weights(checkpoint_file)
    # 지금까지 훈련된 모델을 사용해 생성 모델 구축
    gen_model = CharGenModel(vocab_size, seq_length, embedding_dim)
    gen_model.load_weights(checkpoint_file)
    gen_model.build(input_shape=(1, seq_length))
    print("after epoch: {:d}".format(i+1)*10)
    print(generate_text(gen_model, "Alice ", char2idx, idx2char))
    print("---")
```

훈련 첫 에폭 다음의 출력에는 도저히 이해할 수 없는 단어들이 담겨 있다.

```
Alice nIPJtce otaishein r. henipt il nn tu t hen mlPde hc efa
hdtioDDeteeybeaewI teu"t e9B ce nd ageiw  eai rdoCr ohrSI ey Pmtte:vh ndte
taudhor0-gu s5'ria,tr gn inoo luwomg Omke dee sdoohdn ggtdhiAoyaphotd t- kta e
c t- taLurtn  hiisd tl'lpei od y' tpacoe dnlhr oG mGhod ut hlhoy .i, sseodli.,
ekngnhe idlue'aa'  ndti-rla nt d'eiAier adwe ai'otteniAidee hy-ouasq"plhgs
tuutandhptiw  oohe.Rastnint:e,o odwsir"omGoeuall1*g taetphhitoge ds wr li,raa,
h$jeuorsu  h cidmdg't ku..n,HnbMAsn nsaathaa,' ase woe  ehf re ig"hTr ddloese
eod,aed toe rh k. nalf bte seyr udG n,ug lei hn icuimty"onw Qee ivtsae zdrye
g eut rthrer n sd,Zhqehd' sr caseruhel are fd yse e  kgeiiday odW-ldmkhNw
endeM[harlhroa h Wydrygslsh EnilDnt e "lue "en wHeslhglidrth"ylds rln n iiato
taue flitl nnyg ittlno re 'el yOkao itswnadoli'.dnd Akib-ehn hftwinh yd ee
tosetf tonne.;egren t wf, ota nfsr, t&he desnre e" oo fnrvnse aid na tesd is
ioneetIf ·itrn tttpakihc s nih'bheY ilenf yoh etdrwdplloU ooaeedo,,dre snno'ofh
o epst. lahehrw
```

그러나 30에폭의 훈련 뒤에는 익숙한 단어들이 보이기 시작한다.

```
Alice Red Queen. He best I had defores it,' glily do flose time it makes the
talking of find a hand mansed in she loweven to the rund not bright prough: the
and she a chill be the sand using that whever sullusn--the dear of asker as
'IS now-- Chich the hood." "Oh!"' '_I'm num about--again was wele after a WAG
LoANDE BITTER OF HSE!0 UUL EXMENN 1*.t, this wouldn't teese to Dumark THEVER
Project Gutenberg-tmy of himid out flowal woulld: 'Nis song, Eftrin in pully be
besoniokinote. "Com, contimemustion--of could you knowfum to hard, she can't
the with talking to alfoeys distrint, for spacemark!' 'You gake to be would
```

```
prescladleding readieve other togrore what it mughturied ford of it was sen!"
You squs, _It I hap: But it was minute to the Kind she notion and teem what?'
said Alice, make there some that in at the shills distringulf out to the Froge,
and very mind to it were it?' the King was set telm, what's the old all reads
talking a minuse. "Where ream put find growned his so," _you 'Fust to t
```

50에폭 동안 훈련한 다음에는 모델이 여전히 일관된 사고를 표현하지 못하고 있지만, 철자법은 상당히 잘 학습했다. 여기서 놀라운 것은 모델이 문자-기반이므로 단어에 대한 지식이 없다는 점이다. 그러나 마치 원문에서 온 것처럼 보이는 단어 철자법을 학습했다.

```
Alice Vex her," he prope of the very managed by this thill deceed. I will ear
she a much daid. "I sha?' Nets: "Woll, I should shutpelf, and now and then,
cried, How them yetains, a tround her about in a shy time, I pashng round the
sandle, droug" shrees went on what he seting that," said Alice. "Was this
will resant again. Alice stook of in a faid.' 'It's ale. So they wentle shall
kneeltie-and which herfer--the about the heald in pum little each the UKECE P@
TTRUST GITE Ever been my hever pertanced to becristrdphariok, and your pringing
that why the King as I to the King remark, but very only all Project Grizly:
thentiused about doment,' Alice with go ould, are wayings for handsn't replied
as mave about to LISTE!' (If the UULE 'TARY-HAVE BUY DIMADEANGNE'G THING NOOT,'
be this plam round an any bar here! No, you're alard to be a good aftered of
the sam--I canon't?" said Alice. 'It's one eye of the olleations. Which saw do
it just opened hardly deat, we hastowe. 'Of coum, is tried try slowing
```

이런 종류의 모델은 단순히 텍스트의 다음 글자나 단어를 생성하는 것 이외의 용도에도 사용할 수 있다. 주가를 예측[3]하거나 클래식 음악을 생성[4]하는 유사한 모델도 구축됐다. 안드레이 카르파시Andrej Karpathy는 블로그 게시물에서 가짜 위키피디아 페이지, 대수 기하학 증명 및 Linux 소스 코드 생성과 같은 몇 가지 다른 재미있는 예를 다루고 있다[5].

이 예제의 전체 코드는 5장의 소스 코드 폴더에 있는 alice_text_generator.py에 있다. 다음 명령을 사용해 명령줄에서 실행할 수 있다.

```
$ python alice_text_generator.py
```

다음 예는 감정 분석을 위한 다대일 신경망의 구현을 보여준다.

예제: 다대일-감정 분석

이 예제에서는 다대일 신경망을 사용해 문장을 입력으로 받은 다음 해당 감정을 양수나 음수로 예측해본다. 데이터셋은 UCI 머신러닝 저장소에 있는 레이블된 문장 집합[20]인데 Amazon, IMDb, Yelp 등에서 구한 3,000여 개의 문장 집합으로서 부정적인 감정을 표현할 경우 0으로 레이블되고 긍정적인 감정을 표현할 경우에는 1로 레이블된다.

늘 그렇듯 이번에도 임포트로 시작하자.

```python
import numpy as np
import os
import shutil
import tensorflow as tf
from sklearn.metrics import accuracy_score, confusion_matrix
```

데이터셋은 zip 파일로 제공된다. 이 zip 파일을 확장하면 각 제공자별로 파일 하나씩 총 3개의 파일이 담긴 폴더가 생성된다. 각 파일의 각 줄에는 하나의 문장과 레이블이 있고 문장과 레이블은 탭 글자로 구분된다. 먼저 zip 파일을 다운로드한 다음 파일을 (문장, 레이블) 쌍으로 파싱한다.

```python
def download_and_read(url):
    local_file = url.split('/')[-1]
    local_file = local_file.replace("%20", " ")
    p = tf.keras.utils.get_file(local_file, url,
        extract=True, cache_dir=".")
    local_folder = os.path.join("datasets", local_file.split('.')[0])
    labeled_sentences = []
    for labeled_filename in os.listdir(local_folder):
        if labeled_filename.endswith("_labelled.txt"):
            with open(os.path.join(
                    local_folder, labeled_filename), "r") as f:
                for line in f:
                    sentence, label = line.strip().split('\t')
                    labeled_sentences.append((sentence, label))
    return labeled_sentences
```

```
labeled_sentences = download_and_read(
    "https://archive.ics.uci.edu/ml/machine-learning-databases/" +
    "00331/sentiment%20labelled%20sentences.zip")
sentences = [s for (s, l) in labeled_sentences]
labels = [int(l) for (s, l) in labeled_sentences]
```

여기서의 목표는 입력된 문장에 대해 제공된 레이블에 있는 해당 감정을 예측하는 법을 학습하도록 모델을 훈련시키는 것이다.

각 문장은 단어의 시퀀스다. 그러나 모델에 입력하려면 정수 시퀀스로 변환해야 한다. 시퀀스의 각 정수는 단어를 가리킨다. 말뭉치의 단어를 정수로 매핑한 것을 어휘라고 한다. 따라서 문장을 토큰화하고 어휘를 만들어야 한다.

```
tokenizer = tf.keras.preprocessing.text.Tokenizer()
tokenizer.fit_on_texts(sentences)
vocab_size = len(tokenizer.word_counts)
print("vocabulary size: {:d}".format(vocab_size))
word2idx = tokenizer.word_index
idx2word = {v:k for (k, v) in word2idx.items()}
```

어휘는 5,271개의 고유한 단어로 구성돼 있다. 일부 임곗값보다 적게 등장하는 단어를 삭제하면 크기를 줄일 수 있는데, 이러한 단어는 tokenizer.word_counts 사전에서 찾을 수 있다. 이러한 경우 UNK(알 수 없음) 항목의 어휘 크기에 1을 더해야 한다. 이 단어는 어휘에서 찾을 수 없는 모든 단어를 대체하는 데 사용된다.

또한 단어에서 단어 인덱스로 또는 그 반대로 변환할 사전을 구성한다. 첫 번째 사전은 신경망에 공급할 정수 시퀀스를 구성하기 위해 훈련 중에 유용하다. 두 번째 사전은 나중에 예측 코드에서 단어 인덱스로부터 다시금 단어로 변환하는 데 사용된다.

각 문장은 당연히 서로 다른 개수의 단어를 가질 수 있지만 우리의 모델은 각 문장마다 같은 길이의 정수 시퀀스를 제공해야 한다. 이 요구 사항을 지키기 위해 대개 훈련 집합의 대부분 문장을 수용할 수 있을 만큼 긴 최대 시퀀스 길이를 선택한다. 이보다 더 짧은 문장은 0으로 채워지고 더 긴 문장은 잘린다. 적절한 최대 시퀀스 길이를 쉽게 선택하는 방법은 다른 백분위수 위치에서 문장 길이(단어 개수)를 살펴보

```
```

는 것이다.

```
seq_lengths = np.array([len(s.split()) for s in sentences])
print([(p, np.percentile(seq_lengths, p)) for p
    in [75, 80, 90, 95, 99, 100]])
```

이를 통해 다음 결과를 얻는다.

```
[(75, 16.0), (80, 18.0), (90, 22.0), (95, 26.0), (99, 36.0), (100, 71.0)]
```

결과에서 알 수 있듯 최대 문장 길이는 71단어이지만 문장의 99%는 36단어 미만이다. 예를 들어 64라는 값을 선택한다면 대부분의 문장을 자를 필요 없다.

앞의 코드 블록은 대화식으로 여러 번 실행돼 각각 어휘 크기와 최대 시퀀스 길이로 사용하기에 좋은 값을 선택할 수 있다. 이 예에서는 모든 단어(따라서 vocab_size = 5271)를 유지하기로 정했으며, 거기에 따라 max_seqlen은 64로 설정했다.

다음 단계는 모델이 사용할 수 있는 데이터셋을 만드는 것이다. 먼저 훈련된 토크나이저를 사용해 각 문장을 단어 시퀀스(sentences)에서 정수 시퀀스(sentences_as_ints)로 변환한다. 여기서 각 해당 정수는 tokenizer.word_index에 있는 단어의 인덱스다. 그런 다음 잘리고 0으로 채워진다.

레이블은 또한 NumPy 배열 labels_as_int로 변환되며 마지막으로 텐서 TeachFlows_as_ints와 labels_as_ints를 결합해 TensorFlow 데이터셋을 형성한다.

```
max_seqlen = 64
# 데이터셋 생성
sentences_as_ints = tokenizer.texts_to_sequences(sentences)
sentences_as_ints = tf.keras.preprocessing.sequence.pad_sequences(
    sentences_as_ints, maxlen=max_seqlen)
labels_as_ints = np.array(labels)
dataset = tf.data.Dataset.from_tensor_slices(
    (sentences_as_ints, labels_as_ints))
```

데이터셋의 1/3은 평가용으로 남겨두려 한다. 나머지 데이터 중 10%는 모델이 훈련 중 자체 진행 상황을 측정하는 데 사용할 인라인 검증 데이터셋으로 사용하고 나머지는 훈련 데이터셋으로 사용한다. 마지막으로, 각 데이터셋에 대해 64문장의 배치를 만든다.

```
dataset = dataset.shuffle(10000)
test_size = len(sentences) // 3
val_size = (len(sentences) - test_size) // 10
test_dataset = dataset.take(test_size)
val_dataset = dataset.skip(test_size).take(val_size)
train_dataset = dataset.skip(test_size + val_size)
batch_size = 64
train_dataset = train_dataset.batch(batch_size)
val_dataset = val_dataset.batch(batch_size)
test_dataset = test_dataset.batch(batch_size)
```

다음으로 모델을 정의한다. 보다시피, 모델은 매우 간단하며 각 입력 문장은 max_seqlen (64) 크기의 정수 시퀀스다. 이는 Embedding 계층에 입력돼 각 단어를 어휘 + 1 크기의 벡터로 변환한다. 추가적인 단어는 위의 pad_sequences() 호출 중에 도입된 패딩 정수 0을 고려한 것이다. 각 64개의 시간 단계의 벡터는 그 다음 양방향 LSTM 계층으로 공급되며, 이는 각 단어를 크기 (64,)의 벡터로 변환한다. 각 시간 단계에서의 LSTM의 출력은 밀집 계층으로 공급되며 이는 ReLU 활성화와 함께 크기 64인 벡터를 생성한다. 이 밀집 계층의 출력은 다른 밀집 계층으로 공급되며, 이는 각 시간 단계에서 (1,) 형태의 벡터를 출력하고 Sigmoid 활성화를 통해 변조된다.

모델은 이진 교차엔트로피 손실함수와 Adam 최적기를 사용해 컴파일되고 10에폭 동안 훈련된다.

```
class SentimentAnalysisModel(tf.keras.Model):
    def __init__(self, vocab_size, max_seqlen, **kwargs):
        super(SentimentAnalysisModel, self).__init__(**kwargs)
        self.embedding = tf.keras.layers.Embedding(
            vocab_size, max_seqlen)
        self.bilstm = tf.keras.layers.Bidirectional(
            tf.keras.layers.LSTM(max_seqlen)
        )
```

```python
        self.dense = tf.keras.layers.Dense(64, activation="relu")
        self.out = tf.keras.layers.Dense(1, activation="sigmoid")
    def call(self, x):
        x = self.embedding(x)
        x = self.bilstm(x)
        x = self.dense(x)
        x = self.out(x)
        return x
model = SentimentAnalysisModel(vocab_size+1, max_seqlen)
model.build(input_shape=(batch_size, max_seqlen))
model.summary()
# 컴파일
model.compile(
    loss="binary_crossentropy",
    optimizer="adam",
    metrics=["accuracy"]
)
# 훈련
data_dir = "./data"
logs_dir = os.path.join("./logs")
best_model_file = os.path.join(data_dir, "best_model.h5")
checkpoint = tf.keras.callbacks.ModelCheckpoint(best_model_file,
    save_weights_only=True,
    save_best_only=True)
tensorboard = tf.keras.callbacks.TensorBoard(log_dir=logs_dir)
num_epochs = 10
history = model.fit(train_dataset, epochs=num_epochs,
    validation_data=val_dataset,
    callbacks=[checkpoint, tensorboard])
```

출력에서 알 수 있듯이 훈련 집합 정확도는 99.8%로, 최상의 검증 집합 정확도는 약
78.5%이다. 그림 5는 훈련과 검증 데이터셋에 대한 TensorBoard 정확도와 손실을
도식화한 것을 보여준다.

```
Epoch 1/10
29/29 [==============================] - 7s 239ms/step - loss: 0.6918 -
accuracy: 0.5148 - val_loss: 0.6940 - val_accuracy: 0.4750
```

```
Epoch 2/10
29/29 [==============================] - 3s 98ms/step - loss: 0.6382 -
accuracy: 0.5928 - val_loss: 0.6311 - val_accuracy: 0.6000
Epoch 3/10
29/29 [==============================] - 3s 100ms/step - loss: 0.3661 -
accuracy: 0.8250 - val_loss: 0.4894 - val_accuracy: 0.7600
Epoch 4/10
29/29 [==============================] - 3s 99ms/step - loss: 0.1567 -
accuracy: 0.9564 - val_loss: 0.5469 - val_accuracy: 0.7750
Epoch 5/10
29/29 [==============================] - 3s 99ms/step - loss: 0.0768 -
accuracy: 0.9875 - val_loss: 0.6197 - val_accuracy: 0.7450
Epoch 6/10
29/29 [==============================] - 3s 100ms/step - loss: 0.0387 -
accuracy: 0.9937 - val_loss: 0.6529 - val_accuracy: 0.7500
Epoch 7/10
29/29 [==============================] - 3s 99ms/step - loss: 0.0215 -
accuracy: 0.9989 - val_loss: 0.7597 - val_accuracy: 0.7550
Epoch 8/10
29/29 [==============================] - 3s 100ms/step - loss: 0.0196 -
accuracy: 0.9987 - val_loss: 0.6745 - val_accuracy: 0.7450
Epoch 9/10
29/29 [==============================] - 3s 99ms/step - loss: 0.0136 -
accuracy: 0.9962 - val_loss: 0.7770 - val_accuracy: 0.7500
Epoch 10/10
29/29 [==============================] - 3s 99ms/step - loss: 0.0062 -
accuracy: 0.9988 - val_loss: 0.8344 - val_accuracy: 0.7450
```

그림 5.6은 훈련과 검증 데이터셋에 대한 정확도를 TensorBoard 도면으로 보여주고 있다.

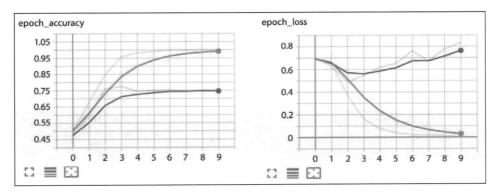

그림 5.6 감정 분석 신경망 훈련의 TensorBoard 정확도와 손실 도식화

체크포인트 콜백은 최소 검증 손실에 근거해 최적 모델을 저장했고 이제 남겨뒀던 테스트 집합을 상대로 평가하기 위해 재로드한다.

```
best_model = SentimentAnalysisModel(vocab_size+1, max_seqlen)
best_model.build(input_shape=(batch_size, max_seqlen))
best_model.load_weights(best_model_file)
best_model.compile(
    loss="binary_crossentropy",
    optimizer="adam",
    metrics=["accuracy"]
)
```

데이터셋에 대해 모델을 평가하는 가장 쉬운 고급 방법은 model.evaluate() 호출을 사용하는 것이다.

```
test_loss, test_acc = best_model.evaluate(test_dataset)
print("test loss: {:.3f}, test accuracy: {:.3f}".format(
    test_loss, test_acc))
```

이는 다음과 같은 출력을 생성한다.

```
test loss: 0.487, test accuracy: 0.782
```

또한 model.predict()를 사용해 예측하고 이를 개별적으로 레이블과 비교하고 외부 툴(예를 들어 scikit-learn)을 사용해 결과를 계산한다.

```
labels, predictions = [], []
idx2word[0] = "PAD"
is_first_batch = True
for test_batch in test_dataset:
    inputs_b, labels_b = test_batch
    pred_batch = best_model.predict(inputs_b)
    predictions.extend([(1 if p > 0.5 else 0) for p in pred_batch])
    labels.extend([l for l in labels_b])
    if is_first_batch:
        # 레이블, 예측, 문장 배치를 프린트
        for rid in range(inputs_b.shape[0]):
```

```
                words = [idx2word[idx] for idx in inputs_b[rid].numpy()]
                words = [w for w in words if w != "PAD"]
                sentence = " ".join(words)
                print("{:d}\t{:d}\t{:s}".format(
                    labels[rid], predictions[rid], sentence))
            is_first_batch = False
    print("accuracy score: {:.3f}".format(accuracy_score(labels, predictions)))
    print("confusion matrix")
    print(confusion_matrix(labels, predictions)
```

테스트 데이터셋에서 문장의 첫 64 배치에 대해 문장을 재구성하고 레이블(첫 번째 열)과 모델 예측(두 번째 열)을 표시한다. 여기에는 상위 10개 문장을 나타냈다. 보다 시피, 모델은 이 목록의 대부분 문장에 대해 정확히 알아냈다.

```
LBL  PRED  SENT
1    1     one of my favorite purchases ever
1    1     works great
1    1     our waiter was very attentive friendly and informative
0    0     defective crap
0    1     and it was way to expensive
0    0     don't waste your money
0    0     friend's pasta also bad he barely touched it
1    1     it's a sad movie but very good
0    0     we recently witnessed her poor quality of management towards other
guests as well
0    1     there is so much good food in vegas that i feel cheated for wasting
an eating opportunity by going to rice and company
```

또한 테스트 데이터셋의 모든 문장에 대한 결과를 살펴보자. 보다시피 테스트 정확도는 평가 호출에서 보고된 것과 동일하다. 또한 혼동 행렬을 생성해 1,000개의 테스트 예제 중 감정 분석 신경망은 782번, 올바르게 782번 그리고 218번 잘못 예측한 것을 보여준다.

```
accuracy score: 0.782
confusion matrix
[[391  97]
 [121 391]]
```

이 예제의 전체 코드는 5장의 소스 코드 폴더에 있는 lstm_sentiment_analysis.py에 있다. 다음 명령을 사용해 명령행에서 실행할 수 있다.

```
$ python lstm_sentiment_analysis.py
```

다음 예제는 영어 텍스트 POS 태깅을 위한 훈련된 다대다 신경망을 설명한다.

예제: 다대다 - POS 태깅

이 예에서는 GRU 계층을 사용해 POS 태깅을 수행하는 신경망을 구축한다. POS는 여러 문장에서 동일한 방식으로 사용되는 단어의 문법적 범주[1]다. POS의 예로는 명사, 동사, 형용사 등이 있다. 예를 들어 명사는 일반적으로 사물을 식별하는 데 사용하고 동사는 사물이 하는 일을 식별하는 데 사용하며 형용사는 이러한 사물의 속성을 설명하는 데 쓴다. POS 태깅은 과거에는 수작업으로 수행했으나, 초기에는 통계적 모델을 통해 그리고 최근에는 콜로버트Collobert 등[21]에서 설명한 것처럼 엔드-투-엔드 방식으로 딥러닝 모델을 사용함으로써 거의 해결한 문제다.

훈련 데이터에는 품사가 태그된 문장이 필요하다. 펜 트리뱅크Penn Treebank[22]는 그러한 데이터셋 중 하나다. 약 450만 단어로 이뤄진, 사람이 주석을 단 미국 영어 말뭉치다. 그러나 이 자료는 무료가 아니다. 이 중 10%의 펜 트리뱅크 샘플이 NLTK[23]의 일부로 무료로 제공되므로, 이를 신경망 훈련에 사용할 것이다.

우리의 모델은 문장에서 단어 시퀀스를 입력으로 받아 각 단어에 해당하는 POS 태그를 출력한다. 따라서 [The, cat, sat, on, the, mat, .]이라는 단어로 구성된 입력 시퀀스의 경우 출력은 [DT, NN, VB, IN, DT, NN, .]과 같은 POS 기호가 된다.

데이터를 얻기 위해서 NLTK 라이브러리가 아직 설치되지 않은 경우라면(NLTK는 Anaconda 배포에 포함돼 있음) NLTK 라이브러리와 10% 트리뱅크 데이터셋(기본적으로 설치되지 않음)을 함께 설치해야 한다. NLTK를 설치하려면 NLTK 설치 페이지[23]

---

1 우리말로는 품사라고 한다. – 옮긴이

의 단계를 따라 수행하라. 트리뱅크 데이터셋을 설치하려면 Python REPL에서 다음을 수행하라.

```
>>> import nltk
>>> nltk.download("treebank")
```

이 작업이 완료되면 신경망을 구축할 수 있다. 평소와 같이 필요한 패키지를 임포트한다.

```python
import numpy as np
import os
import shutil
import tensorflow as tf
```

NLTK 트리뱅크 데이터셋은 필요할 때 병렬 평면 파일을 쌍으로 임포트한다. 파일 하나는 문장을 담고 있고 다른 하나는 해당 POS 시퀀스를 갖고 있다.

```python
def download_and_read(dataset_dir, num_pairs=None):
    sent_filename = os.path.join(dataset_dir, "treebank-sents.txt")
    poss_filename = os.path.join(dataset_dir, "treebank-poss.txt")
    if not(os.path.exists(sent_filename) and os.path.exists(poss_filename)):
        import nltk
        if not os.path.exists(dataset_dir):
            os.makedirs(dataset_dir)
        fsents = open(sent_filename, "w")
        fposs = open(poss_filename, "w")
        sentences = nltk.corpus.treebank.tagged_sents()
        for sent in sentences:
            fsents.write(" ".join([w for w, p in sent]) + "\n")
            fposs.write(" ".join([p for w, p in sent]) + "\n")
        fsents.close()
        fposs.close()
    sents, poss = [], []
    with open(sent_filename, "r") as fsent:
        for idx, line in enumerate(fsent):
            sents.append(line.strip())
            if num_pairs is not None and idx >= num_pairs:
                break
```

```
    with open(poss_filename, "r") as fposs:
        for idx, line in enumerate(fposs):
            poss.append(line.strip())
            if num_pairs is not None and idx >= num_pairs:
                break
    return sents, poss
sents, poss = download_and_read("./datasets")
assert(len(sents) == len(poss))
print("# of records: {:d}".format(len(sents)))
```

데이터셋에는 3,194개의 문장이 있다. 앞의 코드는 문장과 그에 상응하는 태그를 병렬 파일로 저장한다. 즉, treebank-sents.txt 파일의 첫 줄에는 첫 문장이, treebank-poss.txt의 첫 줄에는 문장의 각 해당 품사 태그가 들어 있다. 표 5.1은 이 데이터셋으로부터의 두 문장과 해당 품사 태그를 보여주고 있다.

표 5.1 문장과 해당 품사 태그

문장	품사 태그
Pierre Vinken, 61 years old, will join the board as a nonexecutive director Nov. 29.	NNP NNP , CD NNS JJ , MD VB DT NN IN DT JJ NN NNP CD .
Mr. Vinken is chairman of Elsevier N.V., the Dutch publishing group.	NNP NNP VBZ NN IN NNP NNP , DT NNP VBG NN .

그런 다음 TensorFlow(tf.keras) 토큰나이저를 사용해 문장을 토큰화하고 문장 토큰 목록을 생성한다. 단순히 공간을 분할할 수도 있지만 동일한 인프라를 재사용해 품사를 토큰화한다. 신경망에 대한 각 입력 레코드는 현재 텍스트 토큰의 시퀀스이지만 정수 시퀀스여야 한다. 토큰화 과정 도중 토큰나이저는 어휘의 토큰을 유지하므로, 어휘에서는 토큰에서 정수로 매핑하거나 또 다시 원래로 되돌리는 매핑을 할 수 있다.

2개의 어휘를 살펴야 하는데, 첫째는 문장 모음에 있는 단어 토큰의 어휘이고, 다른 하나는 품사 모음에 있는 POS 태그 어휘다. 다음 코드는 두 모음을 모두 토큰화하고 필요한 매핑 사전을 생성하는 방법을 보여준다.

```
def tokenize_and_build_vocab(texts, vocab_size=None, lower=True):
    if vocab_size is None:
        tokenizer = tf.keras.preprocessing.text.Tokenizer(lower=lower)
    else:
        tokenizer = tf.keras.preprocessing.text.Tokenizer(
            num_words=vocab_size+1, oov_token="UNK", lower=lower)
    tokenizer.fit_on_texts(texts)
    if vocab_size is not None:
        # 추가적 우회 방법 이슈 8092를 참고하라.
        # https://github.com/keras-team/keras/issues/8092
        tokenizer.word_index = {e:i for e, i in
            tokenizer.word_index.items() if
            i <= vocab_size+1 }
    word2idx = tokenizer.word_index
    idx2word = {v:k for k, v in word2idx.items()}
    return word2idx, idx2word, tokenizer
word2idx_s, idx2word_s, tokenizer_s = tokenize_and_build_vocab(
    sents, vocab_size=9000)
word2idx_t, idx2word_t, tokenizer_t = tokenize_and_build_vocab(
    poss, vocab_size=38, lower=False)
source_vocab_size = len(word2idx_s)
target_vocab_size = len(word2idx_t)
print("vocab sizes (source): {:d}, (target): {:d}".format(
    source_vocab_size, target_vocab_size))
```

문장의 토큰 수와 해당 POS 태그 순서는 동일하지만 문장의 길이는 달라진다. 망은 동일한 입력 길이를 기대하므로 문장 길이를 얼마로 할지 결정해야 한다. 다음의 (일회성) 코드는 다양한 백분위 수를 계산하고 이러한 백분위 수에 해당되는 문장 길이를 콘솔에 출력한다.

```
sequence_lengths = np.array([len(s.split()) for s in sents])
print([(p, np.percentile(sequence_lengths, p))
    for p in [75, 80, 90, 95, 99, 100]])
[(75, 33.0), (80, 35.0), (90, 41.0), (95, 47.0), (99, 58.0), (100, 271.0)]
```

문장 길이를 100 정도로 설정한다면 대부분 문제 없이 지나가고 그중 몇 개는 잘려나갈 것이다. 선택한 길이보다 짧은 문장은 끝이 채워진다. 그러나 데이터셋이 작기 때문에 최대한 많이 사용하는 것이 더 선호되므로 최대 길이로 선택하자.

다음 단계는 입력에서 데이터셋을 만드는 것이다. 먼저 입출력 시퀀스의 토큰 시퀀스와 POS 태그를 정수 시퀀스로 변환해야 한다. 둘째, 더 짧은 시퀀스는 최대 길이인 271로 채워야 한다. POS 태그 시퀀스를 정수 시퀀스로 그대로 유지하지 않고 패딩 후 추가적인 연산을 수행하는 데 to_categorical() 함수를 사용해 원-핫 인코딩 시퀀스로 변환한다는 것에 주목하자. TensorFlow 2.0은 출력을 정수 시퀀스로 처리하는 손실함수를 제공하지만 코드를 가능한 한 단순하게 유지하기 위해 변환을 직접 한다. 마지막으로 from_tensor_slices() 함수를 사용해 데이터셋을 생성하고 섞은 다음 훈련, 검증, 테스트 집합으로 분할한다.

```python
max_seqlen = 271

# 문장을 정수 시퀀스로 변환
sents_as_ints = tokenizer_s.texts_to_sequences(sents)
sents_as_ints = tf.keras.preprocessing.sequence.pad_sequences(
    sents_as_ints, maxlen=max_seqlen, padding="post")

# POS 태그를 (범주형) 정수의 시퀀스로 변환
poss_as_ints = tokenizer_t.texts_to_sequences(poss)
poss_as_ints = tf.keras.preprocessing.sequence.pad_sequences(
    poss_as_ints, maxlen=max_seqlen, padding="post")

poss_as_catints = []
for p in poss_as_ints:
    poss_as_catints.append(tf.keras.utils.to_categorical(p,
        num_classes=target_vocab_size+1, dtype="int32"))
poss_as_catints = tf.keras.preprocessing.sequence.pad_sequences(
    poss_as_catints, maxlen=max_seqlen)

dataset = tf.data.Dataset.from_tensor_slices(
    (sents_as_ints, poss_as_catints))

idx2word_s[0], idx2word_t[0] = "PAD", "PAD"

# 훈련, 검증, 테스트 데이터셋으로 분할
dataset = dataset.shuffle(10000)
```

```
test_size = len(sents) // 3
val_size = (len(sents) - test_size) // 10

test_dataset = dataset.take(test_size)
val_dataset = dataset.skip(test_size).take(val_size)
train_dataset = dataset.skip(test_size + val_size)

# 배치 생성
batch_size = 128
train_dataset = train_dataset.batch(batch_size)
val_dataset = val_dataset.batch(batch_size)
test_dataset = test_dataset.batch(batch_size)
```

다음으로 모델을 정의하고 인스턴스화한다. 여기 모델은 임베딩 계층, 드롭아웃 계층, 양방향 GRU 계층, 밀집 계층과 softmax 활성화 계층으로 구성된 순차 모델이다. 입력은 형태가 (batch_size, max_seqlen)인 정수 시퀀스의 배치다. 임베딩 계층을 통과하면 시퀀스의 각 정수가 크기 (embedding_dim)인 벡터로 변환되므로 이제 텐서 형태는 (batch_size, max_seqlen,embedding_dim)이다. 이러한 각 벡터는 출력 차원이 256인 양방향 GRU의 해당 시간 단계로 전달된다. GRU는 양방향이므로 하나의 GRU를 다른 GRU 위에 쌓는 것과 같다. 따라서 양방향 GRU에서 나오는 텐서는 차원이 (batch_size, max_seqlen, 2*rnn_output_dimension)이다. 형태가 (batch_size, 1, 2*rnn_output_dimension)인 각 시간 단계의 텐서는 밀집 계층으로 공급되며, 각 시간 단계를 대상 어휘와 같은 크기의 벡터, 즉 (batch_size, number_of_timesteps, output_vocab_size)로 변환한다. 각 시간 단계는 출력 토큰의 확률분포를 나타내므로 최종 softmax 계층은 각 시간 단계에 적용돼 출력 POS 토큰의 시퀀스를 반환한다.

마지막으로, 모델의 몇몇 매개변수를 선언하고 Adam 최적기, 범주형 교차엔트로피 손실함수 그리고 측도는 정확도로 설정하고 컴파일한다.

```
class POSTaggingModel(tf.keras.Model):
    def __init__(self, source_vocab_size, target_vocab_size,
            embedding_dim, max_seqlen, rnn_output_dim, **kwargs):
        super(POSTaggingModel, self).__init__(**kwargs)
        self.embed = tf.keras.layers.Embedding(
```

```
            source_vocab_size, embedding_dim, input_length=max_seqlen)
        self.dropout = tf.keras.layers.SpatialDropout1D(0.2)
        self.rnn = tf.keras.layers.Bidirectional(
            tf.keras.layers.GRU(rnn_output_dim, return_sequences=True))
        self.dense = tf.keras.layers.TimeDistributed(
            tf.keras.layers.Dense(target_vocab_size))
        self.activation = tf.keras.layers.Activation("softmax")
    def call(self, x):
        x = self.embed(x)
        x = self.dropout(x)
        x = self.rnn(x)
        x = self.dense(x)
        x = self.activation(x)
        return x
embedding_dim = 128
rnn_output_dim = 256
model = POSTaggingModel(source_vocab_size, target_vocab_size,
    embedding_dim, max_seqlen, rnn_output_dim)
model.build(input_shape=(batch_size, max_seqlen))
model.summary()
model.compile(
    loss="categorical_crossentropy",
    optimizer="adam",
    metrics=["accuracy", masked_accuracy()])
```

관찰력이 높은 독자들은 앞 코드에서 accuracy 측도 다음에 추가적으로 masked_accuracy() 측도가 있음을 눈치챘을 것이다. 패딩으로 인해 레이블과 예측 모두에 제로가 많이 생겨 그 결과 정확도 숫자가 매우 낙관적이 된다. 실제로 첫 번째 에폭이 끝날 때 보고된 검증 정확도는 0.9116이다. 그러나 생성된 POS 태그의 품질은 매우 좋지 않다.

아마도 가장 좋은 방법은 현재 손실함수를 두 숫자가 모두 0인 경우를 무시하는 함수로 바꾸는 것이다. 그러나 좀 더 간단한 접근 방법은 보다 엄격한 측도를 구축하고 이를 사용해 훈련을 중단할 시기를 판단하는 것이다. 이에 따라 다음과 같이 새로운 정확도 함수 masked_accuracy()를 작성한다.

```
def masked_accuracy():
```

```
def masked_accuracy_fn(ytrue, ypred):
    ytrue = tf.keras.backend.argmax(ytrue, axis=-1)
    ypred = tf.keras.backend.argmax(ypred, axis=-1)
    mask = tf.keras.backend.cast(
        tf.keras.backend.not_equal(ypred, 0), tf.int32)
    matches = tf.keras.backend.cast(
        tf.keras.backend.equal(ytrue, ypred), tf.int32) * mask
    numer = tf.keras.backend.sum(matches)
    denom = tf.keras.backend.maximum(tf.keras.backend.sum(mask), 1)
    accuracy = numer / denom
    return accuracy
return masked_accuracy_fn
```

이제 모델을 훈련할 준비가 됐다. 평소와 같이 모델 체크포인트와 TensorBoard 콜백을 설정한 다음 모델에서 fit() 편의 메소드를 호출해 50개 에폭에 대해 배치 크기가 128인 모델을 훈련시킨다.

```
num_epochs = 50
best_model_file = os.path.join(data_dir, "best_model.h5")
checkpoint = tf.keras.callbacks.ModelCheckpoint(
    best_model_file,
    save_weights_only=True,
    save_best_only=True)
tensorboard = tf.keras.callbacks.TensorBoard(log_dir=logs_dir)
history = model.fit(train_dataset,
    epochs=num_epochs,
    validation_data=val_dataset,
    callbacks=[checkpoint, tensorboard])
```

훈련 중 잘린 출력은 다음과 같다. 보다시피 masked_accuracy와 val_masked_accuracy 숫자는 accuracy와 val_accuracy 숫자보다 보수적인 것처럼 보인다. 마스킹된 버전은 입력이 PAD 문자인 시퀀스 위치는 고려하지 않기 때문이다.

```
Epoch 1/50
19/19 [==============================] - 8s 431ms/step - loss: 1.4363 -
accuracy: 0.7511 - masked_accuracy_fn: 0.00
38 - val_loss: 0.3219 - val_accuracy: 0.9116 - val_masked_accuracy_fn: 0.5833
Epoch 2/50
```

```
19/19 [==============================] - 6s 291ms/step - loss: 0.3278 -
accuracy: 0.9183 - masked_accuracy_fn: 0.17
12 - val_loss: 0.3289 - val_accuracy: 0.9209 - val_masked_accuracy_fn: 0.1357
Epoch 3/50
19/19 [==============================] - 6s 292ms/step - loss: 0.3187 -
accuracy: 0.9242 - masked_accuracy_fn: 0.1615 - val_loss: 0.3131 - val_
accuracy: 0.9186 - val_masked_accuracy_fn: 0.2236
Epoch 4/50
19/19 [==============================] - 6s 293ms/step - loss: 0.3037 -
accuracy: 0.9186 - masked_accuracy_fn: 0.1831 - val_loss: 0.2933 - val_
accuracy: 0.9129 - val_masked_accuracy_fn: 0.1062
Epoch 5/50
19/19 [==============================] - 6s 294ms/step - loss: 0.2739 -
accuracy: 0.9182 - masked_accuracy_fn: 0.1054 - val_loss: 0.2608 - val_
accuracy: 0.9230 - val_masked_accuracy_fn: 0.1407
...
Epoch 45/50
19/19 [==============================] - 6s 292ms/step - loss: 0.0653 -
accuracy: 0.9810 - masked_accuracy_fn: 0.7872 - val_loss: 0.1545 - val_
accuracy: 0.9611 - val_masked_accuracy_fn: 0.5407
Epoch 46/50
19/19 [==============================] - 6s 291ms/step - loss: 0.0640 -
accuracy: 0.9815 - masked_accuracy_fn: 0.7925 - val_loss: 0.1550 - val_
accuracy: 0.9616 - val_masked_accuracy_fn: 0.5441
Epoch 47/50
19/19 [==============================] - 6s 291ms/step - loss: 0.0619 -
accuracy: 0.9818 - masked_accuracy_fn: 0.7971 - val_loss: 0.1497 - val_
accuracy: 0.9614 - val_masked_accuracy_fn: 0.5535
Epoch 48/50
19/19 [==============================] - 6s 292ms/step - loss: 0.0599 -
accuracy: 0.9825 - masked_accuracy_fn: 0.8033 - val_loss: 0.1524 - val_
accuracy: 0.9616 - val_masked_accuracy_fn: 0.5579
Epoch 49/50
19/19 [==============================] - 6s 293ms/step - loss: 0.0585 -
accuracy: 0.9830 - masked_accuracy_fn: 0.8092 - val_loss: 0.1544 - val_
accuracy: 0.9617 - val_masked_accuracy_fn: 0.5621
Epoch 50/50
19/19 [==============================] - 6s 291ms/step - loss: 0.0575 -
accuracy: 0.9833 - masked_accuracy_fn: 0.8140 - val_loss: 0.1569 - val_
accuracy: 0.9615 - val_masked_accuracy_fn: 0.5511
11/11 [==============================] - 2s 170ms/step - loss: 0.1436 -
accuracy: 0.9637 - masked_accuracy_fn: 0.5786
test loss: 0.144, test accuracy: 0.963, masked test accuracy: 0.578
```

다음은 테스트 집합의 일부 임의 문장에 대해 생성된 POS 태그의 몇 가지 예다. 해당하는 참 문장 POS 태그와 함께 표시한다. 보다시피 측도 값이 완벽하진 않지만 POS 태깅을 상당히 잘 수행하는 방법을 학습한 것처럼 보인다.

```
labeled  : among/IN segments/NNS that/WDT t/NONE 1/VBP continue/NONE 2/TO to/VB
operate/RB though/DT the/NN company/POS 's/NN steel/NN division/VBD continued/
NONE 3/TO to/VB suffer/IN from/JJ soft/NN demand/IN for/PRP its/JJ tubular/NNS
goods/VBG serving/DT the/NN oil/NN industry/CC and/JJ other/NNS
predicted: among/IN segments/NNS that/WDT t/NONE 1/NONE continue/NONE 2/
TO to/VB operate/IN though/DT the/NN company/NN 's/NN steel/NN division/NONE
continued/NONE 3/TO to/IN suffer/IN from/IN soft/JJ demand/NN for/IN its/JJ
tubular/NNS goods/DT serving/DT the/NNP oil/NN industry/CC and/JJ other/NNS

labeled  : as/IN a/DT result/NN ms/NNP ganes/NNP said/VBD 0/NONE t/NONE 2/PRP
it/VBZ is/VBN believed/IN that/JJ little/CC or/DT no/NN sugar/IN from/DT the/
CD 1989/NN 90/VBZ crop/VBN has/VBN been/NONE shipped/RB 1/RB yet/IN even/DT
though/NN the/NN crop/VBZ year/CD is/NNS six/JJ
predicted: as/IN a/DT result/NN ms/IN ganes/NNP said/VBD 0/NONE t/NONE 2/PRP
it/VBZ is/VBN believed/NONE that/DT little/NN or/DT no/NN sugar/IN from/DT the/
DT 1989/CD 90/NN crop/VBZ has/VBN been/VBN shipped/VBN 1/RB yet/RB even/IN
though/DT the/NN crop/NN year/NN is/JJ

labeled  : in/IN the/DT interview/NN at/IN headquarters/NN yesterday/NN
afternoon/NN both/DT men/NNS exuded/VBD confidence/NN and/CC seemed/VBD 1/NONE
to/TO work/VB well/RB together/RB
predicted: in/IN the/DT interview/NN at/IN headquarters/NN yesterday/NN
afternoon/NN both/DT men/NNS exuded/NNP confidence/NN and/CC seemed/VBD 1/NONE
to/TO work/VB well/RB together/RB

labeled  : all/DT came/VBD from/IN cray/NNP research/NNP
predicted: all/NNP came/VBD from/IN cray/NNP research/NNP

labeled  : primerica/NNP closed/VBD at/IN 28/CD 25/NONE u/RB down/CD 50/NNS
predicted: primerica/NNP closed/VBD at/CD 28/CD 25/CD u/CD down/CD
```

이 코드를 직접 실행하려면 5장의 코드 폴더에서 코드를 찾을 수 있다. 명령행에서 실행하려면 다음 명령을 입력하라. 출력은 콘솔에 기록된다.

```
$ python gru_pos_tagger.py
```

이제 세 가지 일반적인 RNN 신경망 위상의 예를 봤으므로 가장 인기 있는 것들 중 하나인 순환 인코더-디코더 아키텍처로 알려진 seq2seq 모델을 살펴본다.

인코더-디코더 아키텍처 — seq2seq

방금 본 다대다 신경망의 예는 대부분 다대일 신경망과 유사했다. 한 가지 중요한 차이점은 RNN은 마지막의 단일 결합 출력 대신 각 시간 단계에서 출력을 반환한다는 것이다. 또 다른 주목할 만한 특징은 입력 시간 단계의 수가 출력 시간 단계의 수와 같았다는 것이다. 다대다 신경망의 "다른" 형태이며 아마도 좀 더 대중적인 스타일인 인코더-디코더 아키텍처를 배울 때 또 다른 차이점을 알 수 있을 것이다. 출력은 다대다 신경망에서의 입력과 일치한다. 즉 신경망의 출력을 생성하기 위해, 모든 입력이 소비될 때까지 기다려야 할 필요는 없다.

인코더-디코더 아키텍처는 seq2seq 모델이라고도 한다. 이름에서 알 수 있듯이 신경망은 RNN 기반의 인코더와 디코더로 구성되며 여러 시간 단계에 해당하는 출력 시퀀스를 소비하고 반환할 수 있다. seq2seq 네트워크의 가장 큰 적용 분야는 신경망 기계 번역이었지만, 대략적으로 번역 문제로 구조화될 수 있는 문제에도 똑같이 적용된다. 몇 가지 예로 문장 파싱[10]과 이미지 캡션[24]이 있다. seq2seq 모델은 시계열 분석[25] 및 질문 답변에도 사용됐다.

seq2seq 모델에서 인코더는 소스 시퀀스를 사용하며 이는 정수 시퀀스의 배치다. 시퀀스의 길이는 최대 입력 시퀀스 길이(필요에 따라 채워지거나 잘림)에 해당하는 입력 시간 단계 수다. 따라서 입력 텐서의 차원은 (batch_size, number_of_encoder_timesteps)이다. 이것은 임베드 계층으로 전달되며, 각 시간 단계에서 정수를 임베딩 벡터로 변환한다. 임베딩의 출력은 형태가 (batch_size, number_of_encoder_timesteps, encoder_embedding_dim)인 텐서다.

이 텐서는 RNN에 공급되며, 각 시간 단계마다 벡터를 인코딩 차원에 해당하는 크기로 변환한다. 이 벡터는 현재 시간 단계와 모든 이전 시간 단계의 조합이다. 일반적으로 인코더는 마지막 시간 단계에서 전체 시퀀스에 대한 문맥 또는 "생각thought" 벡터를 나타내는 출력을 반환한다. 이 텐서의 형태는 (batch_size, encoder_rnn_dim)이다.

디코더 네트워크는 각 시간 단계마다 출력을 변환하기 위한 추가적인 밀집 계층이 있다는 점을 제외하고는 인코더와 유사한 아키텍처를 갖고 있다. 디코더 측의 각 시간 단계에 대한 입력은 이전 시간 단계의 은닉 상태이고, 입력 벡터는 이전 시간 단계에서 디코더가 예측한 토큰이다. 첫 번째 단계에서 은닉 상태는 인코더의 문맥 벡터이며 입력 벡터는 목표 측에서 시퀀스 생성을 시작하는 토큰에 해당한다. 예를 들어 번역 사용 사례의 경우, 그것은 문자열 시작^{BOS, Beginning-Of-String} 유사^{pseudo-}토큰이다. 은닉 신호의 형태는 (batch_size, encoder_rnn_dim)이고 모든 시간 단계에서의 입력 신호 형태는 (batch_size, number_of_decoder_timesteps)이다.

임베딩 계층을 통과하면 출력 텐서 모양은 (batch_size, number_of_decoder_timesteps, decoder_embedding_dim)이다. 다음 단계는 디코더 RNN 계층이며, 그 출력은 형태가 (batch_size, number_of_decoder_timesteps, decoder_rnn_dim)인 텐서다. 그다음 각 시간 단계에서의 출력은 밀집 계층을 통해 전송돼 벡터를 대상 어휘의 크기로 변환하므로 밀집 계층의 출력은 (batch_size, number_of_decoder_timesteps, output_vocab_size)이다. 이는 기본적으로 각 시간 단계에서 토큰에 대한 확률분포이므로 마지막 차원에 대해 argmax를 계산하면 대상 언어에서 예측된 토큰 시퀀스로 다시 변환할 수 있다. 그림 5.7은 seq2seq 아키텍처를 개략적으로 보여준다.

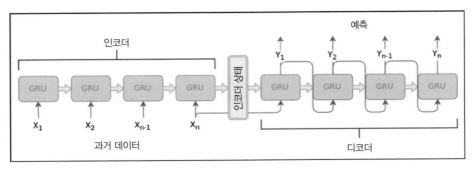

그림 5.7 Seq2seq 신경망 흐름. 이미지 출처: Artur Suilin[25]

다음 절에서는 기계 번역을 위한 seq2seq 신경망의 예를 살펴보자.

예제: 기계 번역을 위한 어텐션 없는 seq2seq

seq2seq 모델을 보다 자세히 이해하기 위해 타토에바 프로젝트^{Tatoeba Project}(1997~2019)[26]의 프랑스어-영어의 이중 언어 데이터셋을 사용해 영어를 프랑스어로 번역하는 방법을 학습하는 예제를 살펴보자. 데이터셋에는 약 167,000개의 문장 쌍이 포함돼 있다. 훈련 속도를 높이기 위해 훈련에는 이 중 첫 30,000개의 문장 쌍만 고려한다.

늘 하던 대로 임포트로 시작하자.

```python
import nltk
import numpy as np
import re
import shutil
import tensorflow as tf
import os
import unicodedata
from nltk.translate.bleu_score import sentence_bleu, SmoothingFunction
```

데이터는 원격 zip 파일로 제공된다. 파일에 액세스하는 가장 쉬운 방법은 다음 링크(http://www.manythings.org/anki/fra-eng.zip)에서 파일을 다운로드하고 unzip을 사용해 지역에 확장하는 것이다. zip 파일에는 fra.txt라는 이름의 탭 구분 파일이 있으며 한 줄에 한 쌍씩 프랑스어와 영어 문장 쌍이 탭으로 구분돼 있다. 이 코드는 fra.txt 파일이 자신의 디렉터리와 동일한 디렉터리에 있는 dataset 폴더에 있다고 가정한다. 여기서 3개의 서로 다른 데이터셋을 추출하려고 한다.

seq2seq 신경망의 구조를 떠올려보면 인코더의 입력은 영어 단어의 시퀀스다. 디코더 측에서의 입력은 프랑스어 단어 집합이고, 출력은 1시간 단계만큼 오프셋된 프랑스어 단어 시퀀스다. 다음 함수는 zip 파일을 다운로드해 확장한 후 앞서 설명한 데이터셋을 생성한다.

입력은 문자를 "아스키화^{asciify}"하고 인접한 문장에서 특정 문장 부호를 분리하고 알파벳이 아니거나 이러한 특정 문장 부호 기호 이외의 모든 문자를 제거하기 위해 사전 처리된다. 마지막으로 문장은 소문자로 변환된다. 각 영어 문장은 하나의 단어 시퀀스로 변환된다. 각 프랑스어 문장은 2개의 시퀀스로 변환되는데, 하나는 문장 시작BOS 유사-단어 뒤에, 다른 하나는 **문장 끝**EOS, End-Of-Sentence 유사-단어 앞에 온다.

첫 시퀀스는 0 위치에서 시작하고 문장의 마지막 단어 앞에서 멈춘다. 두 번째 시퀀스는 1 위치에서 시작하고 문장의 끝까지 간다.

```python
def preprocess_sentence(sent):
    sent = "".join([c for c in unicodedata.normalize("NFD", sent)
        if unicodedata.category(c) != "Mn"])
    sent = re.sub(r"([!.?])", r" \1", sent)
    sent = re.sub(r"[^a-zA-Z!.?]+", r" ", sent)
    sent = re.sub(r"\s+", " ", sent)
    sent = sent.lower()
    return sent
def download_and_read():
    en_sents, fr_sents_in, fr_sents_out = [], [], []
    local_file = os.path.join("datasets", "fra.txt")
    with open(local_file, "r") as fin:
        for i, line in enumerate(fin):
            en_sent, fr_sent = line.strip().split('\t')
            en_sent = [w for w in preprocess_sentence(en_sent).split()]
            fr_sent = preprocess_sentence(fr_sent)
            fr_sent_in = [w for w in ("BOS " + fr_sent).split()]
            fr_sent_out = [w for w in (fr_sent + " EOS").split()]
            en_sents.append(en_sent)
            fr_sents_in.append(fr_sent_in)
            fr_sents_out.append(fr_sent_out)
            if i >= num_sent_pairs - 1:
                break
    return en_sents, fr_sents_in, fr_sents_out
sents_en, sents_fr_in, sents_fr_out = download_and_read()
```

다음 단계는 입력을 토큰화하고 어휘를 만드는 것이다. 두 가지 언어로 된 시퀀스가 있으므로 각 언어마다 하나씩, 2개의 다른 토크나이저와 어휘를 만든다. tf.keras 프레임워크는 매우 강력하고 다양한 토크나이저 클래스를 제공한다. 여기서는 preprocess_sentence() 함수에서 토큰화에 필요한 것을 이미 수행했으므로 filters는 빈 문자열로, lower는 False로 설정한다. Tokenizer는 다양한 데이터 구조를 생성하

는데, 이로부터 어휘 크기를 계산할 수 있고 단어와 단어 사이를 왔다갔다하며 찾을
수 있는 테이블을 만들 수 있다.

다음으로 pad_sequences() 함수를 사용해 끝을 0으로 채워서 길이가 다른 단어 시퀀
스를 처리한다. 여기서는 문자열이 상당히 짧기 때문에 잘리지는 않는다. 최대 문장
길이까지 채운다(영어는 8단어, 프랑스어는 16단어).

```python
tokenizer_en = tf.keras.preprocessing.text.Tokenizer(
    filters="", lower=False)
tokenizer_en.fit_on_texts(sents_en)
data_en = tokenizer_en.texts_to_sequences(sents_en)
data_en = tf.keras.preprocessing.sequence.pad_sequences(
    data_en, padding="post")
tokenizer_fr = tf.keras.preprocessing.text.Tokenizer(
    filters="", lower=False)
tokenizer_fr.fit_on_texts(sents_fr_in)
tokenizer_fr.fit_on_texts(sents_fr_out)
data_fr_in = tokenizer_fr.texts_to_sequences(sents_fr_in)
data_fr_in = tf.keras.preprocessing.sequence.pad_sequences(
    data_fr_in, padding="post")
data_fr_out = tokenizer_fr.texts_to_sequences(sents_fr_out)
data_fr_out = tf.keras.preprocessing.sequence.pad_sequences(
    data_fr_out, padding="post")
vocab_size_en = len(tokenizer_en.word_index)
vocab_size_fr = len(tokenizer_fr.word_index)
word2idx_en = tokenizer_en.word_index
idx2word_en = {v:k for k, v in word2idx_en.items()}
word2idx_fr = tokenizer_fr.word_index
idx2word_fr = {v:k for k, v in word2idx_fr.items()}
print("vocab size (en): {:d}, vocab size (fr): {:d}".format(
    vocab_size_en, vocab_size_fr))
maxlen_en = data_en.shape[1]
maxlen_fr = data_fr_out.shape[1]
print("seqlen (en): {:d}, (fr): {:d}".format(maxlen_en, maxlen_fr))
```

마지막으로 데이터를 TensorFlow 데이터셋으로 변환하고 훈련과 테스트 집합으로
분할한다.

```
batch_size = 64
dataset = tf.data.Dataset.from_tensor_slices(
    (data_en, data_fr_in, data_fr_out))
dataset = dataset.shuffle(10000)
test_size = NUM_SENT_PAIRS // 4
test_dataset = dataset.take(test_size).batch(
    batch_size, drop_remainder=True)
train_dataset = dataset.skip(test_size).batch(
    batch_size, drop_remainder=True)
```

데이터는 이제 다음에 정의할 seq2seq 신경망 훈련에 사용할 준비가 됐다. 인코더는 Embedding 계층과 GRU 계층이다. 인코더의 입력은 정수 시퀀스이며, 이 입력은 embedding_dim 크기의 임베딩 벡터 시퀀스로 변환된다. 벡터 시퀀스는 RNN으로 보내지고, 각 num_timesteps 시간 단계에서 입력 값을 encoder_dim 크기의 벡터로 변환한다. return_sequences=False에 표시된 것처럼 마지막 단계의 출력만 반환된다.

디코더는 인코더와 거의 동일한 구조를 갖지만, RNN으로부터 출력되는 크기 decoder_dim의 벡터를 목표 어휘에 대한 확률분포를 나타내는 벡터로 변환하는 추가적인 밀집 계층을 갖는다는 점이 다르다. 디코더는 또한 모든 시간 단계를 따라 출력을 반환한다.

예제 신경망에서는 임베딩 차원을 128로 선택했고 그런 다음 인코더와 디코더 RNN 차원은 각각 1024로 선택했다. pad_sequences() 단계에서 추가된 PAD 문자를 고려하기 위해 영어와 프랑스어 어휘 모두에서 어휘 크기에 1을 더해야 한다는 점을 유의하자.

```
class Encoder(tf.keras.Model):
    def __init__(self, vocab_size, num_timesteps,
            embedding_dim, encoder_dim, **kwargs):
        super(Encoder, self).__init__(**kwargs)
        self.encoder_dim = encoder_dim
        self.embedding = tf.keras.layers.Embedding(
            vocab_size, embedding_dim, input_length=num_timesteps)
        self.rnn = tf.keras.layers.GRU(
            encoder_dim, return_sequences=False, return_state=True)
    def call(self, x, state):
```

```
            x = self.embedding(x)
            x, state = self.rnn(x, initial_state=state)
            return x, state
        def init_state(self, batch_size):
            return tf.zeros((batch_size, self.encoder_dim))
class Decoder(tf.keras.Model):
    def __init__(self, vocab_size, embedding_dim, num_timesteps,
            decoder_dim, **kwargs):
        super(Decoder, self).__init__(**kwargs)
        self.decoder_dim = decoder_dim
        self.embedding = tf.keras.layers.Embedding(
            vocab_size, embedding_dim, input_length=num_timesteps)
        self.rnn = tf.keras.layers.GRU(
            decoder_dim, return_sequences=True, return_state=True)
        self.dense = tf.keras.layers.Dense(vocab_size)
    def call(self, x, state):
        x = self.embedding(x)
        x, state = self.rnn(x, state)
        x = self.dense(x)
        return x, state
embedding_dim = 256
encoder_dim, decoder_dim = 1024, 1024
encoder = Encoder(vocab_size_en+1,
    embedding_dim, maxlen_en, encoder_dim)
decoder = Decoder(vocab_size_fr+1,
    embedding_dim, maxlen_fr, decoder_dim)
```

인코더와 디코더 클래스를 정의했으므로 이제 입출력의 크기를 다시 살펴보자. 다음과 같은 (일회용) 코드를 사용해 시스템의 다양한 입출력 차원을 출력할 수 있다. 편의상 5장과 함께 제공된 코드에서 주석 처리한 블록으로 남겨뒀다.

```
for encoder_in, decoder_in, decoder_out in train_dataset:
    encoder_state = encoder.init_state(batch_size)
    encoder_out, encoder_state = encoder(encoder_in, encoder_state)
    decoder_state = encoder_state
    decoder_pred, decoder_state = decoder(decoder_in, decoder_state)
    break
print("encoder input         :", encoder_in.shape)
print("encoder output        :", encoder_out.shape, "state:",
```

```
encoder_state.shape)
print("decoder output (logits):", decoder_pred.shape, "state:",
decoder_state.shape)
print("decoder output (labels):", decoder_out.shape)
```

이는 다음과 같은 결과를 낳으며 기대와 일치한다. 인코더 입력은 정수 시퀀스의 배치이며, 각 시퀀스는 크기가 8이고 이는 영어 문장에서의 최대 토큰 개수이므로 차원은 (batch_size, maxlen_en)이 된다.

신경망 인코더의 출력은 형태가 (batch_size, encoder_dim)인 단일 텐서 (return_sequences=False)이며 입력 문장을 나타내는 문맥 벡터의 배치를 나타낸다. 인코더 상태 텐서도 동일한 차원을 가진다. 디코더 출력 또한 정수 시퀀스 배치이지만 프랑스어 문장의 최대 크기는 16이다. 따라서 차원은 (batch_size, maxlen_fr)이 된다. 디코더 예측은 모든 시간 단계에 걸친 확률분포의 배치다. 따라서 차원은 (batch_size, maxlen_fr, vocab_size_fr+1)이며 디코더 상태는 인코더 상태 (batch_size, decoder_dim)와 동일한 차원이다.

```
encoder input          : (64, 8)
encoder output         : (64, 1024) state: (64, 1024)
decoder output (logits): (64, 16, 7658) state: (64, 1024)
decoder output (labels): (64, 16)
```

다음으로 손실함수를 정의한다. 문장을 채웠기 때문에 레이블과 예측 사이에서 패드 단어의 동등성을 고려 때문에 결과를 편향시키고 싶지는 않다. 손실함수는 레이블을 사용해 예측을 마스킹해 레이블의 패딩된 위치도 예측에서 제거되며 레이블과 예측 모두에서 0이 아닌 요소만 사용해 손실을 계산한다. 이 작업은 다음과 같이 수행된다.

```
def loss_fn(ytrue, ypred):
    scce = tf.keras.losses.SparseCategoricalCrossentropy(
        from_logits=True)
    mask = tf.math.logical_not(tf.math.equal(ytrue, 0))
    mask = tf.cast(mask, dtype=tf.int64)
    loss = scce(ytrue, ypred, sample_weight=mask)
    return loss
```

seq2seq 모델은 간단한 Keras 모델로 패키지하기가 쉽지 않기 때문에 훈련 루프도 수작업으로 처리해야 한다. train_step() 함수는 데이터 흐름을 처리하고 각 단계에서 손실을 계산하며 손실 기울기를 다시 훈련 가능한 가중치에 적용하고 손실을 반환한다.

훈련 코드는 이전에 seq2seq 모델에서 설명한 것과 동일하지 않다는 점에 유의하자. 여기서 전체 decoder_input은 한 번의 시간 단계에서 출력 오프셋을 생성하기 위해 디코더로 한 번에 공급되는 것으로 보이지만, 설명에서는 이전 단계에서 생성된 토큰이 다음 시간 단계에 사용되는 경우에는 순차적으로 발생한다고 말했었다.

이것은 **티처 포싱**Teacher Forcing이라고 부르는, seq2seq 신경망을 훈련시키는 데 사용되는 일반적인 기술로 디코더의 입력은 이전 시간 단계에서의 예측이 아닌, 실제 참ground truth 출력이다. 이 방법은 훈련 속도를 향상시키므로 선호되지만 동시에 예측 품질에 있어 약간의 품질 저하를 유발한다. 이 문제를 상쇄하기 위해 **스케줄된 샘플링**Scheduled Sampling과 같은 기술을 사용할 수 있다. 이는 입력은 일부 임곗값(문제에 따라 다르지만 일반적으로 0.1과 0.4 사이)에 기반해 참값 또는 이전 시간 단계의 예측 중에서 무작위로 샘플링된다.

```
@tf.function
def train_step(encoder_in, decoder_in, decoder_out, encoder_state):
    with tf.GradientTape() as tape:
        decoder_state = encoder_state
        decoder_pred, decoder_state = decoder(
            decoder_in, decoder_state)
        loss = loss_fn(decoder_out, decoder_pred)

    variables = (encoder.trainable_variables +
        decoder.trainable_variables)
    gradients = tape.gradient(loss, variables)
    optimizer.apply_gradients(zip(gradients, variables))
    return loss
```

predict() 메서드는 데이터셋에서 단일 영어 문장을 무작위로 샘플링하고 지금까지 훈련된 모델을 사용해 프랑스어 문장을 예측하는 데 사용된다. 참조를 위해 프랑스어 문장의 레이블도 표시된다. evaluation() 메서드는 테스트 집합의 모든 레코드에서 레이블과 예측 사이의 **BLEU**^{BiLingual Evaluation Understudy} 점수[35]를 계산한다. BLEU 점수는 일반적으로 여러 개의 참 레이블이 존재하는 경우에 사용되지만(여기서는 하나만 있음) 참조와 후보 문장 모두에서 최대 4-그램(n=4인 n-그램)과 비교한다. predict()와 evaluation() 메서드는 각 에폭의 끝에서 호출된다.

```python
def predict(encoder, decoder, batch_size,
        sents_en, data_en, sents_fr_out,
        word2idx_fr, idx2word_fr):
    random_id = np.random.choice(len(sents_en))
    print("input    : ", " ".join(sents_en[random_id]))
    print("label    : ", " ".join(sents_fr_out[random_id])
    encoder_in = tf.expand_dims(data_en[random_id], axis=0)
    decoder_out = tf.expand_dims(sents_fr_out[random_id], axis=0)
    encoder_state = encoder.init_state(1)
    encoder_out, encoder_state = encoder(encoder_in, encoder_state)
    decoder_state = encoder_state
    decoder_in = tf.expand_dims(
        tf.constant([word2idx_fr["BOS"]]), axis=0)
    pred_sent_fr = []
    while True:
        decoder_pred, decoder_state = decoder(
            decoder_in, decoder_state)
        decoder_pred = tf.argmax(decoder_pred, axis=-1)
        pred_word = idx2word_fr[decoder_pred.numpy()[0][0]]
        pred_sent_fr.append(pred_word)
        if pred_word == "EOS":
            break
        decoder_in = decoder_pred

    print("predicted: ", " ".join(pred_sent_fr))
def evaluate_bleu_score(encoder, decoder, test_dataset,
        word2idx_fr, idx2word_fr):
    bleu_scores = []
    smooth_fn = SmoothingFunction()
    for encoder_in, decoder_in, decoder_out in test_dataset:
        encoder_state = encoder.init_state(batch_size)
        encoder_out, encoder_state = encoder(encoder_in, encoder_state)
```

```
            decoder_state = encoder_state
        decoder_pred, decoder_state = decoder(
            decoder_in, decoder_state)
        # argmax 계산
        decoder_out = decoder_out.numpy()
        decoder_pred = tf.argmax(decoder_pred, axis=-1).numpy()
        for i in range(decoder_out.shape[0]):
            ref_sent = [idx2word_fr[j] for j in
                decoder_out[i].tolist() if j > 0]
            hyp_sent = [idx2word_fr[j] for j in
                decoder_pred[i].tolist() if j > 0]
            # 뒤부분 EOS 제거
            ref_sent = ref_sent[0:-1]
            hyp_sent = hyp_sent[0:-1]
            bleu_score = sentence_bleu([ref_sent], hyp_sent,
                smoothing_function=smooth_fn.method1)
            bleu_scores.append(bleu_score)
    return np.mean(np.array(bleu_scores))
```

훈련 루프는 다음과 같다. 모델에는 Adam 최적기를 사용할 것이다. 또한 체크포인트를 설정해 매 10에폭마다 모델을 저장할 수 있다. 그런 다음 250에폭 동안 모델을 훈련하고 손실, 예제 문장과 번역 그리고 전체 테스트 집합에 대해 계산된 BLEU 점수를 출력한다.

```
optimizer = tf.keras.optimizers.Adam()
checkpoint_prefix = os.path.join(checkpoint_dir, "ckpt")
checkpoint = tf.train.Checkpoint(optimizer=optimizer,
                                 encoder=encoder,
                                 decoder=decoder)

num_epochs = 250
eval_scores = []
for e in range(num_epochs):
    encoder_state = encoder.init_state(batch_size)
    for batch, data in enumerate(train_dataset):
        encoder_in, decoder_in, decoder_out = data
        # print(encoder_in.shape, decoder_in.shape, decoder_out.shape)
        loss = train_step(
            encoder_in, decoder_in, decoder_out, encoder_state)
```

```
print("Epoch: {}, Loss: {:.4f}".format(e + 1, loss.numpy()))
if e % 10 == 0:
    checkpoint.save(file_prefix=checkpoint_prefix)

predict(encoder, decoder, batch_size, sents_en, data_en,
    sents_fr_out, word2idx_fr, idx2word_fr)
eval_score = evaluate_bleu_score(encoder, decoder,
    test_dataset, word2idx_fr, idx2word_fr)
print("Eval Score (BLEU): {:.3e}".format(eval_score))
# eval_scores.append(eval_score)
checkpoint.save(file_prefix=checkpoint_prefix)
```

훈련의 처음과 마지막 다섯 에폭의 결과는 다음과 같다. 에폭 247에서 손실이 약 1.5
에서 약 0.07로 감소한 것에 주목하자. BLEU 점수도 약 2.5배 증가했다. 그러나 가
장 인상적인 것은 처음과 마지막 5에폭 사이의 번역 품질 차이이다.

표 5.2 에폭에 따른 훈련 결과

에폭-#	손실(훈련)	BLEU 점수 (테스트)	영어	프랑스어(참)	프랑스어(예측)
1	1.4119	1.957e-02	tom is special.	tom est special.	elle est tres bon.
2	1.1067	2.244e-02	he hates shopping.	il deteste faire les courses.	il est tres mineure.
3	0.9154	2.700e-02	did she say it?	l a t elle dit?	n est ce pas clair?
4	0.7817	2.803e-02	i d rather walk.	je prefererais marcher.	je suis alle a kyoto.
5	0.6632	2.943e-02	i m in the car.	je suis dans la voiture.	je suis toujours inquiet.
...					
245	0.0896	4.991e-02	she sued him.	elle le poursuivit en justice.	elle l a poursuivi en justice.
246	0.0853	5.011e-02	she isn t poor.	elle n est pas pauvre.	elle n est pas pauvre.

247	0.0738	5.022e-02	which one is mine?	lequel est le mien?	lequel est le mien?
248	0.1208	4.931e-02	i m getting old.	je me fais vieux.	je me fais vieux.
249	0.0837	4.856e-02	it was worth a try.	ca valait le coup d essayer.	ca valait le coup d essayer.
250	0.0967	4.869e-02	don t back away.	ne reculez pas!	ne reculez pas!

이 예제의 전체 코드는 5장과 함께 제공되는 소스 코드에서 찾을 수 있다. 더 작은 신경망 차원(embedding_dim, encoder_dim, decoder_dim), 더 작은 초매개변수(batch_size, num_epochs) 그리고 더 적은 수의 문장 쌍을 사용하면 CPU에서도 실행할 수 있지만 예제를 실행하려면 GPU 기반 시스템이 필요하다. 코드 전체를 실행하려면 다음 명령을 실행하면 된다.

```
$ python seq2seq_wo_attn.py
```

다음 절에서는 데이터-기반 방식으로 다른 부분보다 입력의 특정 부분에 더 집중할 수 있게 하는 방법을 사용해 seq2seq 신경망의 성능을 향상시키는 메커니즘을 살펴본다. 이를 어텐션^{Attention} 메커니즘이라고 한다.

어텐션 매커니즘

이전 절에서는 인코더의 마지막 시간 단계에서 문맥 또는 생각 벡터가 초기 은닉 상태로 디코더에 어떻게 공급되는지 봤다. 문맥이 디코더의 시간 단계를 흐름에 따라, 신호는 디코더 출력과 결합돼 점점 더 약해진다. 결과적으로 문맥은 디코더의 후기 단계에는 영향을 미치지 않는다.

또한, 디코더 출력의 특정 부분은 특정 입력 부분에 더 크게 종속될 수 있다. 예를 들어 이전 절에서 살펴본 것과 같은 영어에서 프랑스어로의 번역 신경망에서 "thank you very much"라는 입력과 이에 대한 해당 출력 "merci beaucoup"를 생각해보자.

여기서 영어 문구 "thank you"와 "very much"에 해당하는 프랑스어는 각각 "merci"와 "beaucoup"이다. 이 정보는 단일 문맥 벡터로는 적절하게 전달되지 않는다.

어텐션^{Attention} 메커니즘은 디코더의 모든 시간 단계에서 모든 인코더 은닉 상태에 대한 액세스를 제공한다. 디코더는 인코더 상태 중 어느 부분에 더 많은 주의^{Attention}를 기울여야 하는지 학습한다. 어텐션을 사용해 기계 번역 품질과 다양한 표준 자연 언어 처리 작업이 크게 향상됐다.

어텐션 사용은 seq2seq 신경망에만 국한된 것은 아니다. 이를테면 어텐션은 최적의 딥러닝 모델을 만들기 위한 NLP 공식인 "임베딩, 인코딩, 어텐션, 예측"의 핵심 구성 요소다[34]. 여기서는 예컨대 단어 벡터 시퀀스를 단일 문장 벡터로 축소할 때처럼 더 큰 표현에서 더 작은 표현으로 축소할 때 가능한 많은 정보를 보존하기 위해 어텐션이 사용됐다.

기본적으로 어텐션 메커니즘은 목표 토큰들을 소스의 모든 토큰에 대해 스코어링하고 그에 따라 디코더의 입력 신호를 수정하는 방법을 제공한다. 입력과 출력 시간 단계가 각각 인덱스 i와 j로 표시되고, 각각 시간 단계에서 인코더와 디코더의 은닉 상태가 h_i 및 s_j로 표시되는 인코더-디코더 아키텍처를 생각해보자. 인코더로의 입력은 x_i로 표시되고 디코더로부터의 출력은 y_j로 표시된다. 어텐션이 없는 인코더-디코더 신경망에서는, 디코더 상태 s_j의 값은 은닉 상태 s_{j-1}와 이전 시간 단계에서 출력 y_{j-1}에 의해 주어진다. 어텐션 메커니즘은 어텐션 컨텍스트$^{Attention\ context}$로 알려진 세 번째 신호 c_j를 추가한다. 따라서 어텐션이 있으면 디코더 은닉 상태 s_j는 다음과 같이 y_{j-1}, s_{j-1} 및 c_j의 함수다.

$$s_j = f(y_{j-1}, s_{j-1}, c_j)$$

어텐션 컨텍스트 신호 c_j는 다음과 같이 계산된다. 모든 디코더 단계 j에 대해, 디코더 상태 s_{j-1}과 모든 인코더 상태 h_i 사이의 정렬^{alignment}을 계산한다. 이는 각각의 디코더 상태 j에 대한 N 유사성 값 e_{ij}의 집합을 제공하고, 그런 다음 해당 softmax 값 b_{ij}를 계산함으로써 확률분포로 변환한다. 마지막으로, 어텐션 컨텍스트 c_j는 인코더 상태 h_i와 모든 N 인코더 시간 단계에 걸친 해당 Softmax 가중치 b_{ij}의 가중합으로 계산된다. 다음의 연립방정식은 각 디코더 단계 j에 대해 이 변환을 요약해준다.

$$e_{ij} = align(h_i, s_{j-1}) \forall i$$
$$b_{ij} = softmax(e_{ij})$$
$$c_j = \sum_{i=0}^{N} h_i b_{ij}$$

정렬 방법에 따라 여러 어텐션 메커니즘이 제안됐다. 그중 몇 가지를 다음에 소개한다. 표기 편의상 인코더 측의 상태 벡터 h_i를 h로, 디코더 측의 상태 벡터 s_{j-1}을 s로 표시한다.

가장 간단한 정렬 공식은 **콘텐츠-기반 어텐션**content-based attention이다. 이 방법은 그레이브스Graves, 웨인Wayne 그리고 다니헬카Danihelka[27]가 제안했으며, 이는 단지 인코더와 디코더 상태 사이의 코사인 유사도다. 이 공식을 사용하기 위한 전제 조건은 인코더와 디코더 모두에서 은닉 상태 벡터의 차원이 같아야 한다는 것이다.

$$e = cosine(h, s)$$

가산적additive 또는 **바다나우 어텐션**Bahdanau attention으로 알려져 있는 또 다른 공식은 바다나우Bahdanau, 조Cho와 벤지오Bengio가 제안했다[28]. 이 방법은 다음 식으로 주어진 작은 신경망에서 학습 가능한 가중치를 사용해 상태 벡터를 결합하는 것이다. 여기에서 s와 h 벡터는 서로 연결돼 학습된 가중치 W와 곱해진다. 이는 두 학습된 가중치 W_s 및 W_h를 사용해 s와 h를 곱한 다음 그 결과를 더하는 것과 같다.

$$e = v^T \tanh(W[s; h])$$

루옹Luong, 팜Pham과 매닝Manning[29]은 세 가지 어텐션 공식(dot, general, concat) 집합을 제안했으며, 이 중 일반general 공식은 곱multiplicative 또는 **루옹의 어텐션**이라고도 한다.

dot와 concat 어텐션 공식은 콘텐츠-기반과 유사하며 가산적 어텐션 공식은 앞서 설명했다. 곱의 어텐션 공식은 다음 식으로 주어진다.

$$e = h^T W s$$

끝으로, 바스바니^{Vaswani} 등[30]은 콘텐츠-기반 어텐션의 변종인 확장된 **점곱 어텐션**^{scaled dot-product attention}을 제안했는데 이는 다음 식과 같다. 여기서 N은 인코더 은닉 상태 h의 차원이다. 확장된 점곱 어텐션은 트랜스포머 아키텍처에서 사용되는데 5장에서 간단히 살펴볼 것이다.

$$e = \frac{h^T s}{\sqrt{N}}$$

어텐션 매커니즘은 어텐션하는 것이 무엇이냐에 따라 몇 가지 범주로 나눌 수 있다. 이 분류 체계를 사용하면 어텐션 메커니즘은 셀프-어텐션^{self-attention} 전역^{global} 또는 소프트^{soft} 어텐션 그리고 지역 또는 하드^{hard} 어텐션이 있다.

셀프-어텐션은 정렬이 동일한 시퀀스의 다른 부분에서 계산될 때이며 기계 판독, 추상 텍스트 요약 및 이미지 캡션 생성과 같은 애플리케이션에 유용한 것으로 밝혀졌다.

소프트 또는 전역 어텐션은 정렬이 전체 입력 시퀀스에 대해 계산될 때이며, 하드 또는 지역 어텐션은 정렬이 시퀀스의 부분에 대해 계산될 때이다. 소프트 어텐션의 장점은 미분 가능하다는 것이지만 계산량이 많다. 반면, 하드 어텐션은 추론 시간에는 계산량이 적지만 미분 가능하지 않고 훈련 도중 좀 더 복잡한 기법이 요구된다.

다음 절에서는 어텐션 메커니즘을 seq2seq 신경망과 통합하는 방법과 성능을 향상시키는 방법을 살펴보자.

예제: 머신 번역을 위한 어텐션이 있는 seq2seq

5장의 앞부분에서 본 것과 동일한 기계 번역의 예를 살펴보자. 다만 이제 디코더는 바다나우 등[21]이 제안한 가산적 어텐션 매커니즘과 루옹 등[29]이 제안한 곱을 사용해 인코더 출력에 주의를 기울인다.

첫 번째 변경은 인코더다. 단일 문맥 또는 생각 벡터를 반환하는 대신 어텐션 매커니즘에 이 정보가 필요하기 때문에 매 시간 포인트마다 출력이 반환된다. 다음은 수정된 encoder 클래스이며 변경 사항이 강조 표시돼 있다.

```python
class Encoder(tf.keras.Model):
    def __init__(self, vocab_size, num_timesteps,
            embedding_dim, encoder_dim, **kwargs):
        super(Encoder, self).__init__(**kwargs)
        self.encoder_dim = encoder_dim
        self.embedding = tf.keras.layers.Embedding(
            vocab_size, embedding_dim, input_length=num_timesteps)
        self.rnn = tf.keras.layers.GRU(
            encoder_dim, return_sequences=True, return_state=True)
    def call(self, x, state):
        x = self.embedding(x)
        x, state = self.rnn(x, initial_state=state)
        return x, state
    def init_state(self, batch_size):
        return tf.zeros((batch_size, self.encoder_dim))
```

디코더는 좀 더 많이 변경된다. 가장 큰 변화는 어텐션 계층의 선언이며, 이는 정의돼야 하므로 먼저 해보자. 먼저 바다나우가 제안한 가산적 어텐션 클래스의 정의를 살펴보자. 이는 각 시간 단계에서 디코더 은닉 상태를 모든 인코더 은닉 상태와 결합해 다음 시간 단계에서 디코더의 입력을 생성함을 상기하라. 이는 다음 식과 같다.

$$e = v^T \tanh(W[s;h])$$

방정식에서 $W[s;h]$는 2개의 개별 선형 변환($y = Wx + b$ 형식)의 약식 표기로, 하나는 s에, 다른 하나는 h에 대한 것이다. 두 선형 변환은 다음 구현에서 나타난 것처럼 밀집 계층으로 구현된다. tf.keras Layer 계층 객체를 서브클래싱하는 이유는 우리의 최종 목표가 이 계층을 신경망에서 사용하는 것이기 때문이지만 모델 객체를 서브클래싱해도 된다. call() 메서드는 쿼리(디코더 상태)와 값(인코더 상태)을 가져와서 점수를 계산한 다음 해당 Softmax로 정렬을 계산하고 방정식으로 지정된 문맥 벡터를 계산한 다음 반환한다. 문맥 벡터의 형태는 (batch_size, num_decoder_timesteps)이며 정렬의 형태는 (batch_size, num_encoder_timesteps, 1)이다. 밀집 계층의 W1, W2 그리고 V 텐서에 대한 가중치는 훈련 중에 학습된다.

```python
class BahdanauAttention(tf.keras.layers.Layer):
    def __init__(self, num_units):
        super(BahdanauAttention, self).__init__()
        self.W1 = tf.keras.layers.Dense(num_units)
        self.W2 = tf.keras.layers.Dense(num_units)
        self.V = tf.keras.layers.Dense(1)
def call(self, query, values):
    # 쿼리는 시간 단계 j에서의 디코더 상태이다.
    # query.shape: (batch_size, num_units)
    # values are encoder states at every timestep i
    # values.shape: (batch_size, num_timesteps, num_units)
    # 쿼리에 시각축 추가: (batch_size, 1, num_units)
    query_with_time_axis = tf.expand_dims(query, axis=1)
    # 점수 계산
    score = self.V(tf.keras.activations.tanh(
        self.W1(values) + self.W2(query_with_time_axis)))
    # softmax 계산
    alignment = tf.nn.softmax(score, axis=1)
    # 어텐션된 출력 계산
    context = tf.reduce_sum(
        tf.linalg.matmul(
            tf.linalg.matrix_transpose(alignment),
            values
        ), axis=1
    )
    context = tf.expand_dims(context, axis=1)
    return context, alignment
```

루옹의 어텐션은 곱이지만 일반적 구현과 유사하다. 3개의 선형 변환 W1, W2 및 V를 선언하는 대신 하나의 단일 W만 있다. call() 메서드의 단계는 동일한 일반 단계를 따른다. 먼저, 마지막 절에서 설명한 대로 루옹의 어텐션 방정식에 따라 점수를 계산한 다음 해당 점수의 softmax 버전으로 정렬을 계산한 다음 문맥 벡터를 정렬과 값의 점곱으로 계산한다. 바다나우 어텐션 클래스의 가중치와 마찬가지로 밀집 계층 W로 표시되는 가중치 행렬은 훈련 중에 학습된다.

```python
class LuongAttention(tf.keras.layers.Layer):
    def __init__(self, num_units):
        super(LuongAttention, self).__init__()
```

```
            self.W = tf.keras.layers.Dense(num_units)
        def call(self, query, values):
            # add time axis to query
            query_with_time_axis = tf.expand_dims(query, axis=1)
            # 점수 계산
            score = tf.linalg.matmul(
                query_with_time_axis, self.W(values), transpose_b=True)
            # softmax 계산
            alignment = tf.nn.softmax(score, axis=2)
            # 어텐션된 출력 계산
            context = tf.matmul(alignment, values)
            return context, alignment
```

두 클래스가 각각 서로의 드롭인 대체인지 확인하기 위해, 다음의 (일회성) 예제 코드를 수행한다(이 예제의 소스 코드에서 주석 처리됨). 단지 임의의 입력을 만들어 두 어텐션 클래스로 보낸다.

```
batch_size = 64
num_timesteps = 100
num_units = 1024
query = np.random.random(size=(batch_size, num_units))
values = np.random.random(size=(batch_size, num_timesteps, num_units))
# 바다나우 어텐션 차원 확인
b_attn = BahdanauAttention(num_units)
context, alignments = b_attn(query, values)
print("Bahdanau: context.shape:", context.shape,
    "alignments.shape:", alignments.shape)
# 루옹 어텐션 차원 확인
l_attn = LuongAttention(num_units)
context, alignments = l_attn(query, values)
print("Luong: context.shape:", context.shape,
    "alignments.shape:", alignments.shape)
```

앞 코드는 다음 출력을 생성하는데, 예상대로 두 클래스는 입력이 동일하면 동일한 형태의 출력을 생성함을 보여주며, 따라서 서로의 드롭인 대체가 된다.

```
Bahdanau: context.shape: (64, 1024) alignments.shape: (64, 8, 1)
Luong: context.shape: (64, 1024) alignments.shape: (64, 8, 1)
```

이제 어텐션 클래스가 생겼으니 디코더를 살펴보자. init() 메서드에서의 차이점은 어텐션 클래스 변수를 추가한 것인데, 여기서는 BahdanauAttention 클래스로 설정했다. 또한 디코더 RNN의 출력에 적용되는 2개의 추가 변환 Wc와 Ws가 있다. 첫 번째는 -1과 +1 사이에서 출력을 변조하기 위해 tanh 활성화를 가지며 그다음 것은 표준 선형 변환을 가진다. 어텐션 디코더 구성 요소가 없는 seq2seq 신경망과 비교할 때, 이 디코더는 call() 메서드에서 추가적인 매개변수 encoder_output을 취해 추가적인 문맥 벡터를 반환한다.

```python
class Decoder(tf.keras.Model):
    def __init__(self, vocab_size, embedding_dim, num_timesteps,
            decoder_dim, **kwargs):
        super(Decoder, self).__init__(**kwargs)
        self.decoder_dim = decoder_dim
        self.attention = BahdanauAttention(embedding_dim)
        # self.attention = LuongAttention(embedding_dim)

        self.embedding = tf.keras.layers.Embedding(
            vocab_size, embedding_dim, input_length=num_timesteps)
        self.rnn = tf.keras.layers.GRU(
            decoder_dim, return_sequences=True, return_state=True)
        self.Wc = tf.keras.layers.Dense(decoder_dim, activation="tanh")
        self.Ws = tf.keras.layers.Dense(vocab_size)
    def call(self, x, state, encoder_out):
        x = self.embedding(x)
        context, alignment = self.attention(x, encoder_out)
        x = tf.expand_dims(
                tf.concat([
                    x, tf.squeeze(context, axis=1)
                ], axis=1),
            axis=1)
        x, state = self.rnn(x, state)
        x = self.Wc(x)
        x = self.Ws(x)
        return x, state, alignment
```

훈련 루프도 약간 다르다. 어텐션 신경망을 사용하지 않고 훈련 속도를 높이기 위해 티처 포싱을 사용한 seq2seq와 달리 어텐션을 사용하면 이전 단계의 디코더 출력이 출력에 주의를 기울여 현 단계에서 더 강하게 영향을 미치므로 디코더 입력을 하나씩 소비해야 한다. 새로운 훈련 루프는 다음과 같으며 어텐션이 없는 seq2seq 신경망의 훈련 루프보다 속도가 훨씬 느리다. 그러나 이러한 유형의 훈련 루프는 특히 예정된 샘플링 전략을 구현하려는 경우, 이전 신경망에서도 사용될 수 있다.

```python
@tf.function
def train_step(encoder_in, decoder_in, decoder_out, encoder_state):
    with tf.GradientTape() as tape:
        encoder_out, encoder_state = encoder(encoder_in, encoder_state)
        decoder_state = encoder_state
        loss = 0
        for t in range(decoder_out.shape[1]):
            decoder_in_t = decoder_in[:, t]
            decoder_pred_t, decoder_state, _ = decoder(decoder_in_t,
                decoder_state, encoder_out)
            loss += loss_fn(decoder_out[:, t], decoder_pred_t)
    variables = (encoder.trainable_variables +
        decoder.trainable_variables)
    gradients = tape.gradient(loss, variables)
    optimizer.apply_gradients(zip(gradients, variables))
    return loss / decoder_out.shape[1]
```

predict()와 evaluation() 메서드에도 비슷한 변경 사항이 있다. 이 메서드들은 추가 encoder_out 매개변수와 추가 context 반환 값이 포함된 디코더 측의 새로운 데이터 흐름도 구현하기 때문이다.

어텐션이 있는 두 가지 버전의 seq2seq 신경망을 훈련시키는데, 한 번은 가산적(바다나우) 어텐션으로 또 한 번은 곱(루옹) 어텐션으로 훈련한다. 두 신경망 모두 250 대신 50에폭에 걸쳐 훈련됐다. 그러나 두 경우 모두 250에폭 동안 어텐션 없는 seq2seq 신경망으로 훈련해 얻은 것과 비슷한 품질로 번역이 생성됐다. 어텐션 매커니즘이 있는 seq2seq 신경망의 훈련 종료 시에 학습 손실은 약간 낮아졌으며 테스트 집합의 BLEU 점수는 어텐션 없는 seq2seq 신경망에 비해 약간 더 높았다.

표 5.3 서로 다른 기법의 BLEU 점수

신경망 설명	종료 손실 (훈련 집합)	종료 BLEU 점수 (훈련 집합)
어텐션 없는 seq2seq, 250에폭 훈련	0.0967	4.869e-02
가산적 어텐션을 가진 seq2seq, 30에폭 훈련	0.0893	5.508e-02
곱 어텐션이 있는 seq2seq, 30에폭 훈련	0.0706	5.563e-02

다음은 두 신경망에서 생성된 번역의 예다. 에폭 수와 사용된 어텐션 유형은 각 예에서 언급된다. 번역이 레이블과 100% 동일하지 않은 경우에도 많은 번역본이 원본의 유효한 번역이다.

표 5.4 영어에서 프랑스어로의 번역 예제

어텐션 유형	에폭 #	영어	프랑스어(레이블)	프랑스어(예측)
바다나우	20	your cat is fat.	ton chat est gras.	ton chat est mouille.
	25	i had to go back.	il m a fallu retourner.	il me faut partir.
	30	try to find it.	tentez de le trouver.	tentez de le trouver.
루옹	20	that s peculiar.	c est etrange.	c est deconcertant.
	25	tom is athletic.	thomas est sportif.	tom est sportif.
	30	it s dangerous.	c est dangereux.	c est dangereux.

여기에 설명된 신경망의 전체 코드는 5장의 코드 폴더에 있는 seq2seq_with_attn.py 파일에 있다. 명령줄에서 코드를 실행하려면 다음 명령을 사용하라. Decoder 클래스의 init() 메서드에서 바다나우(가산적) 또는 루옹(곱) 어텐션 매커니즘을 주석 처리해 전환할 수 있다.

```
$ python seq2seq_with_attn.py
```

요약

5장에서는 자연어, 시계열, 음성 등과 같은 시퀀스를 처리하는 데 특화된 신경망 부류인 RNN에 대해 배웠다. CNN이 이미지의 기하를 이용하는 것과 마찬가지로 RNN은 입력의 순차적 구조를 이용한다. 5장에서 기본 RNN 셀과 RNN이 이전 시간 단계의 상태를 처리하는 방법과 내재적인 BPTT의 문제로 인해 그래디언트가 사라지고 폭발하는 바에 대해 알아봤다. 그리고 이러한 문제로 인해 LSTM, GRU 및 핍홀 LSTM과 같은 새로운 RNN 셀 아키텍처가 어떻게 개발됐는지 살펴봤다. 또한 양방향 또는 상태 저장과 같이 RNN을 보다 효과적으로 만드는 몇 가지 간단한 방법에 대해서도 배웠다.

그런 다음 다른 RNN 위상과 각 위상이 특정 문제 집합에 어떻게 적용되는지 관찰했다. 많은 이론 설명 뒤에 이 세 가지 위상의 예를 살폈다. 그런 다음 위상 중에서 기계 번역 커뮤니티에서 처음으로 인기를 얻은 seq2seq라는 위상을 중점적으로 살펴봤는데, seq2seq는 이후에는 기계 번역 문제와 유사한 것으로 적용될 수 있는 상황에도 사용됐다.

여기에서 seq2seq 신경망의 성능을 향상시키는 방법으로 시작된 어텐션을 살펴봤지만 그 이후 어텐션은 데이터 손실을 최소화하면서 표현을 압축하려는 많은 상황에서 매우 효과적으로 사용됐다. 우리는 서로 다른 종류의 어텐션을 살펴봤고, seq2seq 신경망에서 어텐션을 사용하는 예를 지켜봤다.

6장에서는 재현 계층이 어텐션 계층으로 대체돼 현재 인코더-디코더 아키텍처의 최첨단 성능을 내고 있는 트랜스포머에 대해서 배운다.

참고문헌

1. Jozefowicz, R., Zaremba, R. and Sutskever, I. (2015). *An Empirical Exploration of Recurrent Neural Network Architectures*. Journal of Machine Learning

2. Greff, K., et al. (July 2016). *LSTM: A Search Space Odyssey*. IEEE Transactions on Neural Networks and Learning Systems

3. Bernal, A., Fok, S., and Pidaparthi, R. (December 2012). *Financial Markets Time Series Prediction with Recurrent Neural Networks*

4. Hadjeres, G., Pachet, F., and Nielsen, F. (August 2017). *DeepBach: a Steerable Model for Bach Chorales Generation.* Proceedings of the 34th International Conference on Machine Learning (ICML)

5. Karpathy, A. (2015). *The Unreasonable Effectiveness of Recurrent Neural Networks.* URL: http://karpathy.github.io/2015/05/21/rnn-effectiveness/

6. Karpathy, A., Li, F. (2015). *Deep Visual-Semantic Alignments for Generating Image Descriptions.* Conference on Pattern Recognition and Pattern Recognition (CVPR)

7. Socher, et al. (2013). *Recursive Deep Models for Sentiment Compositionality over a Sentiment Treebank.* Proceedings of the 2013 Conference on Empirical Methods in Natural Language Processing (EMNLP)

8. Bahdanau, D., Cho, K., and Bengio, Y. (2015). *Neural Machine Translation by Jointly Learning to Align and Translate.* arXiv: 1409.0473 [cs.CL]

9. Wu, Y., et al. (2016). *Google's Neural Machine Translation System: Bridging the Gap between Human and Machine Translation.* arXiv 1609.08144 [cs.CL]

10. Vinyals, O., et al. (2015). *Grammar as a Foreign Language.* Advances in Neural Information Processing Systems (NIPS)

11. Rumelhart, D. E., Hinton, G. E., and Williams, R. J. (1985). *Learning Internal Representations by Error Propagation.* Parallel Distributed Processing: Explorations in the Microstructure of Cognition

12. Britz, D. (2015). *Recurrent Neural Networks Tutorial, Part 3-Backpropagation Through Time and Vanishing Gradients*: http://www.wildml.com/2015/10/recurrent-neural-networkstutorial-part-3-backpropagation-through-time-and-vanishing-gradients/

13. Pascanu, R., Mikolov, T., and Bengio, Y. (2013). *On the difficulty of training Recurrent Neural Networks.* Proceedings of the 30th International Conference on Machine Learning (ICML)

14. Hochreiter, S., and Schmidhuber, J. (1997). *LSTM can solve hard long time lag problems.* Advances in Neural Information Processing Systems (NIPS)

15. Britz, D. (2015). *Recurrent Neural Network Tutorial, Part 4 – Implementing a GRU/LSTM RNN with Python and Theano*: http://www.wildml.com/

2015/10/recurrent-neural-network-tutorialpart-4-implementing-a-grulstm-rnn-with-python-and-theano/

16. Olah, C. (2015). *Understanding LSTM Networks*: https://colah.github.io/posts/2015-08-Understanding-LSTMs/

17. Cho, K., et al. (2014). *Learning Phrase Representations using RNN Encoder-Decoder for Statistical Machine Translation*. arXiv: 1406.1078 [cs.CL]

18. Shi, X., et al. (2015). *Convolutional LSTM Network: A Machine Learning Approach for Precipitation Nowcasting*. arXiv: 1506.04214 [cs.CV]

19. Gers, F.A., and Schmidhuber, J. (2000). *Recurrent Nets that Time and Count*. Proceedings of the IEEE-INNS-ENNS International Joint Conference on Neural Networks (IJCNN)

20. Kotzias, D. (2015). *Sentiment Labeled Sentences Dataset*, provided as part of "From Group to Individual Labels using Deep Features" (KDD 2015): https://archive.ics.uci.edu/ml/datasets/Sentiment+Labelled+Sentences

21. Collobert, R., et al (2011). *Natural Language Processing (Almost) from Scratch*. Journal of Machine Learning Research (JMLR)

22. Marcus, M. P., Santorini, B., and Marcinkiewicz, M. A. (1993). *Building a large annotated corpus of English: the Penn Treebank*. Journal of Computational Linguistics

23. Bird, S., Loper, E., and Klein, E. (2009). *Natural Language Processing with Python, O'Reilly Media Inc*. Installation: https://www.nltk.org/install.html

24. Liu, C., et al. (2017). *MAT: A Multimodal Attentive Translator for Image Captioning*. arXiv: 1702.05658v3 [cs.CV]

25. Suilin, A. (2017). *Kaggle Web Traffic Time Series Forecasting*. GitHub repository: https://github.com/Arturus/kaggle-web-traffic

26. Tatoeba Project. (1997-2019). Tab-delimited Bilingual Sentence Pairs: http://tatoeba.org and http://www.manythings.org/anki

27. Graves, A., Wayne, G., and Danihelka, I. (2014). *Neural Turing Machines*. arXiv: 1410.5401v2 [cs.NE]

28. Bahdanau, D., Cho, K., and Bengio, Y. (2015). *Neural Machine Translation by jointly learning to Align and Translate*. arXiv: 1409.0473v7 [cs.CL]

29. Luong, M., Pham, H., and Manning, C. (2015). *Effective Approaches to*

Attention-based Neural Machine Translation. arXiv: 1508.04025v5 [cs.CL]

30. Vaswani, A., et al. (2017). *Attention Is All You Need*. 31st Conference on Neural Information Processing Systems (NeurIPS)

31. Zhang, A., Lipton, Z. C., Li, M., and Smola, A. J. (2019). *Dive into Deep Learning*: http://www.d2l.ai

32. Ba, J. L., Kiros, J. R., and Hinton, G. E. (2016). *Layer Normalization*. arXiv: 1607.06450v1 [stat.ML]

33. Allamar, J. (2018). *The Illustrated Transformer*: http://jalammar.github.io/illustratedtransformer/

34. Honnibal, M. (2016). *Embed, encode, attend, predict: The new deep learning formula for stateofthe-art NLP models*: https://explosion.ai/blog/deep-learning-formula-nlp

35. Papineni, K., Roukos, S., Ward, T., and Zhu, W. (2002). *BLEU: A Method for Automatic Evaluation of Machine Translation*. Proceedings of the 40th Annual Meeting for the Association of Computational Linguistics (ACL)

36. Project Gutenberg (2019): https://www.gutenberg.org/

06

트랜스포머

트랜스포머 기반 아키텍처는 **자연어 처리**^{NLP, Natural Language Processing}(그리고 그 이상)에서 거의 보편화돼 있는데, 특히 다음과 같은 다양한 작업을 해결해준다.

- 신경망 기계 번역
- 텍스트 요약
- 텍스트 생성
- 명명된 개체 인식
- 질의응답
- 텍스트 분류
- 텍스트 유사성

- 불쾌감을 주는 메시지/욕설 감지

- 쿼리 이해

- 언어 모델링

- 다음 문장 예측

- 독해력

- 감정 분석

- 다른 표현으로 바꾸기^{Paraphrasing}

그 밖에도 많은 응용이 있다.

2017년 Google Research에서 「Attention Is All You Need」라는 논문을 발표한 지 채 4년도 안 돼 트랜스포머는 지난 30년 동안 달성한 모든 기록을 경신하며 NLP 커뮤니티를 돌풍에 빠뜨렸다.

트랜스포머 기반 모델은 문장 등의 각 입력 시퀀스에서 단어들 간의 복잡한 관계를 식별해내는 소위 어텐션이라는 메커니즘을 사용한다. 어텐션은 LSTM RNN과 심지어 CNN과 같은 그 이전 기술이 텍스트와 같은 순차 데이터를 모델링할 때 달성할 수 없었던 "쌍별 상관^{pairwise correlations}"의 인코딩 문제를 해결하는 데 도움이 됐다.

BERT, T5, GPT(6장 뒷부분에서 자세히 설명)와 같은 모델은 이제 컴퓨터 비전에서부터 음성 인식, 번역, 단백질과 코딩 서열^{coding sequences} 등에 이르기까지 거의 모든 분야의 새로운 애플리케이션을 위한 최첨단 기본 구성 요소를 이룬다. 어텐션은 게임용 강화학습에도 적용됐는데, 딥마인드^{DeepMind}의 알파스타^{AlphaStar}(https://rdcu.be/bVI7G와 https://www.deepmind.com/blog/alphastar-grandmaster-level-in-starcraftii-using-multi-agent-reinforcement-learning)에서 플레이어와 상대 〈스타크래프트^{StarCraft}〉 게임 유닛의 관찰은 자체-어텐션으로 처리됐다. 이러한 이유로 스탠포드^{Stanford}는 최근 거대한 사전 훈련 트랜스포머를 기반으로 하는 **대규모 언어 모델**^{LLM, Large Language Models} 집합을 정의하기 위해 "기반 모델^{foundation models}"이라는 용어를 도입했다.

이러한 진전은 다음 몇 절에서 살펴볼 몇 가지 간단한 아이디어 덕분에 이뤄졌다.

6장에서는 다음의 내용을 배운다.

- 트랜스포머의 개념
- 시간에 따른 진화 과정
- 일부 최적화 기술
- 해야 할 일과 하지 말아야 할 일
- 미래의 모습

지금부터 트랜스포머에 대해 알아보자. 실제로 어텐션이 필요한 전부라는 사실에 놀랄 것이다.

아키텍처

트랜스포머 아키텍처는 일반적으로 순환 네트워크의 아키텍처와 다르지만 RNN에서 시작된 몇 가지 핵심 아이디어를 기반으로 한다. 이 책을 쓰는 시점에서 트랜스포머는 텍스트나 시퀀스로 표현되는 모든 데이터와 관련된 딥러닝 아키텍처의 다음 진화 단계를 대표하는 필수적인 도구다.

원래의 트랜스포머 아키텍처는 재현[recurrent] 계층이 (셀프-)어텐션 계층으로 대체된 인코더-디코더 아키텍처의 변형이다. 트랜스포머는 처음에는 아시시 바스와니[Ashish Vaswani], 노암 사지르[Noam Shazeer], 니키 파머[Niki Parmar], 야곱 우스코레이트[Jakob Uszkoreit], 리온 존스[Llion Jones], 에이단 고메즈[Aidan N. Gomez] 루카스 카이저[Lukasz Kaiser], 일리아 폴로수킨[Illia Polosukhin]이 쓴 「Attention is All You Need」라는 제목의 논문에서 소개됐다. 다음 링크(https://arxiv.org/abs/1706.03762)에 참조 구현이 제공되는데, 여기서도 참조한다.

이 아키텍처는 2014년부터 2015년까지 인기를 끌었던 인코더-디코더 모델의 인스턴스 중 하나다(예: 서츠케버 등[Sutskever et al.](2014), Sequence to Sequence Learning with Neural Networks, https://arxiv.org/abs/1409.3215). 그 전에는 5장에서 알아본 LSTM과 기

타 RNN 모델에서 어텐션이 함께 사용됐다. 어텐션은 바다나우 등[Bahdanau et al]이 2014년 「Neural Machine Translation by Jointly Learning to Align and Translate」에 소개했고(https://arxiv.org/abs/1409.047), 2015년 루옹 등에 의해 「Effective Approaches to Attention-based Neural Machine Translation」(https://arxiv.org/abs/1508.04025)에서 신경망 머신 번역에 응용된 이후 여러 유형의 모델에서 다른 어텐션 조합이 등장했다. 2017년에 첫 번째 트랜스포머는 **신경망 기계 번역**[NMT, Neural Machine Translation] 모델에서 LSTM을 제거하고 그 대신 소위 (셀프-)어텐션 블록을 사용할 수 있음을 시연했다(따라서 논문 제목이 'Attention Is All You Need'이다).

핵심 직관

6장의 뒷부분에서 유용하게 사용될 몇 가지 개념부터 정의해보자. 2017년 트랜스포머와 함께 도입된 혁신은 네 가지 주요 핵심 아이디어를 기반으로 한다.

- 위치 인코딩
- 어텐션
- 셀프-어텐션
- 멀티-헤드 (셀프-)어텐션

다음 절에서는 이에 대해 자세히 설명한다.

위치 인코딩

RNN은 단어를 순차적으로 처리하므로, 단어의 순서가 유지된다. 이 접근 방식의 장점은 단순성이지만, 단점 중 하나는 병렬화가 어렵다는 것이다(예를 들어, 복수 하드웨어 가속기를 사용한 훈련). GPU나 TPU와 같은 고도의 병렬 아키텍처를 효과적으로 활용하려면 순서를 나타낼 다른 방법이 필요하다.

트랜스포머는 위치 인코딩[positional encoding]이라는 간단한 대안적 순서 표현 방식을 사용하는데, 각 단어와 텍스트에서의 해당 위치를 나타내는 숫자를 연계시킨다. 예를 들면 다음과 같다.

```
[("Transformers", 1), ("took", 2), ("NLP", 3), ("by", 4), ("storm", 5)]
```

여기서의 핵심적 직관은 트랜스포머에 위치 정보를 보강하면 모델은 각 토큰(텍스트/문장의 단어)이 가지는 위치의 중요성을 학습할 수 있다는 점이다. 위치 인코딩은 트랜스포머 이전에도 존재했지만(RNN에 대한 장에서 설명한 대로) 이 직관은 트랜스포머 기반 모델을 만드는 맥락에서 특히 중요하다는 점에 주목하자. (절대) 위치 인코딩이 원 트랜스포머 논문에 소개된 후 상대 위치 인코딩(쇼 등Shaw et al.의「Self-attention with Relative Position Representations」(2018) https://arxiv.org/abs 1803.02155) 그리고 회전식 위치 인코딩(수 등Su et al.의「RoFormer: Enhanced Transformer with Rotary Position Embedding」(2021) https://arxiv.org/abs/2104.09864)과 같은 다른 변형도 등장했다.

이제 위치 인코딩을 정의했으므로 어텐션 메커니즘을 알아보도록 하자.

어텐션

트랜스포머 레시피의 또 다른 중요한 요소는 어텐션이다. 이 메커니즘은 2014년 드미트리 바다나우Dzmitry Bahdanau, 경현 조KyungHyun Cho, 요슈아 벤지오Yoshua Bengio의「Neural Machine Translation by Jointly Learning to Align and Translate」(https://arxiv.org/pdf/1409.0473.pdf)에서 기계 번역의 맥락으로 처음 소개됐다. 일부 연구 논문도 어텐션의 아이디어에 기여했는데, 2013년으로 거슬러 올라가면「Alex Graves' Generating Sequences with Recurrent Neural Networks」(https://arxiv.org/pdf/1308.0850.pdf)가 있다.

이 어텐션이라는 핵심 아이디어는 최초의 트랜스포머 논문인「Attention is All You Need」의 제목의 일부가 됐다. 개략적으로 개요를 설명하기 위해 논문의 어텐션을 소개한 다음 예제를 살펴보겠다.

The agreement on the European Economic Area was signed in August 1992.

이 문장을 프랑스어로 번역하면 다음과 같다.

L'accord sur la zone économique européenne a été signé en août 1992.

1980년대 초 자동 기계 번역을 수행하는 초기의 작업들은 각 단어의 순차적 번역을 기반으로 했다. 이 접근 방식은 텍스트의 구조가 원시 언어에서 대상 언어로 번역될 때 여러 가지 방식으로 변형될 수 있기 때문에 매우 제한적이었다. 예를 들어 프랑스어 번역에서 일부 단어는 순서가 다를 수 있다. 영어에서는 "European Economic Area"에서와 같이 형용사(여기서는 European)가 일반적으로 항상 명사 앞에 위치하는 반면, 프랑스어에서는 형용사가 명사 뒤에 올 수도 있다. 명사 "la zone économique européenne." 또한 영어와 달리 프랑스어에는 성별을 가진 단어다. 예를 들어 형용사 "économique"와 "européenne"는 여성명사 "la zone"에 속하므로 여성형이어야 한다.

어텐션 방식의 핵심 직관은 단어를 출력 언어로 번역할 때, 원시 문장의 모든 개별 단어를 "살펴보는looks at" 텍스트 모델을 구축하자는 것이다. 2017년의 원래 트랜스포머 논문에서 저자는 이 작업을 수행하는 데 드는 연산 비용은 2차quadratic이지만 더 정확한 번역 측면으로 얻을 수 있는 이득이 상당하다고 지적했다. 보다 최근에는 Google, 딥마인드, 캠브리지대학, 앨런 튜링 인스티튜트의 초로만스키 등Choromanski et al.의 「Rethinking Attention with Performers」 논문의 FAVOR+Fast Attention Via positive Orthogonal Random 같은 특징으로 인해 초기의 2차 계산 복잡성이 줄었다.

바다나우 등(2014)의 원 어텐션 논문에 있는 좋은 예를 하나 살펴보자.

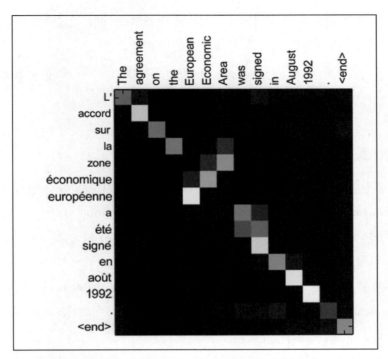

그림 6.1 영어 문장 "The agreement on the European Economic Area was signed in August 1992."에 대한 어텐션의 예다. 그림은 "인용 가중치"를 시각화해준다. 인용 가중치는 각 인용에 연계된 가중치다(출처: 「Neural Machine Translation by Jointly Learning to Align and Translate」 by Bahdanau et al.(2014)(https://arxiv.org/abs/1409.0473)).

어텐션 메커니즘을 사용하면 신경망은 각 프랑스어 단어와 관련된 각 원시 영어 단어의 히트맵을 학습할 수 있다. 관계는 대각선에만 있는 것이 아니라 전체 행렬에 걸쳐 퍼질 수 있다는 점에 유의하자. 예를 들어 모델이 프랑스어 단어 "européenne"를 출력할 때 입력 단어 "European"과 "Economic"에 많은 어텐션을 기울인다(그림 6.1에서는 대각선과 인접한 셀에 해당한다). 바다나우 등의 2014 어텐션 논문에서는 모델(어텐션이 있는 RNN 인코더-디코더 프레임워크를 사용함)이 지도학습 없이도 입력 요소에 대해 정렬과 집중하도록 학습하는 것이 가능하다는 것을 보였고, 그림 6.1에서 볼 수 있듯이 입력 영어 문장을 프랑스어로 번역할 수 있음을 보여줬다. 물론 훈련 집합이 클수록 어텐션 기반 모델이 학습할 수 있는 상관관계의 수가 더 많다.

요컨대 어텐션 메커니즘은 이전의 모든 단어에 접근할 수 있으며 학습된 관련성 측도에 따라 가중치를 잴 수 있다. 이런 식으로 어텐션은 대상 문장에서 멀리 떨어진 토큰에 대한 관련 정보를 제공할 수 있다.

이제 트랜스포머의 또 다른 핵심 요소인 "셀프-어텐션self-attention"에 집중해 보도록 하자.

셀프-어텐션

원래 트랜스포머 논문에서 대중화된 세 번째 핵심 아이디어는 원시 언어의 동일한 문장 내에서 어텐션을 사용하는 것이다. 이것이 바로 셀프 어텐션이다. 이 방법을 통해 신경망은 (기계) 번역에 집중하기 전에 위치에 관계없이 각 입력 시퀀스(예: 문장) 내 모든 단어 (또는 기타 요소) 간의 관계를 학습하도록 훈련할 수 있다. 셀프-어텐션 개념은 쳉 등Cheng et al.의 2016년 논문 「Long Short-Term Memory-Networks for Machine Reading」(https://arxiv.org/pdf/1601.06733.pdf)의 아이디어로부터 기인한다.

다음 두 문장의 예로 살펴보자.

"Server, can I have the check?"

"Looks like I just crashed the server."

분명 "server"라는 단어는 두 문장에서 매우 다른 의미[1]를 가진다. 셀프-어텐션은 주변 단어의 문맥을 고려해 각 단어를 이해할 수 있다. 반복하자면 어텐션 메커니즘은 이전의 모든 단어에 접근할 수 있으며 학습된 관련성 측도에 따라 가중치를 계산한다. 셀프-어텐션은 원시 문장에서 멀리 떨어진 토큰에 대한 관련 정보를 제공한다.

멀티-헤드 (셀프-)어텐션

원래 트랜스포머는 (셀프-)어텐션을 여러 번 수행한다. 소위 가중치 행렬(어텐션을 계산하는 방법 절에서 자세히 다룬다)의 단일 집합을 어텐션 헤드라고 한다. 이러한 측도 집합이 여러 개인 경우에는 어텐션 헤드는 복수 개가 된다. 멀티-헤드Multi-head (셀프-)

---

1 위의 문장은 음식점의 종업원(server)을 의미하지만 아래 문장은 컴퓨터 서버(server)를 의미한다. – 옮긴이

어텐션 계층은 일반적으로 여러 개의 병렬 (셀프-)어텐션 계층을 갖고 있다. 멀티-헤드를 도입하면 어떤 단어가 서로 "관련"이 있는지에 대한 많은 정의를 가질 수 있다. 또한 관련성에 대한 이러한 모든 정의는 최신 하드웨어 가속기로 병렬로 계산할 수 있으므로 계산 속도가 빨라진다.

지금까지 개략적인 수준에서 트랜스포머 주요 구성 요소의 정의를 살펴봤다. 이제 어텐션 메커니즘을 계산하는 방법을 자세히 알아보자.

어텐션을 계산하는 방법

원래 트랜스포머에서는 셀프-어텐션 함수를 스케일 내적^{scaled dot-product} 단위를 사용해 계산한다. 2017년 논문의 저자는 어텐션 기법을 스케일 내적 어텐션이라고 불렀다. 아마 고교 시절, 두 벡터 사이의 내적이란 두 벡터가 얼마나 "가까이" 있는지에 대한 좋은 힌트를 제공한다는 사실을 배웠던 점을 기억할 것이다.

트랜스포머(인코더 혹은 디코더)로 전달되는 각 입력 토큰 시퀀스(예: 문장) 임베딩은 모든 시퀀스 요소(예: 단어) 간의 어텐션 가중치(아래에서 자세히 설명)를 생성한다. 출력으로는 모든 토큰에 대해 임베딩이 생성되는데, 토큰 자체는 물론 모든 유관된 토큰과의 상대적 어텐션 가중치 값도 가진다.

어텐션 계층은 입력 벡터를 쿼리, 키, 값의 행렬로 변환한 다음 어텐션 헤드로 분할한다(따라서 멀티-헤드 어텐션이 된다).

- 쿼리 단어는 어텐션 함수를 계산하는 단어로 해석할 수 있다.
- 키와 값 단어는 현재 어텐션하고 있는 단어다.

내적(아래에서 자세히 설명)은 단어 간의 유사성을 알려준다. 두 단어에 대한 벡터가 더 정렬된다면 어텐션 점수가 더 높아진다. 트랜스포머는 문장 내의 두 단어가 서로 관련이 있는 경우 해당 단어 벡터가 정렬되는 방식으로 가중치를 학습한다.

각 어텐션 계층은 세 가지 가중치 행렬을 학습한다.

- 쿼리 가중치 W_Q
- 키 가중치 W_K
- 값 가중치 W_V

각 단어 i에 대해 입력 단어 임베딩 x_i가 계산돼, 다음을 생성한다.

- 쿼리 벡터 $q_i = x_i W_Q$
- 키 벡터 $k_i = x_i W_K$
- 값 벡터 $v_i = x_i W_V$

주어진 쿼리와 해당 키 벡터에 대해 다음 내적 공식은 원래 트랜스포머 논문의 어텐션 가중치를 생성한다.

$$a_{i,j} = q_i . k_j$$

여기서,

- $a_{i,j}$는 단어 i에서 단어 j로의 어텐션이다.
- .은 키와 쿼리의 내적이며 벡터가 얼마나 "가까운지" 알 수 있다.

단어 i에 대한 어텐션 단위는 단어 i에서 단어 j까지의 어텐션인 $a_{i,j}$로 가중된 모든 단어의 값 벡터의 가중 합이다.

이제 훈련 중에 그래디언트를 안정화하기 위해 어텐션 가중치를 키 벡터 차원의 제곱근 $\sqrt{d_k}$로 나눈다.

그런 다음 결과를 softmax 함수를 통해 전달해 가중치를 정규화한다. 단어 i에서 단어 j로의 어텐션 함수와 단어 j에서 단어 i로의 어텐션 함수는 동일하지 않다는 점에 유의하자.

최신 딥러닝 가속기는 행렬에서 잘 작동하므로 큰 행렬을 사용해 모든 단어에 대한 어텐션을 계산할 수 있다는 점에 주목하자.

q_i, k_i, v_i(여기서 i는 i번째 행)를 각각 행렬 Q, K, V로 정의하자. 그러면 어텐션 함수는 다음의 어텐션 행렬로 요약할 수 있다.

$$어텐션(Q, K, V) = softmax\left(\frac{QK^T}{\sqrt{d_k}}\right)$$

이 절에서는 원래 트랜스포머 논문에 소개된 어텐션 함수를 계산하는 방법에 대해 알아봤다. 다음으로 인코더-디코더 아키텍처에 대해 설명하겠다.

인코더-디코더 아키텍처

5장에서 설명한 seq2seq 모델(일리아 서츠케버[Ilya Sutskever], 오리올 비니알[Oriol Vinyals], 쿠옥 르 [Quoc V. Le]의 「Sequence to Sequence Learning with Neural Networks」(2014))과 유사하게 원래 트랜스포머 모델도 인코더-디코더 아키텍처를 사용한다.

- 인코더는 임베딩의 입력(소스) 시퀀스를 가져와 입력 임베딩의 새로운 고정 길이 벡터로 변환한다.
- 디코더는 인코더에서 출력 임베딩 벡터를 가져와 출력 임베딩 시퀀스로 변환한다.
- 인코더와 디코더는 모두 여러 개의 적층 계층으로 구성된다. 각 인코더 및 디코더 계층은 앞서 설명한 어텐션 메커니즘을 사용한다.

이 절의 뒷부분에서는 트랜스포머 아키텍처에 대해 훨씬 더 자세히 알아볼 것이다.

트랜스포머 아키텍처가 도입된 이후 다른 최신 네트워크에서는 인코더 혹은 디코더 구성 요소(또는 둘 다)만 사용했으며 이에 대해서는 6장의 '트랜스포머 종류' 절에서 설명한다.

다음으로 원래 트랜스포머의 다른 구성 요소인 잔차와 정규화 계층에 대해 간단히 살펴보자.

잔류와 정규화 계층

일반적으로 트랜스포머 기반 네트워크는 어텐션 메커니즘과 같은 기존의 다른 최고의 머신러닝 방법론을 재사용한다. 따라서 신경망의 인코더 및 디코더 계층 모두에 잔차 연결(흐 등[He et al.]의 「Deep Residual Learning for Image Recognition」(2016), https://arxiv.org/abs/1512.03385)과 정규화 과정(바 등[Ba et al.]의 「Layer Normalization」(2016), https://arxiv.org/abs/1607.06450)이 사용된다는 사실이 그리 놀라운 것은 아니다.

자, 이제 트랜스포머에 대해 자세히 알아보기 위한 모든 핵심 요소를 전부 훑어봤다.

트랜스포머 아키텍처 개요

이제 원래 트랜스포머의 핵심 개념 중 일부를 다뤘으므로 중요한 2017년 논문에 소개된 아키텍처에 대해 자세히 살펴보겠다. 트랜스포머 기반 모델은 일반적으로 RNN을 사용하지 않고 다양한 어텐션 메커니즘을 활용해 구축된다. 이는 어텐션 메커니즘 자체가 어텐션이 있는 RNN(인코더-디코더) 모델과 일치하고 성능을 능가할 수 있다는 사실의 결과이기도 하다. 그것이 그 유명한 논문의 제목이 「Attention is all You Need」인 이유다.

그림 6.2는 RNN과 어텐션이 포함된 seq2seq 네트워크를 보여주고, 이를 원래 트랜스포머 네트워크와 비교한다.

트랜스포머는 다음과 같은 측면에서 어텐션 모델이 있는 seq2seq와 유사하다.

- 두 접근 방식 모두 소스(입력)와 목표(출력) 시퀀스에서 작동한다.
- 둘 다 앞서 언급한 바와 같이 인코더-디코더 아키텍처를 사용한다.
- 인코더의 마지막 블록 출력은 디코더에서 어텐션 함수를 계산하기 위한 컨텍스트 또는 생각[thought] 벡터로 사용된다.
- 목표(출력) 시퀀스 임베딩은 출력 임베딩을 정수 형식의 최종 시퀀스로 변환하는 밀집(완전히 연결된) 블록에 공급된다.

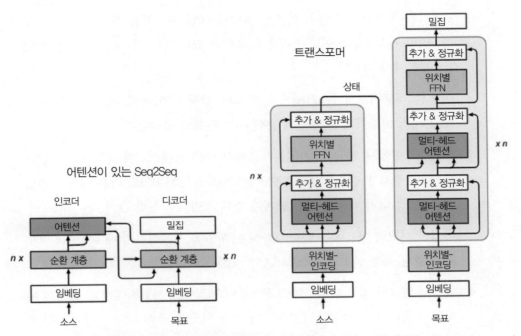

그림 6.2 (a) seq2seq + 어텐션 및 (b) 트랜스포머 아키텍처의 데이터 흐름. 이미지 출처: Zhang, et al.

두 아키텍처는 다음과 같은 점에서 다르다.

- seq2seq 네트워크는 인코더의 순환 및 어텐션 계층과 디코더의 순환 계층을 사용한다.

  트랜스포머는 그림 6.2와 같이 이러한 계층을 소위 트랜스포머 블록(N개의 동일한 계층 스택)으로 대체했다.

- 인코더에서 트랜스포머 블록은 멀티-헤드 (셀프-)어텐션 계층과 위치별 피드포워드 계층의 하위 계층 시퀀스로 구성된다. 이 두 계층은 잔차 연결을 갖고, 그 뒤를 정규화 계층이 뒤따른다.

- 디코더에서 트랜스포머 블록은 마스킹(마스킹된 멀티-헤드 셀프 어텐션)이 있는 멀티-헤드 (셀프-)어텐션 계층의 변형과 인코더와 같은 피드포워드 계층(동일한 잔차 연결 및 정규화 계층 포함)을 가진다. 마스킹은 위치가 미래 시점에 참여하는 것을 방지하는 데 도움이 된다. 또한 디코더에는 인코

더의 트랜스포머 블록 마스킹 출력에 대한 어텐션을 계산하는 두 번째 멀티-헤드 (셀프-)어텐션 계층이 포함돼 있다. 자세한 내용은 이 절의 뒷부분에서 다룬다.

- 어텐션 네트워크의 seq2seq에서 인코더 상태는 어텐션 네트워크가 있는 seq2seq와 마찬가지로 첫 번째 순환 시간 단계로 전달된다.

  트랜스포머에서 인코더 상태는 디코더의 모든 트랜스포머 블록으로 전달된다. 이를 통해 트랜스포머 네트워크는 seq2seq 네트워크와 같은 시간 종속성이 더 이상 없기 때문에 시간 단계에 걸쳐 병렬로 작동할 수 있다.

  마지막 디코더 다음에는 출력(다음 토큰) 확률을 생성하기 위해 softmax 함수가 포함된 최종 선형 트랜스포머(밀집 계층)가 이어진다.

- 앞에서 언급한 병렬성 때문에 트랜스포머 네트워크 시퀀스에서 각 요소의 위치를 구별하기 위한 위치 정보를 제공하는 인코딩 계층(위치 인코딩 계층)이 추가된다. 이러한 방식으로 첫 번째 인코더는 인코딩만이 아니라 입력 시퀀스의 위치 정보 및 임베딩을 입력으로 사용하므로 위치 정보를 고려할 수 있다.

트랜스포머 네트워크를 통해 데이터가 흐르는 과정을 살펴보자. 6장의 뒷부분에서 Keras API와 함께 TensorFlow를 사용해 트랜스포머 모델을 처음부터 생성하고 훈련할 것이다.

1. 데이터 전처리의 일부로 입력과 출력이 토큰화되고 임베딩으로 변환된다.

2. 다음으로 입력과 출력 임베딩에 위치 인코딩을 적용해 시퀀스에서 토큰의 상대적 위치에 대한 정보를 얻는다. 인코더 부분에서,

   - 그림 6.2에 따라 인코더 측은 임베딩과 위치 인코딩 계층 및 6개의 동일한 트랜스포머 블록(원래 트랜스포머에는 6개의 "계층"이 있음)으로 구성된다. 앞에서 배운 것처럼 인코더의 각 트랜스포머 블록은 멀티-헤드 (셀프-)어텐션 계층과 위치별 피드포워드 계층으로 구성된다.

   이미 셀프-어텐션이 동일한 시퀀스의 일부에 "주의"를 기울이는 과정임을 간

단히 살펴봤다. 문장을 처리할 때 현재 단어와 가장 정렬되는 다른 단어가 무엇인지 알고 싶을 수 있다.

- 멀티-헤드 어텐션 계층은 여러 개의(저명한 그 논문에 포함된 참조 구현에서는 8개) 병렬 셀프 어텐션 계층으로 구성된다. 셀프-어텐션은 입력 임베딩에서 세 개의 벡터 Q(쿼리), K(키), V(값)를 구성해 수행된다. 이러한 벡터는 입력 임베딩을 3개의 훈련 가능한 가중치 행렬 W_Q, W_K 및 W_V와 곱해 생성된다. 출력 벡터 Z는 다음 공식을 사용해 각 셀프-어텐션 계층에서 K, Q 및 V를 결합해 생성된다. 여기에서 d_K는 K, Q 및 V 벡터의 차원을 나타낸다(저명한 그 논문에 포함된 참조 구현에서는 64).

$$z = softmax(\frac{QK^T}{\sqrt{d_k}})V$$

- 멀티-헤드 어텐션 계층은 Z에 대한 여러 값(각 셀프-어텐션 계층에서 여러 학습 가능한 가중치 행렬 W_Q, W_K 및 W_V 기반)을 생성한 다음 위치별 피드포워드 계층에 대한 입력으로 사용하기 위해 연결한다.

- 위치별 피드포워드 계층에 대한 입력은 시퀀스(또는 문장의 단어)의 여러 요소에 대한 임베딩으로 구성되며 멀티-헤드 어텐션 계층에서 셀프 어텐션을 통해 어텐션된다. 각 토큰은 내부적으로 고정 길이 임베딩 벡터(논문에 소개된 참조 구현에는 512)로 표현된다. 각 벡터는 피드포워드 계층을 통해 병렬로 실행된다. FFN의 출력은 다음 트랜스포머 블록의 멀티-헤드 어텐션 계층에 대한 (또는 공급된) 입력이다. 인코더의 마지막 트랜스포머 블록에서 출력은 디코더로 전달되는 컨텍스트 벡터다.

- 멀티-헤드 어텐션 계층과 위치별 FFN 계층은 모두 이전 계층의 신호뿐만 아니라 입력에서 출력으로 잔차 신호도 보낸다. 출력과 나머지 입력은 계층 정규화 단계를 통과하며 이는 그림 6.2에서 "추가 & 정규화" 계층으로 표시된다.

- 전체 시퀀스가 인코더에서 병렬로 소비되기 때문에 개별 요소의 위치에

대한 정보가 손실된다. 이를 보상하기 위해 입력 임베딩은 학습된 매개변수 없이 사인sinusoidal 함수로 구현되는 위치 임베딩으로 보강된다. 위치 임베딩이 입력 임베딩에 추가된다.

3. 다음으로 데이터가 디코더를 통해 흐르는 방식을 살펴보겠다.

   - 인코더의 출력은 디코더의 모든 트랜스포머 블록에 병렬로 전송되는 어텐션 벡터 쌍 K와 V를 생성한다. 디코더의 트랜스포머 블록은 인코더의 어텐션 벡터를 처리하기 위한 추가 멀티-헤드 어텐션 계층이 있다는 점을 제외하면 인코더의 트랜스포머 블록과 유사하다. 이 추가 멀티-헤드 어텐션 계층은 인코더와 그 아래 계층의 Q 벡터와 인코더 상태의 K, Q 벡터를 결합한다는 점을 제외하면 인코더 및 그 아래 계층과 유사하게 작동한다.

   - seq2seq 네트워크와 마찬가지로 출력 시퀀스는 이전 시간 단계의 입력을 사용해 한 번에 하나의 토큰을 생성한다. 인코더에 대한 입력의 경우, 디코더에 대한 입력도 위치 임베딩으로 보강된다. 인코더와 달리 디코더의 셀프-어텐션 프로세스는 이전 시점의 토큰에만 어텐션할 수 있다. 이는 향후 시점에서 토큰을 마스킹해 수행된다.

   - 디코더의 마지막 트랜스포머 블록의 출력은 일련의 저차원 임베딩이다 (앞서 언급한 논문의 참조 구현에서는 512를 사용). 이것은 밀집 계층으로 전달돼 대상 어휘에 대한 일련의 확률분포로 변환되며, 여기에서 그리디greedy 방식 또는 빔beam 검색과 같은 보다 정교한 기술을 통해 가장 가능성이 높은 단어를 생성한다.

그림 6.3은 방금 설명한 모든 내용을 포함하는 트랜스포머 아키텍처를 보여준다.

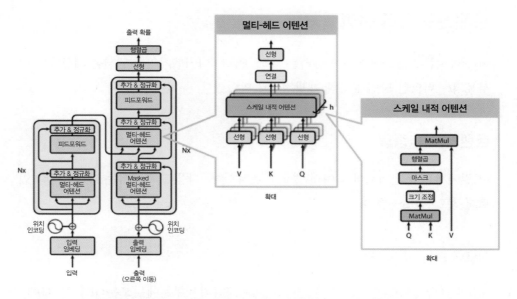

그림 6.3 바스와니 등의 「Attention Is All You Need」의 원본 이미지를 기반으로 한 트랜스포머 아키텍처

훈련

트랜스포머는 일반적으로 반지도학습을 통해 다음 두 단계로 훈련된다.

1. 첫째, 일반적으로 매우 큰 말뭉치에 대한 비지도 사전 훈련
2. 그런 다음 레이블이 지정된 더 작은 데이터셋을 사용한 지도 미세 조정

사전 교육과 미세 조정 모두 GPU/TPU, 메모리 및 시간 측면에서 상당한 자원이 필요할 수 있다. 다음 절에서 볼 수 있듯이 대규모 언어 모델(요컨대 LLM)의 매개변수 수가 증가한다는 점을 고려하면 특히 그렇다.

경우에 따라 두 번째 단계에는 레이블이 지정된 데이터셋이 매우 제한적일 수 있다. 이 경우 제한된 수의 샘플을 기반으로 예측을 고려해야 되는 소위 퓨-샷few-shot 학습이 된다.

트랜스포머의 아키텍처

이 절에서는 트랜스포머가 사용하는 가장 중요한 아키텍처와 어텐션을 계산하는 데 사용되는 다양한 방법에 대해 개괄적으로 알아봤다.

트랜스포머 종류

이 절에서는 트랜스포머를 여러 범주로 분류한다. 다음 단락에서는 가장 일반적인 트랜스포머를 소개한다.

디코더 또는 자기회귀

대표적인 예는 GPT Generative Pre-Trained 모델이며, 6장의 뒷부분에 나오는 GPT-2와 GPT-3 절에서 자세히 알아보거나 다음 링크(https://openai.com/blog/languageunsupervised)를 참조하라. 자기회귀 모델은 원본 트랜스포머 모델의 디코더만 사용하며 전체 문장에 사용된 마스킹 메커니즘을 사용해 텍스트의 앞부분만 볼 수 있고 뒤는 볼 수 없는 어텐션 헤드를 가진다. 자기회귀 모델은 이전 토큰을 모두 관찰한 후 사전 훈련을 사용해 다음 토큰을 추측한다. 일반적으로 자기회귀 모델은 **자연어 생성** NLG, Natural Language Generation 텍스트 생성 작업에 사용된다. 자기회귀 모델의 다른 예로는 6장의 뒷부분에서 다루는 원래 GPT, GPT-2, Transformer-XL, Reformer, XLNet이 있다.

인코더 또는 오토인코딩

대표적인 예는 6장의 뒷부분에서 다루는 BERT Bidirectional Encoder Representations from Transformers이다. 오토인코더는 마스크 없이 전체 입력 토큰에 접근할 수 있는 원래 트랜스포머 모델의 인코더에 해당한다. 자동 인코딩 모델은 입력 토큰을 마스킹/변경한 다음 원래 문장을 재구성한 사전 훈련을 사용한다. 종종 모델은 전체 문장의 양방향 표현을 구축한다. 오토인코더와 자기회귀의 유일한 차이점은 사전 훈련 단계이므로 동일한 아키텍처를 두 가지 방식으로 사용할 수 있다. 오토인코더는 NLG뿐만 아니라 분류 및 기타 여러 NLP 작업에도 사용할 수 있다. BERT 외에 자동 인코 딩 모델의 다른 예로는 ALBERT, RoBERTa 및 ELECTRA가 있으며 6장의 뒷부분에 서 배울 수 있다.

Seq2seq

대표적인 예는 T5[Text-to-Text Transfer Transformer]와 원 트랜스포머다. 시퀀스-투-시퀀스 [Sequence-to-sequence] 모델은 원래 트랜스포머 아키텍처의 인코더와 디코더를 모두 사 용한다. Seq2seq는 번역, 요약, 순위 지정 및 질문 답변과 같은 많은 작업에 대해 미 세 조정할 수 있다. 원래 트랜스포머 및 T5와 별개인 seq2seq 모델의 또 다른 예는 MUM[Multitask Unified Model]이다.

멀티모달

대표적인 예는 MUM이다. 멀티모달[Multimodal] 모델은 텍스트 입력을 다른 종류의 콘 텐츠(예: 이미지, 비디오 및 오디오)와 혼합한다.

검색

대표적인 예는 RETRO[Retrieval-Enhanced Transformer]이다. 일부 모델은 (사전) 훈련과 추론 중에 문서 검색을 사용한다. 이는 종종 모델의 크기를 줄이고 사용된 매개변수의 수 를 절약하면서 기억된 정보에 빠르게 액세스하는 좋은 전략이다.

어텐션

이제 트랜스포머를 분류하는 방법을 이해했으므로 어텐션에 초점을 맞추겠다.

어텐션 매커니즘에는 수많은 변형이 있는데 셀프 어텐션, 지역/하드 어텐션, 글로 벌/소프트 어텐션 등이 있다. 지금부터 그중 몇 가지 예를 중점적으로 살펴보겠다.

전체 대 희소

논의된 바와 같이, 원래 2017 트랜스포머 논문의 (스케일) 내적 어텐션은 일반적으로 전체 제곱 행렬 $O(L^2)$에 대해 계산된다. 여기서 L은 고려된 최대 시퀀스의 길이이다 (일부 구성에서 $L = 512$). 2020년 Google 리서치에서 제안됐고, 6장의 뒷부분에서 자세히 설명하게 될 빅버드[BigBird] 유형의 트랜스포머는 희소 행렬을 활용해 희소 어텐션을 사용하는 아이디어를 도입했다(차일드 등[Child et al.]의 OpenAI의 「Generating long sequence with sparse transformers」(https://arxiv.org/abs/1904.10509)의 2019년 작업을 기반으로 함).

LSH 어텐션

리포머[Reformer]는 해싱으로 어텐션 메커니즘의 복잡성을 줄이는 아이디어를 도입했다. 모델을 만든 이는 이를 로컬리티-센서티브 해싱[LSH, Locality-Sensitive Hashing] 어텐션이라고 불렀다. 이 접근법은 $softmax(QK^T)$가 계산될 때 가장 큰 요소만 사용한다는 개념을 기반으로 한다. 즉, 각 쿼리 $q \in Q$에 대해 q에 가까운 키 $k \in K$만 계산된다. 근접도[closeness]를 계산하기 위해 일부 해시 함수는 로컬리티-센서티브 해시 기술에 따라 산출된다.

지역 어텐션

일부 트랜스포머는 컨텍스트의 지역 창만 갖는 아이디어를 채택했다(예: 오른쪽에 몇 개의 토큰과 왼쪽에 몇 개의 토큰). 아이디어는 더 적은 수의 매개변수를 사용하면 더 긴 시퀀스를 고려할 수 있지만 어텐션 차수는 제한된다는 것이다. 이 때문에 지역 어텐션은 덜 보편적이다.

사전 훈련

앞서 배운 것처럼 원래 트랜스포머에는 인코더-디코더 아키텍처가 있다. 그러나 연구 커뮤니티는 경우에 따라 인코더만 있거나 디코더만 있거나 혹은 둘 다 있는 것이

더 유리한 상황이 존재함을 알아냈다.

인코더 사전 훈련

설명한 대로 이러한 모델은 자동 인코딩이라고도 하며 사전 훈련 중에 인코더만 사용한다. 사전 훈련은 입력 시퀀스의 단어를 마스킹하고 모델을 훈련해 시퀀스를 재구성하는 방식으로 수행된다. 일반적으로 인코더는 모든 입력 단어에 액세스할 수 있다. 인코더 전용 모델은 일반적으로 분류에 사용된다.

디코더 사전 훈련

디코더 모델은 자기회귀라고 한다. 사전 훈련 중에 디코더는 다음 단어를 예측하도록 최적화된다. 특히 디코더는 시퀀스에서 주어진 단어 앞에 있는 모든 단어에만 액세스할 수 있다. 디코더 전용 모델은 일반적으로 텍스트 생성에 사용된다.

인코더-디코더 사전 훈련

이 경우 모델은 인코더와 디코더를 모두 사용할 수 있다. 인코더의 어텐션은 시퀀스의 모든 단어를 사용할 수 있는 반면, 디코더의 어텐션은 시퀀스의 주어진 단어 앞에 있는 단어만 사용할 수 있다. 인코더-디코더에는 텍스트 생성, 번역, 요약 및 생성 질문 답변을 비롯한 광범위한 애플리케이션이 있다.

사전 훈련 과제의 종류

시펭 키우Xipeng Qiu의 「Language Processing: A Survey」(https://arxiv.org/abs/2003.08271) (2020)에서 제시된 분류를 따라 사전 훈련을 구성하면 유용할 수 있다.

- **언어 모델링**LM, Language Modeling: 단방향 LM의 경우 과제는 다음 토큰을 예측하는 것이다. 양방향 LM의 경우 과제는 이전과 다음 토큰을 예측하는 것이다.

- **마스킹된 언어 모델링**MLM, Masked Language Modeling: 핵심 아이디어는 입력 문장에서 일부 토큰을 마스킹하는 것이다. 그런 다음 모델은 마스킹되지 않은 토큰에 대해 마스킹된 토큰을 예측하도록 훈련된다.

- **순열 LM**PLM, Permuted Language Modeling: LM과 유사하지만 입력 시퀀스를 임의 순열로 구성한다. 그런 다음 토큰의 하위 집합을 대상으로 선택하고 모델은 이러한 대상을 예측하도록 훈련된다.

- **DAE**Denoising AutoEncoder: 의도적으로 부분적으로 손상된 입력을 제공한다. 그 예로 입력 토큰을 임의로 샘플링해 특수 [MASK] 요소로 바꾼다. 또는 임의로 입력 토큰을 삭제한다. 경우에 따라 임의의 순서로 문장을 섞는다. 과제는 왜곡되지 않은 원래 입력을 복구하는 것이다.

- **대조학습**CTL, ConTrastive Learning: 과제는 일부 관찰된 텍스트 쌍이 임의로 샘플링된 텍스트보다 의미론적으로 더 유사하다고 가정해 텍스트 쌍에 대한 점수 함수를 학습하는 것이다. 이러한 기술 부류에는 다음과 같은 여러 특정 기술이 포함된다.

  - **DIM**Deep InfoMax: 입력 이미지 표현과 동일한 이미지의 다양한 지역 영역 간의 상호 정보를 최대화한다.

  - **대체 토큰 감지**RTD, Replaced Token Detection: 주어진 주변 환경에서 입력 토큰이 대체되는지 여부를 예측한다.

  - **다음 문장 예측**NSP, Next Sentence Prediction: 이 모델은 2개의 입력 문장이 훈련 말뭉치에서 연속적인지 구별하도록 훈련된다.

  - **문장 순서 예측**SOP, Sentence Order Prediction: NSP와 동일한 아이디어에 기반하는데 몇 가지 추가 신호가 있다. 2개의 연속 세그먼트는 긍정적인 예이고 2개의 교환된 세그먼트는 부정적인 예다.

이 절에서는 다양한 사전 학습 기술을 개략적으로 검토했다. 다음 절에서는 가장 많이 사용되는 트랜스포머를 알아본다.

대중적이고 잘 알려진 모델에 대한 개요

「Attention is All You Need」논문 이후 매우 많은 대안적 트랜스포머 기반 모델이 제시됐다. 그중 가장 유명하고 잘 알려진 몇 가지를 검토해보겠다.

BERT

BERT는 2018년 Google AI 연구팀이 개발한 언어 표현 모델이다. 해당 모델의 기본 직관부터 살펴보자.

1. BERT는 소위 "양방형 셀프-어텐션"을 사용해 왼쪽과 오른쪽 모두에서 각 단어의 컨텍스트를 고려한다.

2. 훈련에서는 입력 단어 토큰을 무작위로 마스킹하고 단어가 간접적으로 자신을 볼 수 없도록 순환을 피한다. NLP 전문 용어로 이를 "빈칸 채우기"라고 한다. 즉, 사전 훈련 작업에는 레이블이 지정되지 않은 입력의 작은 하위 집합을 마스킹한 다음 이러한 원래 입력을 복구하도록 네트워크를 훈련하는 작업이 포함된다(MLM의 경우).

3. 이 모델은 문장 시퀀스 S가 문장 T 앞에 있는지 여부를 예측하기 위해 사전 훈련을 위한 분류를 사용한다. 이렇게 하면 BERT는 "문장 T가 문장 S 뒤에 오는가?"와 같은 문장 간의 관계("다음 문장 예측")를 이해할 수 있다. 사전 훈련이라는 아이디어는 LLM의 새로운 표준이 됐다.

4. BERT^{BERT Large}는 24개의 트랜스포머 블록, 1024개의 은닉 계층, 16개의 셀프 어텐션 헤드와 3억 4천만 개의 매개변수를 가진 최초의 대규모 언어 모델 중 하나가 됐다. 이 모델은 33억 개 단어의 대규모 말뭉치에서 학습된다.

BERT는 다음과 같은 11개의 NLP 작업에 대한 최첨단 결과를 생성했다.

- GLUE 점수는 80.4%로 이전 최고 결과보다 7.6% 향상됐다.
- SQuAD 1.1에서 93.2%의 정확도를 보였으며, 인간 성능을 2% 능가한다.

6장의 뒷부분에서 GLUE와 SQuAD 측도를 살펴볼 것이다. 더 알고 싶다면 다음 자료를 보면 된다.

- 원본 연구 논문: BERT: Pre-training of Deep Bidirectional Transformers for Language Understanding by Jacob Devlin, Ming-Wei Chang, Kenton Lee, Kristina Toutanova, 2018, https://arxiv.org/abs/1810.04805.

- Google AI 블로그 게시글: Open Sourcing BERT: State-of-the-Art Pre-training for Natural Language Processing, 2018, which discusses the advancement of the (then) state-of-the-art model for 11 NLP tasks (https://ai.googleblog.com/2018/11/open-sourcing-bert-state-of-art-pre.html)

- 오픈 소스 TensorFlow 구현과 사전 훈련된 BERT는 다음에 있다. http://goo.gl/language/bert and from TensorFlow Model Garden at https://github.com/tensorflow/models/tree/master/official/nlp/modeling/models.

- BERT의 Colab 노트북 버전은 다음과 같다. https://colab.research.google.com/github/tensorflow/tpu/blob/master/tools/colab/bert_finetuning_with_cloud_tpus.ipynb.

- 클라우드 TPU로 튜닝한 BERT: A tutorial that shows how to train the BERT model on Cloud TPU for sentence and sentence-pair classification tasks: https://cloud.google.com/tpu/docs/tutorials/bert.

- BERT를 Google 서치에 적용한 Google 블로그 게시글은 다음과 같다: Google에 따르면 BERT는 "영문으로 미국 내 검색 시 10% 정도 더 검색을 잘 이해하게 해줄 것이다." 게시글에는 계속해서 다음과 같이 언급하고 있다. "이 시스템의 놀라운 특성은 하나의 언어로 학습한 것을 다른 언어에도 적용할 수 있다는 것이다. 이를 통해 모델이 영어(대부분의 웹 콘텐츠 언어)에서 향상된 다음 다른 언어에 적용할 수 있다." (출처: Understanding search better than ever before, https://blog.google/products/search/search-language-understanding-bert/)

GPT-2

GPT-2는 알렉 래드포트^{Alec Radford}, 제프리 우^{Jeffrey Wu}, 레원 차일드^{Rewon Child}, 데이비드 루안^{David Luan}, 다리오 아모데이^{Dario Amodei}, 일리아 수투스케버^{Ilya Sutskever}의 「Language Models Are Unsupervised Multitask Learners」에서 OpenAI가 소개한 모델이다(https://openai.com/blog/better-language-models/, https://openai.com/blog/gpt-2-6-month-follow-up/, https://www.openai.com/blog/gpt-2-1-5b-release/, https://github.com/openai/gpt-2).

주요 내용을 살펴보자.

- 네 가지 모델 크기 중 가장 큰 것은 4,500만 웹 페이지의 텍스트를 가진 Webtext라는 새로운 데이터셋에서 훈련됐고, 48개 계층과 15억 개의 매개변수를 가진 트랜스포머였다.

- GPT-2는 원래 2017 트랜스포머 기반 아키텍처와 2018년 래드포드 등^{Radford et al.}이 쓴 「Improving Language Understanding by Generative Pre-Training」의 원래 GPT 모델(OpenAI에서 개발)의 수정된 버전을 사용했다(https://openai.com/blog/language-unsupervised/, https://cdn.openai.com/research-covers/language-unsupervised/language_understanding_paper.pdf).

- 연구는 크고 다양한 데이터셋에서 훈련된 LLM이 질문 답변, 기계 번역, 독해 및 요약과 같은 다양한 NLP 작업에서 잘 수행할 수 있음을 보여줬다. 이전에는 일반적으로 과제별 데이터셋에 대한 지도학습을 통해 과제에 접근했다. GPT-2는 비지도학습 방식으로 훈련됐고 제로-샷 과제-전이^{zero-shot task transfer}에서 잘 수행됐다.

- 처음에 OpenAI는 1억 1,700여만 개의 매개변수가 있는 더 작은 버전의 GPT-2만 출시했다. "대형 언어 모델이 기만적, 편향적 또는 모욕적인 언어를 대규모로 생성하는 데 악용되는 것에 대한 우려 때문이다." 그런 다음 모델이 출시됐다. 다음 링크(https://openai.com/blog/gpt-2-1-5b-release/)를 참조했다.

- 흥미롭게도 OpenAI는 선전을 위해 합성된 텍스트인지 여부를 테스트하기

위해 머신러닝 기반 감지 방법을 개발했다. 1.5B GPT-2로 생성된 텍스트 (https://github.com/openai/gpt-2-output-dataset)인지 여부를 95%까지 탐지할 수 있었다. 다음 링크(https://github.com/openai/gpt-2-output-dataset)를 참조했다.

2018년의 원래 GPT와 유사하게 GPT-2는 원래 트랜스포머 모델의 인코더 부분이 필요하지 않고, 언어 모델링을 위해 다층 디코더를 사용한다. 디코더는 문장의 이전 단어에서만 정보를 얻을 수 있다. 디코더는 단어 벡터를 입력으로 받아 다음 단어의 확률 추정치를 출력하지만, 자기회귀적이므로 문장의 각 토큰은 이전 단어의 컨텍스트에 의존한다. 반면 BERT는 전체 주변 컨텍스트를 한 번에 모두 사용하기 때문에 자기회귀적이지 않다.

GPT-2는 상식 추론을 보여주는 최초의 LLM으로, 번역, 질문 답변 및 독해를 포함한 다양한 NLP 작업을 수행할 수 있다. 이 모델은 테스트된 언어 모델링 데이터셋 8개 중 7개에서 최첨단 결과를 달성했다.

GPT-3

GPT-3는 OpenAI에서 개발하고 2019년 톰 브라운 등[Tom B. Brown et al.]의 「Language Models are Few-Shot Learners」(https://arxiv.org/abs/2005.14165)에서 소개됐다. 이제 그 핵심 내용을 살펴보자.

- GPT-3는 GPT-2와 유사한 아키텍처 및 모델을 사용하지만 희소 어텐션 메커니즘을 채택한다는 큰 차이점이 있다.
- 각 과제에 대해 모델 평가에는 세 가지 접근 방식이 있다.
    - **퓨-샷 학습**: 모델은 추론 시간에 과제에 대한 몇 가지 데모(일반적으로 100개 미만)를 수신한다. 그러나 가중치 갱신은 허용되지 않는다.
    - **원-샷 학습**: 모델은 작업에 대한 하나의 데모와 자연어 설명만 받는다.
    - **제로-샷 학습**: 모델은 시연을 받지 않지만 과제에 대한 자연어 설명에만 액세스할 수 있다.

- 모든 과제에 대해 GPT-3는 그래디언트 갱신 없이 적용되며 과제와 모델과의 텍스트 상호 작용을 통해 순수하게 지정된 퓨-샷 데모로 완성된다.

연구자들이 GPT-3를 훈련시킨 매개변수의 수는 1억 2,500만(GPT-3 Small)에서 1,750억(GPT-3 175B)에 이른다. 미세 조정 없이 이 모델은 번역과 질문/답변 등의 많은 NLP 작업에서 상당한 결과를 달성했으며, 때로는 최신 모델을 능가한다. 특히 GPT-3는 NLG에서 실제 기사와 구분하기 힘든 기사를 만들어내는 인상적인 결과를 보였다. 이 모델은 단어 풀기, 문장에서 새로운 단어 사용 또는 3자리 산술 수행과 같이 즉각적인 추론 또는 영역 적응이 필요한 작업을 해결할 수 있음을 보여줬다.

GPT-3의 기저 모델은 공개돼 있지 않아, 모델을 사전 교육할 수 없지만 일부 데이터셋 통계는 다음 링크(https://github.com/openai/gpt-3)에서 사용할 수 있으며 GPT-3 엔진은 데이터를 실행하고 미세 조정할 수 있다.

리포머

리포머Reformer 모델은 UC 버클리와 Google AI 연구원인 니키타 키태프Nikita Kitaev, 루카즈 카이저Łukasz Kaiser, 안세름 네프스카야Anselm Levskaya의 2020년 논문 「Reformer: The Efficient Transformer」, https://arxiv.org/abs/2001.04451에서 소개됐다.

주요 내용을 살펴보자.

- 저자는 긴 시퀀스에서 좀 더 메모리 효율적이고 빠른 방식으로 트랜스포머 모델과 동등하게 수행되는 리포머 모델을 훈련할 수 있음을 보여줬다.
- 트랜스포머의 한 가지 제약 사항은 어텐션을 계산하는 데 2차 시간이 필요함으로 인해 긴 시퀀스를 처리하는 데 한계가 있다는 것이다.
- 리포머는 세 가지 기술을 사용해 트랜스포머를 훈련하는 동안 계산 및 메모리 문제를 해결한다.
- 첫째, 리포머는 (스케일링된) 내적 어텐션을 로컬리티-센서티브 해싱 어텐션을 사용해, 근사치로 대체했다(6장 앞부분에서 간략하게 설명됨). 논문의 저자

는 어텐션 계층에서 전자의 O(L2) 계산 시간을 O(LlogL)로 변경했다. 여기서 L은 시퀀스의 길이이다(LSH가 시퀀스의 청크^{chunk}에 적용되는 그림 6.4 참조). 전산학의 로컬리티-센서티브 해싱에 대해 더 알고 싶다면 다음 링크(https://en.wikipedia.org/wiki/Locality-sensitive_hashing)를 참조하라.

- 둘째, 이 모델은 어텐션 계층과 피드포워드 계층을 일반 잔차 계층 대신 가역 잔차 계층과 결합했다(고메즈 등^{Gomez et al.,(2017)}의 「The reversible residual network: Backpropagation without storing activations」, https://proceedings.neurips.cc/paper/2017/hash/f9be311e65d81a9ad8150a60844bb94c-Abstract.html의 아이디어에 기반). 가역 잔차 계층은 N번이 아니라 한 번만 스토리지 활성화를 허용하므로 메모리 및 시간 복잡성 측면에서 비용이 절감된다.

- 셋째, 리포머는 피드포워드 계층과 역방향 패스를 포함해 특정 계산에 청킹^{chunking} 기술을 사용했다.

- 리포머가 효율성을 어떻게 얻게 됐는지 자세히 알고 싶다면, 다음 링크(https://ai.googleblog.com/2020/01/reformer-efficient-transformer.html)에서 **Google AI** 블로그 게시물을 읽어보면 된다.

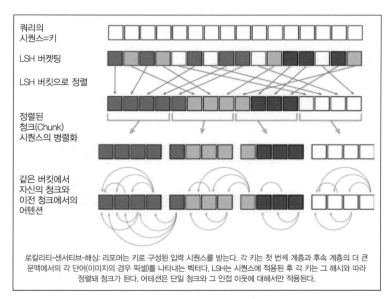

그림 6.4 트랜스포머의 효율성을 개선하기 위한 로컬리티-센서티브 해싱(출처: https://ai.googleblog.com/2020/01/reformer-efficient-transformer.html)

빅버드

빅버드[BigBird]는 Google 리서치에서 2020년에 도입한 또 다른 유형의 트랜스포머로, 긴 시퀀스에 대한 전체 어텐션을 계산하는 데 필요한 2차 복잡성을 해결하기 위해 희소 어텐션 메커니즘을 사용한다. 더 자세한 개요는 만질 자히[Manzil Zaheer], 구루 구루가네쉬[Guru Guruganesh], 아비나바 두베이[Avinava Dubey], 조수아 아인슬리[Joshua Ainslie], 크리스 알베르티[Chris Alberti], 산티아고 온타논[Santiago Ontanon], 필립 팜[Philip Pham], 아니루드 라불라[Anirudh Ravula], 치판 왕[Qifan Wang], 리 양[Li Yang], 아므르 아메드[Amr Ahmed]의 「Big Bird: Transformers for Longer Sequences」 논문을 참조하라(https://arxiv.org/pdf/2007.14062.pdf).

주요 내용을 살펴보자.

- 저자는 빅버드가 유사한 하드웨어에서 BERT를 사용해 최대 8배 더 긴 컨텍스트 시퀀스를 처리할 수 있음을 입증했다. 이를 통해 질의 응답, 문서 요약과 같은 특정 NLP 과제에서 성능이 "급격히" 향상됐다.
- 빅버드는 BERT의 2차 의존성을 극복하기 위해 희소 어텐션 메커니즘에서 실행된다. 연구자들은 복잡도가 $O(L^2)$에서 $O(L)$로 감소했음을 증명했다.
- 이러한 방식으로 빅버드는 BERT로 가능했던 것보다 최대 8배 더 많은 길이의 시퀀스를 처리할 수 있다. 즉, BERT의 한도는 512토큰이었지만, 빅버드는 4,096토큰으로 늘어났다.

트랜스포머-XL

트랜스포머-XL은 2019년 소개된 셀프 어텐션 기반 모델로서, 카네기멜론대학과 Google Brain 연구원들인 지항 다이[Zihang Dai], 질린 양[Zhilin Yang], 이밍 양[Yiming Yang], 자이메 카보넬[Jaime Carbonell], 쿠옥 르[Quoc V. Le] 그리고 러스란 사라쿠트디노프[Ruslan Salakhutdinov]가 「Transformer-XL: Attentive Language Models Beyond a Fixed-Length Context」(https://aclanthology.org/P19-1285.pdf) 논문에 발표한 것이다.

주요 내용을 살펴보자.

- 원래 트랜스포머는 RNN과 달리 트랜스포머-XL은 상대적으로 일관된 텍스트를 생성하면서 고정 길이 컨텍스트를 넘어 더 긴 종속성을 모델링할 수 있음을 보여줬다.

- 트랜스포머-XL은 새로운 세그먼트 수준의 반복 메커니즘과 새로운 유형의 상대 위치 인코딩(절대 인코딩과 반대)을 도입해 모델이 RNN보다 80% 더 길고 바닐라 트랜스포머보다 450% 더 긴 종속성을 학습할 수 있도록 했다. 전통적으로 트랜스포머는 계산 한계로 인해 전체 말뭉치를 더 짧은 세그먼트로 분할하고 각 세그먼트 내에서만 모델을 훈련한다.

- 훈련 중에 이전 세그먼트에 대해 계산된 은닉 상태 시퀀스는 그림 6.5와 같이 모델이 다음 새 세그먼트를 처리할 때 확장된 컨텍스트로 재사용하기 위해 고정돼 캐시된다. 그래디언트는 여전히 세그먼트 내에 남아 있지만 이 추가 입력을 통해 네트워크가 이전 정보를 활용할 수 있으므로 장기 종속성을 모델링하고 컨텍스트 조각화를 방지할 수 있다.

- 평가하는 동안 바닐라 모델의 경우처럼 처음부터 계산하는 대신 이전 세그먼트의 표현을 재사용할 수 있다. 이러한 방식으로 트랜스포머-XL은 평가 중에 바닐라 모델보다 최대 1,800배 이상 빠른 것으로 입증됐다.

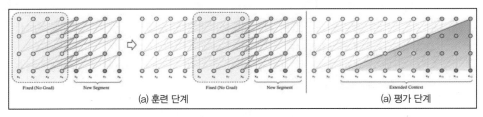

그림 6.5 트랜스포머-XL 및 이전 세그먼트의 반복 캐싱이 있는 입력

XLNet

XLNet은 2019년 카네기멜론대학교와 Google Brain 연구원이 개발한 비지도 언어 표현 학습 방법이다. XLNet은 일반화된 순열 언어 모델링 목표를 기반으로 한다. XLNet은 Transformer-XL을 기저 모델로 사용한다. 참조 문서는 질린 양[Zhilin Yang],

지항 다이Zihang Dai, 이밍 양Yiming Yang, 자이메 카보넬Jaime Carbonell, 러스란 사리쿠트디노브Ruslan Salakhutdinov, 쿠옥 르Quoc V. Le의 「XLNet: Generalized Autoregressive Pre-training for Language Understanding」(https://arxiv.org/abs/1906.08237)이다.

핵심 내용을 보자.

- BERT와 마찬가지로 XLNet은 양방향 컨텍스트를 사용해 주어진 토큰 전후의 단어를 보고 무엇이 돼야 하는지 예측한다.

- XLNet은 인수분해 차수의 가능한 모든 순열과 관련해 시퀀스의 예상 로그 우도를 최대화한다. 순열 연산 덕분에 각 위치의 컨텍스트는 왼쪽과 오른쪽의 토큰으로 구성될 수 있다. 즉, XLNet은 양방향 컨텍스트를 캡처한다.

- XLNet은 20개 작업에서 BERT를 능가하고 18개 작업에서 최첨단 결과를 달성한다.

- 코드 및 사전 학습된 모델은 다음 링크(https://github.com/zihangdai/xlnet)에서 사용할 수 있다.

XLNet은 거의 모든 NLP 작업에서 BERT보다 나은 것으로 간주되며, 20개 작업에서 BERT보다 성능이 훨씬 뛰어나다. 이 모델이 도입됐을 때 감정 분석, 자연어 추론, 질문 응답 및 문서 순위 지정을 포함한 18개의 NLP 작업에서 최첨단 성능을 달성했다.

RoBERTa

RoBERTaRobustly Optimized BERT는 워싱턴대학교와 Facebook AI(Meta) 연구원들이 2019년에 도입한 모델이다. 리우Yinhan Liu, 미레 오트Myle Ott, 나만 고얄Naman Goyal, 징페이 두Jingfei Du, 만다르 조시Mandar Joshi, 단치 첸Danqi Chen, 오메르 레비Omer Levy, 마이크 루이스Mike Lewis, 루크 제틀모이어Luke Zettlemoyer, 베슬린 스토야노프Veselin Stoyanov가 「RoBERTa: A Robustly Optimized BERT Pretraining Approach」(https://arxiv.org/abs/1907.11692)에서 발표했다.

핵심 내용을 살펴보자.

- 연구원들은 BERT를 복제할 때 BERT가 "상당히 훈련이 부족하다"는 사실을 발견했다.
- RoBERTa의 저자는 핵심 하이퍼파라미터(더 긴 훈련, 더 큰 배치, 더 많은 데이터)를 수정하고 다음 문장 사전 훈련 목표를 제거하고 더 긴 시퀀스에서 훈련하는 BERT 변형을 제안했다. 저자는 또한 훈련 데이터에 적용되는 마스킹 패턴을 동적으로 변경하는 것을 제안했다.
- 연구자들은 개인적으로 사용되는 다른 데이터셋과 비슷한 크기의 CC-News라는 새로운 데이터셋을 수집했다.
- 코드는 https://github.com/pytorch/fairseq에서 사용할 수 있다.

RoBERTa는 GLUE 및 SQuAD 작업에서 BERT를 능가했으며 일부에서는 XLNet과 일치했다.

ALBERT

ALBERT[A Lite BERT]는 2019년 Google Research와 Toyota Technological Institute 연구원들이 「ALBERT: A Lite BERT for Self-supervised Learning of Language Representations」(첸종 란[Zhenzhong Lan], 밍다 첸[Mingda Chen], 세바스찬 굿맨[Sebastian Goodman], 케빈 김펠[Kevin Gimpel], 피유시 샤마[Piyush Sharma], 라두 소리콧[Radu Soricut], https://arxiv.org/abs/1909.11942v1)라는 제목의 논문에서 소개한 모델이다.

핵심 내용을 보자.

- 대형 모델은 일반적으로 성능 향상을 위해 자연어 표현을 사전 학습할 때 모델 크기를 늘리는 것을 목표로 한다. 그러나 GPU/TPU 메모리 제한, 길어진 학습 시간, 예상치 못한 모델 성능 저하로 인해 모델 크기를 늘리는 것이 어려울 수 있다.
- ALBERT는 메모리 제약, 통신 오버헤드 및 두 가지 매개변수 감소 기술을 통합하는 아키텍처로 모델 성능 저하 문제를 해결하려고 한다. 인수분해 임

베딩 매개변수화를 사용하면 큰 어휘 임베딩 행렬을 두 개의 작은 행렬로 분해해 은닉 계층의 크기를 어휘 임베딩의 크기와 분리한다. 계층 간 매개변수 공유를 통해 모델은 매개변수 수가 네트워크 깊이와 함께 증가하는 것을 방지한다. 이 두 기술 모두 성능에 "심각한" 영향을 미치지 않으면서 매개변수 효율성을 개선했다.

- ALBERT는 원래 BERT-Large 모델에 비해 매개변수가 18배 적고 훈련 속도가 1.7배 빠르며 성능은 약간만 떨어진다.
- 코드는 다음 링크(https://github.com/brightmart/albert_zh)에서 사용할 수 있다.

ALBERT는 GLUE, SQuAD 및 RACE와 같은 현재의 모든 최신 언어 벤치마크에서 새로운 최신 결과를 확립했다고 주장했다.

StructBERT

StructBERT는 웨이 왕[Wei Wang], 빈 비[Bin Bi], 밍 얀[Ming Yan], 첸 우[Chen Wu], 주위 바오[Zuyi Bao], 지앙난 시아[Jiangnan Xia], 리웨이 펑[Liwei Peng] 및 루오 시[Luo Si]의 2019년 논문 「StructBERT: Incorporating Language Structures into Pre-training for Deep Language Understanding」(http://arxiv.org/abs/1908.04577)에 소개된 모델이다.

핵심 내용을 보자.

- 알리바바팀은 사전 학습 절차 중에 단어 수준 및 문장 수준 순서를 활용해 BERT를 확장할 것을 제안했다. 사전 교육 중 BERT 마스킹은 여러 토큰을 혼합해 확장한 다음 모델이 올바른 순서를 예측해야 한다.
- 또한 모델은 문장 순서를 무작위로 섞고 특정 예측 작업으로 다음 문장과 이전 문장을 예측한다.
- 원래 순서를 예측하는 작업과 함께 이 추가 문구 및 문장 셔플링을 통해 StructBERT는 사전 훈련 절차 중에 언어 구조를 학습할 수 있다.

알리바바의 StructBERT는 감정 분류, 자연 언어 추론, 의미론적 텍스트 유사성, 질문 답변과 같은 다양한 NLP 작업에서 BERT를 능가하는 최첨단 결과를 달성했다고 주장했다.

T5 및 MUM

2019년 Google 연구원 콜린 라펠[Colin Raffel], 노암 사지르[Noam Shazeer], 아담 로버트[Adam Roberts], 캐서린 리[Katherine Lee], 사란 나랑[Sharan Narang], 마이클 마테나[Michael Matena], 양치 조[Yanqi Zhou], 웨이 리[Wei Li]와 피터 리우[Peter J. Liu]가 논문 「Exploring the Limits of Transfer Learning with a Unified Text-to-Text Transformer」(https://arxiv.org/abs/1910.10683)에서 소개했다. 이 논문은 트랜스포머에 대한 핵심적 논문 중 하나다.

다음은 몇 가지 주요 아이디어다.

- T5는 많은 NLP 작업을 "텍스트 대 텍스트" 문제로 처리한다. T5는 다양한 작업에 대해 학습할 수 있는 단일 모델(매개변수 수가 다름)이다. 프레임워크는 매우 강력해 요약, 감정 분석, 질문 응답 및 기계 번역에 적용할 수 있다.

- 모델이 다운스트림 작업에 대해 미세 조정되기 전에 데이터가 풍부한 작업에 대해 먼저 사전 훈련되는 전이학습은 사전 훈련 목표, 아키텍처, 레이블이 지정되지 않은 데이터셋, 전이 접근 방식 및 수십 가지 언어 이해 작업에 대한 기타 요소를 비교해 광범위하게 분석된다.

- 원래 트랜스포머와 마찬가지로 T5는 1) 인코더-디코더 구조를 사용한다. 2) 인코더로 전달되는 학습된 임베딩과 위치 임베딩에 입력 시퀀스를 매핑한다. 3) 인코더와 디코더 모두에서 셀프-어텐션과 피드포워드 계층(각각 정규화 및 스킵 연결 포함)이 있는 셀프-어텐션 블록을 사용한다.

- 훈련은 "Colossal Clean Crawled Corpus"(C4) 데이터셋에서 이뤄지며 각 T5 모델당 매개변수 수는 6천만(T5 Small)에서 최대 110억까지 다양하다.

- 계산 비용은 BERT와 유사하지만 매개변수가 두 배 더 많다.

- 코드는 다음 링크(https://github.com/google-research/text-to-text-transfer-transformer)에서 사용할 수 있다.

- Google은 또한 다음 튜토리얼(https://colab.research.google.com/github/google-research/text-to-text-transfer-transformer/blob/main/notebooks/t5-trivia.ipynb. Colab)에서 무료 TPU와 함께 T5를 제공한다. 이에 대해서는 6장의 뒷부분에서 자세히 설명한다.

110억 개의 매개변수가 있는 T5 모델은 고려된 24개 작업 중 17개에서 최첨단 성능을 달성했으며, 사실상 사용 가능한 최고의 LM 중 하나가 됐다.

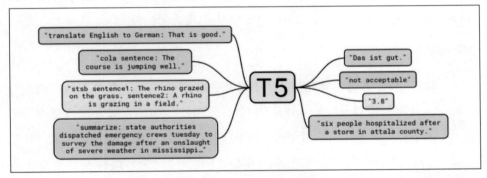

그림 6.6 T5는 번역, 질문 응답 및 분류를 포함한 다양한 작업 세트에서 동일한 모델, 손실함수, 하이퍼 매개변수 등을 사용한다.

2020년 Google 리서치에서 쉬에 등[Xui et al.]이 개발한 mT5는 단일 트랜스포머를 사용해 여러 언어를 모델링해 T5를 확장했는데, 101개 언어를 다루는 커먼 크로울Common Crawl[2] 기반 데이터셋에서 사전 학습됐다. 이에 대한 자세한 내용은 「mT5: A Massively Multilingual Pre-trained Text-to-Text Transformer」(https://arxiv.org/pdf/2010.11934.pdf)에서 읽을 수 있다.

MUMMultitask Unified Model은 T5 텍스트-텍스트 프레임워크를 사용하는 모델이며 Google에 따르면 BERT보다 1,000배 더 강력하다. MUM은 언어를 이해할 뿐만 아니라 생성하기도 한다. 또한 텍스트 및 이미지와 같은 양식을 포함하는 멀티-모달이다(향후 더 많은 양식으로 확장). 이 모델은 한 번에 75개의 다양한 언어와 다양한 작업

---

2 웹 내용을 수집하고 이를 무료로 제공하고 있는 비영리 기관이다. – 옮긴이

에 걸쳐 훈련됐다. MUM은 현재 Google 검색 순위를 지원하는 데 사용된다(https://blog.google/products/search/introducing-mum/).

ELECTRA

ELECTRA는 케빈 클라크[Kevin Clark], 민-탕 루옹[Minh-Thang Luong], 쿠옥 르[Quoc V. Le] 그리고 크리스토퍼 매닝[Christopher D. Manning] 등이 2020년 스탠포드와 Google Brain 연구진들이 「ELECTRA: Pre-training Text Encoders as Discriminators Rather Than Generators」(https://arxiv.org/abs/2003.10555)에서 소개한 것이다.

주요 내용을 살펴보자.

- BERT 사전 훈련은 레이블이 지정되지 않은 입력의 작은 하위 집합을 마스킹한 다음 이를 복구하도록 네트워크를 훈련하는 것으로 구성된다. 일반적으로 단어의 작은 부분만 사용된다(~15%).
- ELECTRA 저자는 "대체된 토큰 탐지[replaced token detection]"라는 새로운 사전 훈련 작업을 제안했다. 아이디어는 일부 토큰을 작은 언어 모델에서 생성된 대안으로 대체하는 것이다. 그런 다음 사전 훈련된 판별자를 사용해 각 토큰이 원본인지 혹은 교체된 것인지 예측한다. 이렇게 하면 모델이 하위 집합 대신 모든 토큰에서 학습할 수 있다.

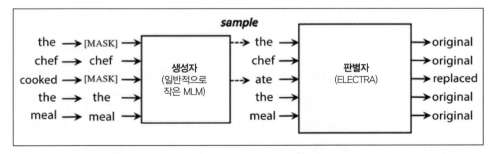

그림 6.7 ELECTRA 교체 전략. 판별자의 임무는 단어가 원본인지 대체인지 감지하는 것이다(출처: https://arxiv.org/pdf/2003.10555.pdf).

ELECTRA는 이전의 최첨단 모델을 능가하는 동시에 사전 훈련 노력이 덜 필요하다. 코드는 다음 링크(https://github.com/google-research/electra)에서 사용할 수 있다.

DeBERTa

DeBERTa는 2020년 Microsoft 연구원인 펭쳉 흐[Pengcheng He], 시아동 리우[Xiaodong Liu], 지아펑 가오[Jianfeng Gao], 에이추 첸[Weizhu Chen]이 「DeBERTa: Decoding-enhanced BERT with Disentangled attention」(https://arxiv.org/abs/2006.03654)에서 소개한 모델이다.

가장 중요한 아이디어를 살펴보자.

- BERT의 셀프-어텐션은 셀프-어텐션 이전에 내용과 위치 임베딩이 추가된 콘텐츠-대-콘텐츠와 콘텐츠-대-위치에 초점을 맞춘다. DeBERTa는 콘텐츠와 위치를 나타내는 2개의 개별 벡터를 유지하므로 콘텐츠 대 콘텐츠, 콘텐츠 대 위치, 위치 대 콘텐츠 및 위치 대 위치 간에 셀프-어텐션이 계산된다.
- DeBERTa는 관련 위치 정보와 함께 절대 위치 정보를 유지한다.

모델에서 사용하는 추가 구조 정보로 인해 DeBERTa는 RoBERTa와 같은 다른 모델과 비교할 때 절반의 훈련 데이터로 최첨단 결과를 달성했다고 주장했다. 코드는 다음 링크(https://github.com/microsoft/DeBERTa)에서 사용할 수 있다.

진화된 트랜스포머와 MEENA

진화된 트랜스포머[Evolved Transformers]는 2019년 Google Brain 연구진이 데이비드 소[David R. So], 첸 리앙[Chen Liang]과 쿠옥 르[Quoc V. Le]의 논문 「The Evolved Transformer」(https://arxiv.org/abs/1901.11117)를 통해 소개한 바 있다.

주요 아이디어를 살펴보자.

- 트랜스포머는 수동으로 작성되는 아키텍처 부류다. 진화된 트랜스포머 연구원들은 인간이 수동으로 설계한 모델보다 더 나은 모델을 찾기 위해 기본 아

키텍처 빌딩 블록을 결합하는 방법을 학습하는 일련의 자동 최적화 기술인 **신경망 아키텍처 검색**[NAS, Neural Architecture Search]을 적용했다.

- NAS는 트랜스포머 인코더와 디코더 블록 모두에 적용돼 그림 6.8과 6.9에 표시된 새로운 아키텍처가 됐다.

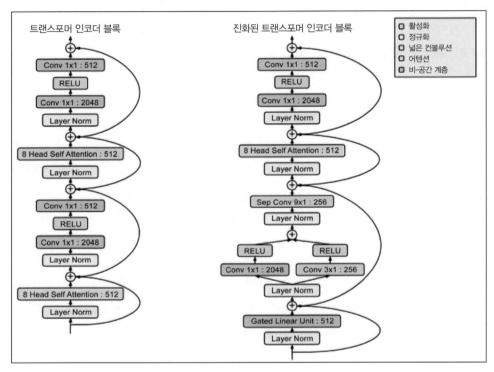

그림 6.8 진화된 트랜스포머 인코더 블록(출처: https://arxiv.org/pdf/1901.11117.pdf)

진화된 트랜스포머는 원래 트랜스포머 아키텍처에 비해 일관되게 개선된 성능을 보여줬다. 이 모델은 공개 도메인의 소셜 미디어 대화에서 수집되고 필터링된 데이터에 대해 엔드-투-엔드로 훈련된 멀티-턴 개방형 도메인 챗봇인 MEENA의 핵심이다. MEENA는 단일 진화된 트랜스포머 인코더 블록과 13개의 진화된 트랜스포머 디코더 블록이 있는 26억 개의 매개변수가 있는 Evolved Transformers를 사용한다. 학습에 사용되는 목적 함수는 다음 토큰 예측의 불확실성인 당혹감[perplexity]을 최소화하는 데 중점을 둔다. MEENA는 기존의 최첨단 챗봇보다 더 민감하고 구체적인 대화를 진행할 수 있다. Google 블로그 게시물 〈Towards a Conversational Agent that Can Chat About...Anything〉(https://ai.googleblog.com/2020/01/towards-conversational-agent-that-can.html)을 참조하라.

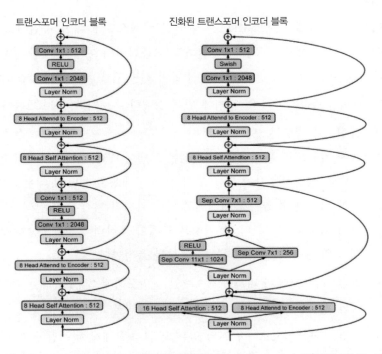

그림 6.9 Evolved Transformer 디코더 블록(출처: https://arxiv.org/pdf/1901.11117.pdf)

LaMDA

LaMDA는 LaMDA: Language Models for Dialog Applications by Romal Thoppilan, et al.(https://arxiv.org/abs/2201.08239)에서 Google 연구원이 2022년에 소개한 모델이다. 이는 대화에 특화된 트랜스포머 기반 신경 언어 모델 제품군이다.

핵심 내용을 살펴보자.

- 사전 훈련 단계에서 LaMDA는 공개 대화 데이터 및 기타 공개 웹 문서에서 LLM에 이전에 사용된 것보다 거의 40배 많은 1조 5,600억 단어의 데이터셋을 사용한다. 데이터셋을 2조 8,100억 개의 센텐스피스^{SentencePiece} 토큰으로 토큰화한 후 사전학습은 이전 토큰이 주어졌을 때 문장의 모든 다음 토큰을 예측한다.

- 미세 조정 단계에서 LaMDA는 주어진 컨텍스트에 대한 자연어 응답을 생성하는 생성 작업과 응답이 안전하고 고품질인지 여부에 대한 분류 작업을 혼합해 수행한다. 생성과 분류의 조합이 최종 답을 제공한다(그림 6.10 참조).

- LaMDA는 품질, 안전 및 근거에 있어 강력한 측도 집합을 정의한다.

  - 품질: 이 측도는 SSI(적절성^{Sensibleness}, 구체성^{Specificity}, 흥미성^{Interestingness})의 세 가지 차원으로 분해된다. 적절성은 모델이 대화 컨텍스트에서 의미 있는 응답을 생성하는지 여부를 고려한다. 구체성은 응답이 대부분의 컨텍스트에 적용할 수 있는 일반적인 응답이 아니라 이전 대화 컨텍스트에 특정한지 여부를 판단한다. 흥미성은 모델이 통찰력 있고, 예상치 못하거나, 재치 있는 응답을 생성하는지 여부를 측정한다.

  - 안전: 사용자에게 피해를 줄 수 있는 의도하지 않은 결과를 방지하고 부당한 편향을 강화하는 것을 방지하는 방법을 고려한다.

  - 근거: 타당한 정보, 즉 권위 있는 외부 출처에서 뒷받침할 수 있는 모순되는 정보를 고려한다.

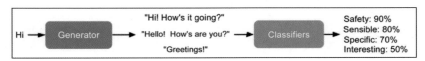

그림 6.10 LaMDA는 응답 후보를 생성한 다음 채점한다(출처: https://ai.googleblog.com/2022/01/lamda-towards-safe-grounded-and-high.html).

LaMDA는 인간의 뇌에 매우 가까운 결과를 보여줬다. Google(https://ai.googleblog.com/2022/01/lamda-towards-safe-grounded-and-high.html)에 따르면 LaMDA는 모든 차원과 모든 모델 크기에서 사전 훈련된 모델보다 성능이 훨씬 뛰어났다. 품질 측도

(Sensibleness, Specificity, Interestingness)는 일반적으로 미세 조정 유무에 관계없이 모델 매개변수의 수에 따라 개선됐다. 안전성은 모델 스케일링만으로는 도움이 되지 않는 것 같았지만 미세 조정을 통해 개선됐다. 모델 크기가 커짐에 따라 근거는 개선됐다. 모델이 클수록 일반적이지 않은 지식을 기억할 수 있는 능력이 더 크기 때문일 수 있지만 미세 조정을 통해 모델이 외부 지식 소스에 접근하고 지식 기억의 일부 부하를 외부 지식 소스로 효과적으로 이동할 수 있다. 미세 조정을 통해 인간 수준과의 품질 격차를 줄일 수 있지만 모델 성능은 안전성과 접지면에서 인간 수준보다 낮다.

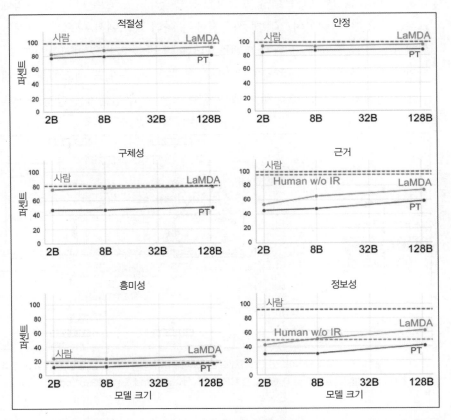

그림 6.11 LaMDA 성능(출처: https://ai.googleblog.com/2022/01/lamda-towards-safegrounded-and-high.html)

스위치 트랜스포머

스위치 트랜스포머는 Google 연구원 윌리엄 페더스[William Fedus], 배럿 조프[Barret Zoph], 노암 사지르[Noam Shazeer]가 2021년 「Switch Transformers: Scaling to Trillion Parameter Models with Simple and Efficient Sparsity」(https://arxiv.org/abs/2101.03961)에 소개했다.

핵심 내용을 살펴보자.

- 스위치 트랜스포머[Switch Transformer]는 70억에서 1조 6,000억 개의 매개변수로 훈련됐다. 설명한 바와 같이 일반적인 트랜스포머는 멀티-헤드 셀프 어텐션 계층의 깊은 스택이며, 각 계층의 끝에는 여러 헤드에서 나오는 출력을 집계하는 FFN이 있다. 스위치 트랜스포머는 이 단일 FFN을 여러 FFN으로 대체하고 이들을 "전문가들[experts]"이라고 부른다. 각 포워드 패스에서 각 계층에서 입력의 각 토큰에 대해 모델은 정확히 한 명의 전문가를 활성화한다.

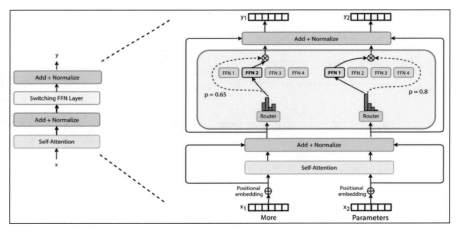

그림 6.12 다중 라우팅 FFN이 있는 스위치 트랜스포머 - 트랜스포머에 있는 밀집 FFN 계층은 희소 스위치 FFN 계층(하늘색)으로 대체된다(출처: https://arxiv.org/pdf/2101.03961.pdf).

- Switch-Base(70억 매개변수)와 Switch-Large(260억 매개변수)는 언어 모델링, 분류, 상호 참조 해결, 질문 응답 및 요약과 같은 작업에서 T5Base(2억 매개변수)

및 T5-Large(7억 매개변수)를 능가했다.

스위치 트랜스포머의 구현 예시는 다음 링크(https://keras.io/examples/nlp/text_classification_with_switch_transformer/)에서 확인할 수 있다.

RETRO

RETRO는 딥마인드의 세바스찬 보가드 등[Sebastian Borgeaud et. al.]의 「Improving language models by retrieving from trillions of tokens」(https://arxiv.org/pdf/2112.04426/)에 의해 소개됐으며, 검색-강화 자기회귀 언어 모델이다.

핵심 내용을 살펴보자.

- LLM의 매개변수 수를 조정하는 것은 결과의 품질을 개선하는 방법임이 입증됐다. 그러나 이 방법은 계산 비용이 많이 들기 때문에 지속 가능하지 않다.
- RETRO는 검색 **데이터베이스**[DB, Database]를 하이브리드 아키텍처의 트랜스포머와 결합한다. 아이디어는 먼저 검색 DB에 저장된 미리 계산된 BERT 임베딩에서 최근접 이웃 알고리듬으로 검색하는 것이다. 그런 다음 이러한 임베딩은 트랜스포머 인코더에 대한 입력으로 사용된다.
- 검색 및 트랜스포머의 조합을 통해 RETRO(1억 5,000만에서 70억 비임베딩 매개변수 확장)는 LLM에서 사용하는 매개변수 수를 절약할 수 있다.

  샘플 쿼리 "The 2021 Women's US Open was won"와 그림 6.13을 보자. 여기서 캐시된 BERT 임베딩은 트랜스포머 인코더로 전달돼 최종 결과를 얻는다.

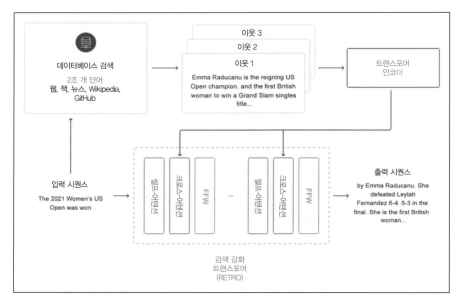

그림 6.13　RETRO(Retrieval Enhanced Transformers)의 상위 수준 개요(출처: https://deepmind.com/research/publications/2021/improving-language-models-byretrieving-from-trillions-of-tokens)

패스웨이와 PaLM

Google 리서치는 매우 효율적이면서 도메인 및 작업 전반에 걸쳐 일반화할 수 있는 단일 모델인 패스웨이[Pathways](https://blog.google/technology/ai/introducingpathways-next-generation-ai-architecture/)를 발표했다. 그런 다음 Google은 5,400억 개의 매개변수, 고밀도 디코더 전용 트랜스포머 모델인 PaLM[Pathways Language Model]을 도입해 여러 TPU v4 포드에서 단일 모델을 효율적으로 훈련할 수 있게 했다. Google은 수백 가지 언어 이해 및 생성 작업에 대해 PaLM을 평가했으며, 많은 경우 상당한 마진으로 대부분의 작업에서 최첨단 성능을 달성하는 것으로 나타났다(https://ai.googleblog.com/2022/04/pathwayslanguage-model-palm-scaling-to.html?m=1 참조).

구현

이 절에서는 트랜스포머를 사용하는 몇 가지 작업을 살펴보겠다.

트랜스포머 참조 구현: 번역의 예

이 절에서는 다음 링크(https://www.tensorflow.org/text/tutorials/transformer)에서 제공하는 트랜스포머 참조 구현을 간략하게 검토하고 특히 Google Colab에서 코드를 실행해볼 것이다.

모든 사람이 트랜스포머를 훈련하는 데 필요한 GPU의 수를 알고 있는 것은 아니다. 다행히 다음 링크(https://colab.research.google.com/github/tensorflow/text/blob/master/docs/tutorials/transformer.ipynb)에서 무료로 제공하는 자원을 활용할 수 있다.

매우 구체적으로 사용자 지정을 구현해야 하거나 핵심 연구에 관심이 있는 경우가 아니라면 트랜스포머를 처음부터 구현하는 것이 최선의 선택이 아닐 수 있다. 학습의 내부 구조에 관심이 없다면 다음 절로 건너뛰어도 된다. 여기 튜토리얼은 Creative Commons Attribution 4.0 라이선스에 따라 라이선스가 부여되며 코드 샘플은 Apache 2.0에 따라 라이선스가 부여된다. 여기서 수행할 구체적인 작업은 포르투갈어를 영어로 번역하는 것이다. 코드를 단계별로 살펴보자.

1. 먼저 데이터셋을 설치하고 올바른 라이브러리를 임포트한다. 온라인에서 사용할 수 있는 Colab에는 분명히 import tensorflow_text 행이 없지만 여기에는 추가돼 있다.

```
!pip install tensorflow_datasets
!pip install -U 'tensorflow-text==2.8.*'
import logging
import time

import numpy as np
import matplotlib.pyplot as plt
import tensorflow_text
```

```
import tensorflow_datasets as tfds
import tensorflow as tf
logging.getLogger('tensorflow').setLevel(logging.ERROR)
# 경고 문고가 나오지 않게 함
```

2. 그런 다음 포르투갈어에서 영어로의 데이터셋으로 로드한다.

```
examples, metadata = tfds.load('ted_hrlr_translate/pt_to_en', with_
info=True,
                                as_supervised=True)
train_examples, val_examples = examples['train'], examples['validation']
```

3. 이제 임베딩에 대한 인덱스로 사용되는 일련의 토큰 ID로 텍스트를 변환해 보겠다.

```
model_name = 'ted_hrlr_translate_pt_en_converter'
tf.keras.utils.get_file(
    f'{model_name}.zip',
    f'https://storage.googleapis.com/download.tensorflow.org/models/
{model_name}.zip',
    cache_dir='.', cache_subdir='', extract=True
)
tokenizers = tf.saved_model.load(model_name)
```

4. 토큰화된 ID와 토큰화된 단어를 살펴보자.

```
for pt_examples, en_examples in train_examples.batch(3).take(1):

  print('> Examples in Portuguese:')
for en in en_examples.numpy():
  print(en.decode('utf-8'))
```

```
and when you improve searchability , you actually take away the one
advantage of print , which is serendipity .
but what if it were active ?
but they did n't test for curiosity .
```

```
encoded = tokenizers.en.tokenize(en_examples)
for row in encoded.to_list():
  print(row)
```

```
[2, 72, 117, 79, 1259, 1491, 2362, 13, 79, 150, 184, 311, 71, 103, 2308,
74, 2679, 13, 148, 80, 55, 4840, 1434, 2423, 540, 15, 3]
[2, 87, 90, 107, 76, 129, 1852, 30, 3]
[2, 87, 83, 149, 50, 9, 56, 664, 85, 2512, 15, 3]
```

```python
round_trip = tokenizers.en.detokenize(encoded)
for line in round_trip.numpy():
  print(line.decode('utf-8'))
```

```
and when you improve searchability , you actually take away the one
advantage of print , which is serendipity .
but what if it were active ?
but they did n ' t test for curiosity .
```

5. 이제 입력 파이프라인을 만들어보자. 먼저 MAX_TOKENS보다 긴 예제를 삭제하는 함수를 정의한다. 둘째, 원시 텍스트 배치를 토큰화하는 함수를 정의한다. 셋째, 배치를 만든다.

```python
MAX_TOKENS=128
def filter_max_tokens(pt, en):
  num_tokens = tf.maximum(tf.shape(pt)[1],tf.shape(en)[1])
  return num_tokens < MAX_TOKENS
def tokenize_pairs(pt, en):
    pt = tokenizers.pt.tokenize(pt)
    # 0을 패딩해 밀집으로 변환
    pt = pt.to_tensor()

    en = tokenizers.en.tokenize(en)
    # 0을 패딩해 밀집으로 변환
    en = en.to_tensor()
    return pt, en


BUFFER_SIZE = 20000
BATCH_SIZE = 64
def make_batches(ds):
  return (
      ds
      .cache()
```

```
         .shuffle(BUFFER_SIZE)
         .batch(BATCH_SIZE)
         .map(tokenize_pairs, num_parallel_calls=tf.data.AUTOTUNE)
         .filter(filter_max_tokens)
         .prefetch(tf.data.AUTOTUNE))


  train_batches = make_batches(train_examples)
  val_batches = make_batches(val_examples)
```

6. 이제 위치 인코딩을 추가해 d차원 임베딩 공간에서 의미의 유사성과 문장에
   서의 위치에 따라 토큰이 서로 더 가까워지도록 한다.

```
def get_angles(pos, i, d_model):
  angle_rates = 1 / np.power(10000, (2 * (i//2)) / np.float32(d_model))
  return pos * angle_rates

def positional_encoding(position, d_model):
  angle_rads = get_angles(np.arange(position)[:, np.newaxis],
                          np.arange(d_model)[np.newaxis, :],
                          d_model)

# 배열의 짝수 인덱스에 sin 적용; 2i
angle_rads[:, 0::2] = np.sin(angle_rads[:, 0::2])

# 배열의 홀수 인덱스에 cos 적용; 2i+1
angle_rads[:, 1::2] = np.cos(angle_rads[:, 1::2])

pos_encoding = angle_rads[np.newaxis, ...]

return tf.cast(pos_encoding, dtype=tf.float32)
```

7. 이제 마스킹 프로세스에 초점을 맞추겠다. 미리보기look-ahead 마스크는 시퀀
   스에서 향후 토큰을 마스킹하는 데 사용되며 마스크는 사용하지 않아야 하
   는 항목을 나타낸다. 예를 들어 세 번째 토큰을 예측하려면 첫 번째와 두 번
   째 토큰만 사용하고 네 번째 토큰을 예측하려면 첫 번째, 두 번째, 세 번째 토
   큰만 사용하는 식이다.

```
def create_padding_mask(seq):
  seq = tf.cast(tf.math.equal(seq, 0), tf.float32)

# 어탠션 로짓에 패딩을 추가하기 위해 차원을 추가
return seq[:, tf.newaxis, tf.newaxis, :] # (batch_size, 1, 1, seq_len)

def create_look_ahead_mask(size):
  mask = 1 - tf.linalg.band_part(tf.ones((size, size)), -1, 0)
  return mask # (seq_len, seq_len)
```

8. 이제 트랜스포머의 본질에 점점 더 가까워지고 있다. 어텐션을 정의하자.

```
def scaled_dot_product_attention(q, k, v, mask):
  """어텐션 가중치 계산
  q, k, v는 리딩 차원과 같아야 한다.
  k, v는 끝에서 두 번째 차원과 같아야 한다. i.e.: seq_len_k = seq_len_v.
  마스크는 형식(패딩 또는 룩 어헤드)에 따라 다른 형태를 가짐
  그러나 어텐션을 위해 브로드캐스팅 가능해야 한다.

  인수:
    q: 쿼리 형식 == (..., seq_len_q, depth)
    k: 키 형식 == (..., seq_len_k, depth)
    v: 값 형식 == (..., seq_len_v, depth_v)
    마스크: 형식을 브로드 캐스팅할 수 있는 부동수수점 텐서
    디폴트는 None:

  반환값:
    출력, 어텐션 가중치
  """

  matmul_qk = tf.matmul(q, k, transpose_b=True) # (..., seq_len_q, seq_
len_k)

  # matmul_qk 크기 조정
  dk = tf.cast(tf.shape(k)[-1], tf.float32)
  scaled_attention_logits = matmul_qk / tf.math.sqrt(dk)

  # 크기 조정된 텐서에 마스크 추가
  if mask is not None:
    scaled_attention_logits += (mask * -1e9)
```

```
    # 소프트맥스가 마지막 축(seq-Leng_k)에 대해 정규화돼 점수 합산은 1이 된다.
    attention_weights = tf.nn.softmax(scaled_attention_logits, axis=-1)
  # (..., seq_len_q, seq_len_k)

    output = tf.matmul(attention_weights, v) # (..., seq_len_q, depth_v)

    return output, attention_weights
```

9. 어텐션이 정의됐으므로 멀티-헤드 메커니즘을 구현해야 한다. 선형 계층, 스
    케일링된 내적 어텐션, 최종 선형 계층의 세 부분이 있다(그림 6.14 참조).

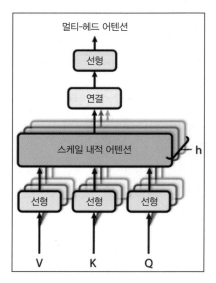

그림 6.14 멀티-헤드 어텐션

```
class MultiHeadAttention(tf.keras.layers.Layer):
  def __init__(self,*, d_model, num_heads):
    super(MultiHeadAttention, self).__init__()
    self.num_heads = num_heads
    self.d_model = d_model

    assert d_model % self.num_heads == 0

    self.depth = d_model // self.num_heads
```

```python
    self.wq = tf.keras.layers.Dense(d_model)
    self.wk = tf.keras.layers.Dense(d_model)
    self.wv = tf.keras.layers.Dense(d_model)

    self.dense = tf.keras.layers.Dense(d_model)

def split_heads(self, x, batch_size):
    """최종 차원을 (num_heads, depth)로 분할
    형태가 (batch_size, num_heads,seq_len, depth)가 결과를 전치
    """
    x = tf.reshape(x, (batch_size, -1, self.num_heads, self.depth))
    return tf.transpose(x, perm=[0, 2, 1, 3])

def call(self, v, k, q, mask):
    batch_size = tf.shape(q)[0]

    q = self.wq(q) # (batch_size, seq_len, d_model)
    k = self.wk(k) # (batch_size, seq_len, d_model)
    v = self.wv(v) # (batch_size, seq_len, d_model)

    q = self.split_heads(q, batch_size) # (batch_size, num_heads, seq_
len_q, depth)
    k = self.split_heads(k, batch_size) # (batch_size, num_heads, seq_
len_k, depth)
    v = self.split_heads(v, batch_size) # (batch_size, num_heads, seq_
len_v, depth)

    # scaled_attention.shape == (batch_size, num_heads, seq_len_q,
depth)
    # attention_weights.shape == (batch_size, num_heads, seq_len_q,
seq_len_k)
    scaled_attention, attention_weights = scaled_dot_product_attention(
        q, k, v, mask)

    scaled_attention = tf.transpose(scaled_attention, perm=[0, 2, 1, 3])
# (batch_size, seq_len_q, num_heads, depth)

    concat_attention = tf.reshape(scaled_attention,
                                  (batch_size, -1, self.d_model)) #
(batch_size, seq_len_q, d_model)
```

```
    output = self.dense(concat_attention) # (batch_size, seq_len_q, d_
model)

    return output, attention_weights
```

10. 이제 사이에 ReLU 활성화 함수를 가진 완전 연결된 2개로 구성된 점별 피드
포워드 네트워크를 정의할 수 있다.

```
def point_wise_feed_forward_network(d_model, dff):
  return tf.keras.Sequential([
      tf.keras.layers.Dense(dff, activation='relu'), # (batch_size, seq_
len, dff)
      tf.keras.layers.Dense(d_model) # (batch_size, seq_len, d_model)
  ])
```

11. 이제 그림 6.15에 설명된 대로 인코더 및 디코더 부분을 정의하는 데 집중
할 수 있다. 전통적인 트랜스포머는 N개의 인코더 계층을 통해 입력 문장
을 취하는 반면, 디코더는 인코더 출력과 자체 입력(셀프-어텐션)을 사용해 다
음 단어를 예측한다는 점에 유의하자. 각 인코더 계층에는 멀티-헤드 어텐션
(패딩 마스크 사용)과 포인트별 피드포워드 네트워크로 구성된 하위 계층이 있
다. 각 하위 계층은 잔차 연결을 사용해 그래디언트 소실 문제와 정규화 계
층을 포함한다.

```
class EncoderLayer(tf.keras.layers.Layer):
  def __init__(self,*, d_model, num_heads, dff, rate=0.1):
    super(EncoderLayer, self).__init__()

    self.mha = MultiHeadAttention(d_model=d_model, num_heads=num_heads)
    self.ffn = point_wise_feed_forward_network(d_model, dff)

    self.layernorm1 = tf.keras.layers.LayerNormalization(epsilon=1e-6)
    self.layernorm2 = tf.keras.layers.LayerNormalization(epsilon=1e-6)

    self.dropout1 = tf.keras.layers.Dropout(rate)
    self.dropout2 = tf.keras.layers.Dropout(rate)

  def call(self, x, training, mask):
```

```
    attn_output, _ = self.mha(x, x, x, mask) # (batch_size, input_seq_
len, d_model)
    attn_output = self.dropout1(attn_output, training=training)
    out1 = self.layernorm1(x + attn_output) # (batch_size, input_seq_
len, d_model)

    ffn_output = self.ffn(out1) # (batch_size, input_seq_len, d_model)
    ffn_output = self.dropout2(ffn_output, training=training)
    out2 = self.layernorm2(out1 + ffn_output) # (batch_size, input_seq_
len, d_model)

    return out2
```

12. 각 디코더 계층은 하위 계층으로 구성된다. 먼저 마스킹된 멀티-헤드 어텐션 (미리 보기 마스크 및 패딩 마스크 사용)이 있다. 그런 다음 멀티-헤드 어텐션(패딩 마스크 포함), V(값) 및 K(키)가 인코더 출력을 입력으로 받는다. Q(쿼리)는 마스킹된 멀티-헤드 어텐션 하위 계층과 마지막으로 포인트별 피드포워드 네트워크에서 출력을 수신한다.

```
class DecoderLayer(tf.keras.layers.Layer):
  def __init__(self,*, d_model, num_heads, dff, rate=0.1):
    super(DecoderLayer, self).__init__()

    self.mha1 = MultiHeadAttention(d_model=d_model, num_heads=num_heads)
    self.mha2 = MultiHeadAttention(d_model=d_model, num_heads=num_heads)

    self.ffn = point_wise_feed_forward_network(d_model, dff)

    self.layernorm1 = tf.keras.layers.LayerNormalization(epsilon=1e-6)
    self.layernorm2 = tf.keras.layers.LayerNormalization(epsilon=1e-6)
    self.layernorm3 = tf.keras.layers.LayerNormalization(epsilon=1e-6)

    self.dropout1 = tf.keras.layers.Dropout(rate)
    self.dropout2 = tf.keras.layers.Dropout(rate)
    self.dropout3 = tf.keras.layers.Dropout(rate)

  def call(self, x, enc_output, training,
           look_ahead_mask, padding_mask):
```

```
        # enc_output.shape == (batch_size, input_seq_len, d_model)

        attn1, attn_weights_block1 = self.mha1(x, x, x, look_ahead_mask) #
(batch_size, target_seq_len, d_model)
        attn1 = self.dropout1(attn1, training=training)
        out1 = self.layernorm1(attn1 + x)

        attn2, attn_weights_block2 = self.mha2(
            enc_output, enc_output, out1, padding_mask) # (batch_size,
target_seq_len, d_model)
        attn2 = self.dropout2(attn2, training=training)
        out2 = self.layernorm2(attn2 + out1) # (batch_size, target_seq_len,
d_model)

        ffn_output = self.ffn(out2) # (batch_size, target_seq_len, d_model)
        ffn_output = self.dropout3(ffn_output, training=training)
        out3 = self.layernorm3(ffn_output + out2) # (batch_size, target_seq_
len, d_model)

        return out3, attn_weights_block1, attn_weights_block2
```

13. 이제 인코더 계층을 정의했으므로 이를 사용해 적절한 인코더를 정의할 수
    있다. 이는 입력 임베딩, 위치 인코딩, N 인코더 계층의 세 단계로 구성된다.

```
class Encoder(tf.keras.layers.Layer):
  def __init__(self,*, num_layers, d_model, num_heads, dff, input_vocab_
size,
               rate=0.1):
    super(Encoder, self).__init__()

    self.d_model = d_model
    self.num_layers = num_layers

    self.embedding = tf.keras.layers.Embedding(input_vocab_size, d_model)
    self.pos_encoding = positional_encoding(MAX_TOKENS, self.d_model)

    self.enc_layers = [
        EncoderLayer(d_model=d_model, num_heads=num_heads, dff=dff,
rate=rate)
        for _ in range(num_layers)]
```

```
        self.dropout = tf.keras.layers.Dropout(rate)

    def call(self, x, training, mask):

        seq_len = tf.shape(x)[1]

        # 임베딩과 위치 인코딩 추가
        x = self.embedding(x) # (batch_size, input_seq_len, d_model)
        x *= tf.math.sqrt(tf.cast(self.d_model, tf.float32))
        x += self.pos_encoding[:, :seq_len, :]

        x = self.dropout(x, training=training)

        for i in range(self.num_layers):
            x = self.enc_layers[i](x, training, mask)

        return x # (batch_size, input_seq_len, d_model)
```

14. 이제 디코더 자체에 집중할 수 있다. 여기서는 출력 임베딩, 위치 인코딩, N 디코더 계층으로 구성된다.

```
class Decoder(tf.keras.layers.Layer):
    def __init__(self,*, num_layers, d_model, num_heads, dff, target_vocab_
size,
                 rate=0.1):
        super(Decoder, self).__init__()

        self.d_model = d_model
        self.num_layers = num_layers

        self.embedding = tf.keras.layers.Embedding(target_vocab_size, d_
model)
        self.pos_encoding = positional_encoding(MAX_TOKENS, d_model)

        self.dec_layers = [
            DecoderLayer(d_model=d_model, num_heads=num_heads, dff=dff,
rate=rate)
            for _ in range(num_layers)]
        self.dropout = tf.keras.layers.Dropout(rate)
```

```
def call(self, x, enc_output, training,
         look_ahead_mask, padding_mask):

    seq_len = tf.shape(x)[1]
    attention_weights = {}

    x = self.embedding(x) # (batch_size, target_seq_len, d_model)
    x *= tf.math.sqrt(tf.cast(self.d_model, tf.float32))
    x += self.pos_encoding[:, :seq_len, :]

    x = self.dropout(x, training=training)

    for i in range(self.num_layers):
      x, block1, block2 = self.dec_layers[i](x, enc_output, training,
                                             look_ahead_mask, padding_
mask)

      attention_weights[f'decoder_layer{i+1}_block1'] = block1
      attention_weights[f'decoder_layer{i+1}_block2'] = block2

    # x.shape == (batch_size, target_seq_len, d_model)
    return x, attention_weights
```

15. 인코더와 디코더를 정의했으므로 이제 인코더, 디코더 및 최종 선형 계층으로 구성된 트랜스포머 자체에 집중할 수 있다(그림 6.15 참조).

```
class Transformer(tf.keras.Model):
  def __init__(self,*, num_layers, d_model, num_heads, dff, input_vocab_
size,
               target_vocab_size, rate=0.1):
    super().__init__()
    self.encoder = Encoder(num_layers=num_layers, d_model=d_model,
                           num_heads=num_heads, dff=dff,
                           input_vocab_size=input_vocab_size, rate=rate)

    self.decoder = Decoder(num_layers=num_layers, d_model=d_model,
                           num_heads=num_heads, dff=dff,
                           target_vocab_size=target_vocab_size,
rate=rate)
```

```python
        self.final_layer = tf.keras.layers.Dense(target_vocab_size)

    def call(self, inputs, training):
        # 처음 인수에 모든 입력을 전달할 의향이라면 Keras 모델이 선호된다.
        inp, tar = inputs

        enc_padding_mask, look_ahead_mask, dec_padding_mask = self.create_
masks(inp, tar)

        enc_output = self.encoder(inp, training, enc_padding_mask) # (batch_
size, inp_seq_len, d_model)

        # dec_output.shape == (batch_size, tar_seq_len, d_model)
        dec_output, attention_weights = self.decoder(
            tar, enc_output, training, look_ahead_mask, dec_padding_mask)

        final_output = self.final_layer(dec_output) # (batch_size, tar_seq_
len, target_vocab_size)

        return final_output, attention_weights

    def create_masks(self, inp, tar):
        # 인코더 패딩 마스크
        enc_padding_mask = create_padding_mask(inp)

        # 디코더의 두 번째 어텐션 블록에서 사용됨
        # 이 패딩 마스크는 인코더 출력에 사용됨
        dec_padding_mask = create_padding_mask(inp)

        # 디코더의 첫 번째 어텐션 블록에서 사용됨
        # 디코더에서 수신된 입력의 미래 토큰을 패딩하고 마스크하는 데 사용
        look_ahead_mask = create_look_ahead_mask(tf.shape(tar)[1])
        dec_target_padding_mask = create_padding_mask(tar)
        look_ahead_mask = tf.maximum(dec_target_padding_mask, look_ahead_
mask)
        return enc_padding_mask, look_ahead_mask, dec_padding_mask
```

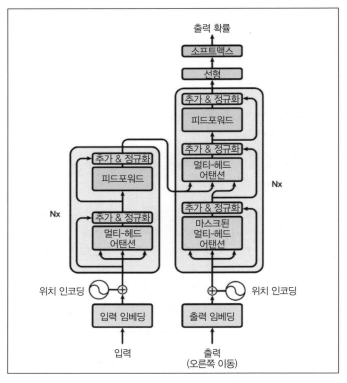

그림 6.15 전통적인 트랜스포머

16. 거의 끝났다. 논문에서와 동일한 설정 및 손실함수를 사용해 정확히 초매개
변수와 최적기를 정의하기만 하면 된다.

```
num_layers = 4
d_model = 128
dff = 512
num_heads = 8
dropout_rate = 0.1

class CustomSchedule(tf.keras.optimizers.schedules.LearningRateSchedule):
  def __init__(self, d_model, warmup_steps=4000):
    super(CustomSchedule, self).__init__()

    self.d_model = d_model
    self.d_model = tf.cast(self.d_model, tf.float32)
```

```
        self.warmup_steps = warmup_steps

    def __call__(self, step):
        arg1 = tf.math.rsqrt(step)
        arg2 = step * (self.warmup_steps ** -1.5)

        return tf.math.rsqrt(self.d_model) * tf.math.minimum(arg1, arg2)

learning_rate = CustomSchedule(d_model)

optimizer = tf.keras.optimizers.Adam(learning_rate, beta_1=0.9,
beta_2=0.98,
                                     epsilon=1e-9)

def loss_function(real, pred):
    mask = tf.math.logical_not(tf.math.equal(real, 0))
    loss_ = loss_object(real, pred)

    mask = tf.cast(mask, dtype=loss_.dtype)
    loss_ *= mask

    return tf.reduce_sum(loss_)/tf.reduce_sum(mask)


def accuracy_function(real, pred):
    accuracies = tf.equal(real, tf.argmax(pred, axis=2))
    mask = tf.math.logical_not(tf.math.equal(real, 0))
    accuracies = tf.math.logical_and(mask, accuracies)

    accuracies = tf.cast(accuracies, dtype=tf.float32)
    mask = tf.cast(mask, dtype=tf.float32)
    return tf.reduce_sum(accuracies)/tf.reduce_sum(mask)

train_loss = tf.keras.metrics.Mean(name='train_loss')
train_accuracy = tf.keras.metrics.Mean(name='train_accuracy')
```

17. 트랜스포머를 정의할 시간이다. 코드를 보자.

```
transformer = Transformer(
    num_layers=num_layers,
```

```
        d_model=d_model,
        num_heads=num_heads,
        dff=dff,
        input_vocab_size=tokenizers.pt.get_vocab_size().numpy(),
        target_vocab_size=tokenizers.en.get_vocab_size().numpy(),
        rate=dropout_rate)
```

18. 또한 다음 코드를 사용해 체크포인트를 정의해보겠다.

```
checkpoint_path = './checkpoints/train'

ckpt = tf.train.Checkpoint(transformer=transformer,
                           optimizer=optimizer)

ckpt_manager = tf.train.CheckpointManager(ckpt, checkpoint_path, max_
to_keep=5)

# 체크포인트가 있으면, 최종 체크포인트를 복구
if ckpt_manager.latest_checkpoint:
  ckpt.restore(ckpt_manager.latest_checkpoint)
  print('Latest checkpoint restored!!')
```

19. 트랜스포머는 자기회귀임을 기억하라. 현재 출력은 다음에 일어날 일을 예측하는 데 사용된다. 예측 마스크를 사용해 모델이 예상 출력을 엿보는 것을 방지한다. 이제 train_step을 정의할 준비가 됐다.

```
train_step_signature = [
    tf.TensorSpec(shape=(None, None), dtype=tf.int64),
    tf.TensorSpec(shape=(None, None), dtype=tf.int64),
]

@tf.function(input_signature=train_step_signature)
def train_step(inp, tar):
  tar_inp = tar[:, :-1]
  tar_real = tar[:, 1:]

  with tf.GradientTape() as tape:
    predictions, _ = transformer([inp, tar_inp],
                                 training = True)
    loss = loss_function(tar_real, predictions)
```

```
    gradients = tape.gradient(loss, transformer.trainable_variables)
    optimizer.apply_gradients(zip(gradients, transformer.trainable_
variables))

    train_loss(loss)
    train_accuracy(accuracy_function(tar_real, predictions))


EPOCHS = 20
for epoch in range(EPOCHS):
  start = time.time()

  train_loss.reset_states()
  train_accuracy.reset_states()

  # inp -> portuguese, tar -> english
  for (batch, (inp, tar)) in enumerate(train_batches):
    train_step(inp, tar)

    if batch % 50 == 0:
      print(f'Epoch {epoch + 1} Batch {batch} Loss {train_loss.
result():.4f} Accuracy {train_accuracy.result():.4f}')

  if (epoch + 1) % 5 == 0:
    ckpt_save_path = ckpt_manager.save()
    print(f'Saving checkpoint for epoch {epoch+1} at {ckpt_save_path}')

  print(f'Epoch {epoch + 1} Loss {train_loss.result():.4f} Accuracy
{train_accuracy.result():.4f}')

  print(f'Time taken for 1 epoch: {time.time() - start:.2f} secs\n')
```

Colab에서 학습 단계를 실행한 후 다음과 같은 상황이 일어난다.

```
Epoch 20 Loss 1.5030 Accuracy 0.6720
Time taken for 1 epoch: 169.01 secs
```

20. 이제 번역할 준비가 됐다. 번역에는 다음 단계가 사용된다.

1. 포르투갈어 토크나이저(tokenizers.pt)를 사용해 입력 문장을 인코딩한다.

2. 디코더 입력은 [START] 토큰으로 초기화된다.

3. 패딩 마스크와 예측 마스크를 계산한다.

4. 그런 다음 디코더는 인코더 출력과 자신의 출력(셀프-어텐션)을 확인해 예측을 출력한다.

5. 예측된 토큰을 디코더 입력에 연결하고 디코더에 전달한다.

```python
class Translator(tf.Module):
  def __init__(self, tokenizers, transformer):
    self.tokenizers = tokenizers
    self.transformer = transformer

  def __call__(self, sentence, max_length=MAX_TOKENS):
    # 입력 시퀀스는 포르투갈어이므로 시작과 종류 토큰을 추가한다.
    assert isinstance(sentence, tf.Tensor)
    if len(sentence.shape) == 0:
      sentence = sentence[tf.newaxis]

    sentence = self.tokenizers.pt.tokenize(sentence).to_tensor()

    encoder_input = sentence

    # 출력 언어는 영어이므로 출력을 영어 토큰으로 초기화한다.
    start_end = self.tokenizers.en.tokenize([''])[0]
    start = start_end[0][tf.newaxis]
    end = start_end[1][tf.newaxis]

    # 'tf.TensorArray'가 필요 (python list 대신) 이를 통해
    # dynamic-loop를 'tf.function'으로 추적할 수 있다.
    output_array = tf.TensorArray(dtype=tf.int64, size=0, dynamic_
size=True)
    output_array = output_array.write(0, start)

    for i in tf.range(max_length):
    output = tf.transpose(output_array.stack())
    predictions, _ = self.transformer([encoder_input, output],
training=False)
```

```python
    # seq_len dimension에서 최종 토큰 선택
    predictions = predictions[:, -1:, :] # (batch_size, 1, vocab_size)

    predicted_id = tf.argmax(predictions, axis=-1)

    # predicted_id를 디코더에 주어진 출력과 입력으로 연결
    output_array = output_array.write(i+1, predicted_id[0])

    if predicted_id == end:
      break

    output = tf.transpose(output_array.stack())
    # output.shape (1, tokens)
    text = tokenizers.en.detokenize(output)[0] # shape: ()

    tokens = tokenizers.en.lookup(output)[0]

    # 'tf.function'는 루프의 마지막 반복에서 attention_weights 사용을 방지한다.
    # 이를 통해 루프의 외부에서 재계산한다.
    _, attention_weights = self.transformer([encoder_input,
output[:,:-1]], training=False)

    return text, tokens, attention_weights
```

21. 다음 코드를 사용해 샘플 문장으로 번역기를 호출해보자.

```python
translator = Translator(tokenizers, transformer)
def print_translation(sentence, tokens, ground_truth):
  print(f'{"Input:":15s}: {sentence}')
  print(f'{"Prediction":15s}: {tokens.numpy().decode("utf-8")}')
  print(f'{"Ground truth":15s}: {ground_truth}')
sentence = 'os meus vizinhos ouviram sobre esta ideia.'
ground_truth = 'and my neighboring homes heard about this idea .'
translated_text, translated_tokens, attention_weights = translator(
    tf.constant(sentence))
print_translation(sentence, translated_text, ground_truth)
```

다음의 결과를 얻는다.

```
Input:          : os meus vizinhos ouviram sobre esta ideia.
Prediction      : my neighbors have heard about this idea .
Ground truth    : and my neighboring homes heard about this idea .
```

이 상세한 분석에서는 위치 인코딩, 멀티-헤드 어텐션, 마스킹을 고려해 기존 트랜스포머가 구현되는 방법을 알아봤다. 분석된 코드는 다음 링크(https://www.tensorflow.org/text/tutorials/transformer)에 있다.

다음에는 상위 라이브러리를 사용하는 트랜스포머의 사용법을 설명한다.

허깅 페이스

설명한 대로 트랜스포머를 처음부터 구현하는 것은 매우 특정한 사용자 지정을 구현해야 하거나 핵심 연구에 관심이 있는 경우가 아니면 최선의 선택이 아닐 수 있다. 이는 트랜스포머 아키텍처의 내부 세부 사항을 이해하거나 새로운 변형을 생성하기 위해 트랜스포머 아키텍처를 수정하려는 경우에 유용하다. 요즘에는 고품질 솔루션을 제공하는 매우 훌륭한 라이브러리가 있다. 그중 하나는 몇 가지 효율적인 도구를 제공하는 허깅 페이스^{Hugging Face}다. Hugging Face는 오픈 소스 트랜스포머 라이브러리를 상용화한다는 아이디어를 중심으로 구축됐다. 라이브러리가 인기를 얻게 된 이유를 살펴보자.

- Hugging Face는 많은 트랜스포머 아키텍처를 처리하기 위한 공통 API를 제공한다.

- 기본 모델을 제공할 뿐만 아니라 특정 작업을 처리하기 위해 다양한 유형의 "헤드"가 있는 모델을 제공한다(예: BERT 아키텍처의 경우 TFBertModel, 감정 분석과 같은 작업을 위한 TFBertForSequenceClassification, 명명된 개체 인식과 같은 작업을 위한 TFBertForTokenClassification, Q 및 A에 대한 TFBertForQuestionAnswering 등).

- 예를 들어 TFBertForPreTraining을 사용해 여기에 제공된 사전 훈련된 가중치를 사용해 특정 작업에 대한 자체 네트워크를 매우 쉽게 만들 수도 있다.

- 다음 하위 절의 pipeline() 메서드 외에도 일반적인 방식으로 모델을 정의하

고 fit()을 사용해 모델을 훈련하고 predict()를 사용해 일반 TF 모델과 같이 추론할 수 있다(PyTorch도 마찬가지다. 트레이너 인터페이스가 있음). 6장의 뒷부분에서 예를 볼 것이다.

이제 Hugging Face를 사용하는 몇 가지 예를 확인해보자.

텍스트 생성

이 절에서는 자연어 출력을 생성하는 소프트웨어 프로세스인 자연어 생성에 GPT-2를 사용한다. Hugging Face 라이브러리를 설치해 처음부터 시작하겠다.

1. 첫 번째 단계는 트랜스포머 라이브러리를 설치할 수 있는 전용 가상 환경을 만드는 것이다. 나의 경우 TensorFlow 2.0용 라이브러리를 사용한다.

```
python -m venv .env
source .env/bin/activate
pip install transformers[tf-cpu]
```

2. 그런 다음 감정 분석용으로 사전 학습된 모델을 다운로드해 모든 것이 올바르게 작동하는지 확인한다.

```
python -c "from transformers import pipeline; print(pipeline('sentime
ntanalysis')('we love you'))"
```

예상 감정은 매우 긍정적이어야 하므로 다음과 같은 결과가 표시돼야 한다.

```
[{'label': 'POSITIVE', 'score': 0.9998704791069031}]
```

3. 이제 GPT-2로 텍스트를 생성하는 데 초점을 맞추겠다.

```
from transformers import pipeline
generator = pipeline(task="text-generation")
```

다음과 같은 내용이 표시돼야 한다.

```
No model was supplied, defaulted to gpt2 (https://huggingface.co/gpt2)
Downloading: 100%|█████████████████████████| 665/665 [00:00<00:00,
167kB/s]
Downloading: 100%|█████████████████████████| 475M/475M [03:24<00:00,
2.44MB/s
```

4. 일부 텍스트를 생성기에 전달하고 결과가 어떤지 보도록 하자. 첫 문장은 J. R. R. 톨킨의 작품에서, 두 번째 문장은 아인슈타인의 이론에서, 세 번째 문장은 『해리 포터』에서 가져온 것이다.

```
generator("Three Rings for the Elven-kings under the sky, Seven for the
Dwarf-lords in their halls of stone")
```

```
Setting 'pad_token_id' to 50256 (first 'eos_token_id') to generate
sequence
[{'generated_text': 'Three Rings for the Elven-kings under the sky, Seven
for the Dwarf-lords in their halls of stone and Eight for the Dwarves in
their halls of rock! Three new Rings of the Elven-kings under the sky,
Seven for'}]
```

```
generator ("The original theory of relativity is based upon the premise
that all coordinate systems in relative uniform translatory motion to
each other are equally valid and equivalent ")
```

```
Setting 'pad_token_id' to 50256 (first 'eos_token_id') to generate
sequence
[{'generated_text': 'The original theory of relativity is based upon
the premise that all coordinate systems in relative uniform translatory
motion to each other are equally valid and equivalent \xa0to one another.
In other words, they can all converge, and therefore all the laws are
valid'}]
```

```
generator ("It takes a great deal of bravery to stand up to our enemies")
```

```
Setting 'pad_token_id' to 50256 (first 'eos_token_id') to generate
sequence
[{'generated_text': 'It takes a great deal of bravery to stand up to
our enemies that day. She still has a lot to learn from it, or it could
take decades to do.\n\nWhile some braver men struggle, many are not as
lucky'}]
```

정말 쉽지 않은가?

모델 자동 선택 및 자동 토큰화

Hugging Face는 개발자가 가능한 한 많은 단계를 자동화하는 데 큰 도움이 된다. 몇 가지 예를 살펴보겠다.

1. 사용 가능한 수십 개의 모델 중에서 사전 훈련된 모델을 쉽게 가져올 수 있다. 사용 가능한 모델의 전체 목록은 다음 링크(https://huggingface.co/docs/transformers/model_doc/auto)에서 확인할 수 있다.

```
from transformers import TFAutoModelForSequenceClassification
model = TFAutoModelForSequenceClassification.from_pretrained
("distilbert-base-uncased")
```

```
Downloading: 100%|███████████████████████| 483/483 [00:00<00:00,
68.9kB/s]
Downloading: 100%|███████████████████████| 347M/347M [01:05<00:00,
5.59MB/s]
…
```

예측 및 추론에 사용하려면 다운스트림 과제에서 이 모델을 훈련해야 한다.

2. AutoTokenizer를 사용해 단어를 모델에서 사용하는 토큰으로 변환할 수 있다.

```
from transformers import AutoTokenizer
tokenizer = AutoTokenizer.from_pretrained("bert-base-uncased")
sequence = "The original theory of relativity is based upon the premise
that all coordinate systems"
print(tokenizer(sequence))
```

```
{'input_ids': [101, 1996, 2434, 3399, 1997, 20805, 2003, 2241, 2588,
1996, 18458, 2008, 2035, 13530, 3001, 102], 'token_type_ids': [0, 0, 0,
0, 0, 0, 0, 0, 0, 0, 0, 0, 0, 0, 0, 0], 'attention_mask': [1, 1, 1, 1, 1,
1, 1, 1, 1, 1, 1, 1, 1, 1, 1, 1]}
```

명명된 개체 인식

명명된 개체 인식^{NER, Named Entry Recognition}은 고전적인 NLP 작업이다. 위키피디아에 따르면 명명된 개체 인식(또는 (명명된) 개체 식별, 개체 청크, 개체 추출이라고도 함)은 구조화되지 않은 텍스트에서 언급된 명명된 개체를 찾고 사람 이름, 조직, 위치, 의료 코드, 시간 표현, 수량, 금전적 가치 및 백분율 등과 같은 미리 정의된 범주로 분류하는 정보 추출의 하위 작업이다.

Hugging Face를 사용해 이 작업을 얼마나 쉽게 수행할 수 있는지 살펴보겠다.

1. 먼저 NER 파이프라인을 생성해보겠다.

```python
from transformers import pipeline
ner_pipe = pipeline("ner")
sequence = """Mr. and Mrs. Dursley, of number four, Privet Drive, were
proud to say that they were perfectly normal, thank you very much."""
for entity in ner_pipe(sequence):
    print(entity)
```

2. 개체가 다음과 같이 인식됨을 볼 수 있다.

```
{'entity': 'I-PER', 'score': 0.99908304, 'index': 6, 'word': 'Du',
'start': 13, 'end': 15}
{'entity': 'I-PER', 'score': 0.9869529, 'index': 7, 'word': '##rs',
'start': 15, 'end': 17}
{'entity': 'I-PER', 'score': 0.9784202, 'index': 8, 'word': '##ley',
'start': 17, 'end': 20}
{'entity': 'I-ORG', 'score': 0.6860208, 'index': 14, 'word': 'P',
'start': 38, 'end': 39}
{'entity': 'I-ORG', 'score': 0.7713562, 'index': 15, 'word': '##rive',
'start': 39, 'end': 43}
{'entity': 'I-ORG', 'score': 0.76567733, 'index': 16, 'word': '##t',
'start': 43, 'end': 44}
{'entity': 'I-ORG', 'score': 0.8087192, 'index': 17, 'word': 'Drive',
'start': 45, 'end': 50}
```

명명된 개체 인식은 아홉 가지 부류를 이해할 수 있다.

- 0: 명명된 개체 외부

- **B-MIS**: 다른 기타 개체 바로 뒤에 있는 기타 개체의 시작
- **I-MIS**: 기타 개체
- **B-PER**: 다른 사람의 이름 바로 뒤에 사람 이름의 시작
- **I-PER**: 사람의 이름
- **B-ORG**: 다른 조직 바로 다음의 다른 조직의 시작
- **I-ORG**: 조직
- **B-LOC**: 다른 위치 직후 위치의 시작
- **I-LOC**: 위치

이러한 개체는 이 작업에 일반적으로 사용되는 CoNLL-2003 데이터셋에서 정의되며, Hugging Face에서 자동으로 선택된다.

요약

이제 어떤 것 또는 누군가에 대한 가장 중요한 사실이나 아이디어를 짧고 명확한 형식으로 표현하는 작업, 즉 문장을 요약하는 과제에 대해 살펴보겠다. Hugging Face를 사용하면 T5 모델을 이 과제의 기본값으로 사용해 매우 쉽게 수행할 수 있다. 코드를 보자.

1. 먼저 기본 T5 소형 모델을 사용해 요약 파이프라인을 생성해보자.

```python
from transformers import pipeline
summarizer = pipeline("summarization")
ARTICLE = """
  Mr.
  and Mrs.
  Dursley, of number four, Privet Drive, were proud to say

  that they were perfectly normal, thank you very much.
  They were the last

  people you'd expect to be involved in anything strange or mysterious,
```

```
because they just didn't hold with such nonsense.


Mr.
Dursley was the director of a firm called Grunnings, which made

drills.
He was a big, beefy man with hardly any neck, although he did

have a very large mustache.
Mrs.
Dursley was thin and blonde and had

nearly twice the usual amount of neck, which came in very useful as she

spent so much of her time craning over garden fences, spying on the

neighbors.
The Dursleys had a small son called Dudley and in their

opinion there was no finer boy anywhere"""
print(summarizer(ARTICLE, max_length=130, min_length=30, do_
sample=False))
```

2. 결과는 다음과 유사한 내용이 표시된다.

```
No model was supplied, defaulted to t5-small (https://huggingface.co/t5-
small)
Downloading: 100%|███████████████████████| 1.17k/1.17k [00:00<00:00,
300kB/s]
Downloading: 100%|███████████████████████| 231M/231M [01:29<00:00,
2.71MB/s]

[{'summary_text': "Mr. and Mrs. Dursley, of number four, were the last
people you'd expect to be involved in anything strange or mysterious .
the Dursleys had a small son called Dudley and in their opinion there was
no finer boy anywhere ."}]
```

3. 다른 모델로 변경하고 싶다면, 하나의 매개변수를 변경하면 매우 간단하다.

```
summarizer = pipeline("summarization", model='t5-base')
```

4. 결과적으로 다음과 같은 결과를 얻는다.

```
Downloading: 100%|████████████████████████████████|
      | 773k/773k [00:00<00:00, 1.28MB/s]
Downloading: 100%|████████████████████████████████|
      | 1.32M/1.32M [00:00<00:00, 1.93MB/s]
[{'summary_text': "bob greene says he and his wife were perfectly normal
. he says they were the last people you'd expect to be involved in
anything strange or mysterious . greene: they were a big, beefy man with
hardly any neck, but had a very large mustache ."}]
```

미세 조정

트랜스포머의 일반적인 사용 패턴 중 하나는 사전 훈련된 LLM을 사용한 다음 특정
다운스트림 작업에 대해 모델을 미세 조정하는 것이다. 물론 미세 조정 단계는 자체
데이터셋에서 수행되는 반면, 사전 학습은 매우 큰 데이터셋에서 수행된다. 이 2단
계 전략의 장점은 계산 비용 절감과 함께 온실가스 배출량도 감소시킬 수 있다. 또
한 미세 조정을 통해 처음부터 훈련하지 않고도 최신 모델을 사용할 수 있다. TF로
모델을 미세 조정하는 방법을 살펴보자. 이 예제는 다음 링크(https://huggingface.co/
docs/transformers/training)에서 사용할 수 있다. 사전 훈련된 모델은 bert-base-cased를
사용하는데 "Yelp Reviews" 데이터셋(https://huggingface.co/datasets/yelp_review_full)으
로 미세 조정됐다. 해당 링크(https://huggingface.co/docs/transformers/training)에 있는
코드를 살펴보자.

1. 먼저 Yelp 데이터셋을 로드하고 토큰화한다.

```python
from datasets import load_dataset
dataset = load_dataset("yelp_review_full")
from transformers import AutoTokenizer
tokenizer = AutoTokenizer.from_pretrained("bert-base-cased")


def tokenize_function(examples):
    return tokenizer(examples["text"], padding="max_length",
truncation=True)


tokenized_datasets = dataset.map(tokenize_function, batched=True)
```

```
small_train_dataset = tokenized_datasets["train"].shuffle(seed=42).
select(range(1000))
small_eval_dataset = tokenized_datasets["test"].shuffle(seed=42).
select(range(1000))
```

2. 그런 다음 이를 텐서플로 형식 데이터셋으로 변환해보자.

```
from transformers import DefaultDataCollator
data_collator = DefaultDataCollator(return_tensors="tf")

# 토큰화된 데이터셋을 Transformer 데이터셋으로 변환한다.

tf_train_dataset = small_train_dataset.to_tf_dataset(
    columns=["attention_mask", "input_ids", "token_type_ids"],
    label_cols=["labels"],
    shuffle=True,
    collate_fn=data_collator,
    batch_size=8,
)

tf_validation_dataset = small_eval_dataset.to_tf_dataset(
    columns=["attention_mask", "input_ids", "token_type_ids"],
    label_cols=["labels"],
    shuffle=False,
    collate_fn=data_collator,
    batch_size=8,
)
```

3. 이제 TFAutoModelForSequenceClassification을 사용할 수 있다. 여기서는 bert-base-cased를 선택하면 된다.

```
import tensorflow as tf
from transformers import TFAutoModelForSequenceClassification

model = TFAutoModelForSequenceClassification.from_pretrained("bert-basecased", num_labels=5)
```

4. 마지막으로 미세 조정은 모델을 컴파일하고 그 위에 fit을 수행함으로써 단순히 Keras/TF 2.0에서 사용되는 모델을 훈련하는 표준 방법을 사용하는 것

이다.

```
model.compile(
    optimizer=tf.keras.optimizers.Adam(learning_rate=5e-5),
    loss=tf.keras.losses.SparseCategoricalCrossentropy(from_logits=True),
    metrics=tf.metrics.SparseCategoricalAccuracy(),
)

model.fit(tf_train_dataset, validation_data=tf_validation_dataset,
epochs=3)
```

원하는 경우 공용 Colab 노트북에서 코드를 테스트할 수 있다(https://huggingface에서 사용 가능). 코드를 직접 실행하면 그림 6.16과 유사한 내용을 볼 수 있다.

그림 6.16 Colab 노트북에서 BERT 미세 조정

다음으로 TFHub를 소개하겠다.

TFHub

이전 절에서는 Hugging Face Transformer 라이브러리를 사용하는 방법에 대해 설명했다. 이제 https://tfhub.dev/에서 사용할 수 있는 TFHub^{TensorFlow Hub}라는 또 다른 라이브러리를 살펴보자. TFHub는 어디에서나 미세 조정하고 배포할 수 있는 훈련된 머신러닝 모델의 저장소다. 핵심 아이디어는 단 몇 줄의 코드로 BERT와 Faster R-CNN과 같은 훈련된 모델을 재사용하는 것이다.

TFHub를 사용하는 것은 몇 줄의 코드를 작성하는 것만큼 쉽다. 임베딩 컴퓨팅을 위해 사전 학습된 모델을 로드하는 간단한 예를 살펴보겠다. 여기서는 영어 Google 뉴스 200B 말뭉치에서 훈련된 토큰 기반 텍스트 임베딩인 nnlm-en-dim128을 사용한다.

```
!pip install --upgrade tensorflow_hub

import tensorflow_hub as hub

model = hub.KerasLayer("https://tfhub.dev/google/nnlm-en-dim128/2")
embeddings = model(["The rain in Spain.", "falls",
                    "mainly", "In the plain!"])

print(embeddings.shape) #(4,128)
```

이제 BERT를 사용하는 방법을 살펴보겠다. 이 코드는 다음 링크(https://www.tensorflow.org/hub/tutorials/bert_experts)에서 가져왔으며 Hugging Face(https://huggingface.co/docs/transformers/training)에서도 사용할 수 있다.

1. 환경을 설정하고 유용한 모듈을 임포트한다.

```
!pip install seaborn
!pip install sklearn
!pip install tensorflow_hub
!pip install tensorflow_text

import seaborn as sns
from sklearn.metrics import pairwise

import tensorflow as tf
import tensorflow_hub as hub
import tensorflow_text as text  # 전처리를 위해 TF를 임포트한다.
```

2. 유사성을 비교하는 데 사용할 몇 가지 문장을 정의해보자.

```
sentences = [
    "Do not pity the dead, Harry. Pity the living, and, above all those
who live without love.",
    "It is impossible to manufacture or imitate love",
    "Differences of habit and language are nothing at all if our aims are
identical and our hearts are open.",
    "What do I care how he looks? I am good-looking enough for both of
us, I theenk! All these scars show is zat my husband is brave!",
    "Love as powerful as your mother's for you leaves it's own mark. To
```

```
have been loved so deeply, even though the person who loved us is gone,
will give us some protection forever.",
    "Family…Whatever yeh say, blood's important. . . .",
    "I cared more for your happiness than your knowing the truth, more
for your peace of mind than my plan, more for your life than the lives
that might be lost if the plan failed."
]
```

3. 그런 다음 TFHub에서 사용할 수 있는 사전 훈련된 BERT 모델을 사용해 임
베딩을 계산해보자.

```
#@title 모델 설정 { run: "auto" }
BERT_MODEL = "https://tfhub.dev/google/experts/bert/wiki_books/2" # @
param {type: "string"} ["https://tfhub.dev/google/experts/bert/wiki_
books/2", "https://tfhub.dev/google/experts/bert/wiki_books/mnli/2",
"https://tfhub.dev/google/experts/bert/wiki_books/qnli/2", "https://
tfhub.dev/google/experts/bert/wiki_books/qqp/2", "https://tfhub.dev/
google/experts/bert/wiki_books/squad2/2", "https://tfhub.dev/google/
experts/bert/wiki_books/sst2/2", "https://tfhub.dev/google/experts/bert/
pubmed/2", "https://tfhub.dev/google/experts/bert/pubmed/squad2/2"]
# 전처리는 모델과 일치해야 하지만 상기 모든 것은 동일하다.
PREPROCESS_MODEL = "https://tfhub.dev/tensorflow/bert_en_uncased_
preprocess/3"

preprocess = hub.load(PREPROCESS_MODEL)
bert = hub.load(BERT_MODEL)
inputs = preprocess(sentences)
outputs = bert(inputs)
```

4. 이제 다음에 기반해 임베딩 간의 유사성을 보여주기 위해 몇 가지 보조 함수
를 정의해보겠다.

```
def plot_similarity(features, labels):
  """임베딩 행렬의 유사성 도식화 """
  cos_sim = pairwise.cosine_similarity(features)
  sns.set(font_scale=1.2)
  cbar_kws=dict(use_gridspec=False, location="left")
  g = sns.heatmap(
      cos_sim, xticklabels=labels, yticklabels=labels,
      vmin=0, vmax=1, cmap="Blues", cbar_kws=cbar_kws)
```

```
        g.tick_params(labelright=True, labelleft=False)
        g.set_yticklabels(labels, rotation=0)
        g.set_title("Semantic Textual Similarity")

    plot_similarity(outputs["pooled_output"], sentences)
```

관심 있는 독자는 Hugging Face 웹사이트(https://huggingface.co/docs/transformers/training)에서 온라인으로 Colab 노트북에 접근하고 문장 간의 유사성을 보여주는 히트맵을 시각화할 수 있다. 전반적으로 TFHub와 함께 LLM을 사용하는 건 매우 쉽다.

평가

트랜스포머 평가에는 여러 등급의 측도를 고려하고 이러한 등급 간의 비용 절충점을 이해하는 것이 포함된다. 주요 내용을 살펴보자.

품질

트랜스포머의 품질은 일반적으로 사용 가능한 여러 데이터셋에 대해 측정할 수 있다. 가장 일반적으로 사용되는 것을 보자.

GLUE

GLUE General Language Understanding Evaluation 벤치마크는 자연어 이해 시스템을 교육, 평가 및 분석하기 위한 자원 모음이다. GLUE는 다음 링크(https://gluebenchmark.com/)에서 사용할 수 있다. GLUE는 다음으로 구성된다.

- 확립된 기존 데이터셋을 기반으로 구축된 9개의 문장과 문장-쌍 언어 이해 과제와 다양한 데이터셋 크기, 텍스트 장르 및 난이도를 포괄하도록 선택된 벤치마크

- 자연어에서 발견되는 광범위한 언어 현상에 대한 모델 성능을 평가하고 분석하도록 설계된 진단 데이터셋
- 벤치마크에서 성능을 추적하기 위한 공개 리더보드 및 진단 집합에서 모델 성능을 시각화하기 위한 대시보드

그림 6.17은 2022년 3월의 GLUE 대시보드를 보여준다.

Rank	Name	Model	URL	Score
1	JDExplore d-team	Vega v1		91.3
2	Microsoft Alexander v-team	Turing NLR v5		91.2
3	DIRL Team	DeBERTa + CLEVER		91.1
4	ERNIE Team - Baidu	ERNIE	↗	91.1
5	AliceMind & DIRL	StructBERT + CLEVER	↗	91.0
6	DeBERTa Team - Microsoft	DeBERTa / TuringNLRv4	↗	90.8
7	HFL iFLYTEK	MacALBERT + DKM		90.7
8	PING-AN Omni-Sinitic	ALBERT + DAAF + NAS		90.6
9	T5 Team - Google	T5	↗	90.3
10	Microsoft D365 AI & MSR AI & GATECH	MT-DNN-SMART	↗	89.9

그림 6.17 GLUE 대시보드

SuperGLUE

최근 몇 년 동안 사전 교육 및 전이학습을 위한 새로운 모델과 방법은 다양한 언어 이해 작업에서 놀라운 성능 향상을 가져왔다. GLUE 벤치마크는 이러한 다양한 작업 집합에 대한 진행 상황을 요약하는 단일 숫자 측도를 제공하지만, 벤치마크의 성능은 최근 비전문가 사람 수준에 가까워 추가 연구를 위한 가능성이 제한돼 있음을 시사한다.

SuperGLUE는 더 어려운 언어 이해 작업, 개선된 자원 및 새로운 공개 순위표가 포함된 GLUE 형식의 새로운 벤치마크다. 그림 6.18은 2022년 3월의 SuperGLUE 순위표다.

Rank	Name	Model	Score
✚ 1	Liam Fedus	ST-MoE-32B	91.2
2	Microsoft Alexander v-team	Turing NLR v5	90.9
3	ERNIE Team - Baidu	ERNIE 3.0	90.6
✚ 4	Zirui Wang	T5 + UDG, Single Model (Google Brain)	90.4
✚ 5	DeBERTa Team - Microsoft	DeBERTa / TuringNLRv4	90.3
6	SuperGLUE Human Baselines	SuperGLUE Human Baselines	89.8
✚ 7	T5 Team - Google	T5	89.3
8	Descartes Team	frozen T5 1.1 + SPoT	89.2
9	SPoT Team - Google	Frozen T5 1.1 + SPoT	89.2
✚ 10	Huawei Noah's Ark Lab	NEZHA-Plus	86.7

그림 6.18 SuperGLUE 리더보드

SQuAD

SQuAD^Stanford Question Answering Dataset는 질문과 답변을 평가하는 데 사용되는 데이터셋이다(https://rajpurkar.github.io/SQuADexplorer/). 구체적으로 SQuAD는 크라우드워커crowdworkers가 일련의 위키피디아 기사에 대해 제기한 질문으로 구성된 독해 데이터셋이다. 여기서 모든 질문에 대한 답변은 해당 읽기 구절의 텍스트 세그먼트 또는 범위다. 그렇지 않으면 질문에 답할 수 없다.

SQuAD2.0은 SQuAD1.1에 있는 100,000개의 질문과 답할 수 있는 질문과 유사하게 보이도록 크라우드 작업자가 작성한 답할 수 없는 질문 50,000개 이상을 결합한다.

SQuAD2.0에서 잘 작동하려면 시스템은 가능한 경우 질문에 대답할 뿐만 아니라 단락에서 지원하는 대답이 없는 경우를 결정하고 대답을 기권해야 한다.

RACE

RACE[ReAding Comprehension dataset from Examinations] 데이터셋은 12~18세 중국 학생을 대상으로 영어 시험에서 27,933개의 구절과 97,867개의 질문으로 구성된 기계 독해 데이터셋이다. RACE는 각각 중학교 및 고등학교 시험의 두 하위 집합인 RACE-M 및 RACE-H로 구성된다. RACE-M에는 28,293개의 질문이 있고 RACE-H에는 69,574개의 질문이 있다. 각 질문은 4개의 후보 답변과 연결돼 있으며 그중 하나는 정답이다. RACE의 데이터 생성 프로세스는 대부분의 기계 독해 데이터셋과 다르다. 휴리스틱 또는 크라우드소싱을 통해 질문과 답변을 생성하는 대신 RACE의 질문은 인간의 읽기 능력을 테스트하기 위해 특별히 설계됐으며 도메인 전문가가 생성한다. RACE는 다음 링크(https://www.cs.cmu.edu/~glai1/data/race/)에서 확인할 수 있다. 그림 6.19는 RACE 순위표를 보여준다.

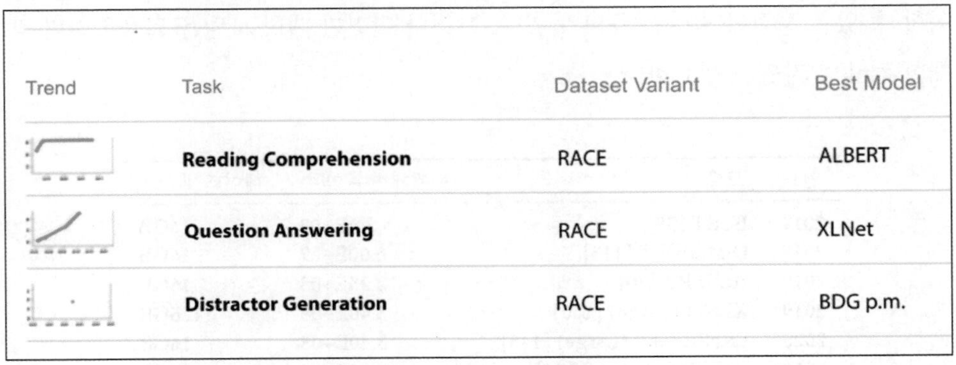

Trend	Task	Dataset Variant	Best Model
	Reading Comprehension	RACE	ALBERT
	Question Answering	RACE	XLNet
	Distractor Generation	RACE	BDG p.m.

그림 6.19 RACE 순위표

NLP-progress

NLP-progress는 가장 일반적인 NLP 작업에 대한 데이터셋과 최신 모델을 포함해

NLP의 진행 상황을 추적하기 위해 만들어진 저장소다. 이 사이트는 NLP의 진행 상황을 추적하는 것을 목표로 하며, 가장 일반적인 NLP 작업과 해당 데이터셋에 대한 최신 모델에 대한 개요를 제공한다. NLP-progress는 종속성 구문 분석 및 품사 태깅과 같은 기존 및 핵심 NLP 작업과 독해 및 자연어 추론과 같은 최신 작업을 모두 다루는 것을 목표로 한다. 작업에 대한 품질 지표를 찾기 위한 좋은 출발점이 필요한 경우 해당 웹사이트(http://nlpprogress.com/)에서 시작할 수 있다.

크기

이전 절에서는 품질 지표에 대한 개요를 알아봤다. 이 절은 다양한 트랜스포머 아키텍처에서 사용되는 매개변수의 수를 중점적으로 알아보자. 그림 6.20에서 볼 수 있듯이 지난 몇 년 동안 트랜스포머의 크기를 늘리기 위한 경쟁이 있었다. 2018년에 BERT의 크기는 약 3억 4,000만 매개변수였으며, 2021년에는 T5가 110억에 이르렀고, 메가트론Megatron은 5,000억을 넘어섰다. 가장 최근의 스위치Switch 트랜스포머는 1조 개 이상의 매개변수를 갖고 있으며 곧 100조 개의 매개변수를 가진 첫 번째 모델을 보게 될 것이라는 기대가 있다. 실제로 모델이 클수록 정보를 기억하고 일반화할 수 있는 장점이 있다는 증거가 있다. 그러나 이러한 대형 모델을 교육하려면 막대한 컴퓨팅 자원이 필요하다.

연도	모델	# 매개변수 개수	데이터셋 크기
2019	BERT [39]	3.4E+08	16GB
2019	DistilBERT [113]	6.60E+07	16GB
2019	ALBERT [70]	2.23E+08	16GB
2019	XLNet (Large) [150]	3.40E+08	126GB
2020	ERNIE-Gen (Large) [145]	3.40E+08	16GB
2019	RoBERTa (Large) [74]	3.55E+08	161GB
2019	MegatronLM [122]	8.30E+09	174GB
2020	T5-11B [107]	1.10E+10	745GB
2020	T-NLG [112]	1.70E+10	174GB
2020	GPT-3 [25]	1.75E+11	570GB
2020	GShard [73]	6.00E+11	–
2021	Switch-C [43]	1.57E+12	745GB

그림 6.20 수십억 개의 매개변수로 나타낸 트랜스포머의 크기

현재는 조 단위의 매개변수 트랜스포머가 개발 진행 중이다.

실제로 https://arxiv.org/pdf/1906.02243.pdf 논문에서는 클라우드 컴퓨팅 비용과 CO_2 배출량 측면에서 대규모 모델 교육(그림 6.21 참조)의 지속 가능성 영향에 대해 경고한다.

Model	Hardware	Power (W)	Hours	kWh.PUE	CO_2e	Cloud compute cost
Transformer*base*	P100x8	1415.78	12	27	26	$41—$4140
Transformer*big*	P100x8		84	201	192	$289—$981
ELMo	P100x3	517.66	336	275	262	$433—$1472
BERT*base*	V100x64	12,041.51	79	1507	1438	$3751—$12,571
BERT*base*	TPUv2x16	—	96	—	—	$2074—$6912
NAS	P100x8	1515.43	274,120	656,347	626,155	$942,973—$3,201,722
NAS	TPUv2x1	—	32,623	—	—	$44,055—$146,848
GPT-2	TPUv3x32	—	168	—	—	$12,902—$43,008

그림 6.21 CO_2 배출량(lbs) 및 클라우드 컴퓨팅 비용(USD) 측면에서 모델 교육의 예상 비용(출처: https://arxiv.org/pdf/1906.02243.pdf)

따라서 크기가 트랜스포머의 품질을 향상시킬 수 있는 유일한 요소는 아니다. 더 큰 크기는 실제로 미미한 이득만 제공하고 훈련을 위해 상당한 계산 자원만 소요할 수 있기 때문이다.

크다고 항상 더 좋지는 않다

2022년 초, 대형 모델을 전통적인 검색 메커니즘과 함께 사용하는 하이브리드 접근 방식으로 구성된 새로운 트렌드가 등장하고 있다. 6장의 앞부분에서 RETRO에 대해 논의할 때 이 접근 방식에 대해 설명했다. RETRO 언어 모델은 외부 메모리 사용을 기반으로 학습 체계를 구현한다. DeepMind는 RETRO가 그 크기의 25배에 달하는 신경망 정도로 작동한다고 주장했다. GPT-3에는 1,750억 개의 매개변수가 있고 RETRO는 그중 70억 개만 사용한다. 물론 이렇게 하면 훈련하는 데 더 적은 시간, 에너지, 연산 성능이 필요하다.

제공 비용

모델 제공 비용은 여러 요인에 따라 달라지며 합리적인 가정 없이는 추정하기 어렵다. 물론 서비스는 모델의 매개변수 수의 함수다. 또한 추론을 위해 모델에 제출된 쿼리 수는 또 다른 요인이다. 그런 다음 클라우드 공급자가 모델을 관리하는지 또는 온프레미스 인프라에서 제공되는지 여부를 고려하는 것이 중요하다. 이 맥락에서 MLOps(https://en.wikipedia.org/wiki/MLOps 참조)는 머신러닝 모델을 개발하고 프로덕션 시스템으로 배포하는 프로세스라는 점을 기억해 둘 필요가 있다. 물론 서비스 비용을 최적화하기 위해 MLOps의 모범 사례를 채택할 수도 있다.

이 절에서는 트랜스포머를 평가하는 데 사용되는 몇 가지 주요 요소, 즉 품질, 크기 및 서비스 비용을 살펴봤다. 이 목록은 완전히 포괄적인 것은 아니며 적절한 평가는 이러한 요소 사이에서 최적의 절충점이 무엇인지 고려할 것이다. 다음 절에서는 최적화에 대해 설명한다.

최적화

트랜스포머의 최적화에는 가볍고 응답성이 뛰어나며 에너지 효율적인 모델을 구축하는 작업이 필요하다. 모델을 최적화하기 위해 채택된 가장 일반적인 아이디어를 살펴보자.

양자화

양자화의 핵심 아이디어는 더 작은 정밀도로 네트워크의 가중치를 근사화하는 것이다. 아이디어는 매우 간단하지만 실제로는 꽤 잘 작동한다. 더 알고 싶다면 아미르 골라미 등^{Amir Gholami et al.}의 「A Survey of Quantization Methods for Efficient Neural Network Inference」(https://arxiv.org/pdf/2103.13630.pdf) 논문을 추천한다.

가중치 가지치기

가중치 가지치기^{pruning}의 핵심 아이디어는 네트워크에서 일부 연결을 제거하는 것이다. 크기 기반^{Magnitude-based} 가중치 가지치기는 모델 희소성을 높이기 위해 훈련 중에 모델 가중치를 0으로 만드는 경향이 있다. 이 간단한 기법은 크기 기반 가중치 가지치기가 모델 희소성을 달성하기 위해 훈련 프로세스 중에 모델 가중치에서 점차적으로 0이 되므로 모델 크기와 서비스 비용 측면에서 모두 이점이 있다. 희소 모델은 압축하기 쉽고 지연 시간 개선을 위해 추론 중에 0을 건너뛸 수 있다. 다시 말하지만 가중치 가지치기는 약간의 품질 손실을 유발할 수 있기 때문에 절충에 관한 것이다. 다만 대개 품질 손실은 다소 작다. 더 알고 싶다면 가지치기에 대한 TensorFlow 가이드(https://www.tensorflow.org/model_optimization/guide/pruning/comprehensive_guide)를 살펴보라.

증류

지식 증류^{knowledge distillation}의 핵심 아이디어는 더 큰 모델의 동작을 재현하도록 훈련된 작은 모델을 구성하는 것이다. 이 압축 기술은 교사-학생 학습이라고도 한다. 확인해야 할 주요 논문은 제프리 힌튼^{Geoffrey Hinton}, 오리올 비니알^{Oriol Vinyals}, 제프 딘^{Jeff Dean}의 「Distilling the Knowledge in a Neural Network」(https://arxiv.org/abs/1503.02531)이다.

지난 몇 년 동안 여러 증류된 트랜스포머가 등장했다. 예를 들어 DistilBERT는 BERT 아키텍처를 기반으로 하는 작고 빠르며 저렴하고 가벼운 트랜스포머 모델이다. 지식 증류는 BERT 모델의 크기를 40%까지 줄이기 위해 사전 학습 단계에서 수행된다. Hugging Face에는 seq2seq T5 모델을 증류하기 위해 바로 사용할 수 있는 Python 스크립트가 다음 링크(https://github.com/huggingface/transformers/tree/master/examples/research_projects/seq2seq-distillation)에서 온라인으로 제공된다. 스크립트 사용은 매우 직관적이다.

```
python distillation.py --teacher t5-small --data_dir cnn_dm \
--student_decoder_layers 3 --student_encoder_layers 6 --tokenizer_name t5-small
\
--learning_rate=3e-4 --freeze_encoder --no_teacher --freeze_embeds \
--do_train --train_batch_size 32 \
--do_predict \
--model_name_or_path t5-small --eval_beams 2 --eval_max_gen_length 142 \
--val_check_interval 0.25 --n_val 1000 \
--output_dir distilt5 --gpus 1 --logger_name wandb
```

이 절에서는 트랜스포머를 최적화하는 데 사용되는 몇 가지 기술, 즉 양자화, 가중치 가지치기 및 증류에 대해 논의했다. 다음 절에서는 트랜스포머의 일반적인 위험에 대해 설명한다.

일반적인 함정: 해야 할 일과 하지 말아야 할 일

이 절에서는 트랜스포머를 다룰 때 일반적으로 권장되는 다섯 가지 해야 할 일과 하지 말아야 할 몇 가지를 제공한다.

권장

모범 사례부터 알아보자.

- **사전 훈련된 대형 모델을 사용하라** 오늘날 트랜스포머를 처음부터 훈련하는 대신 T5와 같이 이미 사용 가능한 사전 훈련된 모델에서 시작하는 것이 거의 편리하다. 사전 훈련된 모델을 사용하는 경우 확실히 거인의 어깨 위에 바로 올라서게 된다.

- **퓨-샷 학습부터 시작하라** 트랜스포머로 작업을 시작할 때 사전 훈련된 모델로 시작한 다음 가벼운 퓨-샷 학습 단계를 수행하는 것이 좋다. 일반적으로 이렇게 하면 높은 계산 비용 없이 결과의 품질이 향상된다.

- **도메인 데이터와 고객 데이터에 대한 미세 조정을 사용하라** 사전 훈련 모델과 퓨-샷

학습을 사용한 후 자신의 독점 데이터 또는 관심 도메인에 대해 공개적으로 사용 가능한 데이터에 대해 적절한 미세 조정을 수행하는 것을 고려해볼 수 있다.

- **트랜스포머 라이브러리에 익숙해져라** Hugging Face 또는 TFHub는 이미 알려진 거의 모든 트랜스포머의 최신 구현을 제공한다. 매우 특이한 요구 사항이 있거나 혁신적인 연구 작업을 수행하지 않는 한, 거기에서 시작하는 것이 유용할 수 있다.

- **가장 일반적으로 사용되는 평가 측도에 익숙해져라** 트랜스포머를 사용할 때 품질, 크기, 서비스 비용 및 기타 여러 요소 측면에서 직면한 장단점을 고려하는 것이 이상적이다.

금지 사항

이제 피해야 할 몇 가지 함정을 살펴보겠다.

- **시작부터 매우 큰 모델을 사용하지 마라** 큰 모델에는 훈련 및 서비스 측면에서 비용이 든다. 미세 조정하려면 상당한 자원이 필요하며 각 쿼리를 처리하는 데 많은 비용을 지불할 수 있다. 더 작은 모델로 시작해 품질 요구 사항에 유용한지 이해하는 것이 더 나을 수 있다.

- **최적화되지 않은 모델을 사용하지 마라** 오늘날 양자화, 가지치기 및 증류는 생산에 투입되는 모든 트랜스포머 시스템에서 사용해야 하는 표준 기술이다.

이 절에서는 트랜스포머에 대한 몇 가지 모범 사례를 살펴봤다. 다음 절에서는 이러한 아키텍처에 대한 향후 솔루션에 대해 설명한다.

트랜스포머의 미래

트랜스포머는 그 초기 애플리케이션을 NLP 작업에서 찾은 반면, CNN은 일반적으로 이미지 처리 시스템에 사용된다. 최근에는 트랜스포머가 비전 처리 작업에 성공적으로 사용되기 시작했다. 비전 트랜스포머는 이미지의 다양한 작은 구역(예: 16×16 픽셀)에 있는 픽셀 간의 관계를 계산한다. 이 접근 방식은 알렉세이 도소비스키 등 Alexey Dosovitskiy et al.의 세미나 논문 「An Image is Worth 16x16 Words: Transformers for Image Recognition at Scale」(https://arxiv.org/abs/2010.11929)에서 제안돼 어텐션 계산을 가능하게 했다.

비전 트랜스포머ViT, Vision Transformer는 오늘날 자율주행과 같은 복잡한 응용에 사용된다. 테슬라의 엔지니어들은 테슬라 자율주행이 자동차의 다중 카메라 시스템에서 트랜스포머를 사용한다는 것을 보여줬다. 물론 ViT는 이미지 분류, 물체 감지, 비디오 딥페이크 감지, 이미지 세분화, 이상 감지, 이미지 합성 및 클러스터 분석 등 전통적인 컴퓨터 비전 작업에 더 많이 사용되지만, 그 응용 범위는 더 넓다. 결과는 종종 CNN보다 낫다.

고려해볼 다른 방향은 퓨-샷 학습이다. 퓨-샷 학습은 머신러닝 모델에 매우 적은 양의 학습 데이터를 제공해 예측을 안내하는 것을 의미한다. 이는 추론 시 몇 가지 예제를 사용하는 것과 같으며, 미세 조정 기술과 달리 사전 학습된 모델이 원하는 작업에 대해 정확하게 적응하기 위해 상대적으로 많은 양의 학습 데이터가 필요하지 않다.

따라서 특정 작업에 대해 훈련된 모델은 매우 적은 비용으로 완전히 새로운 작업에 재사용할 수 있다. 예를 들어 텍스트를 생성하도록 텍스트 모델을 훈련한다고 가정하자. 그런 다음 번역이나 요약과 같은 새로운 작업을 수행하려고 한다. 해야 할 일은 번역의 몇 가지 예(예: 수동으로 번역된 텍스트 쌍) 또는 요약의 몇 가지 예(다시 몇 쌍)를 제공하는 것이다. 재교육이나 미세 조정 교육이 필요하지 않다.

FSL은 증가하는 여러 도메인에서 잘 작동하는 것으로 입증됐으므로 훈련 단계가 미래 AI와 점점 더 관련성이 낮아질 것이라는 사실에 놀라지 마라. 자세한 내용은 패트릭 바레이츠Patrick Bareiß, 베아트리즈 소우자Beatriz Souza, 마르셀로 다모림Marcelo d'Amorim, 마이클 프라델Michael Pradel의 「Code Generation Tools (Almost) for Free? A Study of Few-Shot, Pre-Trained Language Models on Code」에서 찾아볼 수 있다. 저자는 프로그램 합성을 위한 오픈 소스 모드인 CodeGen으로 프로그래밍 코드를 생성하기 위해 FSL을 사용할 것을 제안한다(https://github.com/salesforce/CodeGen 참조).

요약

6장에서는 기존의 자연어 처리 분야를 혁신한 딥러닝 아키텍처인 트랜스포머에 대해 살펴봤다. 가장 인기 있는 모델에 대한 심층 분석과 함께 아키텍처 이면의 주요 직관과 다양한 범주의 트랜스포머를 검토했다. 그런 다음 바닐라 아키텍처와 Hugging Face 및 TFHub와 같은 인기 있는 라이브러리를 기반으로 하는 구현에 중점을 뒀다. 그런 다음 평가, 최적화 및 트랜스포머를 사용할 때 일반적으로 채택되는 몇 가지 모범 사례에 대해 간략하게 논의했다. 마지막 절에서는 트랜스포머를 사용해 NLP와 완전히 다른 영역인 컴퓨터 비전 작업을 수행하는 방법을 살펴봤다. 이를 위해서는 어텐션 메커니즘에 대한 신중한 정의가 필요하다. 결국 어텐션이 필요한 전부다. 그리고 어텐션의 핵심은 벡터 간의 코사인 유사도다.

7장에서는 비지도학습에 대해 다룬다.

07

비지도학습

지금까지 책에서는 지도학습과 그를 통해 학습하는 모델에 중점을 뒀다. 7장부터는 덜 탐구됐으나 더 도전적인 분야인 비지도학습 영역에 속하는 자기 지도학습과 대조 학습을 탐구하게 될 것이다. 7장에서는 인기 있고 유용한 몇 가지 비지도학습 모델 에 대해 더 깊이 파고들 것이다. 훈련 데이터셋이 입력과 원하는 레이블을 모두 포 함하고 있는 지도학습과는 달리 비지도학습은 모델에 입력만 제공되는 경우를 다루 며, 레이블의 안내 없이 모델 스스로 내재된 입력 분포를 학습한다. 군집화와 차원 축소는 가장 일반적으로 사용되는 비지도학습 기법이다. 7장에서는 두 기법에 대한 다양한 머신러닝과 신경망 기술에 대해 배우게 될 것이다. 군집화와 차원 축소에 필 요한 기술을 다루며, 볼츠만 머신에 대해 상세히 설명하며, 마지막으로 TensorFlow 를 사용해 앞서 설명한 기법을 구현한다. 이 개념들은 **제한된 볼츠만 머신**RBMs, Restricted Boltzmann Machines의 구축으로 확장된다.

7장에서는 다음 사항을 다룬다.

- 주성분 분석
- K-평균 군집화
- 자기-조직화 맵
- 볼츠만 머신
- 제한된 볼츠만 머신

> **TIP** 7장의 모든 코드 파일은 다음 링크(https://packt.link/dltfchp7)에서 다운로드할 수 있다.

그러면 차원 축소에서 가장 보편적이고 빈번하게 사용되는 주성분 분석부터 알아보자.

주성분 분석

주성분 분석PCA, Principal Component Analysis은 차원 축소에 가장 많이 사용되는 다변량 통계 기법이다. PCA는 일반적으로 상호 상관관계인 여러 종속변수로 구성된 학습 데이터를 분석하고, 주성분이라고 하는 일련의 새로운 직교 변수 형태로 학습 데이터에서 중요한 정보를 추출한다.

PCA는 **고윳값 분해**eigen decomposition 또는 **특이값 분해**SVD, Singular Value Decomposition를 사용하는 두 가지 방법을 사용해 수행할 수 있다.

PCA는 n차원 입력 데이터를 r차원 입력 데이터로 줄인다($r < n$). 가장 간단히 설명하자면 PCA는 원점을 이동하고 축 중의 하나(주축)가 데이터 포인트에 대해 가장 큰 분산을 갖도록 축 회전을 수행한다. 이 변환을 수행한 다음 낮은 분산을 가진 직교 축은 제거해 원래 데이터셋으로부터 차원이 축소된 데이터셋을 얻는다. 여기서는 PCA 차원 축소를 위해 SVD 방법을 사용한다. p개의 포인트가 있는 n차원 데이터 X를 생각해보자. 즉, X는 $p \times n$ 크기의 행렬이다. 선형 대수로부터 모든 실수 행

렬은 특이값 분해를 통해 분해될 수 있음을 알고 있다.

$$X = U\textstyle\sum V^T$$

여기서 U, V는 각각 크기가 $p \times p$와 $n \times n$인 정규직교^{orthonormal} 행렬이다(즉, $U.U^T =$ $V.V^T = 1$). Σ는 크기가 $p \times n$인 대각 행렬이다. U행렬은 좌^{left} 특이 행렬이라 하고 V는 우^{right} 특이 행렬이라 한다. 또 대각 행렬 Σ는 그 대각 성분에 X의 특이값을 갖고 있다. 여기서는 X 행렬이 중심에 있다고 가정한다. V 행렬의 열은 주성분이며 $U\Sigma$의 열은 주성분에 의해 변환된 데이터다.

데이터 차원을 n에서 k로($k < n$) 축소하기 위해 U의 첫 번째 k열과 Σ의 좌상단 $k \times k$ 부분을 선택한다. 두 부분의 곱은 차원이 축소된 행렬이 된다.

$$Y_k = U\textstyle\sum_k$$

따라서 데이터 Y는 축소 차원이다. 다음으로 TensorFlow 2.0으로 PCA를 구현해보자.

MNIST 데이터셋에 PCA

이제 TensorFlow 2.0에서 PCA를 구현해보자. 물론 TensorFlow를 확실히 사용하겠지만 일부 기본 행렬 계산에는 NumPy가 필요하고 도식화에는 Matplotlib, Matplotlib 툴킷과 Seaborn이 필요하다.

```
import tensorflow as tf
import numpy as np
import matplotlib.pyplot as plt
from mpl_toolkits.mplot3d import Axes3D
import seaborn as sns
```

다음으로 MNIST 데이터셋을 로드한다. PCA를 사용해 치수 축소를 수행하고 있으므로 테스트 데이터셋이나 레이블은 필요하지 않다. 그러나 축소 후 PCA 성능을 확인할 수 있도록 레이블을 로드하고 있다. PCA는 하나의 클러스터에서 유사한 데이터 포인트를 군집화해야 하므로 PCA를 사용해 형성된 클러스터가 레이블과 유사하다면 PCA가 작동하고 있다는 것을 나타낸다.

```
((x_train, y_train), (_, _)) = tf.keras.datasets.mnist.load_data()
```

PCA를 수행하기 전에 데이터를 사전 처리해야 한다. 먼저 모든 데이터의 값이 0과 1 사이가 되도록 정규화한 다음 이미지를 28×28 행렬에서 784차원 벡터로 재구성하고 평균을 빼서 중앙에 배치한다.

```
x_train = x_train / 255.
x_train = x_train.astype(np.float32)
x_train = np.reshape(x_train, (x_train.shape[0], 784))
mean = x_train.mean(axis = 1)
x_train = x_train - mean[:,None]
```

이제 데이터가 올바른 형식이므로 TensorFlow의 강력한 선형 대수(linalg) 모듈을 사용해 훈련 데이터셋의 SVD를 계산한다. TensorFlow는 이 작업을 수행하기 위해 tf.linalg에 정의된 svd() 함수를 제공한다. 그런 다음 diag 함수를 사용해 시그마 배열(s, 특이값 리스트)을 대각 행렬로 변환한다.

```
s, u, v = tf.linalg.svd(x_train)
s = tf.linalg.diag(s)
```

이 연산은 784×784 크기의 대각 행렬을 생성한다. 즉, 크기가 60,000×784인 좌 특이 행렬 u와 784×784 크기의 우 특이 행렬이다. 이는 svd() 함수의 "full_matrices" 인수의 기본 설정이 False이기 때문이다. 결과적으로 전체 U 행렬(이 경우 60,000×60,000 크기)을 생성하지 않고 입력 X의 크기가 $m \times n$인 경우 크기 $p = min(m, n)$의 U를 생성한다.

u와 s의 각 슬라이스slice를 곱하면 축소된 차원 데이터를 생성할 수 있다. 여기서는 데이터를 784에서 3차원으로 축소했다. 784보다 작은 어떤 차원으로도 축소할 수 있지만 나중에 시각화하기 쉽도록 여기서는 3을 선택했다. tf.Tensor.getitem을 사용해 행렬을 Python 방식으로 자른다.

```
k = 3
pca = tf.matmul(u[:,0:k], s[0:k,0:k])
```

원시 데이터와 축소된 데이터 형태는 다음 코드에서 비교된다.

```
print('original data shape',x_train.shape)
print('reduced data shape', pca.shape)
```

```
original data shape (60000, 784)
reduced data shape (60000, 3)
```

마지막으로, 데이터 포인트를 3차원 공간에 도식화한다.

```
Set = sns.color_palette("Set2", 10)
color_mapping = {key:value for (key,value) in enumerate(Set)}
colors = list(map(lambda x: color_mapping[x], y_train))
fig = plt.figure()
ax = Axes3D(fig)
ax.scatter(pca[:, 0], pca[:, 1],pca[:, 2], c=colors)
```

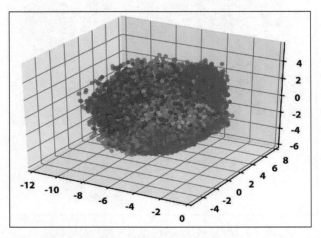

그림 7.1 PCA를 사용해 차원을 축소한 후의 MNIST 데이터셋의 산포도 그림

동일한 색상(따라서 동일한 레이블)에 해당하는 점이 군집화돼 있음을 알 수 있다. 따라

서 MNIST 이미지 차원 축소에 PCA를 성공적으로 사용했다. 각 원본 이미지의 크기는 28×28이다. PCA 방법을 사용하면 더 작은 크기로 줄일 수 있다. 일반적으로 이미지 데이터의 경우 차원 축소가 필요하다. 이미지의 크기가 크고 상당한 양의 중복 데이터가 포함돼 있기 때문이다.

TensorFlow 임베딩 API

TensorFlow는 텐서보드^{TensorBoard}를 사용해 PCA와 tSNE[1] 클러스터를 찾아 시각화할 수 있는 임베딩 API도 제공한다. MNIST 이미지의 라이브 PCA는 다음 링크(http://projector.tensorflow.org)에서 확인할 수 있다. 다음 이미지는 참조용으로 재현됐다.

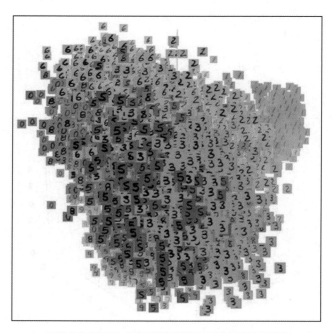

그림 7.2 MNIST 데이터셋에 적용된 주성분 분석 시각화

텐서보드를 사용해 데이터를 처리할 수 있다. 텐서보드에는 임베딩을 시각화할 수 있는 임베딩 프로젝터^{Embedding Projector}라는 도구가 포함돼 있다. 임베딩 프로젝터 툴

에는 3개의 패널이 있다.

- **데이터 패널**^{Data Panel}: 왼쪽 위에 있으며 이 패널에서는 데이터, 레이블 등을 선택할 수 있다.

- **프로젝션 패널**^{Projection Panel}: 왼쪽 아래에 있으며 원하는 투영 유형을 선택할 수 있다. PCA, t-SNE 그리고 사용자 맞춤형이 3가지를 제공한다.

- **인스펙터 패널**^{Inspector Panel}: 오른쪽에 있으며 여기서는 특정 점이나 최근접 이웃의 리스트를 볼 수 있다.

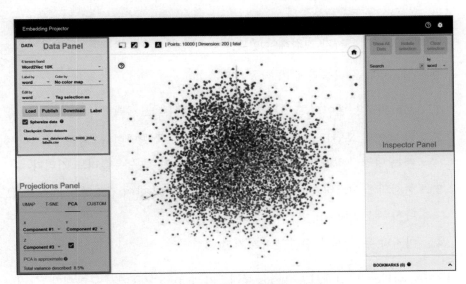

그림 7.3 Embedding Projector 툴의 스크린샷

PCA는 데이터셋을 시각화하고 변수 간의 선형 관계를 찾는 데 유용한 도구다. 또한 군집화, 이상치 탐지 그리고 특징 선택에도 사용될 수 있다. 이제부터 데이터를 군집화하는 방법 중 하나인 k-평균 알고리듬에 대해 배우게 될 것이다.

K-평균 군집화

K-평균 군집화는 이름에서 알 수 있듯이 데이터를 군집화하는 기술, 즉 데이터를 지

정된 수의 데이터 포인트로 분할하는 기술이다. 이것은 비지도학습 기술로서 주어진 데이터에서 패턴을 식별해 작동한다. 영화 〈해리 포터〉에서 학생들을 분류하던 모자가 생각나는가? 그게 바로 군집화다. 즉 그들은 그리핀도르Gryffindor, 래번클로Ravenclaw, 후플푸프Hufflepuff, 슬리데린Slytherin이라는 네 가지 서로 다른 군집화를 실행했다.

사람은 물체를 함께 그룹화하는 데 매우 능숙하다. 군집화 알고리듬은 컴퓨터에서 그와 비슷한 기능을 제공하려고 한다. 계층적, 베이지안 또는 파티션과 같이 많은 군집화 기술이 있다. K-평균 군집화는 파티션 군집화에 속한다. 데이터를 k개의 클러스터로 분할한다. 각 클러스터에는 센트로이드centroid라 부르는 중심이 있다. 클러스터의 개수 k는 사용자가 지정해야 한다.

k-평균 알고리듬은 다음과 같이 작동한다.

1. 무작위로 k 데이터 포인트를 초기 센트로이드로 선택한다(클러스터 중심).
2. 각 데이터 포인트를 가장 근접한 센트로이드에 할당한다. 최근접을 계산하는 데는 다양한 측도가 가능한데, 가장 보편적인 것은 유클리드 거리다.
3. 현재의 클러스터 멤버들을 사용해 제곱 거리의 합이 감소하는 센트로이드를 다시 계산한다.
4. 마지막 두 단계를 수렴될 때까지 반복한다.

이전 TensorFlow 버전에서는 KMeans 클래스가 Contrib 모듈에서 구현됐다. 그러나 이 클래스는 더 이상 TensorFlow 2.0에서 사용할 수 없다. 여기서는 TensorFlow 2.0에서 제공되는 고급 수학 함수를 사용해 k-평균 군집화를 구현한다.

TensorFlow에서의 K-평균

TensorFlow에서의 k-평균을 보여주기 위해 다음 코드에서는 무작위로 생성된 데이터를 사용한다. 무작위로 생성된 데이터는 200개의 샘플이 포함되며 3개의 클러스터로 나뉜다. 먼저 필요한 모든 모듈을 임포트하고 변수를 정의하며 샘플 포인트 수

(points_n), 형성할 클러스터 수(clusters_n)와 수행 반복 횟수(iteration_n)를 결정한다. 또한 작업이 재현 가능하도록 난수 시드를 설정한다.

```python
import matplotlib.pyplot as plt
import numpy as np
import tensorflow as tf
points_n = 200
clusters_n = 3
iteration_n = 100
seed = 123
np.random.seed(seed)
tf.random.set_seed(seed)
```

이제 데이터를 랜덤으로 생성하고 데이터로부터 3개의 센트로이드를 랜덤으로 선택한다.

```python
points = np.random.uniform(0, 10, (points_n, 2))
centroids = tf.slice(tf.random.shuffle(points), [0, 0], [clusters_n, -1])
```

다음 그래프에서 모든 점의 산포도와 랜덤으로 선택된 3개의 센트로이드를 볼 수 있다.

```python
plt.scatter(points[:, 0], points[:, 1], s=50, alpha=0.5)
plt.plot(centroids[:, 0], centroids[:, 1], 'kx', markersize=15)
plt.show()
```

다음 그림에서는 모든 점의 산포도와 함께 무작위로 선택된 3개의 센트로이드를 볼 수 있다.

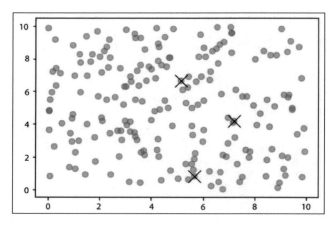

그림 7.4 랜덤으로 생성된 데이터 도식화. 데이터 중 3개의 센트로이드를 임의로 선택

closest_centroids() 함수를 정의해 각 포인트를 가장 근접한 센트로이드에 할당한다.

```
def closest_centroids(points, centroids):
    distances = tf.reduce_sum(tf.square(tf.subtract(points,
centroids[:,None])), 2)
    assignments = tf.argmin(distances, 0)
    return assignments
```

또 다른 함수 move_centroids()를 생성해 제곱 거리가 감소하도록 센트로이드를 재계산한다.

```
def move_centroids(points, closest, centroids):
    return np.array([points[closest==k].mean(axis=0) for k in range(centroids.
shape[0])])
```

이제 이 두 함수를 100번 반복하며 호출한다. 반복 횟수는 임의로 선택했다. 효과를 보기 위해서는 이 값을 늘리거나 줄일 수 있다.

```
for step in range(iteration_n):
    closest = closest_centroids(points, centroids)
    centroids = move_centroids(points, closest, centroids)
```

이제 100회 반복 후의 최종 센트로이드를 도식화해보자.

```
plt.scatter(points[:, 0], points[:, 1], c=closest, s=50, alpha=0.5)
plt.plot(centroids[:, 0], centroids[:, 1], 'kx', markersize=15)
plt.show()
```

그림 7.5에서는 100번 반복 후의 최종 센트로이드를 볼 수 있다. 또한 가장 가까운 중심을 기준으로 점을 채색했다. 노란색 점은 하나의 군집에 해당하며(중심 십자가가 가장 가까움) 자주색과 녹색 군집 점에 대해서도 마찬가지다.

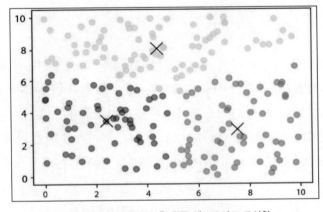

그림 7.5 100번 반복 후 최종 센트로이드 도식화

 plot 명령은 Matplotlib 3.1.1 이상 버전에서 작동한다는 점에 유의하자.

앞의 코드에서는 클러스터 수를 3개로 제한하기로 결정했지만 대부분의 레이블이 지정되지 않은 데이터의 경우 클러스터가 몇 개 있는지 알 수 있는 방법이 없다. 엘보우elbow 기법을 사용해 최적의 군집 수를 결정할 수 있다. 이 방법은 오차 제곱SSE, Sum of Squared Error 거리의 합을 줄이는 클러스터 개수를 선택해야 한다는 원칙에 기반한다. k가 클러스터 개수이면, k가 증가함에 따라 SSE는 감소하며, k가 데이터 포인트 수와 같아지면 각 클러스터는 포인트 자체가 되고 SSE = 0이 된다. 이렇게 많은

k를 원하는 것은 당연히 아니므로, SSE와 클러스트 사이의 그래프를 그리다 보면 그래프에서 마치 팔의 팔꿈치^{elbow}처럼 꺾이는 곳이 보인다(이 때문에 엘보우 기법이라는 이름이 생겼다). 다음 코드는 여기 데이터의 제곱오차합을 계산한다.

```python
def sse(points, centroids):
    sse1 = tf.reduce_sum(tf.square(tf.subtract(points, centroids[:,None])),
2).numpy()
    s = np.argmin(sse1, 0)
    distance = 0
    for i in range(len(points)):
      distance += sse1[s[i], i]

    return distance/len(points)
```

이제 엘보우 기법을 사용해 여기 데이터셋에 해당하는 최적 클러스터 개수를 찾아보자. 이를 위해 1개의 클러스터부터 시작하자. 즉 모든 점이 단 하나의 클러스터에만 속한다. 그리고 순차적으로 클러스터 개수를 증가시켜보자. 코드에서는 클러스터를 하나씩 증가시키며 최대 클러스터 수는 11개다. 각 클러스터 번호 값에 대해 앞의 코드를 사용해 센트로이드(즉 클러스터)를 찾고 SSE를 알아낸다.

```python
w_sse = []
for n in range(1, 11):
  centroids = tf.slice(tf.random.shuffle(points), [0, 0], [n, -1])
  for step in range(iteration_n):
    closest = closest_centroids(points, centroids)
    centroids = move_centroids(points, closest, centroids)
  #print(sse(points, centroids))
  w_sse.append(sse(points, centroids))
plt.plot(range(1, 11),w_sse)
plt.xlabel('Number of clusters')
```

그림 7.6은 데이터셋에 대해 서로 다른 클러스터를 보여준다. 수치가 4일 때 꺾인 점이 확연히 보인다.

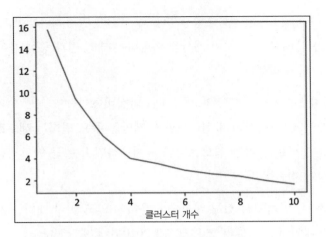

그림 7.6 클러스터 수에 따른 SSE 도식화

K-평균 군집화는 빠르고 단순하며 강력하기 때문에 매우 인기가 높다. 그러나 몇 가지 단점도 있는데, 그중 사용자가 클러스터 수를 지정해야 하는 것이 가장 큰 단점이다. 둘째, 알고리듬은 전역 최적을 보장하지 않는다. 무작위로 선택된 초기 중심이 변경되면 결과가 변경될 수 있다. 셋째, 특이치에 매우 민감하다.

k-평균 변형

원래 k-평균 알고리듬에서 각 점은 특정 클러스터(중심)에 속한다. 이를 하드 클러스터링hard clustering이라고 한다. 그러나 하나의 포인트가 모든 클러스터에 속하게도 할 수 있으며 멤버십 함수를 통해 특정 클러스터(중심점)에 몇 개의 포인트가 속하게 할지 정의할 수 있다. 이를 퍼지 클러스터링fuzzy clustering 또는 소프트 클러스터링soft clustering 이라고 한다.

이 변형은 1973년 둔J. C. Dunn이 제안했으며 이후 1981년 베즈덱J. C. Bezdek에 의해 개선됐다. 소프트 클러스터링은 수렴하는 데 시간이 오래 걸리지만 포인트가 여러 부류에 있을 수 있거나 특정 포인트가 다른 클러스터와 얼마나 유사한지 알고 싶을 때 유용할 수 있다.

가속 k-평균 알고리듬은 2003년 찰스 엘칸Charles Elkan이 만들었다. 엘칸은 삼각부등식(삼각형의 두 변의 길이는 한 변보다 항상 길다. 즉, 직선이 두 점 사이의 최단 거리라는 뜻)을 이용했다. 각 반복에서 모든 거리 계산을 수행하는 대신 점과 중심 사이의 거리에 대한 하한과 상한도 추적했다.

2006년 데이비드 아서David Arthur와 세르게이 바실비츠키Sergei Vassilvitskii는 k-평균++ 알고리듬을 제안했다. 아서와 바실비츠키가 제안한 주요 변화는 센트로이드 초깃값에 있다. 그들은 서로 떨어진 센트로이드를 선택하면 k-평균 알고리듬이 차선으로 수렴할 가능성이 적음을 보여줬다.

또 다른 대안은 각 반복에서 전체 배치를 사용하지 않고 미니 배치를 사용하는 것이다. 이 수정은 데이비드 스쿨리David Sculey가 2010년에 제안했다.

자기 조직화 지도

k-평균과 PCA 모두 입력 데이터를 군집화할 수 있다. 그러나 이들은 위상 관계를 유지하지 않는다. 이 절에서는 코호넨Kohonen 신경망 또는 승자 독식 유닛WTU, Winner-Take-all Units으로 알려져 있는 **자기 조직화 지도**SOM, Self-Organized Maps를 살펴본다. SOM은 위상 관계를 유지한다. SOM은 인간 뇌의 독특한 특징에서 영감을 얻은 매우 특별한 종류의 신경망이다. 우리의 뇌에서, 상이한 감각 입력은 위상적으로 정렬된 방식으로 표현된다. 다른 신경망과 달리 뉴런은 가중치를 통해 서로 연결되지 않는다. 그러한 대신 서로의 학습에 영향을 미친다. SOM의 가장 중요한 측면은 뉴런이 학습된 입력을 위상적으로 표현한다는 것이다. SOM은 1982년 투에보 코호넨Tuevo Kohonen에 의해 제안됐다[7].

SOM에서 뉴런은 일반적으로 (1D 또는 2D) 격자의 노드에 배치된다. 더 큰 차원도 가능하지만 실제로는 거의 사용하지 않는다. 격자의 각 뉴런은 가중치 행렬을 통해 모든 입력 단위에 연결된다. 그림 7.7은 6×8(48개의 뉴런)과 5개의 입력을 가진 SOM을 보여준다. 명확성을 위해 모든 입력을 하나의 뉴런에 연결하는 가중치 벡터만 표시했다. 이 경우 각 뉴런에는 7개의 요소가 있으므로 크기(40×5)의 결합된 가중치 행렬이 생성된다.

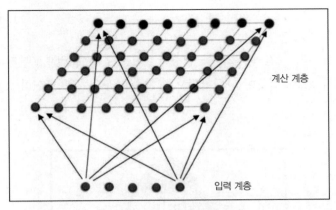

그림 7.7 입력이 5개이고 뉴런이 48개인 자기 조직화 지도

SOM은 경쟁 학습을 통해 학습한다. SOM은 PCA의 비선형 일반화로 간주될 수 있으므로 PCA와 같이 차원 축소에 사용할 수 있다.

SOM을 구현하기 위해 먼저 작동 방식을 이해해보자. 첫 번째 단계로 신경망의 가중치는 임의의 값으로 초기화되거나 입력에서 임의의 샘플을 가져와 초기화된다. 격자에서 공간을 차지하는 각 뉴런에는 특정 위치가 할당된다. 이제 입력 값이 표시되면 입력 값과의 거리가 가장 작은 뉴런이 승자(WTU)로 선언된다. 이것은 모든 뉴런의 가중치 벡터 (W)와 입력 벡터 (X) 사이의 거리를 측정해 수행된다.

$$d_j = \sqrt{\sum_{i=1}^{N} \left(W_{ji} - X_i\right)^2}$$

여기서 d_j는 입력 X에서 뉴런 j의 가중치까지 거리다. 가장 낮은 d 값을 가진 뉴런이 승자다. 그리고 그다음 입력이 동일하다면, 같은 뉴런이 승자가 되는 방식으로 승자 뉴런과 그 주변 뉴런의 가중치가 조정된다.

어떤 이웃 뉴런이 조정돼야 하는지 결정하기 위해 신경망은 이웃 함수neighborhood function $\wedge(r)$를 사용한다. 일반적으로 가우스 멕시코 모자Gaussian Mexican hat 함수가 이웃 함수로 선택된다. 이웃 함수는 수학적으로 다음과 같이 나타난다.

$$\wedge(r) = e^{-\frac{d^2}{2\sigma^2}}$$

여기서 σ는 뉴런의 시간-종속 영향 반경이고 d는 승자 뉴런으로부터의 거리이다. 다음 그림에서 볼 수 있듯이 그래픽적으로 함수는 모자처럼 보인다(그래서 나온 이름이다).

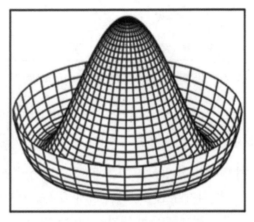

그림 7.8 "가우스 멕시코 모자" 함수를 그래프로 시각화

이웃 함수의 또 다른 중요한 속성은 반경이 시간이 지남에 따라 감소한다는 것이다. 결과적으로 처음에는 많은 인접 뉴런의 가중치가 수정되지만, 신경망이 학습함에 따라 학습 프로세스에서 결국 몇 개의 뉴런 가중치(한 번에 하나만)만 수정된다. 가중치의 변화는 다음 방정식으로 주어진다.

$$dW = \eta \wedge (X - W)$$

프로세스는 주어진 반복 횟수만큼 모든 입력에 대해 반복된다. 반복이 진행됨에 따라 학습률과 반경을 반복 횟수에 따라 줄인다.

SOM은 계산 비용이 많이 들기 때문에 대용량 데이터셋에는 실제로 유용하지 않다. 그래도 여전히 이해하기 쉽고 입력 데이터 간의 유사성을 매우 잘 찾을 수 있다. 이러한 이유로, 이미지 분할에 사용해왔으며, 자연어 처리[NLP]에서 단어 유사성 맵을 결정하는 데에도 사용하고 있다.

SOM을 사용한 컬러 매핑

SOM으로 생성한 입력 공간의 특징 맵에 대한 흥미로운 몇 가지 성질은 다음과 같다.

- 특징 맵은 입력 공간을 잘 표현해준다. 이 성질은 벡터 정량화를 수행할 때 이용할 수 있어서 연속 입력 공간을 가질 수 있으며, SOM을 사용하면 이를 이산 공간에 표현할 수 있다.

- 특징 맵은 위상적으로 정렬돼 있다. 즉, 출력 격자의 뉴런의 공간 위치가 입력의 특정 특징에 해당된다.

- 특징 맵은 입력 공간의 통계 분포도 반영한다. 입력 샘플 수가 가장 많은 도메인은 특징 맵에서 더 넓은 영역을 차지한다.

SOM의 이러한 특징으로 인해 여러 흥미로운 응용 분야에서 자연스럽게 선택된다. 여기에서는 지정된 R, G 및 B 픽셀 값의 범위를 해당 색상 맵에 군집화하기 위해 SOM을 사용한다. 먼저 모듈을 임포트한다.

```python
import tensorflow as tf
import numpy as np
import matplotlib.pyplot as plt
```

코드의 주요 구성 요소는 우리가 정의할 클래스 WTU이다. __init__ 클래스 함수는 SOM의 다양한 초매개변수, 2D 격자의 크기 (m, n), 입력의 특징 수 (dim), 인접 반경 (sigma), 초기 가중치와 위상 정보를 초기화한다.

```python
# 승자 독식 유닛 정의
class WTU(object):
    #_learned = False
    def __init__(self, m, n, dim, num_iterations, eta = 0.5, sigma = None):
        """
        m x n : 뉴런이 정렬될 2D 격자의 차원
        dim : 입력 훈련 데이터 차원
        num_iterations: 전체 훈련 반복 횟수
        eta : 학습률
        sigma: 인접 함수 반경
```

```
    """
    self._m = m
    self._n = n
    self._neighbourhood = []
    self._topography = []
    self._num_iterations = int(num_iterations)
    self._learned = False
    self.dim = dim
    self.eta = float(eta)

    if sigma is None:
        sigma = max(m,n)/2.0 # 상수 반지름
    else:
        sigma = float(sigma)
    self.sigma = sigma

    print('Network created with dimensions',m,n)

    # 가중치 행렬과 뉴런의 위상
    self._W = tf.random.normal([m*n, dim], seed = 0)
    self._topography = np.array(list(self._neuron_location(m, n)))
```

클래스에서 제일 중요한 함수는 training()이다. 이 함수는 앞서 설명한 코호넨 알고리듬을 사용해 승자 유닛을 찾고 인접 함수에 기반해 가중치를 갱신한다.

```
def training(self,x, i):
    m = self._m
    n= self._n

    # 승자와 그 위치 찾기
    d = tf.sqrt(tf.reduce_sum(tf.pow(self._W - tf.stack([x for i in
range(m*n)]),2),1))
    self.WTU_idx = tf.argmin(d,0)

    slice_start = tf.pad(tf.reshape(self.WTU_idx, [1]),np.array([[0,1]]))
    self.WTU_loc = tf.reshape(tf.slice(self._topography, slice_start,
[1,2]), [2])
```

```python
    # 학습률과 반경을 반복에 대한 함수로 변경
    learning_rate = 1 - i/self._num_iterations
    _eta_new = self.eta * learning_rate
    _sigma_new = self.sigma * learning_rate


    # 인접 함수 계산
    distance_square = tf.reduce_sum(tf.pow(tf.subtract(
        self._topography, tf.stack([self.WTU_loc for i in range(m * n)])),
2), 1)
    neighbourhood_func = tf.exp(tf.negative(tf.math.divide(tf.cast(
distance_square, "float32"), tf.pow(_sigma_new, 2))))

    # 학습률을 인접 함수와 곱함
    eta_into_Gamma = tf.multiply(_eta_new, neighbourhood_func)

    # dW를 구하기 위해 곱할 수 있도록 형태를 맞춤
    weight_multiplier = tf.stack([tf.tile(tf.slice(
        eta_into_Gamma, np.array([i]), np.array([1])), [self.dim])
        for i in range(m * n)])
    delta_W = tf.multiply(weight_multiplier,
        tf.subtract(tf.stack([x for i in range(m * n)]),self._W))
    new_W = self._W + delta_W
    self._W = new_W
```

fit() 함수는 training() 함수를 호출하고 센트로이드 추출을 용이하도록 저장하는 헬퍼함수다.

```python
def fit(self, X):
    """
    훈련 수행 함수
    """

    for i in range(self._num_iterations):
        for x in X:
            self.training(x,i)
    # 추출이 용이하도록 센트로이드 그리드 저장
    centroid_grid = [[] for i in range(self._m)]
    self._Wts = list(self._W)
    self._locations = list(self._topography)
```

```
        for i, loc in enumerate(self._locations):
            centroid_grid[loc[0]].append(self._Wts[i])
        self._centroid_grid = centroid_grid
        self._learned = True
```

그다음은 승자를 찾고 2D 뉴런 격자를 생성할 더 많은 헬퍼함수와 입력 벡터를 2D 격자의 해당 뉴런으로 매핑하는 함수다.

```
    def winner(self, x):
        idx = self.WTU_idx,self.WTU_loc
        return idx


    def _neuron_location(self,m,n):
        """
        뉴런의 2D 격자 생성 함수
        """
        for i in range(m):
            for j in range(n):
                yield np.array([i,j])
    def get_centroids(self):
        """
        'm' 리스트를 반환하는 함수. 각 내부 리스트에는 'n' 해당 센트로이드 위치를
1-D NumPy 배열로 갖고 있다.
        """
        if not self._learned:
            raise ValueError("SOM not trained yet")
        return self._centroid_grid
    def map_vects(self, X):
        """
        각 입력 벡터를 격자의 연관 뉴런과 매칭하는 함수
        """
        if not self._learned:
            raise ValueError("SOM not trained yet")
        to_return = []
        for vect in X:
            min_index = min([i for i in range(len(self._Wts))],
                            key=lambda x: np.linalg.norm(vect -
                            self._Wts[x]))
            to_return.append(self._locations[min_index])
        return to_return
```

390

또한 입력 데이터를 정규화해야 하므로 이를 수행하는 함수를 만들어야 한다.

```
def normalize(df):
    result = df.copy()
    for feature_name in df.columns:
        max_value = df[feature_name].max()
        min_value = df[feature_name].min()
        result[feature_name] = (df[feature_name] - min_value) / (max_
value - min_value)
    return result.astype(np.float32)
```

이제 데이터를 읽자. 데이터에는 R,G,B 채널 값이 들어 있다. 이들을 정규화하자.

```
## 파일에서 입력 데이터 읽기
import pandas as pd
df = pd.read_csv('colors.csv') # 데이터 파일의 마지막 열은 레이블이다.
data = normalize(df[['R', 'G', 'B']]).values
name = df['Color-Name'].values
n_dim = len(df.columns) - 1
# 훈련 데이터
colors = data
color_names = name
```

이제 SOM을 생성하고 적합화해보자.

```
som = WTU(30, 30, n_dim, 400, sigma=10.0)
som.fit(colors)
```

이제 훈련된 모델이 결과를 살펴보자. 다음 코드에서 2D 뉴런 격자로 된 색상 맵을 볼 수 있다.

```
# 출력 그리드 구하기
image_grid = som.get_centroids()
# 색상을 최근접 뉴런에 매핑
mapped = som.map_vects(colors)
# 도식화
plt.imshow(image_grid)
plt.title('Color Grid SOM')
```

```
for i, m in enumerate(mapped):
    plt.text(m[1], m[0], color_names[i], ha='center', va='center',
             bbox=dict(facecolor='white', alpha=0.5, lw=0))
```

2D 뉴런 격자로 된 컬러 맵을 볼 수 있다.

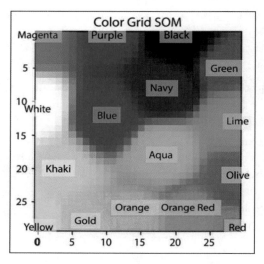

그림 7.9 2D 뉴런 격자의 도식화된 색상 맵

유사한 색상에서 이긴 뉴런이 가까이 위치한 것을 볼 수 있다. 다음으로 흥미로운 아키텍처인 제한된 볼츠만 기계로 넘어가보자.

제한된 볼츠만 머신

제한된 볼츠만 머신RBM, Restricted Boltzmann Machine은 2계층 신경망이다. 첫 번째 계층은 가시visible 계층이라고 하고 두 번째 계층은 은닉hidden층이라고 한다. RBM은 단지 2개 층만 있기 때문에 얕은shallow 신경망이라고 부른다. BBM은 1986년 폴 스몰렌스키Paul Smolensky(그는 이를 하모니 망Harmony Networks이라 불렀다[1])가 처음 제안했고, 이후 제프리 힌튼Geoffrey Hinton이 2006년에 이를 훈련시키는 방법으로 CDContrastive Divergence, 대조 발산를 제안했다. 가시 계층의 모든 뉴런은 은닉층의 모든 뉴런에 연결돼 있지만 같은 계층의 뉴런은 서로 연결할 수 없다. RBM의 모든 뉴런은 본질적으로 이진이다. 즉 발화하거나 하지 않거나 둘 중 하나다.

RBM은 차원 축소, 특징 추출과 협업 필터링에 사용할 수 있다. RBM 훈련은 순방향 경로Forward pass, 역방향 경로Backward pass와 비교compare 이 세 부분으로 나눌 수 있다.

수학적으로 좀 더 깊이 파 보자. RBM의 연산은 두 단계로 나눌 수 있다.

순방향 경로: 가시 유닛(V)의 정보는 가중치(W)와 편향(c)을 통해 은닉 유닛(h_0)에 전달된다. 은닉 유닛은 확률에 따라 발화하거나 않을 수 있으며(σ는 확률), 이는 기본적으로 Sigmoid 함수다.

$$\rho(v_0|h_0) = \sigma(V^T W + c)$$

역방향 경로: 그런 다음 은닉 유닛 표현(h_0)이 다시 W를 통해 가시 유닛으로 전달된다. 그러나 편향은 c로서 다르다. 이를 통해 입력을 재구성한다. 다시 한 번 입력을 샘플한다.

$$\rho(v_i|h_0) = \sigma(V^T h_0 + c)$$

이 두 경로는 k단계 동안 또는 수렴될 때까지 반복된다[4]. 연구에 따르면 k=1이 좋은 결과를 제공하므로 여기서는 $k = 1$을 유지한다.

가시 벡터 V와 은닉 벡터의 결합 구성은 다음과 같은 에너지를 갖는다.

$$E(v, h) = -b^T V - c^T h - V^T W h$$

또한 각 가시 벡터 V에는 자유free 에너지가 연계돼 있다. 자유 에너지란 V를 포함하는 모든 설정이 동일한 확률을 갖기 위해 단일 설정이 가져야만 하는 에너지다.

$$F(v) = -b^T V - \sum_{j \in hidden} \log\left(1 + \exp\left(c_j + V^T W\right)\right)$$

목적함수를 CD로 사용하면(즉, $Mean(F(V_{original})) - Mean(F(V_{reconstructed}))$) 가중치의 변화는 다음과 같이 된다.

$$dW = \eta[(V^T h)_{input} - (V^T h)_{reconstructed}]$$

여기서 η는 학습률이다. 편향 b와 c에 대해서도 유사한 식이 존재한다.

RBM을 사용한 이미지 재구성

TensorFlow를 사용해 RBM을 구축해보자. RBM은 8장에서처럼 필기체 숫자를 재구성하도록 설계될 것이다. TensorFlow, NumPy 및 Matplotlib 라이브러리를 임포트한다.

```
import tensorflow as tf
import numpy as np
import matplotlib.pyplot as plt
```

클래스 RBM을 정의한다. __init_() 클래스 함수는 가시 계층의 뉴런 수 (input_size)와 은닉층의 뉴런 수 (output_size)를 초기화한다. 이 함수는 은닉층과 가시 계층 모두에 대한 가중치와 편향을 초기화한다. 다음 코드에서는 0으로 초기화했다. 독자 여러분은 무작위 초기화를 시도해볼 수도 있다.

```
# RBM 작동을 정의하는 클래스
class RBM(object):

    def __init__(self, input_size, output_size, lr=1.0, batchsize=100):
        """
        m: 가시 계층의 뉴런 개수
        n: 은닉층의 뉴런 개수
        """
        # 초매개변수 정의
        self._input_size = input_size # 입력 크기
        self._output_size = output_size # 출력 크기
        self.learning_rate = lr # 그래디언트 하강 단계(학습률)
        self.batchsize = batchsize
        # 각 부분 반복에서 사용할 훈련 데이터 수

        # 가중치와 편향 행렬을 모두 0으로 초기화
```

```
    # 가중치를 생성하고 0으로 초기화
    self.w = tf.zeros([input_size, output_size], np.float32)
    # 은닉 편향을 생성하고 0으로 초기화
    self.hb = tf.zeros([output_size], np.float32)
    # 가시 편향을 생성하고 0으로 초기화
    self.vb = tf.zeros([input_size], np.float32)
    # 가시 편향을 생성하고 0으로 초기화
```

전방과 후방 경로를 위한 메서드를 정의한다.

```
# 전방 경로
def prob_h_given_v(self, visible, w, hb):
    # Sigmoid
    return tf.nn.sigmoid(tf.matmul(visible, w) + hb)
# 후방 경로
def prob_v_given_h(self, hidden, w, vb):
    return tf.nn.sigmoid(tf.matmul(hidden, tf.transpose(w)) + vb)
```

임의의 이진 값을 생성하는 함수를 만든다. 은닉층(그리고 가시 계층에 대한 하향식 입력)
의 경우 은닉층과 가시층 모두 각 단위의 입력에 따라 확률을 사용해 갱신되기 때
문에 그렇다.

```
# 샘플 확률 생성
def sample_prob(self, probs):
    return tf.nn.relu(tf.sign(probs - tf.random.uniform(tf.shape(probs))))
```

입력을 재구성할 함수가 필요하다.

```
def rbm_reconstruct(self,X):
    h = tf.nn.sigmoid(tf.matmul(X, self.w) + self.hb)
    reconstruct = tf.nn.sigmoid(tf.matmul(h, tf.transpose(self.w)) + self.vb)
    return reconstruct
```

생성된 RBM을 훈련시키기 위해 train() 함수를 정의한다. 이 함수는 CD의 양과 음
의 그래디언트 항을 계산하고 가중치 갱신 방정식을 사용해 가중치와 편향을 갱신
한다.

```python
# 모델의 훈련 메서드
def train(self, X, epochs=10):

    loss = []
    for epoch in range(epochs):
        #각 단계/배치에 대해
        for start, end in zip(range(0, len(X), self.batchsize),range(self.
batchsize,len(X), self.batchsize)):
            batch = X[start:end]

            #표본 확률 초기화

            h0 = self.sample_prob(self.prob_h_given_v(batch, self.w,self.hb))
            v1 = self.sample_prob(self.prob_v_given_h(h0, self.w,self.vb))
            h1 = self.prob_h_given_v(v1, self.w, self.hb)

            #그래디언트 생성
            positive_grad = tf.matmul(tf.transpose(batch), h0)
            negative_grad = tf.matmul(tf.transpose(v1), h1)

            #학습률 갱신
            self.w = self.w + self.learning_rate *(positive_grad -
negative_grad) / tf.dtypes.cast(tf.shape(batch)[0],tf.float32)
            self.vb = self.vb + self.learning_rate * tf.reduce_
mean(batch - v1, 0)
            self.hb = self.hb + self.learning_rate * tf.reduce_
mean(h0 - h1, 0)

        #오차율 구하기
        err = tf.reduce_mean(tf.square(batch - v1))
        print ('Epoch: %d' % epoch,'reconstruction error: %f' % err)
        loss.append(err)

    return loss
```

이제 클래스가 준비됐으니, RBM 객체를 인스턴스화하고 MNIST 데이터셋으로 훈련해보자.

```python
(train_data, _), (test_data, _) = tf.keras.datasets.mnist.load_data()
```

```
train_data = train_data/np.float32(255)
train_data = np.reshape(train_data, (train_data.shape[0], 784))
test_data = test_data/np.float32(255)
test_data = np.reshape(test_data, (test_data.shape[0], 784))
#입력 크기는 훈련 집합에소의 입력 개수이다.
input_size = train_data.shape[1]
rbm = RBM(input_size, 200)
err = rbm.train(train_data,50)
```

학습 곡선을 그려보자.

```
plt.plot(err)
plt.xlabel('epochs')
plt.ylabel('cost')
```

다음 그림에서 RBM의 학습 곡선을 볼 수 있다.

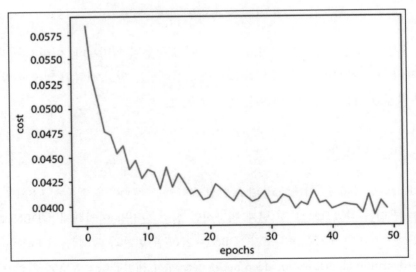

그림 7.10 RBM 모델의 학습 곡선

재구성된 이미지는 다음과 같다.

```
out = rbm.rbm_reconstruct(test_data)
```

```
# 원래와 재구성된 이미지 표시
row, col = 2, 8
idx = np.random.randint(0, 100, row * col // 2)
f, axarr = plt.subplots(row, col, sharex=True, sharey=True, figsize=(20,4))
for fig, row in zip([test_data,out], axarr):
    for i,ax in zip(idx,row):
        ax.imshow(tf.reshape(fig[i],[28, 28]), cmap='Greys_r')
        ax.get_xaxis().set_visible(False)
        ax.get_yaxis().set_visible(False)
```

재구성된 이미지는 다음과 같다.

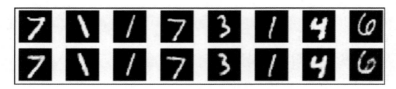

그림 7.11 RBM을 사용한 이미지 재구성

첫째 줄은 입력 필기체 이미지이고 둘째 줄이 재구성된 이미지다. 이미지가 사람의 필기체와 매우 유사함을 볼 수 있을 것이다. 8장에서는 인공 사람의 얼굴과 같은 더욱 더 복잡한 것을 생성하는 모델을 배우게 된다.

심층 신뢰 신경망

이제 RBM에 대해 잘 이해하고 대조 발산contrastive divergence을 사용해 RBM을 훈련시키는 방법을 알았으므로 첫 번째 성공적인 심층 신경망 아키텍처인 DBN(딥 신뢰 신경망deep belief networks)으로 옮겨보자. DBN은 2006년 힌튼과 그의 팀이 발표한 논문 「A fast learning algorithm for deep belief nets」에서 제안됐다. 이 모델 이전에는 계산 자원이 한정돼 있을 뿐만 아니라 사라지는 그래디언트 문제로 인해 9장에서 설명한 대로 심층 아키텍처를 학습하기가 매우 어려웠다. DBN에서 처음으로 그리디 계층별 훈련을 통해 심층 아키텍처를 훈련할 수 있는 방법을 시연했다.

간단히 말하자면 DBN은 스택된[stacked] RBM이다. 각 RBM은 대조 발산을 사용해 개별적으로 훈련된다. 첫 번째 RBM 계층 훈련부터 시작한다. 일단 훈련되면 두 번째 RBM 계층을 훈련시킨다. 두 번째 RBM의 가시 유닛은 이제 입력 데이터로 공급될 때 첫 번째 RBM의 은닉 유닛의 출력을 받는다. 각 RBM 계층을 추가할 때마다 절차가 반복된다.

이제 RBM 클래스를 쌓아보자. DBN을 만들려면 RBM 클래스에서 하나 이상의 함수를 정의해야 한다. 한 RBM의 은닉 출력을 다음 RBM에 공급해야 한다.

```
# DBN의 기대 출력
def rbm_output(self, X):
    out = tf.nn.sigmoid(tf.matmul(X, self.w) + self.hb)
    return out
```

이제 RBM 클래스를 사용해 스택된 RBM 구조를 만들 수 있다. 다음 코드에서는 RBM 스택을 만든다. 첫 번째 RBM은 500개의 은닉 유닛을, 두 번째는 200개의 은닉 유닛을, 세 번째는 50개의 은닉 유닛을 갖는다.

```
RBM_hidden_sizes = [500, 200 , 50 ] #create 2 layers of RBM with size
400 and 100
#훈련 중이므로, 입력을 훈련 데이터로 설정한다.
inpX = train_data
# RBM을 가질 리스트 생성
rbm_list = []
#입력 크기는 훈련 집합에서 입력의 개수다.
input_size = train_data.shape[1]
#각 RBM에 대해 다음을 생성하려 한다.
for i, size in enumerate(RBM_hidden_sizes):
    print ('RBM: ',i,' ',input_size,'->', size)
    rbm_list.append(RBM(input_size, size))
    input_size = size
```

```
----------------------------------------------------------------
RBM:  0   784 -> 500
RBM:  1   500 -> 200
RBM:  2   200 -> 50
```

첫 번째 RBM의 경우 MNIST 데이터가 입력이다. 그런 다음 첫 번째 RBM의 출력은 두 번째 RBM에 입력으로 공급되고 연속적인 RBM 계층을 통해 계속 공급된다.

```
#리스트의 각 RBM에 대해
for rbm in rbm_list:
    print ('New RBM:')
    #새로운 것 훈련
    rbm.train(tf.cast(inpX,tf.float32))
    #출력 계층 반환
    inpX = rbm.rbm_output(inpX)
```

이제 DBN이 준비됐다. 3개의 스택된 RBM은 이제 비지도학습을 통해 훈련된다. DBN은 지도학습을 통해서도 훈련할 수도 있다. 그렇게 하려면 훈련된 RBM의 가중치를 미세 조정하고 마지막에 완전 연결 계층을 추가해야 한다. 히보[Hebbo]와 킴[Kim]이 「Classification with Deep Belief Networks」에서 분류를 위해 MNIST에서 DBN을 어떻게 썼는지 설명한다. 주제에 관한 매우 좋은 개론인 셈이다.

요약

7장에서는 비지도주요 학습 알고리듬에 대해 설명했다. 차원 축소, 군집화와 이미지 재구성에 가장 적합한 알고리듬을 살펴봤다. 먼저 차원 축소 알고리듬 PCA로 시작한 다음 k-평균과 자기 조직화 지도를 사용해 군집화를 수행했다. 그런 다음 제약된 볼츠만 기계를 연구하고 차원 축소와 이미지 재구성에 어떻게 사용할 수 있는지 살펴봤다. 다음으로 7장에서는 스택된 RBM, 즉 심층 신뢰 신경망에 대해 살펴봤으며 MNIST 데이터셋에서 3개의 RBM 계층으로 구성된 DBN을 훈련했다.

8장에서는 비지도학습 패러다임을 이용하는 또 다른 모델인 오토인코더를 알아본다.

참고문헌

1. Smith, Lindsay. (2006). *A tutorial on Principal Component Analysis*: http://www.cs.otago.ac.nz/cosc453/student_tutorials/principal_components.pdf

2. Movellan, J. R. *Tutorial on Principal component Analysis*: http://mplab.ucsd.edu/tutorials/pca.pdf

3. TensorFlow Projector: http://projector.tensorflow.org/

4. **Singular Value Decomposition (SVD)** tutorial. MIT: https://web.mit.edu/be.400/www/SVD/Singular_Value_Decomposition.htm

5. Shlens, Jonathon. (2014). *A tutorial on principal component analysis*. arXiv preprint arXiv:1404.1100:https://arxiv.org/abs/1404.1100

6. Goodfellow, I., Bengio, Y., and Courville, A. (2016). *Deep learning*. MIT press: https://www.deeplearningbook.org

7. Kohonen, T. (1982). *Self-organized formation of topologically correct feature maps*. Biologicalcybernetics 43, no. 1: 59-69.

8. Kanungo, Tapas, et al. (2002). *An Efficient k-Means Clustering Algorithm: Analysis andImplementation*. IEEE transactions on pattern analysis and machine intelligence 24.7: 881-892.

9. Ortega, Joaquín Pérez, et al. *Research issues on K-means Algorithm: An Experimental Trial Using Matlab*. CEUR Workshop Proceedings: Semantic Web and New Technologies.

10. Chen, K. (2009). *On Coresets for k-Median and k-Means Clustering in Metric and Euclidean Spaces and Their Applications*. SIAM Journal on Computing 39.3: 923-947.

11. *Determining the number of clusters in a data set*: https://en.wikipedia.org/wiki/Determining_the_number_of_clusters_in_a_data_set

12. Lloyd, S. P. (1982). *Least Squares Quantization in PCM*: http://mlsp.cs.cmu.edu/courses/fall2010/class14/lloyd.pdf

13. Dunn, J. C. (1973-01-01). *A Fuzzy Relative of the ISODATA Process and Its Use in Detecting Compact Well-Separated Clusters*. Journal of Cybernetics. 3(3): 32 – 57.

14. Bezdek, James C. (1981). *Pattern Recognition with Fuzzy Objective Function*

Algorithms.

15. Peters, G., Crespo, F., Lingras, P., and Weber, R. (2013). *Soft clustering–Fuzzy and rough approaches and their extensions and derivatives.* International Journal of Approximate Reasoning 54, no. 2: 307-322.

16. Sculley, D. (2010). *Web-scale k-means clustering.* In Proceedings of the 19th international conference on World wide web, pp. 1177-1178. ACM.

17. Smolensky, P. (1986). *Information Processing in Dynamical Systems: Foundations of Harmony Theory.* No. CU-CS-321-86. COLORADO UNIV AT BOULDER DEPT OF COMPUTER SCIENCE.

18. Salakhutdinov, R., Mnih, A., and Hinton, G. (2007). *Restricted Boltzmann Machines for Collaborative Filtering.* Proceedings of the 24th international conference on Machine learning. ACM.

19. Hinton, G. (2010). *A Practical Guide to Training Restricted Boltzmann Machines.* Momentum 9.1: 926.

오토인코더

오토인코더는 비지도로 학습되는 피드포워드, 비순환 신경망으로 입력이 바로 목표로 취급되기 때문에 종종 세미-지도학습으로도 부른다. 8장에서는 다양한 종류의 오토인코더를 배우고 구현하며, 결론적으로 오토인코더를 쌓는 방법을 배운다. 또한 오토인코더를 사용해 MNIST 숫자를 만드는 방법을 살펴보고 마지막으로 문장 벡터를 생성하기 위해 장기 단기 메모리 오토인코더를 작성하는 단계를 다룰 것이다. 8장은 다음 내용으로 구성돼 있다.

- 바닐라 오토인코더
- 희소 오토인코더
- 디노이징 오토인코더
- 컨볼루션 오토인코더

- 스택된 오토인코더
- LSTM 오토인코더를 사용한 문장 생성
- 이미지 생성을 위한 가변 오토인코더

 8장의 모든 코드 파일은 다음 링크(https://packt.link/dltfchp8)에서 다운로드할 수 있다.

오토인코더 소개

오토인코더는 역전파를 사용해 입력을 목표로 다시 재생하는 신경망의 한 부류다. 오토인코더는 인코더와 디코더라는 두 부분으로 구성돼 있다. 인코더는 입력을 읽고 압축해 작은 표현으로 압축하며, 디코더는 압축된 표현을 읽고 그로부터 입력 내용을 재생한다. 다시 말해 오토인코더는 재구성 오차를 최소화함으로써 항등identity 함수를 학습하려고 시도한다.

오토인코더는 데이터의 간결한 표현을 학습할 수 있는 고유한 능력이 있다. 오토인코더는 심층 신뢰belief 신경망의 중심에 있으며 이미지 재구성, 군집화, 기계 번역 등의 애플리케이션에서 사용된다.

심층 신경망을 사용해 항등 함수를 구현하는 것이 다수 진부하다고 생각할 수도 있지만, 오토 신경망이 수행되는 방식은 흥미롭다. 오토인코더의 은닉 유닛 수는 일반적으로 입력(및 출력) 유닛 수보다 적다. 이렇게 하면 인코더가 입력의 압축된 표현을 학습하게 되고, 이 표현은 디코더에서 재구성된다. 입력 데이터에 입력 특징 사이의 상관관계로 형성된 구조가 있다면, 오토인코더는 이들 상관관계 중 일부를 발견하고, **주성분 분석**PCA을 사용해 학습한 것과 유사한 형태로 데이터의 저차원 표현을 학습하게 된다.

PCA는 선형 변환을 사용하지만 오토인코더는 비선형 변환을 사용한다.

일단 오토인코더가 훈련되면 일반적으로 디코더 구성 요소를 버리고 인코더 구성 요소를 사용해 입력의 압축된 표현을 생성한다. 또는 인코더를 특징 탐지기로 사용해 입력의 간결하고 의미론적으로 풍부한 표현을 생성하고 softmax 분류기를 은닉층에 연결해 분류기를 구축할 수 있다.

오토인코더의 인코더 및 디코더 구성 요소는 모델링되는 데이터의 종류에 따라 밀집 신경망, 컨볼루션 신경망 또는 순환 신경망을 사용해 구현될 수 있다. 예를 들어 밀집 신경망은 실제로 희소한 사용자 등급을 기반으로 압축된 모델을 학습하는 **협업 필터링**CF, Collaborative Filtering 모델을 구축하는 데 사용되는 오토인코더에 적합하다. 이와 유사하게 컨볼루션 신경망은 룬펠트M. Runfeldt의 기사 "iSee: Using Deep Learning to Remove Eyeglasses from Faces"에 설명된 사용례에 적합할 수 있다. 반면 순환 신경망은 딥 페이션트deep patient와 스킵-소트skip-thought 벡터 같은 텍스트 데이터 작업을 하는 오토인코더에 적합하다.

오토인코더는 2개의 연계된cascaded 신경망으로 구성된 것으로 생각할 수 있다. 첫 번째 신경망은 인코더이며 입력 x를 가져와 변환 h를 사용해 신호 y로 인코딩한다. 즉, 다음과 같다.

$$y = h(x)$$

두 번째 신경망은 인코딩 된 신호 y를 입력으로 사용해 또 다른 변환 f를 통해 재구성된 신호 r을 얻는다. 즉 다음과 같다.

$$r = f(y) = f(h(x))$$

오차 e는 원래 입력 x와 재구성된 신호 r의 차이 $e = x - r$로 정의한다. 그런 다음 신경망은 손실함수(예: **평균제곱오차**MSE)를 줄임으로써 학습하며 오차는 MLP의 경우와 같이 은닉층으로 역전파된다.

입력, 손실함수 및 제약 조건과 관련해 인코딩된 계층의 실제 차원에 따라 다양한 유형의 오토인코더가 있다. 베리에이션Variational 인코더, 희소Sparse 인코더, 디노이징Denoising 인코더, 컨볼루션Convolution 인코더 등이 있다.

오토인코더는 입력을 더 작은 표현으로 압축하는 인코더들을 순차적으로 쌓은 다음 반대 순서로 디코더를 쌓는 식으로 만들 수도 있다. 이러한 스택된stacked 오토인코더는 표현력이 더 뛰어나고, 연속적인 표현 계층은 컨볼루션 신경망에서의 컨볼루션과 풀링 작업과 유사한 방식으로 입력의 계층적 그룹을 포착한다.

스택된 오토인코더는 계층별로 학습되곤 한다. 예를 들어 다음에 표시된 신경망에서는 먼저 은닉층 H1을 사용해 계층 X'를 재구성하도록 계층 X를 훈련시킨다(H2 무시). 그런 다음 은닉층 H2를 사용해 계층 H1'을 재구성하도록 계층 H1을 훈련시킨다. 마지막으로, 그림의 구성에서는 모든 계층을 함께 쌓고 X에서 X'을 재구성하도록 미세 조정한다. 그러나 최근에는 더 나은 활성화와 정규화 함수를 사용해 이러한 신경망을 전체적으로 훈련시키는 것이 일반적이다.

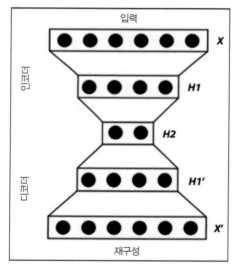

그림 8.1 스택된 오토인코더 시각화

8장에서는 오토인코더의 이러한 변형에 대해 배우고 TensorFlow 2.0을 사용해 이를 구현해본다.

바닐라 오토인코더

2006년 힌튼이 「Reducing the Dimensionality of Data with Neural Networks」 논문에서 제안한 바닐라^{Vanilla} 오토인코더는 하나의 은닉층으로만 구성된다. 은닉층의 뉴런 수는 입력 (또는 출력) 계층의 뉴런 수보다 적다.

이는 신경망 정보 흐름에 병목 현상을 일으키는 결과를 초래한다. 그 사이에 은닉층을 "병목^{bottleneck} 계층"이라고도 한다. 오토인코더에서의 학습은 출력 계층이 원래 입력을 충실하게 재현할 수 있도록 은닉층에서 입력 신호의 컴팩트한 표현을 개발하는 것으로 구성된다.

다음 그림에서 바닐라 인코더 아키텍처를 볼 수 있다.

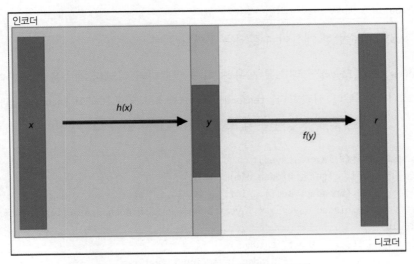

그림 8.2 바닐라 오토인코더 아키텍처의 시각화

바닐라 오토인코더를 구축해보자. 논문에서 힌튼은 차원 축소 용도로 사용했지만 다음 코드에서는 이미지 재구성을 위해 오토인코더를 사용한다. 여기서는 MNIST 데이터베이스에서 오토인코더를 훈련시키고 그것을 사용해 테스트 이미지를 재구성할 것이다. 이 코드에서는 TensorFlow Keras Layers 클래스를 사용해 자체 인코더와 디코더 계층을 작성하므로 먼저 Layers 클래스에 대해 조금 배워보자.

TensorFlow Keras layers - 맞춤형 계층 정의

TensorFlow는 사용자 정의 계층을 처음부터 또는 기존 계층으로부터 구성해 쉽게 정의할 수 있는 방법을 제공한다. TensorFlow Keras Layers 패키지는 Layers 객체를 정의한다. Layers 클래스의 자식 클래스로 만들기만 하면 자체 계층을 만들 수 있다. 계층을 정의하는 동안 출력의 차원을 정의해야 한다. 입력 차원은 선택 사항이지만 이를 정의하지 않으면 데이터에서 자동으로 추론된다. 자체 계층을 만들려면 세 가지 메서드를 구현해야 한다.

- __init__(): 여기에서 모든 입력-독립적 초기화를 정의한다.
- build(): 여기서는 입력 텐서의 모양을 정의하고 필요한 나머지 초기화를 수행할 수 있다. 이 예에서는 입력 모양을 명시적으로 정의하지 않으므로 build() 메서드를 정의할 필요가 없다.
- call(): 순방향 계산이 수행되는 곳이다.

tensorflow.keras.layers 클래스를 사용해 이제 인코더와 디코더 계층을 정의한다. 먼저 인코더 계층부터 시작한다. tensorflow.keras를 K로 임포트하고 Encoder 클래스를 만든다. 인코더는 입력을 받아 은닉 또는 병목 계층을 출력으로 생성한다.

```python
class Encoder(K.layers.Layer):
    def __init__(self, hidden_dim):
        super(Encoder, self).__init__()
        self.hidden_layer = K.layers.Dense(units=hidden_dim,activation=tf.
nn.relu)
    def call(self, input_features):
        activation = self.hidden_layer(input_features)
        return activation
```

다음으로 Decoder 클래스를 정의한다. 이 클래스는 Encoder의 출력을 받아 완전-연결 신경망으로 통과시킨다. 목표는 Encoder의 입력을 재구성할 수 있도록 하는 것이다.

```python
class Decoder(K.layers.Layer):
    def __init__(self, hidden_dim, original_dim):
```

```
        super(Decoder, self).__init__()
        self.output_layer = K.layers.Dense(units=original_dim, activation=
tf.nn.relu)
    def call(self, encoded):
        activation = self.output_layer(encoded)
        return activation
```

이제 인코더와 디코더가 모두 정의됐으므로 tensorflow keras.Model 객체를 사용해 오토인코더 모델을 구축한다. 다음 코드를 보면 __init__() 함수에서 인코더와 디코더 객체를 인스턴스화하고 cal() 메서드에서 신호 흐름을 정의함을 알 수 있다. 또한 _init_()에서 초기화된 멤버 리스트 self.loss에 주목하라.

```
class Autoencoder(K.Model):
    def __init__(self, hidden_dim, original_dim):
        super(Autoencoder, self).__init__()
        self.loss = []
        self.encoder = Encoder(hidden_dim=hidden_dim)
        self.decoder = Decoder(hidden_dim=hidden_dim, original_dim=original_
dim)
    def call(self, input_features):
        encoded = self.encoder(input_features)
        reconstructed = self.decoder(encoded)
        return reconstructed
```

다음 절에서는 필기체 숫자를 재구성하기 위해 여기에서 정의한 오토인코더를 사용한다.

오토인코더를 사용해 필기체 숫자 재구성

이제 인코더와 디코더가 갖춰진 오토인코더 모델이 준비됐으므로 필기체 숫자를 재구성해보자. 전체 코드는 8장의 GitHub 저장소의 노트북 VanillaAutoencoder.ipynb에 있다. 이 코드에는 NumPy, TensorFlow와 Matplotlib 모듈이 필요하다.

```
import numpy as np
import tensorflow as tf
```

```
import tensorflow.keras as K
import matplotlib.pyplot as plt
```

실제 구현을 시작하기 전에 일부 초매개변수도 정의해보자. 초매개변수를 조작해보면 모델의 아키텍처는 동일하게 유지되지만 모델 성능에 큰 변화가 있음을 알 수 있다. 초매개변수 튜닝(자세한 내용은 1장 참조)은 딥러닝의 중요한 단계 중 하나다. 재현이 가능하도록 랜덤 계산을 위한 시드를 설정했다.

```
np.random.seed(11)
tf.random.set_seed(11)
batch_size = 256
max_epochs = 50
learning_rate = 1e-3
momentum = 8e-1
hidden_dim = 128
original_dim = 784
```

훈련 데이터로는 TensorFlow 데이터셋에 있는 MNIST 데이터셋을 사용한다. 데이터는 픽셀 값이 [0,1] 사이에 있도록 정규화한다. 이것은 단순히 각 픽셀 요소를 255로 나누면 된다.

그러고 나서 센서를 2D에서 1D로 재구성한다. from_tensor_ 슬라이스를 사용해 텐서 슬라이스를 생성한다. 또한 여기서는 원-핫 인코딩된 레이블을 사용하지 않는다. 신경망을 훈련시키기 위해 레이블을 사용하지 않기 때문이다. 오토인코더는 비지도학습을 통해 학습한다.

```
(x_train, _), (x_test, _) = K.datasets.mnist.load_data()
x_train = x_train / 255.
x_test = x_test / 255.
x_train = x_train.astype(np.float32)
x_test = x_test.astype(np.float32)
x_train = np.reshape(x_train, (x_train.shape[0], 784))
x_test = np.reshape(x_test, (x_test.shape[0], 784))
training_dataset = tf.data.Dataset.from_tensor_slices(x_train).batch(batch_
size).
```

이제 오토인코더 모델 객체를 인스턴스화하고 훈련에 사용될 손실과 최적기를 정의한다. 손실을 주의 깊게 관찰하라. 이 값은 단순히 원본 이미지와 재구성된 이미지의 차이이다. 많은 책과 논문에서 이 값을 재구성 손실^{reconstruction loss}이라는 용어로 사용하는 것도 볼 수 있을 것이다.

```python
autoencoder = Autoencoder(hidden_dim=hidden_dim, original_dim=original_dim)
opt = tf.keras.optimizers.Adam(learning_rate=1e-2)
def loss(preds, real):
    return tf.reduce_mean(tf.square(tf.subtract(preds, real)))
```

맞춤형 오토인코더 모델을 위해서 자동-훈련 루프를 사용하는 대신 맞춤형 훈련을 정의한다. tf.GradientTape를 사용해 그래디언트를 계산할 때 기록하고, 모델의 모든 훈련 가능한 변수에 그래디언트를 암묵적으로 적용한다.

```python
def train(loss, model, opt, original):
    with tf.GradientTape() as tape:
        preds = model(original)
        reconstruction_error = loss(preds, original)
        gradients = tape.gradient(reconstruction_error, model.trainable_
variables)
        gradient_variables = zip(gradients, model.trainable_variables)
    opt.apply_gradients(gradient_variables)
    return reconstruction_error
```

앞의 train() 함수는 훈련 루프에서 호출되고 데이터셋은 배치의 모델로 제공된다.

```python
def train_loop(model, opt, loss, dataset, epochs=20):
    for epoch in range(epochs):
        epoch_loss = 0
        for step, batch_features in enumerate(dataset):
            loss_values = train(loss, model, opt, batch_features)
            epoch_loss += loss_values
        model.loss.append(epoch_loss)
        print('Epoch {}/{}. Loss: {}'.format(epoch + 1, epochs, epoch_loss.
numpy()))
```

이제 오토인코더를 훈련시켜보자.

```
train_loop(autoencoder, opt, loss, training_dataset, epochs=max_epochs)
```

훈련 그래프를 도식화해보자.

```
plt.plot(range(max_epochs), autoencoder.loss)
plt.xlabel('Epochs')
plt.ylabel('Loss')
plt.show()
```

훈련 그래프는 다음과 같다. 신경망이 학습함에 따라 손실/비용이 감소하고 있음을 알 수 있으며 50에폭 후에는 거의 직선에 가깝게 일정하다. 이것은 에폭의 수를 더 늘리는 것이 유용하지 않음을 의미한다. 훈련을 더 향상시키려면 학습률이나 batch_size와 같은 초매개변수를 변경해야 한다.

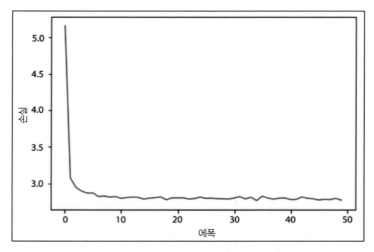

그림 8.3 바닐라 오토인코더의 손실 도표

그림 8.4에서는 원래(상단)와 재구성된(하단)의 이미지를 볼 수 있다. 이들은 약간 흐리지만 더 정확하다.

```
number = 10 # 표시하려는 수 개수
plt.figure(figsize=(20, 4))
for index in range(number):
    # 원래 이미지 표시
    ax = plt.subplot(2, number, index + 1)
    plt.imshow(x_test[index].reshape(28, 28), cmap='gray')
    ax.get_xaxis().set_visible(False)
    ax.get_yaxis().set_visible(False)
    # 재구성된 이미지 표시
    ax = plt.subplot(2, number, index + 1 + number)
    plt.imshow(autoencoder(x_test)[index].numpy().reshape(28, 28), cmap='gray')
    ax.get_xaxis().set_visible(False)
    ax.get_yaxis().set_visible(False)
plt.show()
```

그림 8.4 원래 이미지와 바닐라 오토인코더를 사용해 재구성된 이미지

앞의 코드에서 입력의 크기를 784에서 128로 줄였지만 신경망은 여전히 원본 이미지를 재구성할 수 있다는 점은 흥미롭다. 이를 통해 차원을 줄일 수 있는 오토인코더의 힘에 대한 아이디어를 얻을 수 있을 것이다. 차원 축소에 있어 PCA와 비교한 오토인코더의 장점 중 하나는 PCA는 선형 변환만 나타낼 수 있지만 오토인코더는 비선형 활성화 함수를 사용할 수 있으므로 인코딩에 비선형성을 도입할 수 있다는 점이다.

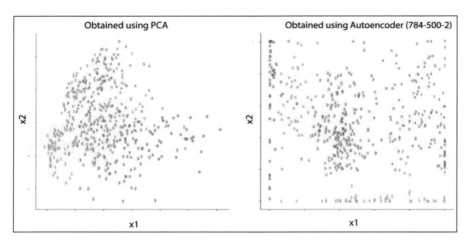

그림 8.5 왼쪽 그림: 60,000 훈련 샘플에서 처음 2개 주성분을 취해 생성된 각 부류 500개 숫자의 2차원 코드. 오른쪽 그림: 784-500-2 오토인코더로 찾은 2차원 코드

그림 8.5는 784-500-2로 구성된 아키텍처를 가진 스택 오토인코더의 PCA 결과를 비교하고 있다(여기 숫자는 각 오토인코더의 인코더 계층 크기를 나타낸다. 오토인코더는 대칭되는 디코더를 가진다).

오른쪽의 컬러로 된 점이 더 잘 분리돼 있음을 알 수 있다. 따라서 스택된 오토인코더는 PCA에 비해 훨씬 더 나은 결과를 제공한다. 이제 바닐라 오토인코더에 익숙해졌으므로 다양한 변형의 오토인코더 및 구현 세부 사항을 살펴보자.

희소 오토인코더

이전 절에서 다룬 오토인코더는 항등^{identity} 신경망과 비슷한데, 단순히 입력을 재구성한다. 중요한 것은 픽셀 수준에서 이미지를 재구성하는 것이며 유일한 제약 조건은 병목 계층의 유닛 개수다. 흥미롭기는 하지만 픽셀 수준 재구성은 신경망이 데이터셋으로부터 추상적 특징을 학습하는 것이 보장되지 않는다. 제약 조건을 추가하면 신경망이 데이터셋으로부터 추상적 특징을 학습하도록 할 수 있다.

희소^{Sparse} 오토인코더에서는 희소 페널티 항이 재구성 오차에 추가된다. 이렇게 하면 병목 계층에서 특정 시간에 더 적은 수의 유닛이 발화[fire]되도록 한다. 인코더 계층 자체에 희소 페널티를 포함시킬 수 있다.

다음 코드로부터 Encoder의 Dense 계층에 추가 매개변수 activity_regularizer가 있음을 알 수 있다.

```python
class SparseEncoder(K.layers.Layer):
    def __init__(self, hidden_dim):
        # 인코더 초기화
        super(SparseEncoder, self).__init__()
        self.hidden_layer = K.layers.Dense(units=hidden_dim, activation=tf.
nn.relu, activity_regularizer=regularizers.l1(10e-5))
    def call(self, input_features):
        # 전방 함수
        activation = self.hidden_layer(input_features)
        return activation
```

액티비티 레귤라이저[activity regularizer]는 계층 출력을 축소하려 한다(1장 참조). 이것은 출력이 가능한 한 작게 되도록 완전 연결 계층의 가중치와 편향 모두를 줄인다. TensorFlow는 세 가지 유형의 activity_regularizer를 지원한다.

- l1: 여기서의 액티비티는 절댓값의 합으로 계산된다.
- l2: 여기서의 액티비티는 제곱 값의 합으로 계산된다.
- l1_l2: 이것은 L1과 L2 항을 모두 포함한다.

나머지 코드는 동일하게 유지하고 인코더만 변경하면 바닐라 오토인코더에서 희소 오토인코더를 얻을 수 있다. 희소 오토인코더의 전체 코드는 Jupyter Notebook SparseAutoencoder.ipynb에 있다.

다른 방법으로는 손실함수에서 희소성에 대한 정규화 용어를 명시적으로 추가할 수 있다. 그러기 위해서는 희소성 항에 대한 정규화를 함수로 구현해야 한다. m 이 입력 패턴의 총 개수라면 수량 ρ_hat(https://web.stanford.edu/class/cs294a/sparse Autoencoder_2011new.pdf에서 앤드류 응[Andrew Ng]이 세부 수학에 대해 강의한 부분을 볼 수 있다)을 정의할 수 있는데, 이를 통해 각 은닉층 유닛의 액티비티(평균 발화 횟수)를 측정할 수 있다. 기본 아이디어는 희소성 매개변수 ρ와 동일하도록 제약 조건 ρ_hat을 배치하는 것이다. 이는 손실함수에서 희소성에 대한 정규화 항을 추가해 이제 손실함수는 다음과 같이 된다.

손실 = 평균제곱오차 + 희소성 매개변수를 위한 정규화

이 정규화 항은 ρ_hat이 ρ에서 벗어나면 신경망에 페널티를 준다. 이를 수행하는 한 가지 표준 방법은 ρ와 ρ_hat 사이의 KL[Kullback-Leiber] 발산을 사용하는 것이다(이 흥미로운 강의(https://www.stat.cmu.edu/~cshalizi/754/2006/notes/lecture-28.pdf)에서 KL 분기에 대해 자세히 알아볼 수 있다).

KL 발산 D_{KL}에 대해 조금만 더 살펴보자. 이 측도는 두 분포 사이의 차이에 대한 비대칭 측정 값이며, 여기에서는 ρ와 ρ_hat 사이의 차이이다. ρ와 ρ_hat이 같으면 차이가 0이고, 그렇지 않으면 ρ_hat이 ρ에서 발산됨에 따라 단조 증가한다. 수학적으로는 다음과 같이 표현한다.

$$D_{KL}\left(\rho\|\hat{\rho}_j\right) = \rho\,log\,\frac{\rho}{\hat{\rho}_j} + (1-\rho)log\,\frac{1-\rho}{1-\hat{\rho}_j}$$

희소 항을 암묵적으로 포함하기 위해 이를 손실에 추가한다. 희소성 항 ρ에 대한 상수 값을 고정하고 인코더 출력을 사용해 ρ_hat을 계산해야 한다.

입력의 컴팩트한 표현은 가중치로 저장된다. 신경망이 학습한 가중치를 시각화 해보자. 다음은 각각 표준과 희소 오토인코더에 대한 인코더 계층의 가중치다.

표준 인코더(a)에서는 많은 은닉 유닛이 매우 큰 가중치(더 밝음)를 가지는 것을 볼 수 있는데 이는 과작업[overwork]을 했음을 의미하는 반면, 희소 오토인코더(b)의 모든 은닉 유닛들은 거의 균등하게 입력을 학습했으므로 보다 고른 색 분포를 보여준다.

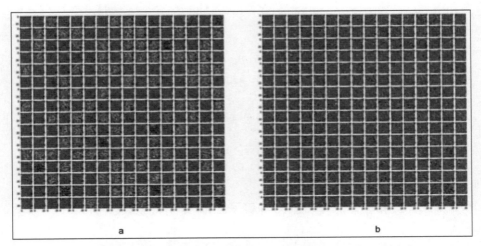

그림 8.6 (a) 표준 오토인코더와 (b) 희소 오토인코더의 인코더 가중치 행렬

이제 희소 오토인코더에 대해 배웠으므로 이제 오토인코더가 그림으로부터 잡음을 제거하는 것을 학습하는 경우로 넘어가보자.

디노이징 오토인코더

이전 절에서 다뤘던 두 개의 오토인코더는 저완성overcomplete 오토인코더의 예다. 은닉층이 입력(출력) 계층에 비해 차원이 낮기 때문이다. 디노이징 오토인코더는 과완성overcomplete 오토인코더 부류에 속한다. 은닉층의 차원이 입력 계층보다 클 때 더 잘 작동하기 때문이다.

디노이징 오토인코더는 손상된(노이즈) 입력으로부터 학습한다. 인코더 신경망에 노이즈 입력을 공급한 다음 디코더에서 재구성된 이미지를 원래 입력과 비교한다. 아이디어는, 이 방법이 신경망이 입력의 노이즈를 제거하는 법을 학습하는 데 도움이 된다는 것이다. 더 이상 픽셀 단위로만 비교하는 것이 아니라 노이즈 제거를 위해 주변 픽셀의 정보도 학습한다.

디노이징 오토인코더는 다른 오토인코더와 다른 두 가지 주요 차이점이 있다. 첫째, 병목 계층의 은닉 유닛 수(n_hidden)가 입력 계층의 유닛 수 m보다 크다. 즉 n_hidden

> m이다. 둘째, 인코더의 입력은 손상된 것이다.

이를 위해 테스트와 훈련 이미지에 노이즈 항을 추가한다.

```
noise = np.random.normal(loc=0.5, scale=0.5, size=x_train.shape)
x_train_noisy = x_train + noise
noise = np.random.normal(loc=0.5, scale=0.5, size=x_test.shape)
x_test_noisy = x_test + noise
x_train_noisy = np.clip(x_train_noisy, 0., 1.)
x_test_noisy = np.clip(x_test_noisy, 0., 1.)
```

이제 다음으로 디노이징 오토인코더의 작동을 보자.

디노이징 오토인코더를 이용한 이미지 정리

디노이징 오토인코더를 사용해 MNIST 필기체 이미지를 또렷하게 만들 수 있다.

1. 필요한 모듈을 임포트한다.

```
import numpy as np
import tensorflow as tf
import tensorflow.keras as K
import matplotlib.pyplot as plt
```

2. 다음으로, 모델의 초매개변수를 정의한다.

```
np.random.seed(11)
tf.random.set_seed(11)
batch_size = 256
max_epochs = 50
learning_rate = 1e-3
momentum = 8e-1
hidden_dim = 128
original_dim = 784
```

3. MNIST 데이터셋을 읽고 정규화한 다음 노이즈를 첨가한다.

```
(x_train, _), (x_test, _) = K.datasets.mnist.load_data()
x_train = x_train / 255.
```

```
x_test = x_test / 255.
x_train = x_train.astype(np.float32)
x_test = x_test.astype(np.float32)
x_train = np.reshape(x_train, (x_train.shape[0], 784))
x_test = np.reshape(x_test, (x_test.shape[0], 784))
# 정규분포를 가진 노이즈를 첨가해 왜곡된 MNIST 이미지 생성
# 정규분포의 평균과 표준편차는 0.5이다.
noise = np.random.normal(loc=0.5, scale=0.5, size=x_train.shape)
x_train_noisy = x_train + noise
noise = np.random.normal(loc=0.5, scale=0.5, size=x_test.shape)
x_test_noisy = x_test + noise
```

4. 바닐라 오토인코더 절에 있는 것과 동일한 인코더, 디코더, 오토인코더 부류
   를 사용한다.

```
# 인코더
class Encoder(K.layers.Layer):
    def __init__(self, hidden_dim):
        super(Encoder, self).__init__()
        self.hidden_layer = K.layers.Dense(units=hidden_dim,
activation=tf.nn.relu)
    def call(self, input_features):
        activation = self.hidden_layer(input_features)
        return activation
# 디코더
class Decoder(K.layers.Layer):
    def __init__(self, hidden_dim, original_dim):
        super(Decoder, self).__init__()
        self.output_layer = K.layers.Dense(units=original_dim,
activation=tf.nn.relu)
    def call(self, encoded):
        activation = self.output_layer(encoded)
        return activation
class Autoencoder(K.Model):
    def __init__(self, hidden_dim, original_dim):
        super(Autoencoder, self).__init__()
        self.loss = []
        self.encoder = Encoder(hidden_dim=hidden_dim)
        self.decoder = Decoder(hidden_dim=hidden_dim, original_
dim=original_dim)
```

```
        def call(self, input_features):
            encoded = self.encoder(input_features)
            reconstructed = self.decoder(encoded)
            return reconstructed
```

5. 다음으로 모델을 생성하고 사용할 손실과 최적기를 정의한다. 이번에는 사용자 정의 훈련 루프 대신 더 쉬운 Keras의 내장 compile()과 fit() 메서드를 쓴다는 점에 유의하자.

```
model = Autoencoder(hidden_dim=hidden_dim, original_dim=original_dim))
model.compile(loss='mse', optimizer='adam')
loss = model.fit(x_train_noisy,
            x_train,
            validation_data=(x_test_noisy, x_test),
            epochs=max_epochs,
            batch_size=batch_size)
```

6. 이제 훈련 손실을 도식화해보자.

```
plt.plot(range(max_epochs), loss.history['loss'])
plt.xlabel('Epochs')
plt.ylabel('Loss')
plt.show()
```

그림 8.7은 에폭에 따른 손실을 보여준다.

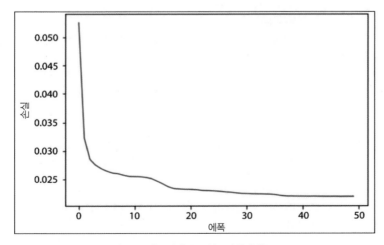

그림 8.7 디노이징 오토인코더의 손실 도표

마지막으로 모델이 작동되는 것을 살펴보자.

```python
number = 10  # 표시할 숫자 개수
plt.figure(figsize=(20, 4))
for index in range(number):
    # 원래 이미지 표시
    ax = plt.subplot(2, number, index + 1)
    plt.imshow(x_test_noisy[index].reshape(28, 28), cmap='gray')
    ax.get_xaxis().set_visible(False)
    ax.get_yaxis().set_visible(False)
    # 재구성 이미지 표시
    ax = plt.subplot(2, number, index + 1 + number)
    plt.imshow(model(x_test_noisy)[index].numpy().reshape(28, 28),
cmap='gray')
    ax.get_xaxis().set_visible(False)
    ax.get_yaxis().set_visible(False)
plt.show()
```

상단 행은 입력 노이즈 이미지를 보여주고 하단의 행은 디노이징 오토인코더로 훈련해 또렷하게 처리한 이미지다.

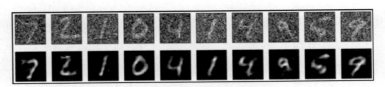

그림 8.8 잡음이 심한 입력 이미지와 해당하는 잡음 제거 재구성 이미지

노이즈가 심한 이미지로부터 놀랍게 재구성됐다. 독자 여러분도 동의하리라 확신한다. 직접 실험해 보고자 한다면 노트북 코드 DenoisingAutoencoder.ipynb를 사용해 보면 된다.

스택된 오토인코더

지금까지는 하나의 은닉층만 있는 오토인코더로 제한해서 구축해왔다. 인코더와 디코더 모두 여러 계층을 쌓으면 딥 오토인코더를 구축할 수 있다. 이러한 오토인코더를 스택된 오토인코더라 부른다. 한 인코더에서 추출한 특징은 다음 인코더에 입력으로 전달된다. 스택된 오토인코더는 재구성 오차를 최소화하기 위한 신경망 전체로 훈련될 수 있다. 또는 각 개별 인코더/디코더 신경망을 먼저 이전에 배운 비지도 기법을 사용해 사전 훈련한 후 전체 신경망을 미세 조정할 수도 있다. 딥 오토인코더 신경망이 컨볼루션 신경망인 경우 이를 컨볼루션 오토인코더라고 한다. 다음으로 TensorFlow 2.0에서 컨볼루션 오토인코더를 구현해보자.

이미지의 노이즈 제거를 위한 컨볼루션 오토인코더

앞 절에서는 노이즈가 많은 입력 이미지에서 필기체 숫자를 재구성했다. 작업을 위해 인코더와 디코더에는 완전 연결 신경망을 사용했다. 그러나 이미지의 경우 컨볼루션 신경망이 더 나은 결과를 제공할 수 있다는 것을 알고 있으므로 이 절에서는 인코더와 디코더 모두에 컨볼루션 신경망을 사용한다. 더 나은 결과를 얻으려면 인코더와 디코더 신경망 모두에서 다중 컨볼루션 계층을 사용한다. 즉, 컨볼루션 계층의 스택을 만들 것이다(맥스풀링maxpooling 또는 업샘플upsample 계층과 함께).

1. 필요한 모듈을 임포트한다. 또한 편의상 tensorflow.keras.layers에서 특정 계층을 임포트한다.

```
import numpy as np
import tensorflow as tf
import tensorflow.keras as K
import matplotlib.pyplot as plt
from tensorflow.keras.layers import Dense, Conv2D, MaxPooling2D,
UpSampling2D
```

2. 초매개변수를 지정한다. 주의 깊게 살펴보면 리스트가 약간 다르다. 이전의 오토인코더 구현과 비교하면 학습률과 모멘텀 대신에 이번에는 컨볼루션 계층의 필터와 관련이 있다.

```
np.random.seed(11)
tf.random.set_seed(11)
batch_size = 128
```

```
max_epochs = 50
filters = [32,32,16]
```

3. 다음 단계에서는 데이터를 읽고 전처리한다. 다시 말하지만 이전 코드와 약간의 차이가 있을 수 있다. 특히 노이즈를 추가한 방식과 [0-1] 사이에서 범위를 제한했다는 점에서 차이가 난다. 이 경우 그렇게 하는 이유는 평균제곱오차 손실 대신에 이진 교차엔트로피 손실을 사용하고, 또 디코더의 최종 출력은 Sigmoid 활성화를 통과할 것이기 때문에 [0-1] 사이에 제한한다.

```
(x_train, _), (x_test, _) = K.datasets.mnist.load_data()
x_train = x_train / 255.
x_test = x_test / 255.
x_train = np.reshape(x_train, (len(x_train),28, 28, 1))
x_test = np.reshape(x_test, (len(x_test), 28, 28, 1))
noise = 0.5
x_train_noisy = x_train + noise * np.random.normal(loc=0.0, scale=1.0,
size=x_train.shape)
x_test_noisy = x_test + noise * np.random.normal(loc=0.0, scale=1.0,
size=x_test.shape)
x_train_noisy = np.clip(x_train_noisy, 0, 1)
x_test_noisy = np.clip(x_test_noisy, 0, 1)
x_train_noisy = x_train_noisy.astype('float32')
x_test_noisy = x_test_noisy.astype('float32')
#print(x_test_noisy[1].dtype)
```

4. 이제 인코더를 정의하자. 인코더는 3개의 컨볼루션 계층으로 구성되며 각 계층에는 최대 풀링 계층이 있다. MNIST 데이터셋을 사용하고 있기 때문에 입력 이미지의 모양은 28×28(단일 채널)이고 출력 이미지의 크기는 4×4이다(마지막 컨볼루션 계층에는 16개의 필터가 있으므로 이미지에는 16개의 채널이 있다).

```
class Encoder(K.layers.Layer):
    def __init__(self, filters):
        super(Encoder, self).__init__()
        self.conv1 = Conv2D(filters=filters[0], kernel_size=3,
strides=1, activation='relu', padding='same')
        self.conv2 = Conv2D(filters=filters[1], kernel_size=3,
strides=1, activation='relu', padding='same')
        self.conv3 = Conv2D(filters=filters[2], kernel_size=3,
```

```
            strides=1, activation='relu', padding='same')
            self.pool = MaxPooling2D((2, 2), padding='same')


    def call(self, input_features):
        x = self.conv1(input_features)
        #print("Ex1", x.shape)
        x = self.pool(x)
        #print("Ex2", x.shape)
        x = self.conv2(x)
        x = self.pool(x)
        x = self.conv3(x)
        x = self.pool(x)
        return x
```

5. 다음에는 디코더가 온다. 디코더는 설계상 정확히 반대되고 최대 풀링 대신
   다시 크기를 증가시키기 위해 업샘플링을 사용한다. 주석 처리한 print 문장
   에 주목하자. 각 단계별로 형태가 어떻게 수정되는지 알고 싶다면 이 문장을
   활용하면 된다. 또한 인코더와 디코더 모두 여전히 TensorFlow Keras Layers
   클래스에 기반한 클래스라는 점에 주목하라. 그러나 이제 그들은 내부에 복
   수 개의 계층을 가진다. 따라서 이제 여러분은 복잡한 맞춤형 계층을 어떻게
   구축하는지 알게 됐다.

```
class Decoder(K.layers.Layer):
    def __init__(self, filters):
        super(Decoder, self).__init__()
        self.conv1 = Conv2D(filters=filters[2], kernel_size=3,
strides=1, activation='relu', padding='same')
        self.conv2 = Conv2D(filters=filters[1], kernel_size=3,
strides=1, activation='relu', padding='same')
        self.conv3 = Conv2D(filters=filters[0], kernel_size=3,
strides=1, activation='relu', padding='valid')
        self.conv4 = Conv2D(1, 3, 1, activation='sigmoid',
padding='same')
        self.upsample = UpSampling2D((2, 2))
    def call(self, encoded):
        x = self.conv1(encoded)
        #print("dx1", x.shape)
```

```
x = self.upsample(x)
#print("dx2", x.shape)
x = self.conv2(x)
x = self.upsample(x)
x = self.conv3(x)
x = self.upsample(x)
return self.conv4(x)
```

6. 인코더와 디코더를 합쳐서 오토인코더 모델을 만들었다. 이는 이전과 완전히 동일하다.

```
class Autoencoder(K.Model):
    def __init__(self, filters):
        super(Autoencoder, self).__init__()
        self.encoder = Encoder(filters)
        self.decoder = Decoder(filters)
    def call(self, input_features):
        #print(input_features.shape)
        encoded = self.encoder(input_features)
        #print(encoded.shape)
        reconstructed = self.decoder(encoded)
        #print(reconstructed.shape)
        return reconstructed
```

7. 이제 모델을 인스턴스화한 다음 손실함수로 이진 교차엔트로피를 지정하고 compile() 메서드에서 최적기로 Adam을 지정한다. 그런 다음 모델을 훈련 데이터셋에 적합화한다.

```
model = Autoencoder(filters)
model.compile(loss='binary_crossentropy', optimizer='adam')
loss = model.fit(x_train_noisy,
            x_train,
            validation_data=(x_test_noisy, x_test),
            epochs=max_epochs,
            batch_size=batch_size)
```

8. 손실 곡선을 그려보자.

```
plt.plot(range(max_epochs), loss.history['loss'])
plt.xlabel('Epochs')
```

```
plt.ylabel('Loss')
plt.show()
```

모델이 훈련됨에 따른 손실 곡선을 볼 수 있다. 50에폭에서 손실은 0.0988
로 축소됐다.

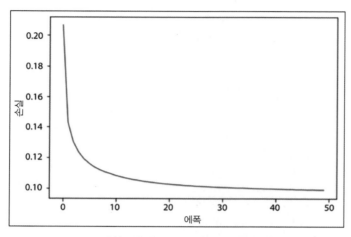

그림 8.9 컨볼루션 오토인코더의 손실 도면

9. 그리고 마지막으로 노이즈가 있는 입력 이미지로부터 재구성된 멋진 이미지
를 볼 수 있다.

```
number = 10   # 몇 개의 숫자를 표시할 것인가 설정
plt.figure(figsize=(20, 4))
for index in range(number):
    # 원래 것 도식화
    ax = plt.subplot(2, number, index + 1)
    plt.imshow(x_test_noisy[index].reshape(28, 28), cmap='gray')
    ax.get_xaxis().set_visible(False)
    ax.get_yaxis().set_visible(False)
    # 재구성된 이미지 표시
    ax = plt.subplot(2, number, index + 1 + number)
    plt.imshow(tf.reshape(model(x_test_noisy)[index], (28, 28)),
cmap='gray')
    ax.get_xaxis().set_visible(False)
    ax.get_yaxis().set_visible(False)
plt.show()
```

그림 8.10 입력된 잡음 이미지와 잡음을 제거하고 재구성된 이미지

8장에서 다룬 이전의 오토인코더에 비해 이미지가 훨씬 선명함을 알 수 있다. 비법은 컨볼루션 계층을 쌓은 것에 있다. 이 절의 코드는 주피터 노트북 ConvolutionAutoencoder.ipynb에 있다.

Keras 오토인코더 예제: 문장 벡터

이 예제에서는 LSTM 기반 오토인코더를 구축하고 훈련해 Reuters-21578 말뭉치 (https://archive.ics.uci.edu/ml/datasets/reuters-21578+text+categorization+collection) 문서에 대한 문장 벡터를 생성한다. 7장에서 이미 등장하는 다른 단어들과의 문맥에 따라 단어의 의미를 나타내는 벡터를 생성하기 위해 단어 임베딩을 사용해 단어를 표현하는 방법을 살펴봤다. 여기에서는 문장에 관해 유사한 벡터를 만드는 방법을 알아보자.

문장이란 단어의 시퀀스이므로 문장 벡터는 문장의 의미를 나타낸다. 문장 벡터를 작성하는 가장 쉬운 방법은 단어 벡터를 더하고 단어 수로 나누는 것이다. 그러나 이 방법은 문장을 단어 주머니로 취급하며 단어의 순서는 고려하지 않는다. 따라서 이 시나리오에서 개가 사람을 문다(The dog bit the man)와 사람이 개를 문다(The man bit the dog)라는 문장은 동일하게 취급된다. LSTM은 시퀀스 입력과 함께 작동하도록 설계됐으며 단어의 순서를 고려해 문장을 더욱 자연스럽게 표현한다.

먼저 필요한 라이브러리를 임포트하자.

```python
from sklearn.model_selection import train_test_split
from tensorflow.keras.callbacks import ModelCheckpoint
from tensorflow.keras.layers import Input
from tensorflow.keras.layers import RepeatVector
from tensorflow.keras.layers import LSTM
```

```
from tensorflow.keras.layers import Bidirectional
from tensorflow.keras.models import Model
from tensorflow.keras.preprocessing import sequence
from scipy.stats import describe
import collections
import matplotlib.pyplot as plt
import nltk
import numpy as np
import os
from time import gmtime, strftime
from tensorflow.keras.callbacks import TensorBoard
import re
# 한 번만 실행해야 함
nltk.download('punkt')
nltk.download('reuters')

from nltk.corpus import reuters
```

코드 실행을 위해 Google Colab을 이용한다면 로이터 다음 코드를 추가해 말뭉치를 압축 해제해야 할 것이다.

```
%%capture
!unzip /root/nltk_data/corpora/reuters.zip -d /root/nltk_data/corpora
```

다음으로 Glove 임베딩을 사용하게 되므로 그 또한 다운로드하자.

```
!wget http://nlp.stanford.edu/data/glove.6B.zip
!unzip glove*.zip
```

이제 필요한 툴을 모두 가졌으므로, 먼저 각 텍스트 블록(문서)을 한 줄에 한 문장씩 문장 목록으로 변환한다. 또한 문장의 각 단어는 추가될 때 정규화된다. 정상화는 모든 숫자를 제거하고 숫자 9로 대체한 뒤 단어를 소문자로 바꾼다. 동시에 같은 코드에서 단어 빈도를 계산한다. 결과는 단어 빈도표 word_freqs이다.

```
def is_number(n):
    temp = re.sub("[.,-/]", "",n)
    return temp.isdigit()
```

```python
# 문장과 구성 어휘를 분석
word_freqs = collections.Counter()
documents = reuters.fileids()
#ftext = open("text.tsv", "r")
sents = []
sent_lens = []
num_read = 0
for i in range(len(documents)):
    # 주기적 보고
    if num_read % 100 == 0:
        print("building features from {:d} docs".format(num_read))
    # 지정된 주제가 없는 문서 생략
    title_body = reuters.raw(documents[i]).lower()
    if len(title_body) == 0:
        continue
    num_read += 1
    # 단어 인덱스 목록으로 변환
    title_body = re.sub("\n", "", title_body)
    for sent in nltk.sent_tokenize(title_body):
        for word in nltk.word_tokenize(sent):
            if is_number(word):
                word = "9"
            word = word.lower()
            word_freqs[word] += 1
        sents.append(sent)
        sent_lens.append(len(sent))
```

앞서 생성된 배열을 사용해 말뭉치에 대한 정보를 얻기로 하자. 이는 LSTM 신경망의 적절한 상숫값을 찾는 데 도움을 줄 것이다.

```python
print("Total number of sentences are: {:d} ".format(len(sents)))
print ("Sentence distribution min {:d}, max {:d} , mean {:3f}, median
{:3f}".format(np.min(sent_lens), np.max(sent_lens), np.mean(sent_lens),
np.median(sent_lens)))
print("Vocab size (full) {:d}".format(len(word_freqs)))
```

코드를 통해 다음과 같은 말뭉치의 정보를 구했다.

```
Total number of sentences are: 50470
Sentence distribution min 1, max 3688 , mean 167.072657, median 155.000000
Vocab size (full) 33748
```

이 정보를 바탕으로 LSTM 모델에 대해 다음 상수를 설정했다. VOCAB_SIZE를 5000으로 선택한다. 즉, 우리의 어휘는 가장 빈번한 5,000 단어를 포함하고 이는 말뭉치에서 사용되는 단어의 93% 이상을 차지한다. 나머지 단어는 **어휘 밖**^{OOV, Out Of Vocabulary}으로 처리되며 토큰 UNK로 대체된다. 예측 시 모델이 보지 못한 모든 단어에도 UNK 토큰이 할당된다. SEQUENCE_LEN은 훈련 집합에서 문장의 길이 중앙값^{median}의 약 반으로 설정돼 있다. SEQUENCE_LENGTH보다 짧은 문장은 특수 PAD 문자로 채워지며 더 긴 문장은 한도에 맞게 잘린다.

```
VOCAB_SIZE = 5000
SEQUENCE_LEN = 50
```

LSTM에 대한 입력은 숫자로 표시되므로 단어와 단어 ID 사이를 오가는 조회 테이블을 작성해야 한다. 어휘 크기를 5,000으로 제한하고 2개의 유사 단어 PAD와 UNK를 추가해야 하기 때문에 조회 테이블에는 가장 자주 발생하는 4,998개의 단어와 PAD 및 UNK에 대한 항목이 포함된다.

```
word2id = {}
word2id["PAD"] = 0
word2id["UNK"] = 1
for v, (k, _) in enumerate(word_freqs.most_common(VOCAB_SIZE - 2)):
    word2id[k] = v + 2
id2word = {v:k for k, v in word2id.items()}
```

신경망에 대한 입력은 단어 시퀀스이며 각 단어는 벡터로 표시된다. 간단히 말해서 각 단어마다 원-핫 인코딩을 사용할 수도 있었지만, 그랬다면 입력 데이터가 매우 커졌을 것이다. 따라서 여기서는 각 단어를 50차원 GloVe 임베딩을 사용해 인코딩한다.

임베딩은 형태 행렬 (VOCAB_SIZE, EMBED_SIZE)로 생성된다. 여기서 각 행은 어휘에서 단어에 대한 GloVe 임베딩을 나타낸다. PAD 및 UNK 행(각각 0 및 1)은 각각 0과 임의의 균일 값으로 채워진다.

```python
EMBED_SIZE = 50
def lookup_word2id(word):
    try:
        return word2id[word]
    except KeyError:
        return word2id["UNK"]
def load_glove_vectors(glove_file, word2id, embed_size):
    embedding = np.zeros((len(word2id), embed_size))
    fglove = open(glove_file, "rb")
    for line in fglove:
        cols = line.strip().split()
        word = cols[0].decode('utf-8')
        if embed_size == 0:
            embed_size = len(cols) - 1
        if word in word2id:
            vec = np.array([float(v) for v in cols[1:]])
        embedding[lookup_word2id(word)] = vec
    embedding[word2id["PAD"]] = np.zeros((embed_size))
    embedding[word2id["UNK"]] = np.random.uniform(-1, 1, embed_size)
    return embedding
```

다음으로, 이 함수를 사용해 임베딩을 생성한다.

```python
sent_wids = [[lookup_word2id(w) for w in s.split()] for s in sents]
sent_wids = sequence.pad_sequences(sent_wids, SEQUENCE_LEN)
# 글로브 벡터를 가중치 행렬로 로드
embeddings = load_glove_vectors("glove.6B.{:d}d.txt".format(EMBED_SIZE)),
word2id, EMBED_SIZE)
```

오토인코더 모델은 GloVe 단어 벡터 시퀀스를 취해 입력 시퀀스와 유사한 다른 시퀀스를 생성하는 방법을 학습한다. 인코더 LSTM은 시퀀스를 고정 크기 컨텍스트 벡터로 압축하고, 디코더 LSTM은 원래 시퀀스를 재구성하는 데 사용한다.

신경망의 회로도는 다음과 같다.

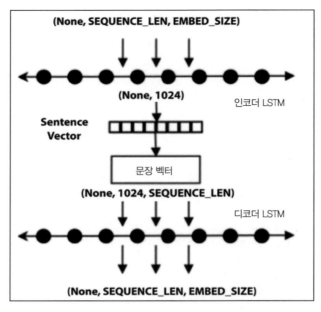

(None, SEQUENCE_LEN, EMBED_SIZE)

(None, 1024)

인코더 LSTM

Sentence
Vector

문장 벡터

(None, 1024, SEQUENCE_LEN)

디코더 LSTM

(None, SEQUENCE_LEN, EMBED_SIZE)

그림 8.11 LSTM 신경망 시각화

입력이 상당히 크기 때문에 생성기를 사용해 각 입력 배치를 생성한다. 생성기는 형태가 (BATCH_SIZE, SEQUENCE_LEN, EMBED_SIZE)인 텐서를 생성한다. 여기서 BATCH_SIZE는 64이고 50차원 GloVe 벡터를 사용하므로 EMBED_SIZE는 50이다. 각 에폭의 시작 부분에서 문장을 섞고 64문장의 배치를 반환한다. 각 문장은 GloVe 단어 벡터로 표현된다. 어휘의 단어에 해당 GloVe 임베딩이 없는 경우 0 벡터로 표시된다. 생성기의 두 인스턴스를 구성하는데, 하나는 원래 데이터셋의 70%를 훈련 데이터로 나머지 30%는 테스트 데이터로 구성한다.

```
BATCH_SIZE = 64
def sentence_generator(X, embeddings, batch_size):
    while True:
        # 에폭마다 한 번의 루프
        num_recs = X.shape[0]
        indices = np.random.permutation(np.arange(num_recs))
        num_batches = num_recs // batch_size
        for bid in range(num_batches):
            sids = indices[bid * batch_size : (bid + 1) * batch_size]
```

```
            Xbatch = embeddings[X[sids, :]]
            yield Xbatch, Xbatch
    train_size = 0.7
    Xtrain, Xtest = train_test_split(sent_wids, train_size=train_size)
    train_gen = sentence_generator(Xtrain, embeddings, BATCH_SIZE)
    test_gen = sentence_generator(Xtest, embeddings, BATCH_SIZE)
```

이제 오토인코더를 정의할 준비가 됐다. 다이어그램에서 알 수 있듯이 오토인코더는 인코더 LSTM과 디코더 LSTM으로 구성돼 있다. 인코더 LSTM은 문장 배치를 나타내는 형태가 (BATCH_SIZE, SEQUENCE_LEN, EMBED_SIZE)인 텐서를 읽는다. 각 문장은 SEQUENCE_LEN 크기의 고정된 길이로 패딩된 단어 시퀀스로 표시된다. 각 단어는 300 차원 GloVe 벡터로 표시된다. 인코더 LSTM의 출력 차원은 초매개변수 LATENT_ SIZE이며, 나중에 훈련된 오토인코더의 인코더 부분에서 나오는 문장 벡터의 크기이다. 차원 LATENT_SIZE의 벡터 공간은 문장의 의미를 인코딩하는 잠재 공간을 나타낸다. LSTM의 출력은 각 문장마다 크기 (LATENT_SIZE)의 벡터이므로 배치의 경우 출력 텐서의 형태는 (BATCH_SIZE, LATENT_SIZE)이다. 이제는 전체 시퀀스에 걸쳐 이를 복제하는 RepeatVector 계층으로 공급된다. 즉, 이 계층의 출력 텐서는 형태가 (BATCH_SIZE, SEQUENCE_LEN, LATENT_SIZE)이다. 이 텐서는 이제 출력 차원이 EMBED_SIZE인 디코더 LSTM에 공급되므로 출력 텐서는 형태가 (BATCH_SIZE, SEQUENCE_LEN, EMBED_SIZE), 즉 입력 텐서와 동일한 행태를 갖는다.

이 모델을 Adam 최적기와 MSE 손실함수로 컴파일한다. MSE를 사용하는 이유는 비슷한 의미를 가진 문장, 즉 LATENT_SIZE 차원의 임베딩 공간에서 원래 문장과 가까운 문장을 재구성하려 하기 때문이다.

```
LATENT_SIZE = 512
EMBED_SIZE = 50
BATCH_SIZE = 64
NUM_EPOCHS = 20
inputs = Input(shape=(SEQUENCE_LEN, EMBED_SIZE), name="input")
encoded = Bidirectional(LSTM(LATENT_SIZE), merge_mode="sum", name="encoder_
lstm")(inputs)
decoded = RepeatVector(SEQUENCE_LEN, name="repeater")(encoded)
```

```
decoded = Bidirectional(LSTM(EMBED_SIZE, return_sequences=True), merge_
mode="sum", name="decoder_lstm")(decoded)
autoencoder = Model(inputs, decoded)
```

손실은 평균제곱오차로 정의하고 Adam 최적기를 선택한다.

```
autoencoder.compile(optimizer="adam", loss="mse")
```

다음 코드를 사용해 20에폭 동안 오토인코더를 훈련시킨다. MSE 손실이 이 시간 내에 수렴하기 때문에 20에폭이 선택됐다.

```
num_train_steps = len(Xtrain) // BATCH_SIZE
num_test_steps = len(Xtest) // BATCH_SIZE
steps_per_epoch=num_train_steps,
epochs=NUM_EPOCHS,
validation_data=test_gen,
validation_steps=num_test_steps,
history = autoencoder.fit_generator(train_gen,
                    steps_per_epoch=num_train_steps,
                    epochs=NUM_EPOCHS,
                    validation_data=test_gen,
                    validation_steps=num_test_steps)
```

훈련 결과는 다음과 같다. 보다시피 훈련 MSE는 0.1161에서 0.0824로 감소하고 검증 MSE는 0.1097에서 0.0820으로 감소한다.

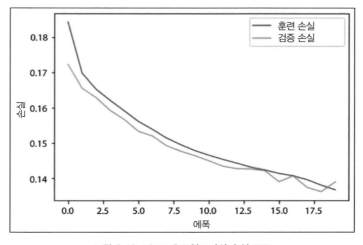

그림 8.12 LSTM 오토인코더의 손실 도표

임베딩의 행렬에 공급하기 때문에 결과 또한 임베딩 단어의 행렬이 된다. 임베딩 공간은 연속적이고 어휘는 이산적이므로 모든 출력 임베딩이 단어에 상응하지는 않는다. 우리가 할 수 있는 최선은 원본 텍스트를 재구성하기 위해 출력 임베딩에 가장 가까운 단어를 찾는 것이다. 이 작업은 다소 번거롭기 때문에 오토인코더를 다른 방식으로 평가할 것이다.

오토인코더의 목적은 우수한 잠재 표현을 생성하는 것이기 때문에, 원래 입력과 오토인코더의 출력을 사용해 인코더에서 생성된 잠재 벡터를 비교한다.

먼저 인코더 구성 요소를 추출해 자체 신경망으로 만든다.

```
encoder = Model(autoencoder.input, autoencoder.get_layer("encoder_lstm").
output)
```

그런 다음 테스트 집합에서 오토인코더를 실행해 예측된 임베딩을 반환한다. 그런 다음 인코더를 통해 입력 임베딩과 예측 임베딩을 모두 전송해 각각에서 문장 벡터를 생성하고 코사인 유사성을 사용해 두 벡터를 비교한다. 코사인 유사성이 "1"에 가깝다는 것은 높은 유사성을 나타내고 "0"에 가까운 것은 낮은 유사성을 나타낸다.

다음 코드는 500개의 테스트 문장의 임의의 부분 집합에 대해 실행되며 소스 임베딩에서 생성된 문장 벡터와 오토인코더에 의해 생성된 해당 대상 임베딩 간에 코사인 유사도 값의 일부 샘플을 생성한다.

```
def compute_cosine_similarity(x, y):
    return np.dot(x, y) / (np.linalg.norm(x, 2) * np.linalg.norm(y, 2))
k = 500
cosims = np.zeros((k))
i= 0
for bid in range(num_test_steps):
    xtest, ytest = test_gen.next()
    ytest_ = autoencoder.predict(xtest)
    Xvec = encoder.predict(xtest)
    Yvec = encoder.predict(ytest_)
    for rid in range(Xvec.shape[0]):
        if i >= k:
```

```
            break
        cosims[i] = compute_cosine_similarity(Xvec[rid], Yvec[rid])
        if i <= 10:
            print(cosims[i])
        i += 1
    if i >= k:
        break
```

코사인 유사도의 처음 10개 값은 다음과 같다. 보는 바처럼 벡터는 매우 비슷해 보인다.

```
0.9765363335609436
0.9862152338027954
0.9831727743148804
0.977733314037323
0.9851642847061157
0.9849132895469666
0.9831638932228088
0.9843543767929077
0.9825796484947205
0.9877195954322815
0.9820773601531982
```

그림 8.13에 테스트 집합 처음 500개의 문장의 문장 벡터에 대한 코사인 유사도 값 분포의 히스토그램이 나와 있다. 이전과 같이 오토인코더의 입출력에서 생성된 문장 벡터가 매우 유사함을 보여주므로 결과 문장 벡터가 문장의 좋은 표현임을 알 수 있다.

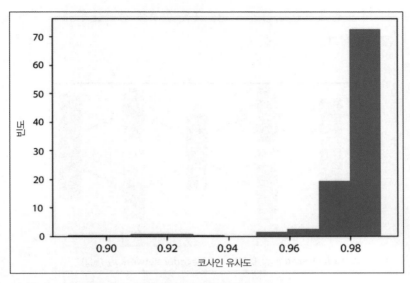

그림 8.13 코사인 유사도 분포

지금까지 데이터를 재구성할 수 있는 오토인코더에 집중했다. 다음 절에서는 조금 다른 오토인코더의 변형을 살펴본다. 그 변형은 데이터 생성에 사용되는 가변 인코더다.

가변 인코더

DBN 그리고 GAN과 마찬가지로 가변 오토인코더도 생성 모델이다. **가변 인코더**VAE, Variational AutoEncoders는 최고의 신경망과 베이즈 추론이 혼합된 것이다. VAE는 가장 흥미로운 신경망 중 하나이며 비지도학습에서 가장 인기 있는 접근법 중 하나로 등장했다. VAE는 오토인코더를 살짝 변형한 것이다. 기존 인코더와 디코더 신경망 (8장 참고)과 함께 추가 확률 계층이 있다. 인코더 신경망 다음에 있는 확률stochastic 계층은 가우스 분포를 사용해 데이터를 샘플링하고 디코더 신경망 이후의 계층은 베르누이Bernoulli의 분포를 사용해 데이터를 샘플링한다. GAN과 마찬가지로 VAE는 훈련된 분포를 기반으로 이미지와 그림을 생성하는 데 사용할 수 있다.

VAE를 사용하면 잠재적인 복잡한 사전분포를 설정해 강력한 잠재 표현을 배울 수 있다. 다음 다이어그램은 VAE를 설명해준다.

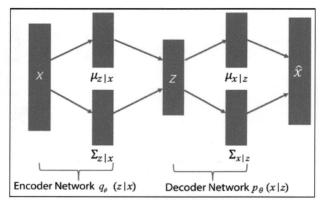

그림 8.14 인코더 신경망, 디코더 신경망

인코더 신경망 $q_\phi(z|x)$는 참이지만 다루기 어려운 사후분포 $p(z|x)$를 근사한다. 여기서 x는 VAE에 대한 입력이고 z는 잠재 표현이다. 디코더 신경망 $p_\theta(x|z)$는 d-차원 잠재 변수(잠재 공간이라고도 한다)를 입력으로 취해 $P(x)$와 동일한 분포를 따르는 새로운 이미지를 생성한다. 앞의 다이어그램에서 볼 수 있듯, 잠재 표현 z는 $z|x \sim N(\mu_{x|z}, \Sigma_{x|z})$에서 샘플링되고 디코더 신경망의 출력은 $x|z \sim N(\mu_{x|z}, \Sigma_{x|z})$에서 $x|z$를 샘플링한다.

이제 VAE의 기본 아키텍처를 갖췄으므로 이제 VAE를 어떻게 훈련시킬 것인가에 대한 의문이 생긴다. 훈련 데이터의 최대 우도와 사후 밀도는 다루기 매우 어렵기 때문이다. 신경망은 로그 데이터 우도의 하한을 최대화해 훈련시킨다. 따라서 손실 항은 두 가지 요소로 구성된다. 즉, 샘플링을 통해 디코더 신경망에서 얻은 발생 손실과 잠재적 손실이라고도 불리는 쿨백-라이블러^{KL, Kullback-Leibler} 확산이다.

생성 손실은 디코더가 생성한 이미지와 신경망 훈련에 사용된 이미지가 유사하다는 것을 보장해주며 잠재 손실은 사후분포 $q(z|x)$가 사전분포 $p_\theta(z)$와 가깝다는 것을 보장해준다. 인코더는 샘플링 때 가우스 분포를 사용하므로 잠재 손실은 잠재 변수가 이 분포와 얼마나 잘 매치되는지 측정한다.

VAE가 훈련되면 디코더 신경망만으로 새 이미지를 생성할 수 있다. VAE를 코딩해 보자. 이번에는 Fashion-MNIST 데이터셋을 사용한다. 이 데이터셋은 5장에서 살펴 봤다. 데이터셋에는 잘란도^{Zalando}(https://github.com/zalandoresearch/fashionmnist) 기사 이미지가 포함돼 있다. 테스트- 훈련 분할은 MNIST와 정확히 동일하다. 즉, 60,000 개의 훈련 이미지와 10,000개의 테스트 이미지로 분할된다. 각 이미지의 크기도 28×28이므로 MNIST 데이터셋에서 실행되는 코드를 FashionMNIST 데이터셋으로 쉽게 바꿀 수 있다. 이 절의 코드는 https://github.com/dragen1860/TensorFlow-2.x-Tutorials에서 수정됐다. 첫 단계로 평소와 같이 필요한 모든 라이브러리를 임 포트한다.

```
import tensorflow as tf
import numpy as np
from matplotlib import pyplot as plt
```

결과를 재현할 수 있도록 랜덤수의 시드를 고정하자. 또한 코드가 TensorFlow 2.0 이상에서 실행되도록 하기 위해 assert문을 추가할 수도 있다.

```
np.random.seed(333)
tf.random.set_seed(333)
assert tf.__version__.startswith('2.'), "텐서플로 버전 2.0 이하"
```

VAE를 만들기 전에 Fashion-MNIST 데이터셋도 살펴보자. 데이터셋은 TensorFlow Keras API에서 가용하다.

```
(x_train, y_train), (x_test, y_test) = tf.keras.datasets.fashion_mnist.
load_data()
x_train, x_test = x_train.astype(np.float32)/255., x_test.astype(np.
float32)/255.
print(x_train.shape, y_train.shape)
print(x_test.shape, y_test.shape)
```

```
--------------------------------------------------
(60000, 28, 28) (60000,)
(10000, 28, 28) (10000,)
```

샘플 이미지를 몇 개 보자.

```
number = 10  # 표시할 숫자 개수
plt.figure(figsize=(20, 4))
for index in range(number):
    # 원시 이미지 표시
    ax = plt.subplot(2, number, index + 1)
    plt.imshow(x_train[index], cmap='gray')
    ax.get_xaxis().set_visible(False)
    ax.get_yaxis().set_visible(False)
plt.show()
```

그림 8.15 Fashion-MNIST 데이터셋의 샘플 이미지

시작하기 전에, 학습률, 은닉 계층 차원, 잠재 공간, 배치 크기, 에폭 등의 몇몇 초 매개변수를 선언하자.

```
image_size = x_train.shape[1]*x_train.shape[2]
hidden_dim = 512
latent_dim = 10
num_epochs = 80
batch_size = 100
learning_rate = 0.001
```

TensorFlow Keras Model API를 사용해 VAE 모델을 구축한다. __init__() 함수는 사용할 모든 계층을 정의한다.

```
class VAE(tf.keras.Model):
    def __init__(self,dim,**kwargs):
        h_dim = dim[0]
        z_dim = dim[1]
        super(VAE, self).__init__(**kwargs)
        self.fc1 = tf.keras.layers.Dense(h_dim)
```

```python
        self.fc2 = tf.keras.layers.Dense(z_dim)
        self.fc3 = tf.keras.layers.Dense(z_dim)
        self.fc4 = tf.keras.layers.Dense(h_dim)
        self.fc5 = tf.keras.layers.Dense(image_size)
```

인코더 출력과 디코더 출력 그리고 재매개변수화를 제공하는 함수를 정의한다. 인코더와 디코더 기능의 구현은 간단하다. 그러나 재매개변수화 함수는 좀 더 깊이 살펴볼 필요가 있다. 알다시피 VAE는 임의의 노드 z에서 샘플링한다. 이는 참 사후분포 $q(z|\theta)$에 의해 근사된다. 이제 매개변수를 구하려면 역전파를 사용해야 한다. 그러나 임의 노드에서는 역전파를 쓸 수 없다. 재매개변수화를 사용해 확정적 랜덤 노드(https://arxiv.org/pdf/1312.6114v10.pdf)를 통해 역전파를 허용하는 방식으로 z를 재매개변수화할 수 있는 새로운 매개변수 eps를 사용할 수 있다.

```python
    def encode(self, x):
        h = tf.keras.nn.relu(self.fc1(x))
        return self.fc2(h), self.fc3(h)
    def reparameterize(self, mu, log_var):
        std = tf.exp(log_var * 0.5)
        eps = tf.random.normal(std.shape)
        return mu + eps * std
    def decode_logits(self, z):
        h = tf.nn.relu(self.fc4(z))
        return self.fc5(h)
    def decode(self, z):
        return tf.nn.sigmoid(self.decode_logits(z))
```

마지막으로 신호가 VAE의 서로 다른 계층을 어떻게 통과할지 통제하는 call() 함수를 정의한다.

```python
    def call(self, inputs, training=None, mask=None):
        mu, log_var = self.encode(inputs)
        z = self.reparameterize(mu, log_var)
        x_reconstructed_logits = self.decode_logits(z)
        return x_reconstructed_logits, mu, log_var
```

이제 VAE 모델을 생성하고 그에 대한 최적기를 선언한다. 모델 요약을 볼 수 있다.

```
model = VAE([hidden_dim, latent_dim])
model.build(input_shape=(4, image_size))
model.summary()
optimizer = tf.keras.optimizers.Adam(learning_rate)
```

```
Model: "vae"

Layer (type)                 Output Shape              Param #
=================================================================
dense (Dense)                multiple                  401920

dense_1 (Dense)              multiple                  5130

dense_2 (Dense)              multiple                  5130

dense_3 (Dense)              multiple                  5632

dense_4 (Dense)              multiple                  402192

=================================================================
Total params: 820,004
Trainable params: 820,004
Non-trainable params: 0
```

이제 모델을 훈련시킨다. 여기서는 손실함수를 정의하는데, 이는 재구성 손실과 KL 발산 손실의 합이다.

```
dataset = tf.data.Dataset.from_tensor_slices(x_train)
dataset = dataset.shuffle(batch_size * 5).batch(batch_size)
num_batches = x_train.shape[0] // batch_size
for epoch in range(num_epochs):
    for step, x in enumerate(dataset):
        x = tf.reshape(x, [-1, image_size])
        with tf.GradientTape() as tape:
            # 순방향 경로
            x_reconstruction_logits, mu, log_var = model(x)
            # 재구성 손실과 kl 발산 계산
            # 각 개별 픽셀에 대해 'image_size'로 크기 조정
            reconstruction_loss = tf.nn.sigmoid_cross_entropy_with_
```

```
logits(labels=x, logits=x_reconstruction_logits)
            reconstruction_loss = tf.reduce_sum(reconstruction_loss) /
batch_size

            kl_div = - 0.5 * tf.reduce_sum(1. + log_var -
tf.square(mu) - tf.exp(log_var), axis=-1)
            kl_div = tf.reduce_mean(kl_div)
            # 역전파와 최적기
            loss = tf.reduce_mean(reconstruction_loss) + kl_div
        gradients = tape.gradient(loss, model.trainable_variables)
        for g in gradients:
            tf.clip_by_norm(g, 15)
        optimizer.apply_gradients(zip(gradients, model.trainable_variables))
        if (step + 1) % 50 == 0:
            print("Epoch[{}/{}], Step [{}/{}], Reconst Loss: {:.4f}, KL Div:
{:.4f}"
            .format(epoch + 1, num_epochs, step + 1, num_batches,
float(reconstruction_loss), float(kl_div)))
```

모델이 훈련되면 원본 Fashion-MNIST 이미지와 유사한 이미지를 생성할 수 있어
야 한다. 이를 위해서는 디코더 신경망만 사용해야 하며 이제 무작위로 생성된 z 입
력을 전달해본다.

```
z = tf.random.normal((batch_size, latent_dim))
out = model.decode(z)  # Sigmoid로 디코드
out = tf.reshape(out, [-1, 28, 28]).numpy() * 255
out = out.astype(np.uint8)
```

다음 그림에서, 80에폭 뒤의 결과를 볼 수 있다.

그림 8.16 80에폭 뒤의 결과

생성된 이미지는 입력 공간을 닮아 있다. 생성된 이미지는 바라는 대로 원래의 패
션-MNIST 이미지와 유사하다.

요약

8장에서는 새로운 세대의 딥러닝 모델인 오토인코더에 대해 광범위하게 살펴봤다. 바닐라 오토인코더로 시작해 희소 오토인코더, 디노이징 오토인코더, 스택된 오토인코더와 컨볼루션 오토인코더 등의 변형으로 옮겨갔다. 오토인코더를 사용해 이미지를 재구성하고 이미지에서 노이즈를 제거하는 데 사용할 수 있는 방법을 설명했다. 마지막으로, 8장에서는 오토인코더를 사용해 문장 벡터를 생성하는 방법을 설명했다. 오토인코더는 비지도학습을 통해 학습했다.

다음 장에서는 비지도학습 패러다임을 사용해 학습하는 또 다른 흥미로운 딥러닝 모델인 생성적 적대 신경망에 대해 좀 더 깊이 다뤄 보기로 하자.

참고문헌

1. Rumelhart, D. E., Hinton, G. E., and Williams, R. J. (1985). *Learning Internal Representations by Error Propagation*. No. ICS-8506. University of California, San Diego. La Jolla Institute for Cognitive Science: http://www.cs.toronto.edu/~fritz/absps/pdp8.pdf

2. Hinton, G. E. and Salakhutdinov, R. R. (2016). *Reducing the dimensionality of data with neural networks*. science 313.5786: 504 – 507: https://www.cs.toronto.edu/~hinton/science.pdf

3. Masci, J. et al. (2011). *Stacked convolutional auto-encoders for hierarchical feature extraction*. Artificial Neural Networks and Machine Learning – ICANN 2011: 52 – 59: https://www.semanticscholar.org/paper/Reducing-the-dimensionality-of-data-with-neural-Hinton-Salakhutdinov/46eb79e5eec8a4e2b2f5652b66441e8a4c921c3e

4. Japkowicz, N., Myers, C., and Gluck, M. (1995). *A novelty detection approach to classification*. IJCAI. Vol: https://www.ijcai.org/Proceedings/95-1/Papers/068.pdf

5. Sedhain, S. (2015). *AutoRec: Autoencoders Meet Collaborative Filtering*. Proceedings of the 24th International Conference on World Wide Web. ACM.

6. Cheng, H. (2016). *Wide & Deep Learning for Recommender Systems*. Pro-

ceedings of the 1st Workshop on Deep Learning for Recommender Systems, ACM.

7. Runfeldt, M. *Using Deep Learning to Remove Eyeglasses from Faces.*

8. Miotto, R. (2016). *Deep Patient: An Unsupervised Representation to Predict the Future of Patients from the Electronic Health Records.* Scientific Reports.

9. Kiros, R. (2015). *Skip-Thought Vectors.* Advances in Neural Information Processing Systems.

10. Kullback-Leibler divergence: http://hanj.cs.illinois.edu/cs412/bk3/KL-divergence.pdf

11. Denoising autoencoders: https://cs.stanford.edu/people/karpathy/convnetjs/demo/autoencoder.html

생성 모델

생성 모델은 데이터를 생성하는 데 사용되는 일종의 머신러닝 알고리듬이다. 생성 모델은 모델 학습에 사용된 데이터와 유사한 새 데이터를 생성하는 데 사용된다. 이 방법은 테스트를 위해 새 데이터를 생성하거나 누락된 데이터를 채우는 데 사용할 수 있다. 생성 모델은 밀도 추정, 이미지 합성, 자연어 처리와 같은 많은 응용에서 사용된다. 8장, '오토인코더'에서 논의된 VAE는 생성 모델의 한 유형이었다. 9장에서는 광범위한 생성 모델 GAN^{Generative Adversarial Networks}과 그 변형 그리고 흐름 기반 ^{flow-based} 모델과 디퓨전^{diffusion} 모델에 대해 설명한다.

딥러닝의 대가 중 한 명인 얀 르쿤^{Yann LeCun}은 GAN을 최근 10년 동안 머신러닝에서 가장 재미있는 아이디어라고 정의했다(https://www.quora.com/What-are-somerecent-and-potentially-upcoming-breakthroughs-in-deep-learning). GAN은 진짜처럼 보이는 인공 데이터를 재생산해 내는 방법을 학습할 수 있다. 예를 들어 컴퓨터가 실제로 이미지를 그리게 학습할 수 있다. 이 아이디어는 원래 이안 굿펠로우[Ian GoodFellow](자세한 정보는 2016년 굿펠로우가 저술한 「NIPS 2016 Tutorial: Generative Adversarial Networks」를 참조하라)가 제안했다. 굿펠로우는 몬트리올대학교, Google Brain, OpenAI에서 일했고 현재는 Apple에서 머신러닝 임원으로 일하고 있다.

9장에서는 서로 다른 유형의 GAN을 알아보고 그중 몇 가지를 TensorFlow 2.0으로 구현해본다. 9장에서는 대체로 다음 내용을 다룬다.

- GAN이란 무엇인가?
- 심층 컨볼루션 GAN
- SRGAN
- CycleGAN
- GAN의 응용 사례

 TIP 9장의 모든 코드 파일은 다음 링크(https://packt.link/dltfchp9)에서 다운로드할 수 있다.

GAN이란 무엇인가?

GAN은 고차원의 복잡한 데이터 분포를 학습할 수 있기 때문에 최근 몇 년 동안 연구자들에게 큰 인기를 얻었다. 이안 굿펠로우가 처음 제안한 2016년부터 2022년 3월까지 6년 동안 GAN과 관련된 연구 논문이 100,000개 이상 있다.

GAN의 응용에는 이미지, 비디오, 음악과 자연어 생성 등이 있다. GAN은 이미지-이미지 변환, 이미지 초고해상도[super resolution], 약물 발견과 비디오의 다음 프레임 예측과 같은 작업에 사용됐다. 그들은 딥러닝 모델을 훈련하고 적대적 공격을 평가하기 위해 합성 데이터 생성 작업에서 특히 성공적이었다.

GAN의 주요 아이디어는 예술 작품 위조와 비슷하다. 작가가 더 유명한 다른 예술가들의 예술 작품을 위조하는 과정이다. GAN은 다음 그림처럼 두 개의 신경망을 동시에 훈련한다.

생성기generator $G(Z)$는 작품을 위조하고 판별기discriminator $D(Y)$는 관찰한 진짜 작품에 기반해 위조한 작품이 얼마나 진짜 같은지를 판단한다. $D(Y)$는 입력으로 Y(예를 들어 하나의 이미지)를 받아서 입력변수가 얼마나 진짜 같은지를 판단하기 위해 투표한다. 일반적으로 1에 가까운 값은 '진짜'를 나타내고 0에 가까운 값은 '위조'를 나타낸다. $G(Z)$는 랜덤 노이즈 Z에서 입력을 받아 $G(Z)$가 생성하는 모든 것이 실제라고 생각하도록 D를 속이도록 훈련한다. 판별기 $D(Y)$의 훈련 목적은 참 데이터 분포로부터의 모든 이미지의 $D(Y)$는 최대화하고 참 데이터 분포에서 나온 것이 아닌 모든 이미지의 $D(Y)$는 최소화하는 것이다. 따라서 G와 D는 반대 게임을 한다. 따라서 **적대적 훈련**adversarial training이라는 이름이 생겼다.

여기서 G와 D는 교대로 훈련하며, G와 D 각각의 목표는 그래디언트 하강을 통해 최적화된 손실함수로 표현한다. 생성 모델은 지속적으로 위변조 능력을 향상시키고 판별 모델은 위변조 인식 기능을 계속 향상시킨다. 판별기 신경망(일반적으로 표준 컨볼루션 신경망)은 입력 이미지가 실제인지 아니면 생성된 것인지를 분류하려 한다. 중요한 새 아이디어는 생성자가 판별기를 더 자주 속일 수 있는 방법을 학습할 수 있도록 생성기와 그 판별기 모두에게 역전파해 생성기의 매개변수를 조정하는 것이다. 마지막으로 생성기는 실제 이미지와 구별할 수 없는 이미지를 생성하는 방법을 학습한다.

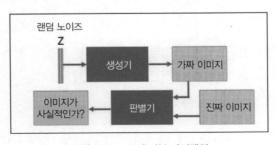

그림 9.1 GAN의 기본 아키텍처

물론 GAN은 두 명의 경기자가 참여한 게임에서 평형equilibrium을 이루기 위해 노력한다. 여기서 평형이 무슨 의미인지 먼저 이해할 필요가 있다. 시작 시점에서, 두 선수 중 하나는 다른 선수보다 더 잘하기를 바란다. 그럴 경우 다른 쪽을 향상시키게 되고 이런 방식으로 생성기와 판별기는 서로를 향상시키게 된다. 궁극적으로 어느 한쪽도 더 이상 눈에 띄게 발전하지 않는 상태에 도달하게 된다. 손실함수를 도식화해 두 손실(그래디언트 손실과 판별기 손실)이 언제 정점에 도달하는지 보고 이를 확인한다. 우리는 게임이 한 방향으로 너무 치우치기를 원치 않는다. 만약 위조범이 모든 경우에 판사를 속이는 방법을 즉시 배운다면, 위조범은 더 이상 배울 것이 없다. 실제로 GAN을 훈련하는 것은 매우 어렵고 GAN 수렴을 분석하기 위한 많은 연구가 진행되고 있다. GAN의 수렴과 다른 종류의 GAN의 안정성에 대한 세부 사항을 보려면 다음 링크(https://avg.is.tuebingen.mpg.de/projects/convergence-and-stability-of-gan-training)를 참고하라. GAN의 생성적 응용에서는 생성기가 판별기보다 조금 더 잘 학습하기를 원한다.

이제 GAN 학습 방법에 대해 자세히 알아보자. 판별기와 생성기는 모두 교대로 학습한다. 학습은 두 단계로 나눌 수 있다.

1. 여기서는 판별기 $D(x)$가 학습한다. 생성기 $G(z)$는 랜덤 노이즈 z(이는 어떤 사전분포 $P(z)$를 따른다)로부터 가짜 이미지를 생성하는 데 사용된다. 생성기가 만든 가짜 이미지와 훈련 데이터셋의 진짜 이미지는 모두 판별기로 전달되고, 판별기는 지도학습을 통해 가짜와 진짜를 구분하려 학습한다. $P_{data}(x)$가 훈련 데이터셋 분포라면, 판별기 신경망은 그 목적함수를 최대화해 입력 데이터가 진짜일 때는 1에 가깝도록 그리고 입력 데이터가 가짜일 때는 0에 가깝도록 하려 한다.

2. 다음 단계에서는, 생성기 신경망이 학습한다. 생성기의 목표는 판별기 신경망이 생성된 $G(z)$가 진짜인 것으로 생각하게끔 속이는 것이다. 즉, $D(G(z))$를 1에 가깝게 하려고 한다.

두 단계는 순차적으로 반복된다. 일단 훈련이 종료되면, 판별기는 더 이상 실제 데이터와 가짜 데이터를 구별할 수 없으며 생성기는 훈련 데이터와 매우 유사한 데이터를 작성하는 전문가가 된다. 판별기와 생성기 사이의 안정성은 활발하게 연구되는 문제다.

이제 GAN이 무엇인지 알았으니, 필기체 숫자를 생성하는 GAN의 실제 응용을 살펴보자.

TensorFlow에서 GAN을 사용하는 MNIST

손글씨 숫자를 생성할 수 있는 간단한 GAN을 구축해보자. 여기서는 MNIST 손글씨 숫자를 사용해 네트워크를 훈련할 것이다. 먼저 TensorFlow 모듈을 임포트해야 한다. 코드를 깔끔하게 유지하기 위해 TensorFlow 프레임워크에서 필요한 모든 클래스를 내보낸다.

```python
from tensorflow.keras.datasets import mnist
from tensorflow.keras.layers import Input, Dense, Reshape, Flatten, Dropout
from tensorflow.keras.layers import BatchNormalization, Activation,
ZeroPadding2D
from tensorflow.keras.layers import LeakyReLU
from tensorflow.keras.layers import UpSampling2D, Conv2D
from tensorflow.keras.models import Sequential, Model
from tensorflow.keras.optimizers import Adam
from tensorflow.keras import initializers

import matplotlib.pyplot as plt

import numpy as np
```

여기서는 TensorFlow Keras 데이터셋을 사용해 MNIST 데이터에 접근한다. 데이터에는 크기가 각각 28×28인 필기체 숫자 60,000개의 훈련 이미지가 포함돼 있다. 숫자의 픽셀 값은 0~255 사이에 있다. 이제 각 픽셀이 [-1, 1] 범위의 값을 갖도록 입력 값을 정규화한다.

```python
randomDim = 10
```

```
(X_train, _), (_, _) = mnist.load_data()
X_train = (X_train.astype(np.float32) - 127.5)/127.5
```

여기서는 간단한 **다층 퍼셉트론**MLP, Multi-Layered Perceptron을 사용하고 크기가 784인 평면 벡터로 이미지를 공급해 훈련 데이터를 재구성한다.

```
X_train = X_train.reshape(60000, 784)
```

이제 생성기와 판별기를 구축해야 한다. 생성기의 목적은 잡음이 있는 입력을 받아 훈련 데이터셋과 유사한 이미지를 생성하는 것이다. 노이즈 입력의 크기는 변수 randomDim에 의해 결정된다. 이 값은 정숫값으로 초기화할 수 있다. 일반적으로 사람들은 100으로 설정한다. 여기서는 10으로 설정했다. 이 입력은 LeakyReLU 활성화 함수와 함께 256개의 뉴런이 있는 밀집 계층에 공급된다. 다음으로 512개의 은닉 뉴런이 있는 또 다른 밀집 계층을 추가하고 1024개의 뉴런이 있는 세 번째 은닉층과 마지막으로 784개의 뉴런이 있는 출력 계층을 추가한다. 독자 여러분은 은닉층의 뉴런 수를 다양하게 변경해 보면서 성능이 어떻게 변하는지 확인해볼 수 있다. 그러나 출력 단위의 뉴런 수는 훈련 이미지의 픽셀 수와 일치해야 한다. 해당 생성기는 다음과 같다.

```
generator = Sequential()
generator.add(Dense(256, input_dim=randomDim))
generator.add(LeakyReLU(0.2))
generator.add(Dense(512))
generator.add(LeakyReLU(0.2))
generator.add(Dense(1024))
generator.add(LeakyReLU(0.2))
generator.add(Dense(784, activation='tanh'))
```

유사하게 판별기를 만든다. 이제 (그림 9.1) 판별기가 훈련 집합이나 생성기에 의해 생성된 이미지 중 하나에서 이미지를 가져오므로 입력 크기는 784다. 또한 여기서 TensorFlow 초기화 프로그램을 사용해 밀집 계층의 가중치를 초기화하는데, 표준편차가 0.02이고 평균이 0인 정규분포를 사용하고 있다. 1장에서 언급했듯이

TensorFlow 프레임워크에서 사용할 수 있는 많은 초기화기^{initializers}가 있다. 판별기의 출력은 단일 비트이며, 0은 가짜 이미지(제너레이터에서 생성됨)를 나타내고 1은 훈련 데이터셋에서 이미지를 가져왔음을 나타낸다.

```
discriminator = Sequential()
discriminator.add(Dense(1024, input_dim=784, kernel_initializer=initializers.
RandomNormal(stddev=0.02))
)
discriminator.add(LeakyReLU(0.2))
discriminator.add(Dropout(0.3))
discriminator.add(Dense(512))
discriminator.add(LeakyReLU(0.2))
discriminator.add(Dropout(0.3))
discriminator.add(Dense(256))
discriminator.add(LeakyReLU(0.2))
discriminator.add(Dropout(0.3))
discriminator.add(Dense(1, activation='sigmoid'))
```

다음으로 생성기와 판별기를 결합해 GAN을 형성한다. GAN에서 trainable 인수를 False로 설정해 판별기 가중치가 고정되도록 한다.

```
discriminator.trainable = False
ganInput = Input(shape=(randomDim,))
x = generator(ganInput)
ganOutput = discriminator(x)
gan = Model(inputs=ganInput, outputs=ganOutput)
```

둘을 훈련시키는 요령은 먼저 판별기를 따로 훈련시키는 것이다. 여기서는 판별기에 이진 교차엔트로피 손실함수를 사용한다. 나중에 판별기의 가중치를 동결하고 결합된 GAN을 훈련한다. 이로 인해 생성기가 훈련된다. 이번에도 손실함수는 이진 교차엔트로피다.

```
discriminator.compile(loss='binary_crossentropy', optimizer='adam')
gan.compile(loss='binary_crossentropy', optimizer='adam')
```

이제 훈련을 수행해보자. 각 에폭마다 먼저 임의의 노이즈 샘플을 가져와 생성기에 공급하면 생성기가 가짜 이미지를 생성한다. 생성된 가짜 이미지와 실제 훈련 이미지를 특정 레이블과 함께 배치로 결합하고 주어진 배치에서 판별기를 먼저 훈련하는 데 사용한다.

```python
def train(epochs=1, batchSize=128):
    batchCount = int(X_train.shape[0] / batchSize)
    print ('Epochs:', epochs)
    print ('Batch size:', batchSize)
    print ('Batches per epoch:', batchCount)
    for e in range(1, epochs+1):
        print ('-'*15, 'Epoch %d' % e, '-'*15)
        for _ in range(batchCount):
            # 입력 잡음의 랜덤 집합과 이미지를 얻는다.
            noise = np.random.normal(0, 1, size=[batchSize,
            randomDim])
            imageBatch = X_train[np.random.randint(0,
            X_train.shape[0], size=batchSize)]
            # 가짜 MNIST 이미지 생성
            generatedImages = generator.predict(noise)
            # print np.shape(imageBatch), np.shape(generatedImages)
            X = np.concatenate([imageBatch, generatedImages])
            # 생성된 것과 실제 데이터의 레이블
            yDis = np.zeros(2*batchSize)
            # 단편 레이블 평활화
            yDis[:batchSize] = 0.9
            # 판별기 훈련
            discriminator.trainable = True
            dloss = discriminator.train_on_batch(X, yDis)
```

눈치챘는지 모르겠지만, 레이블을 지정하는 동안 0/1 대신 0/0.9값을 사용했다. 이를 레이블 평활화라고 한다. 소프트 타깃을 유지하면 일반화와 학습 속도가 모두 향상되는 것으로 나타났다(「When does label smoothing help?」, Muller et al. NeurIPS 2019).

이제 동일한 for 루프에서 생성기를 훈련한다. 생성기에 의해 만들어진 이미지가 판별기에 의해 실제 이미지로 인식되기를 원하므로 생성기 입력은 랜덤 벡터(노이즈)를 사용한다. 이후 가짜 이미지를 생성한 다음 판별기가 이미지를 실제로 인식하도록 GAN을 훈련한다(출력 1).

```
# 생성기 훈련
noise = np.random.normal(0, 1, size=[batchSize,
randomDim])
yGen = np.ones(batchSize)
discriminator.trainable = False
gloss = gan.train_on_batch(noise, yGen)
```

멋진 속임수이지 않은가? 원한다면 생성된 이미지뿐만 아니라 생성기와 판별기 손실을 저장할 수 있다. 다음으로 각 에폭의 손실을 저장하고 20에폭마다 이미지를 생성한다.

```
# 이 에폭으로부터 최근 배치의 손실을 저장
dLosses.append(dloss)
gLosses.append(gloss)
if e == 1 or e % 20 == 0:
        saveGeneratedImages(e)
```

이제 train 함수를 호출해 GAN을 훈련할 수 있다. 다음 그래프에서 GAN이 학습할 때 생성기와 판별기의 손실 도표를 볼 수 있다.

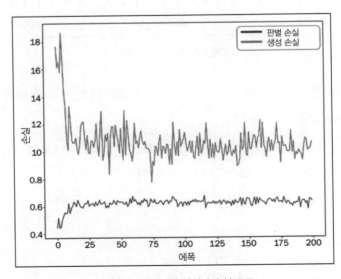

그림 9.2 판별기와 생성기 손실 도표

그리고 GAN이 생성한 필기체 수는 다음과 같다.

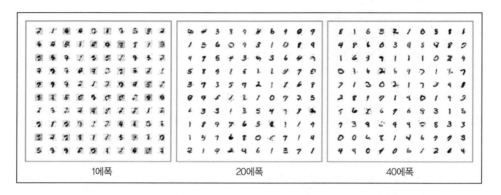

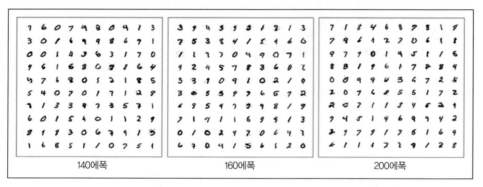

그림 9.3 필기체 숫자 생성

앞의 그림에서 에폭이 증가함에 따라 GAN이 생성한 손으로 쓴 숫자가 점점 더 사실적이 된다는 것을 알 수 있다.

필기체 숫자의 손실 및 생성된 이미지를 도식화하기 위해 두 가지 헬퍼함수인 plotLoss() 및 saveGeneratedImages()를 정의한다. 코드는 다음과 같다.

```python
# 각 배치에서 손실 도식화
def plotLoss(epoch):
    plt.figure(figsize=(10, 8))
    plt.plot(dLosses, label='Discriminitive loss')
    plt.plot(gLosses, label='Generative loss')
    plt.xlabel('Epoch')
```

```
    plt.ylabel('Loss')
    plt.legend()
    plt.savefig('images/gan_loss_epoch_%d.png' % epoch)
# 생성된 MNIST 이미지 나열
def saveGeneratedImages(epoch, examples=100, dim=(10, 10), figsize=(10, 10)):
    noise = np.random.normal(0, 1, size=[examples, randomDim])
    generatedImages = generator.predict(noise)
    generatedImages = generatedImages.reshape(examples, 28, 28)
    plt.figure(figsize=figsize)
    for i in range(generatedImages.shape[0]):
        plt.subplot(dim[0], dim[1], i+1)
        plt.imshow(generatedImages[i], interpolation='nearest',
        cmap='gray_r')
        plt.axis('off')
    plt.tight_layout()
    plt.savefig('images/gan_generated_image_epoch_%d.png' % epoch)
```

saveGeneratedImages 함수는 images 폴더에 이미지를 저장하므로 현재 작업 디렉터리에 폴더를 생성했는지 확인하라. 이에 대한 전체 코드는 9장의 GitHub 저장소에 있는 노트북 VanillaGAN.ipynb에서 찾을 수 있다. 다음 절에서는 최신 GAN 아키텍처를 다루고 TensorFlow에서 구현해본다.

심층 컨볼루션 GAN(DCGAN)

2016년에 제안된 DCGAN은 가장 인기 있고 성공적인 GAN 아키텍처 중 하나가 됐다. 설계상의 핵심 아이디어는 풀링 계층이나 최종 분류기 계층 없이 컨볼루션 계층을 사용하는 것이다. 컨볼루션 스트라이드strid와 전치 컨볼루션을 사용해 이미지의 다운 샘플링과 업샘플링을 수행한다.

DCGAN 아키텍처와 그 기능을 좀 더 알아보기 전에, 먼저 이 논문에서 도입된 주요 변경 사항을 알아보자.

- 망은 모두 컨볼루션 계층으로 구성된다. 풀링 계층은 판별기에서는 스트라이드된 컨볼루션으로 그리고 생성기에서는 전치 컨볼루션으로 대체된다.

- 컨볼루션 계층 다음의 완전 연결 분류 계층은 제거된다.
- 그래디언트 흐름을 돕기 위해 각 컨볼루션 계층 다음에 배치 정규화를 수행한다.

DCGAN의 기본 아이디어는 정통 GAN과 동일하다. 100차원 노이즈를 취하는 생성기가 있고, 노이즈는 사상되고 변형돼 컨볼루션 계층을 통과한다. 다음 다이어그램은 생성기 아키텍처를 보여준다.

그림 9.4는 생성기 아키텍처를 보여준다.

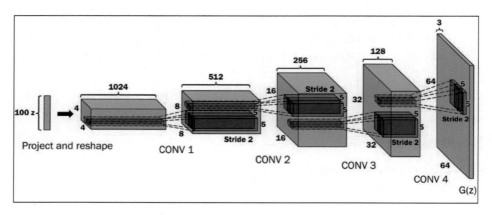

그림 9.4 생성기 아키텍처 시각화, 사상과 변형

판별기 네트워크는 이미지(생성기가 만든 것 또는 실제 데이터셋에 있는 것)를 가져와서 컨볼루션한 다음 배치 정규화를 수행한다. 각 컨볼루션 단계에서는 스트라이드를 사용해 이미지를 다운샘플링한다. 컨볼루션 계층의 최종 출력은 평평해지고 1-뉴런 분류기 계층에 공급된다. 다음 다이어그램에서 판별기를 볼 수 있다.

그림 9.5에서 판별기를 볼 수 있다.

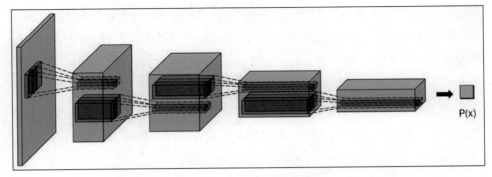

그림 9.5 판별기의 아키텍처 시각화

생성기와 판별기가 결합되면 DCGAN이 형성된다. 훈련은 이전과 같은 방식으로 진행된다. 즉, 먼저 판별기를 미니-배치로 훈련한 다음 판별기를 동결하고 생성기를 훈련시킨다. 이 과정은 수천 에폭 동안 반복한다. 저자들은 Adam 최적기와 0.002의 학습률을 사용하면 더 안정적인 결과를 얻는다는 것을 알아냈다.

다음은 필기체 숫자를 생성하기 위한 DCGAN을 구현해보자.

MNIST 숫자를 위한 DCGAN

이제 필기체 숫자 생성을 위한 DCGAN을 구축해보자. 먼저 생성기 코드를 살펴보자. 생성기는 계층을 순차적으로 추가해 구축된다. 첫 번째 계층은 100차원의 노이즈를 입력으로 받는 밀집 계층이다. 100차원 입력은 $128 \times 7 \times 7$ 크기의 1차원 벡터로 확장된다. 이 작업은 최종적으로 MNIST 필기 숫자의 표준 크기인 28×28 크기의 출력을 얻는다. 벡터는 $7 \times 7 \times 128$ 크기의 텐서로 형태가 바뀐다. 이 벡터는 TensorFlow Keras UpSampling2D 계층을 사용해 업샘플링된다. 이 계층은 단지 행과 열을 두 배로 만들어 이미지를 확대한다는 점에 주목하자. 이 계층에는 가중치가 없으므로 계산량이 별로 없다.

Upsampling2D 계층은 이제 $7 \times 7 \times 128$(행×열×채널) 이미지의 행과 열을 두 배로 늘려 $14 \times 14 \times 128$ 크기의 출력을 생성한다. 업샘플링된 이미지는 컨볼루션 계층으로 전달된다. 이 컨볼루션 계층은 업샘플링된 이미지의 세부 사항을 채우는 방법을 학

습한다. 컨볼루션의 출력은 더 나은 그래디언트 흐름을 위해 배치 정규화로 전달된다. 배치 정규화 된 출력은 모든 중간층에서 ReLU 활성화를 거친다. 이 구조 즉, 업샘플링 | 컨볼루션 | 배치 정규화 | RELU를 반복한다. 다음 생성기에는 2개의 구조가 있는데, 하나는 컨볼루션 작업에 128개의 필터가 있고 두 번째는 64개의 필터가 있다. 최종 출력은 3개의 필터와 쌍곡 탄젠트^{tan hyperbolic} 활성화 함수가 있는 순수 컨볼루션 계층에서 얻는데, 28x28x1 크기의 이미지를 생성한다.

```python
def build_generator(self):
    model = Sequential()
    model.add(Dense(128 * 7 * 7, activation="relu",
    input_dim=self.latent_dim))
    model.add(Reshape((7, 7, 128)))
    model.add(UpSampling2D())
    model.add(Conv2D(128, kernel_size=3, padding="same"))
    model.add(BatchNormalization(momentum=0.8))
    model.add(Activation("relu"))
    model.add(UpSampling2D())
    model.add(Conv2D(64, kernel_size=3, padding="same"))
    model.add(BatchNormalization(momentum=0.8))
    model.add(Activation("relu"))
    model.add(Conv2D(self.channels, kernel_size=3, padding="same"))
    model.add(Activation("tanh"))
    model.summary()
    noise = Input(shape=(self.latent_dim,))
    img = model(noise)
    return Model(noise, img)
```

결과적으로 만들어진 생성기 모델은 다음과 같다.

```
Model: "sequential_1"

_____
Layer (type)                 Output Shape              Param #
=================================================================
conv2d_3 (Conv2D)            (None, 14, 14, 32)        320

leaky_re_lu (LeakyReLU)      (None, 14, 14, 32)        0

dropout (Dropout)            (None, 14, 14, 32)        0
```

```
conv2d_4 (Conv2D)              (None, 7, 7, 64)      18496

zero_padding2d (ZeroPadding    (None, 8, 8, 64)      0
2D)

batch_normalization_2 (Batc    (None, 8, 8, 64)      256
hNormalization)

leaky_re_lu_1 (LeakyReLU)      (None, 8, 8, 64)      0

dropout_1 (Dropout)            (None, 8, 8, 64)      0

conv2d_5 (Conv2D)              (None, 4, 4, 128)     73856

batch_normalization_3 (Batc    (None, 4, 4, 128)     512
hNormalization)

leaky_re_lu_2 (LeakyReLU)      (None, 4, 4, 128)     0

dropout_2 (Dropout)            (None, 4, 4, 128)     0

conv2d_6 (Conv2D)              (None, 4, 4, 256)     295168

batch_normalization_4 (Batc    (None, 4, 4, 256)     1024
hNormalization)

leaky_re_lu_3 (LeakyReLU)      (None, 4, 4, 256)     0

dropout_3 (Dropout)            (None, 4, 4, 256)     0

flatten (Flatten)              (None, 4096)          0

dense_1 (Dense)                (None, 1)             4097

=================================================================
Total params: 393,729
Trainable params: 392,833
Non-trainable params: 896
```

전치 컨볼루션 계층을 실험해볼 수도 있다. 이 계층은 입력 이미지를 업샘플링할 뿐
만 아니라 훈련 중에 세부 사항을 채우는 방법도 학습한다. 따라서 업샘플링과 컨볼
루션 계층을 단일 전치 컨볼루션 계층으로 대체할 수도 있다. 전치 컨볼루션 계층은

역컨볼루션 연산을 수행한다. 「A guide to convolution arithmetic for deep learning」 (https://arxiv.org/abs/1603.07285) 논문에서 좀 더 자세히 알 수 있다.

이제 생성기가 구축됐으니 판별기를 만드는 코드를 보자. 판별기는 표준 컨볼루션 신경망과 유사하지만 한 가지 큰 변화가 있다. 맥스풀링 대신 스트라이드가 2인 컨볼루션 계층을 사용한다. 또한 과적합을 피하기 위해 드롭아웃 계층을 추가하고 정확성을 높이고 수렴 속도를 빠르게 하기 위해 배치 정규화를 수행한다. 활성화 계층은 리키^{leaky} ReLU이다. 다음 망에서 각각 32, 64와 128의 필터를 가진 이러한 컨볼루션 계층을 3개 사용한다. 제3의 컨볼루션 층의 출력은 평탄화되고 단일 유닛으로 된 밀집 계층으로 공급된다.

이 유닛의 출력은 이미지가 가짜인지 진짜인지를 분류한다.

```python
def build_discriminator(self):
    model = Sequential()
    model.add(Conv2D(32, kernel_size=3, strides=2,
    input_shape=self.img_shape, padding="same"))
    model.add(LeakyReLU(alpha=0.2))
    model.add(Dropout(0.25))
    model.add(Conv2D(64, kernel_size=3, strides=2, padding="same"))
    model.add(ZeroPadding2D(padding=((0,1),(0,1))))
    model.add(BatchNormalization(momentum=0.8))
    model.add(LeakyReLU(alpha=0.2))
    model.add(Dropout(0.25))
    model.add(Conv2D(128, kernel_size=3, strides=2, padding="same"))
    model.add(BatchNormalization(momentum=0.8))
    model.add(LeakyReLU(alpha=0.2))
    model.add(Dropout(0.25))
    model.add(Conv2D(256, kernel_size=3, strides=1, padding="same"))
    model.add(BatchNormalization(momentum=0.8))
    model.add(LeakyReLU(alpha=0.2))
    model.add(Dropout(0.25))
    model.add(Flatten())
    model.add(Dense(1, activation='sigmoid'))
    model.summary()
    img = Input(shape=self.img_shape)
```

```
    validity = model(img)
    return Model(img, validity)
```

결과 판별기 네트워크는 다음과 같다.

```
Model: "sequential"
_____
Layer (type)                 Output Shape              Param #
=================================================================
dense (Dense)                (None, 6272)              633472

reshape (Reshape)            (None, 7, 7, 128)         0

up_sampling2d (UpSampling2D  (None, 14, 14, 128)       0
)

conv2d (Conv2D)              (None, 14, 14, 128)       147584

batch_normalization (BatchN  (None, 14, 14, 128)       512
ormalization)

activation (Activation)      (None, 14, 14, 128)       0

up_sampling2d_1 (UpSampling  (None, 28, 28, 128)       0
2D)

conv2d_1 (Conv2D)            (None, 28, 28, 64)        73792

batch_normalization_1 (Batc  (None, 28, 28, 64)        256
hNormalization)

activation_1 (Activation)    (None, 28, 28, 64)        0

conv2d_2 (Conv2D)            (None, 28, 28, 1)         577

activation_2 (Activation)    (None, 28, 28, 1)         0

=================================================================
Total params: 856,193
Trainable params: 855,809
Non-trainable params: 384
_____
```

완전한 GAN은 다음 두 가지를 결합해 만들어진다.

```python
class DCGAN():
    def __init__(self, rows, cols, channels, z = 10):
        # 입력 형태
        self.img_rows = rows
        self.img_cols = cols
        self.channels = channels
        self.img_shape = (self.img_rows, self.img_cols, self.channels)
        self.latent_dim = z

        optimizer = Adam(0.0002, 0.5)

        # 판별기 구축과 컴파일
        self.discriminator = self.build_discriminator()
        self.discriminator.compile(loss='binary_crossentropy',
            optimizer=optimizer,
            metrics=['accuracy'])

        # 생성기 구축
        self.generator = self.build_generator()

        # 생성기는 노이즈를 입력으로 받아 이미지를 생성한다.
        z = Input(shape=(self.latent_dim,))
        img = self.generator(z)

        # 결합된 모델에서는 생성기만 훈련한다.
        self.discriminator.trainable = False

        # 판별기는 생성된 이미지를 입력으로 받아 진위 여부를 판단한다.
        valid = self.discriminator(img)

        # 결합된 모델(생성기와 판별기를 쌓음)
        # 생성기를 훈련해 판별기를 속임
        self.combined = Model(z, valid)
        self.combined.compile(loss='binary_crossentropy', optimizer=optimizer)
```

알다시피 여기서는 binary_crossentropy 손실 개체를 정의하고 있으며 나중에 생성기와 판별기 손실을 정의하는 데 사용할 것이다. 생성기와 판별기 모두에 대한 최적기는 이 init 메서드에서 정의된다. 마지막으로 두 모델(생성기와 판별기)을 모델 학습으로 저장하는 데 사용할 TensorFlow 체크포인트를 정의한다.

GAN은 이전과 같은 방식으로 훈련된다. 먼저 랜덤 노이즈가 발생기로 공급된다. 발생기의 출력에는 실제 이미지가 추가돼 최초에는 판별자를 훈련시킨 다음, 생성기는 판별자를 속일 수 있는 이미지를 생성하도록 훈련된다.

이 과정은 다음 이미지 배치를 대상으로 반복된다. GAN을 훈련하려면 수백에서 수천의 에폭이 필요하다.

```python
def train(self, epochs, batch_size=256, save_interval=50):

    # 데이터셋 로드
    (X_train, _), (_, _) = mnist.load_data()

    # -1과 1 사이로 크기 조정
    X_train = X_train / 127.5 - 1.
    X_train = np.expand_dims(X_train, axis=3)

    # 적대적 참의 정의
    valid = np.ones((batch_size, 1))
    fake = np.zeros((batch_size, 1))

    for epoch in range(epochs):

        # ---------------------
        # 판별기 훈련
        # ---------------------

        # 임의로 이미지의 반을 선택
        idx = np.random.randint(0, X_train.shape[0], batch_size)
        imgs = X_train[idx]

        # 노이즈를 샘플해 새로운 이미지의 배치 생성
        noise = np.random.normal(0, 1, (batch_size, self.latent_dim))
        gen_imgs = self.generator.predict(noise)

        # 판별기 훈련(진짜는 1 가짜는 0으로 분류)
        d_loss_real = self.discriminator.train_on_batch(imgs, valid)
```

```
            d_loss_fake = self.discriminator.train_on_batch(gen_imgs, fake)
            d_loss = 0.5 * np.add(d_loss_real, d_loss_fake)


            # ---------------------
            # 생성기 훈련
            # ---------------------


            # 생성기 훈련(판별기가 이미지를 진짜로 오인하기를 바란다)

            g_loss = self.combined.train_on_batch(noise, valid)

            # 진도 도식화
            print ("%d [D loss: %f, acc.: %.2f%%] [G loss: %f]" % (epoch, d_
loss[0], 100*d_loss[1], g_loss))

            # 저장 구간에서의 If => 생성된 이미지 저장
            if epoch % save_interval == 0:
                self.save_imgs(epoch)
```

끝으로 이미지를 저장하는 헬퍼함수가 필요하다.

```
    def save_imgs(self, epoch):
        r, c = 5, 5
        noise = np.random.normal(0, 1, (r * c, self.latent_dim))
        gen_imgs = self.generator.predict(noise)

        # 이미지를 0 - 1 사이로 조정
        gen_imgs = 0.5 * gen_imgs + 0.5
        fig, axs = plt.subplots(r, c)
        cnt = 0
        for i in range(r):
            for j in range(c):
                axs[i,j].imshow(gen_imgs[cnt, :,:,0], cmap='gray')
                axs[i,j].axis('off')
                cnt += 1
        fig.savefig("images/dcgan_mnist_%d.png" % epoch)
        plt.close()
```

GAN을 훈련시켜보자.

```
dcgan = DCGAN(28,28,1)
dcgan.train(epochs=4000, batch_size=32, save_interval=50)
```

가짜 필기체 숫자를 학습한 GAN이 생성한 이미지는 다음과 같다.

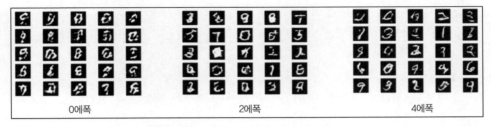

그림 9.6 GAN에 의해 생성된 이미지 - 초기 시도

이전 이미지는 GAN으로 그린 첫 그림이다. 5,000회 에폭을 통해 학습하게 되면 생성된 숫자의 품질이 몇 배로 향상된다.

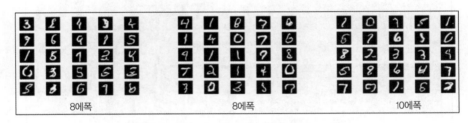

그림 9.7 6, 8, 10 에폭 후에 GAN이 생성한 이미지

전체 코드는 GitHub 저장소의 DCGAN.ipynb에 있다. 여기서 설명한 개념을 다른 분야의 이미지에도 적용할 수 있다. 이미지에 대한 흥미로운 업적 중 하나는 「Unsupervised Representation Learning with Deep Convolutional Generative Adversarial Networks」라는 알렉 래드포드[Alec Radford],루크 메츠[Luke Metz], 서미스 친탈라[Soumith Chintala]의 2015년 논문인데, 초록을 살펴보면 다음과 같다.

"최근 몇 년 동안 CNN을 통한 지도학습이 컴퓨터 비전 응용에 많이 채택됐다. 이에 비해 CNN을 통한 비지도학습은 그다지 주목을 받지 못했다. 이 연구에서 우리는 CNN의 성공적 적용에 있어 지도학습과 비지도학습에서의 격차를 메우고자 노력했다. 우리는 딥 컨볼루션 생성적 적대 신경망이라고 부르는 특정 구조적 제약이 있는 CNN 클래스를 소개하고, 이 구조는 비지도학습을 위한 강력한 후보임을 보여준다. 다양한 이미지 데이터셋에 대한 훈련을 통해, 우리의 심층 컨볼루션 적대적 쌍이 생성자와 판별기 모두에서 객체 부분에서 장면에 이르기까지 표현의 계층 구조를 학습한다는 확실한 증거를 보여준다. 또한 학습된 기능을 새로운 작업에 사용하는데, 이는 일반적인 이미지 표현으로 적용할 수 있음을 보여주는 것이다(래드포드와 연구진, 2015)."

다음은 DCGAN을 연예인들 이미지 데이터셋에 적용한 흥미로운 결과다.

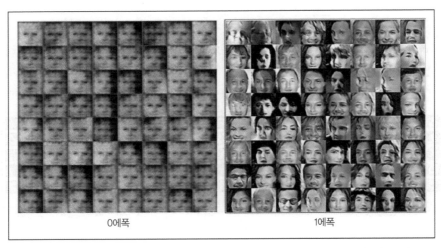

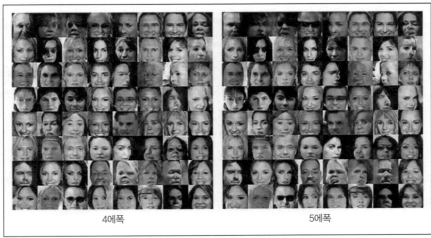

그림 9.8 DCGAN을 사용해 생성된 유명인사 이미지

또 다른 흥미로운 논문은 레이몬드 A. 예 등^{Raymond A. Yeh et al.,(2016)}의 「Semantic Image Inpainting with Perceptual and Contextual Losses」이다. 내용 인식 채우기 content-aware fill가 사진가가 원치 않거나 누락된 이미지 부분을 채우는 데 사용하는 도구인 것처럼 이 논문에서는 이미지 완성을 위해 DCGAN을 사용했다.

앞서 언급했듯이 GAN에 대한 많은 연구가 진행되고 있다. 다음 절에서는 최근 몇 년 동안 제안된 몇 가지 흥미로운 GAN 아키텍처에 대해 살펴보자.

몇 가지 흥미로운 GAN 아키텍처

GAN에 대한 사람들의 관심은 처음부터 컸으며 GAN 교육, 아키텍처과 응용 등 많은 수정과 실험이 이뤄지고 있다. 이 절에서는 최근 몇 년 동안 제안된 흥미로운 GAN을 살펴볼 것이다.

SRGAN

범죄-스릴러 영화를 보다 보면 주인공이 등장해 컴퓨터를 조작하는 요원에게 흐릿한 범죄 현장 이미지를 확대해 달라고 요청하는 장면을 본 기억이 나는가? 확대하면 범죄자의 얼굴을 자세히 볼 수 있음은 물론 무기 종류와 거기 새겨진 모든 내용까지도 볼 수 있다. 초해상도 SRGAN^{Super Resolution GAN}을 사용하면 유사한 마법을 부릴 수 있다.

여기서 GAN은 저해상도 이미지로부터 사실적인 고해상도 이미지를 생성하도록 훈련된다. SRGAN 아키텍처는 3개의 신경망으로 이뤄지는데, 각각 고심층 생성기 신경망(레지듀얼^{Residual} 모듈을 사용. ResNet은 5장을 참조하라), 판별기 신경망, 사전 훈련된 VGG-16 신경망이다.

SRGAN은 지각^{perceptual} 손실함수를 사용한다(존슨^{Johnson}과 동료들이 개발했으며 '참고문헌' 절에서 논문의 링크를 찾을 수 있다).

망출력 부분과 고해상도 부분 사이의 VGG망 상위 계층에서의 특징 맵 활성화의 차이가 지각 손실함수가 된다. 지각 손실 외에도 저자들은 콘텐츠 손실과 적대적 손실을 추가해 생성된 이미지가 더욱 자연스럽고 섬세한 세부 사항을 더 예술적으로 보이도록 했다. 지각 손실은 콘텐츠 손실과 적대적 손실의 가중 합계로 정의된다.

$$l^{SR} = l_X^{SR} + 10^{-3} \times l_{Gen}^{SR}$$

우변 첫 항은 사전 훈련된 VGG 19가 생성한 특징 맵을 사용해 얻은 콘텐츠 손실이다. 이는 수학적으로, 재구성된 이미지의 특징 맵(즉, 생성기가 만든 것)과 원래의 고해상도 참조 이미지 사이의 유클리드 거리이다.

우변의 두 번째 항은 적대적 손실이다. 이 항은 생성기가 만든 이미지가 판별자를 속일 수 있도록 하기 위해 설계된 표준 생성 손실 항이다. 다음 그림은 원 논문에 있는 것으로서 SRGAN이 생성한 이미지가 원래의 고해상도 이미지에 훨씬 더 가깝다는 것을 알 수 있다.

그림 9.9 Photo-Realistic Single Image Super-Resolution Using a Generative Adversarial Network, Ledig et al. 논문에 이어진 예

주목할 만한 또 다른 아키텍처는 CycleGAN이다. 2017년에 제안된 CycleGAN은 이미지 변환 작업을 수행할 수 있다. 일단 훈련되면 한 영역에서 다른 영역으로 이미지를 변환할 수 있다. 예를 들어 말과 얼룩말 데이터셋을 학습시키면 전경에 말이 있는 이미지를 제공하면 CycleGAN은 배경은 그대로 둔 채 말만 얼룩말로 변환할 수 있다. 이 점은 다음에 살펴보자.

CycleGAN

어떤 풍경을 보다가 반 고흐^{Van Gogh}나 마네^{Manet}가 그림으로 그린다면 어떤 풍경으로 보일지 상상해본 적이 있는가? 고흐/마네가 그린 풍경 장면은 많지만 입력-출력 쌍 모음은 없다. CycleGAN은 이미지 변환을 수행한다. 즉, 훈련 예가 없는 어떤 영역 (예: 풍경)의 이미지를 다른 영역(예: 동일한 장면의 반 고흐 그림)으로 변환한다. 훈련 쌍 이 없어도 이미지 변환을 수행할 수 있는 CycleGAN의 기능은 독보적이다.

이미지 변환을 위해 저자는 매우 간단하지만 효과적인 절차를 사용했다. 그들은 두 개의 GAN을 사용했는데, 각 GAN의 생성기는 한 영역에서 다른 영역으로의 이미 지 변환을 수행한다.

좀 더 상세히 설명하자면, X가 입력이라 하면 첫 번째 GAN의 생성기는 매핑 $G: X \rightarrow Y$를 수행한다. 따라서 출력은 $Y = G(X)$가 된다. 두 번째 GAN의 생성기는 역 매 핑 $F: Y \rightarrow X$를 수행해 $X = F(Y)$가 된다. 각 판별기는 실제 이미지와 합성 이미지 를 구별하도록 훈련된다. 아이디어는 다음과 같이 나타낼 수 있다.

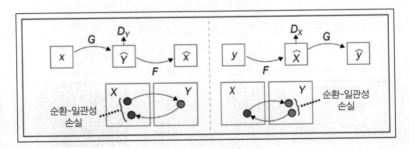

그림 9.10 순환-일관성 손실

결합된 GAN을 훈련시키기 위해 저자는 기존의 GAN 적대적 손실 외에도 순방향 순환-일관성^{cycle-consistency} 손실(왼쪽 그림)과 역방향 순환-일관성 손실(오른쪽 그림)을 추가했다. 이것은 이미지 입력 X에 대해, 두 번의 변환 $F(G(X)) \sim X$ 후에 얻은 이 미지는 X와 동일하다는 것을 보장한다(유사하게 역순환-일관성 손실도 $G(F(Y)) \sim Y$를 보 장한다).

다음은 CycleGAN이 성공적으로 변환한 이미지 예다.

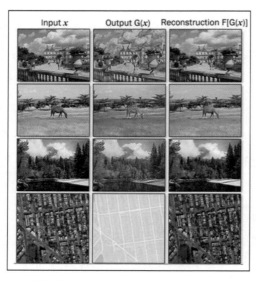

그림 9.11 성공적인 CycleGAN 이미지 변환의 예

다음은 다른 몇 가지 예시다. 계절의 변환(여름 → 겨울), 사진 → 그림 그리고 그림 →
사진, 말 → 얼룩말 그리고 얼룩말 → 말을 볼 수 있다.

그림 9.12 CycleGAN 변환의 추가 예

9장의 뒷부분에서 CycleGAN을 TensorFlow로 구현하는 것도 살펴보자. 다음으로 GAN으로 이미지를 생성할 뿐만 아니라 생성된 이미지를 제어하는 제어변수를 가진 조건부 GAN인 InfoGAN에 대해 설명한다.

InfoGAN

지금까지 살펴본 GAN 아키텍처는 생성된 이미지에 대한 통제를 거의 또는 전혀 제공하지 않는다. InfoGAN이 이 상황을 바꿔준다. 생성된 이미지의 다양한 속성을 제어할 수 있는 것이다. InfoGAN은 정보 이론의 개념을 사용해, 노이즈 항이 출력에 대해 예측 가능하고 체계적인 제어를 제공하는 잠재 코드latent code로 변환되도록 한다.

InfoGAN의 생성기는 잠재 공간 Z와 잠재 코드 c의 두 가지 입력을 취하므로 생성기의 출력은 $G(Z, c)$이다. GAN은 잠재 코드 c와 생성된 이미지 $G(Z, c)$ 사이의 상호 정보를 최대화하도록 훈련된다. 다음 그림은 InfoGAN의 아키텍처를 보여준다.

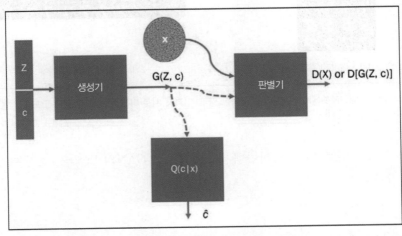

그림 9.13 시각화된 InfoGAN의 아키텍처

연결된 벡터 (Z, c)는 생성기로 공급된다. 연결된concatenated 벡터 (Z, c)는 생성기로 공급된다. $Q(c|X)$도 신경망이다. 생성기와 결합되면 랜덤 노이즈 Z와 잠재 코드

c_hat 사이의 매핑을 형성하며, 주어진 X에 대해 c를 추정하는 것을 목표로 한다. 이는 기존 GAN의 목적 함수에 정규화 항을 추가하면 달성된다.

$$min_D max_G V_1(D, G) = V_G(D, G) - \lambda I(c; G(Z, c))$$

$V_G(D, G)$ 항은 기본 GAN의 손실함수이고 두 번째 항은 정규화 항이며 여기서 λ는 상수다. 논문에서의 λ 값은 1이고 $I(c; G(Z, c))$는 잠재 코드 c와 생성기가 만든 이미지 $G(Z, c)$ 사이의 상호 정보다.

다음은 MNIST 데이터셋에서 InfoGAN이 만든 흥미로운 결과다.

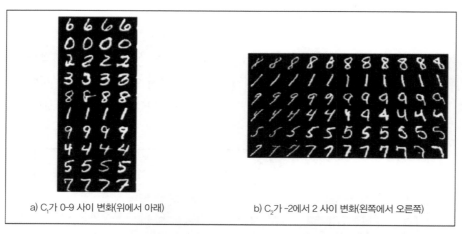

a) C_1가 0-9 사이 변화(위에서 아래)   b) C_2가 -2에서 2 사이 변화(왼쪽에서 오른쪽)

그림 9.14 MNIST 데이터셋에서 InfoGAN을 사용한 결과. 여기서 서로 다른 행은 고정 잠재 코드와 잡음의 서로 다른 무작위 샘플에 해당한다.

이제 몇 가지 흥미로운 GAN 아키텍처를 봤으므로 GAN의 몇 가지 멋진 애플리케이션을 살펴보자.

GAN의 흥미로운 응용들

앞서 생성기가 데이터를 위조하는 방법을 학습할 수 있음을 살펴봤다. 즉, 생성기는 사람이 만든 진짜인 것처럼 보이는 새로운 합성 데이터를 망으로 생성하는 방법을 학습한다는 의미이다. GAN 코드의 세부 사항으로 들어가기 전에 GAN이 텍스트 설명에서 시작해 위조 이미지를 합성하는 데 사용된 최근의 논문[6](코드는 https://github.com/hanzhanggit/StackGAN에 있다)의 결과를 공유하겠다. 결과는 인상적이다. 첫 번째 열은 테스트셋의 실제 이미지이고, 나머지 열은 모두 StackGAN의 Stage-I과 Stage-II에 의해 동일한 텍스트 설명으로부터 생성된 이미지다. 유튜브에서 더 많은 예제를 볼 수 있다(https://www.youtube.com/watch?v=SuRyL5vhCIM&feature=youtu.be).

그림 9.15 GAN을 사용한 새 이미지 생성

그림 9.16 GAN을 사용한 꽃 이미지 생성

이제 GAN이 어떻게 MNIST데이터 세트를 "위조"할 수 있도록 학습하는지 알아보자. 이번에는 생성기와 판별기 망에 사용되는 것은 GAN과 CNN의 조합이다. 처음에는 생성기가 이해할 수 없는 것들만 만들지만 몇 번의 반복 후에 합성 위조된 숫자가 점차 더 명확해진다. 다음 이미지에서 패널들은 훈련 에폭이 늘어나는 방향으로 정렬돼 있으므로 훈련이 계속됨에 따라 패널 간의 품질이 향상되는 것을 관찰해 볼 수 있다.

그림 9.17 GAN이 생성한 판독 불능의 최초 이미지

훈련이 진행됨에 따라 그림 9.17에서 숫자가 더 인식 가능한 형태를 취하기 시작하는 것을 볼 수 있다.

그림 9.18 반복을 수행하며 개선된 GAN의 출력

그림 9.19 GAN의 마지막 출력은 이전 반복에 비해 대단한 개선을 보여주고 있다.

10,000에폭 후에는 필기체 숫자가 훨씬 더 사실적임을 알 수 있다.

GAN의 가장 멋진 사용법 중 하나는 생성기의 벡터 Z에서 얼굴에 대해 산술 연산을 하는 것이다. 즉, 합성 위조 이미지가 있는 공간에서 보면 다음과 같은 연산을 할 수 있다. [웃는 여자] − [무표정 여자] + [무표정 남자] = [웃는 남자] 또는 [안경 쓴 남자와] − [안경 안 쓴 남자] + [안경 안 쓴 여자] = [안경 쓴 여자]. 이는 알렉 래드포드 등이 2015년 쓴 논문 「Unsupervised Representation Learning with Deep Convolutional Generative Adversarial Networks」에 나와 있다. 이 논문의 모든 이미지는 GAN 버전으로 생성됐다. 이 이미지는 실제가 아니다. 전체 논문은 다음 링크 (http://arxiv.org/abs/1511.06434)에서 볼 수 있다. 다음은 이 논문에 있는 몇 가지 예시다. 저자들은 자신들의 코드를 GitHub 저장소(https://github.com/Newmu/dcgan_code)에 공유하고 있다.

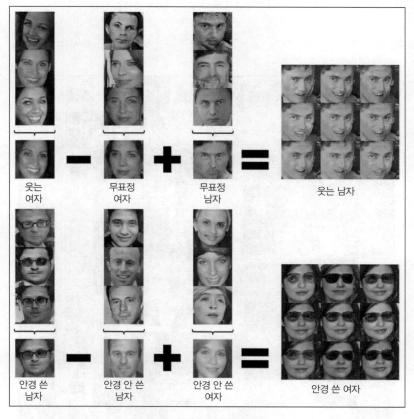

그림 9.20 GAN을 사용한 이미지 산술

침실: 5번 에폭 훈련 뒤에 생성한 침실

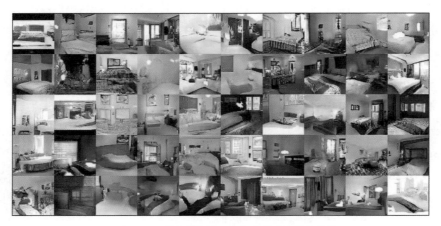

그림 9.21 5에폭 훈련 후 GAN을 사용해 생성된 침실

앨범 표지: 이 이미지는 GAN이 생성한 것이지만 실제 앨범 표지처럼 보인다.

그림 9.22 DCGAN을 사용해 생성된 앨범 표지

GAN의 또 다른 멋진 애플리케이션은 인공 얼굴 생성이다. NVIDIA는 2018년에 StyleGAN(두 번째 버전인 StyleGAN2, 2020년 2월 출시, 세 번째 버전은 2021년 출시)이라는 모델을 선보였으며, 이를 통해 사실적인 사람 이미지를 생성할 수 있음을 보여줬다. 아래에서 StyleGAN이 1,000에폭의 학습 후 얻은 사실적으로 보이는 가짜 사람의 얼굴 중 일부를 볼 수 있다. 더 나은 결과를 얻으려면 다음을 더 많이 훈련해야 한다.

그림 9.23 StyleGAN이 생성한 가짜 얼굴

이는 가짜 이미지를 생성할 뿐만 아니라 InfoGAN과 마찬가지로 거친 것부터 부드러운 것까지 특징을 제어할 수 있다. 특징이 결과에 미치는 영향을 보여주는 NVIDIA에서 공개한 공식 비디오는 유튜브(https://www.youtube.com/watch?v=kSLJriaOumA)에 있다. 잠재변수 Z 뒤에 비선형 매핑 네트워크를 추가해 이를 수행할 수 있었다. 매핑 네트워크는 잠재 변수를 동일한 크기의 매핑으로 변환했다. 매핑 벡터의 출력은 생성기 네트워크의 다른 계층에 공급되며 이를 통해 StyleGAN은 다양한 시각적 특징을 제어할 수 있다. StyleGAN에 대해 자세히 알아보려면 NVIDIA Labs[10]의 「A style-based generator architecture for Generative Adversarial Networks」 논문을 읽어보라.

TensorFlow로 CycleGAN 구현

이 절에서는 TensorFlow에서 CycleGAN을 구현한다. CycleGAN에는 한 영역의 이미지에서 다른 영역으로 변환할 한 쌍의 특수 데이터셋이 필요하다. 따라서 필요한 모듈 외에도 tensorflow_datasets도 사용한다. 또한 라이브러리 tensorflow_examples를 사용하고 tensorflow_examples에 정의된 pix2pix 모델의 생성기와 판별기를 직접 사용할 것이다. 여기의 코드는 GitHub(https://github.com/tensorflow/docs/blob/master/site/

en/tutorials/generative/cyclegan.ipynb)의 코드에서 수정됐다.

```
import tensorflow_datasets as tfds
from tensorflow_examples.models.pix2pix import pix2pix

import os
import time
import matplotlib.pyplot as plt
from IPython.display import clear_output
import tensorflow as tf
```

TensorFlow의 Dataset API에는 여러 데이터셋을 포함하고 있다. 거기에는 말에서 얼룩말, 사과에서 오렌지 등과 같은 CycleGAN을 위한 많은 쌍-데이터셋이 있다. 전체 목록은 다음 링크(https://www.tensorflow.org/datasets/catalog/cycle_gun)에서 확인할 수 있다. 여기에서는 summer2winter_yosemite를 사용하는데, 여름(데이터셋 A)과 겨울(데이터셋 B)의 요세미티^{Yosemite}(미국) 공원의 이미지를 포함하고 있다. 실험에서는 여름 입력 이미지를 겨울로 또 그 반대로 변환하도록 CycleGAN을 훈련시킨다. 데이터를 로드해 훈련과 테스트 이미지를 얻자.

```
dataset, metadata = tfds.load('cycle_gan/summer2winter_yosemite',
                              with_info=True, as_supervised=True)

train_summer, train_winter = dataset['trainA'], dataset['trainB']
test_summer, test_winter = dataset['testA'], dataset['testB']
```

몇 가지 초매개변수를 설정해야 한다.

```
BUFFER_SIZE = 1000
BATCH_SIZE = 1
IMG_WIDTH = 256
IMG_HEIGHT = 256
EPOCHS = 100
LAMBDA = 10
AUTOTUNE = tf.data.AUTOTUNE
```

신경망을 훈련시키기 전에 이미지를 정규화해야 한다. 더 나은 성능을 위해 열차 이미지에 무작위 지터jitter도 추가한다. 이미지는 먼저 286×286 크기로 조정된 다음 무작위로 다시 256×256 크기로 자르고 마지막으로 임의 지터를 적용한다.

```python
def normalize(input_image, label):
    input_image = tf.cast(input_image, tf.float32)
    input_image = (input_image / 127.5) - 1
    return input_image

def random_crop(image):
    cropped_image = tf.image.random_crop(image, size=[IMG_HEIGHT,
    IMG_WIDTH, 3])

    return cropped_image

def random_jitter(image):
    # 286 x 286 x 3로 크기 조정
    image = tf.image.resize(image, [286, 286],
    method=tf.image.ResizeMethod.NEAREST_NEIGHBOR)

    # 256 x 256 x 3로 무작위로 자름
    image = random_crop(image)

    # 무작위 복제
    image = tf.image.random_flip_left_right(image)

    return image
```

증강(무작위 자르기 및 지터)는 훈련 이미지에만 수행된다. 따라서 이미지 전처리를 위한 별도의 함수가 필요하다. 하나는 훈련 데이터용이고 다른 하나는 테스트 데이터용이다.

```python
def preprocess_image_train(image, label):
    image = random_jitter(image)
    image = normalize(image)
    return image

def preprocess_image_test(image, label):
    image = normalize(image)
    return image
```

위의 함수는 이미지에 적용할 때 [-1,1] 범위에서 정규화하고 학습 이미지에 증강을 적용한다. 이를 훈련과 테스트 데이터셋에 적용하고 일괄 학습용 이미지를 제공하는 데이터 생성기를 생성해보자.

```
train_summer = train_summer.cache().map(
    preprocess_image_train, num_parallel_calls=AUTOTUNE).shuffle(
    BUFFER_SIZE).batch(BATCH_SIZE)

train_winter = train_winter.cache().map(
    preprocess_image_train, num_parallel_calls=AUTOTUNE).shuffle(
    BUFFER_SIZE).batch(BATCH_SIZE)

test_summer = test_summer.map(
    preprocess_image_test,
    num_parallel_calls=AUTOTUNE).cache().shuffle(
    BUFFER_SIZE).batch(BATCH_SIZE)

test_winter = test_winter.map(
    preprocess_image_test,
    num_parallel_calls=AUTOTUNE).cache().shuffle(
    BUFFER_SIZE).batch(BATCH_SIZE)
```

앞의 코드에서 num_parallel_calls 인수를 사용하면 시스템의 다중 CPU 코어의 이점을 살릴 수 있으므로 이 값은 시스템의 CPU 코어 수로 값을 설정해야 한다. 코어 개수를 확실히 모르겠다면 AUTOTUNE = tf.data.experimental.AUTOTUNE로 설정하면 TensorFlow가 동적으로 최적의 숫자를 대신 결정해준다.

처음에 언급했듯이 tensorflow_examples 모듈에 정의된 pix2pix 모델의 생성기와 판별기를 사용한다. 여기 2개의 생성기와 2개의 판별기가 있다.

```
OUTPUT_CHANNELS = 3

generator_g = pix2pix.unet_generator(OUTPUT_CHANNELS, norm_type='instancenorm')
generator_f = pix2pix.unet_generator(OUTPUT_CHANNELS, norm_type='instancenorm')

discriminator_x = pix2pix.discriminator(norm_type='instancenorm', target=False)
discriminator_y = pix2pix.discriminator(norm_type='instancenorm', target=False)
```

모델을 정의하기 전에 이미지를 살펴보자. 각 이미지는 도식화하기 전에 강도가 정규화되도록 처리한다.

```python
to_winter = generator_g(sample_summer)
to_summer = generator_f(sample_winter)
plt.figure(figsize=(8, 8))
contrast = 8

imgs = [sample_summer, to_winter, sample_winter, to_summer]
title = ['Summer', 'To Winter', 'Winter', 'To Summer']

for i in range(len(imgs)):
  plt.subplot(2, 2, i+1)
  plt.title(title[i])
  if i % 2 == 0:
    plt.imshow(imgs[i][0] * 0.5 + 0.5)
  else:
    plt.imshow(imgs[i][0] * 0.5 * contrast + 0.5)
plt.show()
```

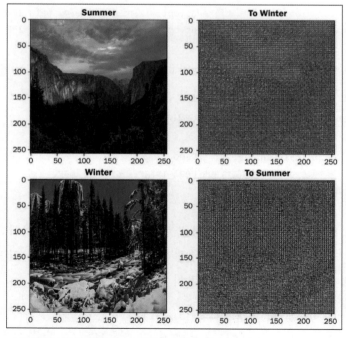

그림 9.24 훈련 전 CycleGAN 아키텍처에서 GAN 1의 입력과 GAN 2의 출력

다음으로 손실과 옵티마이저를 정의한다. 생성자와 판별기에 대해 DCGAN에서와 동일한 손실함수를 사용한다.

```python
loss_obj = tf.keras.losses.BinaryCrossentropy(from_logits=True)

def discriminator_loss(real, generated):
    real_loss = loss_obj(tf.ones_like(real), real)
    generated_loss = loss_obj(tf.zeros_like(generated), generated)
    total_disc_loss = real_loss + generated_loss
    return total_disc_loss * 0.5

def generator_loss(generated):
    return loss_obj(tf.ones_like(generated), generated)
```

이제 4개의 모델, 2개의 생성기 및 2개의 판별기가 있으므로 4개의 옵티마이저를 정의해야 한다.

```python
generator_g_optimizer = tf.keras.optimizers.Adam(2e-4, beta_1=0.5)
generator_f_optimizer = tf.keras.optimizers.Adam(2e-4, beta_1=0.5)

discriminator_x_optimizer = tf.keras.optimizers.Adam(2e-4, beta_1=0.5)
discriminator_y_optimizer = tf.keras.optimizers.Adam(2e-4, beta_1=0.5)
```

또한 CycleGAN에서 두 가지 손실함수를 더 정의해야 한다. 첫 번째는 순환 일관성 손실이다. 순방향 및 역방향 순환 일관성 손실 계산에 동일한 함수를 사용할 수 있다. 순환 일관성 손실은 결과가 원래 입력에 가깝도록 보장한다.

```python
def calc_cycle_loss(real_image, cycled_image):
    loss1 = tf.reduce_mean(tf.abs(real_image - cycled_image))
    return LAMBDA * loss1
```

또한 이미지 Y가 생성기에 공급되는 경우 실제 이미지 Y 또는 Y와 유사한 이미지를 생성하도록 보장하는 ID 손실을 정의해야 한다. 따라서 우리의 여름 이미지 생성기에 여름 이미지를 입력으로 제공하면 많이 변경해서는 안 된다.

```python
def identity_loss(real_image, same_image):
```

```
    loss = tf.reduce_mean(tf.abs(real_image - same_image))
    return LAMBDA * 0.5 * loss
```

이제 한 번에 한 쌍의 이미지를 배치로 생성기와 판별기를 훈련시키는 함수를 정의한다. 2개의 판별기와 2개의 생성자는 tape 그래디언트의 도움으로 이 함수를 통해 훈련된다. 학습 단계는 네 부분으로 나눌 수 있다.

1. 두 생성기에서 출력 이미지를 가져온다.

2. 손실을 계산한다.

3. 그래디언트를 계산한다.

4. 마지막으로 그래디언트를 적용한다.

```
@tf.function
def train_step(real_x, real_y):
    # persistent를 True로 설정하는 이유는 tape이 그래디언트 계산에
    # 두 번 이상 사용되기 때문이다.
  with tf.GradientTape(persistent=True) as tape:
    # 생성기 G 변환 X -> Y
    # 생성기 F 변환 Y -> X

    fake_y = generator_g(real_x, training=True)
    cycled_x = generator_f(fake_y, training=True)
    fake_x = generator_f(real_y, training=True)
    cycled_y = generator_g(fake_x, training=True)

    # 동일한 x와 y를 사용해 손실을 탐지
    same_x = generator_f(real_x, training=True)
    same_y = generator_g(real_y, training=True)

    disc_real_x = discriminator_x(real_x, training=True)
    disc_real_y = discriminator_y(real_y, training=True)

    disc_fake_x = discriminator_x(fake_x, training=True)
    disc_fake_y = discriminator_y(fake_y, training=True)

    # 손실 계산
    gen_g_loss = generator_loss(disc_fake_y)
```

```python
    gen_f_loss = generator_loss(disc_fake_x)

    total_cycle_loss = calc_cycle_loss(real_x, cycled_x) + \
    calc_cycle_loss(real_y, cycled_y)

    # 전체 생성기 손실 = 적대적 손실 + 순환 손실
    total_gen_g_loss = gen_g_loss + total_cycle_loss + \
    identity_loss(real_y, same_y)
    total_gen_f_loss = gen_f_loss + total_cycle_loss + \
    identity_loss(real_x, same_x)

    disc_x_loss = discriminator_loss(disc_real_x,
    disc_fake_x)
    disc_y_loss = discriminator_loss(disc_real_y,
    disc_fake_y)

    # 생성기와 판별기의 손실 계산
    generator_g_gradients = tape.gradient(total_gen_g_loss,
    generator_g.trainable_variables)
    generator_f_gradients = tape.gradient(total_gen_f_loss,
    generator_f.trainable_variables)

    discriminator_x_gradients = tape.gradient(disc_x_loss,
    discriminator_x.trainable_variables)
    discriminator_y_gradients = tape.gradient(disc_y_loss,
    discriminator_y.trainable_variables)

    # 그래디언트를 옵티마이저에 적용
    generator_g_optimizer.apply_gradients(zip(generator_g_gradients,
generator_g.trainable_variables))

    generator_f_optimizer.apply_gradients(zip(generator_f_gradients,
generator_f.trainable_variables))
    discriminator_x_optimizer.apply_gradients(zip(discriminator_x_
gradients, discriminator_x.trainable_variables))
    discriminator_y_optimizer.apply_gradients(zip(discriminator_y_
gradients, discriminator_y.trainable_variables))
```

모델 가중치를 저장하기 위해 체크포인트를 정의한다. CycleGAN을 충분히 훈련하는 데 시간이 걸릴 수 있으므로 체크포인트를 저장하고 다음에 시작하면 기존 체크

포인트를 로드해서 시작할 수 있다. 이렇게 하면 모델이 직전 위치에서 학습을 시작할 수 있다.

```python
checkpoint_path = "./checkpoints/train"

ckpt = tf.train.Checkpoint(generator_g=generator_g,
                           generator_f=generator_f,
                           discriminator_x=discriminator_x,
                           discriminator_y=discriminator_y,
                           generator_g_optimizer=generator_g_optimizer,
generator_f_optimizer=generator_f_optimizer,
discriminator_x_optimizer=discriminator_x_optimizer,
discriminator_y_optimizer=discriminator_y_optimizer)

ckpt_manager = tf.train.CheckpointManager(ckpt, checkpoint_path, max_to_keep=5)

# 최근의 체크 포인트 복구
if ckpt_manager.latest_checkpoint:
    ckpt.restore(ckpt_manager.latest_checkpoint)
    print ('Latest checkpoint restored!!')
```

이제 모든 것을 결합하고 100에폭 동안 네트워크를 훈련시킨다. 논문에서는 테스트 네트워크를 200에폭 동안 훈련됐으므로 여기 100번의 결과는 그다지 좋지 않을 것임을 기억하자.

```python
for epoch in range(EPOCHS):
    start = time.time()

    n = 0
    for image_x, image_y in tf.data.Dataset.zip((train_summer, train_winter)):
        train_step(image_x, image_y)
        if n % 10 == 0:
        print ('.', end='')
    n += 1

    clear_output(wait=True)
    # 일관된 이미지(sample_summer)를 사용해 모델의
    # 진측도가 잘 보이게 함
```

```
    generate_images(generator_g, sample_summer)

if (epoch + 1) % 5 == 0:
    ckpt_save_path = ckpt_manager.save()
    print ('Saving checkpoint for epoch {} at {}'.format(epoch+1,
                                                    ckpt_save_path))

print ('Time taken for epoch {} is {} sec\n'.format(epoch + 1,
                                            time.time()-start))
```

CycleGAN에서 생성한 이미지 중 일부를 볼 수 있다. 생성기 A는 여름 사진을 가져와 겨울로 변환하고 생성기 B는 겨울 사진을 가져와 여름으로 변환한다.

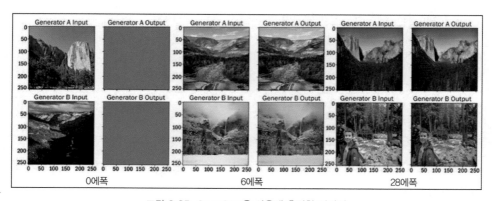

그림 9.25 CycleGAN을 사용해 훈련한 이미지

TensorFlow CycleGAN 데이터셋의 다른 데이터셋으로 실험해보기 바란다. 일부는 상당히 쉬울 것이지만 일부는 훨씬 더 많은 훈련이 필요하다. 저자는 또한 Tensor Flow를 포함한 다른 프레임워크의 구현에 대한 링크와 함께 PyTorch에서 자체 구현을 공유한 GitHub 리포지터리(https://github.com/junyanz/CycleGAN)를 유지 관리하고 있다.

데이터 생성을 위한 흐름 기반 모델

VAE(8장, 자동 인코더)와 GAN 모두 데이터 생성 작업을 잘 수행하지만 입력 데이터의 확률밀도 함수를 명시적으로 학습하진 않는다. GAN은 비지도 문제를 지도학습 문제로 변환해 학습한다.

VAE는 ELBO^{Evidence Lower Bound}를 최대화해 데이터의 최대 로그우도를 최적화해 학습하려고 한다. 흐름 기반 모델은 명시적으로 데이터 분포를 학습한다는 점에서 두 모델과 다르다. 이는 불완전한 데이터 채우기, 데이터 샘플링, 심지어 데이터 분포의 편향 식별과 같은 작업에 흐름 기반 모델을 사용할 수 있기 때문에 VAE나 GAN보다 이점을 제공한다. 흐름 기반 모델은 로그우도 추정을 최대화해 이를 달성한다. 방법을 이해하기 위해 수학을 조금 살펴보자.

$P_D(x)$가 데이터 D의 확률밀도이고, $P_M(X)$가 모델 M으로 근사된 확률밀도라고 하자. 흐름 기반 모델의 목표는 둘 사이의 거리가 최소가 되도록 하는 모델 매개변수를 찾는 것이다. 즉,

$$\theta^* = arg \min_{\theta \in M} distance\,(p_D(x), p_\theta(x))$$

KL 발산을 거리 측도로 사용하면 위의 식은 다음과 같이 줄어든다.

$$\theta^* = arg \min_{\theta \in M}\ E_{x \sim p_D}[\log p_\theta(x)]$$

이 수식은 음의 **로그우도**^{NLL}를 최소화하는 것을 나타낸다(로그우도 추정을 최대화하는 것과 같다).

흐름 기반 모델의 기본 아키텍처는 다음 그림과 같이 일련의 가역 함수로 구성된다. 해결해야 하는 문제는 역 $f^{-1}(x)$가 입력 x의 재구성된 버전인 x'를 생성하도록 하는 함수 $f(x)$를 찾는 것이다.

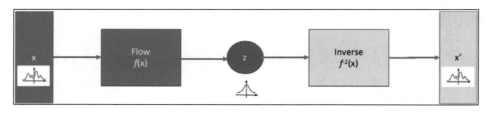

그림 9.26 흐름 기반 모델의 아키텍처

주로 흐름 기반 모델이 구현되는 두 가지 방법이 있다.

- 정규화된 흐름: 여기서 기본 아이디어는 복잡한 입력을 변환하기 위해 일련의 간단한 가역 함수를 사용하는 것이다. 일련의 변환 과정을 거치면서 변수 변경 정리(https://archive.lib.msu.edu/crcmath/math/math/c/c210.htm)에 따라 변수를 새 변수로 반복해서 대체한다. 마지막으로 대상 변수의 확률분포를 얻게 된다. 변수 z_i가 통과하는 경로는 흐름이며 연속 분포에 의해 형성되는 완전한 체인을 정규화 흐름이라고 한다. 딘 등Dinh et al.(2017)의 **RealNVP**Real-value Non-Volume Preserving, 딘 등(2015)의 **NICE**Non-linear Independent Components Estimation 그리고 니그마와 다리왈Knigma and Dhariwal(2018)의 **Glow**는 모두 정규화된 흐름 트릭을 사용한다.

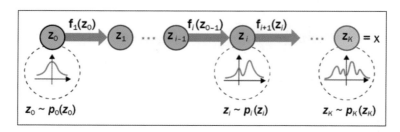

그림 9.27 흐름 모델 정규화: https://lilianweng.github.io/posts/2018-10-13-flowmodels

- 자기회귀 흐름: **MADE**Masked Autoencoder for Distribution Estimation, PixelRNN 및 웨이브넷과 같은 모델은 자기회귀 모델을 기반으로 한다. 여기서 벡터 종속변수의 각 차원은 이전 차원에 종속된다. 따라서 z_i를 관찰할 확률은 오직 z_1, z_2, ..., z_{i-1}에만 종속되므로, 이러한 조건부 확률의 곱은 전체 시퀀스의 확

률을 제공한다.

Lilian Weng의 블로그(https://lilianweng.github.io/posts/2018-10-13-flow-models/)는 흐름 기반 모델에 대해 잘 설명해주고 있다.

데이터 생성을 위한 확산 모델

두 명의 OpenAI 연구원, 프라풀라 다리왈Prafulla Dhariwal과 알렉스 니콜Alex Nichol이 작성한 2021년 논문 「Diffusion Models Beat GANs on Image synthesis」는 데이터 생성을 위한 확산 모델로 인해 많은 관심을 끌었다.

FIDFrechet Inception Distance를 측도로 생성된 이미지를 평가하면, ImageNet 데이터에서 훈련된 확산 모델에서 FID 점수 3.85를 달성할 수 있었다.

그림 9.28 ImageNet(FID 3.85)에서 생성된 선택된 이미지 샘플(출처: Dhariwal, Prafulla and Alexander Nichol. "Diffusion models beat GANs on image synthesis." Advances in Neural Information Processing Systems 34 (2021))

확산 모델의 아이디어는 매우 간단하다. 입력 이미지 x_0를 취하고 각 시간 단계(정방향 단계)에서 가우스 잡음을 추가(잡음 확산)해 시간 T 이후에 원래 이미지를 더 이상 알아볼 수 없게 만든다. 그런 다음 잡음 입력으로부터 역확산을 사용해 원래의 깨끗한 이미지를 만드는 모델을 찾아낸다.

시간 단계(정방향 단계)를 취하고 원본 이미지 이후에 더 이상 해독할 수 없도록 가우시안 노이즈를 추가한다(노이즈 확산).

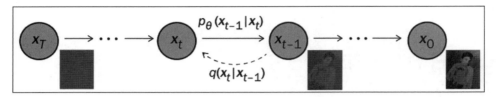

그림 9.29 순방향 및 역방향 확산 프로세스에 대한 마르코프 체인의 그래픽 모델

유일한 문제는 조건부 확률 $p(x_{t-1}|x_t)$은 재매개화 트릭으로 얻어지는데, 역조건 함수 $q(x_t|x_{t-1})$를 알 수 없다는 것이다. 이러한 조건부 확률을 근사화하기 위해 신경망을 훈련시킨다. 아래는 호 등[Ho et al.]이 쓴 논문 「Denoising Diffusion Probabilistic Models」(2020)에서 사용한 훈련과 샘플링 알고리듬이다.

표 9.1 Ho et al., 2020에서 사용한 훈련 및 샘플링 단계

알고리듬 1 훈련	알고리듬 2 샘플링
1. **repeat** 2. $x_0 \sim q(x_0)$ 3. $t \sim \text{Uniform}(\{1,\ldots,T\})$ 4. $\epsilon \sim \mathcal{N}(0,\mathbf{I})$ 5. 그래디언트 하강 단계를 취함 　$\nabla_\theta \| \epsilon - \epsilon_\theta(\sqrt{\bar{\alpha}_t}x_0 + \sqrt{1-\bar{\alpha}_t}\epsilon, t)\|^2$ 6. **until** 수렴	1. $x_T \sim \mathcal{N}(0,\mathbf{I})$ 2. **for** $t = T, \ldots, 1$ **do** 3. $z \sim \mathcal{N}(0,\mathbf{I})$ if $t > 1$, else $\mathbf{z} = \mathbf{0}$ 4. $x_{t-1} = \frac{1}{\sqrt{\alpha_t}}\left(x_t - \frac{1-\alpha_t}{\sqrt{1-\alpha_t}}\epsilon_\theta(x_t, t)\right) + \sigma_t \mathbf{z}$ 5. **end for** 6. **return** x_0

확산 모델은 생성 모델에서 두 가지 상충되는 목표인 다루기 쉬움과 유연성을 모두 제공한다. 그러나 확산 단계의 긴 마르코프 체인에 의존하므로 계산 비용이 많이 든다. 확산 모델에는 많은 잠재력이 있으며 가까운 장래에 GAN만큼 빠른 샘플링을 제공할 수 있는 알고리듬이 나타나기를 바란다.

요약

9장에서는 우리 시대의 가장 흥미로운 심층 신경망 중 하나인 GAN을 살펴봤다. 판별 네트워크와 달리 GAN은 입력 공간의 확률분포를 기반으로 이미지를 생성할 수 있다. 먼저 이안 굿펠로우가 제안한 첫 번째 GAN 모델로 시작해 필기체 숫자를 생성하는 데 사용했다. 다음으로 컨볼루션 신경망을 사용해 이미지를 생성하는 DCGAN으로 이동했고 DCGAN에서 생성된 유명인, 침실, 심지어 앨범 작품의 놀라운 사진을 봤다. 마지막으로 9장에서는 SRGAN, CycleGAN, InfoGAN 및 StyleGAN과 같은 멋진 GAN 아키텍처를 탐구했다. 9장에는 TensorFlow 2.0의 CycleGAN 구현도 다뤘다.

9장과 8장에서는 오토인코더와 GAN 모두 자기-지도학습의 예를 사용해 다양한 비지도학습 모델을 계속 사용했다. 10장에서는 자기-지도학습, 공동학습과 대조학습의 차이점에 대해 자세히 설명한다.

참고문헌

1. Goodfellow, Ian J. (2014). *On Distinguishability Criteria for Estimating Generative Models*. arXiv preprint arXiv:1412.6515: https://arxiv.org/pdf/1412.6515.pdf

2. Dumoulin, Vincent, and Visin, Francesco. (2016). *A guide to convolution arithmetic for deep learning*. arXiv preprint arXiv:1603.07285: https://arxiv.org/abs/1603.07285

3. Salimans, Tim, et al. (2016). *Improved Techniques for Training GANs*. Advances in neural information processing systems: http://papers.nips.cc/paper/6125-improved-techniquesfor-training-gans.pdf

4. Johnson, Justin, Alahi, Alexandre, and Fei-Fei, Li. (2016). *Perceptual Losses for Real-Time Style Transfer and Super-Resolution*. European conference on computer vision. Springer, Cham: https://arxiv.org/abs/1603.08155

5. Radford, Alec, Metz, Luke., and Chintala, Soumith. (2015). *Unsupervised Representation Learning with Deep Convolutional Generative Adversarial*

Networks. arXiv preprint arXiv:1511.06434: https://arxiv.org/abs/1511.06434

6. Ledig, Christian, et al. (2017). *Photo-Realistic Single Image Super-Resolution Using a Generative Adversarial Network*. Proceedings of the IEEE conference on computer vision and pattern recognition: http://openaccess.thecvf.com/content_cvpr_2017/papers/Ledig_Photo-Realistic_Single_Image_CVPR_2017_paper.pdf

7. Zhu, Jun-Yan, et al. (2017). *Unpaired Image-to-Image Translation using Cycle-Consistent Adversarial Networks*. Proceedings of the IEEE international conference on computer vision: http://openaccess.thecvf.com/content_ICCV_2017/papers/Zhu_Unpaired_Image-To-Image_Translation_ICCV_2017_paper.pdf

8. Karras, Tero, Laine, Samuli, and Aila, Timo. (2019). *A style-based generator architecture for generative adversarial networks*. In Proceedings of the IEEE/CVF conference on computer vision and pattern recognition, pp. 4401-4410.

9. Chen, Xi, et al. (2016). *InfoGAN: Interpretable Representation Learning by Information Maximizing Generative Adversarial Nets*. Advances in neural information processing systems: https://arxiv.org/abs/1606.03657

10. TensorFlow implementation of the StyleGAN: https://github.com/NVlabs/stylegan

10

자기-지도학습

당신이 바다 한가운데에 있고 지금 목이 마르다고 상상해보라. 사방에 물이 있지만 마실 수 없다. 하지만 물을 끓여 소금을 없애고 조금씩 마실 수 있게 만들 수 있는 자원을 갖고 있다면 어떨까? 물론 이 프로세스와 관련된 에너지 비용이 상당히 높을 수 있으므로 프로세스를 적절히 사용할 가능성이 높다. 그러나 에너지 비용이 사실상 무료라면, 예컨대 태양열을 이용한다면 더 큰 규모로 프로세스를 수행하는 것이 더 매력적일 것이다.

앞서 설명한 다소 단순한 상황에서 첫 번째 시나리오는 대략 지도학습과 유사하고 두 번째 시나리오는 10장에서 다룰 비지도/반지도학습 기술 부류와 유사하다. 지도학습 기법의 가장 큰 문제는 레이블을 가진 훈련 데이터 수집과 관련된 시간과 비용이다. 결과적으로 레이블이 지정된 데이터셋은 상대적으로 작은 경우가 많다.

딥러닝은 사람의 특징 공학과 계산 사이를 절충하며, 이는 매우 효과적일 수 있지만 딥러닝 모델은 일반적으로 기존 (딥러닝이 아닌) 모델보다 훈련에 더 많은 데이터를 필요로 한다. 딥러닝 모델은 더 복잡하고 학습 가능한 매개변수가 많아 다양한 작업에서 더 나은 성능을 발휘하는 경향이 있다. 그러나 더 복잡한 모델은 학습에 더 많은 데이터가 필요하다. 훈련 데이터 생성에는 비용이 많이 들기 때문에 지도학습을 사용해 딥러닝 모델을 확장하는 데는 여러모로 제약이 된다.

안타깝게도 레이블이 지정된 데이터가 필요하지 않은 완전 비지도학습 기술은 지금까지 제한적인 성공만 거뒀다. 그런 관점에서 정제되지 않은 데이터 구조를 활용해 레이블이 지정된 데이터를 생성한 다음 지도학습 모델에 공급하는 자기-지도 기술은 그 중간 지점을 제공한다. 10장에서는 다양한 자기-지도 기술과 자연어 처리, 컴퓨터 비전 및 오디오 신호 처리 분야에서의 그 응용에 대해 알아본다.

10장에서는 다음 주제를 다룬다.

- 선행 연구
- 자기-지도학습
- 자기 예측
- 대조학습
- 프리텍스트 과제

 10장의 모든 코드 파일은 다음 링크(https://packt.link/dltfchp10)에서 다운로드할 수 있다.

자기-지도학습은 데이터에 이미 암묵적으로 존재하는 레이블을 상상적으로 재사용하는 과정으로 설명할 수 있다. 10장에서는 자기-지도학습을 위한 몇 가지 일반적인 전략과 실제 문제를 해결하기 위해 사용하는 예를 배운다.

선행 연구

자기-지도학습이 새로운 개념은 아니다. 그러나 이 용어는 BERT와 GPT-2와 같은 변환기 기반 모델의 출현으로 유명해졌다. 이 모델은 레이블이 지정되지 않은 대량의 텍스트에 대해 준지도 방식으로 훈련됐다. 과거에는 자기-지도학습이 비지도학습으로 분류되는 경우가 많았다. 그러나 초기 모델에는 지도학습을 사용하는 것과 비슷한 결과를 생성하기 위해 입력 데이터의 규칙성을 활용하려고 시도한 것이 많았다. 9장에서 이미 일부를 접했지만 이 절에서 다시 간략하게 다룰 것이다.

RBM^{Restricted Boltzmann Machine}은 입력에 대한 확률분포를 학습할 수 있는 생성 신경 모델이다. 이는 1986년에 발명됐고 이후 2000년대 중반에 개선됐다. 지도나 비지도 모드에서 훈련할 수 있으며 차원 축소, 분류 등과 같은 많은 다운스트림^{downstream} 작업에 적용할 수 있다.

오토인코더는 입력을 재구성하는 방법을 학습해 입력 데이터의 효율적인 잠재 표현을 학습하려고 시도하는 비지도학습 모델이다. 잠재 표현은 다운스트림 작업의 입력을 인코딩하는 데 사용할 수 있다. 모델에는 여러 가지 변형이 있다. 희소^{Sparse}, 디노이징 및 대조 오토인코더는 다운스트림 분류 작업에 대한 표현을 학습하는 데 효과적인 반면, 변형 오토인코더는 생성 모델로 더 유용하다.

Word2Vec 모델은 우리가 지금은 자기-지도학습이라고 부르고 있는 것의 또 다른 좋은 예다. 말뭉치에서 단어의 잠재 표현을 구축하는 데 사용되는 CBOW와 스킵-그램^{skip-gram} 모델은 각각 이웃과 단어 그리고 단어와 이웃의 매핑을 학습하려고 시도한다. 그러나 잠재 표현은 이제 다양한 다운스트림 작업에서 단어 임베딩으로 사용될 수 있다. 마찬가지로 GloVe 모델은 단어 동시 발생 및 행렬 분해를 사용해 다운스트림 작업에 유용한 단어 임베딩을 생성하는 자기-지도 모델이기도 하다.

자기회귀 모델은 과거 행동을 기반으로 미래 행동을 예측한다. 여기서는 10장의 '자기-예측' 절에서 다룬다. 그러나 AR 모델은 통계의 시계열 분석, 딥러닝 이전의 자연어 처리의 은닉 마르코프 모델, 신경망 (그러나 트랜스포머 이전) 자연어 처리에서의 **순환 신경망**에 뿌리를 두고 있다.

CL(대조학습) 모델은 유사한 항목 쌍은 함께 모여 있고 서로 다른 쌍은 멀리 떨어져 있는 표현을 학습하려고 한다.

CL 모델은 10장의 '대조학습' 절에서도 다룬다. 그러나 SOM^{Self Organizing Maps}과 샴 네트워크는 매우 유사한 아이디어를 사용하며 현재 CL 모델의 선구자였다.

자기-지도학습

자기-지도학습에서 네트워크는 지도학습을 사용해 훈련되지만 사람이 레이블을 지정하는 노력 없이 데이터의 일부 속성을 활용해 자동화된 방식으로 레이블을 얻는다. 일반적으로 이 자동화는 데이터 샘플의 부분들이 서로 상호 작용하는 방식을 활용하고 그것을 예측하는 방법을 학습함으로써 이뤄진다. 다시 말해 데이터 자체가 학습 과정에 지도 역할을 제공한다.

한 가지 기법은 동일한 데이터 샘플의 부분 내에서의 공생 현상 또는 서로 다른 시간대에서 동일한 데이터 샘플 간의 공생 현상을 활용하는 것이다. 이러한 기술은 '자기 예측' 절에서 자세히 설명한다.

또 다른 기법은 주어진 데이터 샘플에서 공존하는 다양한 형태를 활용하는 것으로, 예를 들어 텍스트와 관련 오디오 스트림 간 또는 이미지와 해당 캡션 간의 공존성을 활용한다. 이러한 기법의 예시는 '결합학습^{joint learning}' 절에서 알아본다.

또 다른 종류의 자기-지도학습 기술에는 데이터 샘플 쌍 간의 관계를 이용하는 것이다. 이러한 쌍은 도메인 수준 휴리스틱을 기반으로 데이터셋에서 선택된다. 이러한 기술의 예는 '대조학습' 절에서 다룬다.

이러한 기술은 비즈니스 작업(예: 감정 분석, 분류 등)을 직접 해결하는 방법을 학습하도록 모델을 훈련하거나 학습할 특징을 생성하는 데 사용할 수 있는 데이터의 잠재(임베딩) 표현을 학습해 다운스트림 비즈니스 작업을 해결하는 데 사용할 수 있다. 후자의 경우 간접적으로 데이터의 잠재적 표현을 학습하는 데 사용되는데, 이를 프리텍스트^{pretext} 작업이라고 한다. '프리텍스트 작업' 절에서 예제와 함께 이 주제를 더 자세히 다룬다.

자기-지도학습의 장점은 두 가지다. 첫째, 이미 언급한 바와 같이 지도학습은 사람에 의한 데이터 레이블링을 수반하며, 이는 생성 비용이 매우 높기 때문에 고품질의 레이블링된 데이터를 얻기가 어렵다. 둘째, 자기-지도 작업은 비즈니스 작업을 직접 다루지 않을 수 있지만 데이터의 좋은 표현을 학습하는 데 사용할 수 있으며, 이 정보를 실제 비즈니스 작업 다운스트림으로 전송하는 데 적용할 수 있다.

자기 예측

자기 예측의 기본 개념은 주어진 데이터 샘플의 한 부분을 예측하는 것이다. 예측을 위해 어떤 부분이 숨겨져 있거나 누락된 것처럼 가장하고 예측하는 방법을 학습한다. 명백히 두 부분 모두 알고 있으므로, 예측할 부분은 데이터 레이블 역할을 한다. 이 모델은 지도학습 방식으로 훈련된다. 비은닉 부분을 입력으로, 은닉 부분을 레이블로 사용해 은닉 부분을 정확하게 예측하는 방법을 학습한다. 본질적으로는, 입력에 자신이 모르는 부분이 있는 것처럼 가장하고 그것을 예측하는 것이다.

이러한 아이디어는 역파이프라인 개념으로 확장할 수 있는데, 예컨대 의도적으로 이미지에 노이즈를 추가한 다음 원본 이미지를 레이블로 사용하고 손상된 이미지를 입력으로 사용할 수 있다.

자기회귀 생성

자기회귀AR, AutoRegressive 모델은 과거에 발생한 사건, 동작 또는 속성을 기반으로 미래의 사건, 동작 또는 속성을 예측하려고 시도한다. 원래 순차적인 모든 데이터는 AR 생성을 사용해 모델링할 수 있다. VAE나 GAN과 같은 잠재변수 모델과 달리 AR 모델은 독립성을 가정하지 않는다.

PixelRNN

PixelRNN[1] AR 모델은 2차원 **순환 신경망**을 사용해 이미지를 대규모로 모델링한다. 아이디어는 왼쪽과 위에 있는 모든 픽셀을 조건화해 픽셀을 생성하는 방법을 배우는 것이다. 컨볼루션 연산을 사용해 각 차원을 따라 모든 상태를 한 번에 계산한다. PixelRNN에서 사용되는 LSTM 계층은 행 LSTM과 대각 BiLSTM의 두 가지 유형 중 하나다. 행 LSTM에서는 각 행을 따라 컨볼루션이 적용되고 대각 BiLSTM에서는 이미지의 대각선을 따라 컨볼루션이 적용된다.

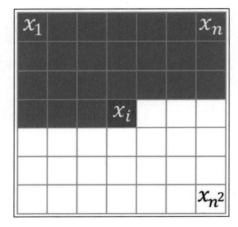

$$p(x) = \prod_{i=1}^{n^2} p(x_i|x_1,\ldots,x_{i-1})$$

그림 10.1 PixelRNN은 왼쪽과 위에 있는 모든 픽셀을 조건으로 픽셀 예측을 시도한다(출처: Pixel Recurrent Neural Networks[1]).

이미지 GPT(IPT)

이미지 GPT(IPT)[14]는 패치에서 작동하고 각 패치를 단어처럼 취급한다는 점을 제외하면 PixelRNN과 유사하다. 이미지 GPT는 트랜스포머 모델을 기반으로 하며 ImageNet 데이터셋의 이미지에 대해 학습된다. 이미지는 여러 가지 방법(초고해상도, 쌍입방 보간, 노이즈 추가 등)으로 손상되고 원본 이미지를 예측하도록 사전 훈련된다. IPT 모델의 핵심은 트랜스포머 인코더 디코더 쌍으로 구성됐지만 손상된 입력 이미지에서 특징을 추출하고 디코더 출력을 출력 이미지로 포맷하기 위한 여러 개의 헤드와 테일을 갖고 있다. 여러 헤드와 테일은 IPT가 훈련된 다양한 작업(잡음 제거, 디레이닝deraining, x2 및 x4 초해상도 등) 각각에 대해 특화됐다.

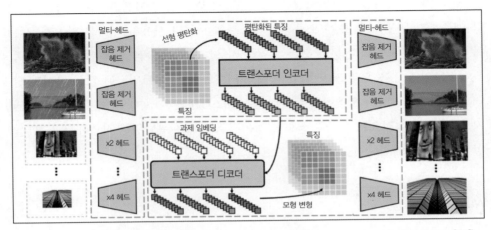

그림 10.2 이미지 GPT(IPT) AR 모델의 아키텍처(출처: Pre-trained Image Processing Transformer[14])

GPT-3

OpenAI의 GPT-3 또는 Generative Pre-trained Transformer[9] 모델은 사람과 같은 텍스트를 생성할 수 있는 AR 언어 모델이다. 사람이 제공한 프롬프트에서 시작해 일련의 단어, 코드 그리고 기타 데이터를 생성한다. GPT의 첫 번째 버전은 1억 1천만 개의 학습 매개변수를 사용했고 GPT-2는 15억 개, GPT-3는 1,750억 개의 매개변수를 사용했다. 이 모델은 인터넷에서 쉽게 사용할 수 있는 위키피디아와 같이 레이블이 지정되지 않은 텍스트에 대해 학습되며 처음에는 영어로 시작되지만 나중에는 다른 언어로도 제공된다. GPT-3 모델은 요약, 번역, 문법 교정, 질문 답변, 챗봇, 이메일 작성 등 다양한 사용 사례를 갖고 있다.

GPT-3의 인기로 인해 기본적으로 다양한 작업에서 GPT-3를 시작하기 위한 가장 효과적인 프롬프트를 생성하는 기술인 프롬프트 엔지니어링[39]이라는 새로운 직업이 생겼다. GPT-3에 대한 가능한 애플리케이션의 일부 목록은 OpenAI GPT-3 예제 페이지(https://beta.openai.com/examples/)에서 볼 수 있다.

XLNet

XLNet[38]은 일반화된 AR 모델이라는 점에서 GPT-3와 유사하다. 그러나 XLNet은 AR 언어 모델링과 오토인코딩을 모두 활용하면서 그 한계를 피한다. 다음 토큰을 예측하기 위해 왼쪽 또는 오른쪽 컨텍스트의 토큰만 사용하는 대신 왼쪽과 오른쪽 컨텍스트의 토큰의 가능한 모든 순열을 사용하므로 예측을 위해 왼쪽 및 오른쪽 컨텍스트의 토큰을 모두 사용한다. 둘째, BERT와 같은 오토인코더 접근 방식과 달리 일반화된 AR 언어 모델이므로 입력 손상(마스킹된 언어 모델링에서와 같이)에 종속되지 않는다. 경험적으로 유사한 실험 설정에서 XLNet은 광범위한 작업에서 BERT를 일관적으로 능가한다.

WaveNet

WaveNet[3]은 PixelCNN의 아키텍처를 기반으로 하지만 원시 오디오 파형에서 작동하는 AR 생성 모델이다. PixelCNN과 마찬가지로 특정 시점의 오디오 샘플은 모든 이전 시점의 샘플에서 조정된다. 조건부 확률분포는 컨볼루션 계층의 스택으로 모델링된다.

WaveNet의 주요 구성 요소는 인과적 컨볼루션이다. 시간 단계에서 모델이 내보낸 예측은 미래 시간 단계에 종속될 수 없다. 텍스트 음성 변환에 적용할 때 WaveNet은 비교 가능한 다른 텍스트 음성 변환 모델과 비교할 때 영어와 북경어에 대해 훨씬 더 자연스러운 소리로 인간 청취자가 평가한 최첨단 성능을 제공한다.

WaveRNN

WaveRNN[28]은 분포를 각 샘플에 대한 조건부 확률의 곱으로 분해해 데이터의 결합 확률을 학습하는 AR 생성 모델이다. WaveNet 아키텍처의 컨볼루션 계층은 단일 계층 RNN으로 대체된다. 또한 전반적으로 수행할 작업 수를 줄이고 WaveNet에 비해 약 4배의 속도 향상을 가져오는 좀 더 효율적인 샘플링 기술을 사용한다.

마스킹된 생성

마스킹된 생성 모델은 자신의 일부 임의 부분을 마스킹하고 누락된 척하며, 모델은 가용한 마스킹되지 않은 정보를 사용해 마스킹된 정보를 예측하는 방법으로 학습한다. 자기회귀 모델과 달리 마스킹된 생성 모델의 경우 마스킹된 정보가 마스킹되지 않은 정보 앞이나 뒤에 위치할 필요가 없다. 입력의 어느 위치에나 있을 수 있다.

BERT

BERT[16]는 Bidirectional Encoder Representation from Transformer의 약자로 Google팀이 인터넷의 텍스트를 사용해 훈련한 트랜스포머 기반 언어 모델이다. BERT는 사전 훈련 단계에서 **마스크 언어 모델링**과 **다음 문장 예측**이라는 두 가지 목표를 사용한다. 학습하는 동안 입력 토큰의 15%가 마스킹되고 모델은 마스킹된 토큰을 예측하는 방법으로 학습한다. 모델은 트랜스포머 기반이므로 마스크된 토큰을 예측하는 데 도움이 되도록 문장의 모든 위치에서 컨텍스트를 사용할 수 있다. 사전 훈련된 BERT 모델은 분류, 감정 분석, 문장 함축textual entailment 등과 같은 다양한 다운스트림 작업을 위해 더 작은 지도 데이터셋으로 미세 조정할 수 있다. BERT는 6장, '트랜스포머'에서 자세히 다룬다.

Hugguing Face Transformer 라이브러리의 사전 훈련된 BERT 모델과 아래 표시된 코드를 사용해 BERT의 마스킹된 생성이 작동하는 것을 볼 수 있다. 여기에서 "The capital of France is [MASK]."에서 마스크된 부분을 사전 훈련된 BERT 트랜스포머에서 예측하도록 해봤다.

```
from transformers import BertTokenizer, TFBertForMaskedLM
import tensorflow as tf

tokenizer = BertTokenizer.from_pretrained("bert-base-cased")
model = TFBertForMaskedLM.from_pretrained("bert-base-cased")

inputs = tokenizer("The capital of France is [MASK].", return_tensors="tf")
logits = model(**inputs).logits
```

```
mask_token_index = tf.where(inputs.input_ids == tokenizer.mask_token_id)[0][1]
predicted_token_id = tf.math.argmax(logits[:, mask_token_index], axis=-1)
print(tokenizer.convert_ids_to_tokens(predicted_token_id)[0])
```

어느 정도 예상할 수 있듯이 이 코드 블록의 출력은 "Paris"이다.

스택 잡음 제거 오토인코더

스택 잡음 제거 오토인코더Stacked Denoising Autoencoder[29]는 이미지에 임의의 잡음을 추가하고 이를 잡음 제거 오토인코더에 대한 입력으로 사용해 원본 이미지를 예측한다. 잡음 제거 오토인코더의 여러 계층은 각각 개별적으로 훈련되고 쌓인다. 이로 인해 여러 수준의 비선형성이 구성되며 어려운 이미지 인식 작업에서 더 나은 일반화 성능을 달성하는 데 핵심적 역할을 한다. 순전히 비지도 방식으로 학습된 이 더 높은 수준의 표현은 이미지 특징으로 사용돼 다운스트림 SVM 기반 이미지 분류기의 성능을 높일 수 있다. 각 계층은 일반 오토인코더처럼 작동한다. 즉, 이미지를 입력으로 가져와 "병목 현상" 계층을 통과한 후 재구성을 시도한다. 병목 현상 계층은 입력 이미지의 간단한 특징 표현을 학습한다. 안타깝게도 오토인코더는 대개 문맥적으로 의미 있는 표현을 배우지 못하고 이미지를 압축하는 방법만 학습하게 된다. 잡음 제거 오토인코더는 입력을 손상시킨 후 네트워크가 이 손상을 복구하도록 요청함으로써 이 문제를 해결하게 되고, 따라서 입력 이미지의 의미론적 표현을 더 뛰어나게 학습한다.

컨텍스트 오토인코더

컨텍스트 오토인코더[12]는 이미지의 영역을 마스킹하고 이를 사용해 원래 이미지를 예측하기 위해 누락된 픽셀 값을 회귀하도록 컨볼루션 신경망(컨텍스트 오토인코더)을 훈련한다. 컨텍스트 오토인코더의 과제는 누락된 더 큰 영역을 채워야 하고 바로 인접한 픽셀의 정보를 사용할 수 없기 때문에 노이즈 제거 오토인코더의 작업보다 훨씬 더 어렵다. 이를 위해서는 이미지에 대한 훨씬 더 깊은 의미론적 이해와 넓은 공간 영역에서 높은 수준의 특징을 생성하는 능력이 필요하다. 어떤 의미에서 컨텍스트 오토인코더는 제공된 컨텍스트와의 일관성을 유지하면서 누락된 영역을 채워야 하기 때문에 더 강력한 생성 모델이다.

이러한 이유로 컨텍스트 오토인코더는 재구성 손실과 적대적 손실의 조합을 재구성하도록 훈련된다. 이로 인해 재구성(L2) 손실만 훈련하는 것보다 더 예리한 예측이 가능하다.

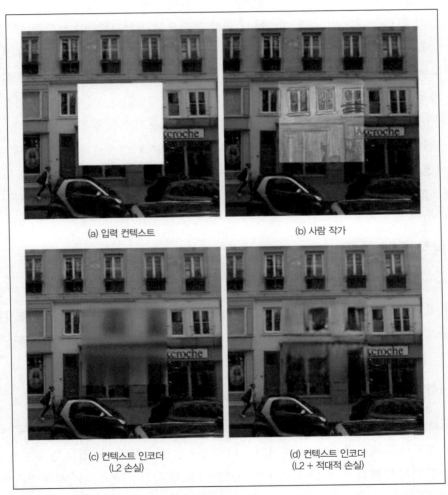

(a) 입력 컨텍스트

(b) 사람 작가

(c) 컨텍스트 인코더
(L2 손실)

(d) 컨텍스트 인코더
(L2 + 적대적 손실)

그림 10.3 컨텍스트 인코더 작업의 정성적 설명(출처: Context Encoders: Feature Learning by Inpainting [10])

컨텍스트는 이미지 특징에 국한될 필요는 없으며 다음 절에서 볼 수 있듯이 색상일 수도 있다.

채색

「Colorization as a Proxy Task for Visual Understanding」[12] 논문에서는 이미지 표현을 학습하는 방법으로 채색을 사용했다. 컬러 이미지는 상응하는 회색조로 변환된 다음 원본 컬러 이미지를 예측하기 위한 입력으로 사용된다. 이 모델은 회색조 이미지를 자동으로 색상화하고 이미지 분류와 분할과 같은 다운스트림 작업에 도움이 되는 표현을 학습하는 데 사용할 수 있다. 기능적 측면에서 모델은 L(회색조) 채널이 지정된 랩^{Lab} 인코딩에서 a와 b(색상 정보) 채널을 예측한다. 이 논문의 저자들에 의한 ImageNet 데이터셋에 대한 실험 결과, ImageNet 레이블을 사용하지 않는 모델들에 대해 의미론적 분할과 이미지 분류를 위한 데이터셋에서 최첨단 결과를 도출해냈으며, 심지어 ImageNet를 이용해 지도학습으로 훈련된 이전 모델들을 능가하는 결과를 얻었다.

본질적 관계 예측

이 기술을 사용하는 예측 모델은 입력 이미지 부분 간의 본질적 관계$^{innate relation}$를 활용해 시각적 상식 과제를 학습하려고 시도한다. 이렇게 학습된 모델의 가중치를 사용해 다른 다운스트림 작업을 위한 이미지의 의미론적 표현을 생성할 수 있다.

상대적 위치

「Unsupervised Visual Representation Learning by Context Prediction」[8] 논문은 이미지에서 다른 패치에 대한 한 패치의 상대적 위치를 예측한다. 이 접근 방식은 효과적으로 시각적 표현 훈련을 위한 자기-지도의 소스로 공간 컨텍스트를 사용한다. 레이블이 지정되지 않은 큰 이미지 모음이 주어지면 그림 10.4와 같이 각 이미지에서 임의의 패치 쌍이 추출된다. 각 쌍은 중앙 패치에 대한 두 번째 패치의 방향에 따라

레이블이 지정된다. 컨볼루션 네트워크는 첫 번째 패치에 대한 두 번째 패치의 상대적인 위치를 예측하도록 훈련된다. 학습된 특징 표현은 이미지 전체에서 시각적 유사성의 개념을 포착하는 것으로 밝혀졌다. 이 표현을 사용하면 시각적 데이터 마이닝, 즉 Pascal VOC 2007 데이터셋에 대해 동일한 의미 객체를 묘사하는 이미지 조각을 발견하는 데 도움이 되는 것으로 나타났다.

그림 10.4 상대 위치 예측 그림. 모델은 (중앙) 첫 번째 패치와 관련된 두 번째 패치의 구성을 예측해야 한다(출처: Unsupervised Visual Representation Learning by Context Prediction[8]).

조각 그림 퍼즐 풀기

「Unsupervised Learning of Visual Representations by Solving Jigsaw Puzzles」[26] 논문에서는 상대 위치를 예측하는 이전 방식과 다소 유사한 접근 방식을 설명한다. 이 방법은 자연 이미지의 조각 그림 퍼즐을 풀면서 이미지의 시각적 표현을 학습하려는 시도다. 패치는 입력 이미지에서 추출되고 뒤섞여 조각 그림 퍼즐을 구성한다. 네트워크는 조각 그림 퍼즐에서 원본 이미지를 재구성하는 방법, 즉 조각 그림 퍼즐을 푸는 방법을 학습한다. 사용된 네트워크는 n-way Siamese 네트워크인 CFN^{Context Free Network}이다. 각 패치는 n-way CFN의 열에 해당한다. 각 열에서 공유된 계층은 AlexNet에서와 동일하게 구현된다. 분류 헤드는 패치의 원래 인덱스를 예측한다(서플 전). Pascal VOC 데이터셋에 대해서는 이 방법은 이미지 분류와 객체 감지 작업에서 이전의 모든 자기-지도 모델보다 성능이 더 뛰어났다.

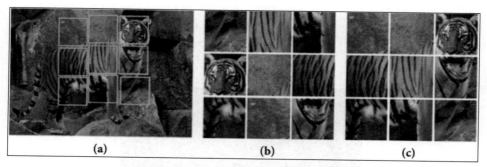

그림 10.5 이미지가 패치로 분할돼 셔플되고 모델은 셔플된 패치를 올바른 순서로 다시 배치하는 방법을 학습한다(출처: Unsupervised Learning of Visual Representations[26]).

회전

RotNet 모델[34]은 회전을 자기-지도 신호로 사용해 이미지 표현을 학습한다. 입력 이미지는 0, 90, 180, 270도 회전하고 회전각을 4개의 타깃 부류 중 하나로 예측하는 방법을 학습하도록 컨볼루션 네트워크(RotNet)를 학습한다. 이 단순해 보이는 작업은 의미론적 특징 학습을 위한 매우 강력한 지도 신호를 제공한다는 것이 밝혀졌다. RotNet의 특징은 CIFAR-10 데이터셋에 대한 이미지 분류를 위한 입력으로 사용됐으며 지도학습을 사용해 얻은 최신 결과보다 분류 정확도가 1.6%밖에 낮지 않았다. 또한 ImageNet에 대한 일부 분류 작업과 Pascal VOC에 대한 일부 분류 및 개체 감지 작업에 대해 당시로서는 최첨단 결과를 얻었다.

하이브리드 자기 예측

하이브리드 자기 예측 모델을 사용하면 하나가 아닌 여러 자기 예측 전략을 사용해 자기 예측을 달성한다. 예를 들어 처음 두 가지 예인 Jukebox와 DALL-E는 먼저 하나의 자체 지도 기술(VQ-VAE 또는 Vector Quantized Variational AutoEncoder[35])을 사용해 입력 데이터를 보다 관리하기 쉬운 형식으로 줄임으로써 자체 예측을 달성한 다음 축소된 이미지에서 다른(AR)을 사용해 최종 예측을 생성한다. 세 번째 예에서 VQ-VAE 구성 요소의 예측은 적대적 방식으로 훈련된 판별자를 사용해 더욱 세분화된다.

VQ-VAE

VQ-VAE는 모든 하이브리드 자기 예측 모델에 공통적이므로 개념 수준에서 그 수행하는 작업을 살펴보자. 8장, '오토인코더'에서 이미 오토인코더와 변형 오토인코더에 대해 알아봤다. 오토인코더는 먼저 입력을 더 작은 차원으로 인코딩한 다음, 더 작은 차원의 출력을 디코딩해 입력을 재구성하는 방법을 배우려고 한다. 그러나 오토인코더는 일반적으로 입력을 압축하기만 하고 좋은 의미론적 표현을 학습하지 않는다.

VAE^{Variational AutoEncoder}는 대개 표준 가우시안 분포 형태의 사전분포를 강화함으로써 의미론적 학습에는 더 뛰어난데, 재구성 손실만 최소화하는 것이 아니라 사전분포와 사후분포(잠재 공간에서의 실제 분포) 사이의 KL 발산도 최소화한다.

VAE가 연속 잠재분포를 학습하는 동안 VQ-VAE는 불연속 잠재분포를 학습한다. 이는 트랜스포머가 이산 데이터를 입력으로 사용하도록 설계됐기 때문에 유용하다. VQ-VAE는 이산 코드북 구성 요소를 네트워크에 추가해 VAE를 확장한다. 이는 유클리드 거리만큼 각 잠재 벡터에 가장 가까운 코드북의 벡터를 선택해 인코더가 출력하는 잠재 벡터를 양자화하는 데 사용된다. 그런 다음 VQ-VAE 디코더는 이산화된 잠재 벡터에서 입력을 재구성하는 작업을 수행한다.

Jukebox

첫 번째 예는 음악에 대한 생성 모델인 Jukebox[32] 논문인데, 텍스트의 생성 모델 GPT-3이고, 이미지에서의 생성 모델이 Image-GPT인 것과 유사하다. 즉, 뮤지컬 (음성 및 음악) 프롬프트가 주어지면 Jukebox는 이 프롬프트를 따를 수 있는 음악을 만들 수 있다. 오디오 생성 모델의 초기 시도는 피아노 롤^{roll} 형태의 기호 음악 생성을 시도했다. 그 까닭은 원시 오디오를 직접 생성하는 것은 포함된 정보의 양이 극도로 많기 때문에, 따라서 모델링해야 하는 극단적으로 긴 거리의 종속성이 존재해서다. VQ-VAE는 이 문제를 해결하기 위해 오디오의 낮은 차원 인코딩을 학습해 가장 중요하지 않은 정보는 잃어버리고 가장 유용한 정보를 보존하도록 하는 것을 목표로 한다.

Jukebox는 계층적 VQ-VAE를 사용해 입력 신호를 다른 시간적 해상도로 이산화한 다음 각 해상도에서 새 시퀀스를 생성하고 마지막으로 각 레벨에서 생성된 시퀀스를 최종 예측에 결합한다.

DALL-E

하이브리드 예측 모델의 두 번째 예는 OpenAI의 DALL-E 모델[5]이다. DALL-E는 학습 입력으로 텍스트와 이미지 쌍을 받아들여 텍스트 캡션에서 이미지를 생성하는 학습을 시도하기 때문에 결합학습(멀티모달) 모델로 분류할 수도 있다. 그러나 Jukebox와 마찬가지로 VQ-VAE를 사용해 이미지 정보의 고차원(연관된 텍스트의 차원과 비교)을 해결하려고 시도하기 때문에 여기서는 하이브리드 예측 모델로 분류한다.

DALL-E는 텍스트와 이미지를 단일 데이터 스트림으로 수신한다. DALL-E는 2단계 훈련 체계를 사용한다. 첫 번째 단계에서 VQ-VAE는 크기가 (256, 256, 3)인 각 입력 RGB 이미지를 크기가 (32, 32)인 이미지 토큰 그리드로 압축하도록 훈련된다. 토큰의 각 요소는 8,192개의 가능한 값만을 가지는 이산 값이라 가정한다. 이렇게 하면 이미지 품질의 손실 없이 이미지 입력 크기가 192배 줄어든다.

두 번째 단계에서 텍스트는 BPE 인코딩되고 256개의 토큰으로 잘린다. **바이트 쌍 인코딩**BPE, Byte Pair Encoding은 공통 바이트 쌍을 인코딩해 상대적으로 작은 어휘를 사용해 큰 말뭉치를 나타낼 수 있는 하이브리드 문자/단어 인코딩이다. 그런 다음 이 인코딩은 1,024(32×32) 이미지 토큰의 평면화된 시퀀스와 연결된다. 이 결합된 시퀀스는 텍스트와 이미지 토큰에 대한 결합 분포를 모델링하기 위해 자기회귀 트랜스포머를 훈련하는 데 사용된다. 첫 번째 단계는 VQ-VAE에서 시각적 코드북을 학습하고 두 번째 단계는 텍스트 및 이미지 토큰에 대한 이산 잠재분포의 사전을 학습한다. 그런 다음 훈련된 DALL-E 모델을 사용해 주어진 텍스트 프롬프트에 합당하는 이미지를 생성할 수 있다.

Text-to-image 생성은 상당한 인기를 얻고 있다. DALL-E의 최신 버전인 DALL-E 2가 OpenAI에서 출시됐다. DALL-E2는 DALL-E의 120억 개에 비해 더 많은 350억 개의 매개변수를 갖고 있다. 이름은 비슷하지만 DALL-E는 텍스트 설명에서 이미지를 생성하도록 훈련된 GPT-3 버전이고 DALL-E 2는 CLIP을 사용해 텍스트 설명을 CLIP 임베딩으로 인코딩하는 인코더-디코더 파이프라인인데, 9장에서 배운 확산 모델을 사용해 임베딩을 이미지로 다시 디코딩한다. 예상대로 DALL-E 2는 DALL-E보다 더 사실적이고 정확한 이미지를 생성한다.

더 최근에는 Google Research에서 DALL-E 2와 경쟁하는 또 다른 모델인 Imagen을 출시했다. DALL-E 2와 마찬가지로 Imagen은 T5-XXL 인코더를 사용해 입력 텍스트를 임베딩에 매핑하고 확산 모델을 사용해 임베딩을 이미지로 디코딩한다.

VQ-GAN

VQ-GAN[30]은 인코더가 이산 잠재 표현을 학습하는 VQ-VAE 스타일 인코더를 사용하는 인코더-디코더 프레임워크를 사용하지만 디코더는 GAN의 판별 요소로 돼 있다. VQ-VAE에서 사용되는 L2 손실 대신 VQ-GAN은 지각^{perceptual} 손실과 판별자 손실의 조합을 사용해 증가된 압축률에서 우수한 지각 품질을 유지하는 데 도움이 된다. 전통적인 VAE 디코더가 아닌 GAN 아키텍처를 사용하면 훈련의 효율성에 도움이 된다.

VQ-VAE와 마찬가지로 VQ-GAN은 자기회귀 구성 요소를 훈련하기 위한 시퀀스를 구성하는 데 사용되는, 컨텍스트가 풍부한 시각적 구성 요소의 코드북을 학습한다. VQ-GAN은 FID$^{Fréchet\ Inception\ Distance}$ 측도를 사용해 10배 더 적은 매개변수를 사용하면서도 ImageNet의 이미지에서 VQ-VAE-2 모델을 능가한 것으로 나타났다.

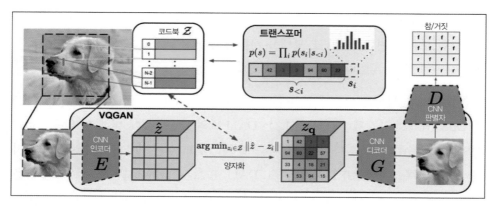

그림 10.6 VQ-GAN의 아키텍처(출처: Taming Transformers for High Resolution Image Synthesis[30])

다음으로, 대조학습이라는 또 다른 인기 있는 자기-지도 기법을 살펴보겠다.

대조학습

대조학습CL, Contrastive Learning은 한 쌍의 입력 샘플 간의 관계를 예측하려고 시도한다. CL의 목표는 유사한 샘플 쌍을 서로 가까이 끌어당기고 유사하지 않은 샘플 쌍을 멀리 밀어내는 임베딩 공간을 학습하는 것이다. CL 모델 훈련에 대한 입력은 데이터 포인트 쌍의 형태다. CL은 지도 및 비지도 설정 모두에서 사용할 수 있다.

비지도 환경에서 사용하면 매우 강력한 자기-지도학습 방식이 될 수 있다. 기존 데이터에서 자기-지도 방식으로 유사한 쌍을 찾고 유사한 데이터 쌍의 쌍에서 서로 다른 쌍을 찾는다. 모델은 한 쌍의 데이터 포인트가 유사한지 혹은 다른지 예측하는 방법을 배운다.

대조되는 예를 생성하는 데 사용되는 기술을 고려해 CL의 분류법을 도출할 수 있다. 그 전에 잠시 CL에서 인기 있는 다양한 훈련 목표를 살펴보고 나서 다시 돌아오도록 하자.

훈련 목표

초기 CL 모델은 학습을 위해 단일 긍정 사례와 단일 부정 사례로 구성된 데이터 포인트를 사용했다. 그러나 최근 CL 모델의 추세는 단일 배치에서 복수의 긍정과 부정 샘플을 학습하는 것이다. 이 절에서는 CL 모델 학습에 일반적으로 사용되는 몇 가지 학습 목표(손실함수라고도 함)를 다룬다.

대조 손실

대조 손실Contrastive loss[35]은 CL 기술을 사용해 학습할 때 사용되는 가장 초기의 훈련 목표 중 하나다. 이 방법은 동일한 부류의 예제에는 유사한 임베딩이 있고 다른 부류의 예제에는 서로 다른 임베딩이 있도록 데이터를 임베딩 공간으로 인코딩하려고 시도한다. 따라서 두 데이터 쌍 (x_i, y_i)와 (x_j, y_j)가 주어지면 대조 손실 목표는 다음 공식을 사용해 설명된다.

$$\mathcal{L}(x_i, x_j, \theta) = \mathbb{I}[y_i = y_j]\left\|f_\theta(x_i) - f_\theta(x_j)\right\|_2^2 + \mathbb{I}[y_i \neq y_j]max\left(0, \epsilon - \left\|f_\theta(x_i) - f_\theta(x_j)\right\|_2\right)^2$$

첫 번째 항은 쌍 i와 j가 유사할 때 활성화되고 두 번째 항은 쌍이 유사하지 않을 때 활성화된다. 목표는 첫 번째 항의 제곱차를 최대화하고 두 번째 항의 제곱차를 최소화하도록 설계됐다(따라서 유사하지 않은 쌍의 경우 두 번째 항을 최대화하는 것은 초매개변수이며 서로 다른 쌍의 경우 최솟값의 마진을 나타낸다). ε은 초매개변수이며, 서로 다른 부류 사이에 허용되는 최소 거리의 마진margin을 나타낸다.

3중항 손실

3중항 손실triplet loss[11]은 2개 대신 3개의 데이터 포인트(앵커 포인트, 긍정 포인트 및 부정 포인트)를 사용한다는 점에서 대조 손실을 개선한 것이다. 따라서 앵커 포인트 x가 주어지면 동일한 부류에 속하는 것을 선택하고 긍정의 포인트 x^+와 부정의 포인트 x^-를 선택하는데, 여기서 x와 x^+는 동일 부류를 의미하고 x와 x^-는 다른 부류에 속한다. 3중 손실은 앵커 x와 긍정의 x$^+$ 사이의 거리를 최소화하는 방법과 x와 부정의 샘플 x$^-$ 사이의 거리를 최대화하는 것을 학습한다. 이는 그림 10.7에 잘 나타나 있다.

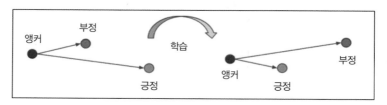

그림 10.7 3중항 손실(출처: FaceNet: A Unified Embedding for Face Recognition and Clustering[11])

3중항 손실에 대한 방정식은 다음과 같다. 대조 손실과 마찬가지로 유사한 것과 다른 것, 소위 하드^{hard} 부정[1] 쌍 사이의 거리 사이에 허용되는 최소 차이를 나타낸다. 3중항 손실 기반 모델은 일반적으로 좋은 표현을 제공하기 위한 값을 찾는 것이 쉽지 않다.

$$\mathcal{L}(x, x^+, x^-) = \sum_{x \in X} max\left(0, \|f(x) - f(x^+)\|_2^2 - \|f(x) - f(x^-)\|_2^2 + \epsilon\right)$$

N-쌍 손실

N-쌍 손실[21]은 3중항 손실을 일반화해 단일 대신 여러 음성 샘플과의 비교를 통합한다. 따라서 $(N+1)$개의 훈련 샘플 튜플, $\{x, x^+, x_1^- x_2^-\}$이 주어지면 N-쌍 손실은 다음 방정식을 사용해 정의된다. 여기 튜플에는 하나의 긍정 샘플과 N-1개의 부정 샘플이 있다.

$$\mathcal{L}(x, x^+, \{x_i^-\}_{i=1}^{N-1}) = -\log\left(\frac{exp(f(x)^T f(x^+))}{exp(f(x)^T f(x^+)) + \sum_{i=1}^{N-1} exp(f(x^T) f(x_i^-))}\right)$$

---

1 hard positive와 hard negative는 구분이 까다로워 정확도가 낮은 샘플을 지칭하는 용어다. 즉 모델은 "hard"한 샘플을 잘 구분하지 못한다. – 옮긴이

리프트된 구조적 손실

리프트된 구조적 손실Lifted structured loss[15]은 훈련 배치 내에 쌍으로 된 선분을 모두 사용하는 3중항 손실의 또 다른 일반화다. 이는 더 나은 훈련 성과로 이어진다. 그림 10.8은 리프트된 구조적 손실 이면의 아이디어와 그것이 대조와 삼중항 손실에서 어떻게 발전했는지 보여준다. 붉은 선분은 유사한 쌍을 연결하고 파란색 선분은 유사하지 않은 쌍을 연결한다.

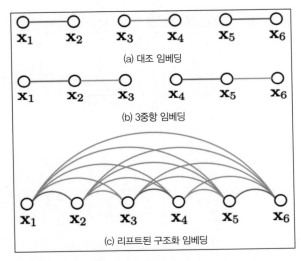

그림 10.8 리프트된 구조화 손실 개념도(출처: Deep Metric Learning via Lifted Structured Feature Embedding[15])

NCE 손실

NCENoise Contrastive Estimation 손실[27]은 로지스틱 회귀를 사용해 긍정 및 부정(노이즈) 예제를 구별한다. NCE 손실은 긍정 예 x의 로그 확률(로짓)을 최대화하고 부정 예의 로그 확률을 최소화하려고 시도한다. NCE 손실 방정식은 다음과 같다.

$$\mathcal{L} = -\frac{1}{N}\sum_{i=1}^{N}\Big[\log(sigmoid(logit(x_i))) + \log\Big(1 - sigmoid(logit(\bar{x}_i))\Big)\Big]$$

InfoNCE 손실

InfoNCE 손실InfoNCE loss[2]은 NCE 손실(이전 절에서 설명)에서 영감을 얻었으며 범주형 교차엔트로피 손실을 사용해 관련 없는 잡음 샘플 집합에서 긍정 샘플을 식별한다. 어떤 컨텍스트 벡터 c가 주어지면 긍정 샘플은 조건부 확률분포 $p(x|c)$에서 추출돼야 하는 반면 $N\text{-}1$개의 부정 예제는 컨텍스트 c와 독립적인 분포 $p(x)$에서 추출될 수 있다. InfoNCE 손실은 긍정 샘플을 올바르게 분류하는 음의 로그 확률을 최적화한다.

InfoNCE 손실은 다음 방정식으로 제공된다. 여기서 $f(x, c)$는 밀도 비율 $p(x|c)/p(x)$를 추정한다.

$$\mathcal{L} = -E\left[\log\frac{f(x,c)}{\sum_{x' \in X} f(x',c)}\right]$$

소프트 최근접 이웃 손실

소프트 최근접 이웃 손실Soft nearest neighbors loss[33]은 대조 손실의 아이디어를 더 확장해 주어진 레이블의 복수 개의 긍정 샘플을 포함한다. 주어진 배치 샘플 $\{(x_i, y_i)\}_{i=1}^{B}$와 (여기서 y_1는 x_i의 부류 레이블) 두 입력 사이의 유사성을 측정하는 유사도 함수 f에 대해 소프트 최근접 이웃 손실은 다음의 식으로 주어진다.

$$\mathcal{L} = -\frac{1}{B}\sum_{i=1}^{B}\log\left(\frac{\sum_{i \neq j, y_i = y_j, j=1,\dots,B} exp\left(-f\left(x_i, x_j\right)/\tau\right)}{\sum_{i \neq k, k=1,\dots,B} exp(f(x_i, x_k)/\tau)}\right)$$

온도 τ는 초매개변수이며 표현 공산에서 특징들이 얼마나 잘 집중돼 있는지 튜닝하는 데 사용된다. 따라서 낮은 온도에서 표현 공간에서 멀리 떨어진 지점이 연약한 최근접 이웃 손실에 기여하는 정도도 낮다.

인스턴스 변환

인스턴스 변환을 사용하는 CL 모델은 일반적으로 긍정 쌍을 생성하기 위해 데이터 증강 기술을 사용하며 부정 쌍을 생성하기 위해서는 부정 마이닝^{mining}에 의존한다. 이러한 많은 모델은 배치 내 부정의 생성과 하드 부정을 마이닝하기 위한 혁신적인 기술에 의존한다.

데이터 증강 기술은 원본 데이터 포인트와 잡음 버전의 쌍을 생성하는 데 사용된다. 이렇게 하면 문맥적 의미를 수정하지 않고 예제에 비필수 변형을 도입하고, 모델은 학습 중에 이를 학습한다.

배치 내^{In-batch} 부정 샘플링은 단일 배치 내에서 예제의 정보를 결합해 부정 샘플을 생성하는 기술이다. 배치의 각 긍정 쌍(x_i, y_i)에 대해 모든 $i \neq j$에 대해 쌍 (x_i, y_j) 및 (x_j, y_i)는 부정 쌍으로 간주될 수 있다. 사실 부정 쌍은 동일한 배치에서 2개의 임의 긍정 쌍으로부터의 요소를 결합해 생성된다. 이 기술은 실용적이고 GPU에서 효율적으로 구현될 수 있으므로 널리 사용된다.

일부 모델은 작업을 잘 수행하는 방법을 배우기 위해 하드 부정 샘플이 필요하다. 하드 부정은 레이블이 다르지만 임베딩 특징이 서로 매우 가까운 쌍이다. 임베딩 공간에서 서로 매우 가깝지만 결정 경계의 반대편에 있는 점으로 시각화할 수 있다. 지도학습에서는 주어진 작업에 대한 하드 부정을 식별하는 것이 상대적으로 쉽다. 비지도학습의 경우 한 가지 접근 방식은 배치 크기를 늘리는 것이다. 이렇게 하면 더 많은 하드 부정 샘플이 도입된다. 또 다른 기술[19]은 앵커 샘플과의 유사성으로 후보 음성 샘플의 샘플링 확률을 높이는 것이다.

SimCLR

SimCLR 모델[36]은 시각적 표현의 대조학습을 위한 간단한 프레임워크를 제시한다. 각 입력 이미지(x)는 동일한 이미지 확대 전략 계열을 사용해 두 가지 방식$(x_i$ 및 $x_j)$으로 확대돼 $2N$ 긍정 샘플이 생성된다.

배치 내 부정 샘플링이 사용되므로 각각의 긍정 예에 대해 $(2N-1)$개의 부정 샘플이 있다. 기본 인코더(f)는 각 예에서 데이터 포인트 쌍에 적용되고 프로젝션 헤드(g)는 긍정 쌍에 대한 합의를 최대화하고 부정 쌍에 대해 합의를 최소화하려고 시도한다.

우수한 성능을 위해 SimCLR은 훈련 체계에 부정 예를 충분히 통합하기 위해 큰 배치 크기를 사용해야 한다. SimCLR은 ImageNet에서 자기-지도와 준지도 모델에 대해서는 최첨단 결과를 달성했으며, 지도학습 ResNet-50의 성능과 일치한다. 그림 10.9는 SimCLR 모델의 아키텍처를 보여준다.

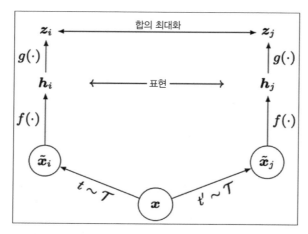

그림 10.9 SimCLR 모델의 아키텍처(출처: A Simple Framework for Contrastive Learning of Visual Representations[36])

Barlow Twins

Barlow Twins 모델[20]의 아이디어는 신경과학에 뿌리를 두고 있다. 즉, 감각 처리라는 목표가 고도로 중복된 감각 입력을 요인 코드 혹은 통계적으로 독립적인 구성 요소가 있는 코드로 재코딩하자는 것이다. 이 모델에서 이미지는 두 가지 버전으로 왜곡된다. 왜곡된 버전은 동일한 네트워크에 입력돼 특징을 추출하고 이 두 특징 간의 교차 상관 행렬을 항등 행렬에 최대한 가깝게 만드는 방법을 학습한다. 신경과학 아이디어에 따라 이 모델의 목표는 이러한 벡터 간의 중복을 줄임으로써 샘플의 두 왜곡된 버전 간의 중복을 줄이는 것이다. 이는 다소 독특한 손실함수에 반영된다. 첫 번째 방정식에서 첫 번째 항은 항등 행렬과 상호 상관 행렬 간의 차이를 나타내고 두 번째 항은 중복 감소 항을 나타낸다. 두 번째 방정식은 상호 상관 행렬 C

의 각 요소를 정의한다.

$$\mathcal{L} = \sum_i (1 - C_{ii})^2 + \lambda \sum_i \sum_{j \neq i} C_{ij}^2$$

$$C_{ij} = \frac{\sum_b z_{b,i}^A z_{b,j}^B}{\sqrt{\sum_b \left(z_{b,i}^A\right)^2} \sqrt{\sum_b \left(z_{b,j}^B\right)^2}}$$

Barlow Twins 모델과 이 장르의 다른 모델 사이의 몇 가지 주목할 만한 차이점은 Barlow Twins 모델은 많은 수의 음성 샘플을 필요로 하지 않으므로 더 작은 배치에서 작동할 수 있고 고차원 임베딩의 이점이 있다는 것이다. Barlow Twins 모델은 ImageNet에서 훈련된 이전의 일부 준지도 모델보다 성능이 우수하며 일부 지도 ImageNet 모델과 동등하다.

BYOL

BYOL[Bootstrap Your Own Latent] 모델[17]은 음성 샘플을 전혀 사용하지 않는다는 점에서 독특하다. 이 방법은 다운스트림 작업에 사용할 수 있는 상호 작용하고 서로에게서 학습하는 온라인[online] 그리고 목표[target] 네트워크라는 2개의 신경망에 의존한다. BYOL의 목표는 다운스트림 과제에서 사용할 수 있도록 표현 y_θ를 학습하는 것이다. 온라인 네트워크는 일련의 가중치 θ로 매개화되며 3가지 단계로 구성되는데 각각 인코더 f_θ, 프로젝터 g_θ 그리고 예측자 q_θ이다. 목표 네트워크는 온라인 네트워크와 동일한 아키텍처를 갖지만 그와는 다른 가중치 집합 ξ를 사용한다. 목표 네트워크는 회귀 목표를 제시해 온라인 네트워크를 훈련시키며 그 매개변수 ξ는 온라인 매개변수 θ의 지수 이동 평균이다. 모든 학습 단계 후에 다음의 갱신 작업이 수행된다.

$$\xi \leftarrow \tau\xi + (1 - \tau)\theta$$

BYOL은 각 이미지의 두 가지 증강된 뷰[view]를 생성한다. 첫 번째 증강 뷰에서 온라인 네트워크는 표현 y_θ와 프로젝션 z_θ를 출력한다. 유사하게 목표 네트워크는 표현 y_ξ와 프로젝션 z_ξ를 출력한다. BYOL은 L2 정규화된 온라인과 목표 프로젝션 z_θ

와 z_ξ 사이의 오류를 최소화하려고 시도한다. 훈련이 끝나면 온라인 네트워크(인코더)만 유지한다.

BYOL은 ImageNet에서 반지도학습 또는 전이학습 모델에 비해 경쟁력 있는 결과를 얻는다. 또한 이 장르의 다른 모델에 비해 배치 크기 및 사용되는 이미지 확대 유형의 변화에 덜 민감하다. 그러나 후속 연구[4]에서는 BYOL의 배치 정규화 구성 요소가 야기한 데이터 재분배의 결과로 암시적으로 부정 샘플을 생성함으로써 대조학습의 형태를 암묵적으로 유발할 수 있음을 제시했다.

특징 군집화

특징 군집화clustering는 유사한 데이터 샘플을 군집화해 찾는 작업이다. 이 방법은 데이터 증강 기술을 사용할 수 없을 때 유용할 수 있다. 여기서의 아이디어는 군집화 알고리듬을 사용해 샘플 내 CL을 실행할 수 있도록 샘플에 의사pseudo 레이블을 할당하는 것이다. 유사하지만 특징 군집화는 단일 입력 이미지에서 한 쌍의 변환을 구별하는 방법을 배우는 대신 인스턴스 식별 문제를 완화한다는 점에서 CL과 다르다. 특징 군집화는 유사한 특징을 가진 이미지 그룹을 구별하는 방법을 학습한다.

DeepCluster

DeepCluster[24] 논문은 ImageNet과 같은 지도학습을 위한 데이터셋이 이미지 분류를 넘어서는 범용 특징을 설명하기에는 "너무 작다"는 사실에 주목했다. 범용 특징을 학습하려면 인터넷 규모에서 수십억 개의 이미지를 학습해야 한다. 그러나 이러한 대규모 데이터셋에 레이블을 지정하는 것은 불가능하므로 DeepCluster는 신경망의 매개변수와 결과 특징의 클러스터 할당을 공동으로 학습하는 군집화 방법을 제시한다. DeepCluster는 K-Means 군집화 알고리듬을 사용해 이러한 특징을 반복적으로 그룹화하고 클러스터 할당을 유사 레이블로 사용해 ConvNet의 매개변수를 학습한다. 훈련의 최종 결과물은 ConvNet의 가중치이다. 이러한 가중치는 유용한 범용 시각적 특징으로 표시됐으며 데이터셋에 관계없이 많은 다운스트림 과제에서 발표된 최고 수치를 능가했다.

SwAV

SwAV[Swapping Assignments between multiple Views][25] 모델에서는 다른 뷰의 표현으로부터 특정 뷰의 군집화 할당(의사 레이블)을 예측하며 특징을 학습한다. SwAV는 CL 모델에서 사용되는 아키텍처의 변형을 사용한다. 이미지 x_1와 x_2는 인코더 z_2를 통해 전송되는 동일한 입력 이미지 x에 대한 표현 z_1을 생성하기 위한 변환이다. SwAV의 경우, z_1과 z_2는 K 프로토타입 벡터 $\{c_1, ..., c_K\}$ 집합에 해당 특징을 일치시켜 q_1과 q_2를 계산하는 데 사용되며, 그런 다음 각각 x_2와 x_1에 대한 클러스터 할당을 예측하는 데 사용된다.

DeepCluster와 달리 SwAV는 온라인 군집화(스트리밍 방식으로 지속적으로 도착하며, 클러스터링 프로세스가 시작되기 전에는 알려지지 않은 데이터의 군집화 작업)을 수행하므로 잠재적으로 무제한의 데이터로 확장할 수 있다. SwAV는 크고 작은 배치 모두에서 잘 작동한다. SwAV 논문은 또한 계산 또는 메모리 오버헤드 없이 이미지의 뷰 수를 늘리는 새로운 다중 절단[multi-crop] 전략을 제시했다. SwAV는 ResNet50(지도학습 방법)을 사용해 ImageNet에서 75% 상위 1위 정확도를 달성했을 뿐 아니라 고려된 모든 전송 작업에서 지도학습의 사전 훈련 결과를 능가했다.

InterCLR

InterCLR[18]은 이미지 내 불변성 그리고 이미지 간 불변성을 활용해 시각적 표현을 공동으로 학습하는 하이브리드 모델이다. 파이프라인에는 2개의 불변 학습 분기가 있다. 하나는 이미지 내부의 불변성을 위한 것이고, 다른 하나는 이미지 간의 불변성을 위한 것이다. 인트라 이미지 분기는 입력 이미지에서 한 쌍의 변환을 생성하는 것과 같은 표준 CL 방법으로 대조 쌍을 구성한다. 이미지 간 분기는 군집화에서 얻은 의사 레이블을 사용해 대조 쌍을 구성한다. 동일한 클러스터 내의 두 항목은 긍정 쌍을 구성하고 다른 클러스터의 두 항목은 부정 쌍을 형성한다. InfoNCE 손실함수의 변형은 대조 손실을 계산하는 데 사용되며 네트워크는 역전파를 통해 훈련된다.

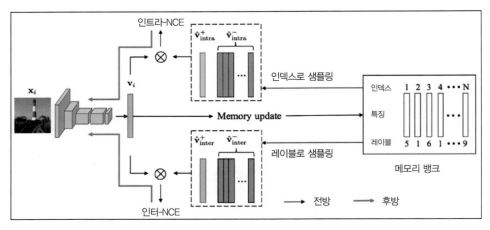

그림 10.10 InterCLR 모델의 아키텍처(출처: Delving into Inter-Image Invariance for Unsupervised Visual Representation[18])

InterCLR 논문은 또한 의사 레이블 유지 관리, 샘플링 전략 및 이미지 간 분기에 대한 결정 경계 디자인과 관련된 몇 가지 특별한 고려 사항을 다루며, 여기서는 지면 제약상 생략한다. InterCLR 모델은 여러 표준 벤치마크에서 최첨단 인트라이미지 불변 학습 방법에 비해 많은 개선 사항을 보여준다.

다중 뷰 코딩

다중 뷰 코딩은 최근 몇 년 동안 주류 CL 방법이 됐으며 동일한 객체에 대한 둘 이상의 뷰를 사용해 긍정 대조 예제를 구성하는 것이다. 목표는 긍정 예에 대한 데이터의 여러 예제 표현 간의 상호 정보를 최대화하고 부정 예에 대해 최소화하는 것이다. 이를 위해서는 모델이 여러 예제에 영향을 미치는 상위 수준 특징을 학습해야 한다.

AMDIM

AMDIM^{Augmented Multiscale Deep InfoMax}[31]는 전체 입력에 종속되는 전역 요약 특징과 인코더의 중간 계층에서 추출된 지역 특징 모음이다. AMDIM은 각 입력에서 독립적으로 증강된 특징과 동시에 여러 측도에서 특징 예측하고 더 강력한 인코더를 사용함으로써 DIM을 확장한다.

논문은 인스턴스 변환과 다중 모드(다음 절에서 설명)와 같은 대조 쌍을 생성하는 다른 방법도 고려하지만 다중 예제 코딩을 사용해 대조 쌍을 구성하는 것도 고려하기 때문에 여기에서 설명한다. 이 모델은 자기-지도학습 목표에 대한 여러 벤치마크를 능가한다.

CMC

CMC[Contrastive Multiview Coding](37) 모델은 모델은 객체가 여러 개의 뷰[view]로 표현될 때 각각의 뷰가 노이즈가 있고 불완전하지만 물리학, 기하학 및 객체의 의미와 같은 중요한 요소들은 일반적으로 모든 뷰에서 공유된다는 아이디어에 기반을 두고 있다. CMC의 목표는 이러한 중요한 요소를 캡처할 수 있는 간결한 표현을 객체로부터 학습하는 것이다. CMC는 CL을 사용해 동일한 장면의 뷰가 가까운 지점에 매핑되는 반면, 다른 장면의 뷰는 먼 지점에 매핑되는 표현을 학습함으로써 이를 달성한다.

다중 모드 모델

이 절에서 다루는 모델 부류에는 동일한 데이터가 둘 이상의 양식으로 쌍을 이루는 입력을 사용하는 모델도 포함된다. 이러한 모델에 대한 입력의 예로는 이미지와 캡션, 비디오와 텍스트, 오디오 클립과 그 대본 등이 있다. 이러한 모델은 여러 양식에 걸쳐 공동 임베딩을 학습한다. 이 모델 부류에서는 CLIP[6]과 CodeSearchNet[13] 모델을 예로 다룰 것이다.

다중 모드 모델의 또 다른 부류는 다양한 형식에 걸쳐 자기-지도학습을 수행하는 데 사용할 수 있는 프레임워크다. Data2Vec[7] 모델이 그러한 예다.

CLIP

CLIP 모델[6]은 어떤 이미지가 어떤 캡션과 어울리는지 예측하는 방법을 학습해 이미지 표현을 학습한다. CLIP은 인터넷에서 가져온 4억 개의 이미지-텍스트 쌍으로 사전 훈련됐다. 사전 훈련 후 모델은 자연어 쿼리를 사용해 학습된 시각적 개념을 참조할 수 있다. CLIP은 이미지 분류, 텍스트-이미지, 이미지-이미지 이미지 검색과 같은 다운스트림 작업을 위해 제로-샷 모드에서 사용할 수 있다. 이 모델은 추가 미세 조정 없이 완전히 지도학습된 기준선으로 자연스러운 이미지에 있어 경쟁력이 있다. 예를 들어 CLIP은 추가 미세 조정 없이 제로-샷 모드에서 ImageNet에서 원본 ResNet50의 정확도와 일치시킬 수 있다. 또한 CLIP은 위성 이미지 또는 종양 감지를 위한 시각적 표현 학습 등 특정 다운스트림 작업을 위한 특수 이미지 데이터셋으로 미세 조정할 수 있다.

그림 10.11은 훈련과 추론을 위한 CLIP 모델의 아키텍처를 보여준다. 이미지와 텍스트 인코더는 모두 트랜스포머 기반 인코더다. 사전 훈련의 목적은 전체적으로 어떤 텍스트가 어떤 이미지와 쌍을 이루는지 예측하는 문제를 해결하는 것이다. 따라서 N개의 이미지-텍스트 쌍 배치가 주어지면 CLIP은 배치에서 $N \times N$ 가능한 이미지-텍스트 쌍 중 실제로 발생한 쌍을 예측하는 방법을 학습한다. CLIP은 배치에서 N개 실제 쌍의 이미지와 텍스트 임베딩의 코사인 유사도를 최대화하면서 나머지 $N^2 - N$개의 잘못된 쌍의 코사인 유사도를 최소화해 다중 모드 결합 임베딩 공간을 학습한다.

추론하는 동안 한 양식의 입력을 사용해 다른 양식의 출력을 예측할 수 있다. 즉, 이미지가 주어지면 이미지 부류를 텍스트로 예측할 수 있다.

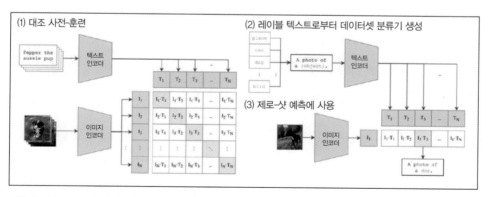

그림 10.11 CLIP 모델의 아키텍처(출처: Learning Transferable Visual Models from Natural Language Supervision[34x])

다음 코드는 이미지와 텍스트를 비교하는 CLIP 모델의 기능을 보여준다. 여기에서는 고양이 두 마리의 이미지를 나란히 놓고 "a photo of a cat"과 "a photo of a dog"라는 2개의 텍스트 문자열과 비교한다. CLIP은 이미지를 2개의 텍스트 문자열과 비교해 이미지가 "a photo of a cat" 문자열과 유사할 확률이 0.995이고 이미지가 문자열 "a photo of a dog"와 유사할 확률이 0.005임을 정확하게 판단할 수 있다.

```python
import tensorflow as tf
from PIL import Image
import requests
from transformers import CLIPProcessor, TFCLIPModel

model = TFCLIPModel.from_pretrained("openai/clip-vit-base-patch32")
processor = CLIPProcessor.from_pretrained("openai/clip-vit-base-patch32")

url = "http://images.cocodataset.org/val2017/000000039769.jpg"
image = Image.open(requests.get(url, stream=True).raw)
texts = ["a photo of a cat", "a photo of a dog"]
inputs = processor(text=texts, images=image, return_tensors="tf", padding=True)

outputs = model(**inputs)
logits_per_image = outputs.logits_per_image
probs = tf.nn.softmax(logits_per_image, axis=1)
print(probs.numpy())
```

CLIP 모델은 텍스트와 이미지를 단일 임베딩 공간에 투사해 이를 수행한다. 이 일반적인 임베딩 접근 방식을 사용해 CLIP은 두 이미지와 텍스트 간의 유사성을 계산할 수도 있다. 또한 텍스트와 이미지의 인코딩을 추출하는 기능도 제공한다.

CodeSearchNet

CodeSearchNet 모델[13]은 여러 프로그래밍 언어(Go, Java, JavaScript, Python, PHP, Ruby)의 함수나 메서드를 나타내는 코드를 사용하고 해당 코드를 설명하는(수동으로 보강된) 자연어 주석과 쌍을 이뤄 긍정 예제를 생성한다. 말뭉치는 서로 다른 모든 언어에 걸쳐 약 2백만 개의 코드 문서 쌍으로 구성된다. CLIP과 마찬가지로

CodeSearchNet 모델의 목표는 코드와 문서의 공동 임베딩 공간을 학습한 다음 일부 자연어 쿼리를 만족시키는 적절한 코드 조각(함수 또는 메서드)을 반환하도록 쿼리할 수 있다. 코드와 자연어 쿼리는 2개의 별도 인코더를 사용해 인코딩되며, 모델은 긍정 쌍에 대한 코드와 쿼리 인코딩의 내적을 최대화하고 부정 쌍에 대해 최소화하는 결합 임베딩을 학습하려고 한다.

Data2Vec

Data2Vec[7]은 여러 양식에 걸쳐 자기-지도학습을 수행하는 공통 프레임워크를 제시한다는 점에서 약간 다르다. Data2Vec은 마스킹된 예측을 사용해 음성, 언어 또는 컴퓨터 비전에 동일한 학습 방법을 적용한다. 핵심 아이디어는 입력의 마스킹된 예제를 기반으로 전체 입력의 잠재적 표현을 예측하는 것이다. 단어, 시각적 토큰 등과 같은 양식별 대상을 예측하는 대신 전체 입력에 대한 정보를 포함하는 상황별 잠재 표현을 예측한다. Data2Vec은 교사-학생 아키텍처를 사용한다. 먼저 전체 입력 데이터의 표현이 구축돼 학습 작업의 목표 역할을 한다(교사 모드). 그런 다음 전체 데이터 표현이 예측되는 입력 샘플의 마스킹된 버전이 인코딩된다(학생 모드). 교사의 매개변수는 기하급수적으로 감소하는 학생 평균 가중치를 사용해 갱신된다. 훈련이 끝나면 교사의 가중치를 학습된 임베딩으로 사용한다.

음성 인식, 이미지 분류 및 자연어 이해의 주요 벤치마크에 대해 이 프레임워크를 사용한 실험 결과는 최신의 성능 혹은 인기 있는 다른 접근 방식 대비 경쟁력 있는 성능을 보여준다.

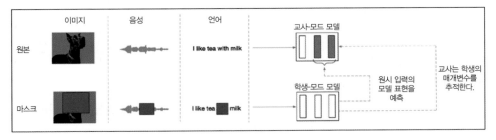

그림 10.12 Data2Vec 모델의 아키텍처(출처: data2vec: A General Framework for Self-supervised Learning in Speech, Vision and Language[7])

프리텍스트 과제

프리텍스트^{Pretext} 과제는 자기-지도학습 모델로 학습하는, 레이블이 지정되지 않은 데이터에 내재된 일부 패턴을 활용해 해결하려고 시도하는 작업이다. 이러한 작업은 그 자체로 항상 유용한 것은 아니지만 시스템이 유용한 잠재적 표현이나 임베딩을 학습해 있는 그대로 또는 미세 조정 후 일부 다른 다운스트림 작업에서 사용할 수 있도록 도와준다. 프리텍스트 과제를 해결하기 위한 훈련은 일반적으로 실제 모델을 구축하기 위한 전조로 이뤄지므로 사전 훈련이라고도 한다.

10장에서 논의한 거의 모든 기술은 프리텍스트 작업이었다. 색상화 또는 초고해상도와 같은 일부 작업은 그 자체로 유용할 수 있지만 그 또한 자신들이 훈련된 레이블이 지정되지 않은 데이터의 분포 의미를 배운 가중치 학습한 임베딩을 학습된 가중치 형태로 생성한다. 그런 다음 이러한 가중치는 다운스트림 작업에 적용할 수 있다.

이는 새로운 개념은 아니다. 예를 들어 "동의어"를 찾는 데 널리 사용되는 Word2Vec 알고리듬은 유사한 컨텍스트에서 사용되는 단어가 함께 모여 있는 임베딩 공간을 기반으로 한다. 이는 주어진 단어 또는 그 반대로 컨텍스트 단어를 예측하려고 시도하는 스킵-그램이나 CBOW 알고리듬을 사용해 훈련된다. 이러한 목표 중 어느 것도 그 자체로는 유용하지 않지만 프로세스에서 네트워크는 입력 데이터의 단어에 대한 좋은 잠재 표현을 학습하게 된다.

이 표현은 단어의 "동의어"를 찾거나 단어 유추를 수행하는 데 직접 사용될 수 있을 뿐만 아니라 텍스트 분류와 감정 분석과 같은 다운스트림 작업을 위해 단어와 단어 시퀀스(예: 문장 및 문서)의 유용한 벡터 표현을 생성하는 데 사용될 수 있다.

프리텍스트 과제의 가장 큰 장점은 상대적으로 적은 양의 레이블이 지정된 데이터로 다운스트림 작업에 대한 모델 훈련을 수행할 수 있다는 것이다. 이 모델은 쉽게 사용할 수 있는 레이블이 지정되지 않은 대량의 데이터를 사용해 프리텍스트 과제를 해결하는 것을 기반으로 도메인(광범위한 스트로크)에 대해 많은 것을 학습한다. 도메인에 대해 이미 알고 있는 내용을 기반으로 보다 구체적인 다운스트림 작업을 해결하는 방법을 학습하려면 상대적으로 적은 양의 레이블이 지정된 데이터가 필요하다.

레이블이 지정된 데이터는 구하기 어렵고 생성하는 데 비용이 많이 들기 때문에 이 2단계 접근 방식은 일부 머신러닝 모델에서만 종종 가능하게 할 수 있다.

요약

10장에서는 데이터를 활용해 특수한 임베딩 공간의 형태로 데이터 분포를 학습하는 다양한 자기-지도 전략을 살펴봤다. 여기서는 자기 예측, 대조학습 및 프리텍스트 과제를 자기-지도를 위한 구체적인 접근 방식으로 살펴봤다. 다음 장에서는 보상을 피드백 메커니즘으로 사용해 특정 작업에 대한 모델을 훈련시키는 접근 방식인 강화학습을 살펴보겠다.

참고문헌

1. Aaron van den Oord, Nal Kalchbrenner, and Koray Kavucuoglu (2016). Pixel Recurrent Neural Networks Proceedings MLR Press: http://proceedings.mlr.press/v48/oord16.pdf

2. Aaron van den Oord, Yazhe Li, and Oriol Vinyals. *Representation Learning with Contrastive Predictive Coding*. Arxiv Preprint, arXiv 1807.03748 [cs.LG]: https://arxiv.org/pdf/1807.03748.pdf

3. Aaron van den Oord, et al. (2016). *WaveNet: A Generative Model for Raw Audio*. Arxiv Preprint, arXiv:1609.03499v2 [cs.SD]: https://arxiv.org/pdf/1609.03499.pdf

4. Abe Fetterman and Josh Albrecht. (2020). *Understanding Self-Supervised and Contrastive Learning* with "Bootstrap your Own Latent" (BYOL). Blog post: https://generallyintelligent.ai/blog/2020-08-24-understanding-self-supervised-contrastive-learning/

5. Aditya Ramesh, et al. *Zero Shot Text to Image generation*. Arxiv Preprint, arXiv 2102.12092v2 [cs.CV]: https://arxiv.org/pdf/2102.12092.pdf

6. Alec Radford, et al. (2021). *Learning Transferable Visual Models from Natural Language Supervision*. Proceedings of Machine Learning Research (PMLR): http://proceedings.mlr.press/v139/radford21a/radford21a.pdf

7. Alexei Baevsky, et al. (2022). *data2vec: A General Framework for Self-Supervised Learning in Speech, Vision and Language*. Arxiv Preprint, arXiv 2202.03555v1 [cs.LG]: https://arxiv.org/pdf/2202.03555.pdf

8. Carl Doersch, Abhinav Gupta and Alexei Efros. (2015). *Unsupervised Visual Representation by Context Prediction*. International Conference on Computer Vision (ICCV): https://www.cvfoundation.org/openaccess/content_iccv_2015/papers/Doersch_Unsupervised_Visual_Representation_ICCV_2015_paper.pdf

9. Chuan Li. (2020). *OpenAI's GPT-3 Language Model – a Technical Overview*. LambdaLabs Blog post: https://lambdalabs.com/blog/demystifying-gpt-3/

10. Deepak Pathak, et al. (2016). *Context Encoders: Feature Learning by Inpainting*: https:// openaccess.thecvf.com/content_cvpr_2016/papers/Pathak_Context_Encoders_Feature_CVPR_2016_paper.pdf

11. Florian Schroff, Dmitry Kalenichenko and James Philbin. (2025). *FaceNet: A Unified Embedding for Face Recognition and Clustering*. ArXiv Preprint, arXiv 1503.03832 [cs.CV]: https://arxiv.org/pdf/1503.03832.pdf

12. Gustav Larsson, Michael Maire and Gregory Shakhnarovich. (2017). *Colorization as a Proxy Task for Visual Understanding*: https://openaccess.thecvf.com/content_cvpr_2017/papers/Larsson_Colorization_as_a_CVPR_2017_paper.pdf

13. Hamel Husain, et al. (2020). *CodeSearchNet Challenge: Evaluating the State of Semantic Code Search*. Arxiv Preprint, arXiv: 1909.09436 [cs.LG]: https://arxiv.org/pdf/1909.09436.pdf

14. Hanting Chen, et al. (2021). *Pre-trained Image Processing Transformer*. Conference on Computer Vision and Pattern Recognition (CVPR): https://openaccess.thecvf.com/content/CVPR2021/papers/Chen_Pre-Trained_Image_Processing_Transformer_CVPR_2021_paper.pdf

15. Hyun Oh Song, Yu Xiang, Stefanie Jegelka and Silvio Savarese. (2015). *Deep Metric Learning via Lifted Structured Feature Embedding*. Arxiv Preprint, arXiv 1511.06452 [cs.CV]: https://arxiv.org/pdf/1511.06452.pdf

16. Jacob Devlin, et al. (2019). *BERT: Pre-training of Deep Bidirectional Transformers for Language Understanding*. Arxiv Preprint, arXiv: 1810.04805v2 [cs.CL]: https://arxiv.org/pdf/1810.04805.pdf

17. Jean-Bastien Grill, et al. (2020). *Bootstrap your own latent: A new approach to self-supervised learning.* Arxiv Preprint, arXiv 2006.07733 [cs.LG]: https://arxiv.org/pdf/2006.07733.pdf

18. Jiahao Xie, et al. (2021). *Delving into Inter-Image Invariance for Unsupervised Visual Representations.* Arxiv Preprint, arXiv: 2008.11702 [cs.CV]: https://arxiv.org/pdf/2008.11702.pdf

19. Joshua Robinson, Ching-Yao Chuang, Suvrit Sra and Stefanie Jegelka. (2021). *Contrastive Learning with Hard Negative Samples.* Arxiv Preprint, arXiv 2010.04592 [cs.LG]: https://arxiv.org/pdf/2010.04592.pdf

20. Jure Zobontar, et al. (2021). Barlow Twins: Self-Supervised Learning via Redundancy Reduction. Arxiv Preprint, arXiv 2103.03230 [cs.CV]: https://arxiv.org/pdf/2103.03230.pdf

21. Kihyuk Sohn. (2016). *Improved Deep Metric Learning with Multi-class N-pair Loss Objective.* Advances in Neural Information Processing Systems: https://proceedings.neurips.cc/paper/2016/file/6b180037abbebea991d8b1232f8a8ca9-Paper.pdf

22. Lilian Weng and Jong Wook Kim. (2021). *Self-supervised Learning: Self Prediction and Contrastive Learning.* NeurIPS Tutorial: https://neurips.cc/media/neurips-2021/Slides/21895.pdf

23. Lilian Weng. (Blog post 2021). Contrastive Representation Learning: https://lilianweng.github.io/posts/2021-05-31-contrastive/

24. Mathilde Caron, Piotr Bojanowsky, Armand Joulin and Matthijs Douze. (2019). *Deep Clustering for Unsupervised Learning of Visual Features.* Arxiv Preprint, arXiv: 1807.05520 [cs.CV]: https://arxiv.org/pdf/1807.05520.pdf

25. Mathilde Caron, et al. (2020). *Unsupervised Learning of Visual Features by Contrasting Cluster Assignments.* Arxiv Preprint, arXiv: 2006.099882 [cs.CV]: https://arxiv.org/pdf/2006.09882.pdf

26. Mehdi Noroozi and Paolo Favaro. (2016). *Unsupervised Learning of Visual Representations by solving Jigsaw Puzzles.* European Conference on Computer Vision: https://link.springer.com/chapter/10.1007/978-3-319-46466-4_5

27. Michael Gutmann, Aapo Hyvarinen. (2010). *Noise-contrastive estimation: A new estimation principle for unnormalized statistical models.* Proceedings

of Machine Learning Research (PMLR): http://proceedings.mlr.press/v9/gutmann10a/gutmann10a.pdf

28. Nal Kalchbrenner, et al. (2018). *Efficient Neural Audio Synthesis*. Proceedings MLR Press: http://proceedings.mlr.press/v80/kalchbrenner18a/kalchbrenner18a.pdf

29. Pascal Vincent, et al. (2010). *Stacked Denoising Autoencoders: Learning Useful Representations in a Deep Network with a Local Denoising Criterion*. Journal of Machine Learning Research (JMLR): https://www.jmlr.org/papers/volume11/vincent10a/vincent10a.pdf?ref=https://githubhelp.com

30. Patrick Esser, Robin Rombach and Bjorn Ommer. (2021). *Taming Transformers for High-Resolution Image Synthesis*. Computer Vision and Pattern Recognition (CVPR): https://openaccess.thecvf.com/content/CVPR2021/papers/Esser_Taming_Transformers_for_High-Resolution_Image_Synthesis_CVPR_2021_paper.pdf

31. Philip Bachman, R Devon Hjelm and William Buchwalter. (2019). *Learning Representations by Maximizing Mutual Information across Views*. *Advances in Neural Information Processing Systems (NeurIPS)*: https://proceedings.neurips.cc/paper/2019/file/ddf354219aac374f1d40b7e760ee5bb7-Paper.pdf

32. Prafulla Dhariwal, et al. (2020). Jukebox: A Generative Model for Music. Arxiv Preprint, arXiv 2005.00341v1 [eess.AS]: https://arxiv.org/pdf/2005.00341.pdf

33. Ruslan Salakhutdinov and Geoff Hinton. (2007). *Learning a Nonlinear Embedding by Preserving Class Neighborhood Structure*. Proceedings of Machine Learning Research (PMLR): http://proceedings.mlr.press/v2/salakhutdinov07a/salakhutdinov07a.pdf

34. Spyros Gidaris, Praveer Singh and Nicos Komodakis. (2018). *Unsupervised Representation Learning by Predicting Image Rotations*. Arxiv Preprint, arXiv 1803.07728v1 [cs.CV]: https://arxiv.org/pdf/1803.07728.pdf

35. Sumit Chopra, et al. (2005). *Learning a Similarity Metric Discriminatively, with application to Face Verification*. IEEE Computer Society: http://www.cs.utoronto.ca/~hinton/csc2535_06/readings/chopra-05.pdf

36. Ting Chen, Simon Kornblith, Mohammed Norouzi and Geoffrey Hinton. (2020). *A Simple Framework for Contrastive Learning*. Arxiv Preprint, arXiv 2002.05709 [cs.LG]: https://arxiv.org/pdf/2002.05709.pdf

37. Yonglong Tian, Dilip Krishnan and Philip Isola. (2020). *Contrastive Multiview Coding*. Arxiv Preprint, arXiv: 1906.05849 [cs.CV]: https://arxiv.org/pdf/1906.05849.pdf?ref=https://githubhelp.com

38. Zhilin Yang, et al. (2019). *XLNet: Generalized Autoregressive Pre-training for Language Understanding*: https://proceedings.neurips.cc/paper/2019/file/dc6a7e655d7e5840e66733e9ee67cc69-Paper.pdf

39. *Prompt Engineering*. (7th July 2022). Wikipedia, Wikimedia Foundation: https://en.wikipedia.org/wiki/Prompt_engineering

11

강화학습

11장에서는 가장 덜 연구됐지만 가장 유망한 학습 패러다임인 **강화학습**RL, Reinforcement Learning을 소개한다. 강화학습은 10장에서 수행한 지도학습이나 비지도학습 모델과는 매우 다르다. 백지 상태(즉, 사전 정보가 없는)에서 시작해 RL 에이전트는 히트hit와 시행trial의 여러 단계를 거치며 목표를 달성하는 방법을 배울 수 있으며, 학습하는 동안의 유일한 입력은 환경으로부터 받는 피드백이다. OpenAI의 RL에 대한 최신 연구는 지속적인 경쟁이 지능 진화의 원인이 될 수 있음을 시사하는 듯하다. 많은 딥러닝 전문가들은 RL이 범용 인공지능AGI, Artificial General Intelligence이라는 원대한 AI의 목표에서 중요한 역할을 할 것이라고 믿는다. 11장에서는 다양한 RL 알고리듬에 대해 살펴보고 다음 주제를 다룬다.

- RL 소개와 각종 용어

- OpenAI Gym 인터페이스 사용법
- 딥 Q-신경망
- 정책 그래디언트

 11장의 모든 코드 파일은 다음 링크(https://packt.link/dltfchp11)에서 다운로드할 수 있다.

소개

걸음마를 배우는 아기, 하늘을 나는 법을 배우는 새, 또는 〈아타리Atari〉 게임을 배우는 RL 에이전트agent 사이의 공통점은 무엇일까? 이 세 가지는 모두 연계돼 있다.

- **시행착오**: 아이(또는 새)는 다양한 방법을 시도하고, 여러 번 실패하며, 실제로 서거나 날 때까지 어떻게든 성공한다. RL 에이전트는 많은 게임을 하면서 이기기도 하고 많이 지기도 하면서 안정적으로 성공에 이르게 된다.
- **목표**: 아이의 목표는 걷는 것, 새의 목표는 나는 것, RL 에이전트의 목표는 게임에서 이기는 것이다.
- **환경과 상호 작용**: 유일한 피드백은 환경으로부터 얻는 것이다.

따라서 첫 번째 질문은 RL이란 무엇이고 지도학습 그리고 비지도학습과는 어떻게 다른가 하는 것이다. 애완동물을 키우는 사람이라면 애완동물을 훈련시키는 최선의 전략은 애완동물이 한 바람직한 행동은 보상하고 나쁜 행동은 벌 주는 것이라는 사실을 알고 있을 것이다. "비판을 통한 학습"이라고도 부르는 RL은 에이전트가 동일한 방식으로 배우는 학습 패러다임이다. 여기서 에이전트는 신경망(프로그램)에 해당한다. 일련의 행동action(a)을 수행할 수 있으며, 이로 인해 환경 상태state(s)가 변경되고 그 결과 에이전트는 환경으로부터 보상받거나 벌을 받는다.

개가 공을 물어오도록 훈련시키는 경우를 생각해보자. 여기서 개는 에이전트이고,

534

개가 하는 자발적인 근육 운동은 행동^{action}이며, 땅(사람과 공 포함)은 환경이다. 개는 뼈를 보상으로 받게 되는 관점에서 자신의 행동에 대한 우리의 반응을 인식한다. RL은 어떤 최적화된 조건에서 환경과의 상호 작용을 통해 목표 지향 학습과 의사 결정을 하는 계산 방식으로 정의할 수 있다. 에이전트는 환경의 상태를 감지할 수 있으며 에이전트는 환경에 대해 잘 정의된 특정 행동을 수행할 수 있다. 이는 두 가지를 야기한다. 첫째는 환경의 상태 변화, 둘째는 (이상적인 조건하에서) 보상이 발생한다. 이러한 주기는 계속되며, 이론적으로 에이전트는 시간이 지남에 따라 더 자주 보상을 받을 수 있는 방법을 학습한다.

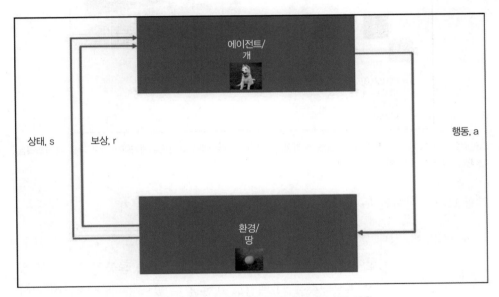

그림 11.1 강화학습: 에이전트와 환경 사이의 상호 작용

지도학습과 달리 에이전트에게는 훈련 예제가 제공되지 않는다. 따라서 올바른 행동이 무엇인지 알지 못한다.

그리고 비지도학습과는 달리 에이전트의 목표는 입력에서 일부 내재된 구조를 찾는 것이 아니다(학습으로 일부 구조를 찾을 수도 있지만 이는 목표가 아니다). 대신, 유일한 목표는 보상을 극대화하고 (장기적으로) 벌을 줄이는 것이다.

RL 용어

다양한 RL 알고리듬을 배우기 전에 몇 가지 중요한 용어를 이해하는 것이 중요하다. 여기서는 두 가지 예, 즉 미로 찾기 로봇과 자율주행차량의 운전대를 제어하는 에이전트를 통해 용어를 설명한다. 2개의 RL 에이전트는 다음과 같다.

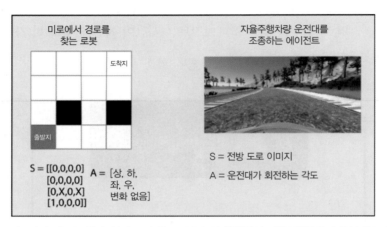

그림 11.2 미로에서 경로를 찾기 위해 노력하는 로봇의 상태(왼쪽)와 자율주행차량의 운전대를 제어하려는 에이전트의 상태(오른쪽)를 나타낸다.

그림 11.2는 살펴볼 두 예제를 보여준다. 먼저 용어부터 알아보자.

- **상태, S:** 상태State란 환경이 가질 수 있는 모든 상태를 정의할 수 있는 토큰(또는 표현)의 집합이다. 상태는 연속 또는 이산일 수 있다. 로봇이 미로에서 경로를 찾는 경우의 상태는 4×4 배열로 표현될 수 있으며, 해당 블록이 비어 있는지 또는 점유됐는지 또는 차단되는지를 나타내는 요소가 있다. 값이 1인 블록은 로봇이 점유하고 있으며 0은 비어 있음을 의미하고 X는 블록이 통과할 수 없음을 나타낸다. 이 배열(S)의 각 요소는 3개의 이산 값 중 하나를 가질 수 있으므로, 상태는 본질적으로 이산이 된다. 다음으로, 자율주행차량의 운전대를 조정하는 에이전트를 생각해보자. 에이전트는 전방 이미지를 입력으로 사용한다. 이미지는 연속된 값으로 된 픽셀로 이뤄져 있으므로 여기서의 상태는 연속이다.

- **행동**, $A(S)$: 행동^Action이란 에이전트가 특정 상태에서 수행할 수 있는 모든 가능한 작업의 집합이다. 가능한 행동 집합 A는 현재의 상태 S에 따라 달라진다. 행동으로 인해 상태가 변경될 수 있지만 그렇지 않을 수도 있다. 상태와 같이 행동도 이산이거나 연속일 수 있다. 미로에서 경로를 찾는 로봇은 5개의 이산 행동(상, 하, 좌, 우, 변화 없음)을 수행할 수 있다. 한편, 자율주행 에이전트는 운전대를 연속적인 각도 범위로 회전시킬 수 있다.

- **보상**, $R(S, A, S')$: 보상^Reward은 에이전트의 행동(s)에 따라 환경이 반환하는 스칼라 값이다. 여기서 S는 현재 상태이고 S'는 행동 A를 취한 이후의 환경 상태다. 보상은 목표에 의해 결정된다. 행동이 목표 근처에 도달하면 에이전트는 더 높은 보상을 받고 그렇지 않으면 낮은(혹은 마이너스도 가능) 보상을 받는다. 보상을 정의하는 방법은 전적으로 우리에게 달려 있다. 미로의 경우에는 보상을 에이전트의 현재 위치와 목표 사이의 유클리드 거리로 정의할 수 있다. SDC 에이전트 보상은 자동차가 차로에 있거나(긍정적 보상) 차로를 벗어난 경우(음수 보상)일 수 있다.

- **정책**, $\pi(S)$: 정책^Policy은 각 상태와 그 상태에서 취할 행동 사이의 매핑을 정의한다. 정책은 **결정적**^deterministic일 수 있다. 즉, 각 상태마다 잘 정의된 정책이 있다. 미로 로봇의 경우 상단 블록이 비어 있을 경우 "위로 이동"이 정책일 수 있다. 정책은 **확률적**^stochastic일 수도 있다. 즉, 어떤 확률에 따라 행동이 취해진다. 단순 조회 표로 구현할 수도 있지만 현재의 상태에 대한 함수로 구현할 수도 있다. 정책은 RL 에이전트의 핵심이다. 11장에서는 에이전트가 정책을 배우는 데 도움이 되는 다양한 알고리듬에 대해 알아본다.

- **총보상**, G_t: 총보상^Return은 현재 시각으로부터 가능한 모든 보상의 할인^discounted 총합이며, 수학적으로는 다음과 같이 정의할 수 있다.

$$G_t = \sum_{k=0}^{\infty} \gamma^k R_{t+k+1}$$

- 여기서 R_t는 현재 시각 t에서의 보상이고, γ는 할인 계수^discount factor이며 그

값은 (0,1) 사이에 있다. 할인 계수는 정책 결정에 있어 미래의 보상이 얼마나 중요한지를 결정한다. 할인 계수가 0에 가까우면 에이전트는 즉각적인 보상을 더 중요하게 생각한다. 반면 할인 계수가 크면 에이전트는 먼 미래까지 내다보게 된다. 미래의 높은 보상을 위해 현재의 즉각적인 보상은 포기할 수 있다는 의미로서, 장기를 예로 들자면 졸을 희생시켜 더 큰 말을 잡는 묘수를 생각할 수 있는 것이다.

- **가치 함수**, $V(S)$: 가치 함수Value function는 장기적으로 봤을 때의 어떤 상태의 "좋음goodness"을 정의한다. 이는 상태 S부터 시작해 시간이 지남에 따라 에이전트가 누적할 수 있는 총 보상으로 간주할 수 있다. 가치 함수는 즉각적이 아닌 장기적으로 봤을 때의 좋음으로 생각할 수 있지만 오래 가진 않는 좋음이다. 즉각적인 보상을 최대화하는 것과 가치 함수를 최대화하는 것 중 어느 것이 더 중요하다고 생각되는가? 아까 장기의 예처럼 당장은 졸을 희생시키지만 몇 수 뒤에 장기 게임을 이길 수 있는 방법을 생각할 수 있는 것이므로 에이전트는 가치 함수를 최대화해야 한다.

- 일반적으로 가치 함수는 **상태-가치**State-Value 함수 $V^\pi(S)$ 또는 **행동-가치**Action-Value 함수 $Q^\pi(S, A)$로 정의되며, 여기서 π는 선택한 정책이다. 상태-가치 함수는 상태 S에서 정책 π를 따랐을 때의 기대 리턴return이다.

$$V^\pi(S) = E_\pi[G_t | S_t = s]$$

- 여기서 E는 기댓값이고, $S_t = s$는 시각 t에서의 상태다. 행동-가치 함수는 상태 S에서 행동 $A = a$를 취하고 정책 π를 따랐을 때의 기대 리턴이다.

$$Q^\pi(S, A) = E_\pi[G_t | S_t = s, A_t = a]$$

- **환경 모델**: 환경 모델은 선택적 요소다. 환경 모델은 환경의 행동을 따라하며 환경 내에서의 물리 법칙을 담고 있다. 다시 말해 환경이 어떻게 작동되는지 알려준다. 환경 모델은 다음 상태로의 전이 확률에 의해 정의된다. 이것은 선택적 구성 요소다. RL 프로세스를 정의하기 위해 전이 확률이 필요하지 않은

경우 모델이 없는 강화학습을 할 수 있다.

RL에서는 환경 상태가 **마르코프 속성**Markov Property을 따른다고 가정한다. 즉, 각 상태는 오직 이전 상태, 상태 공간에서 취한 행동 그리고 해당 보상에만 종속된다.

즉, S^{t+1}가 시간 $t + 1$에서의 환경 상태라면, 시간 t에서의 상태 S^t에 대한 함수이고, A^t는 시간 t에서 취해진 조치이며, R^t는 시간 t에서 얻은 해당 보상이다. 그 이전의 이력은 필요하지 않다. $P(S^{t+1} | S^t)$가 전이 확률이라 하면 수학적으로 마르코프 속성은 다음과 같이 쓸 수 있다.

$$P(S^{t+1}|S^t) = P(S^{t+1}|S^1, S^2, ..., S^t)$$

그러므로 RL은 **마르코프 결정 프로세스**MDP, Markov Decision Process로 간주된다.

심층 강화학습 알고리듬

심층 강화학습DRL, Deep Reinforcement Learning의 기본 개념은 심층 신경망을 사용해 정책 함수 또는 가치 함수를 근사화할 수 있다는 것이다. 11장에서는 많이 사용되는 DRL 알고리듬 몇 가지를 알아보자. 이 알고리듬은 근사하는 것이 무엇이냐에 따라 두 가지 부류로 분류될 수 있다.

- **가치 기반 기법**: 이 기법에서의 알고리듬은 가치 함수를 최대화하는 행동을 취한다. 여기서 에이전트는 주어진 상태나 행동이 얼마나 좋을지 예측하는 방법을 학습한다. 가치 기반Value-based 기법의 예는 심층 Q-신경망이다. 미로 로봇을 생각해보자. 각 상태의 값이 해당 상자에서 목표에 도달하는 데 필요한 단계 수를 음수로 나타낸다고 가정하면 에이전트는 각 단계마다 다음 다이어그램과 같이 최적의 값을 가진 상태로 만드는 행동을 선택할 것이다. 따라서 -6부터 시작해 -5, -4, -3, -2, -1로 이동하고 결국 0 값인 목표에 도달한다.

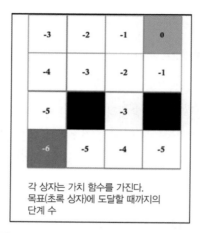

각 상자는 가치 함수를 가진다.
목표(초록 상자)에 도달할 때까지의
단계 수

그림 11.3 미로 찾기 로봇에서의 데모 가치 함숫값

- **정책-기반 기법**: 이 기법에서는 알고리듬은 가치 함수 추정을 유지하지 않고 최
  적의 정책(기대 리턴을 최대화하는 것)을 예측한다. 목표는 최적의 행동 대신 최
  적의 정책을 찾는 것이다. 정책 기반 방법의 예로는 정책 그래디언트가 있다.
  여기서는 각 상태를 최적의 해당 행동과 매핑할 수 있게 해주는 정책 함수를
  근사하게 된다. 가치 기반에 비해 정책 기반 방법이 가진 장점 중 하나는 연
  속 행동 공간에서도 사용할 수 있다는 것이다.

알고리듬이 근사하는 것이 정책이냐 가치냐라는 문제 이외에도 강화학습이 작동되
도록 하기 위해서는 몇 가지 추가적인 질문에 대한 해답이 필요하다.

훈련되지 않은 에이전트가 행동을 선택하는 방법

에이전트가 학습을 시작하면 행동을 결정할 수 있는 가장 좋은 방법이 무엇인지 또
는 어떤 행동이 최고의 Q-값을 제공하는지 알 수가 없다. 그렇다면 어떻게 해야 할
까? 자연의 섭리를 따라해보자. 꿀벌이나 개미와 마찬가지로 에이전트는 새로운 행
동을 탐색해 나가는 것과 학습된 행동을 활용하는 것 사이에서 균형을 맞춰 나간다.
이를 **탐색 대 활용**Exploration vs Exploitation[2] 트레이드 오프라고 한다. 에이전트는 탐색
을 사용해 더 많은 정보를 수집하고 나중에 수집된 정보를 활용해 최선의 결정을 내

린다.

에이전트가 탐색과 활용 사이의 균형을 맞추는 방법

거기에는 다양한 전략이 있다. 가장 많이 사용되는 것은 **엡실론-그리디**Epsilon-Greedy ($\epsilon - greedy$) 정책이다. 여기서 에이전트는 끊임없이 탐색하고 $\epsilon \in [0, 1]$ 값에 따라 각 단계에서 에이전트가 확률 ϵ로 랜덤 행동을 선택하고 확률 $1 - \epsilon$로 가치 함수를 최대화하는 행동을 선택한다. 일반적으로 ϵ의 값은 점근적으로 감소한다. Python의 경우 $\epsilon -$ 그리디 정책은 다음과 같이 구현할 수 있다.

```
if np.random.rand() <= epsilon:
    a = random.randrange(action_size)
else:
    a = np.argmax(model.predict(s))
```

여기서 model은 가치/정책 함수를 근사한 심층 신경망이고, **a**는 action_size 크기의 행동 공간에서 선택한 행동이고 s는 상태다. 탐색을 수행하는 다른 방법은 노이즈를 사용하는 것이다. 연구자들은 가우시안과 올스타인-울렌벡Ornstein-Uhlenbeck 노이즈를 성공적으로 실험했다.

고도로 상관된 입력 상태 공간은 어떻게 다룰 것인가?

RL 모델의 입력은 환경의 현재 상태다. 그러나 두 연속된 상태 간의 상관관계는 매우 높다. 이제 순차적 상태를 기반으로 신경망을 학습하면 연속 입력 사이의 높은 상관관계로 인해 문헌에서 **치명적 망각**Catastrophic Forgetting으로 알려진 결과가 초래된다. 치명적 망각의 영향을 줄이기 위해 2018년 데이비드 이셀르David Isele와 아칸셀 코스건Akansel Cosgun은 **경험 재생**Experience Replay[3] 방법을 제안했다.

가장 간단히 설명하자면 학습 알고리듬은 먼저 MDP 튜플 즉, 상태, 행동, 보상, 다음 상태$\langle S, A, R, S' \rangle$를 버퍼/메모리에 저장한다. 상당한 양의 메모리가 구축되면 에이전트를 훈련하기 위해 랜덤으로 배치를 선택한다. 새로 추가되는 것과 오래된 것이 삭제되면서 메모리는 계속 새로 고쳐진다. 경험 재생을 사용하면 세 가지 이점이 있다.

- 첫째, 많은 가중치 갱신에 동일한 경험이 잠재적으로 사용될 수 있으므로 데이터 효율성이 향상된다.
- 둘째, 무작위 배치 경험을 선택하면 훈련을 위해 신경망에 제공되는 연속 상태 간의 상관관계가 제거된다.
- 셋째, 발생할 수 있는 원치 않는 피드백 루프를 중지하고 신경망이 지역 최소점에 멈춰 있거나 발산되게 한다.

경험 재생의 수정된 버전은 **우선 경험 재생**PER, Prioritized Experience Replay이다. 이 방법은 2015년에 톰 숄 등Tom Schaul et al.[4]에 의해 소개됐고 모든 경험(또는 시도)가 똑같이 중요하진 않다는 생각에서 비롯됐다. 어떤 시도는 다른 것보다 더 좋은 교훈을 준다. 따라서 경험을 무작위로 선택하는 대신, 보다 교육적인 경험에 더 많은 우선권을 부여해 훈련 때 선택되도록 하는 것이 훨씬 더 효율적일 것이다. 숄의 논문에서는, 예측과 목표의 차이가 큰 경험에 우선권을 주어야 한다고 제안했다. 그러한 경우에 에이전트는 더 많은 것을 배울 수 있기 때문이다.

움직이는 목표를 다루는 방법

지도학습과 달리 RL에서는 목표가 사전에 알려져 있지 않다. 목표가 움직이면 에이전트는 예상 리턴을 최대화하려고 시도하지만 에이전트가 학습해 나가면서 최댓값이 변하게 된다. 본질적으로 이 문제는 나비를 잡으려고 나비에 접근할 때마다 새로운 위치로 날아가 버리는 것에 비유할 수 있다. 움직이는 목표가 되는 큰 이유는 동일한 신경망을 사용해 행동과 목푯값을 추정하기 때문에 학습에 진동이 발생할 수 있는 것이다.

이에 대한 해결책은 딥마인드팀이 2015년 「네이처Nature」에 발표한 「Human-level Control through Deep Reinforcement Learning」이라는 논문에서 제안됐다. 해법은 에이전트가 움직이는 목표 대신 단기 고정 대상을 갖게 하는 것이다. 에이전트는 이제 2개의 신경망을 관리한다. 두 신경망은 완전히 동일한 아키텍처를 갖는다. 하나는 지역 신경망이라고 하며 각 단계에서 현재 행동을 추정하는 데 사용되고 다른 하나는 목표 신경망이라 하며, 목푯값을 가져오는 데 사용된다. 그러나 두 신경망은 각각 자체 가중치 집합을 가진다. 각 시간 단계에서 지역 신경망은 추정치와 목표가 서로 가까워지는 방향으로 학습한다. 몇 번의 시간 단계 후에 목표 신경망 가중치가 갱신된다. 갱신 방법에는 하드 갱신과 소프트 갱신이 있는데, 하드 갱신의 경우 N시간 단계 후 지역 신경망의 가중치가 모두 목표 신경망 가중치로 완전히 복사되지만, 소프트 갱신의 경우 목표 신경망은 천천히 ($\tau \in [0,1]$ 만큼) 지역 신경망을 행해 가중치를 갱신한다.

최근 몇 년 간의 강화학습 성공

지난 몇 년 동안 DRL은 특히 게임과 로봇 공학 등의 다양한 과제에 성공적으로 사용됐다. 알고리듬을 배우기 전에 먼저 RL의 성공 사례를 조금 살펴보자.

- **알파고 제로**AlphaGo Zero: 알파고 제로는 Google 딥마인드팀의 논문 「Mastering the game of Go without any human knowledge」에서 완전 백지 상태에서 시작한다. 알파고 제로는 하나의 신경망을 사용해서 바둑돌 움직임의 확률과 가치를 근사했다.

- 이 신경망은 바둑판 모양을 입력으로 취한다. 그리고 돌의 움직임을 선택하기 위해 신경망에 의해 가이드된 몬테 카를로 검색을 사용한다. 강화학습 알고리듬에는 훈련 루프 속에 미리보기 검색을 통합해놨다. 알파고 제로는 40 블록 레지듀얼 CNN을 사용해 40일 동안 훈련을 받았고, 훈련 과정 동안 약 2,900만 번(엄청난 횟수다!) 게임을 했다. 신경망은 64개의 GPU 워커worker와 19개의 CPU 매개변수 서버로 TensorFlow를 사용해 Google 클라우드에서 최적화됐다. 관련 논문은 「네이처」 기사(https://www.nature.com/articles/nature24270)에 있다.

- **AI 제어 세일플레인[1]**: Microsoft는 Pixhawk와 Raspberry Pi 3와 같이 다양한 자동 조종 항법 하드웨어 플랫폼에서 실행할 수 있는 컨트롤러 시스템을 개발했다. 이 시스템은 자연적으로 발생하는 상승 온난 기류를 찾아 편승할 수 있어 모터를 사용하지 않고도 글라이더를 공중에 계속 띄울 수 있다. 컨트롤러는 글라이더가 자체적으로 상승 기류를 감지하고 이용해 모터나 사람의 도움 없이 비행을 할 수 있도록 도와준다. MS는 부분 관찰 가능 마르코프 의사 결정 프로세스로 이 시스템을 구현했다. 그들은 베이즈 강화학습을 사용했고 몬테 카를로 트리 검색을 사용해 최적의 행동을 찾았다. 그들은 전체 시스템을 레벨 플래너^{level planner} 즉, 경험에 기초한 결정을 내리는 고급 플래너와 베이즈 강화 기법을 사용해 상승 기류를 실시간으로 감지하고 편승할 수 있는 저급 플래너로 나눴다. 세일플레인^{sailplanes}에 대한 정보는 Microsoft News(https://news.microsoft.com/features/science-mimics-nature-microsoft-researchers-test-aicontrolled-soaring-machine/)에서 볼 수 있다.

- **보행 능력^{Locomotion behavior}**: 「Emergence of Locomotion Behaviours in Rich Environments」(https://arxiv.org/pdf/1707.02286.pdf)라는 논문에서 딥마인드 연구팀은 에이전트에게 복잡하고 다양한 환경을 제공했다. 환경은 여러 수준의 난이도에서 다양한 문제를 제시했다. 에이전트에게는 점진적으로 난이도를 높이면서 제공했다. 이로 인해 에이전트는 어떠한 보상 공학(즉, 특별한 보상 함수의 설계) 없이도 정교한 보행 기술을 배울 수 있었다.

- **강화학습을 이용한 데이터 센터 냉각**: 데이터 센터는 현재 디지털/인터넷 혁명의 중요한 역할을 하는 시설이다. 큰 서버와 네트워킹 장치들을 갖추고 있어 데이터 저장, 전송 및 인터넷을 통한 정보 처리를 가능하게 한다. 데이터 센터는 전체 글로벌 에너지 소비의 약 1.5%를 차지하며, 아무런 조치를 취하지 않으면 에너지 소비가 더욱 증가할 것이다. 2016년에 딥마인드와 구글 연구팀은 강화학습 모델을 활용해 데이터 센터의 에너지 소비를 40% 감소시키는 데 성공했다. 데이터 센터 내의 센서에서 수집된 과거 데이터를 사용해, 그

---

1 무동력으로 비행하는 장거리 글라이더 비행기를 세일플레인(sailplane)이라고 한다. - 옮긴이

들은 딥 신경망을 훈련시켜 미래의 에너지 효율성을 예측하고 최적의 조치를 제안했다. 논문 「Data center cooling using model-predictive control」에서 이 모델과 접근 방식의 자세한 내용을 확인할 수 있다(https://proceedings.neurips.cc/paper/2018/file/059fdcd96baeb75112f09fa1dcc740cc-Paper.pdf).

- **핵 융합 플라즈마 제어**: 최근(2022년), 강화학습에서 흥미로운 응용 분야 중 하나는 강화학습을 활용해 핵 융합 플라즈마를 제어하는 것이다. 이와 관련된 결과는 「네이처」에 발행된 논문 「Magnetic control of tokamak plasmas through reinforcement learning」에 게재돼 있다.

게임에 대한 암묵적인 지식도 없이 DRL 에이전트가 많은 특화된 과제에서 게임을 학습하고 심지어 사람을 이기기까지 하는 것을 보면 실로 놀랍다. 다음 절에서는 이 멋진 DRL 알고리듬들을 살펴보고 수천 시간 에폭 내에 거의 인간 같은 효율성으로 게임을 하는 것을 보게 될 것이다.

RL의 시뮬레이션 환경

앞서 언급한 바와 같이 시행착오는 모든 RL 알고리듬의 중요한 구성 요소다. 따라서 먼저 시뮬레이션된 환경에서 RL 에이전트를 훈련하는 것이 좋다. 요즘에는 환경을 구축하는 데 사용할 수 있는 많은 플랫폼이 있다. 일부 인기 있는 항목은 다음과 같다.

- **OpenAI Gym**: 여기에는 RL 에이전트를 훈련하는 데 사용할 수 있는 환경 모음을 포함하고 있다. 11장에서는 OpenAI Gym 인터페이스를 사용한다.

- **Unity ML-Agents SDK**: 개발자는 Unity 편집기를 사용해 만든 게임과 시뮬레이션을 사용이 간편한 Python API를 통해 DRL, 진화 전략 또는 기타 머신러닝 방법을 사용해 지능형 에이전트를 훈련할 수 있는 환경으로 변환할 수 있다. TensorFlow와 함께 작동하며 2D/3D 및 VR/AR 게임용 지능형 에이전트를 훈련하는 기능을 제공한다. 다음 링크(https://github.com/Unity-Technologies/

ml-agents)에서 자세히 알아볼 수 있다.

- **Gazebo**: Gazebo에서는 물리 기반 시뮬레이션으로 3차원 세계를 구축할 수 있다. gym-gazebo 툴킷은 **로봇 운영체제**[ROS] 및 OpenAI Gym 인터페이스와 함께 Gazebo를 사용하며, RL 에이전트를 교육하는 데 사용할 수 있다. 이에 대한 자세한 내용은 백서(https://arxiv.org/abs/1608.05742)를 참조하라.

- **블렌더 학습 환경**: 블렌더[Blender] 게임 엔진용 Python 인터페이스이며 OpenAI Gym에서도 작동한다. 기본 Blender는 게임 엔진이 통합된 무료 3D 모델링 소프트웨어다. 이는 게임 제작을 위한 사용하기 쉽고 강력한 도구 집합을 제공한다. Blender 게임 엔진에 대한 인터페이스를 제공하며 게임 자체는 Blender에서 설계됐다. 그런 다음 특정 문제에 대해 RL 에이전트를 교육하는 사용자 지정 가상 환경을 만들 수 있다(https://github.com/LouisFoucard/gym-blender).

- **Malmo**: Microsoft팀이 구축한 Malmo는 Minecraft를 기반으로 구축된 AI 실험 및 연구용 플랫폼이다. 작업 및 미션 생성을 위한 간단한 API를 제공한다. Malmo 프로젝트에 대한 자세한 내용은 다음 링크(https://www.microsoft.com/en-us/research/project/project-malmo/)에서 확인할 수 있다.

OpenAI Gym 소개

여기서는 에이전트에게 환경을 제공하기 위해 OpenAI Gym을 사용할 것이다. OpenAI Gym은 RL 알고리듬을 개발하고 비교하기 위한 오픈 소스 툴킷이다. 이 인터페이스에는 에이전트를 훈련하고 새로운 RL 알고리듬을 개발하는 데 사용할 수 있는 다양한 시뮬레이션 환경을 포함하고 있다.

가장 먼저 해야 할 일은 OpenAI Gym을 설치하는 것이다. 다음 명령을 사용하면 최소한의 gym 패키지가 설치된다.

```
pip install gym
```

만약 모든 (무료) gym 모듈을 설치하려면, [all]을 추가하라.

```
pip install gym[all]
```

 MuJoCo 환경을 사용하려면 라이선스를 구매해야 한다.

```
pip install box2d-py
```

OpenAI Gym은 간단한 텍스트 기반부터 3차원 게임에 이르기까지 다양한 환경을 제공한다. 지원되는 환경은 다음과 같이 그룹화할 수 있다.

- **알고리듬**: 덧셈 등의 계산을 수행할 수 있는 환경을 갖고 있다. 컴퓨터상에서 연산을 수행하는 일은 쉬운 반면, RL 문제에서 연산 등의 과제를 에이전트가 학습하는 유일한 방법은 순전히 예시에 따른 것이므로 쉽지 않다.

- **아타리**: 이 환경은 광범위하고 다양한 클래식 아케이드arcade 게임을 제공한다.

- Box2D: 자동차 경주 에이전트나 이족 보행 또는 로봇 보행 등의 2차원상의 로보틱스 과제를 포함한다.

- **고전적 제어**: 카트-폴card-pole의 균형 잡기 등의 고전적인 제어 이론 문제를 담고 있다.

- MuJoCo: 유료 버전이다(1개월 무료 평가판을 받을 수 있다). 다양한 로봇 시뮬레이션 과제를 지원한다. 환경에는 물리 엔진이 포함돼 있으므로 로봇 작업을 훈련하는 데 사용한다.

- **로보틱스**Robotics: MuJoCo의 엔진을 사용한다. 페치fetch 로봇이나 섀도-핸드shadow-hand 로봇을 위한 목표-기반 과제를 시뮬레이션한다.

- Toy text: 단순 텍스트-기반 환경으로서 초보자에게 매우 좋다.

Gym 웹사이트(https://gym.openai.com)에 접속하면 환경에 대한 전체 목록을 볼 수

있다. 현 설치 상태에서 가용한 환경 목록을 보고자 한다면 다음 명령을 사용하면
된다.

```
from gym import envs

envall = envs.registry.all()
len(envall)
```

이 책을 쓰고 있는 시점 기준으로 이 값은 859이다. 즉 859개의 서로 다른 환경이 gym
모듈에 있다. 각 환경은 make 함수를 사용해 생성된다. 각 환경에는 고유한 ID, 관
찰 공간, 행동 공간, 디폴트 보상 범위가 연계된다. 점 표기법을 통해 Gym의 이 값
에 접근할 수 있으며, 이는 다음 코드에 나타나 있다. envall을 통해 모든 환경을 볼
수 있으며 그 고유 ID를 볼 수 있는데 이는 make 메서드를 통해 환경, 관찰 공간, 보
상 범위, 행동 공간을 생성하는 데 사용된다.

```
from tqdm import tqdm
List = []
for e in tqdm(envall):
    try:
        env = e.make()
        List.append([e.id, env.observation_space, env.action_space, env.
reward_range])
        env.close()
    except:
        continue
```

그림 11.4는 리스트로부터의 랜덤 샘플을 보여준다.

548

	Environment	Observation Space	Action Space	Reward
418	JourneyEscape-ram-v0	Box(0, 255, (128,), uint8)	Discrete(16)	(-inf, inf)
438	KrullDeterministic-v0	Box(0, 255, (210, 160, 3), uint8)	Discrete(18)	(-inf, inf)
328	Freeway-v0	Box(0, 255, (210, 160, 3), uint8)	Discrete(3)	(-inf, inf)
113	Atlantis-v4	Box(0, 255, (210, 160, 3), uint8)	Discrete(4)	(-inf, inf)
298	ElevatorAction-ram-v0	Box(0, 255, (128,), uint8)	Discrete(18)	(-inf, inf)
571	RiverraidDeterministic-v4	Box(0, 255, (210, 160, 3), uint8)	Discrete(18)	(-inf, inf)
219	Carnival-ramNoFrameskip-v4	Box(0, 255, (128,), uint8)	Discrete(6)	(-inf, inf)
112	Atlantis-v0	Box(0, 255, (210, 160, 3), uint8)	Discrete(4)	(-inf, inf)
712	Venture-v0	Box(0, 255, (210, 160, 3), uint8)	Discrete(18)	(-inf, inf)
435	Kangaroo-ramNoFrameskip-v4	Box(0, 255, (128,), uint8)	Discrete(18)	(-inf, inf)
646	SpaceInvaders-ram-v0	Box(0, 255, (128,), uint8)	Discrete(6)	(-inf, inf)
396	IceHockey-ramDeterministic-v0	Box(0, 255, (128,), uint8)	Discrete(18)	(-inf, inf)
386	Hero-ramNoFrameskip-v0	Box(0, 255, (128,), uint8)	Discrete(18)	(-inf, inf)
674	Tennis-ramNoFrameskip-v0	Box(0, 255, (128,), uint8)	Discrete(18)	(-inf, inf)
35	Adventure-ram-v4	Box(0, 255, (128,), uint8)	Discrete(18)	(-inf, inf)
210	CarnivalDeterministic-v0	Box(0, 255, (214, 160, 3), uint8)	Discrete(6)	(-inf, inf)
460	MontezumaRevenge-v0	Box(0, 255, (210, 160, 3), uint8)	Discrete(18)	(-inf, inf)
280	DoubleDunk-v0	Box(0, 255, (210, 160, 3), uint8)	Discrete(18)	(-inf, inf)
101	Asteroids-v4	Box(0, 255, (210, 160, 3), uint8)	Discrete(14)	(-inf, inf)
107	Asteroids-ram-v4	Box(0, 255, (128,), uint8)	Discrete(14)	(-inf, inf)

그림 11.4 OpenAI Gym에서 가용한 환경의 랜덤 리스트

이 명령을 사용해 Gym의 모든 환경에 대한 세부 사항을 찾아볼 수 있다. 예컨대 다음 코드는 MountainCar 환경의 세부 상황을 출력한다.

```
env = gym.make('MountainCar-v0')
print(f"The Observation space is {env.observation_space}" )

print(f"Upper Bound for Env Observation {env.observation_space.high}")
print(f"Lower Bound for Env Observation {env.observation_space.low}")
print(f"Action Space {env.action_space}")
```

```
env.seed(0)
obs = env.reset()
print(f"The initial observation is        {obs}")
# Take a random actionget the new observation space
new_obs, reward, done, info = env.step(env.action_space.sample())
print(f"The new observation is              {new_obs}")
env.close()
```

OpenAI Gym에서 제공하는 핵심 인터페이스는 통합 환경 인터페이스다. 에이전트는 세 가지 기본 메서드, 즉 reset, step 그리고 render를 사용해 환경과 상호 작용할수 있다. reset 메서드는 환경을 재설정하고 관측을 반환한다. step 메서드는 하나의시간 간격으로 환경을 단계적으로 조정하고 new_obs, reward, done, info를 반환한다.render 메서드는 창이 팝업되는 것과 같이 환경의 한 프레임을 렌더링한다. 이제 최초 프레임의 몇 개 다른 환경과 뷰를 살펴보자.

표 11.1 OpenAI Gym과 그 최초 상태의 서로 다른 환경

Physics Engine	Classic Control	Atari

`e = 'LunarLander-v2'`
`env = gym.make(e)`
`obs = env.reset()`
`img = env.`
`render(mode='rgb_`
`array')`
`env.close()`
`plt.imshow(img)`
	`e = 'CartPole-v0'`
	`env = gym.make(e)`
	`env.reset()`
	`img = env.`
	`render(mode='rgb_`
	`array')`
	`env.close()`
	`plt.imshow(img)`
		`e = 'SpaceInvaders-v0'`
		`env = gym.make(e)`
		`env.reset()`
		`img = env.`
		`render(mode='rgb_`
		`array')`
		`env.close()`
		`plt.imshow(img)`

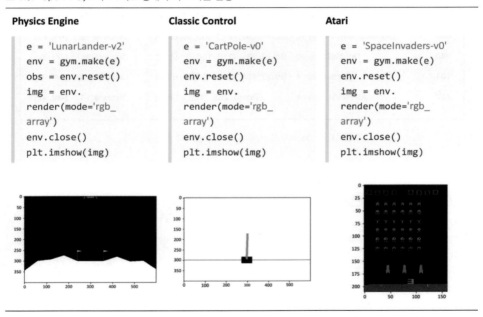

앞의 코드는 Matplotlib를 사용해 환경을 표시했다. 다른 방법으로는 render 메서드

를 직접 사용해도 된다.

```
import gym
env_name = 'Breakout-v0'
env = gym.make(env_name)
obs = env.reset()
env.render()
```

그림 11.5에서 〈Breakout〉[2] 환경을 볼 수 있다. render 함수는 환경창을 새로 띄운다.

그림 11.5 벽돌 깨기 환경의 최초 상태

환경 상태 공간과 해당 행동 공간에 관한 자세한 내용은 env.ovservation_space와 env.action_space를 사용해 확인할 수 있다. Breakout 게임에서는 상태는 210×160 크기의 3개 채널 이미지로 구성되며, 작업 공간은 4개의 가능한 이산 행동으로 분리된다. 작업이 완료되면 다음처럼 OpenAI를 닫는 것을 잊지 말아야 한다.

```
env.close()
```

2 벽돌 깨기 게임 - 옮긴이

\<Breakout\>을 하는 랜덤 에이전트

이제 〈Breakout〉 게임을 즐겨보자. 나는 처음 이 게임을 했을 때 규칙이나 게임 방법을 전혀 몰랐기 때문에 무작위로 컨트롤 버튼을 선택했다. 우리의 초보 에이전트도 똑같을 것이다. 행동 공간에서 임의로 행동을 선택한다. Gym은 액션 공간에서 랜덤 액션을 선택하는 함수 sample()을 제공한다. 이 함수를 사용할 것이다. 또한 게임 재생을 저장해 나중에 다시 볼 수 있다. 게임을 저장하는 방법은 두 가지가 있다. 하나는 Matplotlib을 사용하고 다른 하나는 OpenAI Gym Monitor 래퍼다. 먼저 Matplotlib 방법을 보자.

먼저 필요한 모듈을 임포트한다. 지금은 gym과 matplotlib만 필요하다. 에이전트가 랜덤으로 움직일 것이기 때문이다.

```
import gym
import matplotlib.pyplot as plt
import matplotlib.animation as animation
```

Gym 환경을 생성한다.

```
env_name = 'Breakout-v0'
env = gym.make(env_name)
```

다음으로 한 번에 한 단계씩 게임을 실행해 300단계 또는 게임이 완료될 때까지(둘 중 빠른 쪽) 무작위로 행동을 선택한다. 환경 상태 (관측) 공간은 각 단계에서 frames 리스트에 저장된다.

```
frames = [] # 각 단계에서 상태 공간을 저장할 배열
env.reset()
done = False
for _ in range(300):
    #print(done)
    frames.append(env.render(mode='rgb_array'))
    obs,reward,done, _ = env.step(env.action_space.sample())
    if done:
        break
```

이제 Matplotlib Animation을 사용해 모든 프레임을 GIF 이미지로 결합한다. 이미지 객체를 만들고 패치한 다음 이미지 데이터를 특정 프레임 인덱스로 설정하는 함수를 정의한다. 이 함수는 Matplotlib Animation 클래스에서 애니메이션을 생성하는데 사용되며, 최종적으로 random_agent.gif 파일에 저장된다.

```
patch = plt.imshow(frames[0])
plt.axis('off')
def animate(i):
    patch.set_data(frames[i])
    anim = animation.FuncAnimation(plt.gcf(), animate, \
        frames=len(frames), interval=10)
    anim.save('random_agent.gif', writer='imagemagick')
```

앞의 코드는 GIF 이미지를 생성한다. 그중 일부는 다음과 같다.

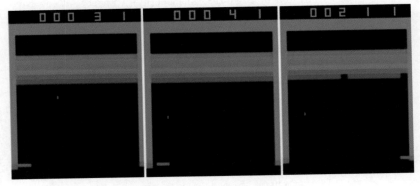

그림 11.6 저장된 GIF 이미지의 일부 스크린샷

이제 OpenAI Gym에 다소 익숙해졌으니, 그 래퍼를 살펴보자. 이를 통해 자신만의 맞춤형 환경을 생성할 수 있다.

Gym의 래퍼

Gym은 기존 환경을 수정할 수 있는 다양한 래퍼wrapper를 제공한다. 예컨대 당신이 현재 0과 255 사이의 강도를 가진 RGB 이미지-기반 입력을 갖고 있고, 당신이 사용하는 RL 에이전트가 0과 1 사이의 값 입력에 최적화된 신경망이라면 Gym 래퍼 클래스를 사용해 상태 공간을 전처리할 수 있다. 다음은 관측값을 연결하는 래퍼를 정의하는 것이다.

```python
from collections import deque
from gym import spaces
import numpy as np

# 관측치를 연결하는 클래스
class ConcatObservations(gym.Wrapper):
    def __init__(self, env, n):
        gym.Wrapper.__init__(self, env)
        shape = env.observation_space.shape
        self.n = n
        self.frames = deque([], maxlen=n)
        self.observation_space = \
            spaces.Box(low=0, high=255, shape=((n,) + shape), dtype=env.observation_space.dtype)
    def reset(self): # reset 함수
        obs = self.env.reset()
        for _ in range(self.n):
            self.frames.append(obs)
        return self._get_obs()

    def step(self, action): # step 함수
        obs, reward, done, info = self.env.step(action)
        self.frames.append(obs)
        return self._get_obs(), reward, done, info

    def _get_obs(self):
        return np.array(self.frames)
```

디폴트 reset, step, 관측 _get_obs 함수를 변경해야 함을 볼 수 있다. 또한 디폴트 관측 공간도 변경해야 한다.

이제 작동 기저를 보자. "BreakoutNoFrameskip-v4" 환경을 선택하면 최초 관측 공간은 $210 \times 160 \times 3$이 된다.

```
env = gym.make("BreakoutNoFrameskip-v4")
print(f"The original observation space is  {env.observation_space}")
```

OUTPUT:

```
>>>The original observation space is  Box(0, 255, (210, 160, 3), uint8)
```

그리고 이제 방금 생성한 래퍼를 사용해보자.

```
env = ConcatObservations(env, 4)
print(f"The new observation space is  {env.observation_space}")
```

OUTPUT:

```
The new observation space is  Box(0, 255, (4, 210, 160, 3), uint8)
```

이제 차원이 추가됐음을 볼 수 있다. 각 210×160×3인 4개의 프레임이 있다. 래퍼를 사용해 보상도 변경할 수 있다. 이 경우 슈퍼 클래스 RewardWrapper를 사용했다. 다음은 보상이 [-10, 10] 사이에 있도록 절단한 샘플 코드의 일부다.

```
class ClippedRewards(gym.RewardWrapper):
    def __init__(self, env):
        gym.RewardWrapper.__init__(self, env)
        self.reward_range = (-10,10)

    def reward(self, reward):
        """ {+10, 0, -10} 사이로 값 절단 """
        return reward if reward >= -10 and reward <= 10 else 10 *
np.sign(reward)
```

이를 보상 범위가 $[-\infty, \infty]$인 CartPole 공간에서 사용해보자.

```
env = ClippedRewards(gym.make("CartPole-v0"))
print(f'Clipped reward range: {env.reward_range}')
env.close()
```

OUTPUT:

```
Clipped reward range: (-10, 10)
```

또 다른 유용한 응용 래퍼는 에이전트가 학습하는 동안 상태 공간을 저장하고자 할 때다. 일반적으로 RL 에이전트를 적절히 훈련시키기 위해서는 많은 단계가 필요하므로 각 단계에서 상태 공간을 저장하는 것이 불가능하다. 그 대신 앞의 알고리듬에서는 500번째 단계(또는 원하는 다른 단계)마다 저장하도록 선택할 수 있다. OpenAI Gym은 게임을 비디오로 저장할 수 있는 `Wrapper Monitor` 클래스를 제공한다. 이렇게 하려면 먼저 `Wrappers`를 임포트한 다음 환경을 생성하고 마지막으로 `Monitor`를 사용해야 한다.

기본 설정은 1, 8, 27, 64의 비디오(완전세제곱perfect cube[3] 에피소드 번호) 등과 매 1,000번째 에피소드마다 저장한다. 각 훈련은 기본적으로 하나의 폴더에 저장된다. 이를 수행하는 코드는 다음과 같다.

```
import gym
env = gym.make("Breakout-v0")
env = gym.wrappers.Monitor(env, 'recording', force=True)
observation = env.reset()
for _ in range(1000):
    #env.render()
    action = env.action_space.sample()
    # 에이전트(랜덤 행동을 취한다)
    observation, reward, done, info = env.step(action)
    if done:
        observation = env.reset()
env.close()
```

`Monitor`를 작동하려면 FFmpeg 지원이 필요하기 때문에 OS에 따라 없는 경우에는 별도로 설치해야 한다.

이는 `recording` 폴더에 비디오를 `mp4` 형식으로 저장한다. 여기서 주의해야 할 것은 다음 훈련 세션에 동일한 폴더를 사용하려면 `force=True` 옵션을 설정해야 한다는 것이다.

---

3 완전세제곱(perfect cube)은 13=3, 23=8, 33=27…을 의미한다. – 옮긴이

> ℹ️ 에이전트를 Google Colab에서 훈련시키고자 한다면, 다음 드라이버를 추가해 Gym 출력을 시각화할 수 있다.

```
!pip install pyglet
!apt-get install -y xvfb python-opengl > /dev/null 2>&1
!pip install gym pyvirtualdisplay > /dev/null 2>&1
```

> Python 가상 디스플레이를 설치하고 나면 이를 시작시켜야 한다. Gym은 관측치 설정을 위해 가상 디스플레이를 사용한다. 다음 코드는 크기가 600×400인 디스플레이를 시작시킬 수 있다.

```
from pyvirtualdisplay import Display
display = Display(visible=0, size=(600, 400))
display.start()
```

> 아타리 게임에서 플레이하려면 다음을 사용하라.

```
!wget http://www.atarimania.com/roms/Roms.rar
!mkdir /content/ROM/
!unrar e /content/Roms.rar /content/ROM/
!python -m atari_py.import_roms /content/ROM/
```

심층 Q-신경망

심층 Q-신경망DQN, Deep Q-Networks은 Q 함수(가치-상태 함수)를 근사하도록 설계된 딥러닝 신경망으로, 가장 인기 있는 가치-기반 강화학습 알고리듬 중 하나다. 이 모델은 2013년 NIPS에 Google 딥마인드팀이 「Playing Atari with Deep Reinforcement Learning」이라는 논문에서 제안했다. 이 논문의 가장 중대한 기여는 원시 상태 공간을 신경망의 입력으로 직접 사용했다는 것이다. 입력 특징은 이전 RL 구현과 달리 수작업으로 제작되지 않았다. 또한 에이전트는 정확히 동일한 아키텍처로 다른 아타리 게임을 하도록 에이전트를 훈련해 최고 결과를 얻을 수 있다.

이 모델은 단순 Q-러닝 알고리듬의 확장이다. Q-러닝 알고리듬에서는 Q-테이블이 치트 시트cheat sheet로 관리된다. 각 행동 후 Q-테이블은 벨만Bellman 방정식[5]을 사용해 갱신된다.

$$Q(S_t, A_t) = (1 - \alpha)Q(S_t, A_t) + \alpha\big(R_{t+1} + \gamma\, max_A Q(S_{t+1}, A_t)\big)$$

α는 학습률이고 그 값은 [0, 1] 사이에 있다. 첫 번째 항은 이전 Q 값의 구성 요소를 나타내고 두 번째 항은 목표 Q 값이다. Q-러닝은 상태 수와 가능한 행동 수가 적은 경우에는 좋지만, 큰 상태 공간과 행동 공간의 경우 Q-학습을 단순히 확장할 수 없다. 더 나은 대안은 심층 신경망을 함수 근사기로 사용해 각 가능한 행동에 대한 목표 Q 함수를 근사하는 것이다. 이 경우 심층 신경망의 가중치는 Q-테이블 정보를 저장한다. 가능한 각 행동별로 별도의 출력 유닛이 있다. 신경망은 상태를 입력으로 사용해 가능한 모든 행동에 대해 예측된 목표 Q 값을 반환한다. 한 가지 드는 의문은 "이 신경망을 어떻게 훈련시키고 어떤 손실함수를 사용해야 하는가?"이다. 신경망은 목표 Q값을 예측해야만 한다.

$$Q_{target} = R_{t+1} + \gamma\, max_A Q(S_{t+1}, A_t)$$

따라서 손실함수는 예측 Q 값($Q_{predicted}$)과 목표 Q 값(Q_{target}) 사이의 차이를 축소하려 시도해야 한다. 이제 손실함수는 다음과 같이 정의할 수 있다.

$$loss = E_\pi\big[Q_{target}(S, A) - Q_{predicted}(S, W, A)\big]$$

여기서 W는 심층 Q-신경망의 학습 매개변수로서, 그래디언트 하강을 사용해 학습함으로써 손실함수를 최소화한다.

다음은 DQN의 일반적인 아키텍처다. 신경망은 입력으로서 n차원 상태를 취하고, m차원 행동 공간에서 각각의 가능한 행동의 Q 값을 출력한다. 각 계층(입력 포함)은 컨볼루션 계층(원시 픽셀을 입력으로 사용하는 경우라면 컨볼루션 계층이 더 합리적이다) 또는 밀집 계층을 사용할 수 있다.

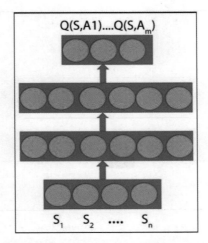

그림 11.7 그림은 단순 DQN 네트워크를 보여주는데, 입력 계층은 상태 벡터 S를 취하고, 출력은 상태에서의 모든 가능한 행동에 대해 예상 출력 Q를 생성한다.

다음 절에서는 DQN 훈련을 시도한다. 에이전트의 과제는 카트의 막대^{pole}를 고정하는 것이다. 에이전트는 카트를 왼쪽이나 오른쪽으로 움직여 균형을 유지할 수 있다.

카트폴을 위한 DQN

카트폴^{CartPole}은 연속 상태 공간과 이산 행동 공간을 가진 전형적인 OpenAI 문제다. 이 문제에서는 막대^{pole}가 동력 장치가 없는 상태로 카트에 관절처럼 된 연결 고리에 부착된다. 카트는 마찰이 없는 트랙을 따라 움직인다. 목표는 카트를 왼쪽이나 오른쪽으로 움직여 카트에 부착된 기둥을 똑바로 세우는 것이다. 막대가 섰을 때마다 +1의 보상이 지급된다. 막대가 수직에서 15도 이상 벌어지거나 카트가 중앙에서 2.4단위 이상 이동하면 게임이 종료된다.

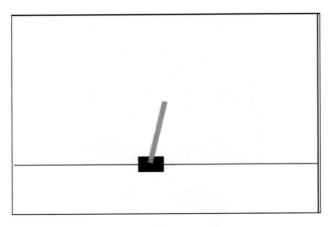

그림 11.8 카트폴 Gym 환경의 스크린샷

OpenAI Gym의 리더보드(https://github.com/openai/gym/wiki/Leaderboard#cartpole-v0)를 찾아보면 카트폴 환경에 대한 일부 좋은 정보를 얻을 수 있다.

먼저 필요한 모듈을 임포트한다. 카트폴 환경을 구축하려면 당연히 gym이 필요하고, DQN 신경망을 구축하려면 tensorflow가 필요하다. 그 외 random과 numpy 모듈도 필요하다.

```
import random
import gym
import math
import numpy as np
from collections import deque
import tensorflow as tf
from tensorflow.keras.models import Sequential
from tensorflow.keras.layers import Dense
from tensorflow.keras.optimizers import Adam
```

에이전트를 훈련할 최대 에피소드(EPOCHS), 해결된 환경을 고려할 때의 임곗값(THRESHOLD) 그리고 훈련을 기록할지 여부를 나타내는 부울값(MONITOR)을 전역 값으로 설정한다. 공식 OpenAI 문서에 따라 에이전트가 195개 시간 단계(틱^{ticks}) 동안 수직 위치에서 막대를 유지할 수 있는 경우 카트폴 환경은 해결된 것으로 간주된다. 시간을 절약하기 위해 다음 코드에서는 THRESHOLD를 45로 줄였다.

```
EPOCHS = 1000
THRESHOLD = 45
MONITOR = True
```

이제 DQN을 구축해보자. DQN을 선언하고 그 __init__() 함수에서 모든 초매개변수와 모델을 선언한다. 또한 DQN 클래스 내부에도 환경을 만들고 있다. 보다시피 클래스는 매우 일반적이며, 상태 공간 정보가 1D 배열에 포함될 수 있는 모든 Gym 환경의 훈련에 사용할 수 있다.

```python
class DQN():
    def __init__(self, env_string, batch_size=64):
        self.memory = deque(maxlen=100000)
        self.env = gym.make(env_string)
        input_size = self.env.observation_space.shape[0]
        action_size = self.env.action_space.n
        self.batch_size = batch_size
        self.gamma = 1.0
        self.epsilon = 1.0
        self.epsilon_min = 0.01
        self.epsilon_decay = 0.995

        alpha=0.01
        alpha_decay=0.01
        if MONITOR: self.env = gym.wrappers.Monitor(self.env,
        'data/'+env_string, force=True)

        # Init model
        self.model = Sequential()
        self.model.add(Dense(24, input_dim=input_size,
        activation='tanh'))
        self.model.add(Dense(48, activation='tanh'))
        self.model.add(Dense(action_size, activation='linear'))
        self.model.compile(loss='mse', optimizer=Adam(lr=alpha,
        decay=alpha_decay))
```

우리가 만든 DQN은 3-계층 퍼셉트론이다. 다음 출력에서 모델의 요약을 볼 수 있다.

```
Model: "sequential"

Layer (type)                 Output Shape              Param #
=================================================================
dense (Dense)                (None, 24)                120

dense_1 (Dense)              (None, 48)                1200

dense_2 (Dense)              (None, 2)                 98

=================================================================
Total params: 1,418
Trainable params: 1,418
Non-trainable params: 0
```

변수 리스트 self.memory는 경험 재생 버퍼를 가진다. $\langle S, A, R, S' \rangle$ 튜플을 메모리에 저장할 메서드와 배치에서 랜덤 샘플을 구해 에이전트를 훈련할 메서드를 추가해야 한다. 클래스 메서드 remember와 replay를 정의해 이 기능을 수행한다.

```python
def remember(self, state, action, reward, next_state, done):
        self.memory.append((state, action, reward, next_state, done))

def replay(self, batch_size):
        x_batch, y_batch = [], []
        minibatch = random.sample(self.memory, min(len(self.memory),
batch_size))
        for state, action, reward, next_state, done in minibatch:
            y_target = self.model.predict(state)
            y_target[0][action] = reward if done else reward + self.gamma *
np.max(self.model.predict(next_state)[0])
            x_batch.append(state[0])
            y_batch.append(y_target[0])

        self.model.fit(np.array(x_batch), np.array(y_batch), batch_
        size=len(x_batch), verbose=0)
```

에이전트는 행동을 선택할 때 **엡실론-그리디 정책**을 사용한다. 이는 다음 메서드에 구현된다.

```python
def choose_action(self, state, epsilon):
    if np.random.random() <= epsilon:
        return self.env.action_space.sample()
    else:
        return np.argmax(self.model.predict(state))
```

다음으로 에이전트를 훈련시키는 메서드를 작성한다. 점수를 추적하기 위해 두 개의 리스트를 정의한다. 먼저 경험 재생 버퍼를 채운 다음 에이전트를 훈련시키기 위해 그중에서 샘플을 선택하고 에이전트가 더 잘하는 법을 천천히 학습하기를 바란다.

```python
def train(self):
    scores = deque(maxlen=100)
    avg_scores = []
    for e in range(EPOCHS):
        state = self.env.reset()
        state = self.preprocess_state(state)
        done = False
        i = 0
        while not done:
            action = self.choose_action(state,self.epsilon)
            next_state, reward, done, _ = self.env.step(action)
            next_state = self.preprocess_state(next_state)
            self.remember(state, action, reward, next_state, done)
            state = next_state
            self.epsilon = max(self.epsilon_min,
            self.epsilon_decay*self.epsilon) # 엡실론 감소
            i += 1
        scores.append(i)
        mean_score = np.mean(scores)
        avg_scores.append(mean_score)
        if mean_score >= THRESHOLD and e >= 100:
            print('Ran {} episodes. Solved after {} trials ü'.format(e, e -
100))
            return avg_scores
        if e % 100 == 0:
            print('[Episode {}] - Mean survival time over last 100 episodes
was {} ticks.'.format(e, mean_score))
    self.replay(self.batch_size)
    print('Did not solve after {} episodes :('.format(e))
    return avg_scores
```

이제 필요한 모든 함수가 완료됐으므로 모델에 대한 입력이 올바른 형태가 되도록 카트폴 환경의 상태를 변경하는 헬퍼함수가 하나 더 필요하다. 환경 상태는 다음의 네 가지 연속 변수로 설명된다. 카트 위치([−2.4−2.4]), 카트 속도([([−∞, ∞])]), 막대 각도([−41.8o−41.8o]), 막대 속도([([−∞, ∞])]).

```python
def preprocess_state(self, state):
    return np.reshape(state, [1, self.input_size])
```

이제 카트폴 환경의 에이전트를 인스턴스화하고 훈련해보자.

```python
env_string = 'CartPole-v0'
agent = DQN(env_string)
scores = agent.train()
```

```
[Episode 0] - Mean survival time over last 100 episodes was 28.0 ticks.
[Episode 100] - Mean survival time over last 100 episodes was 15.71 ticks.
[Episode 200] - Mean survival time over last 100 episodes was 27.81 ticks.
Ran 259 episodes. Solved after 159 trials ✓
```

에이전트가 학습함에 따른 평균 보상의 변화를 도식화해보자.

```python
import matplotlib.pyplot as plt
plt.plot(scores)
plt.show()
```

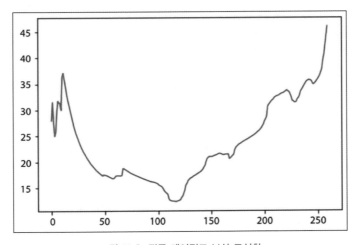

그림 11.9 평균 에이전트 보상 도식화

훈련이 완료되면 환경을 종료한다.

```
agent.env.close()
```

막대의 균형을 맞추는 방법에 대한 정보가 없는 상태에서 시작해 에이전트는 DQN을 사용해 학습함에 따라 (평균적으로) 더 많은 시간 동안 막대의 균형을 맞추는 것을 볼 수 있다. 빈 상태에서 시작해 에이전트는 요구 목표를 달성하기 위한 정보/지식을 구축할 수 있다. 놀라운 일이다!

아타리 게임을 위한 DQN

앞 절에서 DQN을 사용해 카트폴의 균형을 맞추는 훈련을 했다. 카트폴은 간단한 문제였으므로 퍼셉트론 모델을 사용해서도 해결할 수 있었다. 그러나 앞서의 환경 상태가 단순화한 카트폴 이미지가 아니라 우리가 보는 그대로의 카트폴 모습이었다고 가정해보자. 원시 픽셀 값을 입력 상태 공간으로 사용한다면 앞서의 DQN은 작동하지 않을 것이다. 우리에게 필요한 것은 컨볼루션 신경망이다. 다음으로, DQN에 관한 논문 중 하나인 「Playing Atari with Deep Reinforcement Learning」을 바탕으로 신경망을 구축해보자.

대부분의 코드는 카트폴의 DQN과 유사하지만 DQN 신경망 자체와 환경에서 얻은 상태를 전처리하는 방법에 있어서 상당한 변화가 있을 것이다.

먼저 상태 공간이 처리되는 방식에 있어서의 변화를 보자. 그림 11.10에서 아타리 게임 중 하나인 〈Breakout〉을 볼 수 있다.

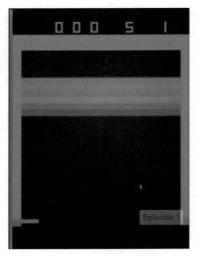

그림 11.10 아타리 게임의 스크린샷, Breakout

이제 이미지를 살펴보면 모든 이미지가 관련 정보를 포함하고 있진 않다는 걸 알 수 있다. 상단 부분에는 점수에 대한 불필요한 정보가 있고 하단에는 쓸모없는 빈 공간이 있으며 이미지는 컬러다. 모델의 부담을 줄이려면 불필요한 정보를 제거하는 게 가장 좋다. 따라서 이미지를 자르고 회색조로 변환한 다음 (논문에서의 크기와 같이) 84×84 크기의 정사각형으로 만든다. 다음은 입력 원시 픽셀을 전처리하는 코드다.

```
def preprocess_state(self, img):
    img_temp = img[31:195]  # 이미지의 주요 영역 선택
    img_temp = tf.image.rgb_to_grayscale(img_temp)
    img_temp = tf.image.resize(img_temp, [self.IM_SIZE, self.IM_SIZE],
    method=tf.image.ResizeMethod.NEAREST_NEIGHBOR)
    img_temp = tf.cast(img_temp, tf.float32)
    return img_temp[:,:,0]
```

또 다른 중요한 문제는 어떤 시간 단계의 이미지에서 공이 올라가는지 혹은 내려가는지 에이전트가 어떻게 알 수 있는지다. 한 가지 방법은 LSTM을 CNN과 함께 사용해 과거와 그에 따른 공의 움직임을 기록하는 것이다. 그러나 논문에서는 간단한 기술을 사용했다. 단일 상태 프레임 대신 CNN 신경망에 대한 하나의 입력에 지난

4개의 시간 단계의 상태 공간을 한꺼번에 연결했다. 신경망은 입력에서 환경의 지난 4개 프레임을 볼 수 있다. 다음은 현재 상태와 이전 상태를 결합하기 위한 코드다.

```python
def combine_images(self, img1, img2):
    if len(img1.shape) == 3 and img1.shape[0] == self.m:
        im = np.append(img1[1:,:, :],np.expand_dims(img2,0), axis=2)
        return tf.expand_dims(im, 0)
    else:
        im = np.stack([img1]*self.m, axis = 2)
        return tf.expand_dims(im, 0)
```

모델은 __init__ 함수에서 정의됐다. 크기가 각각 84×84인 4개의 상태 프레임을 나타내는 (84×84×4)의 입력을 가진 CNN 신경망을 갖도록 함수를 수정했다.

```python
def __init__(self, env_string,batch_size=64, IM_SIZE = 84, m = 4):
    self.memory = deque(maxlen=5000)
    self.env = gym.make(env_string)
    input_size = self.env.observation_space.shape[0]
    action_size = self.env.action_space.n
    self.batch_size = batch_size
    self.gamma = 1.0
    self.epsilon = 1.0
    self.epsilon_min = 0.01
    self.epsilon_decay = 0.995
    self.IM_SIZE = IM_SIZE
    self.m = m


    alpha=0.01
    alpha_decay=0.01
    if MONITOR: self.env = gym.wrappers.Monitor(self.env, '../data/'+env_
string, force=True)

    # 모델 초기화
    self.model = Sequential()
    self.model.add( Conv2D(32, 8, (4,4), activation='relu',padding='valid',
input_shape=(IM_SIZE, IM_SIZE, m)))
    self.model.add( Conv2D(64, 4, (2,2), activation='relu',padding='valid'))
    self.model.add( Conv2D(64, 3, (1,1), activation='relu',padding='valid'))
```

```
    self.model.add(Flatten())
    self.model.add(Dense(512, activation='elu'))
    self.model.add(Dense(action_size, activation='linear'))
    self.model.compile(loss='mse', optimizer=Adam(lr=alpha, decay=alpha_decay))
```

마지막으로, train 함수를 살짝 변경해야 한다. 새로운 preprocess 함수를 combine_images 함수와 같이 호출해야 4개 프레임이 연결되는 것이 보장된다.

```
def train(self):
    scores = deque(maxlen=100)
    avg_scores = []

    for e in range(EPOCHS):
        state = self.env.reset()
        state = self.preprocess_state(state)
        state = self.combine_images(state, state)
        done = False
        i = 0
        while not done:
            action = self.choose_action(state,self.epsilon)
            next_state, reward, done, _ = self.env.step(action)
            next_state = self.preprocess_state(next_state)
            next_state = self.combine_images(next_state, state)
            #print(next_state.shape)
            self.remember(state, action, reward, next_state, done)
            state = next_state
            self.epsilon = max(self.epsilon_min, self.epsilon_decay*self.
epsilon) # 엡실론 감소
            i += reward
        scores.append(i)
        mean_score = np.mean(scores)
        avg_scores.append(mean_score)
        if mean_score >= THRESHOLD and e >= 100:
            print('Ran {} episodes. Solved after {} trials ü'.format(e, e -
100))
            return avg_scores
        if e % 100 == 0:
            print('[Episode {}] - Score over last 100 episodes was
{}.'.format(e, mean_score))
        self.replay(self.batch_size)
```

```
print('Did not solve after {} episodes :('.format(e))
return avg_scores
```

다 됐다. 이제 벽돌 깨기 게임을 하는 에이전트를 훈련시킬 수 있다. 전체 코드는 11장 GitHub(https://github.com/PacktPublishing/Deep-Learning-with-TensorFlow-and-Keras-3rd-edition/tree/main/Chapter_11) 파일 `DQN_Atari_v2.ipynb`에 있다.

DQN 변종

DQN이 전례 없는 성공을 거둔 후 RL에 대한 관심이 높아지고 새로운 RL 알고리듬이 대거 등장했다. 다음으로 DQN을 기반으로 하는 알고리듬 중 일부를 살펴보자. 이들은 모두 DQN을 기본으로 사용하고 수정한다.

더블 DQN

DQN에서 에이전트는 동일한 Q 값을 사용해 행동을 선택하고 행동을 평가한다. 이로 인해 학습에 최대화 편향이 발생할 수 있다. 상태 S에서 가능한 모든 행동의 참 Q 값이 0이라고 가정해보자. 이제 우리의 DQN 추정값은 0 이상이나 그 이하의 값을 가질 것이며, 우리는 최대 Q 값을 가진 행동을 선택하고 나중에 동일한 추정 함수(최대화)를 사용해 각 행동의 Q 값을 평가할 것이므로 Q를 과대평가하게 된다. 즉, 에이전트가 지나치게 낙관적이 된다. 이로 인해 훈련이 불안정해지고 정책 품질이 저하될 수 있다. 이 문제를 해결하기 위해 딥마인드의 하셀[Hasselt]과 동료들은 「Deep Reinforcement Learning with Double Q-Learning」이라는 논문에서 더블 DQN 알고리듬을 제안했다. 더블 DQN에는 아키텍처는 같지만 가중치가 다른 2개의 Q-신경망이 있다. Q-신경망 중 하나는 엡실론-그리디 정책을 사용해 행동을 결정하는 데 이용되고, 다른 하나는 그 가치(Q-target)를 결정하는 데 사용된다.

앞서 DQN의 Q-target은 다음과 같았다는 점을 상기하자.

$$Q_{target} = R_{t+1} + \gamma max_A Q(S_{t+1}, A_t)$$

행동 A는 동일한 DQN 신경망 $Q(S, A; W)$를 사용해 선택했다. 여기서 W는 신경망의 훈련 매개변수다. 즉, 바닐라 DQN과 더블 DQN의 차이를 강조하기 위해 그 훈련 매개변수와 함께 Q 가치 함수를 작성한다.

$$Q_{target} = R_{t+1} + \gamma max_A Q(S_{t+1}, argmax_t Q(S, A; W); W)$$

더블 DQN에서는 이제 목표 방정식이 변경된다. 이제 DQN $Q(S, A; W)$는 행동을 결정하는 데 사용되고 DQN $Q(S, A; W')$는 목표를 계산하는 데 사용된다(다른 가중치에 주목하라). 그러면 앞의 방정식은 다음과 같이 변경된다.

$$Q_{target} = R_{t+1} + \gamma max_A Q(S_{t+1}, argmax_t Q(S, A; W); W')$$

이 간단한 변경으로 과대평가는 줄이고 에이전트를 보다 빠르고 안정적으로 훈련시키는 데 도움이 된다.

듀얼링 DQN

아키텍처는 왕^{Wang}과 그 동료들이 2015년 「Dueling Network Architectures for Deep Reinforcement Learning」이라는 논문에서 제시했다. DQN과 Double DQN과 마찬가지로 이것도 비모델^{model-free} 알고리듬이다.

듀얼링^{Dueling} DQN은 Q 함수를 가치 함수와 이득^{advantage} 함수로 분리한다. 앞에서 논의한 가치 함수는 어떤 행동과 무관하게 상태의 가치를 나타낸다. 반면 이득 함수는 상태 S에서 행동 A의 유용성(이득/좋음)의 상대적 측도를 제공한다. 듀얼링 DQN은 초기 계층에서 컨볼루션 신경망을 사용해 원시 픽셀에서 특징을 추출한다. 그러나 후기 단계에서는 2개의 서로 다른 신경망으로 구분되는데, 하나는 가치에 근사하고 다른 하나는 이득에 근사한다. 이를 통해 신경망은 가치 함수와 이득 함수에 대한 별도의 추정치를 생성한다.

$$Q(S,A) = A(S,A;\theta,\alpha) + V^{\pi}(S;\theta,\beta)$$

여기서 θ는 공유된(V와 A가 공통으로 공유) 컨볼루션 신경망의 훈련 매개변수이고, α와 β는 신경망의 *Advantage*와 *Value* 추정기의 훈련 매개변수이다. 나중에 두 신경망은 Q-값을 추정하기 위해 집계 계층을 사용해 재결합된다.

그림 11.11에서 듀얼링 DQN의 아키텍처를 볼 수 있다.

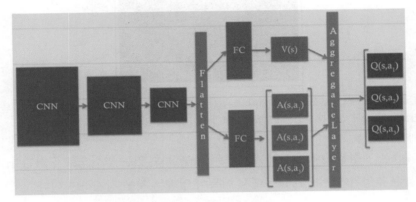

그림 11.11 듀얼링 DQN의 아키텍처 시각화

이 모든 것을 했을 때의 장점이 무엇인지 궁금할 것이다. Q를 다시 합칠 거면 왜 Q를 분해한 건가? 가치와 이득 함수를 분리하면 각 상태에 대한 각 행동의 효과를 고려하지 않고도 어느 상태가 가치가 있는지 알 수 있다. 예를 들어 좋은 리조트에서 사랑하는 사람과 함께 아침 식사를 하는 것은 항상 좋은 상태이며 병원 응급실에 입원하는 것은 항상 나쁜 상태다. 따라서 가치와 이득을 분리하면 가치 함수의 근사치가 더 강력해진다. 아래에서 아타리 게임 〈Enduro〉에서 가치 신경망이 도로에 주의를 기울이는 법을 배우고 이득 신경망이 바로 앞에 자동차가 있을 때만 주의를 기울이는 법을 배워 충돌을 피하는 것을 강조해 둔 논문의 그림 하나를 볼 수 있다.

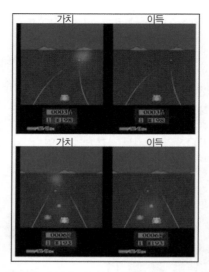

그림 11.12 아타리 게임 〈Enduro〉에서 가치 네트워크는 길(붉은 점)에 주의하는 법을 배우고 이득 네트워크는 다른 차들이 바로 앞에 있을 때 집중된다(이미지 출처: https://arxiv.org/pdf/1511.06581.pdf).

집계 계층은 지정된 Q에서 V와 A를 모두 복구할 수 있는 방식으로 구현된다. 이는 이득 함수 추정기가 선택된 행동에서 이득이 없다는 것을 강제하면 된다.

$$Q(S, A; \theta, \alpha, \beta) = A(S, A; \theta, \alpha) + V^\pi(S; \theta, \beta) - max_{\alpha' \epsilon |A|} A(S, A'; \theta, \alpha)$$

논문에서 왕과 동료들은 최대[max] 연산을 평균[average] 연산으로 바꾸면 신경망이 더 안정적이라고 했다. 이는 이득의 변화 속도는 이제 최적(최대)값 대신 평균 변화와 동일하기 때문이다.

레인보우

레인보우[Rainbow]는 최신 DQN 변형이다. 기술적으로 보면 DQN 변형이라고 하는 것은 잘못이다. 본질적으로 많은 DQN 변형이 하나의 알고리듬으로 결합된 앙상블이기 때문이다. 레인보우는 분포 RL[6] 손실을 다중 손실로 수정하고 그리디[greedy] 행동을 사용해 더블 DQN과 결합한다. 논문의 일부를 다음에 인용한다.

"신경망 아키텍처는 리턴 분포와 함께 사용하기 적합한 듀얼링 신경망 아키텍처다.

신경망은 공유된 표현 $f\xi(s)$를 가지며, 이는 N_{atoms} 출력과 함께 가치 스트림 v_η으로 그리고 $N_{atoms} \times N_{actions}$ 출력으로 이득 스트림 $a\xi$로 공급된다. 여기 $a1\xi(f\xi(s), a)$는 원자 i와 행동 a에 해당하는 출력을 나타낸다. 각 원자 z_i에 대해 듀얼링 DQN에서와 같이 가치와 이득 스트림이 집계된 다음 softmax 계층을 통과해 리턴 분포를 추정하는 데 사용되는 정규화된 모수적 분포를 얻는다."

레인보우는 6개의 서로 다른 알고리듬을 결합한다.

- N-단계 리턴
- 분포 상태-행동 가치 학습
- 듀얼링 신경망
- 노이지 신경망
- 더블 DQN
- 우선순위 경험 재생

지금까지는 가치 기반 강화학습 알고리듬을 고려해봤다. 다음 절에서는 정책 기반 강화학습 알고리듬에 대해 배우게 될 것이다.

딥 확정적 정책 그래디언트

DQN과 그 변형은 상태 공간이 연속적이고 행동 공간이 이산인 문제를 해결하는 데 매우 성공적이었다. 예를 들어 아타리 게임의 입력 공간은 원시 픽셀로 구성되지만 행동은 이산이다(위, 아래, 왼쪽, 오른쪽, 무작동). 연속 행동 공간 문제는 어떻게 해결해야 할까? 자동차를 운전하는 RL 에이전트가 핸들을 돌릴 필요가 있다고 가정해보자. 이 행동은 연속적인 행동 공간이. 이 상황을 처리하는 한 가지 방법은 행동 공간을 이산화해서 DQN 또는 그 변형을 계속하는 것이다. 그러나 더 나은 해결책은 정책 그래디언트 알고리듬을 사용하는 것이다. 정책 그래디언트 기법에서는 정책 $\pi(A|S)$가 직접 근사된다.

신경망은 정책을 근사화하는 데 사용된다. 가장 간단한 형태는 신경망이 가장 가파른 그래디언트 상승을 사용해 가중치를 조정해 보상을 극대화하는 행동을 선택하는 정책을 학습하는 것이다. 따라서 정책 그래디언트라는 명칭이 생긴 것이다.

이 절에서는 2015년 Google 딥마인드의 또 다른 성공적인 RL 알고리듬인 **딥 확정적 정책 그래디언트**DDPG, Deep Deterministic Policy Gradient 알고리듬에 중점을 둘 것이다. DDPG는 2개의 신경망을 사용해 구현된다. 하나는 액터actor 신경망이라고 하고 다른 하나는 크리틱critic 신경망이라고 한다.

액터 신경망은 최적의 정책을 확정적으로 근사한다. 즉, 주어진 입력 상태에서 가장 선호되는 행동을 출력한다. 본질적으로 액터는 학습을 한다. 반면 크리틱은 액터가 가장 선호하는 행동을 사용해 최적의 행동 가치 함수를 평가한다. 다음으로 넘어가기 전에 앞 절에서 논의했던 DQN 알고리듬과 비교해보자. 다음 다이어그램에서 DDPG의 일반적인 아키텍처를 볼 수 있다.

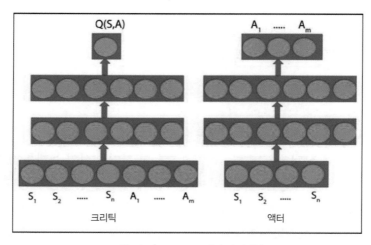

그림 11.13 DDPG 모델의 아키텍처

그림 11.13에서 크리틱 네트워크의 왼쪽에서 입력으로 상태 벡터 S를 취하고 행동 A를 취한다. 네트워크의 출력은 상태와 액터의 값 Q이다. 그림의 오른쪽은 행동 네트워크를 보여준다. 입력으로 상태 벡터 S를 취하고 최적 행동 S를 예측한다. 그림에서

액터와 크리틱 모두 4개 계층임을 볼 수 있다. 이는 오직 데모의 목적을 위한 것이다.

액터 신경망은 가장 선호되는 액션을 출력한다. 크리틱은 입력 상태와 취한 행동 모두를 입력으로 취하고 Q 값을 평가한다. 크리틱 신경망을 훈련시키기 위해 DQN과 동일한 절차를 따른다. 즉, 추정 Q-값과 목표 Q-값의 차이를 최소화하려고 한다. 행동에 대한 Q-값의 그래디언트는 액터 신경망을 훈련시키기 위해 다시 전파된다. 따라서 크리틱이 충분히 우수하다면 액터가 최적의 가치 함수를 가진 행동을 선택하도록 할 것이다.

요약

최근 몇 년 동안 강화학습은 많은 발전을 보였으며 1개의 장에서 모든 것을 요약하는 것은 불가능하다. 그러나 11장에서는 최근에 성공한 RL 알고리듬에 중점을 뒀다. 11장은 RL 분야의 중요한 개념, 도전 과제 및 앞으로 나아갈 해법을 소개하면서 시작됐다. 다음으로 중요한 두 가지 RL 알고리듬인 DQN과 DDPG에 대해 살펴봤다. 11장의 끝부분으로 가면서 책에서는 딥러닝 분야의 중요한 주제를 다뤘다.

12장에서는 배운 내용을 양산에 적용하는 단계로 넘어간다.

참고문헌

1. MIT Technology Review covers OpenAI experiments on reinforcement learning: https://www.technologyreview.com/s/614325/open-ai-algorithms-learned-tool-use-andcooperation-after-hide-and-seek-games/

2. Coggan, Melanie. (2014). *Exploration and Exploitation in Reinforcement Learning*. Research supervised by Prof. Doina Precup, CRA-W DMP Project at McGill University.

3. Lin, Long-Ji. (1993). *Reinforcement learning for robots using neural networks*. No. CMU-CS-93-103. Carnegie-Mellon University Pittsburgh PA School of Computer Science.

4. Schaul, Tom, John Quan, Ioannis Antonoglou, and David Silver. (2015). *Prioritized Experience Replay*. arXiv preprint arXiv:1511.05952

5. Sutton R., Barto A. *Chapter 4, Reinforcement Learning*. MIT Press: https://web.stanford.edu/class/psych209/Readings/SuttonBartoIPRLBook2ndEd.pdf

6. Dabney W., Rowland M., Bellemare M G., and Munos R. (2018). *Distributional Reinforcement Learning with Quantile Regression*. In Thirty-Second AAAI Conference on Artificial Intelligence.

7. Hessel, M., Modayil, J., Van Hasselt, H., Schaul, T., Ostrovski, G., Dabney, W., Horgan, D., Piot, B., Azar, M., and Silver, D. (2018). *Rainbow: Combining improvements in Deep Reinforcement Learning*. In Thirty-Second AAAI Conference on Artificial Intelligence.

8. Details about different environments can be obtained from https://www.gymlibrary.ml/

9. Wiki pages are maintained for some environments at https://github.com/openai/gym/wiki

10. Details regarding installation instructions and dependencies can be obtained from https://github.com/openai/gym

11. Link to the paper by DeepMind, *Asynchronous Methods for Deep Reinforcement Learning*: https://arxiv.org/pdf/1602.01783.pdf

12. This is a blog post by Andrej Karpathy on reinforcement learning: http://karpathy.github.io/2016/05/31/rl/

13. Glorot X. and Bengio Y. (2010). *Understanding the difficulty of training deep feedforward neural networks*. Proceedings of the Thirteenth International Conference on Artificial Intelligence and Statistics: http://proceedings.mlr.press/v9/glorot10a/glorot10a.pdf

14. A good read on why RL is still hard to crack: https://www.alexirpan.com/2018/02/14/rlhard.html

15. Lillicrap, T. P., Hunt, J. J., Pritzel, A., Heess, N., Erez, T., Tassa, Y., ... & Wierstra, D. (2015). *Continuous control with deep reinforcement learning*. arXiv preprint arXiv:1509.02971.

12

확률적 TensorFlow

불확실성은 삶의 현실이다. 분류 작업을 수행하든 회귀 작업을 수행하든 모델의 예측 신뢰도를 아는 것이 중요하다. 지금까지는 전통적인 딥러닝 모델을 다뤘으며 많은 작업을 잘 수행했지만 불확실성을 처리할 수는 없었다. 결국 본질적으로 확정적이었다. 12장에서는 TensorFlow Probability를 활용해 불확실성을 처리할 수 있는 모델, 특히 확률적 딥러닝 모델과 베이지안 네트워크를 구축하는 방법을 배운다. 12장에서는 다음 사항을 다룬다.

- TensorFlow Probability
- TensorFlow Probability에서의 분포, 사건, 형태
- TensorFlow Probability에서의 베이즈 네트워크
- 머신러닝 모델의 불확실성 이해

- TensorFlow Probability를 사용해 우발적 및 인식적 불확실성 모델링

 12장의 모든 코드 파일은 다음 링크(https://packt.link/dltfchp12)에서 다운로드할 수 있다.

먼저 TensorFlow Probability에 대한 이해부터 시작하자.

TensorFlow Probability

TensorFlow 생태계의 일부인 TFP^{TensorFlow Probability}는 확률 모델 개발을 위한 도구를 제공하는 라이브러리다. TFP는 확률적 추론과 통계 분석을 수행하는 데 사용할 수 있다. TensorFlow를 기반으로 구축됐으므로, 동일한 연산적 이점을 제공한다. 그림 12.1은 TensorFlow Probability를 구성하는 주요 구성 요소를 보여준다.

그림 12.1 TensorFlow Probability의 다양한 구성 요소

루트에는 TensorFlow, 특히 LinearOperator 클래스(tf.linalg의 일부)가 지원하는 모든

수치 연산이 있다. 여기에는 실제로 행렬을 구체화하지 않아도 행렬에서 수행할 가능한 모든 메서드가 포함돼 있다. 이는 계산적으로 효율적으로 행렬 없이도 연산이 가능하다. TFP에는 많은 확률분포 모음과 관련 통계 계산이 들어 있다. 또한 다양하게 변환된 분포를 제공하는 tfp.bijectors도 있다.

 바이젝터(Bijectors)는 확률밀도에 대한 변수의 변화를 압축해 갖고 있다. 즉, 하나의 변수를 공간 A에서 공간 B로 변환할 때 변수의 확률분포도 매핑하는 방법이 필요한데, 바이젝터는 그렇게 하는 데 필요한 모든 도구를 제공한다.

TensorFlow Probability는 사용자가 결합 샘플을 추출하고 결합 로그-밀도(로그 확률 밀도 함수)를 계산할 수 있도록 해주는 JointDistribution도 제공한다. 표준 TFP 분포는 텐서에서 작동하지만 JointDistribution은 텐서 구조에서 작동한다. tfp.layers는 표준 TensorFlow 계층을 확장하고 여기에 불확실성을 추가하는 데 사용할 수 있는 신경망 계층을 제공한다. 마지막으로 확률론적 추론을 위한 광범위한 도구를 제공한다. 12장에서는 이러한 함수와 클래스 중 일부를 살펴보겠다. 먼저 설치부터 시작하자. 작업 환경에 TFP를 설치하려면 다음을 실행하라.

```
pip install tensorflow-probability
```

이제 TFP와 함께 즐거운 시간을 보내보자. TFP를 사용하려면 임포트해야 한다. 또한 몇 가지 도식화를 수행할 예정이므로, 몇 가지 추가 모듈을 임포트한다.

```
import matplotlib.pyplot as plt
import tensorflow_probability as tfp
import functools, inspect, sys
```

다음으로, tfp.distributions에서 사용할 수 있는 다양한 분포 클래스를 살펴본다.

```
tfd = tfp.distributions
distribution_class = tfp.distributions.Distribution
distributions = [name for name, obj in inspect.getmembers(tfd)
```

```
                    if inspect.isclass(obj) and issubclass(obj, distribution_
    class)]
    print(distributions)
```

결과는 다음과 같다.

```
['Autoregressive', 'BatchBroadcast', 'BatchConcat', 'BatchReshape', 'Bates',
'Bernoulli', 'Beta', 'BetaBinomial', 'BetaQuotient', 'Binomial', 'Blockwise',
'Categorical', 'Cauchy', 'Chi', 'Chi2', 'CholeskyLKJ', 'ContinuousBernoulli',
'DeterminantalPointProcess', 'Deterministic', 'Dirichlet',
'DirichletMultinomial', 'Distribution', 'DoublesidedMaxwell', 'Empirical',
'ExpGamma', 'ExpInverseGamma', 'ExpRelaxedOneHotCategorical', 'Exponential',
'ExponentiallyModifiedGaussian', 'FiniteDiscrete', 'Gamma', 'GammaGamma',
'GaussianProcess', 'GaussianProcessRegressionModel', 'GeneralizedExtremeValue',
'GeneralizedNormal', 'GeneralizedPareto', 'Geometric', 'Gumbel', 'HalfCauchy',
'HalfNormal', 'HalfStudentT', 'HiddenMarkovModel', 'Horseshoe', 'Independent',
'InverseGamma', 'InverseGaussian', 'JohnsonSU', 'JointDistribution',
'JointDistributionCoroutine', 'JointDistributionCoroutineAutoBatched',
'JointDistributionNamed', 'JointDistributionNamedAutoBatched',
'JointDistributionSequential', 'JointDistributionSequentialAutoBatched',
'Kumaraswamy', 'LKJ', 'LambertWDistribution', 'LambertWNormal', 'Laplace',
'LinearGaussianStateSpaceModel', 'LogLogistic', 'LogNormal', 'Logistic',
'LogitNormal', 'MarkovChain', 'Masked', 'MatrixNormalLinearOperator',
'MatrixTLinearOperator', 'Mixture', 'MixtureSameFamily', 'Moyal',
'Multinomial', 'MultivariateNormalDiag', 'MultivariateNormalDiagPlusLowRank',
'MultivariateNormalDiagPlusLowRankCovariance',
'MultivariateNormalFullCovariance', 'MultivariateNormalLinearOperator',
'MultivariateNormalTriL', 'MultivariateStudentTLinearOperator',
'NegativeBinomial', 'Normal', 'NormalInverseGaussian', 'OneHotCategorical',
'OrderedLogistic', 'PERT', 'Pareto', 'PixelCNN', 'PlackettLuce',
'Poisson', 'PoissonLogNormalQuadratureCompound', 'PowerSpherical',
'ProbitBernoulli', 'QuantizedDistribution', 'RelaxedBernoulli',
'RelaxedOneHotCategorical', 'Sample', 'SigmoidBeta', 'SinhArcsinh', 'Skellam',
'SphericalUniform', 'StoppingRatioLogistic', 'StudentT', 'StudentTProcess',
'StudentTProcessRegressionModel', 'TransformedDistribution', 'Triangular',
'TruncatedCauchy', 'TruncatedNormal', 'Uniform', 'VariationalGaussianProcess',
'VectorDeterministic', 'VonMises', 'VonMisesFisher', 'Weibull',
'WishartLinearOperator', 'WishartTriL', 'Zipf']
```

TFP에서 다양한 분포를 사용할 수 있음을 알 수 있다. 이제 분포 중 하나를 사용해
보겠다.

```
normal = tfd.Normal(loc=0., scale=1.)
```

이 명령문은 **평균**(loc)이 0이고 **표준편차**(측도)가 1인 정규분포를 원한다고 설정한다. sample 메서드를 사용하면 이 분포를 따르는 무작위 샘플을 생성할 수 있다. 다음 코드는 이러한 N개의 샘플을 생성하고 도식화한다.

```
def plot_normal(N):
    samples = normal.sample(N)
    sns.distplot(samples)
    plt.title(f"Normal Distribution with zero mean, and 1 std. dev {N} samples")
    plt.show()
```

N이 증가함에 따라 그림이 좋은 정규분포를 따르는 것을 볼 수 있다.

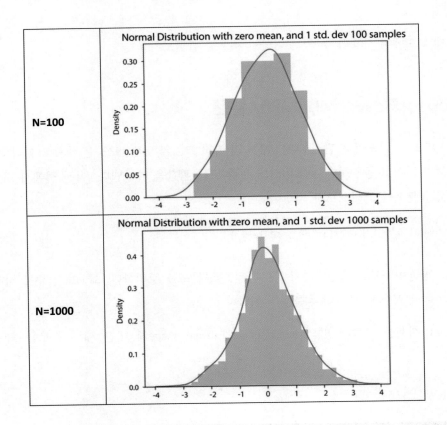

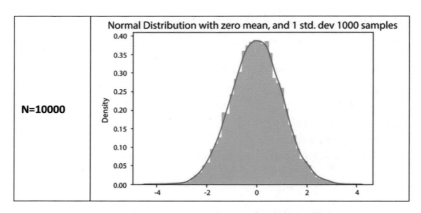

그림 12.2 크기가 100, 1,000, 10,000인 무작위로 생성된 표본의 정규분포. 분포의 평균은 0이고 표준편차는 1이다.

이제 TFP에서 사용할 수 있는 다양한 분포를 살펴보자.

TensorFlow Probability 분포

TFP의 모든 분포에는 관련 모양, 배치 및 사건 크기가 있다. 모양은 샘플 크기다. 이는 독립적이고 동일하게 분포된(IID) 추출 또는 관찰을 나타낸다. 이전 절에서 정의한 정규분포를 고려해보자.

```
normal = tfd.Normal(loc=0., scale=1.)
```

이는 평균이 0이고 표준편차가 1인 단일 정규분포를 정의한다. Sample 함수를 사용하면 이 분포에서 무작위 추출을 수행한다.

normal 객체를 출력할 때의 batch_shape과 event_shape에 대한 세부 정보를 확인하라.

```
print(normal)
```

```
>>> tfp.distributions.Normal("Normal", batch_shape=[], event_shape=[],
dtype=float32)
```

두 번째 normal 객체를 정의해보자. 이번에는 loc과 scale이 리스트다.

```
normal_2 = tfd.Normal(loc=[0., 0.], scale=[1., 3.])
print(normal_2)
```

```
>>> tfp.distributions.Normal("Normal", batch_shape=[2], event_shape=[],
dtype=float32)
```

batch_shape의 변화를 눈치챘는가? 이제 단일 샘플을 추출하면 평균이 0이고 표준편차가 1인 정규분포와 평균이 0이고 표준편차가 3인 2개의 정규분포에서 추출한다. 따라서 배치 모양은 동일한 분포 계열의 관측치 수를 결정한다. 2개의 정규분포는 독립적이다. 따라서 동일한 계열의 분포 배치다.

 2개의 정규분포가 있는 앞의 예에서와 같이 동일한 유형의 분포 패밀리의 배치를 가질 수 있다. 이를테면 정규와 가우시안 분포의 배치를 만들 수 없다.

평균이 각기 다른 두 변수에 종속된 단일 정규분포가 필요한 경우 어떻게 해야 할까? 이는 MultivariateNormalDiag를 사용하면 가능하며 사건 모양에 영향을 미친다. 이 경우 분포에서의 단일 추출 또는 관찰의 원자 형태다.

```
normal_3 = tfd.MultivariateNormalDiag(loc = [[1.0, 0.3]])
print(normal_3)
```

```
>>> tfp.distributions.MultivariateNormalDiag("MultivariateNormalDiag", batch_
shape=[1], event_shape=[2], dtype=float32)
```

위 출력에서 event_shape이 변경된 것을 볼 수 있다.

TFP 분포 사용

TFP 분포 사용 분포를 정의하면 더 많은 작업을 수행할 수 있다. TFP는 다양한 작업을 수행할 수 있는 다양한 기능을 제공한다. 앞서 이미 정규분포와 표본 방법을 사용했다. 위의 절에서는 TFP를 사용해 단변량, 다변량 또는 독립 분포를 생성하는 방법도 보여줬다. TFP는 생성된 분포와 상호 작용하는 많은 중요한 방법을 제공한다. 중요한 것 중 일부는 다음과 같다.

- sample(n): 분포에서 n개의 관측값을 샘플링한다.
- prob(value): 값에 대한 확률(이산) 또는 확률밀도(연속)를 제공한다.
- log_prob(values): 값에 대한 로그 확률 또는 로그우도를 제공한다.
- mean(): 분포의 평균을 제공한다.
- stddev(): 분포의 표준편차를 제공한다.

동전 뒤집기 예

이제 TFP의 몇 가지 기능을 사용해 예를 살펴보고 데이터를 설명하겠다. 우리는 동전을 던지면 두 가지 가능성만 있다는 것을 알고 있다. 즉 앞면 또는 뒷면이 있을 수 있다. 이렇게 2개의 이산 값만 있는 이러한 분포를 베르누이 분포라고 한다. 따라서 다양한 시나리오를 고려해보자.

시나리오 1

앞면이 나올 확률이 0.5이고 뒷면이 나올 확률이 0.5인 공정한 동전이다.

분포를 만들어보자.

```
coin_flip = tfd.Bernoulli(probs=0.5, dtype=tf.int32)
```

이제 몇 가지 샘플을 구하자.

```
coin_flip_data = coin_flip.sample(2000)
```

샘플을 시각화해보자.

```
plt.hist(coin_flip_data)
```

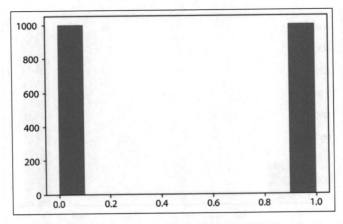

그림 12.3 2,000개의 관측치에서 머리와 꼬리의 분포

앞면과 뒷면이 모두 같은 수임을 알 수 있다. 결국 공정한 동전이라는 의미가 된다. 앞면과 뒷면이 나올 확률은 0.5이다.

```
coin_flip.prob(0) ## 꼬리 확률
```

```
>>> <tf.Tensor: shape=(), dtype=float32, numpy=0.5>
```

시나리오 2

앞면이 나올 확률이 0.8이고 뒷면이 나올 확률이 0.2인 편향된 동전이다.

이제 동전이 편향돼 앞면이 나올 확률이 0.8이므로 분포는 다음을 사용해 생성된다.

```
bias_coin_flip = tfd.Bernoulli(probs=0.8, dtype=tf.int32)
```

이제 몇 가지 샘플을 얻자.

```
bias_coin_flip_data = bias_coin_flip.sample(2000)
```

샘플을 시각화해보자.

```
plt.hist(bias_coin_flip_data)
```

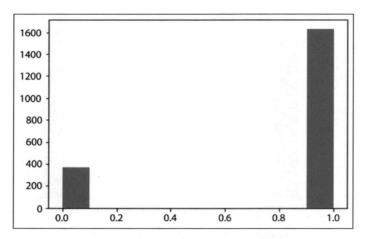

그림 12.4 편향된 동전의 2,000번 동전 던지기에서 앞면과 뒷면의 분포

이제 머리가 꼬리보다 훨씬 더 많음을 알 수 있다. 따라서 꼬리가 나올 확률은 더 이상 0.5가 아니다.

```
bias_coin_flip.prob(0) ## 꼬리 확률
```

```
>>> <tf.Tensor: shape=(), dtype=float32, numpy=0.19999999>
```

아마도 0.2에 가까운 숫자를 얻을 것이다.

시나리오 3

하나는 0.8 확률로 앞면으로 편향되고 다른 하나는 0.6 확률로 앞면으로 편향된 두 개의 동전이다.

이제 2개의 독립적인 동전이 있다. 동전이 편향돼 앞면이 나올 확률이 각각 0.8과 0.6이므로 다음을 사용해 분포를 만든다.

```
two_bias_coins_flip = tfd.Bernoulli(probs=[0.8, 0.6], dtype=tf.int32)
```

이제 몇 가지 샘플을 얻자.

```
two_bias_coins_flip_data = two_bias_coins_flip.sample(2000)
```

샘플을 시각화해보자.

```
plt.hist(two_bias_coins_flip_data[:,0], alpha=0.8, label='Coin 1')
plt.hist(two_bias_coins_flip_data[:,1], alpha=0.5, label='Coin 2')
plt.legend(loc='center')
```

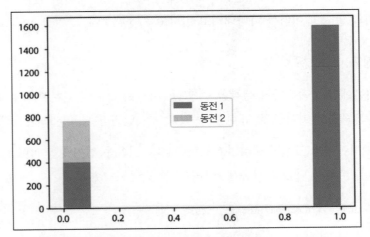

그림 12.5 2개의 독립적인 동전에 대한 2,000번의 뒤집기에서 앞면과 뒷면의 분포

파란색 막대는 동전 1에 해당하고 주황색 막대는 동전 2에 해당한다. 그래프의 갈색 부분은 두 동전의 결과가 겹치는 영역이다. 예상대로 동전 1의 경우 동전 2에 비해 앞면의 수가 훨씬 더 많다는 것을 알 수 있다.

정규분포

데이터가 앞면과 뒷면, 좋음과 나쁨, 스팸과 햄 등 두 가지 이산 값만 가질 수 있다면 베르누이 분포를 사용할 수 있다. 그러나 일상생활에서 많은 양의 데이터는 범위 내에서 연속적이며 정규분포가 매우 일반적이다. 따라서 다른 정규분포도 살펴보겠다.

수학적으로 정규분포의 확률밀도 함수는 다음과 같이 표현할 수 있다.

$$f(x; \mu, \sigma) = \frac{1}{\sigma\sqrt{2\pi}} \exp\left(-\frac{1}{2}\left(\frac{x-\mu}{\sigma}\right)^2\right)$$

여기서 μ는 분포의 평균이며, σ는 표준편차다.

TFP에서 매개변수 loc은 평균을 나타내고 매개변수 scale은 표준편차를 나타낸다. 이제 분포를 사용하는 방법을 설명하기 위해 인도 델리의 여름과 같은 특정 계절에 대한 위치의 날씨 데이터를 나타내려고 한다고 가정해보자.

일변량 정규

날씨는 기온에만 종속된다고 생각할 수 있다. 따라서 수년에 걸쳐 여름철 온도 샘플을 확보함으로써 데이터를 잘 표현할 수 있다. 즉, 일변량 정규분포를 가질 수 있다.

현재 날씨 데이터에 따르면 델리의 6월 평균 최고 기온은 섭씨 35도이며 표준편차는 섭씨 4도다. 따라서 다음을 사용해 정규분포를 만들 수 있다.

```
temperature = tfd.Normal(loc=35, scale = 4)
```

그로부터 몇 가지 관찰 샘플을 얻자.

```
temperature_data = temperature.sample(1000)
```

이제 시각화해보자.

```
sns.displot(temperature_data, kde= True)
```

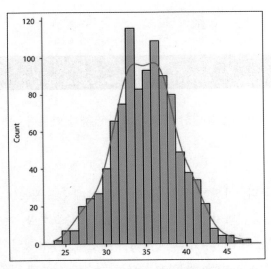

그림 12.6 6월의 델리 온도에 대한 확률밀도 함수

샘플 데이터의 평균 및 표준편차가 설명된 값에 가까운지 확인하는 것이 좋다.

분포를 사용해 다음처럼 평균괴 표준편차를 찾을 수 있다.

```
temperature.mean()
```

```
# 출력
>>> <tf.Tensor: shape=(), dtype=float32, numpy=35.0>
```

```
temperature.stddev()
```

```
# 출력
>>> <tf.Tensor: shape=(), dtype=float32, numpy=4.0>
```

그리고 샘플링된 데이터에서 다음을 사용해 확인할 수 있다.

```
tf.math.reduce_mean(temperature_data)
```

```
# 출력
>>> <tf.Tensor: shape=(), dtype=float32, numpy=35.00873>
```

```
tf.math.reduce_std(온도 데이터)
```

```
# 출력
>>> <tf.Tensor: shape=(), dtype=float32, numpy=3.9290223>
```

따라서 샘플링된 데이터는 동일한 평균과 표준편차를 따른다.

다변량 분포

지금까지는 모두 좋다. 기상학에 종사하는 친구에게 분포를 보여주자 그는 온도만 사용하는 것으로는 충분하지 않다고 말한다. 습도도 중요하다. 이제 각 날씨는 두 가지 매개변수, 즉 그날의 온도와 습도에 따라 달라진다. 이 유형의 데이터 분포는 TFP에 정의된 대로 MultivariateNormalDiag 분포 클래스를 사용해 얻을 수 있다.

```
weather = tfd.MultivariateNormalDiag(loc = [35, 56], scale_diag=[4, 15])
weather_data = weather.sample(1000)
plt.scatter(weather_data[:, 0], weather_data[:, 1], color='blue', alpha=0.4)
plt.xlabel("Temperature Degree Celsius")
plt.ylabel("Humidity %")
```

그림 12.7은 TFP를 사용해 생성된 두 변수 온도와 습도의 다변량 정규분포를 보여준다.

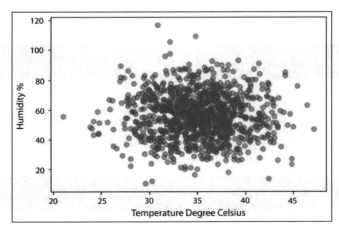

그림 12.7 x축이 온도를 나타내고 y축에 습도가 있는 다변량 정규분포

TFP에서 사용할 수 있는 다양한 분포와 bijector를 사용해 실제 데이터와 동일한 공동 분포를 따르는 합성 데이터를 생성해 모델을 훈련할 수 있다.

베이즈 네트워크

베이즈 네트워크[BN, Bayesian Network]는 그래프 이론, 확률 및 통계의 개념을 사용해 복잡한 인과관계를 포착한다. 여기서는 방향 비순환 그래프[DAG, Directed Acyclic Graph]를 구축한다. 노드는 인자[factor](확률 변수)로 부르며 원인과 결과 관계를 나타내는 화살표로 연결된다. 각 노드는 연관된 확률(조건부 확률 테이블, CPT)을 가지고 있다. 링크는 한 노드가 다른 노드에 종속돼 있음을 나타낸다. 1988년 펄[Pearl]이 처음 제안했지만 최근 몇 년 동안 다시 주목을 받고 있다. BN에 대한 이러한 인기는 표준 딥러닝 모델이 인과 관계를 표현하는 데에 한계가 있기 때문이다.

BN의 강점은 전문 지식과 데이터를 결합해 불확실성을 모델링하는 데 사용될 수 있다는 점이다. BN은 확률론적 및 인과적 추론을 수행할 수 있는 능력으로 인해 다양한 분야에서 사용됐다. 베이즈 네트워크의 핵심은 베이즈 규칙이다.

$$P(A|B) = \frac{P(B|A)P(A)}{P(B)}$$

베이즈 규칙은 특정 조건하에서 사건의 결합 확률을 결정하는 데 사용된다. BN을 이해하는 가장 간단한 방법은 BN이 가설과 증거 사이의 인과관계를 결정할 수 있다는 점이다. 불확실성을 평가하고 몇 가지 결정을 내리려는 알려지지 않은 가설 H가 있다고 하자. 우리는 가설 H에 대한 일부 사전 신뢰로 시작한 다음, 증거 E를 기반으로 H에 대한 신뢰를 갱신한다.

예제를 통해 이해해보자. 잔디와 스프링클러가 있는 정원이라는 매우 표준적인 예제를 살펴보겠다. 상식적으로 스프링클러가 켜져 있다면 잔디가 젖어 있다고 짐작할 수 있다. 이제 논리를 뒤집어보자. 집에 돌아와 풀이 젖어 있는 것을 발견했다면 스프링클러가 켜져 있을 확률은 얼마인가? 또는 사실은 비가 왔을 확률은 얼마일까? 흥미롭지 않은가? 증거를 더 추가해보자. 하늘이 흐리다는 것을 알게 됐다. 자, 잔디가 젖는 이유가 무엇이라고 생각하는가?

증거에 기반한 이러한 종류의 추론은 원인-결과 관계에 대한 통찰력을 제공하기 때문에 인과관계 그래프라고도 하는 DAG 형태의 BN에 포함된다.

문제를 모델링하기 위해 `JointDistributionCoroutine` 배포 클래스를 사용한다. 이 분포를 통해 단일 모델 사양에서 데이터 샘플링과 결합 확률 계산이 모두 가능하다. 모델을 구축하기 위해 몇 가지 가정을 해보자.

- 날씨가 흐릴 확률은 0.2
- 흐리면서 비가 올 확률은 0.8이고, 흐리지 않지만 비가 올 확률은 0.1이다.
- 날씨가 흐리고 스프링클러가 켜져 있을 확률은 0.1이고, 흐리지 않고 스프링클러가 켜져 있을 확률은 0.5이다.
- 이제 잔디에 대해 네 가지 가능성이 있다.

표 12.1 스프링클러-비-잔디 시나리오에 대한 조건부 확률표

스프링클러	비	젖은 잔디
F	F	0
F	T	0.8
T	F	0.9
T	T	0.99

그림 12.8은 해당 BN DAG를 보여준다.

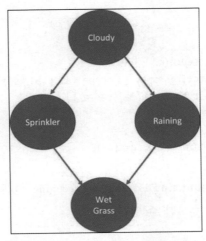

그림 12.8 간단한 문제에 대한 베이즈 네트워크

이 정보는 다음 모델로 나타낼 수 있다.

```python
Root = tfd.JointDistributionCoroutine.Root
def model():
  # 구름 낀 날씨에 대한 분포 생성
  cloudy = yield Root(tfd.Bernoulli(probs=0.2, dtype=tf.int32))
  # 스프링클러 확률표 정의
  sprinkler_prob = [0.5, 0.1]
  sprinkler_prob = tf.gather(sprinkler_prob, cloudy)
  sprinkler = yield tfd.Bernoulli(probs=sprinkler_prob, dtype=tf.int32)
  # 비확률표 정의
  raining_prob = [0.1, 0.8]
  raining_prob = tf.gather(raining_prob, cloudy)
  raining = yield tfd.Bernoulli(probs=raining_prob, dtype=tf.int32)
  # 젖은 잔디에 대한 확률표
  grass_wet_prob = [[0.0, 0.8],
                    [0.9, 0.99]]
  grass_wet_prob = tf.gather_nd(grass_wet_prob, _stack(sprinkler, raining))
  grass_wet = yield tfd.Bernoulli(probs=grass_wet_prob, dtype=tf.int32)
```

위의 모델은 데이터 생성기처럼 작동한다. Root 함수는 부모 없이 그래프의 노드를 알리는 데 사용된다. 몇 가지 유틸리티 함수, broadcast와 stack을 정의한다.

```
def _conform(ts):
    """모든 인수를 공통 형태로 브로드캐스팅"""

    shape = functools.reduce(
        tf.broadcast_static_shape, [a.shape for a in ts])
    return [tf.broadcast_to(a, shape) for a in ts]

def _stack(*ts):
    return tf.stack(_conform(ts), axis=-1)
```

추론을 위해 `MarginalizableJointDistributionCoroutine` 클래스를 사용한다. 이렇게 하면 주변^{marginal} 확률을 계산할 수 있다.

```
d = marginalize.MarginalizableJointDistributionCoroutine(model)
```

이제 관찰을 기반으로 다른 요인의 확률을 얻을 수 있다.

경우 1:

잔디가 젖어 있음을 관찰한다(이에 해당하는 관찰은 1이다. 잔디가 건조하면 0으로 설정한다). 구름의 상태나 스프링클러의 상태에 대해서는 알 수 없다(알 수 없는 상태에 해당하는 관측치는 "주변화^{marginalize}"로 설정된다), 우리는 비의 확률을 알고 싶다(찾고자 하는 확률에 해당하는 관측치는 "표로 작성"으로 설정된다).

이를 관찰로 바꾸면 다음과 같다.

```
observes = ['marginalize', # 우리는 흐린 상태를 모른다.
            'tabulate',    # 우리는 비의 확률을 알고 싶다.
            'marginalize', # 우리는 스프링클러 상태를 모른다.
            1]             # 젖은 잔디밭을 관찰했다.
```

이제 다음을 사용해 비가 올 확률을 얻는다.

```
p = tf.exp(d.marginalized_log_prob(observations))
p = p / tf.reduce_sum(p)
```

결과는 array([0.27761015, 0.72238994], dtype=float32)이다. 즉, 비가 올 확률은 0.722
이다.

사례 2:

잔디가 젖어 있는 것을 관찰하고 구름이나 비의 상태에 대해 전혀 알지 못할 때 스프
링클러가 켜져 있는지의 확률을 알고 싶다. 이를 관찰로 바꾸면,

```
observations = ['marginalize',
                'marginalize',
                'tabulate',
                1]
```

결과 확률은 array([0.61783344, 0.38216656], dtype=float32)가 된다. 즉, 스프링클러가
켜져 있을 확률은 0.382이다.

사례 3:

비가 내리지 않고 스프링클러가 꺼져 있으면 어떻게 되는가? 잔디의 상태는 어떠한
가? 논리적으로 잔디는 젖어 있어서는 안 될 것이다. 모델에 관측치를 전송해 모델
에서 이를 확인한다.

```
observations = ['marginalize',
                0,
                0,
                'tabulate']
```

그 결과 확률 array([1., 0], dtype=float32)가 생성된다. 즉, 우리가 예상한 대로 잔디
가 건조할 확률이 100%이다.

보다시피 일단 부모의 상태를 알면 부모의 부모 상태는 알 필요가 없다. 즉, BN은
지역 마르코프 속성을 따른다. 여기에서 다룬 예제에서는 구조로 시작했고 조건부
확률을 사용할 수 있었다. 모델을 기반으로 추론을 수행하는 방법과 동일한 모델과
CPD에도 불구하고 증거가 어떻게 사후 확률을 변경하는지 보여준다.

베이즈 네트워크에서 구조(노드 및 상호 연결 방법)와 매개변수(각 노드의 조건부 확률)는 데이터에서 학습된다. 이를 각각 구조화 학습 및 매개변수 학습이라고 한다. 구조화된 학습과 매개변수 학습을 위한 알고리듬을 다루는 것은 12장의 범위를 벗어난다.

TensorFlow Probability를 사용해 예측의 불확실성 처리

12장의 도입부에서 딥러닝 모델에 의한 예측의 불확실성과 기존 딥러닝 아키텍처가 이러한 불확실성을 설명할 수 없는 방법에 대해 이야기했다. 12장에서는 TFP에서 제공하는 계층을 사용해 불확실성을 모델링한다.

TFP 계층을 추가하기 전에 먼저 불확실성을 조금 이해해보자. 불확실성에는 두 종류가 있다.

우연적 불확실성

이것은 자연적 과정의 무작위성 때문에 존재한다. 이는 확률적 변동성으로 인해 존재하는 고유한 불확실성이다. 예를 들어 동전을 던질 때 다음에 던질 것이 앞면인지 뒷면인지 예측하는 데 항상 어느 정도의 불확실성이 있다. 이 불확실성을 제거할 방법은 없다. 본질적으로 실험을 반복할 때마다 결과에 일정한 변화가 생긴다.

인식론적 불확실성

이 불확실성은 지식의 부족에서 비롯된다. 이러한 지식 부족에는 여러 가지 이유가 있을 수 있다. 예를 들어 기본 프로세스에 대한 부적절한 이해, 현상에 대한 불완전한 지식 등이 있다. 이러한 유형의 불확실성은 더 많은 데이터를 얻기 위해 더 많은 실험을 수행하는 이유를 이해함으로써 줄일 수 있다.

이러한 불확실성의 존재는 위험을 증가시킨다. 이러한 불확실성을 정량화해 위험을 정량화하는 방법이 필요하다.

합성 데이터셋 만들기

이 절에서는 불확실성을 정량화하기 위해 표준 심층 신경망을 수정하는 방법을 배운다. 합성 데이터셋을 만드는 것부터 시작해보자. 데이터셋을 생성하기 위해 출력 예측 y가 다음 식에 의해 주어진 것처럼 입력 x에 선형적으로 종속된다고 생각한다.

$$y_i = 2.7x_i + 3 + 0.74\varepsilon$$

여기서 $\varepsilon \sim N(0, 1)$은 x 주변의 평균이 0이고 표준편차가 1인 정규분포를 따른다. 아래 함수는 이 합성 데이터를 생성한다. 이 데이터를 생성하기 위해 TFP 분포의 일부로 사용할 수 있는 균일 분포 및 정규분포를 사용했다.

```
def create_dataset(n, x_range):
    x_uniform_dist = tfd.Uniform(low=x_range[0], high=x_range[1])
    x = x_uniform_dist.sample(n).numpy() [:, np.newaxis]
    y_true = 2.7*x+3
    eps_uniform_dist = tfd.Normal(loc=0, scale=1)
    eps = eps_uniform_dist.sample(n).numpy() [:, np.newaxis] *0.74*x
    y = y_true + eps
    return x, y, y_true
```

y_true는 정규분포 잡음 ε을 포함하지 않은 값이다.

이제 이를 사용해 훈련 데이터셋과 검증 데이터셋을 만든다.

```
x_train, y_train, y_true = create_dataset(2000, [-10, 10])
x_val, y_val, _ = create_dataset(500, [-10, 10])
```

이렇게 하면 훈련 데이터 포인트 2,000개와 검증용 데이터 포인트 500개가 제공된다. 그림 12.9는 배경에 참값(잡음이 없을 때의 y 값)이 있는 두 데이터셋의 도식을 보여준다.

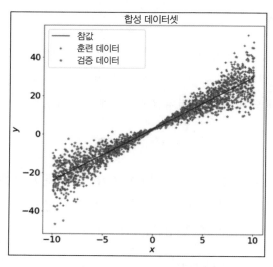

그림 12.9 합성 데이터셋의 도표

TensorFlow를 사용한 회귀 모델 구축

이전 절에서 생성한 합성 데이터셋에서 회귀 작업을 수행하기 위해 간단한 Keras 모델을 구축할 수 있다.

```
# 모델 아키텍처
model = Sequential([Dense(1, input_shape=(1,))])

# 컴파일
model.compile(loss='mse', optimizer='adam')

# 적합화
model.fit(x_train, y_train, epochs=100, verbose=1)
```

적합된 모델이 테스트 데이터셋에서 얼마나 잘 작동하는지 살펴보자.

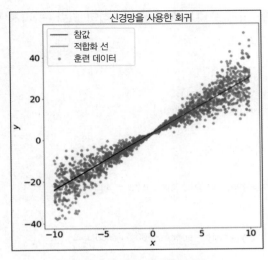

그림 12.10 참값과 적합 회귀선

간단한 문제였고 적합 회귀선이 실측값과 거의 겹치는 것을 볼 수 있다. 그러나 예측의 불확실성을 알 수 있는 방법은 없다.

우연적 불확실성에 대한 확률론적 신경망

선형회귀 대신 분포에 맞는 모델을 구축하면 어떨까? 합성 데이터셋에서 우연적 불확실성의 원인은 잡음이며 잡음이 평균과 표준편차의 2개의 매개변수로 특징지어지는 정규분포를 따른다는 것을 알고 있다. 따라서 실제 y 값 대신 평균 및 표준편차 분포를 예측하도록 모델을 수정할 수 있다. IndependentNormal TFP 계층 또는 DistributionLambda TFP 계층을 사용해 이를 수행할 수 있다. 다음 코드는 수정된 모델 아키텍처를 정의한다.

```
model = Sequential([Dense(2, input_shape = (1,)),
    tfp.layers.DistributionLambda(lambda t: tfd.Normal(loc=t[..., :1],
scale=0.3+tf.math.abs(t[...,1:])))
    ])
```

한 가지 더 변경해야 한다. 앞서 우리는 y 값을 예측했다. 따라서 평균제곱오차 손실은 좋은 선택이었다. 이제 우리는 분포를 예측하고 있다. 따라서 더 나은 선택은 손실함수로서 음의 로그우도다.

```
# 음의 로그우도 손실함수 정의
def neg_loglik(y_true, y_pred):
    return -y_pred.log_prob(y_true)
```

이제 이 새 모델을 학습시키자.

```
model.compile(loss=neg_loglik, optimizer='adam')

# 적합화
model.fit(x_train, y_train, epochs=500, verbose=1)
```

이제 모델이 분포를 반환하므로 테스트 데이터셋에 대한 통계 평균 및 표준편차가 필요하다.

```
# 요약 통계량
y_mean = model(x_test).mean()
y_std = model(x_test).stddev()
```

예측 평균은 이제 첫 번째 경우의 적합선에 부합한다는 점에 주목하자. 이제 도표로 살펴보자.

```
fig = plt.figure(figsize = (20, 10))
plt.scatter(x_train, y_train, marker='+', label='Training Data', alpha=0.5)
plt.plot(x_train, y_true, color='k', label='Ground Truth')
plt.plot(x_test, y_mean, color='r', label='Predicted Mean')
plt.fill_between(np.squeeze(x_test), np.squeeze(y_mean+1*y_std), np.squeeze(y_
mean-1*y_std), alpha=0.6, label='Aleatory Uncertainty (1SD)')
plt.fill_between(np.squeeze(x_test), np.squeeze(y_mean+2*y_std), np.squeeze(y_
mean-2*y_std), alpha=0.4, label='Aleatory Uncertainty (2SD)')
plt.title('Aleatory Uncertainty')
plt.xlabel('$x$')
plt.ylabel('$y$')
plt.legend()
plt.show()
```

다음 곡선은 우발적 불확실성과 함께 적합선을 보여준다.

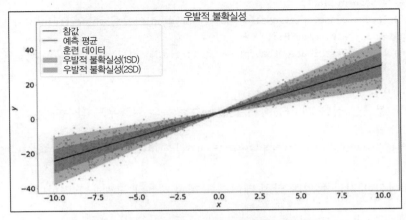

그림 12.11 TFP 계층을 사용한 우연적 불확실성 모델링

모델이 원점 근처에서 불확실성이 덜한 것을 볼 수 있지만, 멀어질수록 불확실성이 증가한다.

인식적 불확실성에 대한 설명

기존의 신경망에서 각 가중치는 단일 숫자로 표시되며 가중치에 대한 모델의 손실이 최소화되도록 갱신된다. 이렇게 학습된 가중치가 최적의 가중치라고 가정한다. 그러나 실제로 그러한가? 이 질문에 답하기 위해 각 가중치를 분포로 대체하고 단일 값을 학습하는 대신 이제 모델이 각 가중치 분포에 대한 일련의 매개변수를 학습하도록 할 것이다. 이는 Keras Dense 계층을 DenseVariational 계층으로 대체해 수행된다. DenseVariational 계층은 가중치에 대한 변이 사후를 사용해 해당 값의 불확실성을 나타낸다. 이를 통해 사후분포를 이전 분포에 가깝게 정규화하려고 시도한다. 따라서 DenseVariational 계층을 사용하려면 사전 생성 함수와 사후 생성 함수의 두 가지 함수를 정의해야 한다. 여기서는 다음 링크(https://www.tensorflow.org/probability/examples/Probabilistic_Layers_Regression)에 정의된 사후 및 사전 함수를 사용한다.

이제 모델에는 DenseVariational 계층과 DistributionLambda 계층의 두 계층이 있다.

```
model = Sequential([
  tfp.layers.DenseVariational(1, posterior_mean_field, prior_trainable, kl_
weight=1/x_train.shape[0]),
  tfp.layers.DistributionLambda(lambda t: tfd.Normal(loc=t, scale=1)),
])
```

여기서도 분포를 찾을 때 사용하는 손실함수는 음의 로그우도 함수다.

```
model.compile(optimizer=tf.optimizers.Adam(learning_rate=0.01), loss=negloglik)
```

이전에 생성한 것과 동일한 합성 데이터를 계속 사용해 모델을 훈련한다.

```
model.fit(x_train, y_train, epochs=100, verbose=1)
```

이제 모델이 훈련됐으므로 예측을 수행하고 불확실성의 개념을 이해하기 위해 동일한 입력 범위에 대해 여러 예측을 수행한다. 다음 그래프에서 결과의 분산 차이를 확인할 수 있다.

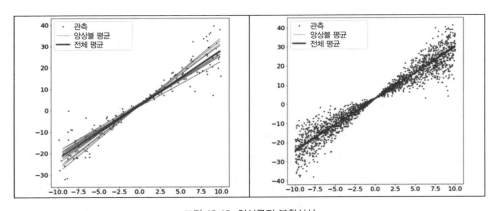

그림 12.12 인식론적 불확실성

그림 12.12는 2개의 그래프를 보여준다. 첫 번째는 200개의 훈련 데이터 포인트만 모델을 구축하는 데 사용됐을 때이고 두 번째는 2,000개의 데이터 포인트가 모델을

훈련하는 데 사용됐을 때다. 더 많은 데이터가 있을 때 분산과 인식적 불확실성이 줄어드는 것을 볼 수 있다. 여기서 전체 평균은 모든 예측(100개)의 평균을 의미하며, 앙상블 평균의 경우 처음 15개의 예측만 고려했다. 모든 머신러닝 모델은 결과를 예측할 때 일정 수준의 불확실성이 있다. 예측에서 추정치 또는 정량화 가능한 범위의 불확실성을 얻으면 AI 사용자가 AI 예측에 대해 더 많은 신뢰를 구축하고 전반적인 AI 채택을 촉진할 수 있다.

요약

12장에서는 확률적 추론 및 통계 분석을 수행하기 위해 TensorFlow를 기반으로 구축된 라이브러리인 TensorFlow Probability를 소개했다. 12장은 확률론적 추론의 필요성, 즉 데이터의 고유한 특성과 지식 부족으로 인한 불확실성으로 시작했다. TensorFlow 확률분포를 사용해 다양한 데이터 분포를 생성하는 방법을 시연했다. 베이즈 네트워크를 구축하고 추론을 수행하는 방법을 배웠다. 그런 다음 우발적 불확실성을 고려하기 위해 TFP 계층을 사용해 베이지안 신경망을 구축했다. 마지막으로 DenseVariational TFP 계층의 도움으로 인식적 불확실성을 설명하는 방법을 배웠다.

13장에서는 TensorFlow AutoML 프레임워크에 대해 알아본다.

참고문헌

1. Dillon, J. V., Langmore, I., Tran, D., Brevdo, E., Vasudevan, S., Moore, D., Patton, B., Alemi, A., Hoffman, M., and Saurous, R. A. (2017). *TensorFlow distributions*. arXiv preprint arXiv:1711.10604.

2. Piponi, D., Moore, D., and Dillon, J. V. (2020). *Joint distributions for TensorFlow probability*. arXiv preprint arXiv:2001.11819.

3. Fox, C. R. and Ulkumen, G. (2011). *Distinguishing Two Dimensions of Uncertainty*, in Essays in Judgment and Decision Making, Brun, W.,

Kirkeboen, G. and Montgomery, H., eds. Oslo: Universitetsforlaget.

4. Hullermeier, E. and Waegeman, W. (2021). *Aleatoric and epistemic uncertainty in machine learning: An introduction to concepts and methods.* Machine Learning 110, no. 3: 457 – 506.

13

AutoML 소개

AutoML의 목표는 머신러닝 기술에 익숙하지 않은 도메인 전문가가 머신러닝 기술을 쉽게 사용할 수 있도록 하는 것이다.

13장에서는 Google 클라우드를 사용해 실습을 수행하고 기본 사항에 대해 간략히 논의한 후 실질적인 작업을 수행한다.

13장에서는 다음 사항을 다룬다.

- 자동 데이터 준비
- 자동 특징 공학
- 자동 모델 생성
- AutoKeras

- Google 클라우드 머신러닝의 표, 해법, 비전 텍스트, 번역, 비디오 처리에 대한 다양한 해법

지금부터 AutoML을 소개하겠다.

AutoML이란 무엇인가?

12장에서는 현대 머신러닝과 딥러닝에 사용되는 몇 가지 모델을 소개했다. 예를 들어 밀집 신경망, CNN, RNN, 오토인코더와 GAN과 같은 아키텍처를 살폈다.

두 가지를 관찰할 수 있었다. 첫째, 이러한 아키텍처는 딥러닝 전문가가 수동으로 설계한 것으로 전문가가 아닌 사람에게는 설명하기가 쉽지 않았다. 둘째, 이러한 아키텍처 자체의 구성은 수동 프로세스였으며 많은 부분 사람의 직관과 시행착오가 수반됐다.

오늘날 인공지능 연구의 주요 목표 중 하나는 **범용 인공지능**을 달성하는 것이다. 이는 인간이 할 수 있는 모든 유형의 작업이나 활동을 이해하고 자동으로 학습할 수 있는 기계의 지능이다. 많은 연구원이 AGI는 불가능하리라 본다는 점에 유의하자. 지능의 유형은 매우 다양하기 때문이다.

나 역시 개인적으로 이 의견에 동의한다. 다음 링크(https://twitter.com/ylecun/status/1526672565233758213)에서 이 주제에 대한 얀 르쿤의 입장을 볼 수 있다. 그러나 AutoML 연구와 산업 애플리케이션이 시작되기 전의 현실은 매우 달랐다. 사실 AutoML 이전에는 딥러닝 아키텍처를 설계하는 것은 수작업으로 장식물을 만드는 활동이나 취미와 매우 유사했다.

엑스레이로 유방암을 인식하는 작업을 예로 들어보자. 12장을 읽은 후에는 여러 CNN을 작성해 구성한 딥러닝 파이프라인이 이 목적에 적합한 도구라고 생각할 것이다. 이는 아마 시작으로서는 괜찮은 직관이다. 문제는 특정한 CNN 구성 방법이 유방암 탐지 분야에 잘 작동하는 이유를 모델 사용자에게 설명하기가 쉽지 않다는 점이다.

사실 머신러닝에 대한 대단한 배경지식을 갖고 있지 않더라도 분야 전문가(이 경우에는 의료 전문가)들이 쉽게 사용할 수 있는 딥러닝 도구를 제공하는 것이 가장 이상적이다.

또 다른 문제는 수작업으로 구축한 원래 모델보다 더 나은 성능을 보여줄 수 있는 다른 변형(예: 다른 구성)이 존재할 것인지 여부를 알기 어렵다는 것이다. 이상적으로는 여러 변형될 수 있는 공간(예: 서로 다른 구성)을 보다 원칙적이며 자동으로 탐색할 수 있는 딥러닝 도구를 제공하는 것이 좋다.

따라서 AutoML의 핵심 아이디어는 전체 엔드-투-엔드 머신러닝 파이프라인을 보다 자동화해 가파른 학습 곡선과 머신러닝 솔루션 제작에 드는 막대한 비용을 줄이는 것이다. 이를 위해 AutoML 파이프라인은 데이터 준비, 특징 공학, 자동 모델 생성이라는 세 가지 매크로 단계로 구성돼 있다고 가정한다(그림 13.1 참조). 13장의 앞부분에서 이 세 단계를 자세히 설명한다. 그런 다음 클라우드 AutoML에 초점을 맞추겠다.

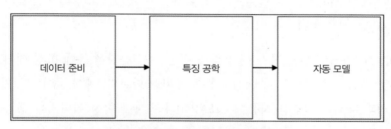

그림 13.1 AutoML 파이프라인의 3단계

AutoML의 성취

AutoML이 엔드-투-엔드 자동화의 목표를 성취하는 방법은 무엇일까? 글쎄, 당신도 아마 자연스러운 선택은 머신러닝을 사용하는 것이라고 생각하고 있을 것이다. 아주 멋지다. AutoML은 머신러닝 파이프라인을 자동화하기 위해 머신러닝을 사용한다!

그렇다면 어떤 장점이 있을까? 머신러닝 엔드-투-엔드의 작성과 튜닝을 자동화하면 솔루션이 단순해지고 솔루션 제작 시간이 단축되며 궁극적으로 수작업으로 제작한 모델보다 성능이 더 우수한 아키텍처를 생성할 수 있다.

그렇다면 이 분야는 연구가 완료된 영역인가? 사실은 그 정반대다. 2020년 초, AutoML은 상당히 열린 연구 분야로 AutoML에 대한 최초의 작성 논문이 2016년 말에 출판됐다는 사실을 감안하면 놀라운 일도 아니다.

자동 데이터 준비

일반적인 머신러닝 파이프라인의 첫 단계는 데이터 준비를 다룬다(그림 13.1의 파이프라인을 기억하라). 고려해야 할 두 가지 주요 측면이 있는데, 데이터 정리와 데이터 합성이다.

데이터 정리cleansing는 잘못된 데이터 유형, 누락된 값, 오류를 확인하고 데이터 정규화, 버킷화bucketization, 스케일링 및 인코딩을 적용해 데이터 품질을 향상시키는 것이다. 안정적인 AutoML 파이프라인은 이러한 모든 평범하지만 매우 중요한 단계를 최대한 자동화해야 한다.

데이터 합성synthesis은 훈련, 평가 및 검증을 위한 기능 증강을 통해 합성 데이터를 생성하는 것이다. 일반적으로 이 단계는 분야에 따라 다르다. 예를 들어 자르기, 회전, 크기 조정과 뒤집기 작업을 사용해 CIFAR10과 유사한 합성 이미지를 생성하는 방법을 살펴봤다(4장 참조). 또한 GAN(9장 참조)을 통해 추가 이미지 또는 비디오를 생성하고 증강된 합성 데이터셋을 훈련에 사용할 수 있다. RNN(5장 참조)을 훈련해 합성 텍스트를 생성하거나 BERT, seq2seq 또는 트랜스포머(6장 참조)와 같은 더 많은 NLP 기술을 채택해 언어에 따라 텍스트에 주석을 달거나 번역한 다음 원 언어로 다시 번역하는 등 텍스트에 대해서는 다른 접근 방식을 취해야 한다. 이는 또 다른 분야에 특화된 형태의 증강이다.

다른 방법은 머신러닝이 발생할 수 있는 합성 환경을 생성하는 것이다. 이는 강화학습과 게임, 특히 OpenAI Gym과 같은 툴킷에서 매우 인기를 얻었으며, 이는 다양한 (게임) 시나리오로 설정하기 쉬운 시뮬레이션 환경을 제공하는 것을 목표로 한다.

간단히 말해 합성 데이터 생성은 AutoML 엔진이 제공해야 하는 또 다른 옵션이라고 할 수 있다. 자주 사용되는 도구는 분야별로 매우 다르며 이미지나 비디오에 적합한 도구는 텍스트 등의 다른 분야에서는 작동하지 않는다. 따라서 여러 분야에 걸쳐 합성 데이터 생성을 수행하려면 매우 많은 도구가 필요하다.

자동 특징 공학

특징 공학은 전형적인 머신러닝 파이프라인의 두 번째 단계다(그림 13.1 참조). 이는 특징 선택, 특징 구성과 특징 매핑이라는 세 가지 주요 단계로 구성된다. 각각 차례대로 살펴보자.

특징 선택 Feature selection은 학습 작업에 거의 기여하지 않는 특징을 버림으로써 의미 있는 특징의 부분 집합을 선택하는 것을 목표로 한다. 이러한 맥락에서 "의미 있는"의 의미는 애플리케이션과 특정 문제의 영역에 따라 달라진다.

특징 구성 Feature construction은 기본 특징부터 시작해 새로운 파생 특징을 구축하는 것을 목표로 한다. 종종 이 기술은 더 나은 일반화를 허용하고 더 풍부한 데이터 표현을 위해 사용된다.

특징 매핑 Feature mapping은 매핑 기능을 사용해 원래 특징 공간을 바꾸는 것을 목표로 한다. 특징 추출은 여러 방법으로 구현될 수 있다. 예를 들어 오토인코더(8장 참조), PCA 또는 군집화(7장 참조)를 사용할 수 있다.

요약컨대 특징 공학은 직관, 시행착오 그리고 풍부한 인간 경험을 기반으로 하는 예술이다. 최신 AutoML 엔진은 전체 프로세스를 더욱 더 자동화해 사람의 개입이 덜 필요하다.

자동 모델 생성

모델 생성 및 초매개변수 튜닝은 머신러닝 파이프라인에서 전형적인 세 번째 매크로 단계다(그림 13.1 참조).

모델 생성 Model generation은 특정 작업을 해결하기에 적합한 모델을 생성하는 것으로 구성된다. 이를테면 시각적 인식에는 CNN을 사용하고 시계열 분석과 시퀀스에는 RNN을 사용한다. 물론 다양한 변형도 가능하며 각 변형은 시행착오를 거쳐 수작업으로 만들어지며 아주 특화된 분야에서만 작동한다.

초매개변수 튜닝 Hyperparameter tuning은 모델을 수동으로 제작하면 수행된다. 이 프로세스는 일반적으로 계산 비용이 많이 들고 긍정적인 방식으로 결과 품질을 크게 변경할 수 있다. 초매개변수를 튜닝하면 모델을 더욱 최적화하는 데 도움이 될 수 있기 때문이다.

자동 모델 생성은 모든 AutoML 파이프라인의 궁극적인 목표다. 어떻게 하면 이 목표를 성취할 수 있을까? 한 가지 접근 방식은 컨볼루션, 풀링, 연결, 스킵-연결, 순환 신경망, 오토인코더 및 이 책 전체에서 접한 거의 모든 딥러닝 모델을 포함한 일련의 기본 작업을 결합해 모델을 생성하는 것이다. 이러한 작업은 탐색할 (일반적으로 매우 큰) 검색 공간을 구성하되 그 목표는 탐색을 최대한 효율적으로 만드는 것이다. AutoML 전문 용어로는 이러한 탐색을 **신경 구조 검색**NAS, Neural Architecture Search이라고 한다.

AutoML에 대한 주요 논문[1]은 2016년 11월에 발표됐다. 핵심 아이디어(그림 13.2 참조)는 강화학습(RL, 11장 참조)을 사용하자는 것이다. RNN은 컨트롤러 역할을 하며 후보 신경망의 모델 설명을 생성한다. RL은 생성된 아키텍처의 예상 정확도를 검증 집합에서 최대화하는 데 사용된다.

CIFAR-10 데이터셋에서 이 방법은 테스트 집합 정확도 측면에서 맨바닥에서 시작해 사람이 발명한 최고의 아키텍처에 필적하는 새로운 신경망 아키텍처를 설계했다. CIFAR-10 모델은 3.65의 테스트 오차율을 달성했는데, 이는 유사한 아키텍처 체계를 사용했던 이전 최신 모델보다 0.09% 높고 1.05배 빠르다. 펜Penn 트리뱅크 데이터셋에서 이 모델은 널리 사용되는 LSTM 셀(9장 참조)과 기타 최신 기준을 능가하는 새로운 반복 셀을 구성할 수 있었다. 이 셀은 펜 트리뱅크에서 테스트 집합 62.4라는 놀라운 결과를 달성했는데, 이는 이전의 최신 모델보다 3.6 더 우수하다.

이 논문의 주요 결과는 그림 13.2에 나와 있다. RNN에 기반한 컨트롤러 신경망은 확률이 p인 샘플 아키텍처 A를 생성한다. 이 후보 아키텍처 A는 후보 정확도 R을 얻기 위해 자식 신경망에 의해 훈련된다. 그런 다음 p의 그래디언트가 계산되고 R만큼 조정돼 컨트롤러를 갱신한다. 이 강화학습 동작은 여러 번 주기로 계산된다. 계층 수가 특정 값을 초과하면 아키텍처 생성 프로세스가 중지된다.

더 나은 아키텍처를 생성하기 위해 컨트롤러 RNN이 RL 기반 정책 그래디언트 방법을 사용하는 방법에 대한 자세한 내용은 [1]에 있다. 여기서는 NAS가 모델 탐색 공간을 검색하기 위해 경험 재생(11장 참고)과 함께 ε - 그리디 Q-러닝에 기반한 메타-모델링 알고리듬을 사용한다는 사실을 강조하고자 한다.

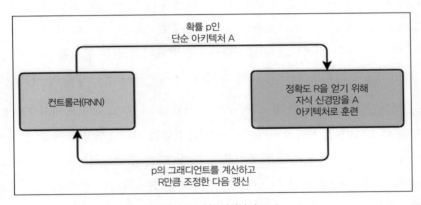

그림 13.2 재현 신경망의 NAS

2016년 말 최초 논문 이후 모델 생성 기술이 마치 캄브리아기의 대폭발처럼 관찰됐다. 처음에는 한 번의 단계로 전체 모델을 생성하는 것이 목표였다. 나중에 생성이 2개의 매크로 단계로 나눠지는 셀 기반 접근법이 제안됐다. 이 방법은 먼저 셀 구조가 자동으로 구축되고 사전 정의된 개수만큼의 발견된 셀이 함께 쌓여 전체 엔드-투-엔드 아키텍처를 생성한다[2]. **ENAS**Efficient Neural Architecture Search는 기존의 모든 자동 모델 설계 방식에 비해 훨씬 적은 GPU 시간으로 강력한 경험적 성능을 제공하며, 특히 NAS(2018년)보다 계산 비용이 1,000배 낮다. 여기서 ENAS의 주요 목표는 계층적 구성을 통해 검색 공간을 줄이는 것이다. 하위 수준의 셀을 반복적으로 통합해 상위 수준의 셀을 생성하는 순수 계층적 방법을 포함한 셀 기반 방식의 변형도 제안됐다.

NAS에 대한 완전히 다른 접근 방법은 전이학습(5장 참조)을 사용해 기존의 신경망의 학습을 새로운 신경망으로 전송해 설계를 가속화하는 것이다[3]. 다시 말해 AutoML에서 전이학습을 활용하고자 한다.

또 다른 접근법은 모델 검색 공간을 구성하는 기본 연산이 적절한 표현으로 인코딩된 다음 유전자 진화와 유사한 방식으로 점진적으로 더 나은 모델로 점차 변이되는 생명체의 **유전자 프로그래밍**GP, Genetic Programming과 **진화 알고리듬**EA, Evolutionary Algorithm을 기반으로 한다[4].

초매개변수 튜닝은 학습 최적화와 관련된 초매개변수(배치 크기, 학습률 등)과 모델 특정 초매개변수(커널 크기, CNN의 특징 맵 수 등 또는 밀집 또는 오토인코더 네트워크의 뉴런 수 등)의 최적 조합을 찾는 과정으로 이뤄진다. 다시 말하지만 검색 공간은 극도로 클 수 있다. 일반적으로 그리드 검색과 랜덤 검색이라는 두 가지 접근 방식이 사용된다.

그리드 검색은 검색 공간을 값의 이산discrete 그리드로 나누고 그리드에서 가능한 모든 조합을 테스트한다. 예를 들어 3개의 초매개변수와 각각 2개의 후보 값만 있는 그리드의 경우 총 $2 \times 3 = 6$ 조합을 확인해야 한다. 또한 검색 공간 영역에 대한 그리드를 점진적으로 세분화하고 더 나은 결과를 제공하는 그리드 검색의 계층적 변형이 있다. 핵심 아이디어는 거친 격자를 먼저 사용하고 더 나은 격자 영역을 찾은 다음에 해당 영역에 대해 보다 미세한 검색을 구현하는 것이다.

랜덤 검색은 매개변수 검색 공간의 랜덤 샘플링을 수행하며 이 간단한 접근 방식은 여러 상황에서 매우 잘 작동하는 것으로 입증됐다[5].

이제 Google 클라우드에서 실습 작업을 수행하기 위한 기본 사항을 간략하게 살펴봤으니, 실제로 해보자.

AutoKeras

AutoKeras[6]는 딥러닝 모델의 아키텍처와 초매개변수를 자동으로 검색하는 기능을 제공한다. 이 프레임워크는 효율적인 신경 구조 검색을 위해 베이즈 최적화를 사용한다. pip를 사용해 알파 버전을 설치할 수 있다.

```
pip3 install autokeras # for 1.19 version
```

아키텍처는 그림 13.3[6]에서 설명한다.

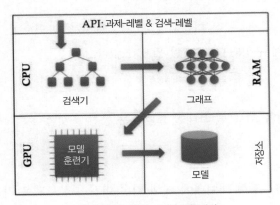

그림 13.3 AutoKeras 시스템 개괄

아키텍처는 다음 단계를 따른다.

1. 사용자가 API를 호출한다.

2. 검색기는 CPU에서 신경 구조를 생성한다.

3. 신경 구조로부터 매개변수를 가진 실제 신경망을 RAM에 구축한다.

4. 신경망은 훈련을 위해 GPU로 복사된다.

5. 훈련된 신경망은 저장 장치에 저장된다.

6. 검색기가 훈련 결과에 따라 갱신된다.

시간 한도에 도달할 때까지 단계 2부터 단계 6까지 반복한다.

Google 클라우드 AutoML과 Vertex AI

클라우드 AutoML(https://cloud.google.com/automl/)은 이미지, 비디오 및 텍스트 처리를 위한 전체 제품군이다. AutoML은 고품질 맞춤형 머신러닝 모델을 별 노력과 전문 지식이 없이도 학습할 수 있다.

Google 클라우드 서비스와 함께 Vertex AI는 머신러닝을 하나의 통합된 UI와 API로 구현할 수 있게 해준다. Vertex AI에서 이제 모델을 손쉽게 훈련하고, 비교하며, 테스트한 다음 배치할 수 있다. 그런 다음 모델을 정교한 방식으로 모니터링하고 실험을 수행할 수 있다(https://cloud.google.com/vertex-ai 참조).

2022년 기준으로 이 제품군은 다음과 같은 요소로 구성돼 있으며, 딥러닝 신경망이 내부적으로 어떻게 구성돼 있는지 알 필요가 없다.

Vertex AI

- 구축, 배치와 AI 모델 확대를 도와주는 통합 플랫폼

정형 데이터

- AutoML 표: 정형 데이터에 대해 최신 머신러닝 모델을 자동으로 구축하고 배치할 수 있게 해준다.

시각

- AutoML 이미지: 클라우드나 에지상에서 객체 탐지와 이미지 분류의 통찰을 도출
- AutoML 비디오: 강력한 내용 발견이나 비디오 경험을 가능케 한다.

언어

- AutoML 텍스트: 머신러닝을 사용해 텍스트의 구조와 의미를 발견
- AutoML 번역: 동적으로 언어 간의 탐지 및 번역

13장의 나머지 부분에서는 AutoML 표, AutoML 텍스트, AutoML 비디오에 관한 AutoML 솔루션을 살펴본다.

Google 클라우드 AutoML 표 솔루션의 사용

클라우드 AutoML 표를 사용하는 예를 살펴보자. 여기서는 표 형식의 데이터를 가져와 해당 데이터에 대한 분류기를 훈련시키는 것을 목표로 한다. 실험에는 은행의 마케팅 데이터를 사용할 것이다. 이 예제와 다음 예제는 다양한 사용 기준에 따라 Google에서 요금을 청구할 수 있다는 점에 유의하라(https://cloud.google.com/products/calculator/에서 최신 비용 견적을 온라인으로 확인하라).

첫 단계는 Vertex AI API를 활성화하는 것이다.

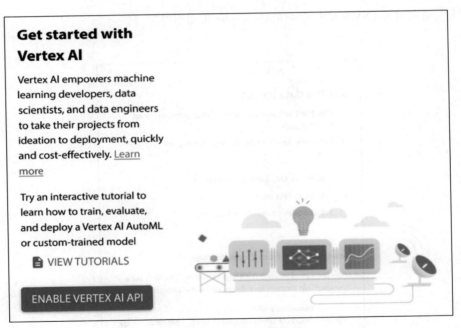

그림 13.4 Vertex AI API 활성화

그럼 다음 콘솔에서 TABULAR 데이터셋을 선택한다(그림 13.5 참조). 데이터셋의 이름은 bank-marketing.csv이다.

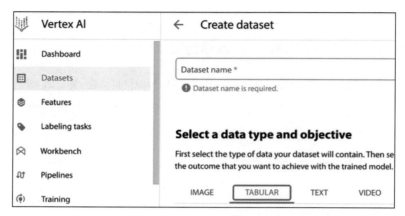

그림 13.5 TABULAR 데이터셋 선택

다음 화면에서 CSV로부터 데이터를 읽는다고 설정한다.

그림 13.6 AutoML 표 – 데이터를 CSV 파일로 로드

다음으로 새로운 모델을 그림 13.7처럼 훈련한다.

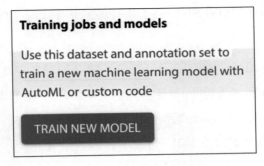

그림 13.7 새로운 모델 훈련

분류와 회귀를 위한 몇 가지 훈련 옵션이 제공된다.

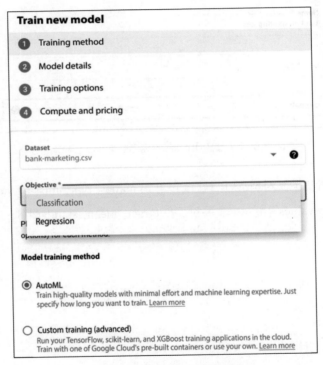

그림 13.8 분류와 회귀를 위한 옵션

Deposit 열을 목표taregt로 선택해보자. 데이터셋은 다음 링크(https://archive.ics.uci.edu/ml/datasets/bank+marketing)에 설명해놨다. 데이터는 포르투갈 금융 기관의 DM 마케

팅(통신 판매) 캠페인과 관련돼 있다. 분류의 목표는 고객이 정기 예금에 가입할 것인지 예측하는 것이다.

선택한 열은 범주형 데이터이므로 AutoML 표는 분류 모델을 구축한다. 이는 선택한 열의 부류에서 목표를 예측한다. 분류는 이진이다. 1은 부정 결과를 나타낸다. 즉, 은행에 예금이 이뤄지지 않는다. 2는 긍정 결과를 나타내며, 이는 은행에 예금이 이뤄짐을 의미한다. 그림 13.9를 참고하라.

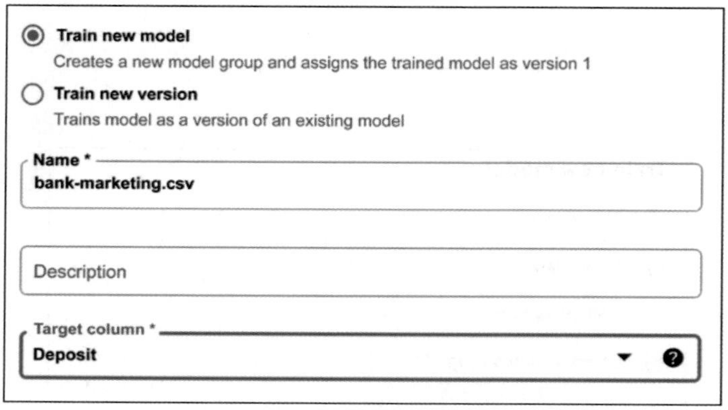

그림 13.9 목표 셀을 Deposit으로 설정한 후 새로운 모델 훈련

그런 뒤 데이터셋을 조사해보면(그림 13.10 참고) names, type, missing values, distinct values, invalid values 같은 여러 특징들을 target, mean, standard deviation과 연계해 보여준다.

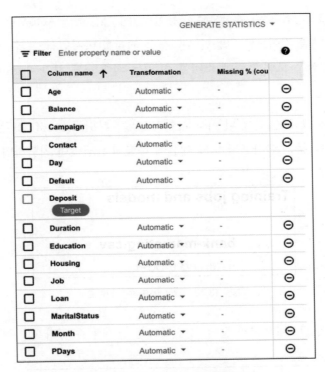

그림 13.10 AutoML 표 - 데이터셋 조사

이제 TRAIN 탭을 사용해 모델을 학습할 차례다. 먼저 그림 13.11처럼 훈련할 예산을 설정하자.

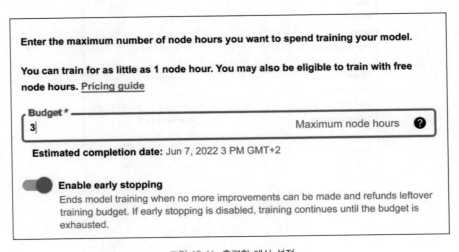

Enter the maximum number of node hours you want to spend training your model.

You can train for as little as 1 node hour. You may also be eligible to train with free node hours. Pricing guide

Budget *

3

Maximum node hours ❓

Estimated completion date: Jun 7, 2022 3 PM GMT+2

Enable early stopping
Ends model training when no more improvements can be made and refunds leftover training budget. If early stopping is disabled, training continues until the budget is exhausted.

그림 13.11 훈련할 예산 설정

이 예에서는 3시간을 훈련 예산으로 사용한다. 이 시간 동안 AutoML이 사용자를 대신해 작업을 해줄 것이므로 그동안 우리들은 커피를 마시면서 쉴 수 있다(그림 13.12 참조). 훈련 예산은 모델 훈련에 소비할 수 있는 최대 노드 시간 수로서 1부터 72 사이의 숫자다.

모델의 개선이 그 시간 전에 더 이상 이뤄지지 않는다면, AutoML 표는 훈련을 중단하게 되고, 여러분은 실사용된 노드 예산에 해당되는 금액만 지불하면 된다.

그림 13.12 AutoML 표 훈련 진측도

훈련하는 동안, 그림 13.13과 같이 그 진측도를 살펴볼 수 있다.

ⓘ	Training began at Jun 7, 2022, 11:16:53 AM and is still in progress.
Status	Training
Training pipeline ID	6352098026231693312
Created	Jun 7, 2022, 11:15:56 AM
Start time	Jun 7, 2022, 11:16:53 AM
Elapsed time	1 hr 22 min
Region	us-central1
Encryption type	Google-managed key
Dataset	bank-marketing.csv
Target column	Deposit
Data split	Randomly assigned (80/10/10)
Column metadata	**VIEW DETAILS**
Algorithm	AutoML
Objective	Tabular classification
Optimized for	AUC ROC
Training stage	Training

그림 13.13 훈련 진측도 검사

1시간이 지나기도 전에 Google이 내게 보낸 이메일 내용은 다음과 같다.

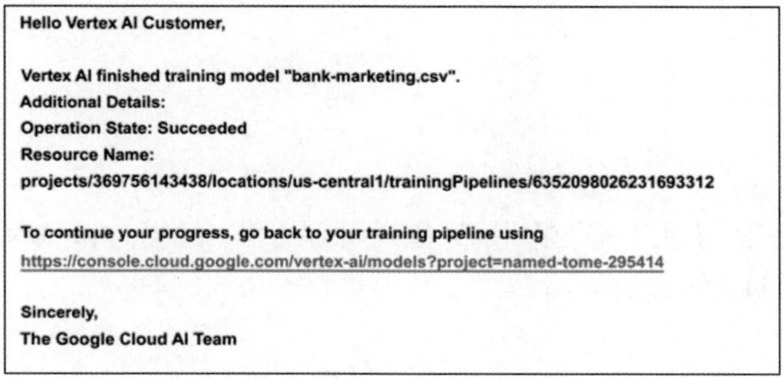

Hello Vertex AI Customer,

Vertex AI finished training model "bank-marketing.csv".
Additional Details:
Operation State: Succeeded
Resource Name:
projects/369756143438/locations/us-central1/trainingPipelines/6352098026231693312

To continue your progress, go back to your training pipeline using
https://console.cloud.google.com/vertex-ai/models?project=named-tome-295414

Sincerely,
The Google Cloud AI Team

그림 13.14 AutoML 표:훈련이 종료되고 Google이 보낸 이메일

이메일에 링크된 URL을 클릭하면 훈련 결과를 볼 수 있다. AutoML에서 생성한 모델은 94%의 정확도를 기록했다(그림 13.15 참조). 정확도는 자동으로 유지되는 테스트 집합에서 모델이 올바로 예측한 분류 비율임을 기억하라. 로그 손실(예를 들어 모델 예측과 레이블 값 사이의 교차엔트로피)도 제공된다. 값이 작을수록 고품질 모델을 나타낸다.

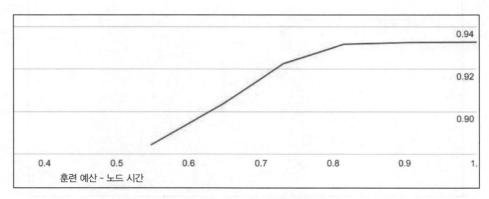

그림 13.15 AutoML 표 – 훈련 결과를 분석

또한 **곡선 아래 면적 ROC**AUC ROC, Area Under the Cover Receiver Operating Characteristic가 곡선 아래 영역으로 표시된다. 범위는 0부터 1까지이며 값이 높을수록 고품질 모델을 나

타낸다. 이 통계량은 모든 분류에서 분류 모델의 성능을 보여 주는 그래프인 AUC ROC 곡선을 요약한다. **참 긍정 비율**^{TPR, True Positive Rate}(재현율^{recall}이라고도 함)은 다음과 같다.

$$TPR = \frac{TP}{TP + FN}$$

여기서 *TP*는 참 긍정의 개수이며, *FN*은 거짓 부정의 개수다. **거짓 긍정 비율**^{FPR, False Positive Rate}은 다음과 같다.

$$FPR = \frac{FP}{FP + TN}$$

여기서 *FP*는 거짓 긍정의 개수, *TN*은 참 부정의 개수다.

ROC 곡선은 다른 분류 임곗값에서 TPR 대 FPR을 표시한다. 그림 13.16에는 ROC 곡선의 한 임곗값에 대한 **곡선 아래 면적**^{AUC}이 표시된다.

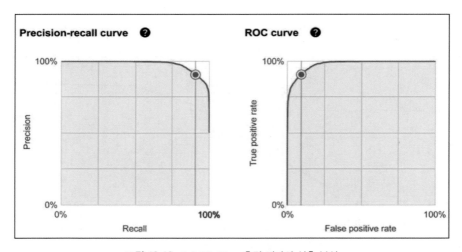

그림 13.16 AutoML 표 – 훈련 결과의 심층 분석

평가를 좀 더 심층 있게 하면 혼동 행렬을 볼 수 있다(그림 13.17).

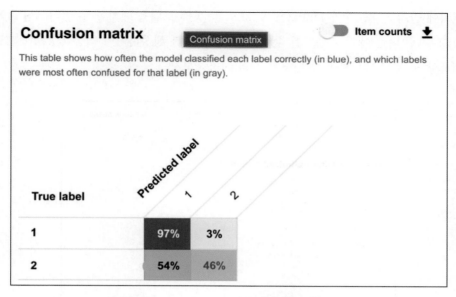

그림 13.17 AutoML 표 – 훈련 결과의 또 다른 분석

수작업으로 만든 모델은 다음 링크(https://www.kaggle.com/uciml/adult-censusincome/kernels)에 있으며 정확도가 적어도 86~90%였음을 주목하자. 따라서 AutoML을 사용해 생성한 모델은 확실히 매우 좋은 결과를 보여준다.

그림 13.18처럼 각 특징의 중요도를 개별적으로 볼 수도 있다.

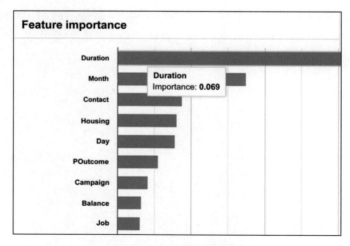

그림 13.18 각 특징의 개별 중요도

결과에 만족했다면 이제 DEPLOY & TEST를 통해 모델을 배치할 수 있다(그림 13.19 참고). 그런 다음 에지에 배포할 수 있는 도커^{Docker}를 생성하거나 최종 경로^{endpoint}로 배포할 수 있다. 각 선택 중 디폴트 값을 사용해보자.

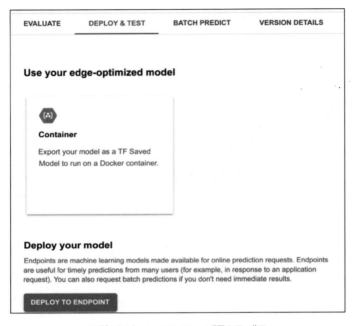

그림 13.19 AutoML 표 – 제품으로 배포

그리고 나면 REST API(다음 링크를 보라. https://en.wikipedia.org/wiki/Representational_state_transfer)를 사용해 13장에서 봤던 명령으로 그림 13.20과 같이 온라인에서 예측을 수행할 수 있다.

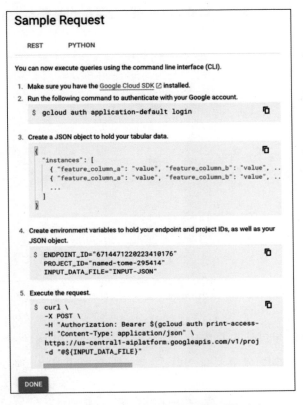

그림 13.20 AutoML 표- 배포된 모델에 대한 쿼리

간단히 말해, Google 클라우드 머신러닝은 AutoML의 편의상과 효율성에 매우 잘 맞춰져 있다. 필요한 주요 단계를 정리해보자(그림 13.21 참고).

1. 데이터셋을 임포트한다.

2. 데이터셋 스키마와 레이블을 정의한다.

3. 입력 특징은 자동으로 인식된다.

4. AutoML이 자동으로 특징 공학을 하고, 모델을 생성하고, 초매개변수를 튜닝하는 마법을 부린다.

5. 자동으로 구축된 모델을 평가한다.

6. 모델을 제품으로 배포한다.

물론 스키마와 레이블 정의를 수정하면서 단계 2-6을 반복할 수 있다.

그림 13.21 AutoML 표 – 필요한 주요 단계

이 절에서는 사용 편의성과 효율성에 중점을 둔 AutoML의 예를 살펴봤다. 진행 상황은 파스 등의 논문[7]에 표시돼 있다. 그중 일부를 인용하면 다음과 같다.

> "우리는 인공지능 전문가가 아닌 의사가 의료 서비스를 적용할 수 있는 최초의 자동화된 설계 및 딥러닝 모델을 최초로 구현한 것으로 생각하고 있다. 비록 이진과 다중 분류 작업의 내부 검증에서는 전문가가 튜닝한 의료 이미지 분류 알고리듬과 비슷한 성능을 얻었지만 다중 레이블 분류와 이러한 모델의 외부 검증과 같은 좀 더 복잡한 문제는 불충분했다. 우리는 AI가 하위 전문가들의 심사 효율성과 맞춤형 예측 모델을 통해 의료 개인화를 개선해 의료 서비스를 발전시킬 수 있다고 생각한다. 예측 모델 설계에 대한 자동 접근 방식은 이 기술에 대한 접근성을 향상시켜 의료계의 참여를 촉진하고 임상의가 AI 통합의 장점과 잠재적 함정에 대한 이해를 향상시킬 수 있는 매개체를 제공한다."

이 경우, 클라우드 AutoML 표가 사용됐다. 이제 다른 예를 살펴보기로 하자.

Google 클라우드 AutoML 텍스트 솔루션 사용

이 절에서는 AutoML을 사용해 분류기를 구축해본다. Vertex AI 콘솔로부터 텍스트 데이터셋을 구축해보자. 단일-레이블 분류에 집중해보자.

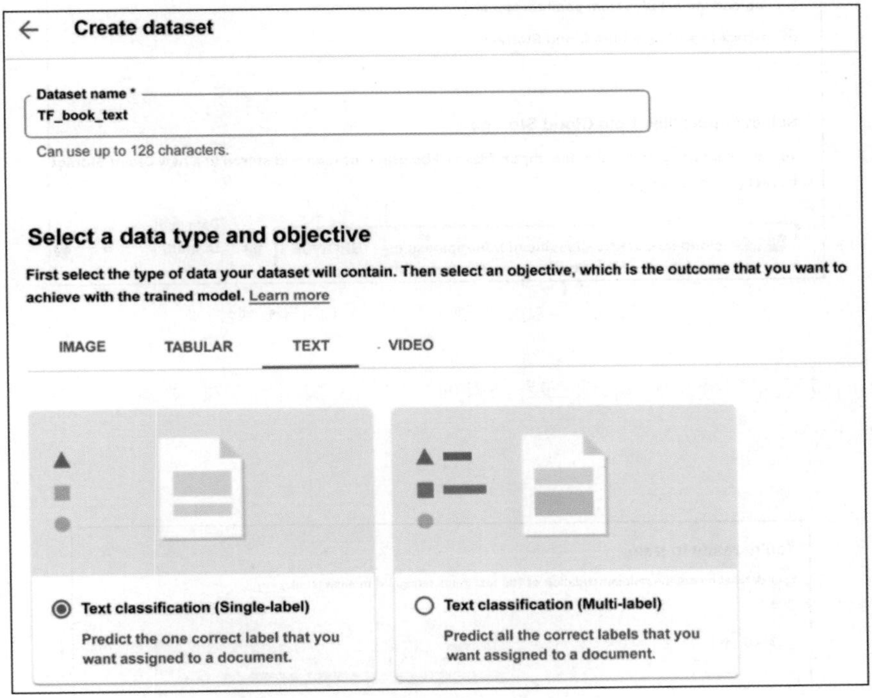

그림 13.22 AutoML 텍스트 분류 – 데이터셋 생성

온라인에 있는 데이터셋을 사용해보자(행복한 순간이라는 데이터셋은 cloudml-data/NL-classification/happiness.csv에 있다). happiness라는 이름의 데이터셋을 로드한 다음 단일-레이블 분류를 수행해본다(그림 13.23 참고). 몇 분 이상 소요될 수 있다.

처리가 완료되면 다음 이메일을 받게 된다.

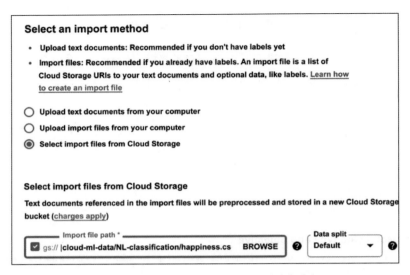

그림 13.23 AutoML 텍스트 분류 – 데이터셋 생성

데이터셋이 로드됐으면 각 텍스트 조각에 그림 13.24처럼 7개 중 하나의 레이블이 있어야 한다.

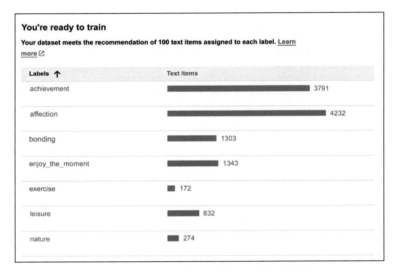

그림 13.24 AutoML 텍스트 분류 – 카테고리 샘플

이제 모델을 훈련시킬 시간이다.

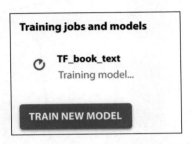

그림 13.25 AutoML 텍스트 분류 – 훈련 시작

모델이 완성됐고 90.2%의 정밀도와 86.7%의 재현율이라는 좋은 결과를 얻었다.

Average precision ❓	0.959
Precision ❓	90.2%
Recall ❓	86.7%
Created	Jun 9, 2022, 3:05:42 PM
Total items	11,947
Training items	9,555
Validation items	1,207
Test items	1,185

그림 13.26 AutoML 텍스트 분류 – 정밀도와 재현율

또한 정밀도-재현율 곡선과 임계치에 따른 정밀도-정밀도 곡선을 살펴볼 수 있다(그림 13.27). 이 곡선은 임계치를 바꾸면서 분류기 조정에 사용할 수 있다(임계치보다 더 큰 예측 확률에 기반).

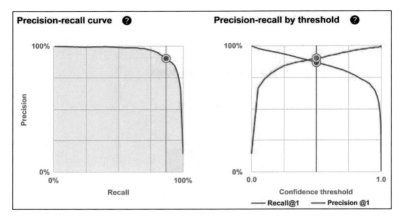

그림 13.27 정밀도-재현율 곡선과 임계치에 따른 정밀도-재현율

혼동 행렬은 그림 13.28에 있다.

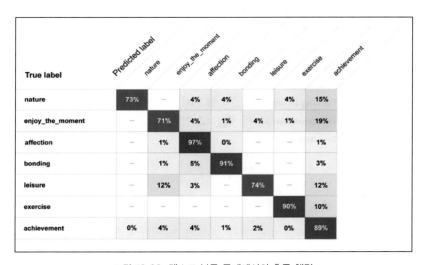

그림 13.28 텍스트 분류 문제에서의 혼동 행렬

Google 클라우드 AutoML 비디오 솔루션 사용

이 솔루션에서는 비디오 분류를 위한 새로운 모델을 자동으로 구축한다. 목적은 서로 다른 비디오 세그먼트를 다양한 범주(또는 부류)로 그 내용에 따라 분류하는 것이

630

다. 첫 단계는 그림 13.29처럼 데이터셋을 구축하는 것이다.

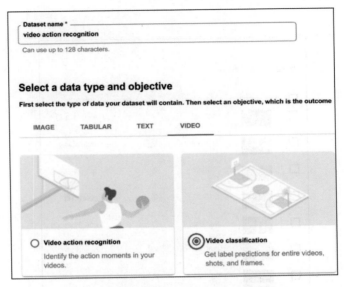

그림 13.29 AutoML 비디오 인텔리전스 – 분류 문제

여기서는 데모에 있는 5,000개의 비디오 모음을 사용하는데, 그림 13.30처럼 이미 automl-video-demo-data/hmdb_split1_5classes_all.csv의 버킷에 담겨 있다.

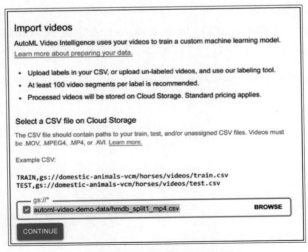

그림 13.30 데모 데이터셋 임포트

늘 그렇듯 임포트에는 시간이 걸릴 것이고 완료되면 이메일을 받게 된다. 비디오가
임포트되면 해당 범주와 같이 살펴볼 수 있다.

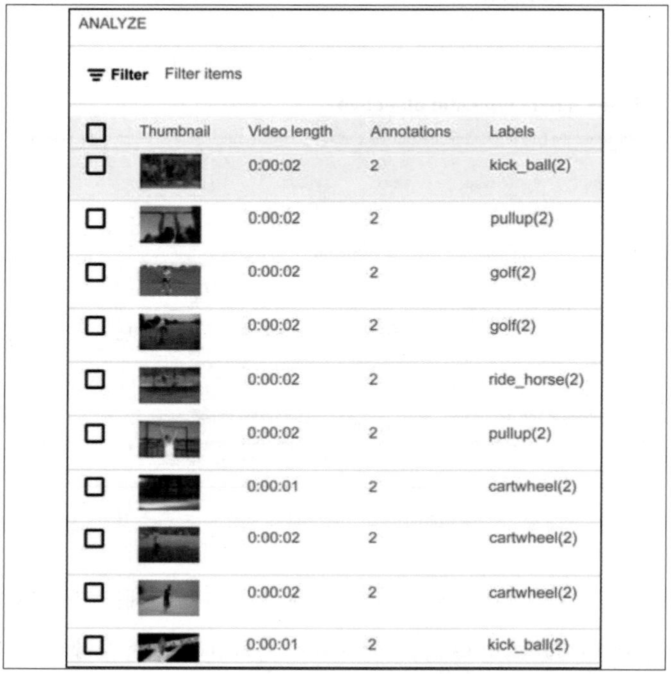

그림 13.31 AutoML 비디오 인텔리전스 - 임포트된 비디오 미리보기

이제 모델 구축을 시작할 수 있다. 에제에 배포할 에지 모델 AutoML, TensorFlow
에 구축할 맞춤형 AutoML 등 AutoML로 훈련할 수 있는 여러 옵션이 있다. 여기서
는 그림 13.32처럼 디폴트 값을 사용하자.

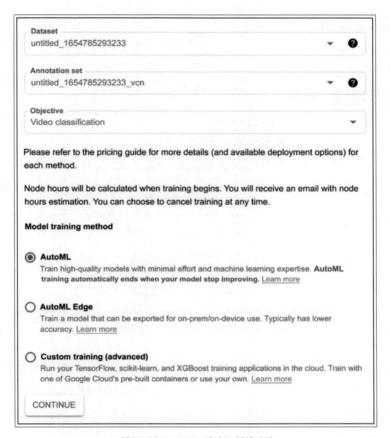

그림 13.32 AutoML 비디오 인텔리전스

이 경우 몇 개의 레이블로 실험하기 위해 데이터셋을 훈련 20%와 테스트 80%로 분할했다.

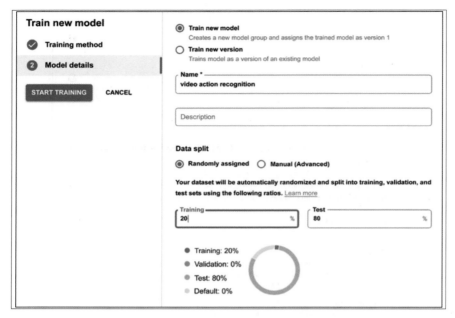

그림 13.33 테스트와 훈련 데이터셋 분할

모델 훈련이 끝나면 콘솔에서 결과를 볼 수 있다(그림 13.34). 이 경우 정밀도 훈련에 20%밖에 사용하지 않았는데도 불구하고 99.5%의 정밀도와 99.5%의 재현율을 얻었다. 훈련을 짧게 했음에도 여전히 놀라운 결과다. 모델을 좀 더 조작해본다면 레이블된 비디오 개수를 늘려 보는 등으로 해볼 수 있다.

All labels

Average precision	1
Precision	99.5%
Recall	99.5%
Created	Jun 10, 2022, 11:24:44 AM
Training videos	100
Test videos	400

그림 13.34 AutoML 비디오 인텔리전스 – 결과 평가

결과를 자세히 들여다보자. 이를테면 서로 다른 임계치 레벨에 대해 정밀도/재현율 그래프를 그려볼 수 있다.

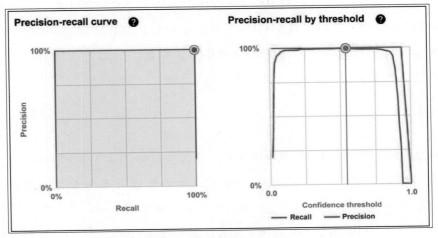

그림 13.35 AutoML 비디오 인텔리전스 – 정밀도와 재현율

혼동 행렬을 살펴보면 잘못 분류된 예제를 볼 수 있다.

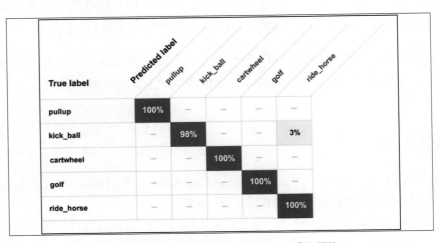

그림 13.36 AutoML 비디오 인텔리전스 – 혼동 행렬

비용

GCP 훈련에는 사용된 AutoML 유형에 따라 비용이 다르다. 예를 들어 13장에 소개된 모든 솔루션을 훈련하고 테스트하는 데는 2022년 기준으로 약 10달러가 소요된다. 그러나 이 값은 초기 무료 6시간의 할인을 포함하지 않았다(책을 쓰는 시점에 약 150 달러 가치). 속한 조직의 필요에 따라 이 비용은 크게 줄일 수 있을 것이다.

요약

AutoML의 목표는 머신러닝 기술에 익숙하지 않은 분야 전문가가 머신러닝 기술을 쉽게 사용할 수 있도록 하는 것이다. 주요 목표는 전체 엔드-투-엔드 머신러닝 파이프라인(데이터 준비, 특징 엔지니어링, 자동 모델 생성)을 보다 자동화해 가파른 학습 곡선과 수작업 머신러닝 솔루션의 막대한 비용을 줄이는 것이다.

2022년 말에 제공되는 최첨단 솔루션을 검토한 후 텍스트, 비디오 및 이미지에 클라우드 AutoML을 사용해 수작업 모델과 비슷한 결과를 얻는 방법을 설명했다. AutoML은 아마도 가장 빠르게 성장하는 연구 주제일 것이다. 관심 있는 독자는 다음 링크(https://www.automl.org/)에서 최신 결과를 얻을 수 있다.

14장에서는 딥러닝의 수학에 대해 설명한다. 신경망을 가지고 작업할 때 그 "내면"에서는 어떤 일이 일어나는지 이해하고 싶은 경우 권장되는 고급 주제다.

참고문헌

1. Zoph, B., Le, Q. V. (2016). *Neural Architecture Search with Reinforcement Learning*. http://arxiv.org/abs/1611.01578

2. Pham, H., Guan, M. Y., Zoph, B., Le, Q. V., Dean, J. (2018). *Efficient Neural Architecture Search via Parameter Sharing*. https://arxiv.org/abs/1802.03268

3. Borsos, Z., Khorlin, A., Gesmundo, A. (2019). *Transfer NAS: Knowledge*

Transfer between Search Spaces with Transformer Agents. https://arxiv.org/abs/1906.08102

4. Lu, Z., Whalen, I., Boddeti V., Dhebar, Y., Deb, K., Goodman, E., and Banzhaf, W. (2018). *NSGANet: Neural Architecture Search using Multi-Objective Genetic Algorithm.* https://arxiv.org/abs/1810.03522

5. Bergstra, J., Bengio, Y. (2012). *Random search for hyper-parameter optimization.* http://www.jmlr.org/papers/v13/bergstra12a.html

6. Jin, H., Song, Q., and Hu, X. (2019). *Auto-Keras: An Efficient Neural Architecture Search System.* https://arxiv.org/abs/1806.10282

7. Faes, L., et al. (2019). *Automated deep learning design for medical image classification by healthcare professionals with no coding experience: a feasibility study.* The Lancet Digital Health Volume 1, Issue 5, September 2019. Pages e232-e242. https://www.sciencedirect.com/science/article/pii/S2589750019301086

14

딥러닝 배경 수학

14장에서는 딥러닝의 배경 수학에 대해 설명한다. 이 주제는 상당히 고급 과정이므로 실무자에게는 반드시 필요하진 않다. 그러나 신경망을 다룰 때 어떤 일이 벌어지고 있는지 이해하고자 한다면 읽어보길 권한다.

14장에서는 다음을 배운다.

- 역사
- 미분과 그래디언트의 개념
- 딥러닝 신경망을 최적화하는 데 보편적으로 사용되는 그래디언트 하강과 역전파 알고리듬

역사

연속 역전파의 기초는 1960년에 동적 프로그래밍을 사용해 헨리 켈리Henry J Kelley[1]가 제안했다. 스튜어트 드레퓌스Stuart Dreyfus는 1962년에 연쇄 법칙chain rule을 사용하도록 제안했다[2]. 신경망에 역전파를 사용할 것을 제안한 최초의 사람은 1974년 박사 학위 논문에 발표한 폴 워보스Paul Werbos[3]였다. 그러나 1986년에 데이비드 루멜하트David E. Rumelhart와 제프리 힌튼Geoffrey E. Hinton 그리고 로날드 윌리엄스Ronald J.Williams가 「네이처」에 논문을 싣고 나서야 역전파가 성공을 거두기 시작했다. 1987년이 돼서야 얀 르쿤Yan LeCun에 의해 현재 신경망 훈련에 사용되는 현대적인 역전파 버전이 기술됐다[5].

SGD의 기본 직관은 1951년 신경망과는 다른 맥락에서 로빈스Robbins와 먼로Monro에 의해 소개됐다[6]. 처음으로 역전파가 처음 도입된 지 52년이 지난 2012년에만 AlexNet[7]은 GPU를 사용한 'ImageNet 2012 Challenge'에서 15.3%라는 top-5 오차를 달성했다. 「이코노미스트」[8]에 따르면 "인간은 AI는 그들의 커뮤니티뿐만 아니라 기술 산업 전체에서 주목을 받기 시작했다"라고 썼다. 이 분야의 혁신은 하룻밤 사이에 일어난 일이 아니다. 50년 이상 지속된 오랜 걸음이었다.

몇 가지 수학 도구

역전파를 소개하기 전에 미적분의 일부 수학 도구를 검토해야 한다. 너무 걱정하진 말라. 고등학교 수준의 수학에서 일반적으로 다루는 몇 가지 영역에 대해 간단히 살펴볼 것이다.

벡터

머신러닝에 상당히 유용한 두 가지 기본 개념인 기하와 대수에 대해 먼저 알아볼 것이다. 이제 벡터와 각의 코사인에 대해 알아보자. 먼저 벡터. 근본적으로 벡터란 수의 목록이다. 벡터가 주어지면 그것을 공간에서의 방향으로 해석할 수 있다. 수학자

들은 대개 벡터를 열 벡터 x, 혹은 행 벡터 x^T로 표기한다. 두 벡터 u와 v가 주어지면 그 점 곱을 다음과 같이 계산할 수 있다. $u.v = u^T v = \Sigma_i u_i v_i.$ $u.v = ||u||.||v||\cos(\theta)$ 이라는 것은 쉽게 증명할 수 있다. 여기서 θ는 두 벡터 사이의 각도다.

다음은 독자 여러분을 위한 두 가지 간단한 질문이다. 두 벡터가 매우 가까워지면 그 결과는? 그리고 두 벡터가 동일해지면 그 결과는 어떻게 되는가?

미분과 그래디언트

미분은 강력한 수학 도구다. 우리는 신경망 최적화를 위해 미분 및 그래디언트를 사용할 것이다. 이제 정의를 살펴보자. 변수 x의 함수 $y = f(x)$의 미분은 변수 x의 변화에 대해 함수의 값 y가 변화하는 속도의 측도다.

x와 y가 실수이고 f의 그래프가 x에 대해 그려지면 미분은 각 점에서 이 그래프의 "기울기"이다.

함수가 선형, 즉 $y = f(x) = ax + b$이라면, 기울기는 $a = \frac{\Delta y}{\Delta x}$이다. 이는 다음을 고려하면 얻을 수 있는 간단한 대수 결과다.

$$y + \Delta(y) = f(x + \Delta x) = a(x + \Delta x) + b = ax + a\Delta x + b = y + a\Delta x$$

$$\Delta(y) = a\Delta(x)$$

$$a = \frac{\Delta y}{\Delta x}$$

그림 14.1에서 Δx, Δy 그리고 선형함수와 x-카티션cartesian 축 사이의 각 θ 사이의 의미를 보여준다.

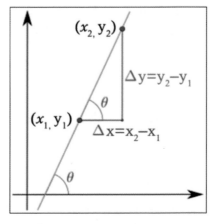

그림 14.1 선형함수와 변화 비율의 예제

만약 함수가 비선형이라면 직관적으로 변화율을 계산하는 것이란 $\Delta(x)$가 극소로 작아질 때 $\frac{\Delta y}{\Delta x}$ 비율의 극한 값이다. 이것은 기하학적으로는 그림 14.2처럼 $(x, y = f(x))$에서의 탄젠트 선이다.

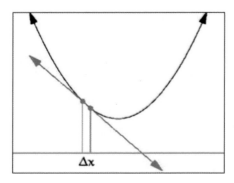

그림 14.2 $f(x) = x^2$의 변화 비율과 $\Delta x \to 0$일 때의 탄젠트 선

예를 들어 주어진 점, $f(x) = x^2$와 주어진 점, 예컨대 $x = 2$에서의 미분 $f'(x) = 2x$를 고려해보면 미분은 양수 $f'(2) = 4$가 된다(그림 14.3 참고).

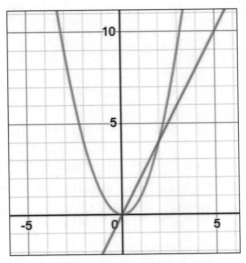

그림 14.3 $f(x) = x^2$ 그리고 $f'(x) = 2x$

그래디언트는 여러 변수에 대한 미분의 일반화다. 단일 변수 함수의 미분은 스칼라 값 함수인 반면, 여러 변수 함수의 기울기는 벡터 값 함수다. 그래디언트는 그리스 문자 델타가 뒤집어진 모양인 ∇로 표기하고, 델^{del}, 또는 나블라^{nabla}라고 부른다. 델타가 한 변수의 변화를 나타내고 그래디언트는 모든 변수의 변화를 나타내므로 나름 이치에 맞는 표기법이다. $x \in \mathbb{R}^m$(예를 들어 m차원 실수 공간)과 f가 $\mathbb{R}^n$에서 $\mathbb{R}$로의 매핑이라고 가정하자. 그래디언트는 다음과 같이 정의된다.

$$\nabla(f) = \left(\frac{\partial f}{\partial x_1}, \dots, \frac{\partial f}{\partial x_m} \right)$$

수학에서는 여러 변수의 함수의 편미분 $\frac{\partial f}{\partial x_i}$는 다른 모든 변수를 상수로 고정시킨 후 특정 변수 하나에 대한 미분이다.

그래디언트란 다음과 같은 벡터(움직이는 방향)라는 것을 보일 수 있다는 점에 주목하자.

- 함수가 가장 크게 증가하는 방향의 점들
- 지역 최대 또는 지역 최소에서는 0이다. 값이 0이므로 더 이상 커지지도 작

아지지도 못한다.

이 증명은 괸심 있는 독자들에게 연습 문제로 남겨둔다(힌트: 그림 14.2와 14.3을 살펴보라).

그래디언트 하강

그래디언트가 함수에 대해 가장 크게 증가하는 방향으로 향하는 경우 단순히 그래디언트 반대 방향으로 이동하면 함수의 지역 최솟값에 이를 수 있다. 이것이 바로 그래디언트 하강 알고리듬에 사용되는 주요 관찰이다.

예는 그림 14.4에 있다.

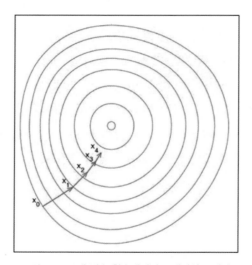

그림 14.4 3개 변수 함수에서의 그래디언트 하강

연쇄 법칙

연쇄 법칙chain rule은 함수 $y = g(x)$와 $z = f(g(x)) = f(y)$가 있을 때 그 미분은 다음과 같이 정의된다는 것이다.

$$\frac{dz}{dx} = \frac{dz}{dy}\frac{dy}{dx}$$

이 법칙은 스칼라 경우를 넘어 일반화될 수 있다. $x \in \mathbb{R}^m$이고 $y \in \mathbb{R}^n$이며, g가 $\mathbb{R}^m$에서 $\mathbb{R}^n$로 매핑하고 f가 $\mathbb{R}^n$에서 $\mathbb{R}$로 매핑하며 $y = g(x)$이고 $z = f(y)$라면 다음과 같다.

$$\frac{\partial z}{\partial x_i} = \sum_j \frac{\partial z}{\partial y_j}\frac{\partial y_j}{\partial x_i}$$

편미분을 사용하는 일반화된 연쇄 법칙은 여러 변수의 함수를 처리할 때 역전파 알고리듬의 기본 도구로 사용된다. 이제 잠시 멈추고 완전히 이해했는지 확인해보라.

몇 가지 미분 규칙

나중에 사용하게 될 추가적인 미분 규칙 몇 가지를 기억해보는 것이 유용할 것이다.

- 상수의 미분: 상수 c에 대해 $c' = 0$이다.
- 미분 변수: 미분 변수를 도출할 $\frac{dz}{dz}z = 1$이다.
- 선형 미분: $[af(x) + bg(x)]' = af'(x) + bg'(x)$
- 역수 미분: $\left[\frac{1}{f(x)}\right]' = -\frac{f'(x)}{f(x)^2}$
- 지수 미분: $[f(x)^n]' = n * f(x)^{n-1}$

행렬 연산

행렬 미적분에 대한 많은 책이 있다. 여기서는 신경망에 사용되는 몇 가지 기본 연산에만 중점을 둔다. 행렬 $m \times n$은 두 인접한 계층의 연계된 호^{arc} 사이의 가중치 w_{ij} ($0 \le i \le m$, $0 \le j \le n$)를 나타내는 데 사용할 수 있었다는 것을 기억하자. 가중치를 조정하면 신경망의 "작동"을 조정할 수 있고 특정 w_{ij}의 작은 변화는 신경망의 토폴로지를 따라 전파됐음을 주목하자(그림 14.5에서 굵은 선분은 특정 w_{ij}의 작은 변화에 영향을 받은 것들).

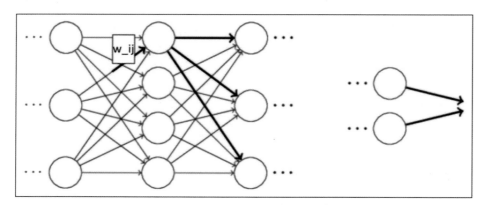

그림 14.5 w_{ij} 변화가 신경망의 굵은 에지를 통해 전파됨

이제 미적분학의 몇 가지 기본 개념을 검토했으므로 딥러닝에 적용해보자. 첫 번째 질문은 활성화 함수를 최적화하는 방법이다. 나는 독자 여러분이 이미 미분 계산을 생각하고 있었다고 확신한다. 그러니 그렇게 해보자.

활성화 함수

1장에서 Sigmoid, tanh 및 ReLU를 포함한 몇 가지 활성화 함수를 살펴봤다. 다음 절에서는 이러한 활성화 함수의 미분을 계산한다.

Sigmoid의 도함수

Sigmoid는 $\sigma(x) = \frac{1}{1+e^{-z}}$(그림 14.6 참조)로 정의됐음을 기억하자.

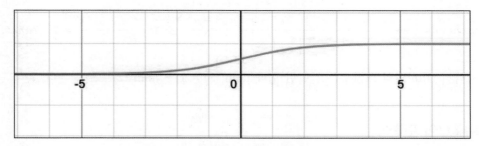

그림 14.6 Sigmoid 활성화 함수

도함수는 다음과 같이 계산된다.

$$\sigma'(z) = \frac{d}{dz}\left(\frac{1}{1+e^{-z}}\right) = \frac{1}{(1+e^{-z})^{-2}}\frac{d}{dz}(e^{-z}) = \frac{e^{-z}}{(1+e^{-z})}\frac{1}{(1+e^{-z})} = \frac{e^{-z}+1-1}{(1+e^{-z})}$$

$$= \frac{e^{-z}+1-1}{(1+e^{-z})}\frac{1}{(1+e^{-z})} = \left(\frac{(1+e^{-z})}{(1+e^{-z})} - \frac{1}{(1+e^{-z})}\right)\frac{1}{(1+e^{-z})}$$

$$= \left(1 - \frac{1}{(1+e^{-z})}\right)\left(\frac{1}{(1+e^{-z})}\right)(1-\sigma(z))\sigma(z)$$

따라서 $\sigma(z)$의 미분은 매우 간단한 형태 $\sigma'(z) = (1 - \sigma(z))\sigma(z)$로 계산할 수 있다.

tanh의 도함수

arctan 함수는 그림 14.7에서와 같이 $\tanh(z) = \frac{e^z - e^{-z}}{e^z + e^{-z}}$ 로 정의됨을 기억하자.

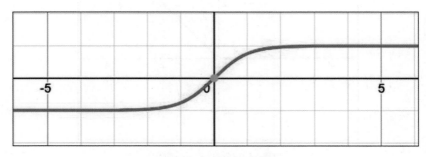

그림 14.7 Tanh 활성화 함수

$\frac{d}{dz}e^z = e^z$ 그리고 $\frac{d}{dz}e^{-z} = -e^{-z}$라는 것을 기억하면 도함수는 다음과 같이 계산된다.

$$\frac{d}{dz}tanh(x) = \frac{(e^z + e^{-z})(e^z + e^{-z}) - (e^z - e^{-z})(e^z - e^{-z})}{(e^z + e^{-z})^2} = 1 - \frac{(e^z - e^{-z})^2}{(e^z + e^{-z})^2} = 1 - tanh^2(z)$$

따라서 $tanh(z)$의 도함수는 간단한 형태 $tanh'(z) = 1 - tanh^2(z)$로 계산된다.

ReLU의 도함수

ReLU 함수는 $f(x) = \max(0, x)$(그림 14.8 참조)로 정의된다. ReLU의 도함수는 다음과 같다.

$$f'(x) = \begin{cases} 1, & x > 0 \text{일 때} \\ 0, & \text{그 외} \end{cases}$$

ReLU는 0에서 미분 가능하지 않다는 점에 유의하자. 그러나 그림 14.8과 같이 다른 모든 곳에서는 미분 가능하며 0에서의 도함수 값은 임의로 0 혹은 1로 선택할 수 있다.

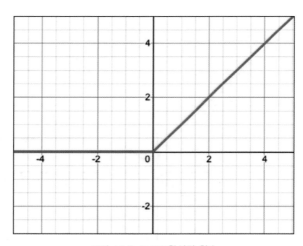

그림 14.8 ReLU 활성화 함수

역전파

이제 활성화 함수의 미분을 계산했으므로 딥러닝의 수학적 핵심인 역전파 알고리듬을 설명할 수 있다. 때로는 역전파^{backpropagation}를 간단히 백프롭^{backprop}이라고 한다.

신경망은 하나의 입력 계층과 하나의 출력 계층뿐만 아니라 여러 은닉층을 가질 수 있다는 점을 기억하자.

또한 1장에서 회상 역전파는 오차가 감지되는 즉시 점진적으로 수정하는 방법으로 설명할 수 있다고 했던 점도 기억하자. 신경망으로 인해 생긴 오차를 줄이려면 신경망을 훈련시켜야 한다. 훈련에는 입력값과 해당 참 출력값을 포함하는 데이터셋이 필요하다. 우리는 가능한 참 출력값에 가까운 출력을 예측하기 위해 신경망을 사용하려고 한다. 역전파 알고리듬의 핵심 직관은 출력 뉴런(들)에서 측정된 오차에 기초해 연결의 가중치를 갱신하는 것이다. 이 절의 나머지 부분에서는 이 직관을 공식화하는 방법을 설명한다.

역전파가 시작되면 모든 가중치를 임의로 할당한다. 그런 다음 훈련 집합의 각 입력에 대해 신경망이 활성화된다. 값은 입력 단계에서 은닉 단계를 거쳐 예측이 수행되는 출력 단계로 전달된다(다음 그림에서는 몇 개의 값만 초록색으로 표시해 단순하게 유지했다. 그러나 실제로는 모든 값이 신경망을 통해 전달된다).

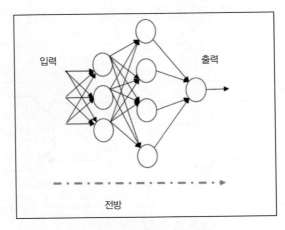

그림 14.9 역전파의 전방 단계

우리는 훈련 집합에서의 참 관측값을 알기 때문에 예측에서 발생한 오차를 계산할 수 있다. 역추적을 쉽게 생각할 수 있는 방법은 오차를 되돌려 전파하는 것이다(그림 14.10 참조). 이때 적절한 최적기 알고리듬을 사용해야 하는데, 오차를 줄이는 목표를 위해 신경망의 가중치를 조정하기 위해 그래디언트 하강을 사용할 수 있다(여기서도 편의상 그림에 몇 개의 오차 값만 표시했다).

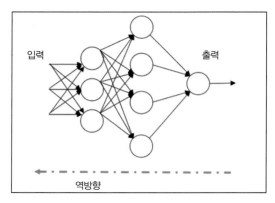

그림 14.10 역전파의 역방향 단계

입력에서 출력으로의 순방향 전파와 오차의 역방향 전파 프로세스는 오차가 사전 정의된 임곗값 아래로 떨어질 때까지 여러 번 반복된다. 전체 프로세스는 그림 14.11에 표시돼 있다. 특징 집합이 머신러닝 모델에 대한 입력으로 선택돼 예측을 생성한다. 예측은 (참) 레이블과 비교되고 결과 손실함수는 최적기에 의해 최소화돼 모델의 가중치를 갱신한다.

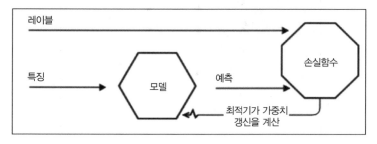

그림 14.11 순전파와 역전파

전방과 후방의 단계가 어떻게 실현되는지 자세히 살펴보자. 그림 14.5를 되돌아보고 위상을 따라 신경망을 통해 특정 w_{ij}의 작은 변화가 전파된다는 것을 기억해보면 유용할 것이다(그림 14.5 참조, 그림에서 굵은 에지가 특정 가중치의 작은 변화에 영향을 받는 것들이었다).

전방 단계

전방 단계 동안 입력은 가중치와 곱해진 다음 모두 합산된다. 그런 다음 활성화 함수가 적용된다(그림 14.12 참조). 이 단계는 각 계층마다 순서대로 반복된다. 첫 번째 계층은 입력 특징을 입력으로 받아 출력을 생성한다. 그런 다음 각 후속 계층은 이전 계층의 출력을 입력으로 사용한다.

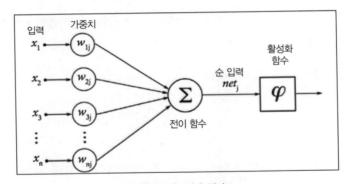

그림 14.12 전방 전파

단일 계층 하나만 보면 수학적으로 다음 두 방정식이 있다.

- 전이 방정식 $z = \Sigma_i w_i x_i + b$, 여기서 x_i는 입력값이고, w_i는 가중치, b는 편향이다. 벡터 표기로는 $z = w^T x$이다. b는 $w_0 = b$ 그리고 $x_0 = 1$로 설정하면 요약식에서 흡수할 수 있다.

- 활성화 함수: $y = \sigma(z)$, 여기서 σ는 선택된 활성화 함수다.

인공 신경망은 입력 계층 I, 출력 계층 O 그리고 입력과 출력 계층 사이에 위치한 다수의 은닉층 H_i로 구성된다. 편의상 결과를 쉽게 일반화할 수 있기 때문에 은닉층이 하나만 있다고 가정해보자.

그림 14.12에서 볼 수 있듯이 입력 계층의 특징 x_i에는 입력 계층을 은닉층과 연결하는 완전 연결된 가중치 집합이 곱해진다(그림 14.12의 왼쪽 참조). 가중 신호는 다음과 같이 편형과 함께 합산된다 $z_j = \sum_i w_i x_i + b_j$(그림 14.12 중앙 참조). 결과는 은닉층을 떠나 출력 계층으로 가는 활성화 함수 $y_j = \sigma_j(z_j)$를 통과한다(그림 14.12 오른쪽 참조).

요약하자면 전진 단계 중에 다음 작업을 실행해야 한다.

- 계층의 각 뉴런에 대해 각 입력과 해당 가중치를 곱한다.
- 그런 다음 계층의 각 뉴런에 대해 모든 입력 x 가중치를 합산한다.
- 마지막으로 각 뉴런에서 결과에 활성화 함수를 적용해 새로운 결과를 얻는다.

순방향 단계의 마지막에, 입력 계층에 나타난 입력 벡터 x가 주어지면 출력 계층 o에서 예측 벡터 y_o를 얻는다. 이제 질문은 예측 벡터 y_o와 참값 벡터 t가 얼마나 근접해 있는가 하는 것이다.

이 시점이 역단계가 시작되는 곳이다.

역단계

예측 벡터 y_o가 참값 벡터 t에 얼마나 가까운지 이해하려면 출력 계층 o에서 오차를 측정하는 함수가 필요하다. 그것이 바로 책의 앞부분에서 정의된 손실함수다. 예를 들어 다음과 같이 평균제곱오차^{MSE}를 정의할 수 있다.

$$E = \frac{1}{2}\sum_o (y_o - t_o)^2$$

E는 2차 함수이므로 t가 y_o에서 멀리 떨어져 있으면 차이가 제곱으로 커지고 이때 부호는 중요하지 않다는 점에 주목하자. 이 2차 오차(손실)함수가 사용할 수 있는 유일한 함수인 것은 아니다. 14장의 후반부에서는 교차엔트로피를 다루는 방법을 살펴볼 것이다.

요점은 훈련 중에 최종 오차를 최소화하기 위해 신경망의 가중치를 조정하는 것이라는 점을 기억하자. 설명한 바와 같이 그래디언트와 반대 방향 $-\nabla w$으로 가면 지역 최솟값으로 이동할 수 있다. 그래디언트와 반대방향으로 가므로 이 방법에 그래디언트 하강이라는 이름이 붙었다. 따라서 가중치 w_{ij}를 다음과 같이 정의할 수 있다.

$$w_{ij} \leftarrow w_{ij} - \nabla w_{ij}$$

다중 변수 함수의 경우, 그래디언트는 편미분을 사용해 계산한다. 머신러닝 전문 용어로는 학습률을 나타내는 초매개변수 η를 도입한다. 이 값은 그래디언트의 반대 방향쪽으로 얼마나 보폭을 내디딜지 결정하는 수치다.

오차 E를 고려하면 방정식은 다음과 같다.

$$\nabla w = -\eta \frac{\partial E}{\partial w_{ij}}$$

이전 방정식은 단순히 그림 14.13에서처럼 작은 변화가 최종 오차에 영향을 미친다는 것을 나타낸다.

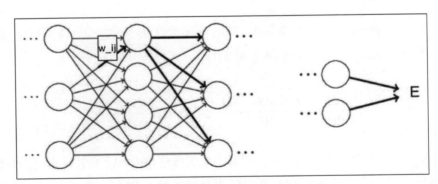

그림 14.13 w_{ij}에서의 작은 변화가 최종 오차 E에 큰 영향을 준다.

이제 나머지 절의 방정식에서 사용하게 될 용어들을 정리해보자.

- z_j는 계층 l에서 노드 j로의 입력이다.

- δ_j는 계층 l의 노드 j에 대한 활성화 함수(z_j에 적용)이다.
- $y_j = \delta_j(z_j)$는 계층 l의 노드 j의 활성화 함수 출력이다.
- w_{ij}는 계층 $l - 1$의 뉴런 i를 계층 l의 뉴런 j와 연결하는 가중치 행렬이다.
- b_j는 계층 l에서 유닛 j의 편향이다.
- t_o는 출력 계층에서의 노드 o의 목푯값이다.

이제 가중치가 ∂w_{ij}.만큼 변했을 때, 출력 계층 ∂E의 오차의 편미분을 계산해야 한다. 두 가지 경우가 있을 수 있다.

- **경우 1**: 은닉 (또는 입력) 계층에서 출력 계층까지의 뉴런에 대한 가중치 갱신 방정식
- **경우 2**: 은닉 (또는 입력) 계층에서 은닉층까지의 뉴런에 대한 가중치 갱신 방정식

경우 1부터 시작해보자.

경우 1: 은닉층에서 출력층까지

이 경우 은닉층 j에서 출력 계층 o까지의 뉴런에 대한 방정식을 고려해야 한다. E의 정의를 적용하고 미분하면 다음과 같이 된다.

$$\frac{\partial E}{\partial w_{jo}} = \frac{\partial \frac{1}{2}\sum_o (y_o - t_o)^2}{\partial w_{jo}} = (y_o - t_o)\frac{\partial (y_o - t_o)}{\partial w_{jo}}$$

여기서 j번째 차원에 대해 편미분을 취하면 오차에서 0이 아닌 유일한 항이 j번째이기 때문에 합산이 사라진다. 미분이 선형 연산이고 참 t_0값이 w_{jo}에 종속되지 않으므로 $\frac{\partial t_o}{\partial w_{jo}} = 0$이고 따라서 다음의 식을 얻는다.

$$\frac{\partial (y_o - t_o)}{\partial w_{jo}} = \frac{\partial y_o}{\partial w_{jo}} - 0$$

다시 연쇄 법칙을 적용하고 $y_o = \delta_o(z_o)$라는 점을 떠올리면 다음을 얻는다.

$$\frac{\partial E}{\partial w_{jo}} = (y_o - t_o)\frac{\partial y_o}{\partial w_{jo}} = (y_o - t_o)\frac{\partial \delta_o(z_o)}{\partial w_{jo}} = (y_o - t_o)\delta'_o(z_o)\frac{\partial z_o}{\partial w_{jo}}$$

$z_o = \sum_j w_{jo}\,\delta_j(z_j) + b_o$이므로 다음과 같이 된다.

$$\frac{\partial z_o}{\partial w_{jo}} = \delta_j(z_j)$$

여기서도 j번째 차원에 대해 편미분을 취할 때의 0이 아닌 유일한 항이 j_0번째다. 정의에 따라 $\delta_j(z_j) = y_j$이므로 모두 정리하면 다음과 같다.

$$\frac{\partial E}{\partial w_{jo}} = (y_o - t_o)\delta'_o(z_o)y_j$$

따라서 은닉 계층 j에서 출력 계층 o로의 가중치 w_j에 대한 오차 E의 그래디언트는 단순히 3개 항의 곱이 된다. 즉 예측 y_o와 참값 t_o 사이의 차이, 출력 계층 활성화 함수의 미분 $\delta'_o(z_o)$ 그리고 은닉 계층의 노드 j의 활성화 출력 y_j. 편의상 $v_o = (y_o - t_o)\delta'_o(z_o)$로 정의하면 다음과 같이 된다.

$$\frac{\partial E}{\partial w_{jo}} = v_o y_j$$

간단히 말해, 경우 1에서 각 은닉-출력 연결의 가중치 갱신 방정식은 다음과 같다.

$$w_{jo} \leftarrow w_{jo} - \eta \frac{\partial E}{\partial w_{jo}}$$

출력 계층 편향과 관련해 그래디언트를 명시적으로 계산하려면 따라야 할 단계는 한 가지만 빼고 위의 단계와 유사하다.

$$\frac{\partial z_o}{\partial b_o} = \frac{\partial \sum_j w_{jo}\delta_j(z_j) + b_o}{\partial b_o} = 1$$

따라서 이 경우 다음과 같다.

$$\frac{\partial E}{\partial b_o} = v_o$$

이제 두 번째 경우를 살펴보자.

경우 2: 은닉층에서 은닉층으로

이 경우 은닉층(또는 입력 계층)에서 은닉층으로의 뉴런에 대한 방정식을 고려해야 한다. 그림 14.13은 은닉층 가중치의 변화과 출력 오차 사이에 간접적인 관계가 있음을 보여준다. 이 때문에 그래디언트 계산이 조금 더 어려워진다. 이 경우 은닉층 i에서 은닉층 j까지의 뉴런에 대한 방정식을 고려해야 한다. E의 정의를 적용하고 미분하면 다음과 같이 된다.

$$\frac{\partial E}{\partial w_{ij}} = \frac{\partial \frac{1}{2}\Sigma_o (y_o - t_o)^2}{\partial w_{ij}} = \sum_o (y_o - t_o)\frac{\partial (y_o - t_o)}{\partial w_{ij}} = \sum_o (y_o - t_o)\frac{\partial y_o}{\partial w_{ij}}$$

이 경우, 은닉층의 가중치 변화가 출력에 직접 영향을 주므로 합산이 소멸되지 않는다. $y_o = \delta_o(z_o)$로 대체하고 연쇄 법칙을 적용하면 다음과 같다.

$$\frac{\partial E}{\partial w_{ij}} = \sum_o (y_o - t_o)\frac{\partial \delta_o(z_o)}{\partial w_{ij}} = \sum_o (y_o - t_o)\delta'_o(z_o)\frac{\partial z_o}{\partial w_{ij}}$$

z_o와 가중치 w_{ij} 사이의 간접 관계(그림 14.13)를 확장하면 수학적으로 다음과 같다.

$$z_o = \sum_j w_{jo}\delta_j(z_j) + b_o = \sum_j w_{jo}\delta_j\left(\sum_i w_{ij}z_i + b_i\right) + b_o$$

왜냐하면 $z_j = \Sigma_i w_{ij} z_i + b_i$

이는 연쇄 법칙을 다시 적용할 것을 시사한다.

$$\frac{\partial z_o}{\partial w_{ij}} =$$

연쇄 법칙을 적용하면 다음과 같다.

$$= \frac{\partial z_o}{\partial y_j} \frac{\partial y_j}{\partial w_{ij}} =$$

z_0를 대체하면

$$= \frac{\partial y_j w_{jo}}{\partial y_j} \frac{\partial y_j}{\partial w_{ij}} =$$

다음이 도출된다.

$$= w_{jo} \frac{\partial y_j}{\partial w_{ij}} =$$

$y_j = \delta_j(z_j)$를 치환하면 다음과 같다.

$$= w_{jo} \frac{\partial \delta_j(z_j)}{\partial w_{ij}} =$$

연쇄 법칙을 적용하면 다음과 같다.

$$= w_{jo} \delta'_j(z_j) \frac{\partial z_j}{\partial w_{ij}} =$$

$z_j = \Sigma_i \, y_i \, w_{ij} + b_i$를 치환하면

$$= w_{jo} \delta'_j(z_j) \frac{\partial \left(\Sigma_i \, y_i w_{ij} + b_i \right)}{\partial w_{ij}} =$$

다음이 도출된다.

$$w_{jo}\delta'_j(z_j)y_i$$

이제 앞의 두 결과를 병합하면

$$\frac{\partial E}{\partial w_{ij}} = \sum_o (y_o - t_o)\delta'_o(z_o)\frac{\partial z_o}{\partial w_{ij}}$$

$$\frac{\partial z_o}{\partial w_{ij}} = w_{jo}\delta'_j(z_j)y_i$$

다음을 얻는다.

$$\frac{\partial E}{\partial w_{ij}} = \sum_o (y_o - t_o)\delta'_o(z_o)\, w_{jo}\delta'_j(z_j)y_i = y_i\delta'_j(z_j)\sum_o (y_o - t_o)\delta'_o(z_o)w_{jo}$$

정의 $v_o = (y_o - t_o)\delta'_o(z_o)$로부터 다음을 얻는다.

$$\frac{\partial E}{\partial w_{ij}} = \sum_o (y_o - t_o)\delta'_o(z_o)\, w_{jo}\delta'_j(z_j)y_i = y_i\delta'_j(z_j)\sum_o v_o w_{jo}$$

마지막 v_o로의 대체는 특히 흥미롭다. 이를 통해 후속 계층에서 계산된 신호 v_o를 역전파하기 때문이다. 따라서 가중치 w_{ij}의 변화율에 대한 변화율 ∂E은 다음 세 가지 요소의 곱이 된다. 즉, 아래 계층에서의 활성화 출력 y_i, 은닉 계층의 활성화 함수의 미분 δ_j 그리고 w_{jo}에 의해 가중화된 후속 계층에서 이전에 계산된 역전파된 신호의 합이다. $v_j = \delta'_j(z_j)\Sigma_o v_o w_{jo}$로 정의하면 오차 신호를 역전파한다는 아이디어를 사용할 수 있게 되고 따라서 $\frac{\partial E}{\partial w_{ij}} = y_i v_j$이다. 이것은 심층 신경망의 모든 계층 l에서 그래디언트를 계산하려면 단순히 역전파된 오차 신호 v_j를 계층 l에 도착한 피드포워드 신호 y_{l-1}와 곱하면 된다는 것을 의미한다. 수학은 다소 복잡하지만 그 결과는 사실 아주 간단하다는 점에 주목하자! 그림 14.14에 직관이 설명돼 있다. 입력이 x와 y인 뉴런에 지역적으로 계산된 주어진 함수 $z = f(x, y)$에 대해 그래디언트 $\frac{\partial L}{\partial z}$가 역전파된다. 그러면 지역 그래디언트 $\frac{\partial z}{\partial x}$와 $\frac{\partial z}{\partial y}$로 연쇄 법칙을 통해 결합돼 추가적으로 역전파된다.

여기서 L은 이전 계층으로부터의 오차를 나타낸다.

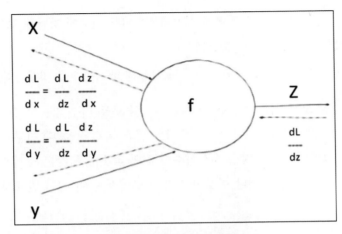

그림 14.14 역전파 이면의 수학 예시

그래디언트를 출력 계층 편향에 대해 명시적으로 계산하려면 $\frac{\partial E}{\partial b_i} = v_j$라는 것을 증명할 수 있다. 이 증명은 독자들에게 연습 문제로 남겨둔다.

간단히 말하자면, 경우 2(은닉-은닉 연결)에서는 가중치 델타가 $\Delta w = \eta v_j y_j$이고 각 은닉-은닉 연결의 가중치 갱신 방정식은 단순히 다음과 같다.

$$w_{ij} \leftarrow w_{ij} - \eta \frac{\partial E}{\partial w_{ij}}$$

이제 이 절의 끝에 도착했고 다음의 최종 정리를 위한 모든 수학적 도구를 정의했다. 역단계의 본질은 마지막 출력 계층에서 시작해 첫 번째 입력 계층으로 다시 이동하면서 가중치 갱신 규칙을 한 계층씩 적용하는 것에 불과하다. 도출 과정은 어렵지만, 확실히 일단 정의되면 적용이 쉽다. 딥러닝의 핵심에서의 전체 전방-후방 알고리듬은 다음과 같이 정리할 수 있다.

1. 피드포워드 신호를 입력에서 출력으로 계산한다.
2. 예측 y_o와 참값을 기반으로 출력 오차 E를 계산한다.

3. 오차 신호를 역전파한다. 이를 이전 계층의 가중치 그리고 연관된 활성화 함수의 그래디언트와 곱한다.

4. 역전파된 오차 신호와 입력에서의 피드포워드 신호에 기반해 모든 매개변수 θ에 대한 그래디언트 $\frac{\partial E}{\partial \theta}$를 계산한다.

5. 계산된 그래디언트 $\theta \leftarrow \theta - \eta \frac{\partial E}{\partial \theta}$를 사용해 매개변수를 갱신한다.

위의 알고리듬은 모든 미분 가능한 오차 함수 E와 모든 미분 가능한 활성화 함수 δ_l에 대해 작동한다는 사실에 주목하자. 유일한 필요 조건은 둘 다 미분 가능해야 한다는 것이다. 그래디언트 하강은 손실함수의 전역 최솟값을 찾는 것이 아니라 지역 최솟값만 찾을 수 있다. 그러나 이것이 실제 적용에서는 이 점이 반드시 문제가 되진 않는다.

교차엔트로피와 그 도함수

손실함수로 교차엔트로피를 사용할 때도 그래디언트 하강을 사용할 수 있다. 1장에서 설명한 바와 같이, 로지스틱 손실함수는 다음과 같이 정의된다.

$$E = L(c, p) = - \sum_i [c_i \ln(p_i) + (1 - c_i) \ln(1 - p_i)]$$

여기서 c는 원-핫 인코딩된 부류(또는 레이블)를 나타내고 p는 softmax-적용 확률을 나타낸다. 교차엔트로피가 softmax-적용 확률과 원-핫 인코딩된 부류에 적용되므로 최종 가중치인 $score_i$에 대한 기울기를 계산하기 위한 연쇄 법칙을 고려해야 한다. 수학적으로는 다음과 같다.

$$\frac{\partial E}{\partial score_i} = \frac{\partial E}{\partial p_i} \frac{\partial p_i}{\partial score_i}$$

각 부분을 개별적으로 계산하자. $\frac{\partial E}{\partial p_i}$부터 시작해보자.

$$\frac{\partial E}{\partial p_i} = \frac{\partial(- \sum [c_i \ln(p_i) + (1 - c_i) \ln(i - p_i)])}{\partial p_i} = \frac{\partial(-[c_i \ln(p_i) + (1 - c_i) \ln(i - p_i)])}{\partial p_i}$$

(고정된 ∂p_i에 대해, 합산의 모든 항은 선택된 하나를 제외하고 모두 상수다)

따라서 다음과 같다.

$$-\frac{\partial c_i \ln p_i}{\partial p_i} - \frac{\partial(1-c_i)\ln(1-p_i)}{\partial p_i} = -\frac{c_i}{p_i} - \frac{(1-c_i)}{(1-p_i)}\frac{\partial(1-p_i)}{\partial p_i}$$

(합산에 편미분을 적용하고, $\ln'(x) = \frac{1}{x}$라는 점을 고려)

따라서 다음과 같다.

$$\frac{\partial E}{\partial p_i} = -\frac{c_i}{p_i} + \frac{(1-c_i)}{(1-p_i)}$$

이제 다른 부분 $\frac{\partial p_i}{\partial score_i}$를 계산하자. 여기서 p_i는 $\sigma(x_j) = \frac{e^{x_j}}{\sum_i e^{x_i}}$로 정의된 softmax 함수다.

도함수는 다음과 같다.

$$\frac{\partial \sigma(x_j)}{\partial x_k} = \sigma(x_j)\left(1 - \sigma(x_j)\right), \qquad if\ j = k$$

그리고

$$\frac{\partial \sigma(x_j)}{\partial x_k} = -\sigma(e^{x_j})\sigma(e^{x_k}), \qquad if\ j \neq k$$

크로넥터 델타 $\delta_{ij} = \begin{cases} 1, & j = k\text{일 때,} \\ 0, & \text{그 외} \end{cases}$ 를 사용하면, 다음과 같이 된다.

$$\frac{\partial \sigma(x_j)}{\partial x_k} = \sigma(x_j)\left(\delta_{ij} - \sigma(x_j)\right)$$

따라서 편미분을 계산한다는 사실을 고려하면 모든 성분은 하나를 제외하고 0이 되고, 다음과 같이 된다.

$$\frac{\partial p_i}{\partial score_i} = p_i(1-p_i)$$

결과를 결합하면 다음을 얻는다.

$$\frac{\partial E}{\partial score_i} = \frac{\partial E}{\partial p_i}\frac{\partial p_i}{\partial score_i} = \left[-\frac{c_i}{p_i} + \frac{(1-c_i)}{(1-p_i)}\right][p_i(1-p_i)]$$

$$= -\frac{c_i[p_i(1-p_i)]}{p_i} + \frac{(1-c_i)p_i(1-p_i)}{(1-p_i)} = -c_i(1-p_i) + (1-c_i)p_i$$

$$= -c_i + c_ip_i + p_i - c_ip_i = p_i - c_i$$

여기서 c_i는 원-핫 인코딩된 부류를 나타내고 p_i는 softmax 확률을 나타낸다. 간단히 말해 도함수는 멋지면서 계산도 쉽다.

$$\frac{\partial E}{\partial score_i} = p_i - c_i$$

배치 그래디언트 하강, 확률적 그래디언트 하강, 미니-배치

앞에서 논의한 내용을 일반화하면 신경망 최적화 문제는 손실함수가 최소화되도록 신경망의 가중치 w를 조정하는 것으로 구성할 수 있다. 편의상 손실함수를 총합의 형태로 생각할 수 있다. 이 형태에서는 실제로 일반적으로 사용되는 모든 손실함수를 나타내기 때문이다.

$$Q(w) = \frac{1}{n}\sum_{i=1}^{n} Q_i(w)$$

이 경우, 앞 문단에서 다룬 것과 유사한 단계를 사용해 미분을 수행할 수 있다. 여기서 η은 학습률이고 ∇는 그래디언트다.

$$w = w - \eta\nabla Q(w) = w - \eta\sum_{i-1}^{n}\nabla Q_i(w)$$

대부분의 경우 앞의 그래디언트를 계산하려면 모든 피가수 함수로부터의 그래디언트를 막대한 계산 자원을 사용해 계산해야 한다. 훈련 집합이 매우 크면 비용이 아주 많이 든다. 3백만 개의 샘플이 있다면 3백만 번 반복하거나 점곱^{dot product}을 사용해야 한다. 엄청나게 많은 양이다! 이를 단순화할 방법은 없을까? 훈련 데이터셋을 다루는 방법에 따라 세 가지 유형의 그래디언트 하강으로 나눌 수 있다.

배치 그래디언트 하강(BGD)

배치 그래디언트 하강은 오차의 변화를 계산하지만 전체 데이터셋이 평가된 후에만 전체 모델을 한 번 갱신한다. 이는 계산적으로 매우 효율적이지만 전체 데이터셋의 결과를 메모리에 보관해야 한다.

확률적 그래디언트 하강(SGD)

데이터셋이 평가된 후 모델을 갱신하는 대신 매번 단일 훈련 예제 후에 갱신을 수행한다. 핵심 아이디어는 매우 간단하다. SGD는 모든 단계에서 피가수 함수의 부분 집합을 샘플링한다.

미니-배치 그래디언트 하강(MBGD)

딥러닝에 매우 자주 사용되는 방법이다. MBGD(또는 미니-배치)는 BGD와 SGD를 하나의 단일 휴리스틱으로 결합한다. 데이터셋은 배치 사이즈 bs가 일반적으로 64~256으로 나뉜다.

bs는 훈련 중 튜닝해야 할 또 다른 초매개변수라는 점에 유의하자. MBGD는 BGD와 SGD의 양쪽 극단 사이에 있다. 배치 크기와 학습 속도 매개변수를 조정해 때로는 극단 중 하나에 의해 달성될 수 있는 것보다 글로벌 최솟값에 더 가까운 솔루션을 찾는다.

비용함수가 좀 더 부드럽게 최소화되는 그래디언트 하강과는 달리 미니-배치 그래디언트는 약간 노이즈가 있고 울퉁불퉁한 하강을 갖지만 비용함수는 여전히 아래방향이다. 노이즈의 원인은 미니 배치가 모든 예제의 샘플이므로 이 샘플링으로 인해 손실함수가 진동할 수 있다.

역전파와 ConvNets 생각하기

이 절에서는 역전파와 ConvNets에 대한 직관을 제공하고자 한다. 편의상 크기 3×3 인 입력 X, 패딩하지 않은 2×2 크기의 단일 필터 W, 스트라이드 1, 확장dilation은 없는 컨볼루션의 예제에 중점을 둘 것이다(3장 참조). 일반화는 연습 문제로 남겨둔다.

표준 컨볼루션 연산은 그림 14.15에 나타나 있다. 간단히 말해, 컨볼루션 연산은 순방향 경로다.

Input	Weights	Convolution
X11	W11	W11X11+W12X12+W21X21+W22X22
X12	W12	W11X12+W12X13+W21X21+W22X23
X13		
	W21	W11X21+W12X22+W21X31+W22X32
X21	W22	W11X22+W12X23+W21X32+W22X33
X22		
X23		
X31		
X32		
X33		

그림 14.15   간단한 convnet의 순방향 경로

그림 14.15의 직관에 따라 현재 계층의 역방향 경로에 주의를 집중할 수 있다. 핵심 가정은 역전파 신호 $\frac{\partial L}{\partial h_{ij}}$를 입력으로 받는다는 것이다. 그리고 $\frac{\partial L}{\partial w_{ij}}$와 $\frac{\partial L}{\partial x_{ij}}$를 계산해야 한다. 계산은 연습 문제로 남겨둔다. 그러나 필터의 각 가중치가 출력 맵의 각 픽셀에 기여한다는 점에 주목하라. 즉 필터 가중치의 모든 변화는 모든 출력 픽셀에 영향을 끼친다.

역전파와 RNN 생각하기

5장을 기억해보면 RNN의 기본 방정식은 $s_t = \tanh(U_{x_t} + W_{s_{t-1}})$, 시각 t에서의 최종 예측은 $\hat{y}_t = Softmax(Vs_t)$, 옳은 값은 y_t 그리고 오차 E는 교차엔트로피다. 여기서 U, V, W는 RNN의 방정식에 사용되는 학습 매개변수다. 이 방정식은 그림 14.16에서와 같이 시각화할 수 있으며 여기서는 순환을 풀어 보여준다. 핵심 아이디어는 총오차란 각 시간 단계에서의 오류의 합계일 뿐이라는 것이다.

SGD를 사용했다면 주어진 훈련 예시 하나에 대해 각 시간 단계에서 오차와 그래디언트를 합산해야 한다.

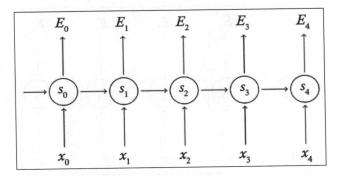

그림 14.16 방정식으로 풀어서 그린 순환 신경망

여기서는 그래디언트 이면의 지루한 수학을 모두 나열하진 않고 단지 몇 가지 특이한 경우에만 중점을 둔다. 예를 들어 13장에서 만든 것과 유사한 수학 계산에서 연쇄 법칙을 사용해 V의 그래디언트가 현재 시간 단계에서의 s_3, y_3, $\hat{y}_3$에만 종속됨을 증명할 수 있다.

$$\frac{\partial E_3}{\partial V} = \frac{\partial E_3}{\partial \hat{y}_3}\frac{\partial \hat{y}_3}{\partial V} = \frac{\partial E_3}{\partial \hat{y}_3}\frac{\partial \hat{y}_3}{\partial z_3}\frac{\partial z_3}{\partial V} = (\hat{y}_3 - y_3)s_3$$

그러나 $\frac{\partial E_3}{\partial W}$는 시간 단계에 걸친 종속성을 가진다. 예를 들어 $s_3 = \tanh(U_{x_t} + W_{s_2})$는 s_2에 종속되고 s_2는 W_2와 s_1에 종속되기 때문이다. 결론적으로 각 시간 단계의 기여를 모두 합산해야 하므로, 그래디언트는 다소 복잡하다.

$$\frac{\partial E_3}{\partial W} = \sum_{k=0}^{3} \frac{\partial E_3}{\partial \hat{y}_3} \frac{\partial \hat{y}_3}{\partial s_3} \frac{\partial s_3}{\partial s_k} \frac{\partial s_k}{\partial W}$$

앞의 방정식을 이해하기 위해서는 기존 피드포워드 신경망에 사용되는 표준 역전파 알고리듬을 사용하고 있다고 생각하면 되는데, RNN의 경우에는 시간 간격에 따라 W의 그래디언트를 추가해야 한다. RNN을 풀면 시간에 따른 종속성을 효과적으로 명시할 수 있기 때문이다. 이 때문에 RNN에 대한 역전파는 종종 시간에 따른 **역전파**BTT, Backpropagation Through Time라고 한다. 직관은 그림 14.17에 나와 있고 역전파된 신호가 표시돼 있다.

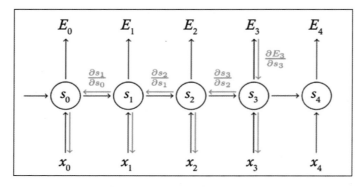

그림 14.17 RNN 방정식과 역전파된 신호

여기까지 잘 따라왔기를 바란다. 지금부터는 조금 더 어려워진다. 다음을 고려해보자.

$$\frac{\partial E_3}{\partial W} = \sum_{k=0}^{3} \frac{\partial E_3}{\partial \hat{y}_3} \frac{\partial \hat{y}_3}{\partial s_3} \frac{\partial s_3}{\partial s_k} \frac{\partial s_k}{\partial W}$$

그러면 $\frac{\partial s_3}{\partial s_k}$가 연쇄 법칙으로 다시 계산돼 일련의 곱셈을 생성한다는 것을 알 수 있다. 이 경우 벡터에 대해 벡터 함수의 미분을 취하므로, 모든 원소가 점별 미분인 행렬이 필요하다(수학에서는 이 행렬을 자코비안Jacobian이라고 한다). 수학적으로 다음을 증명할 수 있다.

$$\frac{\partial s_3}{\partial s_k} = \prod_{j=k+1}^{3} \frac{\partial s_j}{\partial s_{j-1}}$$

따라서 다음과 같아진다.

$$\frac{\partial E_3}{\partial W} = \sum_{k=0}^{3} \frac{\partial E_3}{\partial \hat{y}_3} \frac{\partial \hat{y}_3}{\partial s_3} \left(\prod_{j=k+1}^{3} \frac{\partial s_j}{\partial s_{j-1}} \right) \frac{\partial s_k}{\partial W}$$

앞의 방정식에서의 곱셈은 Sigmoid와 tanh가 양쪽 끝에서 포화되고 그들의 미분이 0으로 가기 때문에 특히 문제가 된다. 이런 일이 발생하면 이전 계층의 다른 그래디언트도 0으로 유도된다. 이로 인해 몇 시간 단계 후에 그래디언트가 완전히 사라지고 신경망은 "저 멀리서" 학습을 중단한다.

5장에서는 LSTM과 GRU를 사용해 그래디언트 소멸 문제를 해결하고 장거리 종속성을 효율적으로 학습하는 방법에 대해 설명했다. 비슷한 방식으로, 자코비안 행렬의 곱셈에서 하나의 단일 항이 커지면 그래디언트가 폭발할 수 있다. 8장에서는 그래디언트 클리핑clipping을 사용해 이 문제를 해결하는 방법에 대해 설명했다.

이제 이 여정의 결론에 도달했으며, 지금은 역전파가 작동하는 방식과 밀집 신경망, CNN 그리고 RNN 신경망에 적용되는 방법을 더 잘 이해해야 한다. 다음 절에서는 TensorFlow가 그래디언트를 계산하는 방법과 이것이 왜 역전파에 유용한지에 대해 설명한다.

TensorFlow 참고 사항과 자동 미분

TensorFlow는 자동 미분Automatic Differentiation이라 부르는 기능이 미분을 자동으로 계산한다. 자동 미분은 연쇄 법칙을 사용한다. 계산 그래프의 모든 노드(2장 참조)에는 출력에 대한 입력의 미분 값을 계산하기 위한 그래디언트 연산이 첨부돼 있다. 그후, 역전파하는 동안 매개변수에 대한 그래디언트가 자동으로 계산된다.

자동 미분은 신경망의 각 새 모델에 대해 새로운 변형의 역전파를 수동으로 코딩할 필요가 없기 때문에 매우 중요한 기능이다. 이를 통해 빠른 반복과 많은 실험을 더 빠르게 수행할 수 있다.

요약

14장에서는 딥러닝 이면의 수학에 대해 알아봤다. 간단히 말해 딥러닝 모델은 입력 벡터가 주어지면 함수를 계산해 출력을 생성한다. 흥미로운 부분은 문자 그대로 수십억 개의 매개변수(가중치)를 조정할 수 있다는 것이다. 역전파는 연쇄 법칙을 이용하는 그래디언트 하강 방식을 따라 인공 신경 신경망을 효율적으로 훈련하기 위해 딥러닝에서 사용되는 핵심 수학 알고리듬이다. 이 알고리듬은 정방향과 역방향 단계가 교대로 반복된다.

순방향 단계 동안 출력을 예측하기 위해 입력이 신경망을 통해 전파된다. 이러한 예측은 신경망의 품질을 평가하기 위해 제공된 참값과 다를 수 있다. 다시 말해 오차가 있으며 우리의 목표는 오차를 최소화하는 것이다. 오차는 MSE와 같은 손실함수 또는 부울과 같은 비연속적인 값에 대한 교차엔트로피를 통해 계산된다(1장 참조). 그래디언트 하강 최적화 알고리듬은 손실함수의 기울기를 계산해 뉴런의 가중치를 조정하는 데 사용된다. 역전파는 그래디언트를 계산하고 그래디언트 하강은 모델 학습에 그래디언트를 사용한다. 예측 오류율을 줄이면 정확도가 높아져 머신러닝 모델을 개선할 수 있다. 확률적 그래디언트 하강은 그래디언트 방향으로 한 단계씩 이동해 수행할 수 있는 가장 간단한 방법이다. 14장에서는 Adam이나 RMSProp(1장)과 같은 다른 최적기 이면의 수학에 대해서는 다루지 않았다. 그러나 이것들도 그래디언트의 첫 번째와 두 번째 모멘트를 사용한다. 첫 번째 모멘트는 이전 그래디언트의 지수적으로 감소하는 평균을 포함하고 두 번째 모멘트는 이전 제곱 그래디언트의 지수적으로 감소하는 평균을 포함한다.

딥러닝을 사용을 정당화 할 수 있는 데이터의 다음 세 가지 큰 속성이 있는데, 그 이외에는 정규 머신러닝을 사용할 수도 있다.

- 매우 높은 차원의 입력(텍스트, 이미지, 오디오 신호, 비디오 및 시간 계열이 대개 좋은 예다)
- 저차원 다항식 함수로는 근사 할 수 없는 복잡한 결정 표면 처리
- 사용 가능한 방대한 양의 훈련 데이터

딥러닝 모델은 밀집(1장), CNN(3장), 임베딩(4장), RNN(5장), GAN(9장), 오토인코더(8장)와 같은 몇 가지 기본 구성 요소를 함께 쌓아 만든 계산 그래프로 생각할 수 있다. 때로는 "핍홀peephole", "스킵skip" 그리고 "레지듀얼residual"과 같은 지름길shortcut 연결을 채택해 데이터 흐름이 좀 더 원활하게 진행되도록 한다. 그래프의 각 노드는 텐서를 입력으로 사용하고 텐서를 출력으로 생성한다. 설명한 것처럼 역전파로 각각의 노드에서 가중치를 조정함으로써 훈련되는데, 여기서 핵심 직관은 그래디언트 하강을 통해 최종 출력 노드(들)의 오차를 감소시키는 것이다. GPU와 TPU(15장)는 본질적으로 수백만 개의 행렬 계산을 기반으로 하기 때문에 최적화 프로세스를 크게 가속화할 수 있다.

학습 과정을 개선하는 데 도움이 되는 몇 가지 다른 수학적 도구가 있다. 정규화(1장의 L1, L2, 라소)는 가중치를 정규화해 학습을 크게 향상시킬 수 있다. 배치 정규화(1장)는 기본적으로 여러 심층 계층에 걸쳐 데이터셋의 평균과 표준편차를 추적하는 데 도움이 된다. 핵심 직관은 데이터가 계산 그래프를 통해 흐르는 동안 정규분포와 비슷한 데이터를 갖게 하는 것이다. 드롭아웃(1, 3, 5, 6, 9, 20장)은 계산에 중복 요소를 도입해 도움을 준다. 이를 통해 과적합을 방지하고 더 나은 일반화가 가능하다.

14장에서는 직관 이면에 있는 수학적 기초를 설명했다. 설명한 바와 같이, 이 주제는 상당히 고급 과정으로 실무자에게 반드시 필요한 것은 아니다. 그러나 신경망을 다룰 때 "그 이면"에 무슨 일이 일어나고 있는지 이해하고 싶다면 읽는 것이 좋다.

15장에서는 Google에서 개발한 특수 칩인 TPUTensor Processing Unit를 소개하는데, 14장에서 설명한 많은 수학 연산을 매우 빠르게 실행할 수 있다.

참고문헌

1. Kelley, Henry J. (1960). *Gradient theory of optimal flight paths*. ARS Journal. 30 (10): 947 – 954. Bibcode:1960ARSJ...30.1127B. doi:10.2514/8.5282.

2. Dreyfus, Stuart. (1962). *The numerical solution of variational problems*. Journal of Mathematical Analysis and Applications. 5 (1): 30 – 45. doi:10.1016/0022-247x(62)90004-5.

3. Werbos, P. (1974). *Beyond Regression: New Tools for Prediction and Analysis in the Behavioral Sciences*. PhD thesis, Harvard University.

4. Rumelhart, David E. ; Hinton, Geoffrey E. ; Williams, Ronald J. (1986-10-09). *Learning representations by back-propagating errors*. Nature. 323 (6088): 533 – 536. Bibcode:1986Natur.323..533R. doi:10.1038/323533a0.

5. LeCun, Y. (1987). *Modèles Connexionnistes de l'apprentissage (Connectionist Learning Models)*, Ph.D. thesis, Universite P. et M. Curie.

6. Herbert Robbins and Sutton Monro. (1951). *A Stochastic Approximation Method. The Annals of Mathematical Statistics*, Vol. 22, No. 3. pp. 400 – 407.

7. Krizhevsky, Alex; Sutskever, Ilya; Hinton, Geoffrey E. (June 2017). *ImageNet classification with deep convolutional neural networks* (PDF). Communications of the ACM. 60 (6): 84 – 90. doi:10.1145/3065386. ISSN 0001-0782.

8. *From not working to neural networking*. The Economist. (25 June 2016)

TPU

15장에서는 신경망 수학 연산의 초고속 실행을 위해 Google에서 개발한 특수 칩인 TPU^{Tensor Processing Unit}를 소개한다. GPU^{Graphics Processing Unit}와 마찬가지로 여기서의 핵심 아이디어는 CPU^{Central Processing Units}에서 일반적으로 지원하는 다른 모든 연산을 지원하는 대신 매우 빠른 행렬 작업에만 초점을 맞춘 특수 프로세서를 만든다는 것이다. 그러나 GPU에 비해 TPU에서 추가 개선된 사항은 GPU에서 일반적으로 지원되는 그래픽 작업(래스터화^{rasterization}, 텍스처 매핑, 프레임 버퍼 작업 등)에 대한 하드웨어 지원을 칩에서 들어냈다는 것이다. TPU를 행렬 또는 텐서 작업에 중점을 둔, 딥러닝에 특화된 특수 목적 보조 프로세서로 생각하면 된다. 15장에서는 CPU와 GPU를 3세대 TPU와 에지 TPU와 비교한다. 이 모든 가속기는 2019년 11월부터 제공된다. 15장에는 TPU 사용에 대한 코드 예제가 포함된다.

15장에서는 다음을 학습한다.

- C/G/T 프로세스 유닛

- TPU와 에지 TPU의 4세대들

- TPU 성능

- TPU를 Colab에서 사용하는 법

자, 그럼 시작해보자.

C/G/T 프로세스 유닛

이 절에서는 CPU, GPU 그리고 TPU에 대해 설명한다. TPU를 논의하기 전에 CPU와 GPU를 살펴보면 유용할 것이다.

CPU와 GPU

각 컴퓨터, 태블릿 그리고 스마트폰에 장착된 범용 칩인 CPU의 개념에는 다소 익숙할 것이다. CPU는 논리 제어, 산술, 연산 등록, 메모리 연산 등 모든 계산을 담당한다. CPU는 잘 알려진 무어의 법칙[1]에 따라 밀도가 높은 집적 회로의 트랜지스터 수가 약 2년마다 두 배가 된다.

많은 사람들은 현재 이러한 추세가 더 이상 유지될 수 없는 시대가 왔다고 믿고 있으며, 실제로 지난 몇 년 동안 이미 감소했다. 따라서 점점 더 많은 양의 데이터를 처리하기 위한 더 빠른 계산 요구량을 지원하려면 추가적인 기술이 필요하다.

그중 한 가지 기술 개선은 소위 GPU라 부르는 것에서 등장했다. GPU는 행렬 곱셈, 래스터화, 프레임 버퍼 조작, 텍스처 매핑 등과 같은 빠른 그래픽 작업에 완벽한 특수 목적 칩이다. 이미지의 픽셀에 행렬 곱셈이 적용되는 컴퓨터 그래픽 외에도 GPU는 딥러닝에도 매우 적합하다. 이는 뜻밖의 행운을 준 흥미로운 이야기다. 어느 하나의 목표를 위해 만들어진 기술이 원래 계획했던 것과 전혀 관련이 없는 분야에서 엄청난 성공을 거둔 대단한 예다.

TPU

딥러닝에 GPU를 사용할 때 발생하는 한 가지 문제는 GPU는 단지 빠른 행렬 계산 뿐만 아니라 그래픽과 게임 지원 기능도 갖추도록 만들어진다는 것이다. GPU의 G 가 그래픽을 의미한다는 점을 감안할 때 물론 당연한 일이기도 하다. GPU는 딥러닝 을 위한 놀라운 개선을 가져왔지만, 신경망을 위한 텐서 동작의 경우에는 칩의 많은 부분을 사용하지 않는다. 딥러닝의 경우 래스터화, 프레임 버퍼 조작과 텍스처 매핑 은 필요하지 않다. 유일하게 필요한 것은 행렬과 텐서 연산을 매우 효율적으로 계산 할 수 있는 방법이다. CPU와 GPU는 딥러닝이 성공하기 훨씬 이전에 설계됐기 때 문에 GPU가 딥러닝을 위한 이상적인 솔루션이 아니라는 것이 놀라운 일은 아니다.

기술적인 세부 사항을 살펴보기 전에 먼저 Tensor Processing Unit 버전 1 혹은 TPU v1의 놀라운 기원에 대해 이야기해보자. 2013년 Google의 Brain Division 최고 책 임자인 제프 딘[Jeff Dean]은 휴대전화를 소유한 모든 사람이 하루에 3분만 더 통화를 한다면 이 데이터를 처리하기 위해 Google에는 2~3배나 더 많은 서버가 필요할 것 이라고 추정했다(그림 15.1 참조). 그랬다면 감당할 수 없는 성공-재난[success-disaster], 즉 엄청난 성공으로 인해 감당할 수 없는 문제가 발생하는 상황을 초래했을 것이다.

CPU나 GPU 모두 적합한 솔루션이 아닌 것이 분명했다. 따라서 Google은 비용을 크게 늘리지 않고도 성능을 10배 향상시킬 수 있는 완전히 새로운 무엇이 필요하다 고 판단했다. 이것이 TPU v1이 탄생하게 된 배경이다. 인상적인 것은 초기 설계에 서 생산까지 15개월 밖에 걸리지 않았다는 것이다. 이 사례에 대한 자세한 내용은 주 피[Jouppi]와 연구진(2014)[3]에서 확인할 수 있으며 2013년 Google에서 계산한 다양한 추론 워크로드에 대해 자세히 설명돼 있다.

이름	LOC	계층					비선형 함수	가중치	TPUv1 OPS/ 가중치 바이트	TPUv1 배치 크기	% 배표
		FC	Conv	벡터	폴	전체					
MLP0	0.1k	5				5	ReLU	20M	200	200	61%
MLP1	1k	4				4	ReLU	5M	168	168	
LSTM0	1k	24		34		58	sigmoid, tanh	52M	64	64	29%
LSTM1	1.5k	37		19		56	sigmoid, tanh	34M	96	96	
CNN0	1k		16			16	ReLU	8M	2888	8	5%
CNN1	1k	4	72		13	89	ReLU	100M	1750	32	

그림 15.1 2013년 Google에서 측정된 서로 다른 추론 작업량(출처: [3])

기술적 세부 사항에 대해 조금 이야기해보자. TPU v1은 매우 효율적인 텐서 연산을 위해 설계된 특수 장치(또는 ASIC, Application-Specific Integrated Circuit이라고도 하는 응용-특화 집적 회로)이다. TPU는 '과유불급less is more'의 철학을 따르고 있다. 이 철학은 중요한 결과를 가져온다. 즉 TPU에는 GPU에 필요한 모든 그래픽 구성 요소를 없앤 것이다. 이 때문에 에너지 소비 측면에서 매우 효율적이며 동시에 GPU보다 훨씬 빠르다. 지금까지 3세대에 걸친 TPU가 있었다. 이제 그들을 살펴보자.

4세대 TPU와 에지 TPU

설명한 바와 같이, TPU는 행렬 작업에 최적화된 분야-전용 프로세서다. 행렬 곱셈의 기본 연산은 잘 알다시피 한 행렬의 선과 다른 행렬의 열 사이의 점곱이다. 예를 들어 행렬 곱셈 $Y = X * W$에서 $Y[i, 0]$을 계산하면 다음과 같다.

$$Y[i, 0] = X[i, 0] * W[0,0] + X[i, 1] * W[1,0] + X[i, 2] * W[2,0] + \dots + X[i, n] * W[n, 0]$$

큰 행렬에 이 연산을 순차적으로 구현하면 시간이 많이 걸린다. 무차별 계산은 $n \times n$ 행렬에 대해 $O(n^3)$의 시간 복잡도를 가지므로 큰 계산을 실행하는 것은 불가능하다.

1세대 TPU

1세대 TPU(TPU v1)는 2016년 5월 Google I/O에 발표됐다. TPU v1[1]은 8비트 산술을 사용한 행렬 곱셈을 지원한다. TPU v1은 딥러닝 추론에 특화돼 있지만 훈련에는 작동하지 않는다. 훈련을 위해서는 다음 단락에서 설명하는 것처럼 부동 소수점 연산을 수행해야 한다.

TPU의 핵심 기능은 "시스톨릭^{Systolic}" 행렬 곱셈이다. 무슨 의미인지 살펴보자. 딥러닝의 핵심은 핵심 곱셈 $Y = X * W$이며, 예를 들어 $Y[i, 0]$을 계산하는 기본 연산은 다음과 같다.

$$Y[i, 0] = X[i, 0] * W[0, 0] + X[i, 1] * W[1, 0] + \ldots + X[i, n] * W[n, 0]$$

"시스톨릭" 행렬 곱셈을 사용하면 여러 $Y[i, j]$ 값을 병렬로 계산할 수 있다. 데이터는 조정된 방식으로 흐르며, 실제로 의학에서 "시스톨릭"이라는 용어는 심장 수축과 혈액이 우리의 정맥에서 리듬적으로 흐르는 방식을 나타낸다. 여기서 시스톨릭은 TPU 내부에서 '박동'하는 데이터 흐름을 나타낸다. 시스톨릭 곱셈 알고리듬이 무차별 대입 알고리듬보다 저렴하다는 것은 입증할 수 있다[2]. TPU v1에는 256×256 코어에서 수축기 곱셈을 실행하는 MMU$^{Matrix\ Multiply\ Unit}$가 있어 641,000 곱셈을 한 번에 병렬로 계산할 수 있다. 또한 TPU v1은 랙^{rack}에 배치돼 있으며 직접 액세스할 수 없다. 대신 CPU는 호스트 역할을 하며 데이터 전송을 제어하고 텐서 곱을 수행하고 컨볼루션을 계산하고 활성화 함수를 적용하기 위해 TPU에 명령을 내보낸다. CPU ↔ TPU v1은 통신은 표준 PCIe 3.0 버스를 통해 일어난다. 이러한 관점에서 TPU v1은 GPU보다 FPU(부동 소수점 단위) 보조 프로세서에 더 가깝다. 그러나 TPU v1은 전체 추론 모델을 실행해 호스트 CPU에 대한 의존성을 줄일 수 있다. 그림 15.2는 [3]과 같이 TPU v1을 나타낸다. 그림에서 볼 수 있듯이 처리 장치는 PCI 포트를 통해 연결되며 표준 DDR4 DRAM 칩을 통해 가중치를 가져온다. 곱셈은 MMU 내에서 시스톨릭으로 처리된다. 그런 다음 활성화 함수가 결과에 적용된다. MMU와 활성화를 위한 통합 버퍼는 많은 공간을 차지한다. 활성화 함수가 계산되는 영역이 있다.

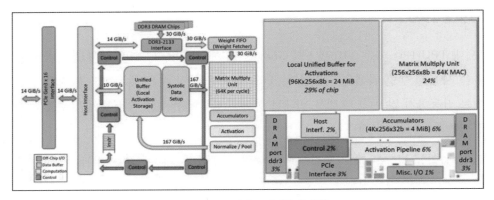

그림 15.2 v1 설계 스키마(출처: [3])

TPU v1은 다이^{die} 크기 ≤ 331mm2, 클럭 속도 700MHz, 28MB의 온-칩 메모리, 4MB의 32비트 누산기 및 8비트의 256×256 시스톨릭 배열로 28nm 공정에서 제조된다. 이러한 이유로 700Mhz*65536(승수) → 92테라 연산/초를 얻을 수 있다. 이것은 행렬 곱셈에 있어 놀라운 성능이다. 그림 15.3은 MMU가 수행한 시스톨릭 행렬 곱셈에 대한 TPU 회로 보드와 데이터 흐름을 보여준다. 또한 TPU v1에는 34GB/s의 대역폭을 제공하는 8GB 듀얼-채널 2133MHz DDR3 SDRAM이 있다. 외부 메모리는 표준이며 추론 중에 사용된 가중치를 저장하고 가져오는 데 사용된다. 또한 TPU v1의 열 설계 전력은 28~40와트로서 GPU와 CPU에 비해 소비량이 적다는 점에 주목하자. 또한 TPU v1은 일반적으로 SATA 디스크에 사용되는 PCI 슬롯에 마운트되므로 호스트 서버를 수정할 필요가 없다[3]. 각 서버에 최대 4개의 카드를 장착할 수 있다. 그림 15.3은 TPU v1 카드와 시스톨릭 계산 과정을 보여준다.

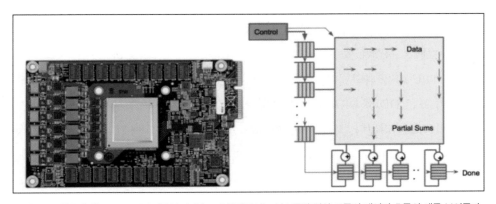

그림 15.3 왼쪽에서는 TPU v1 보드를 볼 수 있고, 오른쪽에서는 시스톨릭 연산 도중의 데이터 흐름의 예를 보여준다.

GPU, CPU와 비교해 TPU 성능을 살펴보려면 주피[Jouppi], 2014[3]를 참조하면 되는데 Tesla K80 GPU에 비해 성능이 100여 배 더 좋다는 것을 (로그 스케일) 그래프로 볼 수 있다. 그래프는 "옥상[rooftop]" 성능을 보여주고 있는데, 최고치까지 증가하다가 그 값에 고정된다.

지붕이 높을수록 성능은 높아진다.

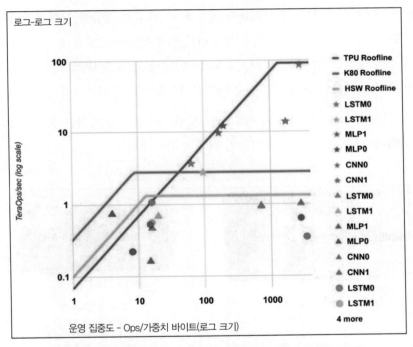

그림 15.4 TPU v1 피크(peak) 성능은 Tesla K80보다 100배 정도 빠르다.

2세대 TPU

2세대 TPU(TPU2)는 2017년 발표됐다. 이 경우 메모리 대역폭이 600GB/s로 증가하고 성능은 45TFLOPS에 도달한다. 4개의 TPU2는 180TFLOPS 성능을 가진 모듈로 배열된다. 그런 다음 64개의 모듈이 11.5 PFLOPS 성능의 포드로 그룹화된다. TPU2는 부동 소수점 산술을 사용하므로 훈련과 추론에 적합하다.

TPU2에는 128×128코어의 행렬 곱셈을 위한 MMU와 활성화 적용과 같은 다른 모든 작업을 위한 VPU^{Vector Processing Unit}가 있다. VPU는 float32와 int32 연산을 처리한다.

각 TPU v2 칩에는 2개의 코어가 있으며 각 보드에는 최대 4개의 칩이 장착돼 있다. TPU v2에서 Google은 bfloat16이라는 새로운 부동 소수점 모델을 채택했다. 아이디어는 약간의 해상도를 희생하지만 여전히 딥러닝에 매우 좋게 한다는 것이다. 이러한 해상도 감소로 v1보다 전력 효율이 높도록 v2 TPU의 성능을 향상시킬 수 있다. 실제로 가수^{mantissa}가 작을수록 물리적 실리콘 면적과 승수 전력을 줄이는 데 도움이 된다는 것을 증명할 수 있다. 따라서 bfloat16은 동일한 표준 IEEE 754 단일-정밀도 부동 소수점 형식을 사용하지만 가수 영역을 23비트에서 7비트로 자른다.

지수 비트를 유지하면 형식이 32비트 단일-정밀도와 동일한 범위를 유지할 수 있다. 이를 통해 두 데이터 유형 간의 변환이 비교적 간단해진다.

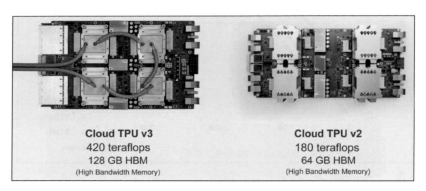

그림 15.5 클라우드 TPU v3와 클라우드 TPU v2

Google은 GCE^{Google Compute Engine}와 GKE^{Google Kubernetes Engine}를 통해 이러한 TPU v2와 TPU v3에 대한 접근을 제공한다.

3세대 TPU

3세대 TPU(TPU3)는 2018년에 발표됐다[4]. TPU3은 TPU2보다 2배 빠르며 4배 큰

포드pod로 그룹화된다. 전체적으로 이는 8배의 성능 향상이다. 클라우드 TPUv3 포드는 100 PetaFLOPS 이상의 컴퓨팅 성능을 제공할 수 있다. 반면, 2018년 알파로 출시된 클라우드 TPU v2 포드는 11.5 PetaFLOPS를 달성할 수 있다. 또 다른 인상적인 개선이다. 2019년 현재 TPU2와 TPU3는 서로 다른 가격으로 생산된다.

그림 15.6 Google은 TPU v2와 v3 포드를 Google I/O 2019에 베타로 출시했다.

TPU v3 보드에는 4개의 TPU 칩, 8개의 코어와 액체 냉각 기능이 있다. Google은 대기 시간이 매우 짧은 수천 개의 TPU를 연결하기 위해 슈퍼 컴퓨터 기술에서 파생된 초고속 상호 연결 하드웨어를 채택했다.

단일 TPU에서 매개변수가 업데이트될 때마다 다른 모든 것은 일반적으로 병렬 계산에 채택된 리듀스-올reduce-all 알고리듬을 통해 알려진다. 따라서 TPU v3는 현재 수천 개의 TPU가 포함된 행렬과 텐서 작업에 사용할 수 있는 가장 빠른 슈퍼 컴퓨터 중 하나라고 생각할 수 있다.

4세대 TPU

Google의 4세대 TPU ASIC은 TPU v3의 행렬 곱셈 TFLOP를 두 배 이상 능가한다. 이는 메모리 대역폭에서 놀라운 발전이고 상호 연결 기술에 있어서 더욱 발전했다. 각 TPU v4 칩은 TPU v3보다 2배 이상 연산력을 가지면 275 피크 TFLOPS이 가능하다. 각 TPU v4 포드는 피크 성능으로 1.1 exaflops를 도달한다. Google은 TPU v4 포드가 MUM과 LaMDA 같은 연구 혁신을 이루고 Search, Assistant, Translate 등의 핵심 제품을 진보시킬 것이라고 주장했다((https://blog.google/technology/developers/

io21-helpful-google/ 참조). 2022년 4월 현재 TPU v4s는 프리뷰만 가용하다(그림 15.7 참조).

그림 15.7 PU v4와 PU v4 포드의 일부(출처: https://twitter.com/google/status/1394785686683783170)

이 절에서는 4세대 TPU를 소개했다. 마치기 전에 무오류 머신러닝 작업에는 선점형preemptible 클라우드 TPU를 사용해 비용을 절약할 수 있음을 언급하고 싶다. 작업 강도에는 체크포인트와 함께하는 긴 훈련이나 대형 데이터셋에서의 배치 예측 등이 있다.

에지 TPU

2018년에 앞서 설명한 3세대 TPU 외에도 Google은 에지에서 실행되는 특별 TPU를 발표했다. 이 TPU는 특히 IoT와 모바일 그리고 IoT에서 TensorFlow Lite를 지원하는 데 적합하다. 개별 에지 TPU는 2와트 전력만을 사용해 초당 4조(고정-수) 연산(4TOPS)이 가능하다. 에지 TPU는 작고, 저전력 기기에 맞춰 설계됐으며 기계 내 머신러닝에 맞으며 빠르고 전력 효율적이다. 에지 TPU는 TensorFlow Lite 개발 프레임워크를 지원한다(그림 15.8 참조). 2019년 말 기준으로 Google은 Pixel Neural Core라고 부르는 에지 TPU를 가진 Pixel 4 스마트폰을 발표했다.

그림 15.8 1센트로 2개의 TPU를 쓰세요(출처: https://coral.ai/docs/edgetpu/faq/#what-isthe-edge-tpu).

이것으로 TPU v1, v2 v3,v4에 대한 소개를 마친다. 다음 절에서는 성능에 대해 간단히 설명한다.

TPU 성능

먼저 측정할 측도와 벤치마크로 사용할 워크로드 집합을 정의하는 것이 중요하므로 성능에 대한 논의는 항상 어렵다. 예를 들어 Google은 ResNet-50과 함께 사용되는 TPU v2에 대한 인상적인 선형 확장을 보고했다[4](그림 15.9와 15.10 참조).

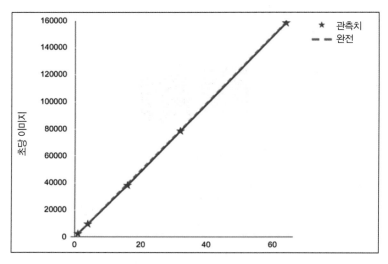

그림 15.9 이미지 개수를 증가시킬 때 TPUs v2 개수의 선형 확장성

또한 온라인에서는 ResNet-50과의 비교를 볼 수 있는데[4], Full Cloud TPU v2 Pod가 V100 Nvidia Tesla GPU보다 ResNet-50 훈련에 있어 200배 이상 더 빠르다는 것을 알 수 있다.

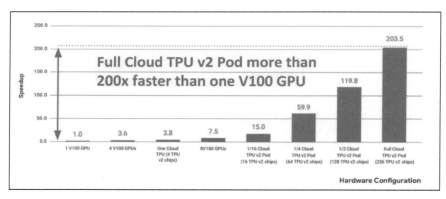

그림 15.10 Full Cloud TPU v2 Pod가 V100 Nvidia Tesla GPU보다 ResNet-50 모델 훈련에 있어 200배 이상 더 빠르다.

Google에 따르면 TPU v4가 NVIDIA A100 GPU와 비교할 때 MLPerf1.0[5]에서 최상위 성능을 기록했다. 사실 이러한 가속은 수조 개의 매개변수를 가진 최근의 대형 모델을 염두에 두고 설계된 것이다(GPT-3, T5 그리고 Switch Transformer를 생각해보라).

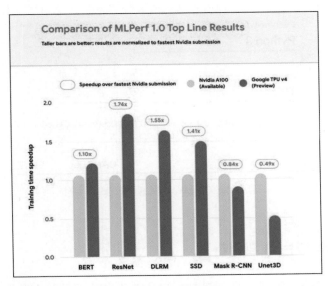

그림 15.11 MLPerf 1.0 TPU v4 포드 성능(출처: https://cloud.google.com/blog/products/ai-machine-learning/google-wins-mlperf-benchmarks-with-tpu-v4)

TPU를 Colab에서 사용하기

이 절에서는 Colab에서 TPU를 사용하는 방법을 보여준다. 브라우저를 다음 링크 (https://colab.research.google.com/)로 지정하고 그림 15.12와 같이 런타임 메뉴에서 런 타임을 변경하라. 먼저 노트북의 TPU를 활성화하고 Edit→Notebook settings로 가서 Hardware accelerator 드롭다운 박스에서 TPU를 선택한다.

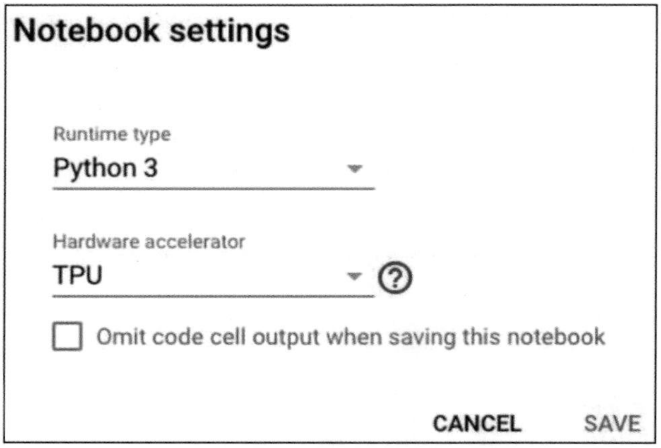

그림 15.12 Colab에서 TPU를 런타임으로 설정

TPU를 쓸 수 있는지 확인하기

우선 TPU에 할당된 IP 주소를 반환하는 다음의 간단한 코드를 사용해 사용 가능한 TPU가 있는지 확인하라. CPU와 TPU 간의 통신은 gRPC를 통해 이뤄진다. 이는 어떤 환경에서도 운영할 수 있는 최신 오픈 소스, 고성능 RPC^{Remote Procedure Call} 프레임워크다.

```
%tensorflow_version 2.x
import tensorflow as tf
print("Tensorflow version " + tf.__version__)

try:
  tpu = tf.distribute.cluster_resolver.TPUClusterResolver() # TPU detection
  print('Running on TPU ', tpu.cluster_spec().as_dict()['worker'])
except ValueError:
  raise BaseException('ERROR: Not connected to a TPU runtime; please see the
previous cell in this notebook for instructions!')

tf.config.experimental_connect_to_cluster(tpu)
tf.tpu.experimental.initialize_tpu_system(tpu)
tpu_strategy = tf.distribute.experimental.TPUStrategy(tpu)
```

다음과 같은 것을 보게 될 것이다.

```
Tensorflow version 2.8.0
Running on TPU ['10.36.66.50:8470']
INFO:tensorflow:Deallocate tpu buffers before initializing tpu system.
INFO:tensorflow:Deallocate tpu buffers before initializing tpu system.
INFO:tensorflow:Initializing the TPU system: grpc://10.36.66.50:8470
INFO:tensorflow:Initializing the TPU system: grpc://10.36.66.50:8470
INFO:tensorflow:Finished initializing TPU system.
INFO:tensorflow:Finished initializing TPU system.
WARNING:absl:'tf.distribute.experimental.TPUStrategy' is deprecated, please use
the non experimental symbol 'tf.distribute.TPUStrategy' instead.
INFO:tensorflow:Found TPU system:
INFO:tensorflow:Found TPU system:
INFO:tensorflow:*** Num TPU Cores: 8
INFO:tensorflow:*** Num TPU Cores: 8
INFO:tensorflow:*** Num TPU Workers: 1
INFO:tensorflow:*** Num TPU Workers: 1
INFO:tensorflow:*** Num TPU Cores Per Worker: 8
INFO:tensorflow:*** Num TPU Cores Per Worker: 8
```

TPU가 있음이 확인됐다.

Keras MNIST TPU 엔드-투-엔드 훈련

Google Research Colab의 노트북에 보면 다음 코드를 사용해 TPU가 있는지 확인해볼 수 있다(https://colab.research.google.com/github/GoogleCloudPlatform/training-data-analyst/blob/master/courses/fast-and-leandata-science/01_MNIST_TPU_Keras.ipynb#scrollTo=Hd5zB1G7Y9-7 참고).

```
try: # TPUs 탐지
    tpu = tf.distribute.cluster_resolver.TPUClusterResolver.connect() # TPU
탐지
    strategy = tf.distribute.TPUStrategy(tpu)
except ValueError: # GPUs 탐지
    strategy = tf.distribute.MirroredStrategy() # GPU 또는 다중-GPU 기계
    #strategy = tf.distribute.get_strategy() # 디폴트 전략- CPU와 단일 GPU
    #strategy = tf.distribute.experimental.MultiWorkerMirroredStrategy()
```

```
# 다중-GPU 기계 클러스터용
print("Number of accelerators: ", strategy.num_replicas_in_sync)
```

TPU와 TPU 포드에서의 동시 훈련을 위해서는 tf.distribute.TPUStrategy(tpu) 전략만 변경하면 된다는 점에 주목하자. 그러면 TPU에서 TF2 프로그램을 동작시키려면 tf.keras에서 .compile이나 .fit API에 TPUStrategy를 사용해야 한다.

원할 경우 strategy.run를 호출해 자신만의 맞춤 훈련을 수행할 수 있다(https://www.tensorflow.org/api_docs/python/tf/distribute/TPUStrategy 참고).

사전 훈련된 TPU 모델 사용

Google은 GitHub TensorFlow/tpu 저장소(https://github.com/tensorflow/tpu)에서 가용한 사전 훈련된 TPU를 모음을 제공한다. 모델에는 이미지 인식, 물체 감지, 저자 원 모델, 기계 번역 및 언어 모델, 음성 인식 및 이미지 생성이 포함된다. 가능할 때마다 미리 훈련된 모델에서 시작해[6] 미세 조정하거나 일부 형태의 전이학습을 적용하는 것을 권한다. 2022년 4월 현재 다음 모델을 사용할 수 있다.

표 15.1 GitHub에서 가용한 TPU로 사전 훈련된 최신 모델

이미지 인식, 세그멘테이션 등	머신 번역과 언어 모델	음성 인식	이미지 생성
이미지 인식	머신 번역	ASR	이미지
AmoebaNet-D	(트랜스포머 기반)	트랜스포머	트랜스포머
ResNet-50/101/152/2000			
Inception v2/v3/v4	감정 분석		DCGAN
	(트랜스포머 기반)		
객체 탐지	질문 답변		GAN
RetinaNet			
Mask R-CNN			
이미지 세그멘테이션	BERT		
Mask R-CNN			
DeepLab			
RetinaNet			
저-자원 모델			
MnasNet			
MobileNet			
SqueezeNet			

TPU 리포지터리를 재생하는 가장 좋은 방법은 Google 클라우드 콘솔에서 리포지터리를 복제하고 다음 GitHub(https://github.com/tensorflow/tpu/blob/master/README.md) 환경을 사용하는 것이다. 그림 15.13에 표시된 내용이 보여야 한다.

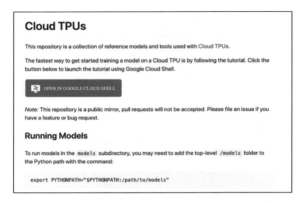

그림 15.13 클라우드 TPU

OPEN IN GOOGLE CLOUD SHELL 버튼을 클릭하면 시스템이 Git 저장소를 클라우드 쉘에 복제한 다음 쉘을 연다(그림 15.14 참조).

그림 15.14 TPU Git 리포지터리에 복제된 Google 클라우드 쉘

여기에서 Compute Engine VM과 Cloud TPU 쌍인 TPU Flock을 사용해 MNIST에

서 ResNet-50을 훈련하기 위한 멋진 Google 클라우드 TPU 데모를 사용할 수 있다 (그림 15.15 참조).

ctpu quickstart

Introduction

This Google Cloud Shell tutorial walks through how to use the open source ctpu ☒ tool to train an image classification model on a Cloud TPU. In this tutorial, you will:

1. Confirm the configuration of ctpu through a few basic commands.

2. Launch a Cloud TPU "flock" (a Compute Engine VM and Cloud TPU pair).

3. Create a Cloud Storage ☒ bucket for your training data.

4. Download the MNIST dataset ☒ and prepare it for use with a Cloud TPU.

5. Train a simple convolutional neural network on the MNIST dataset to recognize handwritten digits.

6. Begin training a modern convolutional neural network (ResNet-50 ☒) on a simulated dataset.

7. View performance and other metrics using TensorBoard ☒.

8. Clean everything up!

Before you get started, be sure you have created a GCP Project with billing enabled ☒. When you have the project ID ☒ in hand (the "short name" found on the cloud console's main landing page), click "Continue" to get started!

그림 15.15 TPU Flock으로 ResNet-50을 훈련하는 Google 클라우드 TPU 데모

데모는 독자들에게 맡긴다. 재미있을 것이다.

요약

TPU는 신경망 수학 연산을 초고속으로 실행하기 위해 Google에서 개발한 매우 특별한 ASIC 칩이다. 계산의 핵심은 복수의 점곱(행 * 열)을 병렬로 계산해 기본적인 딥러닝 연산을 가속화하는 시스톨릭 승수다. TPU는 행렬과 텐서 작업에 중점을 둔 딥러닝을 위한 특수 목적 보조 프로세서로 생각하면 된다. Google은 지금까지 3세대 TPU와 IoT를 위한 에지 TPU를 추가적으로 발표했다. 클라우드 TPU v1은 PCI 기반의 특수 보조 프로세서이며 92 TeraFLOPS와 추론만 제공한다. 클라우드 TPU v2는 180개의 TeraFLOPS를 달성하고 훈련과 추론을 지원한다. 2018년에 알파로 출시된 클라우드 TPU v2 포드는 11.5 PetaFlopS에 이른다. 클라우드 TPU v3은 훈련과 추론 지원을 하며 420 TeraFLOPS를 달성한다. 클라우드 TPU v3 포드는 100 PetaFLOPS 이상의 연산 성능을 제공할 수 있다. 각 TPU v4 칩은 TPU v3보다 두 배 이상의 성능을 보이고 피크에 275 TFLOPS까지 가능하다. 각 TPU v4 포드는 피크에 1.1 exaflops/s를 성취한다.

이는 텐서 연산을 위한 세계적 수준의 슈퍼 컴퓨터 수준이다!

16장에서는 다른 유용한 딥러닝 라이브러리를 살펴본다.

참고문헌

1. Moore's law: https://en.wikipedia.org/wiki/Moore%27s_law

2. Milovanović, I. Ž. et al. (May 2010). *Forty-three ways of systolic matrix multiplication*. Article in International Journal of Computer Mathematics 87(6): 1264 – 1276.

3. Jouppi, N. P. et al. (June 2014). *In-Datacenter Performance Analysis of a Tensor Processing Unit*. 44th International Symposium on Computer Architecture (ISCA).

4. Google TPU v2 performance: https://storage.googleapis.com/nexttpu/index.html

5. MLPerf site: https://mlperf.org/

6. TPU로 사전 훈련된 모음: https://cloud.google.com/tpu

16

기타 유용한 딥러닝 라이브러리

딥러닝 작업에 사용할 수 있는 프레임워크가 Google의 TensorFlow만 있는 것은 아니다. 사용 가능한 다양한 라이브러리와 프레임워크가 있으며 각각은 그 고유한 특징, 기능 그리고 사용례를 갖고 있다. 16장에서는 인기 있는 딥러닝 라이브러리 중 일부를 살펴보고 특징을 비교한다.

16장에서는 다음 내용을 다룬다.

- 허깅 페이스Hugging Face
- H2O
- 파이토치PyTorch
- ONNX
- OpenAI

허깅 페이스

허깅 페이스Hugging Face는 이미 살펴본 바 있다. 6장에서는 해당 라이브러리를 소개했었다. Hugging Face는 2016년 드랑그Delangue와 쇼몽Chaumond이 설립한 자연어 처리 기반의 스타트업이다. 이 회사는 단기간에 NLP 관련 작업 도구 중 최고 수준으로 자리 잡았다. AutoNLP과 가속 추론 API는 유료로 제공되지만, 핵심 NLP 라이브러리 Datasets, Tokenizer, Accelerate 그리고 Transformer(그림 16.1)는 무료로 사용할 수 있다. 또한 커뮤니티 기반 오픈 소스 플랫폼으로 구축돼 있다.

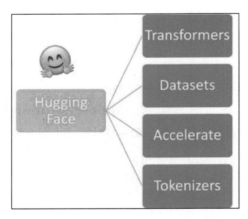

그림 16.1 Hugging Face의 NLP 라이브러리

Hugging Face 생태계의 핵심은 트랜스포머 라이브러리다. Tokenizer와 Datasets 라이브러리는 Transformers 라이브러리를 지원한다. 라이브러리를 사용하려면 먼저 설치를 해야 한다. Transformer는 `pip install` 명령을 사용해 간단히 설치할 수 있다.

```
pip install transformers
```

Hugging Face에서 바로 사용 가능한 모델은 텍스트 요약, 질문 응답, 텍스트 분류, 오디오 분류, 자동 음성 인식, 특징 추출, 이미지 분류 및 번역 등이다. 그림 16.2은 Hugging Face에서 사용할 수 있는 특별한 요약 모델의 결과를 보여준다.

A causal model makes predictions about the behavior of a system. In particular, a causal model entails the truth value, or the probability, of counterfactual claims about the system; it predicts the effects of interventions; and it entails the probabilistic dependence or independence of variables included in the model. Causal models also facilitate the inverse of these inferences: if we have observed probabilistic correlations among variables, or the outcomes of experimental interventions, we can determine which causal models are consistent with these observations. The discussion will focus on what it is possible to do in "in principle". For example, we will consider the extent to which we can infer the correct causal structure of a system, given perfect information about the probability distribution over the variables in the system. This ignores the very real problem of inferring the true probabilities from finite sample data. In addition, the entry will discuss the application of causal models to the logic of counterfactuals, the analysis of causation, and decision theory.

pipeline("summerization")

A causal model makes predictions about the behavior of a system . It entails the truth value, or the probability, of counterfactual claims about the system . Causal models also facilitate the inverse of these inferences . Discussion will focus on what it is possible to do in principle . For example, we will consider the extent to which we can infer the correct causal structure . This ignores the very real problem of inferring the true probabilities from finite sample data .

그림 16.2 Hugging Face를 사용한 텍스트 요약

이러한 즉시 사용 가능한 모델 외에도 Hugging Face Hub에서는 가용한 많은 다른 모델과 데이터셋을 제공하고 있으며 PyTorch, TensorFlow 및 JAX와 함께 사용해 맞춤형 모델을 구축할 수 있다.

OpenAI

OpenAI는 강화학습 분야에서 일하는 사람들에게 유명한 또 다른 회사다. 그들의 Gym 모듈은 강화학습 알고리듬을 개발하고 비교하기 위해 전 세계 개발자들이 사용하는 표준 툴킷이다. 11장, '강화학습'에서 이미 Gym 모듈을 자세히 다뤘다. 16장에서는 OpenAI가 제공하는 두 가지 제품을 더 살펴보겠다.

OpenAI GPT-3 API

"OpenAI GPT-3는 개발자가 딥러닝을 위한 맞춤형 알고리듬을 구축할 수 있는 머신러닝 플랫폼이다. 이 플랫폼은 2017년 12월에 출시됐으며 인공지능 분야의 기업과 개인이 널리 사용하고 있다. GPT-3가 큰 성공을 거둔 주된 이유 중 하나는 사용하기 쉽고 다양한 특징이 있기 때문이다. 이 플랫폼은 데이터로 학습할 수 있으며 딥러닝, 자연어 처리, 이미지 인식 등 다양한 작업에 사용할 수 있다. GPT-3는 오픈 소스이고 누구나 사용할 수 있기 때문에 인기가 있다. 따라서 딥러닝과 이를 사용할 수 있는 다양한 방법에 대해 배우고자 하는 모든 사람에게 이상적인 플랫폼이다. 전반적으로 GPT-3는 인공지능 분야에서 기업과 개인이 널리 사용하는 강력하고 사용하기 쉬운 머신러닝 플랫폼이다."

위의 문장은 GPT-3(https://beta.openai.com/playground)가 무엇인지 설명하라고 OpenAI GPT-3 API에 요청해 스스로 생성해낸 문장이다. 그림 16.3을 참고하라.

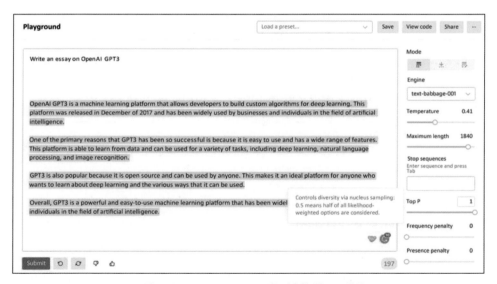

그림 16.3 OpenAI GPT-3 API를 사용한 텍스트 생성

OpenAI GPT-3 API는 다음과 같은 작업을 수행한다.

- **텍스트 완성**: 여기에서 GPT-3 API는 텍스트와 코드를 생성하거나 조작하는 데 사용된다. 태그라인^{tagline}, 서론 또는 에세이를 작성하는 데 사용할 수도 있고, 반쯤 쓴 문장을 남겨두고 완성하도록 요청할 수도 있다. 사람들은 이를 이야기 구성이나 광고 문구 아이디어를 생성하는 데 사용하기도 했다.

- **문맥 검색**: 문서 집합에 대한 문맥 검색을 수행할 수 있다. 예를 들어 API를 사용하면 문서를 업로드할 수 있는데, 최대 200개의 문서를 처리할 수 있으며, 각 파일의 크기는 최대 150MB이고 총 1GB로 제한된다. API는 쿼리를 받고 문맥적 유사도 점수(일반적으로 0-300 범위)를 기준으로 문서 점수를 매긴다.

- **질문 답변**: 이 API는 업로드된 문서를 바탕으로 정답을 생성한다. API는 먼저 문서에서 질문과의 관련성을 검색한다. 그런 다음 의미론적 관련성에 따라 순위를 매기고 마지막으로 질문에 답한다.

- **텍스트 분류**: OpenAI GPT-3의 텍스트 분류기는 레이블이 지정된 예제를 입력으로 가져온 다음 그 안에 있는 레이블을 사용해 쿼리 텍스트에 레이블을 지정한다. 이 기능은 감정 분석에 많이 사용됐다.

처음에는 OpenAI GPT-3를 신청 대기 후 사용할 수 있었지만 지금은 누구나 API를 사용할 수 있다. 더 이상 대기자 명단은 없다.

OpenAI DALL-E 2

OpenAI의 GPT-3 API는 NLP와 관련된 모든 것을 처리한다면, DALL-E 2는 한 단계 더 나아간다. DALL-E는 원래 2021년 1월 OpenAI에서 출시됐다. 회사는 해당 제품이 제공된 텍스트 설명을 기반으로 사실적인 이미지를 생성한다고 주장한다. 또한 기존 이미지를 사실적으로 편집할 수도 있다. 이를 사용해 이미지에서 개체와 요소를 추가하거나 제거할 수 있으며 그 와중에 그림자, 반사 및 질감에 미치는 영향을 고려한다. 그림 16.4는 DALL-E 2가 만든 놀라운 작품 중 일부를 보여준다. 맨 윗줄의 그림에서는 DALL-E 2에게 "공룡을 타고 아마존 밀림을 비행하는 아인슈타인"을 그려달라고 요청한 결과다. 결과는 만화 같은 이미지를 생성했다. 하단의 이미지는 DALL-E 2의 이미지 편집기 기능을 사용해 생성됐다. 왼쪽에 이미지를 추가했더니 네 가지 변형이 생성됐다. 얼굴이 흐려진 것을 무시하면 변형이 매우 사실적으로 보인다.

그림 16.4 위는 DALL-E 2에서 생성된 이미지이고, 아래는 DALL-E 2에서 편집된 이미지다.

이 책을 쓰는 시점(2022년 8월)에는 DALL-E 2가 비공개다. 그러나 모델을 API로 제공하면 디지털 미디어를 만드는 아티스트와 전문가들이 이를 이용해 작업하게 될 것이다.

OpenAI Codex

처음으로 프로그래밍 수업을 듣는 학생들에게 종종 프로그램이란 일련의 명령문으로 생각하라고 설명한다. 가장 중요한 것은 어떤 언어를 쓰든 가능한 한 명확하게 해당 명령을 작성하는 것이다.

그런데 Codex가 이를 구현해줬다. 원하는 명령문을 제시하면 해당 코드가 생성된다.

OpenAI는 이를 범용 프로그래밍 모델로 출시하고 공개된 GitHub 코드로 훈련시켰다. 다음은 Codex에서 생성된 코드의 일부다.

```python
""" 사용자에게 이름을 물은 뒤 "Hello"라고 말하는 Python 코드를 작성하라. """
print("Hello, world!")
name = input("Please type your name: ")
print("Hello, " + name + "!")


""" Python으로 n 피보나치 수열의 합을 구하는 프로그램을 작성하라. """
def Fibonacci(n):
    if n < 0:
        print("Incorrect input")
    elif n == 1:
        return 0
    elif n == 2:
        return 1
    else:
        return Fibonacci(n - 1) + Fibonacci(n - 2)
n = int(input("Enter the number of terms: "))

# 유효한 수치인지 검토
if n <= 0:
    print("Please enter a positive integer")
else:
    print("Fibonacci sequence: ")
    for I in range(1, n + 1):
        print(Fibonacci(n), end=' ')
```

보다시피 첫 번째 작업은 완벽하게 수행됐다. 두 번째 작업에서는 피보나치 수열의 합을 찾도록 요청했지만, 보다 더 일반적인 문제인 피보나치 수열을 생성하는 프로그램을 작성했다. 이는 평범한 작업을 수행하는 데는 탁월하지만 여전히 실제 프로그래머가 필요함을 보여준다.

PyTorch

TensorFlow와 마찬가지로 파이토치^{PyTorch}는 딥러닝 프레임워크다. AI 기반 소셜 그룹에서는 PyTorch와 TensorFlow의 열렬한 팬들이 각각 자신의 툴이 최고라고 주장하는 경우가 많다. Facebook(오늘날 Meta)에서 개발한 PyTorch는 오픈 소스 딥러닝 프레임워크다. 많은 연구자들이 그 유연한 모듈식 접근 방식을 선호한다. PyTorch는 프로덕션^{production} 배포를 안정적으로 지원한다. TF와 마찬가지로 PyTorch의 핵심은 텐서 처리 라이브러리와 자동 미분 엔진이다. C++ 런타임 환경에서는 TorchScript를 활용해 그래프와 즉시 수행 모드 사이를 쉽게 전환할 수 있다. PyTorch가 인기 있게 만든 주요 특징은 동적 계산 기능, 즉 계산 그래프를 동적으로 구축하는 기능이다. 이는 프로그래머가 언제든지 계산 그래프를 수정하고 검사할 수 있는 유연성을 제공해준다.

PyTorch 라이브러리는 복잡한 모델을 만들기 위한 구성 요소로 사용되는 많은 모듈로 이뤄진다. 또한 PyTorch는 CPU, GPU 또는 TPU와 같은 서로 다른 장치 간에 변수와 모델을 전송하는 편리한 기능을 제공한다. 다음 세 가지 강력한 모듈은 특별히 자주 언급된다.

- **NN 모듈**: 딥러닝 네트워크 구축을 위한 모든 계층과 함수를 가진 기본 클래스다. 다음에서 NN 모듈이 네트워크를 구축하는 데 사용되는 코드 일부를 볼 수 있다. 그런 다음 net = My_Net(1,10,5);문을 사용해 네트워크를 인스턴스화할 수 있다. 이렇게 하면 하나의 입력 채널, 10개의 출력 뉴런 그리고 크기가 5x5의 커널을 가진 네트워크가 생성된다.

```
import torch.nn as nn
import torch.nn.functional as F

class My_Net(nn.Module):

    def __init__(self, input_channel, output_neurons, kernel_size):
        super(My_Net, self).__init__()
        self.conv1 = nn.Conv2d(input_channel, 6, kernel_size)
        self.conv2 = nn.Conv2d(6, 16, 5)
```

```
        self.fc1 = nn.Linear(16 * 5 * 5, 120)
        self.fc2 = nn.Linear(120, 84)
        self.fc3 = nn.Linear(84,output_neurons)

    def forward(self, x):
        x = F.max_pool2d(F.relu(self.conv1(x)), (2, 2))
        x = F.max_pool2d(F.relu(self.conv2(x)), 2)
        x = x.view(-1, self.num_flat_features(x))
        x = F.relu(self.fc1(x))
        x = F.relu(self.fc2(x))
        x = self.fc3(x)
        return x

    def num_flat_features(self, x):
        size = x.size()[1:]
        num_features = 1
        for s in size:
            num_features *= s
        return num_features
```

다음의 신경망 요약이다.

```
My_Net(
    (conv1): Conv2d(1, 6, kernel_size=(5, 5), stride=(1, 1))
    (conv2): Conv2d(6, 16, kernel_size=(5, 5), stride=(1,
1))
    (fc1): Linear(in_features=400, out_features=120,
bias=True)
    (fc2): Linear(in_features=120, out_features=84,
bias=True)
    (fc3): Linear(in_features=84, out_features=10,
bias=True)
)
```

- **Autograd Module**: 이 모듈은 PyTorch의 핵심으로, 자동 미분을 구현하는 데 사용되는 클래스와 함수를 제공한다. 모듈은 동적 계산 그래프라고 부르는 비순환 그래프를 생성한다. 이 그래프의 단말leaves은 입력 텐서이고 루트root 는 출력 텐서다. 루트에서 단말까지 추적 후 체인 규칙을 사용해 경로 내 모든 그래디언트를 곱해 그래디언트를 계산한다. 다음 코드는 그래디언트를 계

산하기 위해 Autograd 모듈을 사용하는 방법을 보여준다. backward() 함수는 require_grad가 True로 설정된 모든 텐서에 대해 손실 그래디언트를 계산한다. 따라서 변수 w가 있다고 가정하면 backward()를 호출하면, w.grad 텐서가 w에 대한 손실 그래디언트를 제공한다.

그런 다음 이를 사용해 학습 규칙에 따라 변수 w를 갱신할 수 있다.

```
loss = (y_true - y_pred).pow(2).sum()

loss.backward()
# 여기서 autograd를 사용해 후방향을 계산한다.


With torch.no_grad():
    W = w - lr_rate * w.grad
    w.grad = None # 갱신 후 수동으로 0으로 설정
```

- **Optim 모듈**: Optim 모듈은 다양한 최적화 알고리듬을 구현한다. Optim에서 사용할 수 있는 최적화 알고리듬은 SGD, AdaDelta, Adam, SparseAdam, AdaGrad 및 LBFGS 등이 있다. Optim 모듈을 사용해 복잡한 옵티마이저를 만들 수도 있다. Optim 모듈을 사용하려면 현재 상태를 유지하고 그래디언트를 기반으로 매개변수를 갱신하는 옵티마이저 객체를 생성하기만 하면 된다.

PyTorch는 많은 회사에서 AI 솔루션에 사용한다. 테슬라[Tesla]는 AutoPilot에 PyTorch를 사용한다. 차량 주변 8대의 카메라 영상을 사용하는 Tesla Autopilot은 해당 영상을 48개의 신경망을 통해 객체 감지, 문맥 분할 및 단안[monocular] 깊이 추정을 위해 전달한다. 이 시스템은 레벨 2 자율주행을 제공한다. 카메라 8대 모두에서 비디오를 가져와 도로 레이아웃, 정적 인프라(예: 건물 및 교통/전봇대) 및 3D 개체(다른 차량, 도로 위의 사람 등)를 생성한다. 네트워크는 실시간으로 반복적으로 훈련된다. 약간 기술적인 내용이긴 하지만 Tesla의 AI 책임자인 안드레이 카파시[Andrej Karpathy]의 2019년 강연(https://www.youtube.com/watch?v=oBklltKXtDE&t=670s)에서는 Autopilot과 그 기능에 대한 개괄을 제공해준다. 확률적 딥러닝 라이브러리인 우버[Uber]의 Pyro와 OpenAI는 연구 개발을 위해 PyTorch를 사용하는 또 다른 대형 AI 회사다.

ONNX

ONNXOpen Neural Network Exchange는 AI 모델을 위해 오픈 소스 형식으로 제공되며, 딥러닝 모델과 기존 머신러닝 모델을 모두 지원한다. 모든 유형의 모델을 나타내도록 설계된 형식이며 다른 프레임워크에서 생성된 계산 그래프의 중간 표현을 사용해 이를 달성한다. ONNX는 PyTorch, TensorFlow, MATLAB 그리고 더 많은 딥러닝 프레임워크를 지원한다. 따라서 ONNX를 사용하면 모델을 한 프레임워크에서 다른 프레임워크로 쉽게 변환할 수 있다. 이는 연구에서 배포까지의 시간을 줄이는 데 도움이 된다. 예를 들어 ONNX를 사용해 PyTorch 모델을 ONNX.js 형식으로 변환한 다음 웹에 직접 배포할 수 있다.

H2O.ai

H2O는 H2O.ai에서 개발한 빠르고 확장 가능한 머신러닝 및 딥러닝 프레임워크로 오픈 소스 Apache 라이선스로 출시됐다. 회사 웹사이트에 따르면 이 책을 쓰고 있는 시점 기준으로 20,000개 이상의 조직이 머신러닝/딥러닝 개발에 H2O를 사용하고 있다. 이 회사는 H2O AI 클라우드, H2O Driverless AI, H2O 웨이브 및 스파클링 워터와 같은 많은 제품을 제공하고 있다. 이 절에서는 오픈 소스 제품인 H2O를 살펴본다.

H2O는 Hadoop, Spark, Kubernetes 클러스터의 빅데이터 인프라에서 작동하며 독립 실행형 모드에서도 작동할 수 있다. 분산 시스템과 인메모리 컴퓨팅을 활용해 소규모 시스템 클러스터에서도 메모리에 있는 대량의 데이터를 처리할 수 있으며, R, Python, Java, Scala, JavaScript용 인터페이스가 있으며 웹 인터페이스도 내장돼 있다.

H2O에는 일반화 선형 모델링, 나이브 베이즈, 랜덤 포레스트, 그래디언트 부스팅 및 모든 주요 딥러닝 알고리듬 등 수많은 통계 기반 머신러닝 알고리듬이 포함돼 있다. H2O의 가장 좋은 점은 몇 줄의 코드만으로 수천 개의 모델을 구축하고 결과를

비교하며 하이퍼 파라미터 튜닝까지 할 수 있다는 것이다. H2O에는 더 나은 데이터 전처리 도구도 있다.

H2O를 사용하려면 Java가 필요하므로 시스템에 Java가 설치돼 있는지 확인하라. 다음 코드와 같이 PyPi를 사용해 Python에서 작동하도록 H2O를 설치할 수 있다.

```
pip install h2o
```

H2O AutoML

H2O의 가장 흥미로운 기능 중 하나는 자동 머신러닝인 AutoML인데, 초보자와 비전문가가 사용할 수 있는 사용자 친화적인 머신러닝 인터페이스를 개발하려는 시도다. H2O AutoML은 다양한 후보 모델을 훈련하고 조정하는 프로세스를 자동화한다. 인터페이스는 사용자가 데이터셋, 입력 및 출력 특징, 훈련된 총 모델 수에 대한 제약 조건 또는 시간 제약 조건을 지정만 하면 되도록 설계됐다. 나머지 작업은 지정된 시간 제약 조건에서 AutoML 자체에 의해 수행된다. 최고 성능의 모델을 식별하고 리더보드를 제공한다. 일반적으로 이전에 훈련된 모든 모델의 앙상블인 Stacked Ensemble 모델이 순위표에서 최상위 위치를 차지하는 것으로 관찰됐다. 고급 사용자가 사용할 수 있는 많은 옵션이 있는데, 이러한 옵션과 다양한 기능에 대한 자세한 내용은 다음 링크(http://docs.h2o.ai/h2o/latest-stable/h2o-docs/automl.html)에서 확인할 수 있다.

H2O에 대해 자세히 알아보려면 해당 웹사이트(http://h2o.ai)를 방문해보라.

H2O를 사용한 AutoML

합성으로 생성된 데이터셋을 사용해 H2O AutoML을 써 보자. 여기서는 scikit-learn make_circles 메서드를 사용해 데이터를 생성하고 CSV 파일로 저장한다.

```
from sklearn.datasets import make_circles
import pandas as pd
```

```
X, y = make_circles(n_samples=1000, noise=0.2, factor=0.5, random_state=9)
df = pd.DataFrame(X, columns=['x1','x2'])
df['y'] = y
df.head()
df.to_csv('circle.csv', index=False, header=True)
```

H2O를 사용하기 전에 init() 함수를 사용해 서버를 시작해야 한다.

```
import h2o
h2o.init()
```

다음은 H2O 서버를 초기화하면 나타나는 출력이다.

```
Checking whether there is an H2O instance running at http://localhost:54321
..... not found.
Attempting to start a local H2O server...
  Java Version: openjdk version "11.0.15" 2022-04-19; OpenJDK Runtime
Environment (build 11.0.15+10-Ubuntu-0ubuntu0.18.04.1); OpenJDK 64-Bit Server
VM (build 11.0.15+10-Ubuntu-0ubuntu0.18.04.1, mixed mode, sharing)
  Starting server from /usr/local/lib/python3.7/dist-packages/h2o/backend/bin/
h2o.jar
  Ice root: /tmp/tmpm2fsae68
  JVM stdout: /tmp/tmpm2fsae68/h2o_unknownUser_started_from_python.out
  JVM stderr: /tmp/tmpm2fsae68/h2o_unknownUser_started_from_python.err
  Server is running at http://127.0.0.1:54321
Connecting to H2O server at http://127.0.0.1:54321 ... successful.
H2O_cluster_uptime:      05 secs
H2O_cluster_timezone:      Etc/UTC
H2O_data_parsing_timezone:      UTC
H2O_cluster_version:      3.36.1.1
H2O_cluster_version_age:      27 days
H2O_cluster_name:      H2O_from_python_unknownUser_45enk6
H2O_cluster_total_nodes:      1
H2O_cluster_free_memory:      3.172 Gb
H2O_cluster_total_cores:      2
H2O_cluster_allowed_cores:      2
H2O_cluster_status:      locked, healthy
H2O_connection_url:      http://127.0.0.1:54321
H2O_connection_proxy:      {"http": null, "https": null}

H2O_internal_security:      False
Python_version:      3.7.13 final
```

이전에 생성한 합성 데이터가 포함된 파일을 읽는다. 여기서는 분류 문제로 취급하고 싶으므로, 점이 원 안에 있는지 여부에 관계없이 레이블 'y'를 asfactor()로 재정의한다. 이렇게 하면 H2O AutoML 모듈이 변수 y를 범주로 취급하도록 지시한다. 따라서 분류 문제화된다. 데이터셋은 60:20:20의 비율로 훈련, 검증 및 테스트로 나뉜다.

```
class_df = h2o.import_file("circle.csv",\
                            destination_frame="circle_df")
class_df['y'] = class_df['y'].asfactor()

train_df,valid_df,test_df = class_df.split_frame(ratios=[0.6, 0.2],\
                                                seed=133)
```

이제 H2O에서 AutoML 모듈을 호출하고 훈련 데이터셋을 학습한다. AutoML은 최대 10개의 모델을 검색하지만 max_models 매개변수를 변경해 테스트할 모델 수를 늘리거나 줄일 수 있다.

```
from h2o.automl import H2OAutoML as AutoML
aml = AutoML(max_models = 10, max_runtime_secs=100, seed=2)
aml.train(training_frame= train_df, \
          validation_frame=valid_df, \
          y = 'y', x=['x1','x2'])
```

각 모델에 대해 성능 요약을 제공한다. 예를 들어 그림 16.5에서 이항 GLM에 대한 평가 요약을 볼 수 있다.

```
ModelMetricsBinomialGLM: stackedensemble
** Reported on validation data. **

MSE: 0.07563334941320102
RMSE: 0.2750151803322882
LogLoss: 0.251286872739174
Null degrees of freedom: 180
Residual degrees of freedom: 176
Null deviance: 250.97578384206275
Residual deviance: 90.96584793158101
AIC: 100.96584793158101
AUC: 0.9610741561961074
AUCPR: 0.972166745366916
Gini: 0.9221483123922147

Confusion Matrix (Act/Pred) for max f1 @ threshold = 0.33317394055922517:
                0       1    Error      Rate
 0    0   70.0    12.0   0.1463   (12.0/82.0)
 1    1    6.0    93.0   0.0606    (6.0/99.0)
 2  Total  76.0  105.0   0.0994  (18.0/181.0)
```

그림 16.5 H2O AutoML에 의한 모델 중 하나의 성능 요약

리더보드에서 H2O AutoML이 평가한 모든 모델의 성능을 확인할 수 있다.

```
lb = aml.leaderboard
lb.head()
```

다음은 리더보드의 일부다.

```
model_id         auc       logloss    aucpr     mean_per_class_error    rmse        mse
StackedEnsemble_BestOfFamily_1_AutoML_2_20220511_61356           0.937598      0.315269
0.940757     0.117037     0.309796     0.0959735
StackedEnsemble_AllModels_1_AutoML_2_20220511_61356             0.934905      0.323695
0.932648     0.120348     0.312413     0.0976021
XGBoost_2_AutoML_2_20220511_61356              0.93281     0.322668     0.938299
0.122004     0.313339     0.0981811
XGBoost_3_AutoML_2_20220511_61356              0.932392    0.330866     0.929846
0.130168     0.319367     0.101995
```

H2O 모델 설명 가능성

H2O는 단일 함수 explain(), 데이터셋, 모델을 통해 다양한 설명 방법과 해당 시각화를 위한 편리한 래퍼를 제공한다. AutoML에서 테스트한 모델의 테스트 데이터에 대한 설명 가능성을 위해서는 aml.explain()을 사용한다. 다음에 순위표의 최상위에 있는 StackedEnsemble_BestOfFamily 모델의 explain 모듈을 사용한다(이전 절에서 생성한 동일한 데이터를 계속 사용).

```
exa = aml.leader.explain(test_df)
```

결과는 다음과 같다.

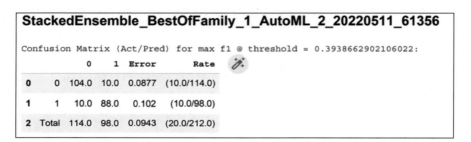

StackedEnsemble_BestOfFamily_1_AutoML_2_20220511_61356

Confusion Matrix (Act/Pred) for max f1 @ threshold = 0.3938662902106022:

		0	1	Error	Rate
0	0	104.0	10.0	0.0877	(10.0/114.0)
1	1	10.0	88.0	0.102	(10.0/98.0)
2	Total	114.0	98.0	0.0943	(20.0/212.0)

그림 16.6 H2O 설명 모듈에 의해 생성된 테스트 데이터셋에 대한 혼동 행렬

정답Ground Truth은 행에 표시되고 모델의 예측은 열에 표시된다. 우리 데이터의 경우 0은 104번 정확하게 예측됐고 1은 88번 정확하게 예측됐다.

부분 종속 도표

부분 종속 도표PDP, Partial Dependence Plots는 모델 반응에 대한 변수의 한계 효과를 그래픽으로 보여준다. 이는 출력 레이블과 입력 특징 간의 관계에 대해 알려줄 수 있다. 그림 16.7은 합성 데이터셋의 H2O 설명 모듈에서 얻은 PDP 도표를 보여준다.

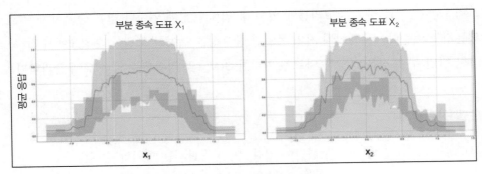

그림 16.7 입력 특징 x_1 및 x_2용 PDP

각 특징에 대한 PDP를 작성하기 위해 H2O는 나머지 특징은 상수로 간주한다. 따라서 $x_1(x_2)$에 대한 PDP 도면에서 특징 $x_2(x_1)$는 일정하게 유지되고 $x_1(x_2)$이 변화함에 따라 평균 응답이 측정된다. 그래프는 특히 [-0.5, 0.5] 사이에 있는 값에 대해 점이 원인지 여부를 결정하는 데 두 특징이 중요한 역할을 함을 보여준다.

변수 중요도 히트맵

다양한 모델에서 변수의 중요도를 확인할 수도 있다.

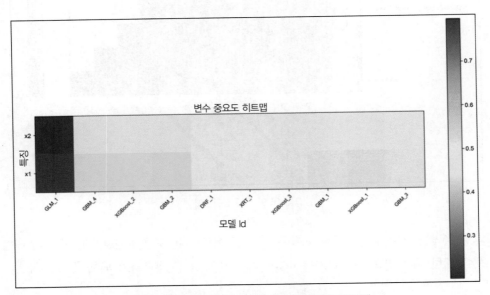

그림 16.8 입력 기능 x_1 및 x_2에 대한 변수 중요도 히트맵

그림 16.8은 서로 다른 알고리듬에 의해 두 입력 특징에 얼마나 많은 중요성이 부여 됐는지 보여준다. 두 특징에 거의 동일한 중요성을 부여한 모델이 순위표에서 잘 작 동한 반면 두 특징을 상당히 다르게 처리한 GLM_1의 정확도는 약 41%에 불과하다.

모델 상관관계

서로 다른 모델 간의 예측은 연관이 있다. 이 상관관계는 확인할 수 있다.

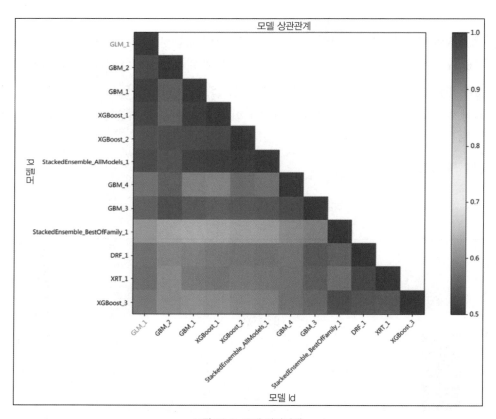

그림 16.9 모델 상관관계

그림 16.9는 모델 상관관계를 보여준다. 이는 서로 다른 모델에 대한 테스트 데이터 셋에 대한 예측 간의 상관관계를 나타낸다. 상관관계를 계산하기 위해 동일한 예측

빈도를 측정한다. 다시 말하지만 **GLM_1**을 제외하고 대부분의 다른 모델이 리더보드에서 84-93% 범위의 정확도로 거의 동일한 성능을 발휘함을 알 수 있다.

여기서 논의한 내용은 빙산의 일각에 불과하다. 여기에 나열된 각 프레임워크는 각각 그 기능과 응용에 관한 책들이 별도로 있다. 사용례에 따라 해당 프레임워크를 선택해야 한다. 프로덕션용 모델을 구축하는 경우 TensorFlow는 웹 기반 및 에지 애플리케이션 모두에 있어 더 나은 선택이다. 훈련과 그래디언트 갱신 방법을 더 잘 제어해야 하는 모델을 구축하는 경우라면 PyTorch가 더 적합하다. 플랫폼 간 작업이 매우 자주 필요한 경우 ONNX가 유용할 수 있다. 마지막으로 OpenAI GPT-3 및 DALL-E 2와 같은 H2O 및 플랫폼은 인공지능 및 딥러닝 분야를 더욱 쉽게 배울 수 있다.

요약

16장에서는 인기 있는 다른 딥러닝 프레임워크, 라이브러리 및 플랫폼의 기능에 대해 간략하게 설명했다. 먼저 인기 있는 NLP 프레임워크인 Hugging Face부터 살펴봤다. 그런 다음 매우 강력한 프레임워크인 OpenAI의 GPT-3 및 DALL-E 2를 살펴봤다. GPT-3 API는 다양한 NLP 관련 작업에 사용할 수 있으며 DALL-E 2는 GPT-3을 사용해 텍스트 설명에서 이미지를 생성한다. 다음으로 PyTorch 프레임워크에 대해 다뤘다. 많은 사람들에 따르면 PyTorch와 TensorFlow는 유사한 경쟁자이며 PyTorch는 실제로 TensorFlow에 필적하는 많은 기능을 갖고 있다. 16장에서는 PyTorch의 NN 모듈, Optim 모듈 및 Autograd 모듈과 같은 몇 가지 중요한 기능에 대해 간략하게 설명했다. 또한 딥러닝 모델용 오픈 소스 형식인 ONNX와 이를 사용해 한 프레임워크에서 다른 프레임워크로 모델을 변환하는 방법에 대해서도 논의했다. 마지막으로는 H2O와 AutoML을 소개하고 모듈을 설명한다.

17장에서는 그래프 신경망에 대해 알아본다.

17

그래프 신경망

17장에서는 그래프 데이터를 처리하는 데 이상적인 **그래프 신경망**^{GNN}이라는 상대적으로 새로운 종류의 신경망을 살펴보겠다. 소셜 미디어, 생화학, 학술 문헌 및 기타 많은 분야의 여러 실제 문제는 본질적으로 "그래프 형태"이며, 이는 그 입력이 그래프로 가장 잘 표현할 수 있는 데이터로 구성돼 있음을 의미한다. 먼저 수학적 관점에서 그래프가 무엇인지 다룬 다음 GNN의 주요 아이디어인 "그래프 컨볼루션"의 직관에 대해 설명한다. 그런 다음 기본 그래프 컨볼루션 기술의 변형에 기반한 몇 가지 인기 있는 GNN 계층을 설명한다. 여기서는 TensorFlow와 DGL^{Deep Graph Library}을 사용한 예제와 함께 노드 분류, 그래프 분류 및 선분 예측을 다루는 GNN의 세 가지 주요 애플리케이션에 대해 설명한다. DGL은 방금 언급한 GNN 계층과 함께 추가적인 것을 제공한다. 또한 예제에서 사용할 몇 가지 표준 그래프 데이터셋도 제공한다. 다음으로 DGL의 저급 메시지 전달 API를 사용해 자체 데이터 및 자체 계층에서

DGL 호환 데이터셋을 구축하는 방법을 보여준다. 마지막으로 이기종 그래프 및 시간 그래프와 같은 그래프의 일부 확장을 살펴본다.

17장에서는 다음 주제를 다룬다.

- 그래프 기초
- 그래프 머신러닝
- 그래프 컨볼루션
- 일반 그래프 계층
- 일반 그래프 응용
- 그래프 사용자 정의
- 향후 방향

> **TIP** 17장의 모든 코드 파일은 다음 링크(https://packt.link/dltfchp17)에서 다운로드할 수 있다.

그러면 그래프의 기본 지식부터 시작해보자.

그래프 기초

수학적으로 그래프 G는 일련의 선분 E로 서로 연결된 꼭짓점의 집합(노드라고도 함) V로 구성된 데이터 구조다.

$$G = (V, E)$$

그래프는 크기가 (n, n)인 인접 행렬 A로 표현할 수 있다. 여기서 n은 집합 V의 꼭짓점 수다. 이 인접 행렬의 요소 $A[I, j]$는 꼭짓점 i와 꼭짓점 j 사이의 선분을 나타낸다. 따라서 꼭짓점 i와 꼭짓점 j 사이에 선분이 있다면 요소 $A[I, j] = 1$이고 그렇지 않으면 0이다. 가중^{weighted} 그래프의 경우 선분 자체가 가중치 값을 가질 수 있으며 인접 행렬은 선분 가중치를 요소 $A[i, j]$에 설정해 이를 반영한다. 선분에는 방향이 지정될 수도 아닐 수도 있다. 예를 들어 한 쌍의 노드 x와 y 사이의 연결 상태를 나타내는 선분은 방향이 없다. x가 y와 바로 연결되므로 y가 x와 직접 연결임을 의미한다. 반대로 방향성 선분은 소셜미디어의 팔로워 네트워크 같은 것이며, 여기서 y 다음에 오는 x와 y가 x 다음에 오는 것은 동일하지 않다. 무방향^{undirected} 그래프의 경우 $A[I, j] = A[j, i]$이다.

인접 행렬 A의 또 다른 흥미로운 속성은 A^n, 즉 A의 n제곱은 n번 노드 사이의 n-홉^{hop} 연결을 의미한다는 것이다.

그래프-행렬의 '동등성^{equivalence}'이란 양방향을 의미한다. 즉, 정보 손실 없이 인접 행렬을 그래프 표현으로 다시 변환할 수 있다. 딥러닝 방식을 비롯한 머신러닝 방식은 입력 데이터를 텐서 형태로 사용하므로, 이러한 등가성은 그래프가 모든 종류의 머신러닝 알고리듬에 대한 입력으로 효율적으로 표현될 수 있다는 것을 의미한다.

각 노드는 표 형식 입력에서의 레코드와 마찬가지로 자체 특징 벡터와 연결될 수도 있다. 크기가 f인 특징 벡터를 가정하면 노드 집합 X는 (n, f)로 나타낼 수 있다. 선분이 자체 특징 벡터를 가질 수도 있다. 그래프와 행렬 사이의 동등성 때문에 그래프는 일반적으로 라이브러리에서 효율적인 텐서 기반 구조로 표현된다. 이에 대해서는 17장의 뒷부분에서 자세히 살펴보겠다.

그래프 머신러닝

머신러닝의 목표는 입력 공간 X에서 출력 공간 y로의 매핑 F를 학습하는 것이다. 초기 머신러닝 방법은 적절한 특징을 정의하기 위해 특징 공학이 필요했지만 딥러닝 방법은 훈련 데이터 자체에서 특징을 유추할 수 있다. 딥러닝은 임의의 가중치로 모델 M을 가정해 작동하는데, 주어진 문제를 매개변수에 대한 최적화 문제로 형식화한다.

$$\min_{\theta} \mathcal{L}(y, F(x))$$

그리고 그래디언트 하강을 사용해 매개변수가 수렴할 때까지 반복하며 모델의 가중치를 갱신한다.

$$\theta \leftarrow \theta - \eta \nabla_\theta \mathcal{L}$$

당연히 GNN도 이 기본 모델을 따른다.

그러나 16장에서 봤듯이 머신러닝과 딥러닝은 종종 특정 구조에 최적화돼 있다. 예를 들어 표 형식의 데이터로 작업할 때는 간단한 FFN^{FeedForward Network} 또는 "밀집" 네트워크를, 이미지 데이터를 처리할 때는 CNN^{Convolutional Neural Network}, 텍스트 또는 시계열과 같은 시퀀스 데이터를 처리할 때는 RNN^{Recurrent Neural Network}을 본능적으로 선택할 수 있다. 어떤 입력은 픽셀 격자 또는 토큰 시퀀스와 같이 더 간단한 구조로 축소될 수 있지만 반드시 그런 것은 아니다. 자연스러운 형태에서 그래프는 크기가 불확실한 위상적으로 복잡한 구조이며 순열 불변이 아니다(즉, 인스턴스가 서로 독립적이지 않다).

이러한 이유로 그래프 데이터를 처리하기 위한 특별한 도구가 필요하다. 17장에서는 구성을 변경할 수 있는 백엔드를 사용해 MX-Net, PyTorch, TensorFlow 사용자를 지원하고 가장 강력하고 사용하기 쉬운 그래프 중 하나로 널리 알려진 크로스 플랫폼 그래프 라이브러리인 DGL을 소개한다.

그래프 컨볼루션 – GNN의 직관

2D 평면의 인접 픽셀 값을 특정 방식으로 효과적으로 집계할 수 있는 방법인 컨볼루션 연산자는 컴퓨터 비전을 위한 심층 신경망에서는 성공적이었다. 그 1차원 변형은 자연어 처리와 오디오 처리에서도 유사한 성공을 거뒀다. 3장, '컨볼루션 신경망'에서 기억할 수 있듯 네트워크는 연속 계층에 걸쳐 컨볼루션과 풀링 작업을 적용하고 충분히 많은 수의 입력 픽셀에서 적절한 전역 특징을 학습해 훈련된 작업을 성공적으로 수행한다.

다른 면으로의 비유를 하자면 이미지(또는 이미지의 각 채널)란 인접한 픽셀이 특정 방식으로 서로 연결된 격자 모양의 그래프라고 생각할 수 있다. 마찬가지로 일련의 단어 또는 오디오 신호는 인접한 토큰이 서로 연결된 또 다른 선형 그래프로 생각할 수 있다. 두 경우 모두 딥러닝 아키텍처는 일반적으로 분류 작업을 수행하는 방법을 학습할 때까지 입력 그래프의 인접 정점에 걸쳐 컨볼루션과 풀링 작업을 점진적으로 적용한다. 각 컨볼루션 단계는 추가적인 이웃을 포함한다. 예를 들어 첫 번째 컨볼루션은 노드의 거리 1(직접) 이웃의 신호를 병합하고, 두 번째 컨볼루션은 거리 2 이웃의 신호를 병합하는 식이다.

그림 17.1은 CNN의 3×3 컨볼루션과 이에 상응하는 "그래프 컨볼루션" 작업 간의 동등성을 보여준다. 컨볼루션 연산자는 기본적으로 9개의 학습 가능한 모델 매개변수 집합인 필터를 입력에 적용하고 가중 합계를 통해 결합한다. 중간 픽셀을 중심으로 9개의 노드가 있는 그래프로 픽셀 이웃을 처리해 동일한 효과를 얻을 수 있다. 이러한 구조에 대한 그래프 컨볼루션이란 CNN의 컨볼루션 연산자와 마찬가지로 노드 특징들의 가중 합이다.

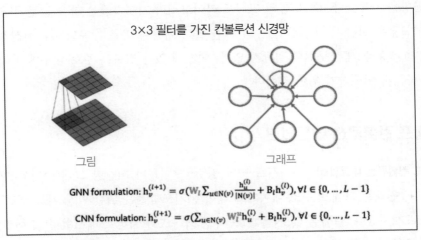

그림 17.1 이미지의 컨볼루션과 그래프의 컨볼루션 간의 동등성(출처: 그래프를 사용한 CS-224W 머신러닝, 스탠포드대학교)

CNN의 컨볼루션 연산과 그래프 컨볼루션에 해당하는 방정식은 다음과 같다. 보다시피 CNN에서 컨볼루션은 입력 픽셀과 각 인접 픽셀의 가중 선형 조합으로 간주할 수 있다. 각 픽셀은 적용되는 필터의 형태로 자체 가중치를 가져온다. 한편 그래프 컨볼루션은 입력 픽셀과 모든 이웃의 집계의 가중 선형 조합이기도 한다. 모든 이웃의 집계 효과는 컨볼루션 출력으로 평균화된다.

$$h_v^{(l+1)} = \sigma \left(\sum_{u \in N(v)} W_l^u h_u^{(l)} + B_l h_v^{(l)} \right) \quad \dots (CNN)$$

$$h_v^{(l+1)} = \sigma \left(W_l \sum_{u \in N(v)} \frac{h_u^{(l)}}{|N(v)|} + B_l h_v^{(l)} \right) \quad \dots (Graph)$$

따라서 그래프 컨볼루션은 이미 잘 알고 있는 컨볼루션의 변형이다. 다음 절에서는 이러한 컨볼루션을 구성해 다양한 종류의 GCN 계층을 구축하는 방법을 살펴보겠다.

일반 그래프 계층

이 절에서 논의하는 모든 그래프 계층은 위에서 설명한 그래프 컨볼루션 작업의 일부 변형을 사용한다. DGL 등의 그래프 라이브러리 기여자들은 학술 논문에 게재되자마자 짧은 시간 내에 많은 계층의 사전 빌드 버전이 바로 제공되므로 현실적으로 이러한 계층을 직접 구현할 필요가 없다. 여기에 있는 정보는 주로 내부에서 어떻게 작동하는지 이해하기 위한 것이다.

그래프 컨볼루션 네트워크

그래프 컨볼루션 네트워크GCN는 킵프Kipf와 웰링Welling[1]이 제안한 그래프 컨볼루션 계층이다. 원래는 그래프 구조 데이터에 대한 준지도학습을 위한 확장 가능한 접근 방식으로 제시됐다. 그들은 GCN을 노드 특징 벡터 X와 기본 그래프의 인접 행렬 A에 대한 작업으로 설명했고, 특히 문서들 간의 인용 연결이나 혹은 지식 그래프내의 관계와 같이 A의 정보가 데이터 X에 없을 때 매우 강력할 수 있다는 점을 강조했다.

GCN은 일부 가중치(임의의 값으로 초기화)를 사용해 각 노드의 특징 벡터 값을 이웃 노드의 특징 벡터 값과 결합한다. 따라서 모든 노드에 대해 이웃 노드들 특징들의 합계가 추가된다. 이 작업은 다음과 같이 나타낼 수 있다.

$$X_i' = update(X_i, aggregate([X_j, j \in N(i)]))$$

여기서 update와 aggregate는 서로 다른 종류의 합산 함수다. 노드 특징에 대한 이러한 투영은 메시지-전달 매커니즘이라고 한다. 이 메시지 전달이 한 번 돌고 나면 각 노드의 직접적인 이웃에 대한 그래프 컨볼루션과 동일하다. 보다 원거리에 있는 노드와의 정보를 통합하려면 이 연산을 여러 번 반복하면 된다.

다음 방정식은 노드 i의 계층$(l + 1)$에서 GCN의 출력을 설명해준다. 여기서 $N(i)$는 노드 I의 이웃 집합(자신 포함)이고, c_{ij}는 노드 각도의 제곱근 곱이며, sigma는 활성화 함수다. $b(l)$ 항은 선택이며, 편향 항이다.

$$h_i^{(l+1)} = \sigma(b^{(l)} + \sum_{j \in N(i)} \frac{1}{c_{ij}} h_j^{(l)} W^{(l)})$$

다음으로, 그래프 어텐션 네트워크를 살펴보자. 이는 명시적으로 정의되는 대신 어텐션 매커니즘을 통해 계수가 학습되는 GCN의 변형이다.

그래프 어텐션 네트워크

그래프 어텐션 네트워크GAT 계층은 벨리코비치 등Velickovic et al.[2]이 제안했다. GCN과 마찬가지로 GAT는 이웃 특징의 지역 평균화를 수행한다. 차이점은 정규화 항 c_{ij}를 명시적으로 지정하는 대신 GAT는 이를 기반으로 계산되는 GAT의 노드 특징에 대한 셀프-어텐션self-attention을 사용해 학습할 수 있다는 것이다. 해당 정규화 항은 이웃 노드의 숨겨진 특징과 학습된 어텐션 벡터에 쓰여진다. 기본적으로 GAT의 기본 아이디어는 유사하지 않은 노드와 비교해 유사한 이웃 노드의 특징 신호에 우선순위를 주는 것이다.

노드 i의 이웃 $N(i)$에 속하는 모든 이웃 j는 자체 어텐션 계수 α_{ij} 벡터를 전송한다. 다음의 연립방정식은 노드 i에 대한 계층 $(i + 1)$에서의 GAT의 출력을 보여준다. 어텐션 $\in$는 다음의 전방 네트워크를 사용하는 바다나우Bahdanau 어텐션으로 계산된다.

$$h_i^{(l+1)} = \sum_{j \in N(i)} \alpha_{ij} W^{(l)} h_j^{(l)}$$

$$\alpha_{ij}^l = softmax(e_{ij}^l)$$

$$e_{ij}^l = LeakyReLU(\vec{a}^T[Wh_i || Wh_j])$$

GCN 및 GAT 아키텍처는 중소 규모의 네트워크에 적합하다. 다음 절에서 설명하는 GraphSAGE 아키텍처는 대규모 네트워크에 더 적합하다.

GraphSAGE

지금까지 고려한 컨볼루션은 그래프의 모든 노드가 훈련 중에 존재한다는 것을 가정하므로 변환적transductive이며 낯선unseen 노드로 자연스럽게 일반화되지 않는다. 해밀턴Hamilton, 잉과 레스코벡Ying and Leskovec[3]은 낯선 노드에 대한 임베딩을 생성할 수 있는 일반적인 귀납적 프레임워크인 GraphSAGE(샘플 및 집계)를 제안했는데, 노드의 지역 이웃에서 샘플링하고 집계해 이를 수행한다. GraphSAGE는 인용 그래프와 레딧Reddit 게시물 데이터와 같이 국지적으로 진화하는 네트워크에서도 노드 분류에 성공했음을 입증했다.

GraphSAGE는 이웃을 모두 사용하는 대신 이웃의 하위 집합을 샘플링한다. 랜덤 워크를 사용해 노드 이웃을 정의하고 중요도 점수를 합산해 최적의 샘플을 결정할 수 있다. 집계 함수는 MEAN, GCN, POOL 및 LSTM 등이다. 평균 집계는 단순히 이웃 벡터의 요소별 평균을 취한다. LSTM 집계는 표현력이 더 뛰어나지만 본질적으로 순차적이며 대칭이 아니다. 이는 노드 이웃의 임의 순열로부터 파생된 비정렬 집합에 적용된다. POOL 집계는 대칭적이고 훈련 가능하다. 여기에서 각 이웃 벡터는 완전히 연결된 신경망을 통해 독립적으로 공급되며 최대 풀링은 이웃 집합 전체의 집계 정보에 적용된다.

이 연립방정식은 계층($l + 1$)에서, 노드 i의 출력이 계층 l에서 노드 i와 해당 이웃 $N(i)$으로부터 생성됨을 보여준다.

$$h_{N(i)}^{(l+1)} = aggregate([h_j^l \forall j \in N(i)])$$

$$h_i^{(l+1)} = \sigma(W.concat(h_i^l, h_{N(i)}^{(l+1)}))$$

$$h_i^{(l+1)} = norm(h_i^{(l+1)})$$

이제 GNN을 사용해 대규모 네트워크를 다루는 전략을 살펴봤으므로, 그래프 동형 graph isomorphism 네트워크를 사용해 GNN의 표현력(따라서 차별적)을 최대화하기 위한 전략을 살펴볼 것이다.

그래프 동형 네트워크

수 등[Xu et al.][4]은 사용 가능한 것보다 표현력이 더 뛰어난 그래프 계층으로 GIN[Graph Isomorphism Network]을 제안했다. 표현력이 높은 그래프 계층이라면 위상적으로 유사하지만 동일하지 않은 한 쌍의 그래프를 구분할 수 있어야 한다. 그들은 GCN과 GraphSAGE가 특정 그래프 구조를 구별할 수 없음을 증명했다. 또한 SUM 집계가 MEAN과 MAX 집계보다 그래프 구조 구별 측면에서 우수함을 보여줬다. 따라서 GIN 계층은 GCN 및 GraphSAGE와 비교할 때 이웃을 더 잘 집계한다.

다음 방정식은 노드 i와 계층($l + 1$)에서의 출력을 보여준다. 여기에서 함수 f_θ는 호출 가능 함수이고 집계는 SUM, MAX 또는 MEAN과 같은 집계 함수이며 훈련 과정에서 학습할 학습 가능한 매개변수다.

$$h_i^{(l+1)} = f_\theta((1 + \epsilon)h_i^l + aggregate(h_j^l, j \in N(i)))$$

몇 가지 인기 있는 GNN 아키텍처를 소개했으므로 이제 GNN으로 수행할 수 있는 작업 종류를 알아보자.

일반 그래프 응용

이제 GNN의 몇 가지 일반적인 응용을 살펴보겠다. 대개 애플리케이션은 다음 나열된 세 가지 주요 부류 중 하나에 속한다. 이 절에서는 TensorFlow 및 DGL을 사용해 이러한 각 작업에 대한 GNN을 빌드하고 훈련하는 방법에 대한 코드 예제를 볼 수 있다.

- 노드 분류
- 그래프 분류
- 선분 분류(또는 링크 예측)

그래프 클러스터링 또는 생성 그래프 모델과 같은 GNN의 다른 애플리케이션도 있지만 덜 일반적이므로 여기서는 고려하지 않는다.

노드 분류

노드 분류는 그래프 데이터에서 일반적인 작업이다. 여기에서 모델은 노드 범주를 예측하도록 훈련된다. 비그래프 분류 방법에서는 이를 위해 노드 특징 벡터만 사용할 수 있으며 DeepWalk나 node2vec와 같은 일부 GNN 이전에 나온 방법은 인접 행렬만 사용할 수 있지만 GNN은 노드 분류에 있어 최초로 노드 특징 벡터와 연결 정보를 함께 사용할 수 있는 기술 부류다.

근본 아이디어는 노드 범주를 예측하는 데 사용할 수 있는 해당 출력 범주 벡터에 노드의 특징 벡터를 투영하기 위해, 그래프의 모든 노드에 하나 이상의 그래프 컨볼루션(이전 절에서 설명한 대로)을 적용하는 것이다. 노드 분류 예제에서는 7개 범주 중 하나로 분류된 2,708개의 과학 논문 모음인 CORA 데이터셋을 사용한다. 논문은 5,429개의 링크가 포함된 인용 네트워크로 구성된다. 각 논문은 1,433 크기의 단어 벡터로 기술된다.

먼저 필요한 모듈을 임포트한다. DGL을 아직 설치하지 않았다면 `pip install dgl`을 실행해 환경에 DGL 라이브러리를 설치해야 한다. 또한 환경 변수 `DGLBACKEND`를 TensorFlow로 설정해야 한다. 명령줄에서 `export DGLBACKEND=tensorflow`를 수행하면 되며, 노트북 환경에서는 `%env DGLBACKEND=tensorflow`라는 매직[magic] 명령어를 사용해도 된다.

```python
import dgl
import dgl.data
import matplotlib.pyplot as plt
import numpy as np
import os
import tensorflow as tf
import tensorflow_addons as tfa


from dgl.nn.tensorflow import GraphConv
```

CORA 데이터셋은 DGL 데이터셋으로 미리 패키징돼 있으므로 다음의 호출을 통해 데이터셋을 메모리에 로드한다.

```python
dataset = dgl.data.CoraGraphDataset()
```

처음 호출되면 다운로드 중이고 지역 파일로 추출 중임을 보여줄 것이다. 완료되면 CORA 데이터셋에 대한 몇 가지 유용한 통계를 출력한다. 보다시피 그래프에는 2,708개의 노드와 10,566개의 선분이 있다. 각 노드는 크기 1,433의 특징 벡터를 가지며 노드는 7개 부류 중 하나로 분류된다. 또한 140개의 교육 샘플, 500개의 검증 샘플 및 1,000개의 테스트 샘플이 있음을 알 수 있다.

```
NumNodes: 2708
NumEdges: 10556
NumFeats: 1433
NumClasses: 7
NumTrainingSamples: 140
NumValidationSamples: 500
NumTestSamples: 1000
Done saving data into cached files.
```

그래프 데이터셋이므로 그래프 집합에 관련된 데이터를 포함할 것으로 예상된다. 그러나 CORA는 단일 인용 그래프다. len(dataset)을 실행하면 1을 반환하는지 보면 이를 확인해볼 수 있다. 이는 또한 다운스트림 코드가 전체 데이터셋이 아닌 dataset[0]

그래프에서 작동함을 의미한다. 노드 특징은 딕셔너리 dataset[0].ndata에 키-값 쌍으로 포함되고 선분 특징은 dataset[0].edata에 있다. ndata에는 train_mask, val_mask, test_mask 키가 포함돼 있다. 이 키는 각 노드가 각각 훈련, 검증, 테스트 분할 중 어느 일부인지를 나타내는 부울 마스크 및 그래프의 각 노드에 대한 특징 벡터를 가진 feat 키다.

여기서는 2개의 GraphConv 계층으로 NodeClassifier 네트워크를 구축할 것이다. 각 계층은 이웃 정보를 집계해 새 노드 표현을 계산한다. GraphConv 계층은 단순히 tf.keras.layers.Layer 객체이므로 쌓을 수 있다. 첫 번째 GraphConv 계층은 입력 특징 크기 (1,433)를 크기 16의 은닉 특징 벡터에 투영하고 두 번째 GraphConv 계층은 은닉 특징 벡터를 크기 2의 출력 범주 벡터에 투영하는데, 여기서 범주를 읽는다.

GraphConv는 NodeClassifier 모델에서 생략할 수 있는 많은 그래프 계층 중 하나일 뿐이다. DGL은 필요한 경우 GraphConv를 대체하는 데 사용할 수 있는 다양한 그래프 컨볼루션 계층을 제공한다.

```python
class NodeClassifier(tf.keras.Model):
  def __init__(self, g, in_feats, h_feats, num_classes):
    super(NodeClassifier, self).__init__()
    self.g = g
    self.conv1 = GraphConv(in_feats, h_feats, activation=tf.nn.relu)
    self.conv2 = GraphConv(h_feats, num_classes)

  def call(self, in_feat):
    h = self.conv1(self.g, in_feat)
    h = self.conv2(self.g, h)
    return h


g = dataset[0]
model = NodeClassifier(
  g, g.ndata["feat"].shape[1], 16, dataset.num_classes)
```

다음 코드에서 CORA 데이터셋으로 이 모델을 훈련한다. 여기서는 학습률이 *1e-2* 이고 가중치 감쇠가 *5e-4*인 AdamW 옵티마이저(더 나은 일반화 기능을 가진 모델을 생성하는 더 인기 있는 Adam 옵티마이저의 변형)를 사용할 것이다. 여기서는 200에폭 동안 훈련할 것이다. 또한 사용 가능한 GPU가 있는지 감지하고 그렇다면 GPU에 그래프를 할당한다.

TensorFlow는 GPU가 감지되면 자동으로 모델을 GPU로 이동한다.

```python
def set_gpu_if_available():
  device = "/cpu:0"
  gpus = tf.config.list_physical_devices("GPU")
  if len(gpus) > 0:
    device = gpus[0]
  return device

device = set_gpu_if_available()
g = g.to(device)
```

또한 평가 중인 분할에 대한 특징과 부울 마스크가 주어진 정확도를 계산하는 do_eval() 메서드를 정의한다.

```python
def do_eval(model, features, labels, mask):
  logits = model(features, training=False)
  logits = logits[mask]
  labels = labels[mask]
  preds = tf.math.argmax(logits, axis=1)
  acc = tf.reduce_mean(tf.cast(preds == labels, dtype=tf.float32))
  return acc.numpy().item()
```

드디어 다음과 같이 훈련 루프를 설정하고 실행할 준비가 됐다.

```python
NUM_HIDDEN = 16
LEARNING_RATE = 1e-2
WEIGHT_DECAY = 5e-4
NUM_EPOCHS = 200

with tf.device(device):
  feats = g.ndata["feat"]
  labels = g.ndata["label"]
  train_mask = g.ndata["train_mask"]
```

```
    val_mask = g.ndata["val_mask"]
    test_mask = g.ndata["test_mask"]
    in_feats = feats.shape[1]
    n_classes = dataset.num_classes
    n_edges = dataset[0].number_of_edges()

    model = NodeClassifier(g, in_feats, NUM_HIDDEN, n_classes)
    loss_fcn = tf.keras.losses.SparseCategoricalCrossentropy(from_logits=True)
    optimizer = tfa.optimizers.AdamW(
      learning_rate=LEARNING_RATE, weight_decay=WEIGHT_DECAY)

    best_val_acc, best_test_acc = 0, 0
    history = []
    for epoch in range(NUM_EPOCHS):
      with tf.GradientTape() as tape:
        logits = model(feats)
        loss = loss_fcn(labels[train_mask], logits[train_mask])
        grads = tape.gradient(loss, model.trainable_weights)
        optimizer.apply_gradients(zip(grads, model.trainable_weights))

      val_acc = do_eval(model, feats, labels, val_mask)
      history.append((epoch + 1, loss.numpy().item(), val_acc))

      if epoch % 10 == 0:
        print("Epoch {:3d} | train loss: {:.3f} | val acc: {:.3f}".format(
          epoch, loss.numpy().item(), val_acc))
```

훈련 실행의 결과는 훈련 손실이 1.9에서 0.02로 감소하고 검증 정확도가 0.13에서 0.78로 증가함을 보여준다.

```
Epoch   0 | train loss: 1.946 | val acc: 0.134
Epoch  10 | train loss: 1.836 | val acc: 0.544
Epoch  20 | train loss: 1.631 | val acc: 0.610
Epoch  30 | train loss: 1.348 | val acc: 0.688
Epoch  40 | train loss: 1.032 | val acc: 0.732
Epoch  50 | train loss: 0.738 | val acc: 0.760
Epoch  60 | train loss: 0.504 | val acc: 0.774
Epoch  70 | train loss: 0.340 | val acc: 0.776
Epoch  80 | train loss: 0.233 | val acc: 0.780
```

```
Epoch  90 | train loss: 0.164 | val acc: 0.780
Epoch 100 | train loss: 0.121 | val acc: 0.784
Epoch 110 | train loss: 0.092 | val acc: 0.784
Epoch 120 | train loss: 0.073 | val acc: 0.784
Epoch 130 | train loss: 0.059 | val acc: 0.784
Epoch 140 | train loss: 0.050 | val acc: 0.786
Epoch 150 | train loss: 0.042 | val acc: 0.786
Epoch 160 | train loss: 0.037 | val acc: 0.786
Epoch 170 | train loss: 0.032 | val acc: 0.784
Epoch 180 | train loss: 0.029 | val acc: 0.784
Epoch 190 | train loss: 0.026 | val acc: 0.784
```

이제 홀드아웃hold-out 테스트 분할에 대해 훈련된 노드 분류기를 평가할 수 있다.

```
test_acc = do_eval(model, feats, labels, test_mask)
print("Test acc: {:.3f}".format(test_acc))
```

이는 홀드아웃 테스트 분할에 대한 모델의 전체 정확도를 출력한다.

```
Test acc: 0.779
```

그래프 분류

그래프 분류는 모든 노드 특징을 집계하고 거기에 하나 이상의 그래프 컨볼루션을 적용해 전체 그래프의 일부 성질을 예측함으로써 수행된다. 이는 이를테면 약물 발굴 중에 특정 치료 특성을 갖는 것으로 분자를 분류할 때 유용할 수 있다. 이 절에서는 예제를 사용해 그래프 분류를 보여준다.

예제를 실행하려면 DGL이 설치돼 있어야 하고, TensorFlow 백엔드를 사용하게 설정돼 있는지 확인하라. 이를 수행하는 방법에 대한 정보는 노드 분류에 대한 이전 절을 참조하라. 예제를 위해 필요한 라이브러리를 임포트한다.

```
import dgl.data
import tensorflow as tf
import tensorflow_addons as tfa
```

```
from dgl.nn import GraphConv
from sklearn.model_selection import train_test_split
```

여기서는 DGL의 단백질 데이터셋을 사용한다. 데이터셋은 각각 노드 특징과 단일 레이블을 가진 그래프 집합이다. 각 그래프는 단백질 분자를 나타내고 그래프의 각 노드는 분자의 원자를 나타낸다. 노드 특징은 원자의 화학적 특성을 나열한다. 레이블은 단백질 분자가 효소인지 여부를 나타낸다.

```
dataset = dgl.data.GINDataset("PROTEINS", self_loop=True)

print("node feature dimensionality:", dataset.dim_nfeats)
print("number of graph categories:", dataset.gclasses)
print("number of graphs in dataset:", len(dataset))
```

위의 호출은 단백질 데이터셋을 지역에 다운로드하고 데이터셋에 대한 일부 정보를 출력한다. 보다시피 각 노드에는 크기가 3인 특징 벡터가 있고 그래프 범주의 수는 2(효소인지 아닌지)이며 데이터셋의 그래프 수는 1113이다.

```
node feature dimensionality: 3
number of graph categories: 2
number of graphs in dataset: 1113
```

훈련 데이터셋을 사용해 GNN을 훈련하고 검증 데이터셋을 사용해 검증하며 테스트 데이터셋에 대한 최종 모델의 결과를 게시한다.

```
tv_dataset, test_dataset = train_test_split(
    dataset, shuffle=True, test_size=0.2)
train_dataset, val_dataset = train_test_split(
    tv_dataset, test_size=0.1)
print(len(train_dataset), len(val_dataset), len(test_dataset))
```

이렇게 하면 데이터셋이 각각 801, 89 및 223 그래프의 훈련, 검증 및 테스트 분할로 분할된다. 데이터셋이 크기 때문에 GPU 메모리를 압도하지 않도록 미니 배치를 사용해 네트워크를 훈련해야 한다. 따라서 이 예제에서는 데이터를 사용한 미니 배치 처리도 시연한다.

다음으로 그래프 분류를 위해 GNN을 정의한다. 이는 노드를 은닉 식으로 인코딩하는 함께 쌓인 2개의 GraphConv 계층으로 구성된다. 목표는 각 그래프에 대한 단일 범주를 예측하는 것이므로 dgl.mean_nodes()를 사용해 노드 표현을 평균화해 모든 노드식을 그래프 수준 식으로 집계해야 한다.

```python
class GraphClassifier(tf.keras.Model):
  def __init__(self, in_feats, h_feats, num_classes):
    super(GraphClassifier, self).__init__()
    self.conv1 = GraphConv(in_feats, h_feats, activation=tf.nn.relu)
    self.conv2 = GraphConv(h_feats, num_classes)

  def call(self, g, in_feat):
    h = self.conv1(g, in_feat)
    h = self.conv2(g, h)
    g.ndata["h"] = h
    return dgl.mean_nodes(g, "h")
```

학습을 위해 학습 매개변수와 do_eval() 함수를 설정한다.

```python
HIDDEN_SIZE = 16
BATCH_SIZE = 16
LEARNING_RATE = 1e-2
NUM_EPOCHS = 20

device = set_gpu_if_available()

def do_eval(model, dataset):
  total_acc, total_recs = 0, 0
  indexes = tf.data.Dataset.from_tensor_slices(range(len(dataset)))
  indexes = indexes.batch(batch_size=BATCH_SIZE)

  for batched_indexes in indexes:
    graphs, labels = zip(*[dataset[i] for i in batched_indexes])
    batched_graphs = dgl.batch(graphs)
    batched_labels = tf.convert_to_tensor(labels, dtype=tf.int64)
    batched_graphs = batched_graphs.to(device)
```

```
        logits = model(batched_graphs, batched_graphs.ndata["attr"])
        batched_preds = tf.math.argmax(logits, axis=1)
        acc = tf.reduce_sum(tf.cast(batched_preds == batched_labels,
                                    dtype=tf.float32))
        total_acc += acc.numpy().item()
        total_recs += len(batched_labels)

    return total_acc / total_recs
```

마지막으로 GraphClassifier 모델을 훈련하기 위해 훈련 루프를 정의하고 실행한다. 여기서는 학습률이 1e-2로 한 Adam 옵티마이저와 SparseCategoricalCrossentropy를 손실함수로 사용하며 20에폭으로 설정한다.

```
with tf.device(device):
  model = GraphClassifier(
    dataset.dim_nfeats, HIDDEN_SIZE, dataset.gclasses)
  optimizer = tf.keras.optimizers.Adam(learning_rate=LEARNING_RATE)
  loss_fcn = tf.keras.losses.SparseCategoricalCrossentropy(
    from_logits=True)

  train_indexes = tf.data.Dataset.from_tensor_slices(
    range(len(train_dataset)))
  train_indexes = train_indexes.batch(batch_size=BATCH_SIZE)

  for epoch in range(NUM_EPOCHS):
    total_loss = 0
    for batched_indexes in train_indexes:
      with tf.GradientTape() as tape:
        graphs, labels = zip(*[train_dataset[i] for i in batched_indexes])
        batched_graphs = dgl.batch(graphs)
        batched_labels = tf.convert_to_tensor(labels, dtype=tf.int32)
        batched_graphs = batched_graphs.to(device)
        logits = model(batched_graphs, batched_graphs.ndata["attr"])
        loss = loss_fcn(batched_labels, logits)
        grads = tape.gradient(loss, model.trainable_weights)
        optimizer.apply_gradients(zip(grads, model.trainable_weights))
        total_loss += loss.numpy().item()

    val_acc = do_eval(model, val_dataset)
```

```
print("Epoch {:3d} | train_loss: {:.3f} | val_acc: {:.3f}".format(
    epoch, total_loss, val_acc))
```

출력은 GraphClassifier 모델이 20에폭에 걸쳐 훈련됨에 따라 손실이 감소하고 검증 정확도가 증가함을 보여준다.

```
Epoch   0 | train_loss: 34.401 | val_acc: 0.629
Epoch   1 | train_loss: 33.868 | val_acc: 0.629
Epoch   2 | train_loss: 33.554 | val_acc: 0.618
Epoch   3 | train_loss: 33.184 | val_acc: 0.640
Epoch   4 | train_loss: 32.822 | val_acc: 0.652
Epoch   5 | train_loss: 32.499 | val_acc: 0.663
Epoch   6 | train_loss: 32.227 | val_acc: 0.663
Epoch   7 | train_loss: 32.009 | val_acc: 0.697
Epoch   8 | train_loss: 31.830 | val_acc: 0.685
Epoch   9 | train_loss: 31.675 | val_acc: 0.685
Epoch  10 | train_loss: 31.580 | val_acc: 0.685
Epoch  11 | train_loss: 31.525 | val_acc: 0.708
Epoch  12 | train_loss: 31.485 | val_acc: 0.708
Epoch  13 | train_loss: 31.464 | val_acc: 0.708
Epoch  14 | train_loss: 31.449 | val_acc: 0.708
Epoch  15 | train_loss: 31.431 | val_acc: 0.708
Epoch  16 | train_loss: 31.421 | val_acc: 0.708
Epoch  17 | train_loss: 31.411 | val_acc: 0.708
Epoch  18 | train_loss: 31.404 | val_acc: 0.719
Epoch  19 | train_loss: 31.398 | val_acc: 0.719
```

마지막으로 홀드 아웃 테스트 데이터셋에 대해 훈련된 모델을 평가한다.

```
test_acc = do_eval(model, test_dataset)
print("test accuracy: {:.3f}".format(test_acc))
```

출력은 홀드-아웃된 테스트 분할로 훈련된 GraphClassifier 모델의 정확도를 보여준다.

```
test accuracy: 0.677
```

정확도는 모델이 시간의 70% 미만에서 분자를 효소 혹은 비효소로 성공적으로 식별할 수 있음을 보여준다.

링크 예측

링크 예측은 일종의 선분 분류 문제로, 여기서 작업은 그래프에서 주어진 두 노드 사이에 선분이 존재하는지 예측하는 것이다.

소셜 추천, 지식 그래프 완성 등과 같은 많은 응용에서 한 쌍의 노드 사이에 선분이 있는지 여부를 예측하는 링크 예측으로 공식화할 수 있다. 이 예에서는 인용 또는 인용 관계가 인용 네트워크의 두 논문 간에 존재하는지 예측한다.

일반적인 접근 방식은 그래프의 모든 선분을 양의 예제로 취급하고 존재하지 않는 많은 선분을 음의 예제로 샘플링해 이러한 양 혹은 음의 예제에서 이진 분류(선분 존재 여부)를 위한 링크 예측 분류기를 훈련하는 것이다.

예제를 실행하기 전에 DGL이 설치돼 있고 TensorFlow 백엔드를 사용하도록 설정돼 있는지 확인하라. 이를 수행하는 방법에 대한 정보는 '노드 분류' 절을 참조하라. 필요한 라이브러리를 임포트하는 것부터 시작한다.

```
import dgl
import dgl.data
import dgl.function as fn
import tensorflow as tf
import itertools
import numpy as np
import scipy.sparse as sp

from dgl.nn import SAGEConv
from sklearn.metrics import roc_auc_score
```

여기 데이터의 경우 이전에 노드 분류 예제에 사용한 DGL 데이터셋의 CORA 인용 그래프를 재사용한다. 데이터셋이 어떻게 생겼는지 이미 알고 있으므로 여기에서 다시 분석하지 않겠다. 메모리를 새로고침하려면 관련 세부 정보에 대한 노드 분류 예를 참조하라.

```
dataset = dgl.data.CoraGraphDataset()
g = dataset[0]
```

이제 데이터를 준비하겠다. 링크 예측 모델을 훈련하려면 양의 선분 집합과 음의 선분 집합이 필요하다. 양의 선분은 CORA 인용 그래프에 이미 존재하는 10,556개의 선분 중 하나이며, 음의 선분은 나머지 그래프에서 샘플링된 선분을 연결하지 않고 10,556개의 노드 쌍이 된다. 또한 양, 음 선분을 훈련, 검증, 테스트 분할로 분할해야 한다.

```
u, v = g.edges()

# 양의 선분
eids = np.arange(g.number_of_edges())
eids = np.random.permutation(eids)

test_size = int(len(eids) * 0.2)
val_size = int((len(eids) - test_size) * 0.1)
train_size = g.number_of_edges() - test_size - val_size

u = u.numpy()
v = v.numpy()

test_pos_u = u[eids[0:test_size]]
test_pos_v = v[eids[0:test_size]]
val_pos_u = u[eids[test_size:test_size + val_size]]
val_pos_v = v[eids[test_size:test_size + val_size]]
train_pos_u = u[eids[test_size + val_size:]]
train_pos_v = v[eids[test_size + val_size:]]

# 음의 선분
adj = sp.coo_matrix((np.ones(len(u)), (u, v)))
adj_neg = 1 - adj.todense() - np.eye(g.number_of_nodes())
neg_u, neg_v = np.where(adj_neg != 0)

neg_eids = np.random.choice(len(neg_u), g.number_of_edges())
test_neg_u = neg_u[neg_eids[:test_size]]
test_neg_v = neg_v[neg_eids[:test_size]]
val_neg_u = neg_u[neg_eids[test_size:test_size + val_size]]
```

```
val_neg_v = neg_v[neg_eids[test_size:test_size + val_size]]
train_neg_u = neg_u[neg_eids[test_size + val_size:]]
train_neg_v = neg_v[neg_eids[test_size + val_size:]]

# 훈련 그래프에서 선분 제거
test_edges = eids[:test_size]
val_edges = eids[test_size:test_size + val_size]
train_edges = eids[test_size + val_size:]
train_g = dgl.remove_edges(g, np.concatenate([test_edges, val_edges]))
```

이제 2개의 GraphSAGE 계층을 사용해 노드 식을 계산하는 GNN을 구성한다. 각 계층은 이웃 정보를 평균화해 노드 식을 계산한다.

```
class LinkPredictor(tf.keras.Model):
    def __init__(self, g, in_feats, h_feats):
        super(LinkPredictor, self).__init__()
        self.g = g
        self.conv1 = SAGEConv(in_feats, h_feats, 'mean')
        self.relu1 = tf.keras.layers.Activation(tf.nn.relu)
        self.conv2 = SAGEConv(h_feats, h_feats, 'mean')

    def call(self, in_feat):
        h = self.conv1(self.g, in_feat)
        h = self.relu1(h)
        h = self.conv2(self.g, h)
        return h
```

그러나 링크 예측을 위해서는 노드 쌍의 식을 계산해야 한다. DGL은 노드 쌍을 선분으로 정의할 수 있으므로 노드 쌍을 다른 그래프로 취급할 것을 권장한다. 링크 예측의 경우 모든 양의 예를 선분으로 포함하는 양의 그래프와 모든 음의 예를 선분으로 포함하는 음의 그래프가 있다. 양 그래프와 음 그래프 모두 원본 그래프와 동일한 노드 집합을 포함한다.

```
train_pos_g = dgl.graph((train_pos_u, train_pos_v),
    num_nodes=g.number_of_nodes())
train_neg_g = dgl.graph((train_neg_u, train_neg_v),
    num_nodes=g.number_of_nodes())
```

```
val_pos_g = dgl.graph((val_pos_u, val_pos_v),
  num_nodes=g.number_of_nodes())
val_neg_g = dgl.graph((val_neg_u, val_neg_v),
  num_nodes=g.number_of_nodes())

test_pos_g = dgl.graph((test_pos_u, test_pos_v),
  num_nodes=g.number_of_nodes())
test_neg_g = dgl.graph((test_neg_u, test_neg_v),
  num_nodes=g.number_of_nodes())
```

다음으로 LinkPredictor 클래스에서 노드 식 집합을 가져오고 DGLGraph.apply_edges 메서드를 사용해 소스 노드 특징과 대상 노드 특징과의 내적을 통해 선분 특징 점수를 계산하는 예측자 클래스를 정의한다(두 경우 모두 LinkPredictor에서 함께 출력).

```
class DotProductPredictor(tf.keras.Model):
  def call(self, g, h):
    with g.local_scope():
    g.ndata['h'] = h
      # 'score'라는 이름의 새로운 선분 특징을 소스 노드 특징 'h'와
      # 종착 노드 특징 'h'와의 내적을 통해 계산
      g.apply_edges(fn.u_dot_v('h', 'h', 'score'))
      # u_dot_v는 각 선분에 대해 1-원소 벡터를 반환하므로 압축해야 한다.
      return g.edata['score'][:, 0]
```

다음 코드처럼 2개의 밀집 계층이 있는 다중 계층 퍼셉트론과 같은 사용자 지정 예측자를 구축할 수도 있다. apply_edges 메서드는 선분 점수가 계산된 방법을 기술하고 있음에 주목하자.

```
class MLPPredictor(tf.keras.Model):
  def __init__(self, h_feats):
    super().__init__()
    self.W1 = tf.keras.layers.Dense(h_feats, activation=tf.nn.relu)
    self.W2 = tf.keras.layers.Dense(1)

  def apply_edges(self, edges):
    h = tf.concat([edges.src["h"], edges.dst["h"]], axis=1)
```

```
        return {
            "score": self.W2(self.W1(h))[:, 0]
        }

    def call(self, g, h):
        with g.local_scope():
            g.ndata['h'] = h
            g.apply_edges(self.apply_edges)
            return g.edata['score']
```

앞에서 정의한 LinkPredictor 모델을 인스턴스화하고 Adam 최적화 프로그램을 선택하고 손실함수를 BinaryCrossEntropy로 선언한다(작업이 이진 분류이므로). 예제에서 사용할 예측자는 DotProductPredictor이다. 그러나 대신 MLPPredictor를 대체로 사용할 수 있다. 단순히 DotProductPredictor 대신 MLPPredictor를 가리키도록 다음의 pred 변수를 바꾸면 된다.

```
HIDDEN_SIZE = 16
LEARNING_RATE = 1e-2
NUM_EPOCHS = 100

model = LinkPredictor(train_g, train_g.ndata['feat'].shape[1],
    HIDDEN_SIZE)
optimizer = tf.keras.optimizers.Adam(learning_rate=LEARNING_RATE)
loss_fcn = tf.keras.losses.BinaryCrossentropy(from_logits=True)

pred = DotProductPredictor()
```

또한 훈련 루프를 위한 몇 가지 편의 함수를 정의한다. 첫 번째는 양의 그래프와 음의 그래프에서 반환된 점수 사이의 손실을 계산하고 두 번째는 두 점수에서 AUC^{Area Under the Curve}를 계산한다. AUC는 이진 분류 모델을 평가하는 데 널리 사용되는 측도다.

```
def compute_loss(pos_score, neg_score):
    scores = tf.concat([pos_score, neg_score], axis=0)
    labels = tf.concat([
        tf.ones(pos_score.shape[0]),
```

```
        tf.zeros(neg_score.shape[0])
    ], axis=0
)
    return loss_fcn(labels, scores)


def compute_auc(pos_score, neg_score):
    scores = tf.concat([pos_score, neg_score], axis=0).numpy()
    labels = tf.concat([
      tf.ones(pos_score.shape[0]),
      tf.zeros(neg_score.shape[0])
    ], axis=0).numpy()
    return roc_auc_score(labels, scores)
```

이제 다음 훈련 루프를 사용해 100에폭 훈련 동안 LinkPredictor GNN을 훈련시킨다.

```
for epoch in range(NUM_EPOCHS):
  in_feat = train_g.ndata["feat"]
  with tf.GradientTape() as tape:
    h = model(in_feat)
    pos_score = pred(train_pos_g, h)
    neg_score = pred(train_neg_g, h)
    loss = compute_loss(pos_score, neg_score)
    grads = tape.gradient(loss, model.trainable_weights)
    optimizer.apply_gradients(zip(grads, model.trainable_weights))

  val_pos_score = pred(val_pos_g, h)
  val_neg_score = pred(val_neg_g, h)
  val_auc = compute_auc(val_pos_score, val_neg_score)

  if epoch % 5 == 0:
    print("Epoch {:3d} | train_loss: {:.3f}, val_auc: {:.3f}".format(
      epoch, loss, val_auc))
```

훈련 로그는 다음과 같다.

```
Epoch    0 | train_loss: 0.693, val_auc: 0.566
Epoch    5 | train_loss: 0.681, val_auc: 0.633
Epoch   10 | train_loss: 0.626, val_auc: 0.746
Epoch   15 | train_loss: 0.569, val_auc: 0.776
Epoch   20 | train_loss: 0.532, val_auc: 0.805
Epoch   25 | train_loss: 0.509, val_auc: 0.820
Epoch   30 | train_loss: 0.492, val_auc: 0.824
Epoch   35 | train_loss: 0.470, val_auc: 0.833
Epoch   40 | train_loss: 0.453, val_auc: 0.835
Epoch   45 | train_loss: 0.431, val_auc: 0.842
Epoch   50 | train_loss: 0.410, val_auc: 0.851
Epoch   55 | train_loss: 0.391, val_auc: 0.859
Epoch   60 | train_loss: 0.371, val_auc: 0.861
Epoch   65 | train_loss: 0.350, val_auc: 0.861
Epoch   70 | train_loss: 0.330, val_auc: 0.861
Epoch   75 | train_loss: 0.310, val_auc: 0.862
Epoch   80 | train_loss: 0.290, val_auc: 0.860
Epoch   85 | train_loss: 0.269, val_auc: 0.856
Epoch   90 | train_loss: 0.249, val_auc: 0.852
Epoch   95 | train_loss: 0.228, val_auc: 0.848
```

이제 홀드아웃 테스트셋에 대해 훈련된 모델을 평가할 수 있다.

```
pos_score = tf.stop_gradient(pred(test_pos_g, h))
neg_score = tf.stop_gradient(pred(test_neg_g, h))
print('Test AUC', compute_auc(pos_score, neg_score))
```

LinkPredictor GNN에 대한 그 결과 테스트 AUC는 다음과 같다.

```
Test AUC 0.8266960571287392
```

이는 링크 예측기가 테스트셋에서 정답으로 제시된 링크의 82%를 정확하게 예측할 수 있음을 의미하므로 매우 인상적이다.

그래프 사용자 지정

앞서 일반적인 그래프 ML 작업에서 GNN을 구축하고 훈련하는 방법을 살펴봤다.

그러나 편의상 모델에서 사전 구축된 DGL 그래프 컨볼루션 계층을 사용했다. 가능성은 낮지만 DGL 패키지에서 제공되지 않는 계층이 필요할 수도 있다. DGL은 사용자 정의 그래프 계층을 쉽게 구축할 수 있도록 메시지 전달 API를 제공한다. 이절의 첫 부분에서는 메시지 전달 API를 사용해 사용자 정의 그래프 컨볼루션 계층을 구축하는 예를 살펴보겠다.

예제를 위해 DGL 데이터 패키지에서 데이터셋도 로드했다. 대신 자체 데이터를 사용해야 할 가능성이 훨씬 더 높다. 따라서 이 절의 두 번째 부분에서는 자체 데이터를 DGL 데이터셋으로 변환하는 방법을 알아보겠다.

사용자 지정 계층 및 메시지 전달

DGL은 즉시 사용할 수 있는 많은 그래프 계층을 제공하지만 제공된 계층이 요구 사항을 정확하게 충족하지 못하고 직접 구축해야 하는 경우가 있을 수 있다.

다행히 이러한 모든 그래프 계층은 그래프의 노드 간 메시지 전달이라는 공통 기본 개념을 기반으로 하고 있다. 따라서 사용자 지정 GNN 계층을 구축하려면 메시지 전달 패러다임이 작동하는 방식을 이해해야 한다. 이 패러다임은 **MPNN**^{Message Passing Neural Network} 프레임워크[5]로도 알려져 있다.

$$m_{u \to v}^{(l)} = M^{(l)}(h_v^{(l-1)}, h_u^{(l-1)}, e_{u \to v}^{(l-1)})$$

$$m_v^{(l)} = \sum_{u \in N(v)} m_{u \to v}^{(l)}$$

$$h_v^{(l)} = U^{(l)}(h_v^{(l-1)}, m_v^{(l)})$$

서로 이웃인 각 노드 u와 v에 대해, 즉 선분 $e_{u \to v}$로 연결된 경우 함수 M을 적용하며 이때 이 함수를 메시지 함수라고 부른다. 메시지 함수 M은 그래프의 모든 노드에 적용된다. 그런 다음 모든 이웃 노드의 출력과 함께 모든 노드에 대한 M의 출력을 집계해 메시지 m을 생성한다. 이때 Σ를 축소^{reduce} 함수라고 한다. 비록 축소 함수를 Σ로 표기하지만 축소 함수는 아무 집계 함수나 될 수 있다는 점에 유의하자. 마지막으로 획득한 메시지와 노드의 이전 상태를 사용해 노드 v의 은닉 상태를 갱신한다. 이 단계에서 적용된 함수 U를 갱신 함수라고 한다.

메시지 전달 알고리듬은 특정 횟수만큼 반복된다. 그 후 전체 그래프를 나타내는 각 노드에서 특징 벡터를 추출하는 판독^{readout} 단계에 도달한다. 예를 들어 노드 분류의 경우 노드의 최종 특징 벡터는 노드 범주를 나타낼 수 있다.

이 절에서는 MPNN 프레임워크를 사용해 GraphSAGE 계층을 구현한다. DGL에는 이를 이미 구현한 `dgl.nn.SAGEConv`가 제공되지만 여기 예제는 MPNN을 사용해 사용자 정의 그래프 계층 생성을 설명하기 위한 것이다. GraphSAGE 계층의 메시지 전달 단계는 다음과 같다.

$$h_{N(v)}^k \leftarrow AVG(h_u^{k-1}, \forall u \in N(v))$$

$$h_v^k \leftarrow ReLU(W^k.CONCAT(h_v^{k-1}, h_{N(v)}^k))$$

MPNN을 사용해 맞춤형 GraphSAGE 계층을 구현하는 코드는 다음과 같다. DGL 함수 `update_all` 호출을 사용하면 DGL 내장 함수이기도 한 `message_fn`과 `reduce_fn`을 지정할 수 있으며 `tf.concat` 및 `Dense` 계층은 최종 갱신 함수를 나타낸다.

```
import dgl
import dgl.data
import dgl.function as fn
import tensorflow as tf

class CustomGraphSAGE(tf.keras.layers.Layer):
  def __init__(self, in_feat, out_feat):
    super(CustomGraphSAGE, self).__init__()
    # 입력과 이웃 특징을 출력으로 사상하는 선형 서브 모듈
    self.linear = tf.keras.layers.Dense(out_feat, activation=tf.nn.relu)

  def call(self, g, h):
    with g.local_scope():
      g.ndata["h"] = h
      # update_all은 메시지 전달 API이다.
      g.update_all(message_func=fn.copy_u('h', 'm'),
```

```
                    reduce_func=fn.mean('m', 'h_N'))
        h_N = g.ndata['h_N']
        h_total = tf.concat([h, h_N], axis=1)
        return self.linear(h_total)
```

여기에서 update_all 함수는 노드의 현재 특징 벡터를 메시지 벡터 m에 복사한 다음 각 노드의 이웃에 있는 모든 메시지 벡터의 평균을 구하는 message_func를 지정한다. 보다시피 이는 위의 첫 번째 GraphSAGE 방정식을 충실히 따른다. DGL은 많은 내장 함수를 제공한다(https://docs.dgl.ai/api/python/dgl.function.html).

이웃 벡터 h_N이 첫 번째 단계에서 계산되면 위의 GraphSAGE에 대한 두 번째 방정식에 설명된 대로 입력 특징 벡터 h와 연결된 다음 ReLU 활성화와 함께 Dense 계층을 통과한다. 따라서 여기서는 CustomGraphSAGE 객체로 GraphSAGE 계층을 구현했다.

다음 단계는 GNN에 넣어 어떻게 작동하는지 확인하는 것이다. 다음 코드는 맞춤형 SAGEConv 구현의 두 계층을 사용하는 CustomGNN 모델을 보여준다.

```
class CustomGNN(tf.keras.Model):
  def __init__(self, g, in_feats, h_feats, num_classes):
    super(CustomGNN, self).__init__()
    self.g = g
    self.conv1 = CustomGraphSAGE(in_feats, h_feats)
    self.relu1 = tf.keras.layers.Activation(tf.nn.relu)
    self.conv2 = CustomGraphSAGE(h_feats, num_classes)

  def call(self, in_feat):
    h = self.conv1(self.g, in_feat)
    h = self.relu1(h)
    h = self.conv2(self.g, h)
    return h
```

이를 실행해 CORA 데이터셋에 대한 노드 분류를 수행할 것이다. 자세한 내용은 앞 예제와 거의 동일하다.

위의 코드는 비가중 그래프, 즉 노드 사이의 선분이 동일한 가중치를 갖는다고 가정한다. 이 조건은 각 선분이 한 논문에서 다른 논문으로의 인용을 나타내는 CORA 데이터셋에 대해 동일하다.

그러나 예를 들어 사용자 추천을 위해, 제품과 사용자를 연결하는 선분과 같이 일부 선분이 호출된 횟수에 따라 선분에 가중치가 부여될 수 있는 시나리오도 생각할 수 있다.

가중 선분을 처리하기 위해 변경해야 할 유일한 사항은 가중치가 메시지 함수에서 어떤 역할을 하도록 허용하는 것이다. 즉, 노드 u와 이웃 노드 v 사이의 선분이 k번 발생하면 해당 선분을 k번 고려해야 한다. 다음 코드는 가중치 선분을 처리할 수 있는 사용자 지정 GraphSAGE 계층을 보여준다.

```python
class CustomWeightedGraphSAGE(tf.keras.layers.Layer):
  def __init__(self, in_feat, out_feat):
    super(CustomWeightedGraphSAGE, self).__init__()
    # 입력과 이웃 특징을 출력으로 주입하는 선형 서브모듈
    self.linear = tf.keras.layers.Dense(out_feat, activation=tf.nn.relu)

  def call(self, g, h, w):
    with g.local_scope():
      g.ndata['h'] = h
      g.edata['w'] = w
      g.update_all(message_func=fn.u_mul_e('h', 'w', 'm'),
                   reduce_func=fn.mean('m', 'h_N'))
      h_N = g.ndata['h_N']
      h_total = tf.concat([h, h_N], axis=1)
      return self.linear(h_total)
```

이 코드에는 각 선분의 가중치 값을 갖고 있는 추가적인 선분 속성 w가 필요한데, CORA 데이터셋에서는 다음과 같이 시뮬레이션할 수 있다.

```python
g.edata["w"] = tf.cast(
  tf.random.uniform((g.num_edges(), 1), minval=3, maxval=10,
                    dtype=tf.int32),
  dtype=tf.float32)
```

CustomWeightedGraphSAGE의 message_func의 기능이 단순히 특징 벡터 h를 메시지 벡터 m에 복사하는 것에서부터 메시지 벡터 m을 생성하기 위해 h와 w를 곱하는 것으로 변경됐다. 다른 모든 것은 CustomGraphSAGE와 동일하다. 새 CustomWeightedGraphSAGE 계층은 이제 CustomGraphSAGE가 원래 호출됐던 호출 클래스 CustomGNN에 간단하게 놓일 수 있다.

사용자 정의 그래프 데이터셋

보다 일반적인 사용례는 자신의 데이터로 GNN 모델을 훈련하는 것이다. 이러한 경우, 당연히 DGL에서 제공하는 데이터셋(지금까지 모든 예제에서 사용한 것처럼)을 사용할 수 없으며 데이터를 사용자 정의 그래프 데이터셋으로 래핑wrapping해야 한다.

사용자 정의 그래프 데이터셋은 DGL에서 제공하는 dgl.data.DGLDataset 객체에서 상속을 받은 다음 메서드를 구현해야 한다.

- __getitem__(self, i) – 데이터셋에서 i번째 예제를 검색한다. 검색된 예제에는 단일 DGL 그래프와 해당 레이블이 포함돼 있다.
- __len__(self) – 데이터셋의 예 수
- process(self) – 원시 데이터를 로드하고 처리하는 방법을 정의한다.

앞서 본 것처럼 노드 분류와 링크 예측은 단일 그래프에서 작동하고 그래프 분류는 그래프 집합에서 작동한다. 접근 방식은 두 경우 모두 거의 동일하지만 각 경우마다 몇 가지 특정 우려 사항이 있으므로 다음에서 각 사례의 예시를 살펴본다.

데이터셋의 단일 그래프

이 예에서는 3년 동안 관찰된 가라테 클럽 회원을 나타내는 재커리Zachary의 가라테 클럽 그래프를 선택한다. 시간이 흐르면서 관리자와 강사(미스터 하이Mr. Hi) 사이에 불화가 생겼고, 이에 따라 학생들은 각각 관리자와 강사(관리자는 푸른색 노드이고 강사는 붉은색 노드로 표기) 밑으로 서로 분리됐다. 재커리 가라데 클럽 네트워크는 NetworkX

라이브러리에서 다운로드할 수 있다.

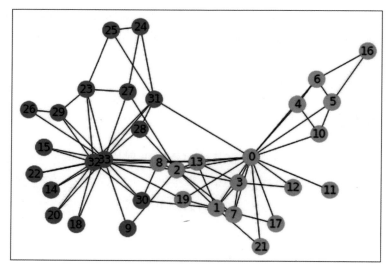

그림 17.2 가라데 클럽 네트워크의 그래프 표현

그래프에는 모두 34개의 노드가 있으며 학생들이 분리된 것에 따라 각각 "관리자"
와 "미스터 하이"로 레이블돼 있다. 또 78개의 선분이 있는데 무방향이며 가중치는
없다. 한 쌍의 회원 사이에 선분이 있다는 것은 클럽 외부에서 서로 교류하고 있음
을 나타낸다. 이 데이터셋을 GNN 사용에 대해 좀 더 현실적으로 만들기 위해 각 노
드에 10차원 랜덤 특징 벡터를 첨가하고 선분 특징에 가중치를 부여한다. 다음은 후
속 노드 또는 선분 분류 작업에 사용할 수 있는 DGL 데이터셋으로 가라테 클럽 그
래프를 변환하는 코드다.

```python
class KarateClubDataset(DGLDataset):
  def __init__(self):
    super().__init__(name="karate_club")

  def __getitem__(self, i):
    return self.graph

  def __len__(self):
    return 1
```

```python
def process(self):
    G = nx.karate_club_graph()
    nodes = [node for node in G.nodes]
    edges = [edge for edge in G.edges]
    node_features = tf.random.uniform(
        (len(nodes), 10), minval=0, maxval=1, dtype=tf.dtypes.float32)
    label2int = {"Mr. Hi": 0, "Officer": 1}
    node_labels = tf.convert_to_tensor(
        [label2int[G.nodes[node]["club"]] for node in nodes])
    edge_features = tf.random.uniform(
        (len(edges), 1), minval=3, maxval=10, dtype=tf.dtypes.int32)
    edges_src = tf.convert_to_tensor([u for u, v in edges])
    edges_dst = tf.convert_to_tensor([v for u, v in edges])

    self.graph = dgl.graph((edges_src, edges_dst), num_nodes=len(nodes))
    self.graph.ndata["feat"] = node_features
    self.graph.ndata["label"] = node_labels
    self.graph.edata["weight"] = edge_features

    # (training, validation, test) 분할을 지시하는 마스크 할당
    n_nodes = len(nodes)
    n_train = int(n_nodes * 0.6)
    n_val = int(n_nodes * 0.2)
    train_mask = tf.convert_to_tensor(
        np.hstack([np.ones(n_train), np.zeros(n_nodes - n_train)]),
        dtype=tf.bool)
    val_mask = tf.convert_to_tensor(
        np.hstack([np.zeros(n_train), np.ones(n_val),
                   np.zeros(n_nodes - n_train - n_val)]),
        dtype=tf.bool)
    test_mask = tf.convert_to_tensor(
        np.hstack([np.zeros(n_train + n_val),
                   np.ones(n_nodes - n_train - n_val)]),
        dtype=tf.bool)
    self.graph.ndata["train_mask"] = train_mask
    self.graph.ndata["val_mask"] = val_mask
    self.graph.ndata["test_mask"] = test_mask
```

대부분의 논리는 process 메서드에 구현된다. NetworkX 메서드를 호출해 Karate

Club을 NetworkX 그래프로 가져온 다음 노드 특징 및 레이블이 있는 DGL 그래프 개체로 변환한다. Karate Club 그래프에 정의된 노드와 선분 특징이 없더라도 일부 난수를 생성해 이러한 속성을 설정한다. 이 예제의 목적은 그래프에 노드와 선분 특징이 있는 경우 이를 갱신하는 위치를 보여주기 위한 것이다. 데이터셋에는 단일 그래프가 있다는 점에 유의하자.

또한 노드 분류를 위해 그래프를 훈련, 검증과 테스트로 분할하고자 한다. 이를 위해 노드가 이러한 분할 중 하나에 속하는지 여부를 나타내는 마스크를 할당한다. 그래프의 노드를 60/20/20으로 분할하고 각 분할에 대해 부울 마스크를 할당해 이를 수행한다.

코드에서 이 데이터셋을 인스턴스화하기 위해 다음과 같이 한다.

```
dataset = KarateClubDataset()
g = dataset[0]
print(g)
```

이렇게 하면 다음과 같은 출력을 얻는다(가독성을 위해 약간 재구성됨). 두 가지 주요 구조는 각각 g.ndata 및 g.edata로 액세스할 수 있는 ndata_schemas와 edata_schemas이다. ndata_schemas 내에는 노드 특징(feats), 노드 레이블(label)과 각각 훈련, 검증, 테스트 분할(train_mask, val_mask 및 test_mask)을 나타내는 마스크를 가리키는 키가 있다. edata_schemas 아래에는 선분 가중치를 나타내는 가중치 속성이 있다.

```
Graph(num_nodes=34,
    num_edges=78,
    ndata_schemes={
        'feat': Scheme(shape=(10,), dtype=tf.float32),
        'label': Scheme(shape=(), dtype=tf.int32),
        'train_mask': Scheme(shape=(), dtype=tf.bool),
        'val_mask': Scheme(shape=(), dtype=tf.bool),
        'test_mask': Scheme(shape=(), dtype=tf.bool)
    }
    edata_schemes={
        'weight': Scheme(shape=(1,), dtype=tf.int32)
    }
)
```

이러한 종류의 사용자 정의 데이터셋을 사용하는 방법에 대한 정보는 노드 분류와 링크 예측에 대한 예를 참조하라.

데이터셋의 복수 그래프 집합

그래프 분류 작업을 지원하는 데이터셋에는 그래프당 하나씩 여러 그래프와 관련 레이블이 들어 있다. 여기의 예제에서는 그래프로 표현된 분자의 가상 데이터셋을 고려할 것이며 과제는 분자가 독성이 있는지 여부를 예측하는 것이다(이진 예측).

여기서는 NetworkX 메서드 random_regular_graph()를 사용해 임의의 노드 수와 노드 차수로 합성 그래프를 생성한다. 각 그래프의 각 노드에 임의의 10차원 특징 벡터를 부여한다. 각 노드에는 그래프가 유독toxic한지 여부를 나타내는 레이블(0 또는 1)이 있다. 이 예제는 실제 데이터가 어떻게 보이는지에 대한 시뮬레이션일 뿐이라는 점에 주목하자. 여기서는 무작위 값을 썼지만 실제 데이터를 사용하면 각 그래프의 구조와 노드 벡터의 값이 대상 변수, 즉 분자의 독성에 실제 영향을 미칠 것이다.

다음 그림은 합성 "분자"가 어떻게 생겼는지에 대한 몇 가지 예를 보여준다.

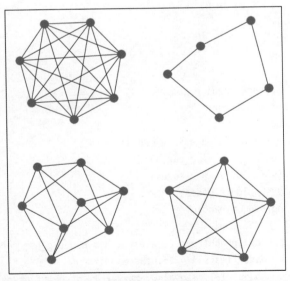

그림 17.3 NetworkX를 사용해 생성된 무작위 일반 그래프의 몇 가지 예

다음은 임의의 NetworkX 그래프 집합을 그래프 분류를 위한 DGL 그래프 데이터
셋으로 변환하는 코드다. 여기서는 그래프를 100개 생성하고 DGL 데이터셋 형식
의 목록에 저장한다.

```python
from networkx.exception import NetworkXError

class SyntheticDataset(DGLDataset):
  def __init__(self):
    super().__init__(name="synthetic")

  def __getitem__(self, i):
    return self.graphs[i], self.labels[i]

  def __len__(self):
    return len(self.graphs)

  def process(self):
    self.graphs, self.labels = [], []
    num_graphs = 0
    while(True):
      d = np.random.randint(3, 10)
      n = np.random.randint(5, 10)
      if ((n * d) % 2) != 0:
        continue
      if n < d:
        continue
      try:
        g = nx.random_regular_graph(d, n)
      except NetworkXError:
        continue
      g_edges = [edge for edge in g.edges]
      g_src = [u for u, v in g_edges]
      g_dst = [v for u, v in g_edges]
      g_num_nodes = len(g.nodes)
      label = np.random.randint(0, 2)
      # 그래프를 생성하고 그래프 리스트와 레이블을 첨가
      dgl_graph = dgl.graph((g_src, g_dst), num_nodes=g_num_nodes)
      dgl_graph.ndata["feats"] = tf.random.uniform(
          (g_num_nodes, 10), minval=0, maxval=1, dtype=tf.dtypes.float32)
```

```
        self.graphs.append(dgl_graph)
        self.labels.append(label)


        num_graphs += 1
        if num_graphs > 100:
          break


    self.labels = tf.convert_to_tensor(self.labels, dtype=tf.dtypes.int64)
```

일단 생성되면 다음과 같이 코드에서 호출할 수 있다.

```
dataset = SyntheticDataset()
graph, label = dataset[0]
print(graph)
print("label:", label)
```

이렇게 하면 DGL 데이터셋의 첫 번째 그래프에 대해 다음 출력이 생성된다(가독성을 위해 약간 형식이 변경됨). 보다시피 데이터셋의 첫 번째 그래프에는 6개의 노드와 15개의 선분이 있으며, 크기 10의 특징 벡터(feats 키를 사용해 액세스 가능)가 포함돼 있다. 레이블은 long(int64) 유형의 0차원 텐서(즉, 스칼라)다.

```
Graph(num_nodes=6, num_edges=15,
      ndata_schemes={
        'feats': Scheme(shape=(10,), dtype=tf.float32)}
      edata_schemes={})
label: tf.Tensor(0, shape=(), dtype=int64)
```

이전과 마찬가지로 그래프 분류와 같은 일부 작업에 대해 이 사용자 지정 데이터셋을 사용하는 방법을 보려면 17장 앞부분의 그래프 분류에 대한 예를 참조하라.

향후 방향

그래프 신경망은 빠르게 진화하는 분야다. 지금까지 많은 실제 사용 사례에 걸쳐 다양한 인기 있는 그래프 작업에서의 정적 동질 그래프로 작업하는 방법을 다뤘다. 그러나 일부 그래프는 이종heterogenous이고 정적이지도 않으며 이러한 형식으로 쉽게 축소될 수도 없다. 이 절에서는 이종이며, 임시 그래프를 처리하기 위한 옵션을 살펴보겠다.

이종 그래프

이종 그래프[7]는 다른 종류의 노드와 선분을 가질 수 있다는 점에서 지금까지 본 그래프와 다르다. 이러한 다양한 유형의 노드와 선분은 차원이 다른 표현 등 다양한 유형의 속성을 가질 수도 있다. 이종 그래프의 대표적 예로는 저자와 논문 사이의 인용 그래프, 사용자와 제품 사이의 추천 그래프, 다양한 유형의 개체를 포함할 수 있는 지식 그래프가 있다.

각 선분 유형에 대해 개별적으로 메시지와 갱신 함수를 수동으로 구현해 이종 그래프에서 MPNN 프레임워크를 사용할 수 있다. 각 선분 유형은 세 가지(소스 노드 유형, 선분 유형 및 대상 노드 유형)로 정의된다. 그러나 DGL은 `dgl.heterograph()` API를 사용해 이종 그래프를 지원한다. 여기서 그래프는 선분 유형당 하나씩 일련의 그래프로 지정된다.

이종 그래프와 관련된 일반적인 학습 작업은 노드 분류 및 회귀, 그래프 분류, 선분 분류/링크 예측 등 동종 그래프와 유사한다. 이종 그래프 작업에 널리 사용되는 그래프 계층은 관계형 GCN 또는 R-GCN이며 DGL에서 기본 제공 계층으로 사용할 수 있다.

임시 그래프

임시 그래프[8]는 시간이 지남에 따라 변하는 동적 그래프를 처리하기 위해 Twitter에서 개발한 프레임워크다. GNN 모델은 주로 시간에 대해 변하지 않는 정적 그래프에 초점을 맞췄지만 시간 차원을 추가하면 본질적으로 동적인 소셜 네트워크, 금융 거래 및 추천 시스템에서 많은 흥미로운 현상을 모델링할 수 있다. 이러한 시스템에서는 대개 중요한 통찰력을 전달하는 것들은 동적 행태다.

동적 그래프는 노드 및 선분의 추가 및 삭제와 같은 시간이 지정된 이벤트의 스트림으로 나타낼 수 있다. 이 이벤트 스트림은 그래프의 각 노드에 대한 시간 종속 인코딩을 학습하는 인코더 네트워크에 공급된다. 디코더는 미래 시점의 링크 예측과 같은 일부 특정 작업을 지원하기 위해 이 인코딩에 대해 훈련된다. 대개 매우 빠르게 발전하는 연구 분야이기 때문에 임시 그래프에 대한 DGL 라이브러리는 현재 지원되지 않는다.

높은 수준에서 TGN^{Temporal Graph Network} 인코더는 시간 경과에 따른 상호 작용 및 갱신을 기반으로 노드의 압축된 표현을 생성해 작동한다. 각 노드의 현재 상태는 TGN 메모리에 저장되며 RNN의 숨겨진 상태 s_t 역할을 한다. 그러나 각 노드 i와 시점 t에 대해 별도의 상태 벡터 $s_i(t)$가 있다.

MPNN 프레임워크에서 본 것과 유사한 메시지 함수는 상태 벡터와 이들의 상호 작용을 입력으로 사용해 한 쌍의 노드 i 및 j에 대해 2개의 메시지 m_i 및 m_j를 계산한다. 그런 다음 메시지 및 상태 벡터는 일반적으로 RNN으로 구현되는 메모리 업데이터를 사용해 결합된다. TGN은 정확도와 속도 측면에서 모두 미래 선분 예측 및 동적 노드 분류 작업에서 정적 상대보다 우수한 것으로 밝혀졌다.

요약

17장에서는 노드 특징뿐만 아니라 노드 간의 상호 작용에서도 학습할 수 있는 흥미로운 기술 집합인 그래프 신경망을 다뤘다. 지금까지 그래프 컨볼루션이 작동하는 이유와 컴퓨터 비전의 컨볼루션 사이의 유사점에 대한 직관을 다뤘다. DGL에서 계층으로 제공하는 몇 가지 일반적인 그래프 컨볼루션에 대해 설명했다. 여기서는 노드 분류, 그래프 분류 및 링크 예측의 인기 있는 그래프 작업에 DGL을 사용하는 방법을 시연했다. 또한 표준 DGL 그래프 계층이 요구 사항을 충족하지 못하는 드문 경우에 대비해 DGL의 메시지 전달 프레임워크를 사용해 자체 그래프 컨볼루션 계층을 구현하는 방법을 배웠다. 또한 자체 그래프 데이터에 대한 DGL 데이터셋을 구축하는 방법도 살펴봤다. 마지막으로 그래프 신경망의 새로운 방향, 즉 이종 그래프와 시간 그래프를 살펴봤다. 이를 통해 GNN을 사용해 이 분야의 흥미로운 문제를 해결할 수 있는 기술을 갖추게 됐다.

18장에서는 딥러닝 프로젝트와 관련된 몇 가지 최고의 머신러닝 사례에 대해 배우는 데 집중할 것이다.

참고문헌

1. Kipf, T. and Welling, M. (2017). *Semi-supervised Classification with Graph Convolutional Networks*. Arxiv Preprint, arXiv: 1609.02907 [cs.LG]. Retrieved from https://arxiv.org/abs/1609.02907

2. Velickovic, P., et al. (2018). *Graph Attention Networks*. Arxiv Preprint, arXiv 1710.10903 [stat.ML]. Retrieved from https://arxiv.org/abs/1710.10903

3. Hamilton, W. L., Ying, R., and Leskovec, J. (2017). *Inductive Representation Learning on Large Graphs*. Arxiv Preprint, arXiv: 1706.02216 [cs.SI]. Retrieved from https://arxiv.org/abs/1706.02216

4. Xu, K., et al. (2018). *How Powerful are Graph Neural Networks?*. Arxiv Preprint, arXiv: 1810.00826 [cs.LG]. Retrieved from https://arxiv.org/abs/1810.00826

5. Gilmer, J., et al. (2017). *Neural Message Passing for Quantum Chemistry*. Arxiv Preprint, arXiv: 1704.01212 [cs.LG]. Retrieved from https://arxiv.org/abs/1704.01212

6. Zachary, W. W. (1977). *An Information Flow Model for Conflict and Fission in Small Groups*. Journal of Anthropological Research. Retrieved from https://www.journals.uchicago.edu/doi/abs/10.1086/jar.33.4.3629752

7. Pengfei, W. (2020). *Working with Heterogeneous Graphs in DGL*. Blog post. Retrieved from https://www.jianshu.com/p/767950b560c4

8. Bronstein, M. (2020). *Temporal Graph Networks*. Blog post. Retrieved from https://towardsdatascience.com/temporal-graph-networks-ab8f327f2efe

18

머신러닝 모범 사례

머신러닝은 모델을 구축하고 훈련하는 것 그 이상이다. 지금까지 책에서는 다양한 딥러닝 알고리듬에 초점을 맞췄고 최신 알고리듬과 그 힘과 한계를 소개했다. 18장에서는 머신러닝과 딥러닝 알고리듬에서 더 나은 머신러닝 엔지니어 및 과학자가 될 수 있는 방법으로 초점을 변경한다.

18장에서는 다음 내용을 다룬다.

- AI/머신러닝 모범 사례의 필요성
- 데이터 모범 사례
- 모델 모범 사례

모범 사례의 필요성

오늘날 딥러닝 알고리듬은 활발한 연구 분야일 뿐만 아니라 많은 상용 시스템 및 제품의 일부이다. 그림 18.1은 지난 5년 동안 AI 스타트업에 대한 투자를 보여주는데, AI 스타트업에 대한 관심이 지속적으로 높아지고 있음을 알 수 있다. 의료에서 가상 비서, 방 청소 로봇에서 자율주행 자동차에 이르기까지 오늘날 AI는 최근 중요한 기술 발전의 원동력이다. AI는 사람을 고용해야 할지, 대출을 받아야 할지 결정한다. AI는 소셜 미디어에서 볼 수 있는 각종 피드를 만들고 있다. 콘텐츠, 이미지, 얼굴 등 생각할 수 있는 모든 것을 생성하는 **자연어 처리**^{NLP} 봇에 AI를 넣으려는 사람도 있다. 대부분의 팀은 여러 도메인에서 작업하는 여러 팀 구성원으로 구성되므로 모범 사례를 구축하는 것이 중요하다. 모범 사례는 무엇인가? 머신러닝의 모범 사례는 특정 문제 도메인과 데이터셋에 따라 달라지므로 이 질문에 대한 확실한 답은 없다. 그러나 18장에서는 머신러닝의 모범 사례에 대한 몇 가지 일반적인 팁을 제공한다.

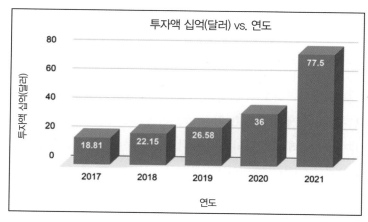

그림 18.1 지난 5년(2017~2022) 동안 AI 스타트업에 대한 투자

다음은 머신러닝에서 모범 사례를 갖는 것이 중요한 몇 가지 이유다.

- 효과적이고 효율적인 방식으로 모델을 구축할 수 있다.
- 보이지 않는 데이터에서 성능 저하로 이어질 수 있는 과적합과 같은 문제를

피하는 데 도움이 될 수 있다.

- 모델을 해석할 수 있고 기술 지식이 없는 청중에게 쉽게 설명할 수 있다.
- 머신러닝 연구에서 재현성을 높이는 데 도움이 될 수 있다.

다음 절에서는 **FAANG**(Facebook, Amazon, Apple, Netflix, Google) 회사들과 AI 인플루언서가 옹호하는 몇 가지 모범 사례를 소개한다. 이 조언을 따르면 부정확하거나 좋지 않은 결과로 이어질 수 있는 일반적인 실수를 피하는 데 도움이 될 수 있다. 이러한 모범 사례는 AI 서비스가 정확하고 신뢰할 수 있도록 보장하는 데 도움이 된다. 마지막으로 모범 사례는 성능과 효율성을 위해 AI 서비스를 최적화하는 데 도움이 될 수 있다.

데이터 모범 사례

데이터는 오늘날 세계적으로 점점 더 중요해지고 있다. AI 분야의 사람들뿐만 아니라 다양한 세계 지도자들이 데이터를 "새로운 금" 또는 "새로운 석유"라고 부른다. 기본적으로 전 세계 경제를 견인할 상품이다. 데이터는 의사 결정 프로세스, 운송 관리, 공급망 문제 처리, 의료 지원 등에 도움을 준다. 데이터에서 도출된 통찰력은 기업이 효율성과 성과를 개선하는 데 도움이 될 수 있다.

가장 중요한 것은 데이터를 사용해 새로운 지식을 창출할 수 있다는 것이다. 예를 들어 비즈니스에서 데이터를 사용해 새로운 추세를 식별할 수 있다. 의학에서는 데이터를 사용해 질병 간의 새로운 관계를 밝히고 새로운 치료법을 개발할 수 있다. 그러나 우리 모델은 훈련된 데이터만큼만 우수하다. 따라서 데이터의 중요성은 앞으로도 계속 커질 것이다. 데이터에 대한 접근과 사용이 쉬워짐에 따라 다양한 분야에서 점점 더 중요해질 것이다. 이제 몇 가지 일반적인 병목 현상과 이를 처리하는 가장 좋은 방법을 살펴보겠다.

특징 선택

AI/머신러닝 문제를 시작하는 첫 번째 단계는 가설을 제안하는 것이다. 출력을 분류하거나 예측하는 데 도움이 되는 입력 특징은 무엇일까? 올바른 특징을 선택하는 것은 모든 머신러닝 모델에 필수적이지만 어떤 특징을 선택해야 할지 알기 어려울 수 있다. 모델에 관련 없는 특징이 너무 많이 포함되면 결과가 부정확해진다. 특징을 너무 적게 포함하면 모델이 데이터에서 학습하지 못할 수 있다. 따라서 특징 선택은 노이즈를 줄이고 모델의 정확도를 개선하는 데 도움이 되는 머신러닝의 중요한 단계다.

- 일반적으로 특징 공학을 사용하기 전에 학습된 특징보다는 직접 관찰하고 보고된 특징부터 먼저 시작해야 한다. 학습된 특징이란 외부 시스템(예: 클러스터링 알고리듬) 또는 심층 모델 자체를 사용해 생성된 특징이다. 단순화는 견고한 기본 성능을 달성하는 데 도움이 될 수 있으며 이후에 보다 난해한 전략을 실험할 수 있다.

- 사용하지 않는 특징을 제거하라. 사용하지 않는 특징은 기술적 채무를 만든다. 코드를 읽고 유지하기 어렵게 만들며, 예기치 않은 버그와 보안 취약점을 유발할 수도 있다. 물론 어떤 특징이 사용되고 있고 어떤 특징이 사용되지 않는지 추적하기 어려울 수 있다. 그러나 특징을 임의로 삭제하지 마라. 데이터 분석과 탐색을 주의 깊게 수행해 특징을 이해하라. 이를 수행하는 좋은 방법은 각 특징에 책임자를 지정하는 것이다. 특징 책임자는 팀 간에 지식을 공유할 수 있도록 특징을 유지 관리하고 근거를 문서화할 책임이 있다. 이는 또한 특징 책임자가 팀을 떠날 때마다 책임 소재가 다른 구성원에게 이전됨을 의미한다. 시간을 들여 사용하지 않는 특징을 이해하고 제거하면 코드를 깨끗하게 유지하고 기술 채무가 누적되는 것을 방지할 수 있다.

- 종종 우리는 더 많은 특징을 가진 모델이 더 나은 것으로 생각하지만 이는 사실과 거리가 멀다. 이해하지 못하는 수백만 가지 특징을 사용하는 대신 특정 특징으로 작업하는 것이 좋다. 정규화 방법을 사용해 너무 적은 예에 적용되는 특징을 제거할 수 있다.

- 특징을 결합하고 수정해 새 특징을 만들 수도 있다. 결합하고 수정할 수 있는 다양한 방법이 있다. 예를 들어 연속값을 가진 특징을 여러 개별 특징으로 이산화할 수 있다. 둘 이상의 기존 특징을 교차(곱하기)해 합성된 새 특징을 생성할 수도 있다. 예를 들어 "신장"과 "체중"이라는 특징이 있는 경우 이 두 특징을 결합해 "BMI"라는 새로운 특징을 만들 수 있다. 특징 교차는 해당 특징이 개별적으로 제공할 수 있는 것 이상의 예측 능력을 제공할 수 있다. 각각 원하는 결과를 어느 정도 예측할 수 있는 두 가지 특징이 결합되면 훨씬 더 예측력을 높일 수 있다. 이는 결합된 특징이 개별 특징에서는 캡처되지 않은 정보를 포착하기 때문이다. 특징 교차는 예측 모델의 정확도를 개선하는 데 도움이 되는 강력한 도구다.

특징과 데이터

데이터 과학 학습에서 실제 문제 해결로 이동할 때의 문제 중 하나는 데이터 부족이다. 인터넷, 모바일, IoT 장치가 많은 양의 데이터를 생성함에도 불구하고 양질의 레이블이 지정된 데이터를 얻는 것은 큰 장애물이다. 레이블을 다는 작업은 일반적으로 시간이 많이 걸리고 주제 전문 지식이 필요한 만큼 비용이 높다.

따라서 모델을 훈련하기에 충분한 데이터가 있는지 확인해야 한다. 일반적으로 모델이 학습할 수 있는 입력 특징(n)의 수는 보유한 데이터의 양(N)에 대략 비례한다 ($n \ll N$). 이러한 상황에서 따른 몇 가지 팁은 다음과 같다.

- 모델 학습을 데이터 크기에 맞춰 확장한다. 예를 들어 레이블이 지정된 샘플이 1,000개뿐이라면 고도로 인간이 개입돼 가공한 특징을 사용한다. 1,000개의 레이블이 지정된 샘플에 대해 잘 선택된 12개의 특징 정도가 좋은 예다. 그러나 수백만 개의 예제가 있다면 약 10만 개의 특징을 가질 수 있다. 그리고 수십억 개의 데이터 샘플이 있다고 가정하면 수백만 개의 특징으로 모델을 구축할 수 있다.

- 데이터가 너무 많으면 임의로 삭제하는 대신 Importance Weight Sampling(https://web.stanford.edu/class/archive/cs/cs224n/cs224n.1214/reports/final_reports/

report247.pdf)을 사용할 수 있다. 아이디어는 특수 도메인 데이터에 대한 유사성을 포착하는 일부 분포 특징을 기반으로 각 샘플에 중요도 가중치를 할당하는 것이다.

- 데이터 충분치 않을 때 이를 처리하는 또 다른 방법은 데이터 증강augmentation를 사용하는 것이다. 베어드H. S. Baird의 〈Document image analysis〉[7]에서 처음 소개된 이 방법은 수평 뒤집기, 수직 뒤집기, 회전, 변환 등과 같은 간단한 이미지 변환을 사용해 이미지 데이터를 늘리는 좋은 방법임이 입증됐다. 대부분의 딥러닝 프레임워크에는 데이터 생성기가 있으며, 이를 사용해 그림 18.2와 같이 실행 중에 데이터 증강을 수행할 수 있다.

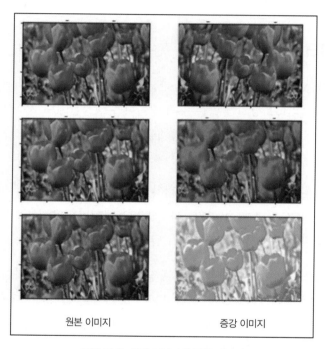

원본 이미지   증강 이미지

그림 18.2 원본 이미지와 증강 이미지

이미지 데이터 증강은 모든 주요 딥러닝 프레임워크에서 쉽게 사용할 수 있지만 텍스트 데이터와 오디오 데이터 증강은 그렇게 간단하지 않다. 다음에서는 텍스트와 음성 데이터를 증강하는 데 사용할 수 있는 몇 가지 기술을 제시한다.

텍스트 데이터 증강

텍스트 데이터를 증강하는 데 사용할 수 있는 몇 가지 간단한 방법은 다음과 같다.

- **동의어 대체**: 문장에서 임의의 단어를 선택하고 WordNet을 사용해 동의어로 대체한다. 예를 들어 "This book **focuses** on deep learning using TensorFlow and Keras and is meant for both **novices** and experts."라는 문장이 있다면 이 가운데 2개의 굵은체로 된 단어를 유의어로 대체해 다음과 같은 문장으로 만들 수 있다. "This book **centers** on deep learning using TensorFlow and Keras and is meant for both **beginners** and experts.

- **역번역**: 이 방법은 센리치 등[Sennrich et al.](2016)에 의해 제안됐다. 기본 개념은 문장을 다른 언어로 번역한 다음 원래 언어로 다시 번역하는 것이다. 언어 번역 API 또는 googletrans와 같은 Python 모듈을 사용할 수 있다. 다음 코드 스니펫은 문장을 영어에서 독일어로 또는 그 반대로 번역한다. 코드가 작동하려면 googletrans가 설치돼 있어야 한다.

```
from googletrans import Translator
translator = Translator()
text = 'I am going to the market for a walk'
translated = translator.translate(text, src='en', dest='de')
synthetic_text = translator.translate(translated.text, src='de', dest='en')
print(f'text: {text}\nTranslated: {translated.text}\nSynthetic Text:
{synthetic_text.text}')
```

이제 같은 클래스에 속하는 2개의 문장 "I am going to the market"과 "I walk to the market"이 있다. 그림 18.3은 역변환을 사용한 데이터 증강 프로세스를 자세히 보여준다.

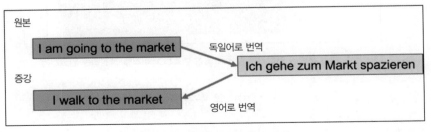

그림 18.3 역변환을 사용한 데이터 증강

리뷰 논문 「A Survey of Data Augmentation Approaches for NLP」에서 저자는 다른 많은 증강 방법의 광범위한 목록을 제공한다. 이 논문에서는 NLP의 데이터 증강에 대한 심층 분석을 제공한다.

최근 몇 년 동안 대규모 언어 모델과 트랜스포머의 성공으로 사람들은 이를 데이터 증강 작업에 사용하는 실험을 했다. Amazon Alexa AI팀이 사전 훈련된 트랜스포머를 사용한 데이터 증강이라는 제목의 논문에서 저자는 부류 10개의 훈련 샘플만 사용해 사전 훈련된 트랜스포머로 합성 데이터를 생성할 수 있는 방법을 보여준다.

그들은 자동 인코더 LM BERT, 자동 회귀 LM GPT2 및 사전 훈련된 seq2seq 모델 BART의 세 가지 사전 훈련된 모델로 실험했다. 그림 18.4는 사전 학습된 모델을 사용해 합성 데이터를 생성하는 알고리듬을 보여준다.

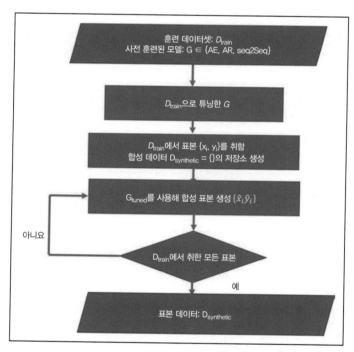

그림 18.4 사전 훈련된 변환기를 사용해 합성 텍스트 데이터를 생성하는 알고리듬

다음과 같은 기술을 사용해 음성 데이터를 증강할 수도 있다.

- **시간 와핑**warping: 여기에서 임의의 지점이 선택되고 데이터가 거리 w로 왼쪽 또는 오른쪽으로 와핑된다. 거리 w는 고정되지 않고 균일 분포 $[0, W]$에서 선택된다
- **주파수 마스킹**: 여기에서 주파수 채널 범위 $[f_0, f_0+f)$가 마스킹된다. 주파수 f_0 및 f의 선택은 주파수 채널 수 및 주파수 마스크 매개변수 F에 따라 달라진다.
- **시간 마스킹**: 이 경우 인접한 시간 단계가 마스킹된다.

이러한 기술은 2019년 Google 팀이 「SpecAugment: A simple data Augmentation method for Automatic Speech Recognition」논문에서 제안했다.

모델 모범 사례

모델 정확도와 성능은 모든 머신러닝 및 딥러닝 프로젝트의 성공에 매우 중요하다. 모델이 충분히 정확하지 않으면 관련 비즈니스 사용 사례가 성공하지 못한다. 따라서 성공 가능성을 높이려면 모델 정확도와 성능에 중점을 두는 것이 중요하다. 모델 정확도와 성능에 영향을 미치는 여러 요소가 있으므로 정확도와 성능을 최적화하려면 모든 요소를 이해하는 것이 중요하다. 다음에는 모델 개발 워크플로우를 최대한 활용하는 데 도움이 되는 몇 가지 모델 모범 사례가 나열돼 있다.

기준 모델

기준 모델은 머신러닝에서 다른 모델을 평가하는 데 사용되는 도구다. 일반적으로 가능한 가장 간단한 모델이며 더 복잡한 모델에 대한 비교 지점 역할을 한다. 목표는 더 복잡한 모델이 실제로 기준 모델에 비해 개선점을 제공하는지 확인하는 것이다. 그렇지 않다면 더 복잡한 모델을 사용해도 소용이 없다. 기본 모델은 데이터 누출을 감지하는 데에도 사용할 수 있다. 데이터 누출은 테스트 집합의 정보가 훈련 집합으로 스며들어 과적합이 발생하는 경우다. 기준 모델의 성능을 다른 모델과 비교

해 데이터 누출이 발생한 시점을 감지할 수 있다. 기준 모델은 머신러닝의 필수 부분이며 보다 복잡한 모델의 성능에 대한 귀중한 관점을 제공한다. 따라서 새로운 문제에 대한 작업을 시작할 때마다 데이터에 적합하고 기준점을 얻을 수 있는 가장 단순한 모델을 생각하는 것이 좋다.

만족스러운 기본 모델을 구축한 후에는 신중하게 검토해야 한다.

데이터셋에 대한 초기 가설과 초기 알고리듬 선택을 검토한다. 예를 들어 처음 데이터 작업을 시작했을 때 우리는 관찰하고 있는 패턴이 GMM(가우시안 혼합 모델)에 의해 가장 잘 설명될 것이라는 가설을 세웠다. 그러나 추가 탐색 후 GMM이 데이터의 기본 구조를 정확하게 캡처할 수 없음을 알 수 있다. 이 경우 전략을 재고해야 한다. 궁극적으로 알고리듬 선택은 데이터 자체의 속성에 따라 결정된다.

모델이 과적합인지 과소적합인지 확인한다. 모델이 과적합된 경우 더 많은 데이터를 시도하거나, 모델 복잡성을 줄이거나, 배치 크기를 늘리거나, ridge, lasso 또는 dropout과 같은 정규화 방법을 사용하라. 모델이 과소적합된 경우 모델 복잡성을 높이고 더 많은 특징을 추가하고 더 많은 에폭에 대한 훈련을 시도하라.

성능 측도에 기반해 모델을 분석한다. 예를 들어 분류 모델을 만든 경우 비즈니스 사용 사례에 따라 혼동 측도와 정밀도/재현율을 분석한다. 올바르게 예측하지 못하는 부류 모델을 식별한다. 이를 통해 해당 부류의 데이터에 대한 통찰력을 얻을 수 있다.

강력한 기준 모델을 얻기 위해 하이퍼파라미터 튜닝을 수행한다. 향후 모델 개선을 위한 벤치마크 역할을 하기 때문에 강력한 기준 모델을 설정하는 것이 중요하다. 기준선은 모든 비즈니스 및 기술 요구 사항을 통합하고 데이터 엔지니어링 및 모델 배포 파이프라인을 테스트해야 한다. 강력한 기준선을 개발하는 데 시간을 할애함으로써 머신러닝 프로젝트가 시작부터 올바른 방향으로 진행되도록 할 수 있다. 또한 좋은 기준선은 모델을 반복할 때 잠재적인 개선 영역을 식별하는 데 도움이 될 수 있다. 따라서 강력한 기본 모델을 만드는 데 시간과 노력을 투자할 가치가 있다.

사전 훈련된 모델, 모델 API 및 AutoML

상용 제품을 출시할 때 가장 중요한 두 가지 요소는 시간과 에너지다. 새 프로젝트에서 작업할 때 기본 모델을 처음부터 훈련하는 데 시간이 많이 걸릴 수 있다. 그러나 이제 많은 시간과 노력을 절약할 수 있는 사전 훈련된 모델을 찾을 수 있는 소스가 많다. 예컨대 GitHub, Kaggle, Amazon, Google, OpenAI, Microsoft와 같은 회사의 다양한 클라우드 기반 API가 있다.

또한 다양한 작업을 위해 사전 훈련된 모델을 제공하는 Scale AI 및 Hugging Face와 같은 전문 스타트업이 있다. 이러한 자원을 활용해 처음부터 모델을 교육하는 데 많은 시간을 할애하지 않고도 머신러닝 프로젝트를 신속하게 시작하고 실행할 수 있다. 따라서 문제가 표준 분류 또는 회귀 문제이거나 구조화된 표 데이터가 있는 경우 사전 훈련된 모델이나 Amazon, Google 및 Microsoft와 같은 회사에서 제공하는 API를 사용할 수 있다. 이러한 접근 방식을 사용하면 소중한 시간과 에너지를 절약하고 프로젝트를 빠르게 시작할 수 있다.

진화하고 있는 또 다른 솔루션은 AutoML 또는 **자동 머신러닝**을 사용하는 것이다. AutoML을 사용해 회사의 특정 요구 사항에 더 잘 맞는 사용자 지정 모델을 만들 수 있다. 조직의 지식과 리소스 측면에서 제한이 있는 경우에도 AutoML을 활용해 머신러닝을 대규모로 활용할 수 있다. 이 솔루션은 이미 크고 작은 기업들이 보다 효율적이고 정확한 방식으로 비즈니스 목표를 달성하도록 돕고 있다. 미래에는 AutoML의 기능에 대한 인식이 높아짐에 따라 AutoML이 더 널리 보급되고 대중화될 것이다.

모델 평가 및 검증

이 절에서는 모델을 평가하는 방법에 대해 설명한다. 여기서는 기존의 머신러닝 측도보다는 최종 사용자의 경험에 초점을 맞추고 있다.

- **사용자 경험 기술**: 모델이 생산 단계에 가까워지면 추가로 테스트해야 한다. 크라우드소싱은 제품을 출시하기 전에 청중으로부터 피드백을 받을 수 있는

좋은 방법이다. 사람들에게 돈을 지불하거나 실제 사용자에 대한 실시간 실험을 사용해 무엇이 가장 효과적인지에 대한 귀중한 의견을 제공할 수 있다. 프로세스 초기에 사용자 페르소나를 생성할 수 있다. 즉, 가상의 사용자를 생성할 수 있다. 예를 들어 팀이 19~40세 사이의 그룹이라면, 추천 시스템을 만든 다음 60대의 페르소나를 생성할 수 있다. 나중에 실제 사람들을 불러와 사이트에 대한 그들의 반응을 관찰해 사용성 테스트를 수행할 수 있다.

- **모델 델타 사용**: 새 모델을 출시할 때 성공을 측정하는 가장 좋은 방법 중 하나는 생산 중인 모델과 얼마나 다른지 계산하는 것이다. 예를 들어 순위 알고리듬이 예상보다 더 나은 결과를 제공했지만 사람들이 알아차리거나 관심을 가질 정도는 아닌 경우 위치 순위 가중치가 매겨진 전체 시스템을 사용해 두 모델 모두 샘플에 수행해야 한다. 두 쿼리 간의 차이가 매우 작다는 것을 알게 되면 변경 사항이 거의 없음을 알 수 있다. 그러나 차이가 크면 변화가 좋은지 확인해야 한다. 이 경우 대칭 차이가 높은 쿼리를 탐색해야 한다. 이를 통해 변경 사항을 질적으로 이해할 수 있다.

- **실용적인 힘이 예측력보다 더 중요하다**: 가장 높은 정확도와 최고의 예측력을 가진 모델이 있을 수 있다. 그러나 그것이 끝이 아니다. 문제는 그 예측으로 무엇을 할 것이냐다. 예를 들어 문서를 의미론적으로 순위 지정하는 모델을 구축하는 경우 최종 순위의 품질이 예측보다 더 중요하다. 또 다른 예를 살펴보겠다. 스팸 필터를 구축했으며 모델이 주어진 메시지가 스팸인지 햄인지 확률을 예측한다고 가정해보자. 이는 어떤 텍스트가 차단되는지에 대한 컷오프로 연결된다. 그런 상황에서 통과하도록 허용된 것이 가장 중요하다. 따라서 로그 손실이 더 나은 모델이라고 해도 여전히 전체 성능이 개선되지 않을 수 있다. 그런 경우 성능을 향상시키기 위해 다른 특징을 찾아야 한다.

- **측정된 오류에서 패턴 찾기**: 훈련 샘플에서 모델이 올바르게 예측할 수 없는 패턴을 확인한다. 아직 고려하지 않은 특징을 탐색하라. 잘못된 샘플에 대한 예측을 개선할 수 있는가? 특징에 대해 너무 구체적이지 마라. 그것들을 10여 개 추가할 수 있고 모델이 무엇을 할 수 있는지 결정케 할 수 있다. 분류 문제

의 오류를 시각화하기 위해 혼동 행렬을 사용할 수 있으며 회귀 작업에서 손실이 높은 경우를 찾을 수 있다.

- **낯선 데이터에 대한 테스트**: 모델의 성능을 측정하려면 모델이 훈련된 후 수집된 데이터에 대해 테스트하라. 이렇게 하면 프로덕션 성능의 추정치를 얻을 수 있다. 이는 결과 성능이 저하될 수 있지만 저하가 심하지 않아야 한다.

성능 모니터링은 모델 개발의 중요한 부분이다. 훈련 데이터와 프로덕션 데이터 간의 성능은 크게 다를 수 있다. 즉, 배포된 모델의 동작을 지속적으로 모니터링해 시스템에서 예기치 않은 작업을 수행하지 않도록 해야 한다. 성능, 품질 및 왜도, 공정성 측도, 모델 설명 및 사용자 상호 작용을 지속적으로 모니터링하는 모니터링 파이프라인을 구축해야 한다.

모델 개선

신뢰할 수 있는 모델이 구축되고 배포되더라도 아직 작업이 많이 남아 있다. 데이터 드리프트Data drift 또는 개념 드리프트concept drift와 같은 다양한 이유로 모델을 변경해야 할 수 있다. 데이터 드리프트는 시간이 지남에 따라 데이터 분포가 변할 때 발생하고 개념 드리프트는 종속(레이블이 지정된) 변수의 속성이 시간이 지남에 따라 변할 때 발생한다. 이러한 변경 사항을 고려하려면 모델을 새 데이터로 재훈련하고 그에 따라 갱신해야 한다. 이 프로세스는 시간과 비용이 많이 들 수 있지만 고성능 머신러닝 모델을 유지 관리하는 데 필수적이다. 그러나 모델 개선에 뛰어들기 전에 낮은 성능의 원인을 식별하고 측정하는 것이 중요하다. 즉, "먼저 측정하고 두 번째로 최적화하라."

데이터 드리프트: 머신러닝 모델의 성능은 학습 시점과 배포 시점에 따라 달라질 수 있다. 훈련과 실전 중에 사용되는 데이터가 다를 수 있기 때문이다. 이 문제를 방지하려면 배포 시 특징들을 기록하는 것이 중요하다. 이를 통해 제공 데이터(프로덕션 데이터)의 변동을 모니터링할 수 있다. 데이터 드리프트(훈련 데이터와 제공 데이터의 차이)가 임곗값을 넘으면 새 데이터로 모델을 다시 훈련해야 한다. 이렇게 하면 모델이 배포

될 동일한 데이터에서 모델이 훈련돼 성능이 향상된다.

훈련-실전 편향: 훈련-실전 편향은 머신러닝 모델의 주요 문제가 될 수 있다. 모델이 훈련되는 방식과 실제 세계에서 사용되는 방식 사이에 불일치가 있는 경우 성능이 저하되고 부정확해질 수 있다.훈련-실전 편향의 세 가지 주요 원인은 훈련과 실전에 사용된 데이터 간의 불일치, 훈련과 실전 간의 데이터 변경, 모델과 알고리듬 간의 피드백 루프다. 예를 들어 영화를 추천하는 추천 시스템을 구축한 경우 나중에 사용자가 추천 목록에서 본 영화를 기반으로 추천 시스템을 재훈련할 수 있다. 처음 두 가지 원인은 신중한 데이터 관리로 해결할 수 있으며 세 번째 원인은 머신러닝 모델을 설계할 때 특별한 주의가 필요하다.

충분한 실험을 거친 후에도 현재 특징으로는 더 이상 모델 성능을 개선할 수 없다는 것을 발견할 수 있다. 그러나 비즈니스를 유지하려면 지속적인 성장이 필요하다. 따라서 모델 성능이 정체된 것을 발견하면 기존 특징으로 작업하는 대신 개선을 위한 새로운 소스를 찾아야 할 때다.

소프트웨어 개발 프로세스는 실제로 결코 "완성"되지 않는다. 제품이 출시된 후에도 추가할 수 있는 새로운 기능이나 개선할 수 있는 기존 기능이 항상 있다. 머신러닝 모델도 마찬가지다. 모델이 "완성"돼 프로덕션에 배포된 후에도 더 나은 모델을 교육하는 데 사용할 수 있는 새로운 데이터가 항상 있을 것이다. 그리고 시간이 지남에 따라 데이터가 변경되므로 정확도를 유지하려면 새 데이터에 대해 모델을 재훈련해야 한다. 따라서 머신러닝 모델을 일정한 유동적 상태에 있다고 생각하는 것이 중요하다. 작업을 중단하기 전까지는 실제로 "완성"된 것이 아니다.

모델을 구축할 때 기능을 추가하거나 제거하는 것이 얼마나 쉬운지 생각하는 것이 중요하다. 파이프라인의 새 복사본을 쉽게 만들고 그 정확성을 확인할 수 있는가? 2개 또는 3개의 모델 사본을 병렬로 실행할 수 있는가? 이는 모델을 구축할 때 모두 중요한 고려 사항이다. 이러한 것들을 미리 생각함으로써 우리는 많은 시간과 노력을 절약할 수 있다.

요약

18장에서는 모델에서 최상의 성능을 얻기 위해 따라야 할 전략과 규칙에 중점을 두었다. 여기에 있는 목록은 완전하지 않으며 AI 기술이 여전히 성숙하고 있기 때문에 앞으로 몇 년 동안 더 많은 규칙과 휴리스틱이 등장하는 것을 볼 수 있다. 그래도 18장의 조언을 따르면 AI 모델의 연금술적 특성에서 보다 안정적이고 강력하며 재현 가능한 동작으로 이동할 수 있다.

19장에서는 TensorFlow 생태계를 살펴보고 이 책에서 다루는 모든 내용을 실용적인 비즈니스 애플리케이션에 통합하는 방법을 살펴보겠다.

참고문헌

1. Soni, N., Sharma, E. K., Singh, N., and Kapoor, A. (2020). *Artificial intelligence in business: from research and innovation to market deployment*. Procedia Computer Science, 167, 2200 – 2210.

2. Feng, S. Y., Gangal, V., Wei, J., Chandar, S., Vosoughi, S., Mitamura, T., and Hovy, E. (2021). *A survey of data augmentation approaches for NLP*. arXiv preprint arXiv:2105.03075.

3. Sennrich, R., Haddow, B., and Birch, A. (2016). *Improving Neural Machine Translation Models with Monolingual Data*. In Proceedings of the 54th Annual Meeting of the Association for Computational Linguistics (Volume 1: Long Papers), pages 86 – 96, Berlin, Germany. Association for Computational Linguistics.

4. Kumar, V., Choudhary, A., and Cho, E. (2020). *Data augmentation using pre-trained transformer models*. arXiv preprint arXiv:2003.02245.

5. Park, D. S., Chan, W., Zhang, Y., Chiu, C. C., Zoph, B., Cubuk, E. D., and Le, Q. V. (2019). *SpecAugment: A Simple Data Augmentation Method for Automatic Speech Recognition*. arXiv preprint arXiv:1904.08779.

6. Rules of Machine Learning: Best practices for ML engineering. Martin Zinkewich. https://developers.google.com/machine-learning/guides/rules-of-ml

7. Baird, H. S. (1995). *Document image analysis*. Chapter: Document Image Defect Models, pages 315 – 325. IEEE Computer Society Press, Los Alamitos, CA, USA.

19

TensorFlow 2 생태계

19장에서는 TensorFlow 생태계의 다양한 구성 요소에 대해 알아본다. 19장에서는 사전 훈련된 딥러닝 모델을 위한 저장소인 TensorFlow Hub와 머신러닝 작업을 위해 바로 사용할 수 있는 데이터셋 모음인 TensorFlow Datasets에 대해 자세히 설명한다. 웹에서 머신러닝 모델을 교육하고 배포하기 위한 솔루션인 TensorFlow JS도 소개된다. 또한 모바일 및 에지 장치용 오픈 소스 딥러닝 프레임워크인 TensorFlow Lite에 대해서도 알아본다. 안드로이드^{Android}, iOS, 라즈베리 파이^{Raspberry Pi}의 예제도 일부 살펴볼 것이며, 동시에 MobileNet v1, v2, v3(모바일 및 임베디드 비전 애플리케이션용으로 설계된 이미지 분류 모델), 자세 추정을 위한 PoseNet(비전 이미지 또는 비디오에서 사람의 포즈를 추정하는 모델), DeepLab 세분화(입력 이미지의 모든 픽셀에 시맨틱 레이블(예: 개, 고양이, 자동차)을 할당하는 이미지 세분화 모델) 및 MobileNet SSD 개체 탐지(경계 상자로 여러 개체를 감지하는 이미지 분류 모델) 등의 사전 훈련된 모델을 배포하는 것도 알아볼 것이다. 19장의 마지막은 사용자 개인 정보를 존중하는 것으로 여겨지는 분산형 머신러닝 프레임워크인 연합 학습의 예를 살펴볼 것이다.

19장에서는 다음 내용을 다룬다.

- TensorFlow Hub
- TensorFlow Datasets
- TensorFlow Lite와 모바일 및 에지 애플리케이션에의 사용
- 에지에서의 연합 학습
- TensorFlow JS
- TensorFlow 모델과 함께 Node.js 사용

 19장의 모든 코드 파일은 다음 링크(https://packt.link/dltfchp19에서 다운로드할 수 있다.

이제 TensorFlow Hub부터 시작해보자.

TensorFlow Hub

강력한 컴퓨터가 있더라도 머신러닝 모델 훈련에 며칠 또는 몇 주가 걸릴 수 있다. 그리고 모델을 학습한 후에는 다른 장치에 배포하는 것이 어렵고 시간이 많이 걸릴 수 있다. 배포하려는 플랫폼에 따라서는 다른 형식이 필요할 수도 있다.

TensorFlow Hub는 사전 훈련된 모델들의 라이브러리로 생각할 수 있다. 여기에는 즉시 배포할 수 있는 훈련된 수백 개의 딥러닝 모델이 포함돼 있다. TensorFlow Hub 는 이미지 분류, 이미지 세분화, 개체 탐지, 텍스트 임베딩, 텍스트 분류, 비디오 분류 및 생성 등을 위한 사전 훈련된 모델을 제공한다. TF Hub의 모델은 SavedModel, TFLite, TF.js 형식으로 제공된다. 이러한 사전 훈련된 모델을 추론에 직접 사용하거나 미세 조정할 수 있다. 사용자 및 개발자 커뮤니티가 성장하고 있는 TensorFlow

Hub는 머신러닝 모델을 찾고 공유하기 위한 장소다. TensorFlow Hub를 사용하려면 먼저 설치부터 해야 한다.

```
pip install tensorflow_hub
```

일단 설치되면 다음처럼 간단하게 임포트할 수 있다.

```
import tensorflow_hub as hub
```

load 함수를 사용해 모델을 로드한다.

```
model = hub.load(handle)
```

여기서 handle은 사용하려는 모델의 링크를 가진 문자열이다. 기존 모델의 일부로 사용하려면 Keras 계층으로 래핑^{wrap}할 수 있다.

```
hub.KerasLayer(
    handle,
    trainable=False,
    arguments=None,
    _sentinel=None,
    tags=None,
    signature=None,
    signature_outputs_as_dict=None,
    output_key=None,
    output_shape=None,
    load_options=None,
    **kwargs
)
```

매개변수 trainable을 True로 변경하면 특정 데이터에 대한 모델을 미세 조정할 수 있다.

그림 19.1은 tfhub.dev 사이트에서 다양한 모델을 선택할 수 있는 사용하기 쉬운 웹 인터페이스를 보여준다. 필터를 사용하면 문제를 해결할 모델을 쉽게 찾을 수 있다.

필요한 유형과 형식은 물론 게시자도 선택할 수 있다.

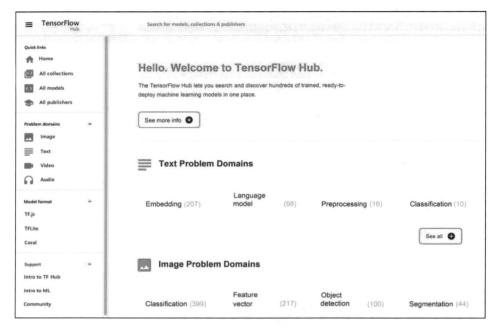

그림 19.1 다양한 필터를 보여주는 tfhub.dev 사이트

추론을 위해 사전 훈련된 모델 사용

TensorFlow Hub에서 사전 훈련된 모델을 활용하는 방법을 살펴보겠다. 이미지 분류의 예를 살펴보자.

1. 필요한 모듈을 임포트한다.

```
import tensorflow as tf
import tensorflow_hub as hub

import requests
from PIL import Image
from io import BytesIO
```

```
import matplotlib.pyplot as plt
import numpy as np
```

2. URL에서 이미지를 로드하는 함수를 정의한다. 함수는 웹에서 이미지를 가져 오고 추론을 위해 배치 인덱스를 추가해 이미지를 재구성한다. 또한 선택한 사전 훈련된 모델에 따라 이미지가 정규화되고 크기가 조정된다.

```
def load_image_from_url(img_url, image_size):
    """ url에서 이미지 가져오기. 이미지 형식 [1, height,width, num_channels]."""
    response = requests.get(img_url, headers={'User-agent': 'Colab Sample
(https://tensorflow.org)'})
    image = Image.open(BytesIO(response.content))
    image = np.array(image)
    # 이미지 크기 조정
    img_reshaped = tf.reshape(image, [1, image.shape[0], image.shape[1],
image.shape[2]])
    # [0, 1] 사이의 부동소수점 값으로 정규화
    image = tf.image.convert_image_dtype(img_reshaped, tf.float32)
    image_padded = tf.image.resize_with_pad(image, image_size, image_size)
    return image_padded, image
```

3. 이미지를 표시하는 또 다른 헬퍼함수다.

```
def show_image(image, title=''):
    image_size = image.shape[1]
    w = (image_size * 6) // 320
    plt.figure(figsize=(w, w))
    plt.imshow(image[0], aspect='equal')
    plt.axis('off')
    plt.title(title)
    plt.show()
```

4. 여기 모델은 ImageNet 데이터셋에서 훈련된 EfficientNet-B2(https://arxiv.org/abs/1905.11946)이다. 이는 더 나은 정확도를 제공하고 크기가 더 작으며 더 빠른 추론을 제공한다. 편의상 330×330픽셀로 크기를 조정할 이미지를 선택한다. 2단계에서 정의한 도우미 함수를 사용해 Wikimedia에서 이미지를 다운로드한다.

```
image_size = 330
print(f"Images will be converted to {image_size}x{image_size}")
img_url = "https://upload.wikimedia.org/wikipedia/commons/c/c6/Okonjima_
Lioness.jpg"
image, original_image = load_image_from_url(img_url, image_size)
show_image(image, 'Scaled image')
```

그림 19.2 분류를 위해 웹에서 가져온 이미지. 330×330픽셀 크기로 조정됐다.

5. 완전성을 위해 ImageNet 데이터의 모든 레이블도 가져와서 모델 예측으로
   레이블을 추론할 수 있다. TensorFlow의 공개 저장소에서 다운로드한다.

```
labels_file = "https://storage.googleapis.com/download.tensorflow.org/
data/ImageNetLabels.txt"

#레이블을 다운로드 후 맵 구축
downloaded_file = tf.keras.utils.get_file("labels.txt", origin=labels_
file)

classes = []
```

```
with open(downloaded_file) as f:
  labels = f.readlines()
  classes = [l.strip() for l in labels]
```

6. 이제 모든 구성 요소가 준비됐으므로 **tfhub.dev**에서 모델을 다운로드한다.

```
classifier = hub.load("https://tfhub.dev/tensorflow/efficientnet/b2/
classification/1")
```

7. 5단계에서 다운로드한 이미지의 모든 부류에 대한 softmax 확률을 얻는다.

```
probabilities = tf.nn.softmax(classifier(image)).numpy()
```

8. 최상위 예측을 본다.

```
top_5 = tf.argsort(probabilities, axis=-1, direction="DESCENDING")[0]
[:5].numpy()

show_image(image, f'{classes[top_5[0]+1]}: {probabilities[0][top_5]
[0]:.4f}')
```

그림 19.3 사자라고 레이블을 예측한 이미지

따라서 몇 줄의 코드로 완벽한 추론을 얻는다. 이미지는 암사자이고 ImageNet 데이터셋에서 가장 가까운 레이블은 모델이 올바르게 예측한 사자다. TF Hub의 사전 훈련된 모델을 사용해 제품 워크플로에 집중하고 더 나은 모델과 더 빠른 생산을 얻을 수 있다.

TensorFlow Datasets

TensorFlow Datasets[TFDS]는 머신러닝 작업을 하는 모든 사람을 위한 강력한 도구다. TensorFlow 또는 다른 Python 머신러닝 프레임워크와 함께 쉽게 사용할 수 있는 즉시 사용 가능한 데이터셋 모음을 제공한다. 모든 데이터셋은 **tf.data.Datasets**로 접근 가능하므로 입력 파이프라인에서 쉽게 사용할 수 있다.

TFDS를 사용하면 머신러닝 프로젝트를 빠르게 시작하고 자체 데이터를 수집하고 준비하지 않아도 되므로 시간을 절약할 수 있다. 라이브러리에는 현재 이미지 분류, 개체 감지, 텍스트 분류 등을 포함한 다양한 데이터셋이 들어 있다. 또한 라이브러리는 처음부터 새 데이터셋을 만드는 도구를 제공하므로 자체 프로젝트를 위한 사용자 지정 데이터셋을 만들어야 하는 연구원이나 개발자에게 유용할 수 있다. TFDS는 오픈 소스이며 Apache 2.0 라이선스에 따라 출시된다. TFDS를 사용하려면 다음과 같이 설치해야 한다.

```
pip install tensorflow-datasets
```

일단 설치되면 다음과 같이 임포트할 수 있다.

```
import tensorflow_datasets as tfds
```

이 책을 집필하는 시점의 TFDS에는 다양한 작업을 위한 224개의 공개 데이터셋이 포함돼 있다.

```
datasets = tfds.list_builders()
print(f"TFDS contains {len(datasets)} datasets")
```

```
### Output
TFDS contains 224 datasets
```

이 절에서는 TFDS를 소개하고 기본 구조를 탐색하고 머신러닝 모델에 많은 양을 효율적으로 로드하기 위한 몇 가지 모범 사례를 제공해 교육 프로세스를 단순화하는 방법을 보여준다.

TFDS 데이터셋 로드

TFDS의 각 데이터셋은 고유한 이름으로 식별되며 각 데이터셋과 연결된 게시자 및 데이터셋 버전도 있다. 데이터를 얻으려면 TFDS load 함수를 사용할 수 있다. 유연성이 많은 강력한 함수다. 다음 링크(https://www.tensorflow.org/datasets/api_docs/python/tfds/load)에서 함수에 대한 자세한 내용을 읽을 수 있다.

```
tfds.load(
    name: str,
    *,
    split: Optional[Tree[splits_lib.SplitArg]] = None,
    data_dir: Optional[str] = None,
    batch_size: tfds.typing.Dim = None,
    shuffle_files: bool = False,
    download: bool = True,
    as_supervised: bool = False,
    decoders: Optional[TreeDict[decode.partial_decode.DecoderArg]] =
None,
    read_config: Optional[tfds.ReadConfig] = None,
    with_info: bool = False,
    builder_kwargs: Optional[Dict[str, Any]] = None,
    download_and_prepare_kwargs: Optional[Dict[str, Any]] = None,
    as_dataset_kwargs: Optional[Dict[str, Any]] = None,
    try_gcs: bool = False
)
```

데이터셋 이름만 지정하면 된다. 나머지 매개변수는 선택 사항이다. TFDS 문서에서 선택적 인수에 대해 자세히 읽을 수 있다. 예를 들어 다음은 유명한 MNIST 데이터셋을 다운로드한다.

```
data, info = tfds.load(name="mnist", as_supervised=True, split=['train',
'test'], with_info=True)
```

앞의 명령문은 MNIST의 훈련 및 테스트 데이터셋을 모두 변수 데이터로 다운로드
한다. as_supervised 플래그가 True로 설정돼 있으므로 레이블이 데이터와 함께 다운
로드되고 데이터셋에 대한 자세한 정보가 info에 다운로드된다.

먼저 정보를 확인하자.

```
print(info)
```

```
### output
tfds.core.DatasetInfo(
    name='mnist',
    version=3.0.1,
    description='The MNIST database of handwritten digits.',
    homepage='http://yann.lecun.com/exdb/mnist/',
    features=FeaturesDict({
        'image': Image(shape=(28, 28, 1), dtype=tf.uint8),
        'label': ClassLabel(shape=(), dtype=tf.int64, num_classes=10),
    }),
    total_num_examples=70000,
    splits={
        'test': 10000,
        'train': 60000,
    },
    supervised_keys=('image', 'label'),
    citation="""@article{lecun2010mnist,
      title={MNIST handwritten digit database},
      author={LeCun, Yann and Cortes, Corinna and Burges, CJ},
      journal={ATT Labs [Online]. Available: http://yann.lecun.com/exdb/mnist},
      volume={2},
      year={2010}
    }""",
    redistribution_info=,
)
```

따라서 정보가 상당히 광범위하다는 것을 알 수 있다. 분할 및 각 분할의 총 샘플 수,

지도학습에 사용되는 경우 사용 가능한 키, 인용 세부 정보 등에 대해 알려준다. 여기서 변수 데이터는 2개의 TFDS 데이터셋 개체 목록이다. 첫 번째는 테스트 데이터셋에 해당하고 두 번째는 기차 데이터셋에 해당한다. TFDS 데이터셋 개체는 기본적으로 dict이다. 훈련 데이터셋에서 단일 샘플을 가져와 다음을 살펴보겠다.

```
data_train = data[1].take(1)
for sample, label in data_train:
  print(sample.shape)
  print(label)
```

```
### output
(28, 28, 1)
tf.Tensor(2, shape=(), dtype=int64)
```

샘플이 28×28×1 모양의 손글씨 숫자 이미지이고 레이블이 2임을 알 수 있다. 이미지 데이터의 경우 TFDS에는 데이터셋에서 샘플 이미지를 보는 데 사용할 수 있는 show_examples 메서드도 있다.

```
fig = tfds.show_examples(data[0], info)
```

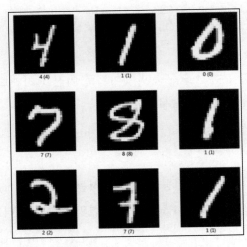

그림 19.4 MNIST 데이터셋의 테스트 데이터셋 샘플

TFDS를 사용한 데이터 파이프라인 구축

TFDS 데이터 파이프라인을 사용해 완전한 종단간 예제를 구축해보자.

1. 항상 그렇듯이 필요한 모듈을 임포트하는 것으로 시작한다. TensorFlow를 사용해 모델을 빌드하고 TFDS를 사용해 데이터셋을 가져올 것이므로 지금은 다음 두 가지만 포함한다.

```python
import tensorflow as tf
import tensorflow_datasets as tfds
```

2. Keras Sequential API를 사용해 3개의 컨볼루션 계층과 2개의 밀집 계층으로 간단한 컨볼루션 신경망을 구축한다.

```python
model = tf.keras.models.Sequential([
  tf.keras.layers.Conv2D(16, (3,3), activation='relu', input_shape=(300,
300, 3)),
  tf.keras.layers.MaxPooling2D(2, 2),
  tf.keras.layers.Conv2D(32, (3,3), activation='relu'),
  tf.keras.layers.MaxPooling2D(2,2),
  tf.keras.layers.Conv2D(64, (3,3), activation='relu'),
  tf.keras.layers.MaxPooling2D(2,2),
  tf.keras.layers.Flatten(),
  tf.keras.layers.Dense(256, activation='relu'),
  tf.keras.layers.Dense(1, activation='sigmoid')
])
```

3. 여기서는 이진 분류기를 구축할 것이므로 이진 교차엔트로피를 손실함수로 선택하고 Adam 최적기를 선택한다.

```python
model.compile(optimizer='Adam', loss='binary_
crossentropy',metrics=['accuracy'])
```

4. 다음으로 데이터셋으로 이동한다. 여기서는 horses_or_humans 데이터셋을 사용하고 있으므로 tfds.load를 사용해 훈련과 검증 데이터를 얻는다.

```python
data = tfds.load('horses_or_humans', split='train', as_supervised=True)
val_data = tfds.load('horses_or_humans', split='test', as_
supervised=True)
```

5. 이미지를 정규화해야 한다. 또한 더 나은 성능을 위해 훈련 중 이미지를 증강할 것이다.

```python
def normalize_img(image, label):
  """Normalizes images: 'uint8' -> 'float32'."""
  return tf.cast(image, tf.float32) / 255., label


def augment_img(image, label):
  image, label = normalize_img(image, label)
  image = tf.image.random_flip_left_right(image)
  return image, label
```

6. 이제 파이프라인을 구축한다. 더 나은 메모리 효율성을 위해 cache로 시작하고, 전처리 단계(정규화 및 확대)를 적용하고, 훈련하는 동안 데이터가 섞이도록 하며, 배치 크기를 정의하고, 현재 배치가 훈련될 때 다음 배치를 가져오도록 prefetch를 사용한다. 유효성 검사 데이터에 대해 동일한 단계를 반복한다. 차이점은 유효성 검사 데이터를 늘리거나 섞을 필요가 없다는 것이다.

```python
data = data.cache()
data = data.map(augment_img, num_parallel_calls=tf.data.AUTOTUNE)
train_data = data.shuffle(1024).batch(32)
train_data = train_data.prefetch(tf.data.AUTOTUNE)
val_data = val_data.map(normalize_img, num_parallel_calls=tf.data.AUTOTUNE)
val_data = val_data.batch(32)
val_data = val_data.cache()
val_data = val_data.prefetch(tf.data.AUTOTUNE)
```

7. 마지막으로 모델을 훈련한다.

```python
%time history = model.fit(train_data, epochs=10, validation_data=val_data, validation_steps=1)
```

데이터 파이프라인의 다양한 매개변수를 가지고 수행하며 훈련 시간에 어떤 영향을 미치는지 확인해보라. 예를 들어 prefetch와 cache를 제거하고 num_parallel_calls는 지정하지 말아보라.

TensorFlow Lite

TensorFlow Lite는 TensorFlow에서 설계한 경량 플랫폼이다. 이 플랫폼은 Android, iOS 및 Raspberry Pi와 같은 모바일 및 임베디드 장치에 중점을 둔다. 주요 목표는 다음과 같다. (1) 메모리 절약을 위한 작은 바이너리 및 모델 크기, (2) 배터리 절약을 위한 낮은 에너지 소비, (3) 효율성을 위한 낮은 대기 시간. 배터리와 메모리는 모바일 및 임베디드 장치의 두 가지 중요한 자원임은 말할 필요도 없다. 이러한 목표를 달성하기 위해 Lite는 양자화, 플랫버퍼^{FlatBuffers}, 모바일 인터프리터 및 모바일 변환기와 같은 여러 기술을 사용하며 다음 절에서 간략하게 살펴볼 것이다.

양자화

양자화는 연속 값(예: 실수)으로 구성된 입력을 불연속 집합(예: 정수)으로 제한하는 일련의 기술을 말한다. 핵심 아이디어는 실수 대신 정수로 내부 가중치를 표현해 **딥러닝**^{DL} 모델의 공간 점유를 줄이는 것이다. 물론 이는 모델 성능을 어느 정도 손해 보고 거래 공간을 이득 보는 것을 의미한다. 그러나 양자화된 모델이 상당한 성능 저하를 겪지 않는다는 것이 많은 상황에서 경험적으로 나타났다. TensorFlow Lite는 양자화 및 부동 소수점 연산을 모두 지원하는 일련의 핵심 연산자를 중심으로 내부적으로 구축됐다.

모델 양자화는 양자화를 적용하기 위한 툴킷이다. 이 작업은 가중치 표현에 적용되며 선택적으로 저장 및 계산 모두에 대한 활성화에 적용된다. 다음과 같은 두 가지 유형의 양자화를 사용할 수 있다.

- 훈련 후 양자화는 훈련 후 활성화 결과와 가중치를 양자화한다.
- 양자화-인식^{Quantization-aware} 훈련을 통해 정확도 저하를 최소화하면서 양자화할 수 있는 네트워크 훈련이 가능하다(특정 CNN에만 사용 가능). 이것은 상대적으로 실험적인 기술이기 때문에 19장에서는 논의하지 않겠지만 관심 있는 독자는 [1]에서 더 많은 정보를 찾을 수 있다.

TensorFlow Lite는 전체 부동 소수점에서 반정밀도 부동 소수점(float16) 또는 8비트 정수로 값의 정밀도를 줄이는 것을 지원한다. TensorFlow는 선택한 CNN 모델에 대한 정확도, 대기 시간 및 공간 측면에서 여러 장단점을 알려준다(그림 19.5 참조(출처: https://www.tensorflow.org/lite/performance/model_optimization)).

모델	상위-1 정확도 (원래)	상위-1 정확도 (훈련-후 양자화)	상위-1 정확도 (양자화-인식 훈련)	지연 (원래) (ms)	지연 정확도 (훈련-후 양자화) (ms)	지연 (양자화-인식 훈련) (ms)	크기 (원래) (MB)	크기 (최적화) (MB)
Mobilenet-v1-1-224	0.709	0.657	0.70	124	112	64	16.9	4.3
Mobilenet-v2-1-224	0.719	0.637	0.709	89	98	54	14	3.6
Inception_v3	0.78	0.772	0.775	1130	845	543	95.7	23.9
Resnet_v2_101	0.770	0.768	N/A	3973	2868	N/A	178.3	44.9

그림 19.5 다양한 양자화된 CNN 모델의 장단점

FlatBuffers

플랫버퍼FlatBuffers(https://google.github.io/flatbuffers/)는 모바일 및 임베디드 장치에서 데이터를 직렬화하도록 최적화된 오픈 소스 형식이다. 이 형식은 원래 게임 개발 및 기타 성능이 매우 중요한 응용을 위해 Google에서 만들었다. FlatBuffers는 빠른 처리를 위해 구문 분석/압축 해제 없이 직렬화된 데이터에 대한 접근을 지원한다. 이 형식은 메모리에 불필요한 여러 복사본을 피함으로써 메모리 효율성과 속도를 위해 설계됐다. FlatBuffers는 C++, C#, C, Go, Java, JavaScript, Lobster, Lua, TypeScript, PHP, Python 및 Rust와 같은 여러 플랫폼 및 언어에서 작동한다.

모바일 변환기

TensorFlow로 생성된 모델을 TensorFlow Lite 모델로 변환해야 한다. 변환기는 이진 크기 및 성능을 개선하기 위한 최적화를 사용할 수 있다. 예를 들어 변환기는 계산 그래프에서 추론과 직접 관련이 없지만 훈련에 필요한 모든 노드를 잘라낼 수 있다.

모바일에 최적화된 인터프리터

TensorFlow Lite는 머신러닝 모델을 설명하는 데 사용되는 기본 계산 그래프를 최적화하는 데 사용되는 고도로 최적화된 인터프리터에서 실행된다. 내부적으로 인터프리터는 정적 그래프 순서를 유도해 더 나은 메모리 할당을 보장함으로써 계산 그래프를 최적화하기 위해 여러 기술을 사용한다. 인터프리터 코어는 단독으로 ~100kb 또는 지원되는 모든 커널과 함께 ~300kb를 사용한다.

계산 그래프는 학습 알고리듬의 그래픽 표현이다. 여기서 노드는 수행할 작업을 설명하고 노드를 연결하는 선분은 데이터 흐름을 나타낸다. 이러한 그래프는 순수한 NumPy에서 신경망을 구성하는 경우 달성할 수 없는 성능 효율성을 딥러닝 프레임워크에 제공한다.

지원되는 플랫폼

Android에서, TensorFlow Lite 추론은 Java 또는 C++를 사용해 수행할 수 있다. iOS에서 TensorFlow Lite 추론은 Swift 및 Objective-C에서 실행할 수 있다. Linux 플랫폼(예: Raspberry Pi)에서 추론은 C++ 및 Python에서 실행된다. 마이크로컨트롤러용 TensorFlow Lite는 Arm Cortex-M(https://developer.arm.com/ip-products/processors/cortex-m)과 유사한 프로세서 예컨대, Arduino Nano 33 BLE Sense(https://store.arduino.cc/nano-33-ble-sense-with-headers), SparkFun Edge(https://www.sparkfun.com/products/15170) 그리고 STM32F746 Discovery kit(https://www.st.com/en/evaluation-tools/32f746gdiscovery.html) 등에서 작동하는 것을 실험적으로 포팅해둔 것이다. 이러한 마이크로컨트롤러는 IoT 애플리케이션에 자주 사용된다.

아키텍처

TensorFlow Lite의 아키텍처는 그림 19.6(출처: https://www.tensorflow.org/lite/convert/index)에 설명돼 있다. 보다시피 tfkeras(예: TensorFlow 2.x)와 하위 수준 API가 모두

지원된다. 표준 TensorFlow 2.x 모델은 TFLite 변환기를 사용해 변환한 다음 TFLite FlatBuffer 형식(.tflite라고 함)으로 저장할 수 있다. 그런 다음 사용 가능한 장치(GPU 및 CPU) 및 기본 장치 API에서 TFLite 인터프리터에 의해 실행된다. 그림 19.6의 concrete 함수는 TensorFlow Lite 모델로 변환하거나 SavedModel로 내보낼 수 있는 그래프를 정의하는 것이다.

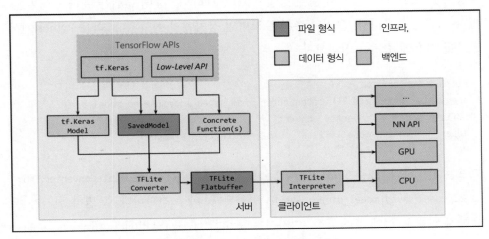

그림 19.6 TensorFlow Lite 내부 아키텍처

TensorFlow Lite 사용

TensorFlow Lite 사용에는 다음 단계를 거친다.

1. **모델 선택**: 특정 작업을 해결하기 위해 표준 TensorFlow 2.x 모델이 선택된다. 이는 맞춤형 모델 혹은 사전 훈련된 모델일 수 있다.

2. **모델 변환**: 선택한 모델을 TensorFlow Lite 변환기로 변환하고, 일반적으로 몇 줄의 Python 코드로 호출된다.

3. **모델 배포**: 변환된 모델은 전화 또는 IoT 장치 중 선택한 장치에 배포된 다음 TensorFlow Lite 인터프리터를 사용해 실행된다. 설명한 바와 같이 API는 여러 언어로 제공된다.

4. **모델 최적화**: TensorFlow Lite 최적화 프레임워크를 사용해 모델을 선택적으로 최적화할 수 있다.

응용 일반 사례

이 절에서는 모델을 TensorFlow Lite로 변환한 다음 실행하는 방법을 살펴보겠다. 사용자의 요구에 가장 잘 맞는 환경에서 TensorFlow를 통해 훈련을 계속 수행할 수 있다는 점에 주목하자. 그러나 추론은 모바일 장치에서 실행된다. 다음 Python에서 코드를 사용해 방법을 살펴보자.

```python
import tensorflow as tf
converter = tf.lite.TFLiteConverter.from_saved_model(saved_model_dir)
tflite_model = converter.convert()
open("converted_model.tflite", "wb").write(tflite_model)
```

코드는 자명하다. 표준 TensorFlow 2.x 모델을 연 다음 tf.lite.TFLiteConverter.from_saved_model(saved_model_dir)를 사용해 변환된다. 아주 간단하다. 특별히 설치가 필요하지 않다는 점에 주목하자. 여기서는 단순히 tf.lite API(https://www.tensorflow.org/api_docs/python/tf/lite)를 사용한다. 여러 최적화를 적용하는 것도 가능하다. 예를 들어 훈련 후 양자화를 기본적으로 적용할 수 있다.

```python
import tensorflow as tf
converter = tf.lite.TFLiteConverter.from_saved_model(saved_model_dir)
converter.optimizations = [tf.lite.Optimize.DEFAULT]
tflite_quant_model = converter.convert()
open("converted_model.tflite", "wb").write(tflite_quant_model)
```

모델이 변환되면 특정 장치에 복사할 수 있다. 물론 이 단계는 기기마다 다르다. 그러면 원하는 언어를 사용해 모델을 실행할 수 있다. 예를 들어 Java에서 호출은 다음 코드로 수행한다.

```java
try (Interpreter interpreter = new Interpreter(tensorflow_lite_model_file)) {
  interpreter.run(input, output);
}
```

이번에도 매우 간단한다. 매우 유용한 것은 이종 모바일 및 IoT 장치 모음에 대해 동일한 단계를 따를 수 있다는 점이다.

GPU 및 가속기 사용

최신 전화기에는 부동 소수점 행렬 연산을 더 빠르게 수행할 수 있는 가속기가 내장돼 있는 경우가 많다. 이 경우 인터프리터는 위임Delegate의 개념, 특히 GpuDelegate()를 사용해 GPU를 사용할 수 있다. Java로 된 예를 살펴보자.

```java
GpuDelegate delegate = new GpuDelegate();
Interpreter.Options options = (new Interpreter.Options()).
addDelegate(delegate);
Interpreter interpreter = new Interpreter(tensorflow_lite_model_file, options);
try {
  interpreter.run(input, output);
}
```

다시 말하지만 코드는 자명하다. 새 GpuDelegate()가 생성된 다음 인터프리터에서 GPU에서 모델을 실행하는 데 사용된다.

응용 사례

이 절에서는 TensorFlow Lite를 사용해 나중에 Android에 배포되는 예제 응용을 구축할 것이다. 코드 컴파일은 Android Studio(https://developer.android.com/studio/)를 사용한다. 첫 번째 단계는 다음을 사용해 저장소를 복제하는 것이다.

```
git clone https://github.com/tensorflow/examples
```

그런 다음 경로 examples/lite/examples/image_classification/android가 있는 기존 프로젝트(그림 19.7 참조)를 연다.

그런 다음 https://developer.android.com/studio/install에서 Android Studio와 적절한 Java 배포판을 설치해야 한다. 나 같은 경우에는 Android Studio macOS 배포

판을 선택하고 brew로 다음 명령을 사용해 Java를 설치했다.

```
brew tap adoptopenjdk/openjdk
brew cask install  homebrew/cask-versions/adoptopenjdk8
```

그런 다음 sdkmanager를 시작하고 필요한 패키지를 설치할 수 있다. 내 경우에는 내부 에뮬레이터를 사용하고 Google Pixel 3 XL을 에뮬레이트하는 가상 기기에 애플리케이션을 배포하기로 결정했다. 필요한 패키지는 그림 19.7에 나와 있다.

```
From-4590-back-to-2018-to-observe-the-world-before-the-big-fall:~ antonio$ sdkmanager —list
Warning: File /Users/antonio/.android/repositories.cfg could not be loaded.
Installed packages:=====================] 100% Computing updates...
  Path                                          | Version | Description
  -------                                       | ------- | -------
  add-ons;addon-google_apis-google-24           | 1       | Google APIs
  build-tools;28.0.3                            | 28.0.3  | Android SDK Build-Tools 28.0.3
  build-tools;29.0.2                            | 29.0.2  | Android SDK Build-Tools 29.0.2
  emulator                                      | 29.2.1  | Android Emulator
  patcher;v4                                    | 1       | SDK Patch Applier v4
  platforms;android-28                          | 6       | Android SDK Platform 28
  platforms;android-29                          | 3       | Android SDK Platform 29
  system-images;android-29;google_apis_playstore;x86 | 8 | Google Play Intel x86 Atom System Image
  tools                                         | 26.1.1  | Android SDK Tools 26.1.1
```

그림 19.7 Google Pixel 3 XL 에뮬레이터를 사용하는 데 필요한 패키지

그런 다음 그림 19.8과 같이 Android Studio를 시작하고 기존 Android Studio 프로젝트 열기를 선택한다.

그림 19.8 새 Android 프로젝트 열기

Tool 메뉴 아래에 있는 Open Adv Manager(도구 메뉴 아래)를 실행해 그림 19.9에 표시된 것과 같은 가상 장치를 만드는 방법에 대한 지침을 따른다.

Type	Name	Play Store	Resolution	API	Target
📱	Pixel 3 XL API 29		1440 x 2960: 560dpi	29	Android 10.0 (Google...

그림 19.9 가상 장치 생성

이제 가상 장치가 준비됐으므로 TensorFlow Lite 모델을 살펴보고 사용 방법을 살펴보겠다.

TensorFlow Lite에서 사전 학습된 모델

많은 흥미로운 사용 사례의 경우에서 모바일 계산에 적합한 사전 학습된 모델을 사용할 수 있다. 이는 거의 매달 새로운 제안이 들어오는 활발한 연구 분야다. 사전 훈련된 TensorFlow Lite 모델은 TensorFlow Hub에서 사용할 수 있다. 이러한 모델은 다음 링크(https://www.tensorflow.org/lite/models/)에 있다. 2022년 8월 기준으로는 다음과 같은 것이 있다.

- **이미지 분류**: 장소, 식물, 동물, 활동 및 사람과 같은 여러 부류의 개체를 식별하는 데 사용된다.

- **객체 탐지**: 경계 상자로 여러 객체를 감지하는 데 사용된다.

- **오디오 음성 합성**: 텍스트에서 음성을 생성하는 데 사용된다.

- **텍스트 임베딩**embedding: 텍스트 데이터를 임베딩하는 데 사용된다.

- **세그멘테이션**segmentation: 사람, 장소, 동물 및 많은 추가 부류에 대한 의미론적 레이블과 함께 객체의 형태를 식별한다.

- **스타일 변환**: 주어진 이미지에 예술적 스타일을 적용하는 데 사용된다.

- **텍스트 분류**: 텍스트 콘텐츠에 다른 범주를 할당하는 데 사용된다.

- **질문과 답변**: 이용자가 제공하는 질문에 대한 답변을 제공하기 위해 사용한다.

이 절에서는 2022년 8월 현재 TensorFlow Lite에서 즉시 사용할 수 있는 최적화된 사전 훈련된 모델 중 일부를 설명한다. 이러한 모델은 수많은 모바일 및 에지 컴퓨팅 사용 사례에 사용할 수 있다. 예제 코드를 컴파일하는 것은 매우 간단하다.

각 예제 디렉터리에서 새 프로젝트를 가져오기만 하면 Android Studio는 Gradle (https://gradle.org/)을 사용해 저장소의 최신 버전과 코드를 동기화하고 컴파일한다. 모든 예제를 컴파일하면 에뮬레이터에서 볼 수 있다(그림 19.10 참조).

Build > Make Project를 선택하면 나머지는 Android Studio가 알아서 작업을 수행한다.

그림 19.10 TensorFlow Lite 예제 응용으로 에뮬레이션된 Google Pixel 3 XL

 TIP 에지 컴퓨팅은 계산 및 데이터를 필요한 위치에 더 가깝게 하는 분산 컴퓨팅 모델이다.

이미지 분류

2022년 8월 기준으로 사전 훈련된, 분류에 사용할 수 있는 모델의 목록은 상당히 많으며 그림 19.11과 같이 공간, 정확도 및 성능을 절충할 수 있는 기회를 제공한다(출처: https://www.tensorflow.org/lite/models/trained).

모델 이름	모델 크기	Top-1 정확도	Top-5 정확도	TFLite 성능
Mobilenet_V1_0.25_128_quant	0.5 Mb	39.5%	64.4%	3.7 ms
Mobilenet_V1_0.25_160_quant	0.5 Mb	42.8%	68.1%	5.5 ms
Mobilenet_V1_0.25_192_quant	0.5 Mb	45.7%	70.8%	7.9 ms
Mobilenet_V1_0.25_224_quant	0.5 Mb	48.2%	72.8%	10.4 ms
Mobilenet_V1_0.50_128_quant	1.4 Mb	54.9%	78.1%	8.8 ms
Mobilenet_V1_0.50_160_quant	1.4 Mb	57.2%	80.5%	13.0 ms
Mobilenet_V1_0.50_192_quant	1.4 Mb	59.9%	82.1%	18.3 ms
Mobilenet_V1_0.50_224_quant	1.4 Mb	61.2%	83.2%	24.7 ms
Mobilenet_V1_0.75_128_quant	2.6 Mb	55.9%	79.1%	16.2 ms
Mobilenet_V1_0.75_160_quant	2.6 Mb	62.4%	83.7%	24.3 ms
Mobilenet_V1_0.75_192_quant	2.6 Mb	66.1%	86.2%	33.8 ms
Mobilenet_V1_0.75_224_quant	2.6 Mb	66.9%	86.9%	45.4 ms
Mobilenet_V1_1.0_128_quant	4.3 Mb	63.3%	84.1%	24.9 ms
Mobilenet_V1_1.0_160_quant	4.3 Mb	66.9%	86.7%	37.4 ms
Mobilenet_V1_1.0_192_quant	4.3 Mb	69.1%	88.1%	51.9 ms
Mobilenet_V1_1.0_224_quant	4.3 Mb	70.0%	89.0%	70.2 ms
Mobilenet_V2_1.0_224_quant	3.4 Mb	70.8%	89.9%	53.4 ms
Inception_V1_quant	6.4 Mb	70.1%	89.8%	154.5 ms
Inception_V2_quant	11 Mb	73.5%	91.4%	235.0 ms
Inception_V3_quant	23 Mb	77.5%	93.7%	637 ms
Inception_V4_quant	41 Mb	79.5%	93.9%	1250.8 ms

그림 19.11 다양한 모바일 모델에 대한 공간, 정확도 및 성능 절충

MobileNet V1은 Benoit Jacob[2]에서 설명한 양자화된 CNN 모델이다. MobileNet V2는 Google[3]에서 제안한 고급 모델이다. 온라인에서 모델 크기와 성능 간의 최상의 균형을 제공하는 부동 소수점 모델도 찾을 수 있다. GPU 가속에는 부동 소수점 모델을 사용해야 한다. 최근에는 자동화된 **모바일 신경망 구조 검색**MNAS 접근 방식[4]을 기반으로 모바일용 AutoML 모델이 제안돼 사람이 직접 만든 모델을 능가한다.

13장, 'AutoML 소개'에서 AutoML에 대해 알아봤으며, 관심 있는 독자는 모바일 장치에 대한 응용에 대한 대한 MNAS 문서[4]를 참조할 수 있다.

객체 탐지

TensorFlow Lite 형식 모델은 TF Hub에 포함돼 있다. 이미지 내에서 여러 객체를 경계 상자로 감지할 수 있는 사전 훈련된 모델이 많이 있다. 80가지 부류의 객체가 인식된다. 네트워크는 사전 훈련된 양자화된 COCO SSD MobileNet V1 모델을 기반으로 한다. 각 객체에 대해 모델은 부류, 감지 신뢰도 및 경계 상자의 정점을 제공한다(https://tfhub.dev/s?deployment-format=lite&module-type=image-objectdetection).

자세 추정

TF Hub에는 이미지나 동영상에서 인체의 일부를 감지하기 위한 TensorFlow Lite 형식의 사전 학습된 모델이 있다. 예를 들어 코, 왼쪽/오른쪽 눈, 엉덩이, 발목 및 기타 여러 부분을 감지할 수 있다. 각 감지에는 관련 신뢰도 점수(https://tfhub.dev/s?deploymentformat=lite&module-type=image-pose-detection)가 함께 제공된다.

스마트 응답

TF Hub에는 채팅 메시지에 대한 응답을 생성하기 위한 TensorFlow Lite 형식의 사전 학습된 모델도 있다. 이러한 응답은 상황에 따라 달라지며 Gmail(https://tfhub.dev/tensorflow/lite-model/smartreply/1/default/1)에서 사용 가능한 것과 유사하다.

세그멘테이션

이미지 세그멘테이션을 위한 사전 훈련된 모델(https://tfhub.dev/s?deployment-format=lite&module-type=imagesegmentation)이 있으며, 목표는 입력 이미지의 모든 픽셀에 할당된 의미론적 레이블(예: 사람, 개, 고양이)을 결정하는 것이다. 세그멘테이션은 DeepLab 알고리듬[5]을 기반으로 한다.

스타일 변환

TensorFlow Lite는 입력 스타일 이미지를 100차원 스타일 벡터로 줄이는 MobileNet V2 기반 신경망과 스타일 변환 모델의 조합을 통해 예술적 스타일 전송(20장, '고급 컨볼루션 신경망' 참조)도 지원한다. 스타일 벡터를 콘텐츠 이미지에 적용해 스타일화된 이미지를 생성한다(https://tfhub.dev/s?deployment-format=lite&moduletype=image-style-transfer).

텍스트 분류

IMDb 영화 리뷰의 긍정 혹은 부정 평가 점수를 가진 Large Movie Review Dataset v1.0(http://ai.stanford.edu/~amaas/data/sentiment/)에서 훈련된 텍스트 분류와 감정 분석 모델(https://tfhub.dev/s?deploymentformat=lite&module-type=text-classification)이 있다. 텍스트 분류의 예는 그림 19.12에 나와 있다.

그림 19.12 TensorFlow Lite를 사용하는 Android의 텍스트 분류 예

거대 언어 모델

트랜스포머 아키텍처(https://tfhub.js)를 기반으로 사전 훈련된 거대 언어 모델이 있다
(https://tfhub.dev/s?deployment-format=lite&q=bert). 이 모델은 MobileBERT[7]라고 하
는 BERT[6](6장, '트랜스포머' 참조)의 압축 변형을 기반으로 하며, 4배 더 빠르게 실행
되고 크기는 4배 더 작다. Q&A의 예는 그림 19.13에 나와 있다.

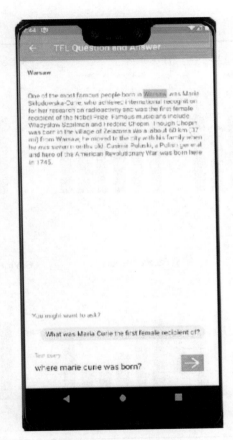

그림 19.13 TensorFlow Lite 및 BERT를 사용하는 Android의 Q&A 예

모바일 GPU 사용에 대한 참고 사항

이 절에서는 마지막으로 모바일 장치 및 IoT용으로 사전 훈련된 모델을 살펴본다. 최신 전화기에는 내부 GPU가 장착돼 있다는 점에 주목하자. 예를 들어 Pixel 3에서 TensorFlow Lite GPU 추론은 많은 모델에서 CPU보다 2~7배 빠르게 추론을 가속화한다(그림 19.14 참조(출처: https://blog.tensorflow.org/2019/01/tensorflow-lite-now-fast-with-mobile.html)).

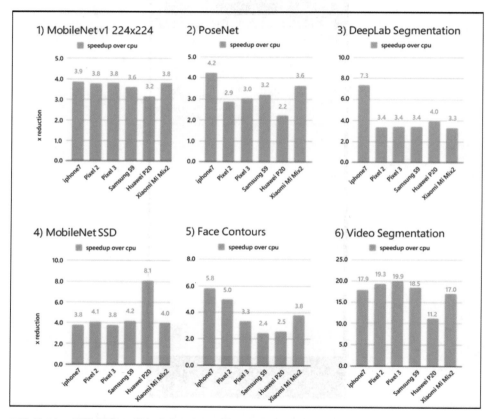

그림 19.14 다양한 학습 모델이 여러 스마트폰에서 실행될 때 GPU가 CPU보다 속도가 얼마나 빨라지는지를 나타낸다.

에지에서의 연합 학습 개요

설명한 바와 같이 에지 컴퓨팅은 계산과 데이터를 필요한 위치로 더 가깝게 하는 분산 컴퓨팅 모델이다.

이제 두 가지 사용 사례부터 시작해 에지에서 **연합 학습**FL, Federated Learning[8]에 대해 소개하겠다.

모바일 장치에서 음악을 재생하기 위한 앱을 만든 다음 사용자가 좋아할 만한 새 노래를 찾는 데 도움이 되는 추천 기능을 추가하려 한다고 가정해보자. 개인 데이터를 공개하지 않고 각 사용자의 경험을 활용하는 분산 모델을 구축할 수 있는 방법이 있는가?

5G 네트워크를 통해 연결된 수백만 대의 자동차를 생산하는 자동차 제조업체이고 각 자동차의 연료 소비를 최적화하기 위한 분산 모델을 구축하려고 한다고 가정해보자. 각 사용자의 운전 행동을 공개하지 않고 그러한 모델을 구축할 수 있는 방법이 있는가?

기존 머신러닝에서는 데스크톱, 데이터 센터 또는 클라우드에 교육 데이터를 위한 중앙 집중식 저장소가 필요하다. 연합 학습은 수백만 개의 모바일 장치에 계산을 분산해 에지에서 훈련 단계를 추진한다. 이러한 장치는 학습 과정에 항상 사용할 수 있는 것은 아니며 휘발성이라는 점에서 일시적이다(예: 휴대 전화가 갑자기 꺼질 수 있음). 핵심 아이디어는 FL 계산에 사용할 수 있는 각 휴대폰의 CPU와 GPU를 활용하는 것이다. 분산 FL 훈련의 일부인 각 모바일 장치는 중앙 서버에서 (사전 훈련된) 모델을 다운로드하고 각 특정 모바일 장치에서 수집된 지역 훈련 데이터를 기반으로 지역 최적화를 수행한다. 이 프로세스는 전이학습 프로세스와 유사하지만(20장 고급 컨볼루션 신경망 참조) 에지에 분산돼 있다. 지역에서 갱신된 각 모델은 평균 공유 모델을 구축하기 위해 수백만 개의 에지 장치에서 중앙 서버로 다시 전송된다.

물론 고려해야 할 많은 문제가 있다. 몇 가지를 검토해보자.

- **배터리 사용량:** FL 계산의 일부인 각 모바일 장치는 지역 배터리 사용량을 최

대한 절약해야 한다.

- **암호화된 통신**: FL 계산에 속하는 각 모바일 장치는 중앙 서버와의 암호화된 통신을 사용해 지역에 구축된 모델을 갱신해야 한다.

- **효율적인 커뮤니케이션**: 일반적으로 딥러닝 모델은 SGD와 같은 최적화 알고리듬으로 최적화된다(1장, 'TF를 사용한 신경망 기반' 및 14장, '딥러닝에 숨겨진 수학' 참조). 그러나 FL은 수백만 개의 장치에서 작동하므로 통신 패턴을 최소화해야 할 필요성이 강하다. Google은 연합 평균화Federated Averaging 알고리듬[8]을 도입했는데, 이는 일반 SGD와 비교할 때 통신량을 10배~100배 줄이는 것으로 보고됐다. 또한 압축 기술[9]은 임의 회전 및 양자화를 통해 추가로 100배까지 통신 비용을 절감한다.

- **사용자 개인 정보 보호**: 이는 아마도 가장 중요한 포인트일 것이다. 에지에서 획득한 모든 지역 훈련 데이터는 에지에 있어야 한다. 이는 모바일 장치에서 획득한 훈련 데이터를 중앙 서버로 보낼 수 없음을 의미한다. 마찬가지로 중요한 것은 특정 개인이 수행한 특정 작업을 이해할 수 없도록 지역에서 훈련된 모델에서 학습된 모든 사용자 행동을 익명화해야 한다는 것이다.

그림 19.15는 일반적인 FL 아키텍처를 보여준다[10]. FL 서버는 모델과 훈련 계획을 수백만 대의 장치로 보낸다. 훈련 계획에는 예상되는 갱신 빈도와 기타 메타데이터에 대한 정보가 포함된다.

각 장치는 지역 학습을 실행하고 모델 갱신을 전역 서비스로 다시 보낸다. 각 장치에는 지역 예제 저장소에 데이터를 저장하는 앱 프로세스에 연합 학습 서비스를 제공하는 FL 런타임이 있다. FL 런타임은 예제 저장소에서 학습 예제를 가져온다.

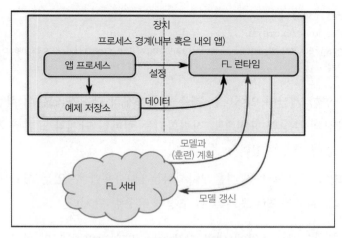

그림 19.15 연합 학습 아키텍처의 예

TensorFlow FL API

TensorFlow Federated[TTF] 플랫폼에는 2개의 계층이 있다.

- 앞서 설명한 FL[Federated Learning]은 **tf.keras** 및 비**tf.keras** 모델과 잘 작동하는 높은 수준의 인터페이스다. 대부분의 경우 개인 정보를 보호하는 분산 교육에 이 API를 사용한다.

- FC[Federated Core]는 고도로 사용자 정의할 수 있고 낮은 수준의 통신 및 연합 알고리듬과 상호 작용할 수 있는 낮은 수준의 인터페이스다. 새롭고 정교한 분산 학습 알고리듬을 구현하려는 경우에만 이 API가 필요하다. 이 주제는 다소 고급이므로 이 책에서는 다루지 않을 것이다. 자세히 알아보려면 온라인(https://www.tensorflow.org/federated/federated_core)에서 상세 정보를 찾을 수 있다.

FL API에는 세 가지 주요 부분이 있다.

1. **모델**: 연합 학습을 활성화하기 위해 기존 모델을 래핑하는 데 사용된다. 이는 **tff.learning.from_keras_model()** 또는 **tff.learning.Model()**의 서브클래싱을 통해 달성할 수 있다. 다음 코드를 보자.

```
keras_model = …
keras_model.compile(...)
keras_federated_model = tff.learning.from_compiled_keras_model(keras_
model, ..)
```

2. **빌더**: 연합 계산이 일어나는 계층이다. 2개의 단계가 있는데 학습 알고리듬이 계산의 추상적 표현으로 직렬화되는 컴파일 단계와 표현된 계산이 수행되는 실행 단계가 있다.

3. **데이터셋**: 연합 학습을 시뮬레이션하는 데 사용할 수 있는 대규모 데이터 모음이다. 지역적으로 초기 미세 조정에 유용한 단계다.

마지막으로 온라인에서 API에 대한 자세한 설명과 다양한 코딩 예제(https://www.tensorflow.org/federated/federated_learning)를 찾을 수 있다는 점을 기억하도록 하자. Google에서 제공하는 Colab 노트북(https://colab.research.google.com/github/tensorflow/federated/blob/v0.10.1/docs/tutorials/federated_learning_for_image_classification.ipynb)으로 시작하자. 이 프레임워크를 사용하면 실제 환경에서 실행하기 전에 분산 훈련을 시뮬레이션할 수 있다. FL 학습을 담당하는 라이브러리는 tensorflow_federated다. 그림 19.16은 여러 노드가 있는 연합 학습에 사용되는 모든 단계를 설명하고 있으며 이 절에서 논의된 내용을 더 잘 이해하는 데 유용하다.

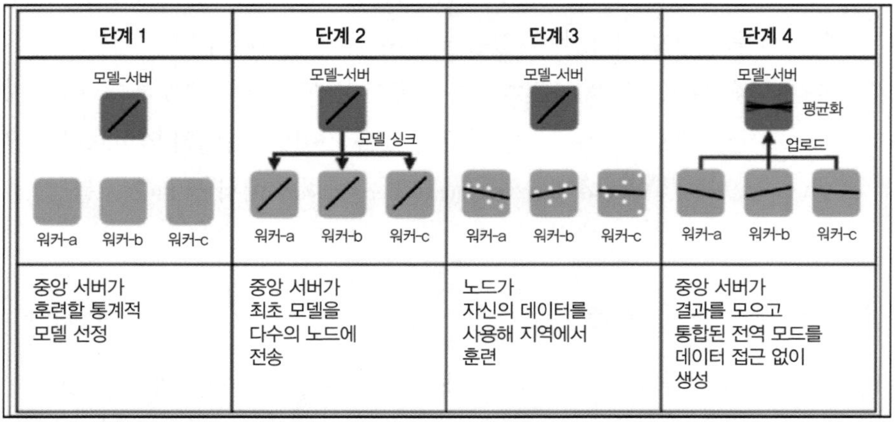

단계 1	단계 2	단계 3	단계 4
모델-서버	모델-서버 모델 싱크	모델-서버	모델-서버 평균화 업로드
워커-a 워커-b 워커-c	워커-a 워커-b 워커-c	워커-a 워커-b 워커-c	워커-a 워커-b 워커-c
중앙 서버가 훈련할 통계적 모델 선정	중앙 서버가 최초 모델을 다수의 노드에 전송	노드가 자신의 데이터를 사용해 지역에서 훈련	중앙 서버가 결과를 모으고 통합된 전역 모드를 데이터 접근 없이 생성

그림 19.16 여러 노드가 있는 연합 학습의 예(출처: https://upload.wikimedia.org/wikipedia/commons/e/e2/Federated_learning_process_central_case.png)

다음 절에서는 기본적으로 JavaScript에서 사용할 수 있는 TensorFlow의 변형인 TensorFlow.js를 소개한다.

TensorFlow.js

TensorFlow.js는 바닐라^{Vanilla} 모드 또는 Node.js를 통해 작동할 수 있는 머신러닝 모델용 JavaScript 라이브러리다. 이 절에서는 두 가지를 모두 검토할 것이다.

바닐라 TensorFlow.js

TensorFlow.js는 브라우저에서 머신러닝 모델을 교육하고 사용하기 위한 JavaScript 라이브러리다. JavaScript에서 딥러닝을 수행하기 위한 오픈 소스 하드웨어 가속 라이브러리인 deeplearn.js에서 파생됐으며 이제 TensorFlow의 동반 라이브러리다.

TensorFlow.js의 가장 일반적인 용도는 사전 학습된 머신러닝/딥러닝 모델을 브라우저에서 사용할 수 있도록 만드는 것이다. 이는 네트워크 대역폭 또는 보안 문제로 인해 클라이언트 데이터를 서버로 다시 보낼 수 없는 상황에서 도움이 될 수 있다. 그러나 TensorFlow.js는 풀스택 머신러닝 플랫폼이며 처음부터 머신러닝/딥러닝 모델을 구축하고 훈련할 수 있을 뿐만 아니라 새로운 클라이언트 데이터로 기존 사전 훈련된 모델을 미세 조정할 수 있다.

TensorFlow.js 응용의 예는 TensorFlow Projector(https://projector.tensorflow.org)이다. 이는 클라이언트가 자신의 데이터를 (워드 벡터로) 제공된 차원 축소 알고리듬 중 하나를 사용해 3차원 공간에 시각화할 수 있게 해준다. TensorFlow.js 데모 페이지 (https://www.tensorflow.org/js/demos)에는 TensorFlow.js 응용의 몇 가지 다른 예가 나열돼 있다.

TensorFlow와 유사하게 TensorFlow.js는 행렬 곱셈과 같은 낮은 수준의 텐서 연산을 제공하는 Ops API와 신경망을 위한 Keras 스타일의 높은 수준의 빌딩 블록을 제공하는 Layers API라는 두 가지 주요 API도 제공한다.

이 책을 쓰는 현 시점에는 TensorFlow.js는 세 가지 다른 백엔드에서 실행된다. 가장 빠르고 가장 복잡한 것은 WebGL의 저수준 3D 그래픽 API에 대한 액세스를 제공하고 GPU 하드웨어 가속을 활용할 수 있는 WebGL 백엔드다. 다른 인기 있는 백엔드는 Node.js 백엔드로 서버 측 애플리케이션에서 TensorFlow.js를 사용할 수 있다. 마지막 대체 수단으로 모든 브라우저에서 실행되는 일반 JavaScript의 CPU 기반 구현이 있다.

TensorFlow.js 애플리케이션 작성 방법을 더 잘 이해하기 위해 TensorFlow.js팀(https://storage.googleapis.com/tfjs-examples/mnist/dist/index.html)에서 제공하는 MNIST 숫자 분류 예제를 살펴보자.

여기서의 단계는 일반 지도학습 모델 개발 파이프라인과 유사하다. 즉, 데이터를 로드하고, 모델을 정의하고, 훈련한 다음 평가한다.

JavaScript는 브라우저 환경, HTML 페이지 내에서 작동한다. 아래 HTML 파일(index.html) 이 해당 페이지를 나타낸다. TensorFlow.js(tf.min.js) 및 TensorFlow.js 시각화 라이브러리(tfjs-vis.umd.min.js)에 대한 두 가지 임포트를 수행했음을 주목하라. 이들은 응용에서 사용할 라이브러리 함수를 제공한다. 응용의 JavaScript 코드는 index.html과 동일한 디렉터리에 있는 data.js와 script.js 파일에서 가져온다.

```
<!DOCTYPE html>
<html>
<head>
  <meta charset="utf-8">
  <meta http-equiv="X-UA-Compatible" content="IE=edge">
  <meta name="viewport" content="width=device-width, initial-scale=1.0">
  <!-- Import TensorFlow.js -->
<script src="https://cdn.jsdelivr.net/npm/@tensorflow/tfjs@1.0.0/dist/tf.min.
js"></script>
  <!-- Import tfjs-vis -->
  <script src="https://cdn.jsdelivr.net/npm/@tensorflow/tfjs-vis@1.0.2/dist/
tfjs-vis.umd.min.js"></script>
  <!-- Import the data file -->
  <script src="data.js" type="module"></script>
  <!-- Import the main script file -->
```

```
    <script src="script.js" type="module"></script>
  </head>
  <body>
  </body>
</html>
```

배포를 위해 웹 서버에 이 세 파일(index.html, data.js, script.js)을 배포하지만 개발 용으로는 Python 배포와 함께 번들로 제공되는 간단한 파일을 호출해 웹 서버를 시작할 수 있다. 이렇게 하면 localhost의 포트 8000에서 웹 서버가 시작되고 index.html 파일이 http://localhost:8000로 브라우저에서 렌더링될 수 있다.

```
python -m http.server
```

다음 단계는 데이터를 로드하는 것이다. 다행히 Google은 index.html 파일에서 직접 호출한 JavaScript 스크립트를 제공한다. GCP 저장소에서 이미지와 라벨을 다운로드하고 훈련과 테스트를 위해 섞이고 정규화된 이미지와 레이블 쌍 배치를 반환한다. 다음 명령을 사용해 index.html 파일과 동일한 폴더에 다운로드할 수 있다.

```
wget -cO - https://storage.googleapis.com/tfjs-tutorials/mnist_data.js > data.
js
```

 Windows 사용자의 경우 먼저 Wget(https://eternallybored.org/misc/wget/)을 다운로드해야 한다.

모델 정의, 훈련 및 평가 코드는 모두 script.js 파일 내에 지정된다. 네트워크를 정의하고 구축하는 함수는 다음 코드 블록에 나와 있다. 보다시피 tf.keras로 순차 모델을 구축하는 방식과 매우 유사하다. 유일한 차이점은 매개변수 목록 대신 이름-값 쌍의 사전으로 인수를 지정하는 방식이다. 모델은 순차 모델, 즉 계층의 목록이다. 마지막으로 모델은 Adam 최적기로 컴파일된다.

```
function getModel() {
```

```
    const IMAGE_WIDTH = 28;
    const IMAGE_HEIGHT = 28;
    const IMAGE_CHANNELS = 1;
    const NUM_OUTPUT_CLASSES = 10;

    const model = tf.sequential();
    model.add(tf.layers.conv2d({
      inputShape: [IMAGE_WIDTH, IMAGE_HEIGHT, IMAGE_CHANNELS],
      kernelSize: 5,
      filters: 8,
      strides: 1,
      activation: 'relu',
      kernelInitializer: 'varianceScaling'
    }));
    model.add(tf.layers.maxPooling2d({
      poolSize: [2, 2], strides: [2, 2]
    }));
    model.add(tf.layers.conv2d({
      kernelSize: 5,
      filters: 16,
      strides: 1,
      activation: 'relu',
      kernelInitializer: 'varianceScaling'
    }));
    model.add(tf.layers.maxPooling2d({
      poolSize: [2, 2], strides: [2, 2]
    }));
    model.add(tf.layers.flatten());
    model.add(tf.layers.dense({
      units: NUM_OUTPUT_CLASSES,
      kernelInitializer: 'varianceScaling',
      activation: 'softmax'
    }));
    const optimizer = tf.train.adam();
    model.compile({
      optimizer: optimizer,
      loss: 'categoricalCrossentropy',
      metrics: ['accuracy'],
    });
    return model;
}
```

그런 다음 모델은 훈련 데이터셋의 배치로 10에폭 동안 훈련되고 테스트 데이터셋의 배치를 사용해 인라인으로 검증된다. 가장 좋은 방법은 훈련 집합에서 별도의 유효성 검사 데이터셋을 만드는 것이다. 그러나 TensorFlow.js를 사용해 엔드-투-엔드 딥러닝 파이프라인을 설계하는 방법에 계속 집중하기 위해 Google에서 제공하는 외부 data.js 파일을 사용하는데, 이는 훈련과 테스트 배치를 반환하는 함수를 제공한다. 이 예에서는 유효성 검사와 나중에 평가를 위해 테스트 데이터셋을 사용한다.

이는 낯선 (훈련 중) 테스트 집합으로 달성했을 때보다 더 나은 정확도를 제공할 가능성이 있지만 다음과 같은 예시에서는 중요하지 않다.

```
async function train(model, data) {
  const metrics = ['loss', 'val_loss', 'acc', 'val_acc'];
  const container = {
    name: 'Model Training', tab: 'Model', styles: { height: '1000px' }
  };
  const fitCallbacks = tfvis.show.fitCallbacks(container, metrics);

  const BATCH_SIZE = 512;
  const TRAIN_DATA_SIZE = 5500;
  const TEST_DATA_SIZE = 1000;
  const [trainXs, trainYs] = tf.tidy(() => {
    const d = data.nextTrainBatch(TRAIN_DATA_SIZE);
    return [
      d.xs.reshape([TRAIN_DATA_SIZE, 28, 28, 1]),
      d.labels
    ];
  });
  const [testXs, testYs] = tf.tidy(() => {
    const d = data.nextTestBatch(TEST_DATA_SIZE);
    return [
      d.xs.reshape([TEST_DATA_SIZE, 28, 28, 1]),
      d.labels
    ];
  });
  return model.fit(trainXs, trainYs, {
    batchSize: BATCH_SIZE,
    validationData: [testXs, testYs],
```

```
      epochs: 10,
      shuffle: true,
      callbacks: fitCallbacks
   });
}
```

모델이 훈련을 마치면 예측을 수행하고 예측에 따라 모델을 평가하려고 한다. 다음
함수들은 각 부류에 대한 전체적인 정확도를 계산하고 테스트 집합의 모든 예제에
대한 예측을 수행하며, 테스트 집합 샘플 사이에서 혼동 행렬을 생성할 것이다.

```
const classNames = [
  'Zero', 'One', 'Two', 'Three', 'Four',
  'Five', 'Six', 'Seven', 'Eight', 'Nine'];
function doPrediction(model, data, testDataSize = 500) {
  const IMAGE_WIDTH = 28;
  const IMAGE_HEIGHT = 28;
  const testData = data.nextTestBatch(testDataSize);
  const testxs = testData.xs.reshape(
  [testDataSize, IMAGE_WIDTH, IMAGE_HEIGHT, 1]);
  const labels = testData.labels.argMax([-1]);
  const preds = model.predict(testxs).argMax([-1]);
  testxs.dispose();
  return [preds, labels];
}
async function showAccuracy(model, data) {
  const [preds, labels] = doPrediction(model, data);
  const classAccuracy = await tfvis.metrics.perClassAccuracy(
    labels, preds);
  const container = {name: 'Accuracy', tab: 'Evaluation'};
  tfvis.show.perClassAccuracy(container, classAccuracy, classNames);
  labels.dispose();
}
async function showConfusion(model, data) {
  const [preds, labels] = doPrediction(model, data);
  const confusionMatrix = await tfvis.metrics.confusionMatrix(
    labels, preds);
  const container = {name: 'Confusion Matrix', tab: 'Evaluation'};
  tfvis.render.confusionMatrix(
```

```
    container, {values: confusionMatrix}, classNames);
  labels.dispose();
}
```

마지막으로 run() 함수는 이러한 모든 함수를 순서대로 호출해 종단 간 머신러닝 파이프라인을 구축한다.

```
import {MnistData} from './data.js';
async function run() {
  const data = new MnistData();
  await data.load();
  await showExamples(data);
  const model = getModel();
  tfvis.show.modelSummary({name: 'Model Architecture', tab: 'Model'}, model);
  await train(model, data);
  await showAccuracy(model, data);
  await showConfusion(model, data);
}

document.addEventListener('DOMContentLoaded', run);
```

브라우저에서 http://localhost:8000/index.html을 새로고침하면 위의 run() 메서드가 호출된다. 그림 19.17은 모델 아키텍처와 훈련 진행 상황을 보여준다.

왼쪽에는 각 배치가 끝날 때 관찰된 유효성 검사 데이터셋의 손실 및 정확도 값이 있고 오른쪽에는 각 에폭마다 훈련 데이터셋(파란색) 및 유효성 검사 데이터셋(빨간색)에서 관찰된 동일한 손실 및 정확도 값이 있다.

Model Architecture			
Layer Name	**Output Shape**	**# Of Params**	**Trainable**
conv2d_Conv2D1	[batch,24,24,8]	208	true
max_pooling2d_MaxPooling2D1	[batch,12,12,8]	0	true
conv2d_Conv2D2	[batch,8,8,16]	3,216	true
max_pooling2d_MaxPooling2D2	[batch,4,4,16]	0	true
flatten_Flatten1	[batch,256]	0	true
dense_Dense1	[batch,10]	2,570	true

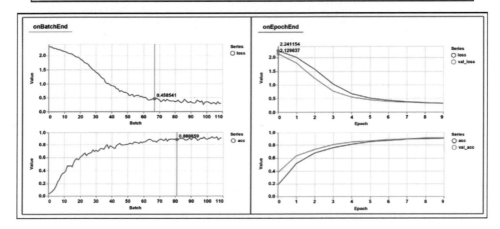

그림 19.17 학습 중인 모델 손실 및 정확도

또한 다음 그림은 테스트 데이터셋으로 훈련된 모델의 예측에 대한 여러 부류 간의
정확도와 테스트 데이터셋 샘플에 대한 예측 부류와 실제 부류 사이의 혼동 행렬을
보여준다.

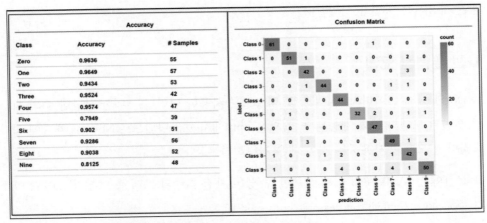

그림 19.18 학습된 모델에서 얻은 각 부류에 대한 혼동 측도 및 정확도

독자 여러분은 MNIST 데이터셋으로 TFJS 모델을 훈련하는 TensorFlow 팀의 다음 라이브 예제(https://storage.googleapis.com/tfjs-examples/mnist/dist/index.html)가 유용할 것이다.

여기서는 브라우저 내에서 TensorFlow.js를 사용하는 방법을 봤다. 다음 절에서는 모델을 Keras에서 TensorFlow.js로 변환하는 방법을 설명한다.

모델 변환

때때로 `tf.keras`로 이미 생성된 모델을 변환하면 편리하다. 이 방법은 매우 쉽고 다음 명령을 사용해 오프라인에서 수행할 수 있는데, /tmp/model.h5에서 Keras 모델을 가져오고 JavaScript 모델을 /tmp/tfjs_model로 출력한다.

```
tensorflowjs_converter --input_format=keras /tmp/model.h5 /tmp/tfjs_model
```

이 명령을 사용하려면 다음처럼 TensorFlow JS가 설치된 Python 환경이 필요하다.

```
pip install tensorflowjs
```

그러면 위의 변환기가 설치된다. 다음 절에서는 TensorFlow.js에서 사전 훈련된 모델을 사용하는 방법을 설명한다.

사전 훈련된 모델

TensorFlow.js는 이미지, 비디오 및 텍스트를 사용한 딥러닝을 위한 상당한 수의 사전 훈련된 모델과 함께 제공된다. 모델은 npm에서 호스팅되므로 Node.js 개발에 익숙하다면 모델을 사용하는 것이 매우 간단하다.

표 19.1에는 2022년 8월 현재 사용할 수 있는 사전 훈련된 모델 중 일부가 요약돼 있다(출처: https://github.com/tensorflow/tfjs-models).

표 19.1 TensorFlow.js의 일부 사전 학습된 모델 목록

이미지		
모델	세부 사항	설치
MobileNet(https://github.com/tensorflow/tfjs-models/tree/master/mobilenet)	레이블이 있는 이미지를 ImageNet 데이터 베이스에서 분류	npm i @tensorflow-models/mobilenet
PoseNet(https://github.com/tensorflow/tfjs-models/tree/master/posenet)	브라우저에서 실시간 사람 자세 판단하는 머신러닝 모델. 자세한 사항은 https://medium.com/tensorflow/real-time-human-pose-estimationin-the-browser-with-tensorflow-js-7dd0bc881cd5를 참조하라.	npm i @tensorflow-models/posenet
Coco SSD(https://github.com/tensorflow/tfjs-models/tree/master/coco-ssd)	하나의 이미지에 있는 복수의 객체에서 객체 하나를 지역화하고 식별화하는 객체 탐지 모델. 다음의 TensorFlow 객체 탐지 API에 기반한다(https://github.com/tensorflow/models/blob/master/research/object_detection/README.md).	npm i @tensorflow-models/coco-ssd
BodyPix (https://github.com/tensorflow/tfjs-models/tree/master/body-pix)	TensorFlow.js를 사용해 실시간으로 사람과 신체 일부의 세그멘테이션	npm i @tensorflow-models/body-pix

DeepLab v3(https://github.com/tensorflow/tfjs-models/tree/master/deeplab)	의미론적 세그멘테이션	npm i @tensorflow-models/deeplab
오디오		
모델	**세부 사항**	**설치**
음성 명령(https://github.com/tensorflow/tfjs-models/tree/master/speech-commands)	Classify 1-second audio snippets from the speech commands dataset(https://github.com/tensorflow/docs/blob/master/site/en/r1/tutorials/sequences/audio_recognition.md).	npm i @tensorflow-models/speech-commands
텍스트		
모델	**세부 사항**	**설치**
범용 문장 인코더(https://github.com/tensorflow/tfjs-models/tree/master/universal-sentence-encoder)	텍스트를 512차원 임베딩으로 인코딩해 감정 분류 및 텍스트 유사성과 같은 자연어 처리 작업에 대한 입력으로 사용한다.	npm i @tensorflow-models/universal-sentence-encoder
Text Toxicity(https://github.com/tensorflow/tfjs-models/tree/master/toxicity)	"매우 유해함"에서 "매우 건전함"까지 댓글이 대화에 미칠 수 있는 인지된 영향을 점수로 산정	npm i @tensorflow-models/toxicity
일반 유틸리티		
모델	**세부 사항**	**설치**
KNN 분류기(https://github.com/tensorflow/tfjs-models/tree/master/knn-classifier)	이 패키지는 K-최근접 이웃 알고리듬을 사용해 분류자를 생성하기 위한 유틸리티를 제공한다. 전이학습에 사용할 수 있다.	npm i @tensorflow-models/knn-classifier

미리 학습된 각 모델은 HTML에서 직접 사용할 수 있다. 예를 들어 다음은 KNN 분류자를 사용한 예다.

```
<html>
```

```
<head>
  <!-- Load TensorFlow.js -->
  <script src="https://cdn.jsdelivr.net/npm/@tensorflow/tfjs"></script>
  <!-- Load MobileNet -->
  <script src="https://cdn.jsdelivr.net/npm/@tensorflow-models/
mobilenet"></script>
  <!-- Load KNN Classifier -->
  <script src="https://cdn.jsdelivr.net/npm/@tensorflow-models/
knnclassifier"></script>
</head>
```

다음 절에서는 Node.js에서 사전 훈련된 모델을 사용하는 방법을 설명한다.

Node.js

이 절에서는 TensorFlow를 Node.js와 함께 사용하는 방법에 대한 개요를 살펴본다.

CPU 패키지는 다음 코드로 임포트하는데 모든 macOS, Linux, Windows 플랫폼에서 전부 작동한다.

```
import * as tf from '@tensorflow/tfjs-node'
```

GPU 패키지는 다음 코드로 임포트한다(2019년 11월, CUDA 환경의 GPU에서만 작동함).

```
import * as tf from '@tensorflow/tfjs-node-gpu'
```

다음은 간단한 고밀도 모델을 정의하고 컴파일하기 위한 Node.js 코드의 예다. 코드는 자명하다.

```
const model = tf.sequential();
model.add(tf.layers.dense({ units: 1, inputShape: [400] }));
model.compile({
  loss: 'meanSquaredError',
  optimizer: 'sgd',
  metrics: ['MAE']
});
```

그런 다음 일반적인 Node.js 비동기 호출로 훈련을 시작할 수 있다.

```
const xs = tf.randomUniform([10000, 400]);
const ys = tf.randomUniform([10000, 1]);
const valXs = tf.randomUniform([1000, 400]);
const valYs = tf.randomUniform([1000, 1]);
async function train() {
  await model.fit(xs, ys, {
    epochs: 100,
    validationData: [valXs, valYs],
  });
}
train();
```

이 절에서는 브라우저와 백엔드 연산을 위한 샘플 응용을 사용해 기본 JavaScript 및 Node.js 그리고 TensorFlow.js를 사용하는 방법에 대해 알아봤다.

요약

19장에서는 TensorFlow 생태계의 다양한 구성 요소에 대해 살펴봤다. 많은 사전 훈련된 모델을 사용할 수 있는 TensorFlow Hub부터 시작했다. 다음으로 TensorFlow Datasets에 대해 이야기하고 TFDS를 사용해 데이터 파이프라인을 구축하는 방법을 배웠다. 모바일 장치 및 IoT용 TensorFlow Lite를 사용하는 방법을 배웠고 Android 장치에 실제 응용을 배포했다. 그런 다음 개인 정보 보호 문제를 고려해 수천(백만) 개의 모바일 장치에 걸친 분산 학습을 위한 연합 학습에 대해서도 이야기했다. 19장의 마지막 절은 TensorFlow를 바닐라 JavaScript 또는 Node.js와 함께 사용하기 위한 TensorFlow.js에 할애했다. 20장에서는 고급 CNN에 대해 다루며, 일부 고급 CNN 아키텍처와 해당 애플리케이션을 배운다.

참고문헌

1. Quantization-aware training: https://github.com/tensorflow/tensorflow/

tree/r1.13/tensorflow/contrib/quantize

2. Jacob, B., Kligys, S., Chen, B., Zhu, M., Tang, M., Howard, A., Adam, H., and Kalenichenko, D. (Submitted on 15 Dec 2017). *Quantization and Training of Neural Networks for Efficient Integer-Arithmetic-Only Inference.* https://arxiv.org/abs/1712.05877

3. Sandler, M., Howard, A., Zhu, M., Zhmoginov, A., Chen, L-C. (Submitted on 13 Jan 2018 (v1), last revised 21 Mar 2019 (v4)). *MobileNetV2: Inverted Residuals and Linear Bottlenecks.* https://arxiv.org/abs/1806.08342

4. Tan, M., Chen, B., Pang, R., Vasudevan, V., Sandler, M., Howard, A., and Le, Q. V. *MnasNet: Platform-Aware Neural Architecture Search for Mobile.* https://arxiv.org/abs/1807.11626

5. Chen, L-C., Papandreou, G., Kokkinos, I., Murphy, K., and Yuille, A. L. (May 2017). *DeepLab: Semantic Image Segmentation with Deep Convolutional Nets, Atrous Convolution, and Fully Connected CRFs.* https://arxiv.org/pdf/1606.00915.pdf

6. Devlin, J., Chang, M-W., Lee, K., and Toutanova, K. (Submitted on 11 Oct 2018 (v1), last revised 24 May 2019 v2). *BERT: Pre-training of Deep Bidirectional Transformers for Language Understanding.* https://arxiv.org/abs/1810.04805

7. Anonymous authors, Paper under double-blind review. (modified: 25 Sep 2019). *MOBILEBERT: TASK-AGNOSTIC COMPRESSION OF BERT BY PROGRESSIVE KNOWLEDGE TRANSFER.* ICLR 2020 Conference Blind Submission Readers: Everyone. https://openreview.net/pdf?id=SJxjVaNKwB

8. McMahan, H. B., Moore, E., Ramage, D., Hampson, and S., Arcas, B. A. y. (Submitted on 17 Feb 2016 (v1), last revised 28 Feb 2017 (this version, v3)). *Communication-Efficient Learning of Deep Networks from Decentralized Data.* https://arxiv.org/abs/1602.05629

9. Konečny, J., McMahan, H. B., Yu, F. X., Richtarik, P., Suresh, A. T., and Bacon, D. (Submitted on 18 Oct 2016 (v1), last revised 30 Oct 2017 (this version, v2)). *Federated Learning: Strategies for Improving Communication Efficiency.* https://arxiv.org/abs/1610.05492

10. Bonawitz, K. et al. (22 March 2019). *TOWARDS FEDERATED LEARNING AT SCALE: SYSTEM DESIGN.* https://arxiv.org/pdf/1902.01046.pdf

고급 컨볼루션 신경망

20장에서는 CNN^{Convolutional Neural Networks}의 고급 사용에 대해 살펴보며, 다음에 관해 다룰 것이다.

- 컴퓨터 비전, 비디오, 텍스트 문서, 오디오 및 음악 영역 내에서 CNN을 적용하는 방법
- 텍스트 처리에 CNN을 사용하는 방법
- 캡슐 네트워크란 무엇인가?
- 컴퓨터 비전

 20장의 모든 코드 파일은 다음 링크(https://packt.link/dltfchp20)에서 다운로드할 수 있다.

복잡한 작업에 사용되는 CNN부터 시작하겠다.

복잡한 작업을 위한 CNN 구성

3장, '컨볼루션 신경망'에서 CNN에 대해 상당히 광범위하게 논의했으며 지금쯤은 이미지 분류 작업에 대한 CNN 아키텍처의 효율성에 대해 확신할 것이다. 그러나 놀라운 점은 기본 CNN 아키텍처를 다양한 방식으로 구성하고 확장해 보다 복잡하고 다양한 작업을 해결할 수 있다는 것이다. 이 절에서는 그림 20.1에 언급된 컴퓨터 비전 작업을 살펴보고 CNN을 더 크고 복합적인 아키텍처로 전환해 해결하는 방법을 보여준다.

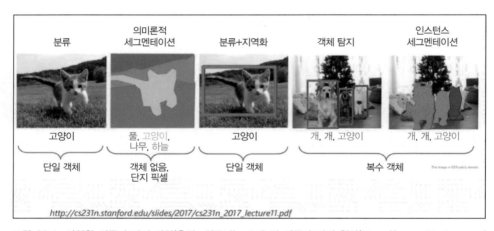

그림 20.1 다양한 컴퓨터 비전 작업(출처: 인공지능 소개 및 컴퓨터 비전 혁명(https://www.slideshare.net/darian_f/introduction-to-the-artificialintelligence-and-computer-vision-revolution)

분류 및 지역화

분류 및 지역화 작업에서는 이미지에서 발견된 개체의 부류뿐만 아니라 이미지에서 개체가 나타나는 경계 상자의 좌표도 알아내야 한다. 이 유형의 작업은 하나의 이미지에 하나의 개체 인스턴스만 있다고 가정한다.

이 과제는 일반적인 분류 네트워크에서 "분류 헤드" 외에 "회귀 헤드"를 추가해 달성할 수 있다. 분류 네트워크에서 특징 맵이라 부르는 컨볼루션 및 풀링 작업의 최종 출력은 부류 확률 벡터를 생성하는 완전 연결된 네트워크에 공급된다는 점을 기억하자. 완전 연결된 이 네트워크를 분류 헤드라고 하며 범주형 교차엔트로피와 같은 범주형 손실함수(L_c)를 사용해 조정된다.

마찬가지로 회귀 헤드는 특징 맵을 사용하고 왼쪽 상단 x 및 y 좌표와 경계 상자의 너비 및 높이를 나타내는 벡터(x, y, w, h)를 생성하는 완전 연결된 또 다른 네트워크다. 이는 평균제곱오차와 같은 연속 손실함수(L_R)를 사용해 조정된다. 전체 네트워크는 두 손실의 선형 조합을 사용해 조정된다. 즉, 다음과 같다.

$$L = \alpha L_c + (1 - \alpha)L_r$$

여기서 α는 하이퍼파라미터이며 0과 1 사이의 값을 가질 수 있다. 값이 문제와 연계된 특정 분야 지식에 의해 결정되지 않는 한 0.5로 설정할 수 있다.

그림 20.2는 일반적인 분류 및 지역화 네트워크 아키텍처를 보여준다.

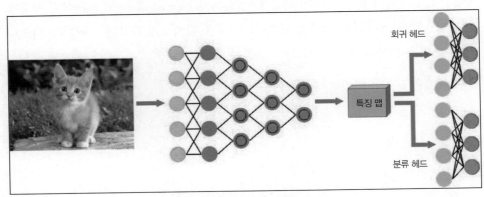

그림 20.2 이미지 분류 및 현지화를 위한 네트워크 아키텍처

보다시피 일반적인 CNN 분류 네트워크와 유일한 차이점은 오른쪽 상단에 추가 회귀 헤드가 있다는 것이다.

의미론적 세그멘테이션

기본 분류 아이디어를 기반으로 하는 또 다른 문제 클래스는 "의미론적semantic 세그멘테이션"이다. 목표는 이미지의 모든 각 픽셀을 단일 부류로 분류하는 것이다.

초기 구현 방법은 각 픽셀에 대한 분류자 네트워크를 구축할 수도 있으며 입력은 각 픽셀 주변의 작은 이웃이다. 실제로 이 접근 방식은 그다지 성능이 좋지 않으므로 이미지 너비와 높이를 일정하게 유지하면서 형상 깊이를 증가시키는 컨볼루션을 통해 이미지를 실행하면 더욱 개선될 수 있다. 그런 다음 각 픽셀에는 픽셀의 부류를 예측하는 완전 연결된 네트워크를 통해 보낼 수 있는 특징 맵이 있다. 그러나 실제로는 이 역시 비용이 많이 들고 일반적으로 사용되지 않는다.

세 번째 접근 방식은 CNN 인코더-디코더 네트워크를 사용하는 것이다. 여기서 인코더는 이미지의 너비와 높이를 줄이면서 깊이(특징 수)를 늘리고, 디코더는 전치 컨볼루션 작업을 사용해 크기를 늘리고 깊이를 줄인다. 전치 컨볼루션(또는 업샘플링)은 일반 컨볼루션의 반대 방향으로 진행하는 프로세스다. 이 네트워크에 대한 입력은 이미지이고 출력은 분할 맵이다. 이 인코더-디코더 아키텍처에서 인기 있는 구현 방법은 U-Net인데(좋은 구현 예는 다음 링크(https://githu.com/jakeret/tf_unet)에서 사용할 수 있다), 원래 생물의학 이미지 세그멘테이션을 위해 개발됐으며 인코더와 디코더의 해당 계층 간에 추가적인 스킵skip 연결이 있다.

그림 20.3은 U-Net 아키텍처를 보여준다.

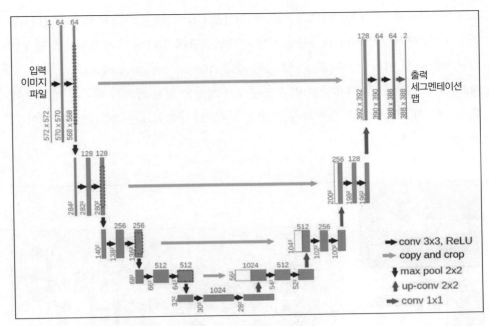

그림 20.3 U-Net 아키텍처

개체 탐지

개체 탐지 작업은 분류 및 지역화 작업과 유사하다. 가장 큰 차이점은 이제 이미지에 여러 개체가 있고 각 개체에 대해 분류와 경계 상자 좌표를 찾아야 한다는 것이다. 또한 개체의 수나 크기도 미리 알 수 없다. 상상할 수 있듯이 이는 어려운 문제이며 상당한 양의 연구가 진행됐다.

이 문제에 대한 첫 번째 접근 방식은 입력 이미지에서 많은 무작위 크롭crop을 생성하고 각 크롭에 대해 앞서 설명한 분류 및 지역화 네트워크를 적용하는 것이다. 그러나 이러한 접근 방식은 연산 측면에서 매우 낭비이며 그다지 성공적이지 않을 것이다.

보다 실용적인 접근 방식은 전통적인 컴퓨터 비전 기술을 사용하는 선택적 검색(객체 인식을 위한 선택적 검색(Selective Search for Object Recognition, by Uijlings et al., http://www.huppelen.nl/publications/selectiveSearchDraft.pdf))과 같은 도구를 사용하는 것인데, 이는 개체를 포함할 수 있는 이미지의 영역을 찾는다. 이러한 영역을 "영역 제안"이라고 하며 이를 탐지하는 네트워크를 지역 기반 CNN 또는 R-CNN이라고 한다. 원래 R-CNN에서는 영역의 크기를 조정하고 네트워크에 입력해 이미지 벡터를 생성했다. 그런 다음 이러한 벡터를 SVM 기반 분류기(https://en.wikipedia.org/wiki/Support-vector_machine 참조)로 분류하고 외부 도구에서 제안한 경계 상자를 이미지 벡터에 대한 선형회귀 네트워크를 사용해 수정했다. R-CNN 네트워크는 그림 20.4와 같이 개념적으로 나타낼 수 있다.

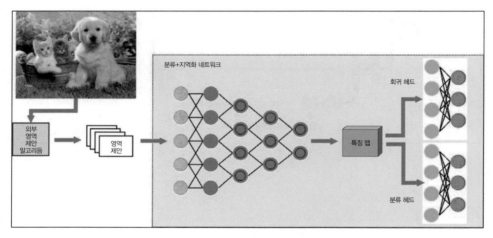

그림 20.4 R-CNN 네트워크

R-CNN 네트워크의 다음 반복을 Fast R-CNN이라고 한다. Fast R-CNN은 여전히 외부 도구에서 영역 제안을 받지만 CNN을 통해 각 영역 제안을 공급하는 대신 전체 이미지가 CNN을 통해 공급되고 영역 제안이 결과 특징 맵에 투영된다. 각 관심 영역은 ROI^Region Of Interest 풀링 계층을 통해 공급된 다음 완전 연결된 네트워크로 공급돼 ROI에 대한 특징 벡터를 생성한다.

ROI 풀링은 CNN을 사용하는 개체 탐지 작업에서 널리 사용되는 작업이다. ROI 풀링 계층은 최대 풀링을 사용해 유효한 관심 영역 내부의 특징을 고정된 공간 범위가 $H \times W$(여기서 H와 W는 2개의 하이퍼파라미터)인 작은 특징 맵으로 변환한다. 그런 다음 특징 벡터는 2개의 완전 연결된 네트워크에 공급된다. 하나는 ROI 부류를 예측하고 다른 하나는 영역 제안의 경계 상자 좌표를 수정한다. 이는 그림 20.5에 설명돼 있다.

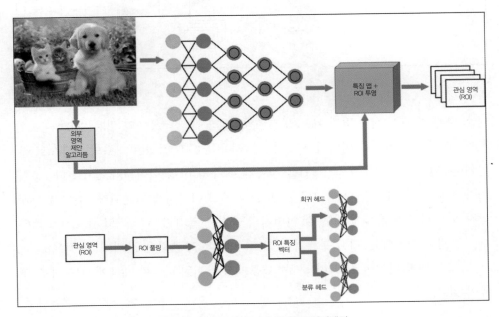

그림 20.5 Fast R-CNN 네트워크 아키텍처

Fast R-CNN은 R-CNN보다 약 25배 더 빠르다. 그다음 개선인 Faster R-CNN(구현은 https://github.com/tensorpack/tensorpack/tree/master/examples/ FasterRCNN에 있음)은 외부 영역 제안 메커니즘을 제거하고 훈련 가능한 구성 요소로 대체하는데, 이를 네트워크 자체 내에서 **영역 제안 네트워크**RPN, Region Proposal Network라고 한다. 이 네트워크의 출력은 특징 맵과 결합되고 그림 20.6과 같이 유사한 파이프라인을 통해 Fast R-CNN 네트워크로 전달된다.

Faster R-CNN 네트워크는 Fast R-CNN 네트워크보다 약 10배 빠르므로 R-CNN 네트워크보다 약 250배 빠르다.

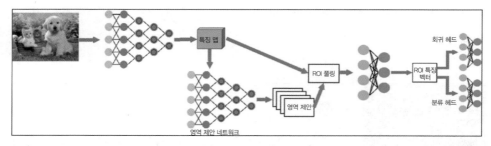

그림 20.6 Faster R-CNN 네트워크 아키텍처

다소 다른 종류의 개체 탐지 네트워크는 YOLO^{You Only Look Once}와 같은 SSD^{Single Shot Detector}이다. 이 경우 각 이미지는 그리드를 사용해 사전 정의된 개수의 부분으로 분할된다. YOLO의 경우 7×7 격자를 사용해 49개의 하위 이미지가 생성된다. 종횡비가 서로 다른 사전 결정된 크롭 집합이 각 하위 이미지에 적용된다. 주어진 경계상자 B와 개체 부류 C에 대해 각 이미지의 출력은 크기 $(7 * 7 * (5B + C))$인 벡터다. 각 경계 상자에는 개체 부류가 있고 각 이미지의 출력은 신뢰도 및 좌표(x, y, w, h) 크기의 벡터이며 각 그리드에는 내부에서 탐지된 다양한 개체에 대한 예측 확률이 있다.

YOLO 네트워크는 이러한 변환을 수행하는 CNN이다. 최종 예측 및 경계 상자는 이 벡터의 결과를 집계해 찾는다. YOLO에서 단일 컨볼루션 네트워크는 경계 상자와 관련 부류 확률을 예측한다. YOLO는 개체 탐지를 위한 더 빠른 솔루션이다. 구현은 다음 링크(https://www.kaggle.com/aruchomu/yolo-v3-object-detectionin-tensorflow)에 있다.

인스턴스 세그멘테이션

인스턴스 세그멘테이션은 이미지의 각 픽셀을 부류 레이블과 연결하는 프로세스인 의미적 세그멘테이션과 유사하지만 몇 가지 중요한 차이점이 존재한다. 첫째, 이미지에서 동일한 부류의 다른 인스턴스를 구별해야 한다. 둘째, 이미지의 모든 단일 픽셀에 레이블을 지정할 필요가 없다. 어떤 면에서 인스턴스 세그멘테이션은 경계 상자 대신 각 개체를 덮는 이진 마스크를 찾고 싶다는 점을 제외하면 개체 탐지와 유사하다.

두 번째 정의는 Mask R-CNN 네트워크 이면의 직관으로 이어진다. Mask R-CNN
은 회귀 헤드 앞에 추가 CNN이 있는 Faster R-CNN으로 각 ROI에 대해 보고된 경
계 상자 좌표를 입력으로 받아 이진 마스크로 변환한다[11].

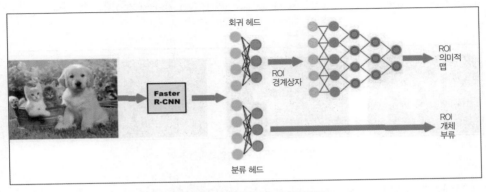

그림 20.7 마스크 R-CNN 아키텍처

2019년 4월 Google은 TPU로 사전 훈련된 Mask R-CNN을 오픈 소스로 출시했다.
이는 다음 링크(https://colab.research.google.com/github/tensorflow/tpu/blob/master/models/
official/mask_rcnn/mask_rcnn_demo.ipynb)에서 구할 수 있다.

Colab 노트북을 사용해 결과를 확인하면 좋다. 그림 20.8에서 이미지 세그멘테이션
의 예를 볼 수 있다.

그림 20.8 이미지 세그멘테이션의 예

Google은 또한 DeepLab이라는 TPU에서 훈련된 또 다른 모델을 출시했으며 데모에서 이미지(그림 20.9)를 볼 수 있다.

이는 다음 링크(https://colab.research.google.com/github/tensorflow/models/blob/master/research/deeplab/deeplab_demo.ipynb#scrollTo=edGukUHXyymr)에서 사용할 수 있다.

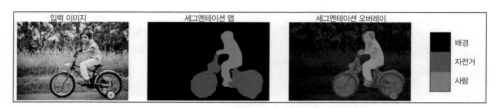

그림 20.9 이미지 세그멘테이션의 예

이 절에서는 컴퓨터 비전에서 널리 사용되는 다양한 네트워크 아키텍처를 다소 높은 수준에서 다뤘다. 이들 모두가 동일한 기본 CNN과 완전히 연결된 아키텍처로 구성돼 있다는 점에 주목하자. 이 구성 가능성은 딥러닝의 가장 강력한 기능 중 하나다. 바라건대, 이것이 이를 통해 여러분의 컴퓨터 비전 사용 사례에 맞게 조정될 수 있는 네트워크에 대한 몇 가지 아이디어를 얻었기를 바란다.

tf.Keras 및 TensorFlow Hub를 사용한 응용 동물원

전이학습의 좋은 점 중 하나는 사전 훈련된 네트워크를 재사용해 시간과 리소스를 절약할 수 있다는 것이다. 바로 사용할 수 있는 네트워크 모음이 많지만 다음 두 가지가 가장 많이 사용된다.

Keras 애플리케이션

Keras 애플리케이션(https://www.tensorflow.org/api_docs/python/tf/keras/applications에서 사용 가능)에는 ImageNet(Xception, VGG16, VGG19, ResNet, Res-NetV2, ResNeXt, InceptionV3, InceptionResNetV2, MobileNet, MobileNetV2, DenseNet, NASNet)에서 훈련된 가

중치를 가진 이미지 분류를 위한 모델이 들어 있다. 또한 개체 탐지 및 분할, 시퀀스 학습, 강화학습(11장 참조) 및 GAN(9장 참조)에 대한 커뮤니티의 몇 가지 다른 참조 구현도 있다.

TensorFlow Hub

TensorFlow Hub(https://www.tensorflow.org/hub에서 사용 가능)는 사전 학습된 모델의 대체 컬렉션이다. TensorFlow Hub에는 텍스트 분류, 문장 인코딩(4장 참조), 이미지 분류, 특징 추출, GAN을 사용한 이미지 생성 및 비디오 분류를 위한 모듈이 포함돼 있다. 현재 Google과 DeepMind 모두 TensorFlow Hub에 기여하고 있다.

TF.Hub를 사용하는 예를 살펴보자. 이 경우 MobileNetv2를 사용하는 간단한 이미지 분류기다.

```python
import matplotlib.pylab as plt
import tensorflow as tf
import tensorflow_hub as hub
import numpy as np
import PIL.Image as Image

classifier_url ="https://tfhub.dev/google/tf2-preview/mobilenet_v2/
classification/2" #@param {type:"string"}
IMAGE_SHAPE = (224, 224)
# 허브를 tf.keras로 래핑
classifier = tf.keras.Sequential([
    hub.KerasLayer(classifier_url, input_shape=IMAGE_SHAPE+(3,))
])
grace_hopper = tf.keras.utils.get_file('image.jpg','https://storage.googleapis.
com/download.tensorflow.org/example_images/grace_hopper.jpg')
grace_hopper = Image.open(grace_hopper).resize(IMAGE_SHAPE)
grace_hopper = np.array(grace_hopper)/255.0
result = classifier.predict(grace_hopper[np.newaxis, ...])
predicted_class = np.argmax(result[0], axis=-1)
print (predicted_class)
```

정말 간단한다. 허브 계층을 래핑하려면 hub.KerasLayer()를 사용해야 한다. 이 절에서는 TensorFlow Hub를 사용하는 방법에 대해 설명했다.

다음으로 다른 CNN 아키텍처를 보자.

이미지에 대한 질문에 답하기(시각적 Q&A)

신경망의 좋은 점 중 하나는 다양한 미디어 유형을 함께 결합해 통합된 해석을 제공할 수 있다는 것이다. 예를 들어 VQA^{Visual Question Answering}는 이미지 인식과 텍스트 자연어 처리를 결합한다. 훈련은 이미지에 대한 개방형 질문이 포함된 데이터셋인 VQA(https://visualqa.org/에서 사용 가능)를 사용할 수 있다. 이러한 질문에 답하려면 비전, 언어 및 일반 지식에 대한 이해가 필요하다. 다음 이미지는 https://visualqa.org/에서 제공되는 데모에서 가져온 것이다.

이미지 상단의 질문과 후속 답변에 주목하라.

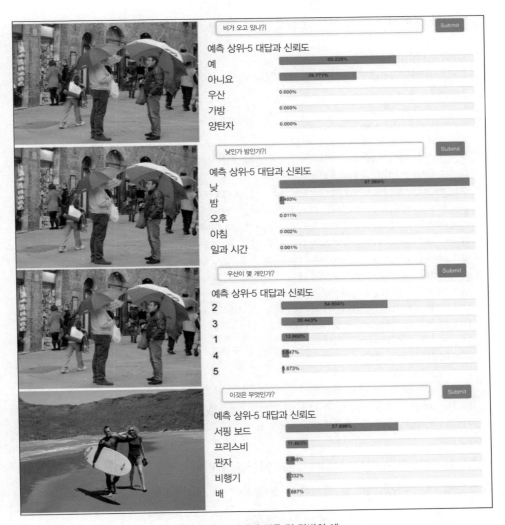

그림 20.10 시각적 질문 및 답변의 예

VQA를 사용하려면 먼저 VQA 데이터셋 같은 적절한 훈련 데이터를 구할 수 있는 곳은 CLEVR 데이터셋(https://cs.stanford.edu/people/jcjohns/clevr/에서 사용 가능) 또는 FigureQA 데이터셋(https://datasets.maluuba.com/FigureQA에서 사용 가능)이며, 혹은 Kaggle VQA 대회에 참여할 수 있다(https://www.kaggle.com/c/visual-questionanswering에서 사용 가능). 그런 다음 CNN과 RNN이 결합된 모델을 구축하고 실험을 시작할 수 있다. 예를 들어 CNN은 3개의 채널(224×224)을 입력으로 사용해 이미지에 대한 특

징 벡터를 생성하는 다음 코드와 같은 것일 수 있다.

```python
import tensorflow as tf
from tensorflow.keras import layers, models
# 이미지
#
# 시각 처리를 위한 CNN 정의
cnn_model = models.Sequential()
cnn_model.add(layers.Conv2D(64, (3, 3), activation='relu', padding='same',
input_shape=(224, 224, 3)))
cnn_model.add(layers.Conv2D(64, (3, 3), activation='relu'))
cnn_model.add(layers.MaxPooling2D(2, 2))
cnn_model.add(layers.Conv2D(128, (3, 3), activation='relu', padding='same'))
cnn_model.add(layers.Conv2D(128, (3, 3), activation='relu'))
cnn_model.add(layers.MaxPooling2D(2, 2))
cnn_model.add(layers.Conv2D(256, (3, 3), activation='relu', padding='same'))
cnn_model.add(layers.Conv2D(256, (3, 3), activation='relu'))
cnn_model.add(layers.Conv2D(256, (3, 3), activation='relu'))
cnn_model.add(layers.MaxPooling2D(2, 2))
cnn_model.add(layers.Flatten())
cnn_model.summary()

#적절한 입력으로 visual_model 정의
image_input = layers.Input(shape=(224, 224, 3))
visual_model = cnn_model(image_input)
```

텍스트는 RNN으로 인코딩할 수 있다. 지금은 입력에서 텍스트 조각(질문)을 가져와 텍스트에 대한 특징 벡터를 생성하는 블랙 박스로 생각하라.

```python
# 텍스트
#텍스트 처리를 위한 RNN 모델 정의
question_input = layers.Input(shape=(100,), dtype='int32')
emdedding = layers.Embedding(input_dim=10000, output_dim=256,
    input_length=100)(question_input)
encoded_question = layers.LSTM(256)(emdedding)
```

그런 다음 2개의 특징 벡터(이미지용 하나, 텍스트용 하나)는 결합된 네트워크를 생성하기 위해 밀집 네트워크에 대한 입력으로 제공되는 하나의 결합 벡터로 연결된다.

```
# 인코딩된 질문과 시각적 모델을 결합한다.
merged = layers.concatenate([encoded_question, visual_model])
#끝에 밀집 네트워크 연결
output = layers.Dense(1000, activation='softmax')(merged)

#결합된 모델 얻기
vqa_model = models.Model(inputs=[image_input, question_input], outputs=output)
vqa_model.summary()
```

예를 들어 레이블이 지정된 이미지 집합이 있는 경우 이미지를 설명하는 데 가장 적합한 질문과 답변이 무엇인지 배울 수 있다. 옵션의 수는 엄청나다. 더 알고 싶다면 훈련 집합에서 100,000개의 그림 이미지와 1,327,368개의 질문-답변 쌍이 포함된 FigureQA 데이터셋을 제공하는 스타트업인 Maluuba를 조사해보면 좋다. Maluuba 는 최근 Microsoft에 인수됐으며 연구소는 딥러닝의 아버지 중 한 명인 요슈아 벤지오^{Yoshua Bengio}가 자문을 제공한다.

이 절에서는 시각적 Q&A를 구현하는 방법에 대해 논의했다. 다음 절은 예술을 만들기 위해 신경망을 훈련시키는 데 사용되는 딥러닝 기술인 스타일 변환에 관한 것이다.

DeepDream 네트워크 만들기

CNN의 또 다른 흥미로운 애플리케이션은 DeepDream이다. DeepDream은 이미지에서 패턴을 찾고 향상시키기 위해 CNN을 사용하는 Google[8]에서 만든 컴퓨터 비전 프로그램이다. 결과는 꿈과 같은 몽환적 효과다. 전 예제와 유사하게 사전 훈련된 네트워크를 사용해 특징을 추출할 것이다. 그러나 이번 경우 이미지의 패턴을 "강화"하려고 한다. 즉, 일부 기능을 최대화해야 한다. 이것은 그래디언트 하강이 아닌 그래디언트 상승을 사용해야 함을 알려준다. Google 갤러리(https://colab.research.google.com/github/tensorflow/docs/blob/master/site/en/tutorials/gene-rative/deepdream.ipynb 에서 사용 가능)에는 고전적 시애틀 풍경이 새, 카드, 이상한 비행 객체와 같은 환각성 꿈으로 "인셉션^{incepted}"된다.

Google은 DeepDream 코드를 오픈 소스로 공개했지만(https://github.com/google/deepdream에서 사용 가능), 여기서는 Random Forest(https://www.deepdream에서 사용 가능)로 만든 단순화된 예제를 사용한다.

그림 20.11 DeepDreaming 시애틀

몇 가지 이미지 전처리부터 시작하자.

```python
# 이미지를 다운로드하고 NumPy 배열로 읽는다.
def download(url):
  name = url.split("/")[-1]
  image_path = tf.keras.utils.get_file(name, origin=url)
  img = image.load_img(image_path)
  return image.img_to_array(img)

# 픽셀을 (-1.0과 1.0) 사이로 조정
def preprocess(img):
  return (img / 127.5) - 1

# 위의 전처리를 취소한다.
def deprocess(img):
  img = img.copy()
```

828

```
  img /= 2.
  img += 0.5
  img *= 255.
  return np.clip(img, 0, 255).astype('uint8')

# 이미지 표시
def show(img):
  plt.figure(figsize=(12,12))
  plt.grid(False)
  plt.axis('off')
  plt.imshow(img)

# https://commons.wikimedia.org/wiki/File:Flickr_-_Nicholas_T_-_Big_Sky_(1).jpg
url = 'https://upload.wikimedia.org/wikipedia/commons/thumb/d/d0/Flickr_-_
Nicholas_T_-_Big_Sky_%281%29.jpg/747px-Flickr_-_Nicholas_T_-_Big_Sky_%281%29.
jpg'
img = preprocess(download(url))
show(deprocess(img))
```

이제 Inception 사전 훈련된 네트워크를 사용해 특징을 추출해보겠다. 여기서는 여러 계층을 사용하며, 목표는 활성화를 최대화하는 것이다. 여기서는 tf.keras 함수적 API가 우리의 도우미가 된다.

```
# 여기서는 이 계층의 활성화를 최대화할 것이다.
names = ['mixed2', 'mixed3', 'mixed4', 'mixed5']
layers = [inception_v3.get_layer(name).output for name in names]

# 특징 추출 모델 만들기
feat_extraction_model = tf.keras.Model(inputs=inception_v3.input,
outputs=layers)

def forward(img):

  # 배치 생성
  img_batch = tf.expand_dims(img, axis=0)

  # Inception을 통해 이미지를 전달하고 위에서 선택한 계층에 대해
  # 활성화를 추출한다.
  return feat_extraction_model(img_batch)
```

손실함수는 고려되는 모든 활성화 계층의 평균이며 계층 자체의 단위 수로 정규화된다.

```python
def calc_loss(layer_activations):

    total_loss = 0

    for act in layer_activations:

        # 그래디언트 상승에서는 이 값을 최대화해
        # 이미지가 계층을 점점 "활성"되도록 한다.
        loss /= np.prod(act.shape)

        # Normalize by the number of units in the layer
        loss /= np.prod(act.shape)
        total_loss += loss

    return total_loss
```

이제 그래디언트 상승을 실행해보겠다.

```python
img = tf.Variable(img)
steps = 400

for step in range(steps):

    with tf.GradientTape() as tape:
        activations = forward(img)
        loss = calc_loss(activations)

    gradients = tape.gradient(loss, img)
    # 그래디언트를 정규화한다.
    gradients /= gradients.numpy().std() + 1e-8

    # 그래디언트를 직접 추가해 이미지 갱신
    img.assign_add(gradients)

    if step % 50 == 0:
        clear_output()
```

```
    print ("Step %d, loss %f" % (step, loss))
    show(deprocess(img.numpy()))
    plt.show()

# 결과 보기
clear_output()
show(deprocess(img.numpy()))
```

이렇게 하면 왼쪽의 이미지가 오른쪽의 사이키델릭 이미지로 변환된다.

그림 20.12 구름이 있는 들길을 DeepDreaming한 것

네트워크가 학습한 내용 검사

이미지를 잘 인식하기 위해 신경망이 실제로 무엇을 학습하고 있는지 이해하기 위해 특히 흥미로운 연구와 노력이 집중되고 있다. 이를 신경망 "해석 가능성"이라고 한다. 활성화 아틀라스는 평균 활성화 함수의 기능 시각화를 보여주는 것을 목표로 하는 유망한 최근 기술이다. 이러한 방식으로 활성화 아틀라스는 네트워크의 눈을 통해 보이는 글로벌 맵을 생성한다. 다음 링크(https://distill.pub/2019/activation-atlas/)에서 제공되는 데모를 살펴보자.

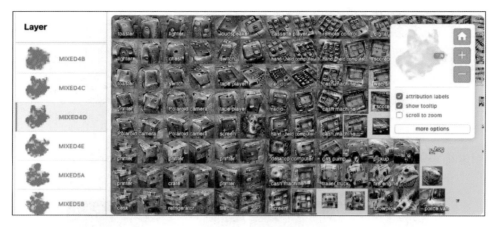

그림 20.13 검사의 예

이 이미지에서 비전 분류에 사용되는 InceptionV1 네트워크는 전자 제품, 스크린, 폴라로이드 카메라, 건물, 음식, 동물 귀, 식물 및 물 배경과 같이 완전히 실현된 많은 기능을 보여준다.그리드 셀은 가장 많이 지원하는 분류로 레이블이 지정돼 있다. 그리드 셀은 또한 내부에서 평균화되는 활성화 수에 따라 크기가 조정된다. 이 표현은 네트워크의 여러 계층을 검사하고 입력에 대한 응답으로 활성화 함수가 실행되는 방식을 검사할 수 있기 때문에 매우 강력하다.

이 절에서는 CNN으로 이미지를 처리하는 많은 기술을 살펴봤다. 다음으로 비디오 처리로 넘어간다.

비디오

이 절에서는 비디오와 함께 CNN을 사용하는 방법과 사용할 수 있는 다양한 기술에 대해 알아볼 것이다.

여섯 가지 방식으로 사전 훈련된 네트워크로 비디오 분류

비디오 분류는 이러한 유형의 미디어를 처리하는 데 필요한 많은 양의 데이터 때문에 활발한 연구 분야다. 메모리 요구 사항은 종종 최신 GPU의 한계에 육박하고 있으며 여러 머신에서 분산된 형태의 훈련이 필요할 수 있다. 연구자들은 현재 다양한 조사 방향으로 탐색하고 있으며, 아래에 설명된 바와 같이 첫 번째 접근 방식에서 여섯 번째 접근 방식으로 그 복잡성이 증가하고 있다.

- **첫 번째 접근 방식**은 각각의 비디오 프레임을 2D CNN으로 처리된 별도의 이미지로 간주해 한 번에 하나의 비디오 프레임을 분류하는 것이다. 이 접근 방식은 단순히 비디오 분류 문제를 이미지 분류 문제로 줄인다. 각 비디오 프레임은 분류 출력을 "방출"하고 비디오는 각 프레임에 대해 더 자주 선택된 범주를 고려해 분류된다.

- **두 번째 접근 방식**은 2D CNN이 RNN과 결합된 하나의 단일 네트워크를 만드는 것으로 구성된다(9장, '생성 모델' 참조). 아이디어는 CNN이 이미지 구성 요소를 고려하고 RNN이 각 비디오의 시퀀스 정보를 고려한다는 점이다. 이러한 유형의 네트워크는 최적화할 매개변수 수가 매우 많기 때문에 훈련하기가 어려울 수 있다.

- **세 번째 접근 방식**은 3D ConvNet을 사용하는 것이다. 여기서 3D ConvNet은 3D 텐서(시간, 이미지 너비 및 이미지 높이)에서 작동하는 2D ConvNet의 확장이다. 이 접근 방식은 이미지 분류의 또 다른 자연스러운 확장이다. 다시 말하지만 3D ConvNet은 훈련이 힘들 수 있다.

- **네 번째 접근 방식**은 영리한 아이디어를 기반으로 한다. CNN을 분류에 직접 사용하는 대신 비디오의 각 프레임에 대한 오프라인 특징을 저장하는 데 사용할 수 있다. 아이디어는 이전 레시피에서 볼 수 있듯이 전이학습을 사용하면 특징 추출이 매우 효율적으로 될 수 있다는 것이다. 모든 특징이 추출된 후 여러 프레임에서 시퀀스를 학습하고 최종 분류를 내보내는 RNN에 일련의 입력으로 전달할 수 있다.

- **다섯 번째 접근 방식**은 네 번째 접근 방식의 간단한 변형으로, 최종 계층이 RNN 대신 MLP를 쓴다. 특정 상황에서 이 접근 방식은 계산 요구 사항 측면에서 더 간단하고 저렴할 수 있다.

- **여섯 번째 접근 방식**은 네 번째 접근 방식의 변형으로 공간 및 시각적 특징을 추출하는 3D CNN으로 특징 추출 단계를 구현한다. 이러한 특징은 RNN 또는 MLP로 전달된다.

최선의 접근 방식을 결정하는 것은 전적으로 특정 응용에 따라 다르며 정답은 없다. 처음 세 가지 접근 방식은 일반적으로 계산 비용이 더 많이 들고 투박한 반면, 마지막 세 가지 접근 방식은 비용이 덜 들고 종종 더 나은 성능을 달성한다.

지금까지 이미지 및 비디오 애플리케이션에 CNN을 사용하는 방법을 살펴봤다. 다음 절에서는 텍스트 기반 문맥 내에서 이러한 아이디어를 적용한다.

텍스트 문서

텍스트와 이미지는 공통점이 있다. 언뜻 보기에 공통점이 적어 보일 수 있다. 그러나 문장이나 문서를 행렬로 나타내면 이 행렬은 각 셀이 픽셀인 이미지 행렬과 크게 다르지 않다. 그래서 그다음 질문은 어떻게 텍스트 조각을 행렬로 나타낼 수 있는가다.

사실 매우 간단하다. 행렬의 각 행은 텍스트의 기본 단위를 나타내는 벡터다. 물론 이제 기본 단위가 무엇인지 정의해야 한다. 간단한 방법은 기본 단위를 문자로 정의하는 것이다. 또 다른 방법은 기본 단위를 단어로 설정하는 것이다. 또 다른 선택은 유사한 단어를 함께 집계한 다음 각 집계(클러스터 또는 임베딩이라고도 함)를 대표 기호로 표시하는 것이다.

기본 단위로 어떻게 선택했든지 기본 단위에서 정수 ID로의 1:1 매핑이 있어야 텍스트가 행렬로 표시될 수 있다는 점에 주목하자. 예를 들어 10줄의 텍스트가 있는 문서가 있고 각 줄이 100차원 임베딩인 경우 10×100의 행렬로 텍스트를 나타낸다. 이 특별한 "이미지"에서 해당 문장 X에 위치 Y로 표시되는 임베딩이 포함돼 있으면 "픽셀"이 켜진다. 텍스트의 인접한 행에 있는 두 단어는 공통점이 거의 없기 때문에 텍스트가 실제로는 행렬보다는 벡터에 가깝다는 것을 알 수 있다. 실제로 이것은 이미지의 경우 인접한 열에 위치한 2개의 픽셀이 어느 정도 상관관계를 가질 가능성이 있다는 점과 비교할 때 주요한 차이점이다.

지금쯤이면 독자 여러분은 다음과 같은 의문에 빠질 것이다. 텍스트를 벡터로 표현한다는 것은 알았지만 그렇게 하면 단어의 위치 정보를 잃어 버리게 된다. 이 위치 정보는 중요한 것 아닌가? 실제로 많은 애플리케이션에서 문장에 특정 기본 단위(문자, 단어 또는 집계) 자체가 포함돼 있는지 여부를 아는 것이, 이 기본 단위가 문장상 어느 위치에 있는지에 대한 정보보다 더 유용할 경우가 많다.

예를 들어 CNN은 **감정 분석**^{sentiment analysis}에서 꽤 좋은 결과를 얻는데, 감정 분석이란 텍스트 일부가 긍정적인 감정인지 부정적인 감정인지 이해하는 것이다. **스팸 탐지**는 텍스트가 유용한 정보인지 스팸인지 파악하는 것이고, 주제 분류를 위해서는 텍스트의 전체 내용을 이해해야만 한다. 그러나 CNN은 모든 단어(예: 동사, 부사, 주제 등)의 논리적 역할을 이해하는 것이 목표인 **품사** 분석에는 적합하지 않다. CNN은 또한 관련 개체가 문장의 어디에 있는지 이해해야 하는 **개체 추출**에는 적합하지 않다.

사실 위치 정보는 마지막 두 사용 사례에 매우 유용한 정보임이 밝혀졌다. 1D ConvNet은 2D ConvNet과 매우 유사하다. 그러나 전자는 단일 벡터에서 작동하고 후자는 행렬에서 작동한다.

감정 분석을 위한 CNN 사용

코드를 살펴보자. 먼저 tensorflow_datasets로 데이터셋을 로드한다. 여기서는 영화 리뷰 모음인 IMDB를 사용한다.

```
import tensorflow as tf
from tensorflow.keras import datasets, layers, models, preprocessing
import tensorflow_datasets as tfds


max_len = 200
n_words = 10000
dim_embedding = 256
EPOCHS = 20
BATCH_SIZE =500
```

```
def load_data():
    # 데이터 로드
    (X_train, y_train), (X_test, y_test) = datasets.imdb.load_data(num_words=
n_words)
    # 시퀀스를 max_len으로 채움
    X_train = preprocessing.sequence.pad_sequences(X_train, maxlen=max_len)
    X_test = preprocessing.sequence.pad_sequences(X_test, maxlen=max_len)
    return (X_train, y_train), (X_test, y_test)
```

그런 다음 적합한 CNN 모델을 구축한다. 임베딩(4장, '단어 임베딩' 참조)을 사용해 일 반적으로 문서에서 관찰되는 희소 어휘를 dim_embedding 차원의 밀집 특징 공간으로 매핑한다. 그런 다음 Conv1D를 사용하고 평균화를 위한 GlobalMaxPooling1D와 2개의 Dense 계층을 사용한다.

```
def build_model():
    model = models.Sequential()
    #입력 – 임베딩 계층
    # 모델은 크기(batch, input_length)의 정수 행렬을 입력으로 받는다.
    # 모델은 차원을 출력한다(input_length, dim_embedding)
    # 입력에서 가장 큰 정수는 n_words(어휘 크기)보다  더 크지 않아야 한다.
    model.add(layers.Embedding(n_words,
        dim_embedding, input_length=max_len))

    model.add(layers.Dropout(0.3))
    model.add(layers.Conv1D(256, 3, padding='valid',
        activation='relu'))

    # 각 n_words 특징에서 특징 벡터의 최댓값을 취한다.
    model.add(layers.GlobalMaxPooling1D())
    model.add(layers.Dense(128, activation='relu'))
    model.add(layers.Dropout(0.5))
    model.add(layers.Dense(1, activation='sigmoid'))

    return model

(X_train, y_train), (X_test, y_test) = load_data()
model=build_model()
model.summary()
```

모델에는 2,700,000개 이상의 매개변수가 있으며 다음과 같이 요약된다.

```
Layer (type)                    Output Shape           Param #
=================================================================
embedding (Embedding)           (None, 200, 256)       2560000

dropout (Dropout)               (None, 200, 256)       0

conv1d (Conv1D)                 (None, 198, 256)       196864

global_max_pooling1d (Globa     (None, 256)            0
lMaxPooling1D)

dense (Dense)                   (None, 128)            32896

dropout_1 (Dropout)             (None, 128)            0

dense_1 (Dense)                 (None, 1)              129

=================================================================
Total params: 2,789,889
Trainable params: 2,789,889
Non-trainable params: 0
```

그런 다음 Adam 최적화 프로그램과 이진 교차엔트로피 손실을 사용해 모델을 컴파일하고 적합화한다.

```python
model.compile(optimizer = "adam", loss = "binary_crossentropy",
  metrics = ["accuracy"]
)

score = model.fit(X_train, y_train,
  epochs= EPOCHS,
  batch_size = BATCH_SIZE,
  validation_data = (X_test, y_test)
)

score = model.evaluate(X_test, y_test, batch_size=BATCH_SIZE)
print("\nTest score:", score[0])
print('Test accuracy:', score[1])
```

최종 정확도는 88.21%로, 텍스트 처리에 CNN을 성공적으로 사용할 수 있음을 보여준다.

```
Epoch 19/20
25000/25000 [==============================] - 135s 5ms/sample - loss: 7.5276e-
04 - accuracy: 1.0000 - val_loss: 0.5753 - val_accuracy: 0.8818
Epoch 20/20
25000/25000 [==============================] - 129s 5ms/sample - loss: 6.7755e-
04 - accuracy: 0.9999 - val_loss: 0.5802 - val_accuracy: 0.8821
25000/25000 [==============================] - 23s 916us/sample - loss: 0.5802
- accuracy: 0.8821

Test score: 0.5801781857013703
Test accuracy: 0.88212
```

다른 많은 비이미지 애플리케이션도 이미지로 변환하고 CNN을 사용해 분류할 수 있다(예: https://becominghuman.ai/sound-classification-using-images68d4770df426 참조).

오디오와 음악

지금까지 이미지, 비디오 및 텍스트에 CNN을 사용했다. 이제 CNN의 변형이 오디오에 어떻게 사용될 수 있는지 살펴보겠다.

오디오 합성을 배우는 것이 왜 그렇게 어려운지 궁금할 것이다. 우리가 듣는 각 디지털 사운드는 초당 16,000개 샘플(때로는 48K 이상)을 기반으로 하며, 이전의 모든 샘플을 기반으로 샘플을 재생산하는 방법을 학습하는 예측 모델을 구축하는 것은 매우 어려운 과제다.

Dilated ConvNets, WaveNet 및 NSynth

WaveNet은 원시 오디오 파형을 생성하기 위한 딥 생성 모델이다. 이 획기적인 기술은 Google DeepMind가 컴퓨터에게 말하는 방법을 가르치기 위해 도입했다(https://deepmind.com/blog/wavenet-a-generative-model-for-rawaudio/에서 사용 가능). 결과는 정말 인상적이며 컴퓨터가 맷 데이먼Matt Damon과 같은 유명인의 목소리로 대화하는 방법을 배우는 합성 음성의 예를 온라인에서 찾아볼 수 있다. WaveNet이 최신 TTSText-to-Speech 시스템을 개선해 미국 영어와 북경어 모두에서 사람의 음성과의 차이를 50%까지 줄인다는 실험이 있다. 비교에 사용되는 측도는 주관적인 쌍 비교 테스트인데, **평균 평가 점수**MOS, Mean Opinion Score라고 한다. MOS 테스트에서 피실험자들은 각 소리 자극을 들은 후 자극의 자연스러움을 "나쁨"(1)에서 "매우 좋음"(5)까지 5점 측도로 평가하도록 요청 받는다.

더 멋진 것은 DeepMind가 WaveNet을 사용해 피아노 음악과 같은 악기 소리를 생성하는 방법을 컴퓨터에 가르치는 데에도 사용할 수 있음을 시연했다는 점이다.

이제 몇 가지 정의를 보자. TTS 시스템은 일반적으로 연결concatenative과 모수적parametric인 두 가지 부류로 나뉜다.

연결 TTS는 단일 음성 조각을 먼저 기억한 다음 음성을 재생해야 할 때 이들을 재결합하는 것이다. 그러나 이 접근 방식은 기억된 음성 조각을 재생하는 것만 가능하고 처음부터 조각을 기억하지 않고서는 새로운 화자나 다른 유형의 오디오를 재생할 수 없기 때문에 확장성이 없다.

모수적 TTS는 합성할 오디오의 모든 특성을 저장하기 위해 모델을 만드는 것이다. WaveNet 이전에는 모수적 TTS로 생성된 오디오가 연결 TTS보다 덜 자연스러웠다. WaveNet은 과거처럼 중간 신호 처리 알고리듬을 사용하는 대신 오디오 사운드 생성을 직접 모델링해 상당한 개선이 가능케 했다.

원칙적으로 WaveNet은 스트라이드stride가 1이고 풀링 계층이 없는 1D 컨볼루션 계층의 스택으로 볼 수 있다. 입력과 출력은 구조상 동일한 차원을 가지므로 ConvNets는 오디오 사운드와 같은 순차적 데이터를 모델링하는 데 적합하다는 점에 주목하자. 그러나 출력 뉴런의 수용 필드를 큰 크기로 만들기 위해서는 엄청난 수의 큰 필터를 사용하거나 네트워크 깊이를 엄청나게 증가시키는 것이 필요하다는 것이 밝혀졌다. 계층에 있는 뉴런의 수용 필드는 뉴런이 입력을 제공하는 이전 계층의 단면임을 기억하라. 이러한 이유로 순수한 ConvNet은 오디오 합성 방법을 학습하는 데 그다지 효과적이지 않다.

WaveNet의 핵심 직관은 소위 **Dilated Causal Convolutions**[5](때때로 atrous convolution이라고도 함)이며, 이는 단순히 convolutional 계층의 필터가 적용될 때 일부 입력 값을 건너뛴다는 것을 의미한다. "Atrous"는 "구멍이 있는"이라는 뜻의 프랑스어 표현 "à trous"에서 왔다. 따라서 atrous convolution은 구멍이 있는 convolution이다. 예를 들어 한 차원에서 크기가 3이고 확장^{dilation}이 1인 필터 w는 다음 합계를 계산한다. $w[0]\,x[0] + w[1]\,x[2] + w[3]\,x[4]$.

즉, D-확장 컨볼루션에서 일반적으로 스트라이드 1이지만 다른 스트라이드를 사용해도 무방하다. 확장 (구멍) 크기 = 0, 1, 2로 증가한 예가 그림 20.14에 있다.

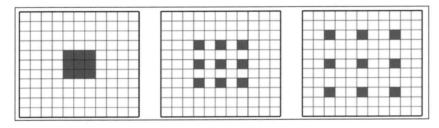

그림 20.14 크기를 증가시킨 확장

구멍을 도입한 이 간단한 아이디어 덕분에 필터가 기하급수적으로 증가하는 여러 개의 확장된 컨볼루션 계층을 쌓거나 지나치게 깊은 네트워크 없이도 긴 범위의 입력 종속성을 학습할 수 있다.

따라서 WaveNet은 컨볼루션 계층이 다양한 확장 계수를 갖는 ConvNet이므로 수용 필드가 깊이에 따라 기하급수적으로 증가하므로 수천 개의 오디오 타임 스텝을 효율적으로 처리할 수 있다.

훈련 시 입력은 사람 화자의 소리를 녹음한 것이다. 파형은 고정 정수 범위로 양자화된다. WaveNet은 현재와 이전 입력에만 액세스하는 초기 컨볼루션 계층을 정의한다. 그런 다음 확장된 ConvNet 계층 스택이 있으며 여전히 현재 및 이전 입력만 액세스한다. 마지막에는 이전 결과를 결합하는 일련의 밀집 계층이 있으며 범주 출력에 대한 소프트맥스 활성화 함수가 뒤따른다.

각 단계에서 값이 네트워크에서 예측돼 입력으로 피드백된다. 동시에 다음 단계에 대한 새로운 예측이 계산된다. 손실함수는 현재 단계의 출력과 다음 단계의 입력 간의 교차엔트로피다. 그림 20.15는 Aaron van den Oord[9]에서 소개한 WaveNet 스택과 수용 필드의 시각화를 보여준다. 주의해야 할 점은 생성 과정이 느릴 수 있다는 것이다. 이는 파형이 순차적으로 합성돼야 하기 때문에 그렇다. $x_{>t}$를 얻기 위해서는 x_t를 먼저 샘플링해야 한다. 여기서 x는 입력이다.

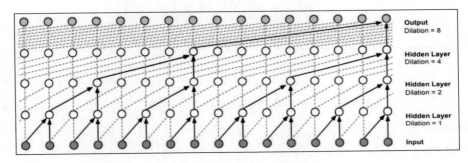

그림 20.15 WaveNet 내부 연결

Parallel WaveNet[10]에서 샘플링을 병렬로 수행하는 방법이 제안됐는데, 이는 3배의 속도 향상을 달성한다. 느리지만 정확성을 보장하는 WaveNet 교사 네트워크와 교사의 행동을 모방하려고 시도하는 WaveNet 학생 네트워크, 이 2개로 구성된다. 이 접근 방식은 GAN에 사용되는 것과 유사하지만(9장, '생성 모델' 참조) 일반적으로 GAN에서 발생하는 것처럼 학생이 교사를 속이려고 하지 않는다. 실제로 이 모델은 더 빠를 뿐만 아니라 초당 24,000개의 샘플로 파형을 생성할 수 있는 더 높은 충실도를 제공한다.

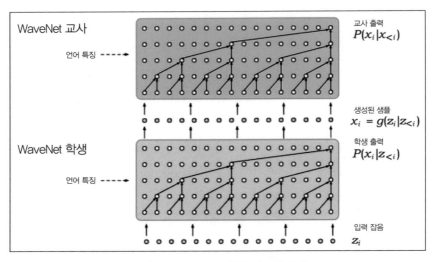

그림 20.16 WaveNet 학생 및 교사의 예

이 모델은 Google에서 프로덕션 환경에 배포됐으며 현재 수백만 명의 사용자에게 Google 어시스턴트 쿼리를 실시간으로 제공하는 데 사용되고 있다. 2018년 5월 연례 I/O 개발자 컨퍼런스에서 WaveNet 덕분에 새로운 Google 어시스턴트 음성을 사용할 수 있다고 발표됐다.

TensorFlow용 WaveNet 모델은 현재 두 가지 구현이 사용 가능하다. 하나는 Deep-Mind의 WaveNet의 원 구현이고, 다른 하나는 Magenta NSynth이다. 원래 WaveNet 버전은 다음 GitHub(https://github.com/ibab/tensorflow-wavenet)에서 사용할 수 있다. NSynth는 Google Brain 그룹에서 최근에 출시한 WaveNet의 진화형으로 인과관계가 아니라 입력 청크chunk의 전체 문맥을 보는 것을 목표로 한다. Magenta는 https://magenta.tensorflow.org/nsynth에서 사용할 수 있다.

신경망은 다음 이미지에 묘사된 것처럼 정말 복잡하지만 개념적으로는 인코딩/디코딩 단계에서 오차를 감소하는 기법을 사용해 입력을 재생산하는 방법을 학습하는 네트워크 정도로 이해하면 충분하다.

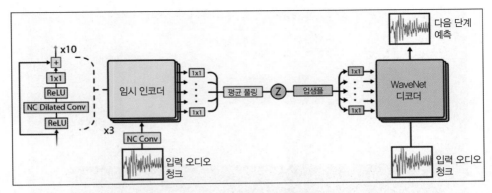

그림 20.17 마젠타 내부 아키텍처

좀 더 이해하고 싶다면 NSynth로 생성된 모델로 조작해볼 수 있는 온라인 Colab 노트북을 살펴보는 것이 좋다. NSynth Colab은 다음 링크(https://colab.research.google.com/notebooks/magenta/nsynth/nsynth.ipynb)에서 사용할 수 있다.

MuseNet은 OpenAI에서 개발한 매우 인상적이고 멋진 최신 오디오 생성 도구다. MuseNet은 희소sparse 트랜스포머를 사용해 24개의 어텐션 헤드가 있는 72계층 네트워크를 훈련한다. MuseNet은 다음 링크(https://openai.com/blog/musenet/)에서 사용할 수 있다. 6장에서 살펴본 트랜스포머는 텍스트, 이미지, 사운드 등 시퀀스에서 다음에 오는 것을 예측하는 데 매우 능숙하다.

트랜스포머에서 모든 출력 요소는 모든 입력 요소에 연결되며 이들 사이의 가중치는 어텐션이라는 프로세스에 따라 동적으로 계산된다. MuseNet은 열 가지 악기로 최대 4분 분량의 음악 작곡을 제작할 수 있으며 컨트리 스타일, 모차르트, 비틀즈 스타일을 결합할 수 있다. 예를 들어 나 같은 경우 베토벤의 〈엘리제를 위하여〉를 피아노, 드럼, 기타, 베이스로 레이디 가가 스타일로 리메이크했다. 각자 'MuseNet 사용해보기' 절 아래 제공된 링크에서 직접 시도해볼 수 있다.

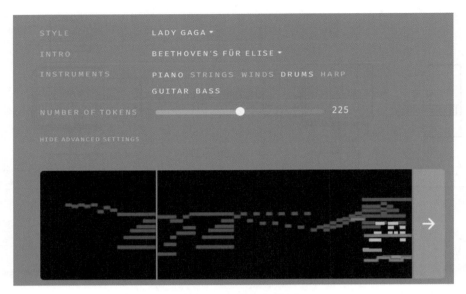

그림 20.18 MuseNet 사용 예

컨볼루션 작업 요약

이 절에서는 다양한 컨볼루션 작업에 대한 요약을 살펴본다. 컨볼루션 계층은 I개의 입력 채널을 갖고 O개의 출력 채널을 생성한다. $I \times O \times K$ 매개변수가 사용되며 여기서 K는 커널에 있는 값의 수다.

기본 CNN

CNN이 무엇인지 간단히 상기해보자. CNN은 입력 이미지(2차원), 텍스트(2차원) 또는 비디오(3차원)를 가져와 입력에 여러 필터를 적용한다. 각 필터는 입력 영역을 가로질러 미끄러지는 손전등과 같으며 필터가 비추는 영역을 수용 필드라고 한다. 각 필터는 입력 깊이가 같은 텐서다(예를 들어 이미지의 깊이가 3인 경우 필터의 깊이도 3이어야 함).

필터가 입력 이미지 주변에서 미끄러지거나 컨볼루션하면 필터의 값에 입력 값이 곱해진다. 그런 다음 곱셈은 하나의 단일 값으로 요약된다. 이 프로세스는 각 위치에 대해 반복돼 활성화 맵(일명 특징 맵)을 생성한다. 물론 각 필터가 특징 식별자 역할을 하는 여러 필터를 사용할 수 있다. 예를 들어 이미지의 경우 필터는 가장자리, 색상, 선 및 곡선을 식별할 수 있다. 핵심적인 직관은 필터 값을 가중치로 취급하고 역전파를 통해 훈련 중에 이를 미세 조정하는 것이다.

컨볼루션 계층은 다음 구성 매개변수를 사용해 구성할 수 있다.

- **커널 크기**: 컨볼루션이 바라보는 시야다.
- **스트라이드**Stride: 이미지를 순회할 때 커널의 단계 크기다.
- **패딩**: 샘플의 테두리를 처리하는 방법을 정의한다.

확장된 컨볼루션

확장된 컨볼루션(또는 atrous 컨볼루션)에는 추가적 다른 구성 매개변수가 필요하다.

- **확장률**: 커널의 값 사이의 간격이다.

확장된 컨볼루션은 WaveNet을 사용한 오디오 처리를 포함해 많은 상황에서 사용된다.

전치 컨볼루션

전치 컨볼루션은 일반 컨볼루션의 반대 방향으로 진행되는 변환이다. 예를 들어 특징 맵을 더 높은 차원의 공간으로 투영하거나 컨볼루션 자동 인코더를 구축하는 데 유용하다(8장, '자동 인코더' 참조). 전치 컨볼루션은 먼저 주어진 입력 모양에 대한 일반 CNN의 출력 모양을 계산하는 것으로 생각할 수 있다. 그런 다음 변환된 컨볼루션으로 입력 및 출력 모양을 반전시킨다. TensorFlow 2.0은 예를 들어 이미지 생성을 위해 GAN(9장, '생성 모델' 참조)에서 사용할 수 있는 Conv2DTranspose 계층으로 전치 컨볼루션을 지원한다.

분리 가능한 컨볼루션

분리 가능한 컨볼루션은 커널을 여러 단계로 분리하는 것을 목표로 한다. 컨볼루션을 $y = conv(x, k)$라고 하자. 여기서 y는 출력, x는 입력, k는 커널이다. 커널이 분리 가능하다고 가정해보자. $k = k1.k2$(여기서 $.$는 내적)이다. 이 경우 k로 2차원 컨볼루션을 수행하는 대신 $k1$ 및 $k2$로 1차원 컨볼루션을 두 번 수행해 동일한 결과를 얻을 수 있다. 분리 가능한 컨볼루션은 계산 자원을 절약하기 위해 자주 사용된다.

깊이별 컨볼루션

여러 채널이 있는 이미지를 생각해보자. 일반 2D 컨볼루션에서 필터는 입력만큼 깊으며 출력의 각 요소를 생성하기 위해 채널을 혼합할 수 있다. 깊이별 컨볼루션에서 각 채널은 별도로 유지되고 필터는 채널로 분할되며 각 컨볼루션은 개별적으로 적용되며 결과는 다시 하나의 텐서로 쌓인다.

깊이별 분리 가능한 컨볼루션

이 컨볼루션은 분리 가능한 컨볼루션과 혼동돼서는 안 된다. 깊이별 컨볼루션을 완료한 후 채널 간 1×1 컨볼루션이라는 추가 단계가 수행된다. 깊이별 분리 가능한 컨볼루션은 Xception에서 사용된다. 또한 모델 크기와 복잡성이 줄어들어 모바일 및 임베디드 비전 애플리케이션에 특히 유용한 모델인 MobileNet에서도 사용된다. 이 절에서는 컨볼루션의 모든 주요 형태에 대해 논의했다. 다음 절에서는 2017년에 도입된 새로운 형태의 학습인 캡슐 네트워크에 대해 설명한다.

캡슐 네트워크

캡슐 네트워크(또는 CapsNets)는 매우 혁신적인 최신 딥러닝 네트워크 유형이다. 이 기술은 2017년 10월 말에 사라 사보Sara Sabour, 니콜라스 프로스트Nicholas Frost, 제프리 힌튼Geoffrey Hinton[14]의 「Dynamic Routing Between Capsules」(https://arxiv.org/

abs/1710.09829)에서 소개됐다. 힌튼은 딥러닝의 아버지이며 따라서 전체 딥러닝 커뮤니티는 캡슐^{Capsules}의 발전을 보게 돼 기뻐하고 있다. 실제로 CapsNets는 이미 MNIST 분류에서 최고의 CNN을 이기고 있다. 인상적이다!

CNN의 문제점

CNN에서 각 계층은 점진적인 세분화 수준에서 이미지를 "이해"한다. 여러 절에서 설명한 것처럼 첫 번째 계층은 직선이나 단순한 곡선 및 가장자리를 인식할 가능성이 높으며, 후속 계층은 사각형과 같은 더 복잡한 모양부터 사람 얼굴과 같은 복잡한 형태까지 이해하기 시작한다.

CNN에 사용되는 중요한 작업 중 하나는 풀링이다. 풀링은 위치 불변성을 생성하는 것을 목표로 하며 모든 문제를 계산적으로 다루기 쉽게 만들기 위해 각 CNN 계층 다음에 사용된다. 그러나 풀링은 모든 위치 데이터를 잃게 되므로 중요한 문제가 발생한다. 이는 문제가 있다. 얼굴에 대해 생각해보자. 얼굴은 2개의 눈, 하나의 입, 코로 구성되며 중요한 것은 이 부분들 사이에 공간적 관계가 있다는 것이다(예를 들어 입이 코 아래에 있는데, 일반적으로 눈 아래에 있음). 실제로 힌튼은 다음과 같이 말했다. "컨볼루션 신경망에서 사용되는 풀링 작업은 큰 실수이며 잘 작동한다는 사실은 재앙이다." 기술적으로 우리는 위치 불변성이 필요하지 않은 대신 동등성이 필요하다. 동등성은 이미지의 회전 또는 비율 변화를 이해하고 그에 따라 네트워크를 조정하고자 함을 나타내는 멋진 용어다. 이러한 방식으로 이미지의 서로 다른 구성 요소 간의 공간적 위치 지정이 손실되지 않는다.

캡슐 네트워크의 새로운 기능

힌튼 등에 따르면 우리의 뇌에는 "캡슐"이라는 모듈이 있으며 각 캡슐은 특정 유형의 정보를 처리하는 데 특화돼 있다. 특히 위치의 개념, 크기의 개념, 방향의 개념, 변형의 개념, 질감 등을 "이해"하는 데 잘 작동하는 캡슐이 있다. 그 외에도 저자는 우리의 두뇌가 특정 유형의 정보를 처리하는 데 가장 적합한 것으로 간주되는 캡슐에 각 정보 조각을 동적으로 라우팅하는 특히 효율적인 메커니즘을 갖고 있다고 제시했다.

따라서 CNN과 CapsNets의 주요 차이점은 CNN을 사용하면 심층 네트워크를 생성하기 위해 계층을 계속 추가하는 반면, CapsNet을 사용하면 다른 계층 안에 신경 계층을 중첩한다는 것이다. 캡슐은 네트워크에 더 많은 구조를 도입하는 뉴런 그룹이며 이미지에서 개체의 존재를 알리는 벡터를 생성한다. 특히 힌튼은 활동 벡터의 길이를 사용해 개체가 존재할 확률을 나타내고 인스턴스화 매개변수를 나타내는 방향을 사용한다. 여러 예측이 일치하면 더 높은 수준의 캡슐이 활성화된다. 가능한 각부모에 대해 캡슐은 추가 예측 벡터를 생성한다.

이제 두 번째 혁신이 이뤄진다. 캡슐 전체에서 동적 라우팅을 사용하고 더 이상 풀링이라는 원시적 아이디어를 사용하지 않을 것이다. 낮은 수준의 캡슐은 활동 벡터가 큰 스칼라 곱을 갖는 높은 수준의 캡슐로 출력을 보내는 것을 선호하며 예측은 낮은 수준의 캡슐에서 나온다. 스칼라 예측 벡터 곱이 가장 큰 부모는 캡슐 결합을 증가시킨다. 다른 모든 부모는 결합력을 줄인다. 즉, 상위 수준 캡슐이 하위 수준 캡슐과 일치하면 해당 유형의 더 많은 정보를 보내도록 요청한다는 아이디어다. 일치되지 않으면 더 적은 수를 보내도록 요청할 것이다. 일치하는 방식에 의한 이러한 동적 라우팅은 최대 풀링과 같은 현재 메커니즘보다 우수하며 힌튼에 따르면 라우팅은 궁극적으로 이미지를 파싱하는 방법이다. 실제로 최대 풀링은 가장 큰 값을 제외한 모든 것을 무시하는 반면 동적 라우팅은 하위 계층과 상위 계층 간의 합의에 따라 선택적으로 정보를 전파한다.

세 번째 차이점은 새로운 비선형 활성화 함수가 도입됐다는 것이다. CapsNet은 CNN에서와 같이 각 계층에 스쿼싱 기능을 추가하는 대신 중첩된 계층 세트에 스쿼싱squashing 함수를 추가한다. 비선형 활성화 함수는 방정식 1로 표현되며 스쿼싱 함수라고 한다.

$$v_j = \frac{\|s_j\|^2}{1 + \|s_j\|^2} \frac{s_j}{\|s_j\|} \qquad (1)$$

여기서 v_j는 캡슐 j의 벡터 출력이고 s_j는 총 입력이다.

또한 힌튼과 다른 사람들은 차별적으로 훈련된 다층 캡슐 시스템이 MNIST에서 최첨단 성능을 달성하고 매우 겹치는 숫자를 인식하는 데 있어서 컨볼루션 네트워크보다 훨씬 낫다는 것을 보여준다.

「Dynamic Routing Between Capsules」 논문을 기반으로 간단한 CapsNet 아키텍처는 다음과 같다.

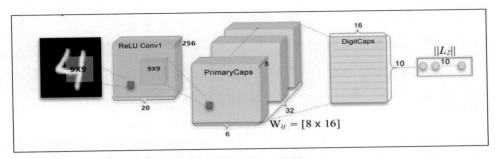

그림 20.19 CapsNet의 예

아키텍처는 2개의 컨볼루션 계층과 1개의 완전 연결 계층으로 얕다. Conv1에는 stride가 1이고 ReLU가 활성화된 256개의 9×9 컨볼루션 커널이 있다. 이 계층의 역할은 픽셀 강도를 지역 피처 감지기의 활동으로 변환한 다음 PrimaryCapsules 계층에 대한 입력으로 사용하는 것이다. PrimaryCapsules는 32개의 채널이 있는 컨볼루션 캡슐 계층이다. 각 기본 캡슐에는 9×9 커널과 스트라이드가 2인 8개의 컨볼루션 단위가 포함돼 있다. 전체적으로 PrimaryCapsules에는 [32, 6, 6]개의 캡슐 출력(각 출력은 8D 벡터임)이 있고 [6, 6] 그리드의 각 캡슐은 서로 가중치를 공유한다. 마지막 계층(DigitCaps)에는 숫자 부류당 하나의 16D 캡슐이 있으며 각 캡슐은 아래 계층의 다른 모든 캡슐로부터 입력을 받는다. 라우팅은 2개의 연속적인 캡슐 계층(예: PrimaryCapsules 및 DigitCaps) 사이에서만 발생한다.

요약

20장에서는 전통적인 이미지 처리 및 컴퓨터 비전에서 충분히 근접한 비디오 처리, 밀접하지 않은 오디오 처리 및 텍스트 처리에 이르기까지 매우 다양한 영역에서 CNN의 많은 애플리케이션을 관찰했다. 불과 몇 년 만에 CNN은 머신러닝을 폭풍으로 몰고 왔다.

요즘에는 RNN 및 강화학습과 같은 다른 기술과 함께 CNN을 결합해 텍스트, 이미지, 오디오 및 비디오를 함께 고려해 더 나은 성능을 달성하는 다중 모드 처리를 보는 것이 드문 일이 아니다. 물론 고려해야 할 사항이 훨씬 더 많으며 CNN은 최근 유전적 추론[13]과 같은 다른 많은 영역에 적용돼 적어도 언뜻 보기에는 원래 설계 범위에서 멀리 떨어져 있다.

참고문헌

1. Yosinski, J. and Clune, Y. B. J. *How transferable are features in deep neural networks*. Advances in Neural Information Processing Systems 27, pp. 3320 – 3328.

2. Szegedy, C., Vanhoucke, V., Ioffe, S., Shlens, J., and Wojna, Z. (2016). *Rethinking the Inception Architecture for Computer Vision*. 2016 IEEE Conference on Computer Vision and Pattern Recognition (CVPR), pp. 2818 – 2826.

3. Sandler, M., Howard, A., Zhu, M., Zhmonginov, A., and Chen, L. C. (2019). *MobileNetV2: Inverted Residuals and Linear Bottlenecks*. Google Inc.

4. Krizhevsky, A., Sutskever, I., Hinton, G. E., (2012). *ImageNet classification with deep convolutional neural networks*.

5. Huang, G., Liu, Z., van der Maaten, L., and Weinberger, K. Q. (28 Jan 2018). *Densely Connected Convolutional Networks*. http://arxiv.org/abs/1608.06993

6. Chollet, F. (2017). *Xception: Deep Learning with Depthwise Separable Convolutions*. https://arxiv.org/abs/1610.02357

7. Gatys, L. A., Ecker, A. S., and Bethge, M. (2016). *A Neural Algorithm of Artistic Style*. https://arxiv.org/abs/1508.06576

8. Mordvintsev, A., Olah, C., and Tyka, M. (2015). *DeepDream - a code*

example for visualizing Neural Networks. Google Research.

9. van den Oord, A., Dieleman, S., Zen, H., Simonyan, K., Vinyals, O., Graves, A., Kalchbrenner, N., Senior, A., and Kavukcuoglu, K. (2016). *WaveNet: A generative model for raw audio.* arXiv preprint.

10. van den Oord, A., Li, Y., Babuschkin, I., Simonyan, K., Vinyals, O., Kavukcuoglu, K., van den Driessche, G., Lockhart, E., Cobo, L. C., Stimberg, F., Casagrande, N., Grewe, D., Noury, S., Dieleman, S., Elsen, E., Kalchbrenner, N., Zen, H., Graves, A., King, H., Walters, T., Belov, D., and Hassabis, D. (2017). *Parallel WaveNet: Fast High Fidelity Speech Synthesis.*

11. He, K., Gkioxari, G., Dollar, P., and Girshick, R. (2018). *Mask R-CNN.*

12. Chen, L-C., Zhu, Y., Papandreou, G., Schroff, F., and Adam, H. (2018). *Encoder-Decoder with Atrous Separable Convolution for Semantic Image Segmentation.*

13. Flagel, L., Brandvain, Y., and Schrider, D.R. (2018). *The Unreasonable Effectiveness of Convolutional Neural Networks in Population Genetic Inference.*

14. Sabour, S., Frosst, N., and Hinton, G. E. (2017). *Dynamic Routing Between Capsules* https://arxiv.org/abs/1710.09829

찾아보기

텐서플로와 케라스로 구현하는 딥러닝 3/e

3판 발행 | 2023년 8월 28일

옮긴이 | 이 병 욱
지은이 | 아미타 카푸어 · 안토니오 걸리 · 수짓 팔

펴낸이 | 권 성 준
편집장 | 황 영 주
편　집 | 김 진 아
　　　　　　임 지 원
디자인 | 윤 서 빈

에이콘출판주식회사
서울특별시 양천구 국회대로 287 (목동)
전화 02-2653-7600, 팩스 02-2653-0433
www.acornpub.co.kr / editor@acornpub.co.kr

한국어판 ⓒ 에이콘출판주식회사, 2023, Printed in Korea.
ISBN 979-11-6175-777-3
http://www.acornpub.co.kr/book/tensorflow-keras-deeplearning-3e

책값은 뒤표지에 있습니다.